O COMPÊNDIO
JUNG

Dados Internacionais de Catalogação na Publicação (CIP)
(Câmara Brasileira do Livro, SP, Brasil)

O compêndio Jung : leituras essenciais da psicologia analítica / editado por David Tacey ; tradução Gentil Avelino Titton. – 1. ed. – Petrópolis, RJ : Vozes, 2022.

Título original: The Jung reader

ISBN 978-65-5713-254-8

1. Jung, C.G. (Carl Gustav), 1875-1961 2. Psicologia analítica 3. Psicanálise e arte 4. Psicologia junguiana I. Tacey, David.

21-66717 CDD-150.1954

Índices para catálogo sistemático:
1. Psicologia junguiana 150.1954

Maria Alice Ferreira – Bibliotecária – CRB-8/7964

O COMPÊNDIO JUNG

Leituras essenciais da psicologia analítica

EDITADO POR
DAVID TACEY

Tradução de Gentil Avelino Titton

EDITORA VOZES

Petrópolis

© 2012 seleção e edição de David Tacey, capítulos individuais, os detentores legais.
© 1995 Walter Verlag
© 2007 Foundation on the Works of C.G. Jung, Zürich

Tradução autorizada a partir da edição em língua inglesa, publicada pela Routledge, membro do Grupo Taylor & Francis.

Tradução realizada a partir do original em inglês intitulado *The Jung Reader*

Direitos de publicação em língua portuguesa – Brasil:
2021, Editora Vozes Ltda.
Rua Frei Luís, 100
25689-900 Petrópolis, RJ
www.vozes.com.br
Brasil

Todos os direitos reservados. Nenhuma parte desta obra poderá ser reproduzida ou transmitida por qualquer forma e/ou quaisquer meios (eletrônico ou mecânico, incluindo fotocópia e gravação) ou arquivada em qualquer sistema ou banco de dados sem permissão escrita da editora.

CONSELHO EDITORIAL

Diretor
Gilberto Gonçalves Garcia

Editores
Aline dos Santos Carneiro
Edrian Josué Pasini
Marilac Loraine Oleniki
Welder Lancieri Marchini

Conselheiros
Francisco Morás
Ludovico Garmus
Teobaldo Heidemann
Volney J. Berkenbrock

Secretário executivo
Leonardo A.R.T. dos Santos

Diagramação: Sheilandre Desenv. Gráfico
Revisão gráfica: Nilton Braz da Rocha
Capa: Érico Lebedenco
Ilustração de capa: Gravura em madeira. Artista desconhecido. Apareceu pela primeira vez no livro de Nicolas Camille Flammarion, *L'atmosphère: météorologie populaire*, 1888.

ISBN 978-65-5713-254-8 (Brasil)
ISBN 978-0-415-58984-0 (Reino Unido)

Editado conforme o novo acordo ortográfico.

Este livro foi composto e impresso pela Editora Vozes Ltda.

Sumário

Nota bibliográfica, 7

Introdução geral: Psicologia analítica de Jung, 9

Cronologia da vida e obra de Jung, 43

PARTE I
A natureza da psique

Introdução, 51

1 O problema fundamental da psicologia contemporânea, 75

2 Sobre o inconsciente, 96

3 As etapas da vida humana, 123

4 O eu e o inconsciente, 142

PARTE II
Os arquétipos

Introdução, 205

5 O conceito de arquétipo, 227

6 Estudo sobre o simbolismo do si-mesmo: O eu; A sombra; Sizígia: *anima* e *animus*; O si-mesmo, 233

7 A psicologia do arquétipo da criança, 269

PARTE III
Religião e cultura

Introdução, 303

8 O problema psíquico do homem moderno, 323

9 Psicologia e religião: A autonomia do inconsciente, 346

10 Prefácio à *Resposta a Jó*: Ao leitor benévolo, 380

11 Psicologia e poesia, 386

12 Diferença entre o pensamento oriental e o pensamento ocidental, 410

PARTE IV
Terapia e cura

Introdução, 433

13 Os objetivos da psicoterapia, 453

14 Sincronicidade, 472

15 Tipologia psicológica, 485

16 A função transcendente, 502

17 A cura da divisão, 530

Índice, 543

Nota bibliográfica

Todas as referências às obras de Jung contidas na *Obra Completa* se referem aos números dos parágrafos (assinalados pelo símbolo §) e não aos números de página. As referências à *Obra Completa* serão indicadas da seguinte maneira: título do ensaio, data original da publicação, seguida pela abreviatura *OC* e o número do volume. Estas referências se referem à *Obra Completa de C.G. Jung*, traduzida do alemão por muitos autores e publicada pela Editora Vozes de Petrópolis entre 1978-2003.

Todas as referências às obras de Freud contidas na *Standard Edition* se referem aos números de página. As referências à *Standard Edition* estão indicadas da seguinte maneira: título do ensaio, data original da publicação, seguida pela abreviatura *SE* e o número do volume. Estas referências se referem à *Standard Edition of the Complete Psychological Works of Sigmund Freud*, traduzidas do alemão e editadas por James Strachey, com a colaboração de Anna Freud e a assistência de Alix Strachey e Alan Tyson, e publicadas em Londres pela Hogarth Press entre 1953-1975.

Nos textos de Jung contidos nesta obra, as notas textuais assinaladas com "EDITORES" se referem aos comentários e informações inseridos pelos editores da *Obra Completa* em inglês (*The Collected Works*). As notas textuais assinaladas com "EDITOR" se referem aos comentários acrescentados pelo editor do presente volume.

Introdução geral
Psicologia analítica de Jung

> O intelecto e, com ele, a ciência, é colocado aqui a serviço da força e intenção criadoras. Também isto é ainda "psicologia" e não ciência. É psicologia no sentido mais amplo da palavra.
>
> *C.G. Jung*[1]

A reputação de Jung em seu contexto histórico

Carl Gustav Jung foi o fundador pioneiro da psicologia analítica, uma forma de análise que revolucionou a abordagem da doença mental e o estudo da mente. Desde seus primeiros inícios, como uma ciência novata que foi crescendo ao lado da análise freudiana, a psicologia de Jung ampliou seu campo de aplicação para incluir o estudo do comportamento humano e os sistemas culturais. Começou com um foco específico, o tratamento das neuroses, e aplicou seu método analítico às artes, às religiões, às mitologias, às filosofias e às civilizações. Seu movimento intelectual foi intuitivo, voltado para o exterior e centrífugo, do clínico para o macrocósmico, da interioridade da mente para os mecanismos do universo. Jung interessou-se por tudo o que tinha um conteúdo "simbólico", desde os sonhos e fantasias dos pacientes até os rituais e mitos das religiões, os poemas visionários e romances dos escritores e as aspirações utópicas dos sistemas políticos. Se alguma coisa expressava os esforços e os ideais da psique, Jung se interessava por ela e tinha algo de interesse a dizer sobre ela.

---

1. C.G. JUNG. *Tipos psicológicos* (1921). OC 6, § 81.

Por causa do amplo alcance de sua psicologia e da vasta aplicação de seu método, Jung tornou-se muitas coisas para muitas pessoas. Para alguns clínicos e conselheiros, ele é um psiquiatra que rejeitou o método de Freud e desenvolveu uma teoria alternativa que deu origem a uma forma mais profunda de psicoterapia. Para os que estudam os seus sonhos e praticam a autoanálise, Jung é um mentor e guia. Para os interessados no gênero, Jung foi o primeiro pensador moderno a postular a existência de um aspecto contrassexual na psicologia de homens e mulheres. Para os envolvidos no ambientalismo, Jung proporcionou uma base psicológica para a emergente disciplina da ecopsicologia. Para os que trabalham nas artes criativas, na arteterapia e nas modalidades expressivas, Jung é um pensador inspirativo. Para os que trabalham em programas de recuperação de drogados e alcoólatras, ou se beneficiaram desses programas, especialmente os que têm um componente espiritual como o movimento Alcoólicos Anônimos, Jung é uma figura paterna. Para os que praticam testes que indicam o tipo de personalidade, como empregadores, consultores ou trabalhadores, Jung é uma influência importante.

Para um grande número de pessoas modernas que perderam o contato com religiões institucionalizadas e, no entanto, estão interessadas na espiritualidade, Jung mostrou como a psique pode ser enfrentada de uma maneira que desperta a vida simbólica da alma. Para os estudantes e leitores das artes e humanidades, Jung é um intérprete de formas simbólicas que de outra maneira poderiam permanecer desnorteantes e impenetráveis. Para todos os que o levam a sério, ele proporciona um sentimento de esperança se estivermos preparados para conectar-nos com o inconsciente e extrair dele as diretrizes que ele pode oferecer à consciência. Sua psicologia é às vezes chamada de "psicologia das profundezas", porque ela começa com o inconsciente e se inspira em suas regiões mais profundas. Jung referiu-se à sua própria obra como psicologia "analítica" e "complexa"[2], mas James Hillman defende que ela deveria ser chamada "psicologia arquetípica"[3]. Para aumentar a complicação, hoje analistas

---

2. JUNG. "Os problemas da psicoterapia moderna". OC 16/1, § 115.
3. HILLMAN, James. "Why 'Archetypal' Psychology?" In: *Loose Ends: Primary Papers in Archetypal Psychology*. Dallas: Spring Publications, 1978, p. 138-145.

junguianos se referem muitas vezes a seu campo como "psicanálise", retornando ao termo original que era preferido por Freud[4].

Arquétipos e fatores transpessoais

Jung tinha uma mente intuitiva e buscava a história interior por trás das aparências. Ele não ficava satisfeito com o óbvio, com o que se apresentava aos nossos sentidos exteriores, e estava convencido de que havia algo mais profundo, que nós ainda não havíamos notado. Ele distinguiu o lado sombrio da personalidade humana, a sombra por trás da luz, e via o elemento feminino escondido nos homens e o elemento masculino escondido nas mulheres. Tudo o que era oculto lhe interessava e considerava seu dever trazê-lo à consciência. Ele era um pensador em busca da "alma" e do "espírito", termos que se tornaram obscuros e remotos nos tempos modernos – a maioria dos estudiosos e intelectuais os considera embaraçosamente arcaicos. Mas Jung procurou trazê-los de volta à vida, considerando-os fatores dinâmicos e vivificantes da psique. Quase sentia orgulho de defender aquilo do qual a mente racional fugia assustada.

Enquanto terapeuta, Jung penetrou na estrutura psíquica das nossas vidas, e ali encontrou, além de complexos, neuroses e nós da libido, forças universais que chamou de *arquétipos*. Hillman escreve: "O arquétipo é, do ponto de vista ontológico, o mais fundamental de todos os conceitos psicológicos de Jung, com a vantagem da precisão e, no entanto, por definição parcialmente indefinível e aberto"[5]. Para os leitores interessados no *status* controverso da teoria arquetípica, providenciei um ensaio crítico sobre o tema na Introdução à Parte II deste volume.

Quando Jung desenvolveu sua teoria dos arquétipos, sentiu que havia encontrado uma chave para abrir muitas portas, especialmente as da religião e da mitologia, que haviam ficado enferrujadas e fechadas na era moderna. O período científico relegou os mitos e as religiões às margens da respeitabilidade, julgando que não passam de vestígios de uma era menos esclarecida ou da "infância" da humanidade. Jung achava que

---

4. Cf. STEIN, Murray. *Jungian Psychoanalysis*. Chicago: Open Court, 2010.
5. HILLMAN. "Why 'Archetypal' Psychology?", p. 142.

eles eram sistemas psicoterapêuticos com consequências pessoais e sociais de longo alcance. Ele percebia que forças sutis, mas poderosas, estavam entesouradas nas religiões e mitologias e que nós havíamos perdido o contato com elas por nossa conta e risco[6]. Ele acreditava que a própria modernidade corria risco se não procurasse compreender as forças arquetípicas, antigamente personificadas como deuses e demônios. Os escritos de Jung enfatizam continuamente a importância de recuperar o contato consciente com as forças arquetípicas da psique:

> [O arquétipo] [...] constrói uma ponte entre a consciência do presente, ameaçada de desenraizamento, e a totalidade natural inconscientemente instintiva dos tempos originários. Através dessa mediação, a unicidade, a singularidade e a unilateralidade da atual consciência individual é conectada sempre de novo com a condição prévia natural e da raça[7].

Os arquétipos são os órgãos da vida psíquica e é responsabilidade cultural e espiritual de cada época "traduzir" os arquétipos (ou deuses) em termos que sejam aceitáveis à mente contemporânea. Na prática cultural judaica, a arte de atualizar os textos antigos a fim de se tornarem relevantes para os tempos contemporâneos é chamada de *midrash* e Jung praticou comprovadamente uma versão disto em seus escritos. Se perdemos a conexão entre antigo e moderno, a mente murcha e morre, porque ela não pode ser separada de suas raízes sem terríveis consequências. Antes de morrer, porém, ela se fragmenta e enlouquece; e Jung sentiu que havia ampla evidência de que o mundo moderno estava sujeito a uma dissociação sempre crescente[8].

Por volta de 1912 Jung havia situado a análise num contexto arquetípico, o que significava que os problemas clínicos já não podiam ser resolvidos numa estrutura puramente pessoal. Por definição, os complexos e neuroses individuais estavam ligados a problemas arquetípicos

---

6. Para um estudo da relação entre forças inconscientes e doença psicológica, cf. TRACEY, David. *Gods and diseases*. Sydney: HarperCollins, 2011.

7. JUNG. "A psicologia do arquétipo da criança" (1940). OC 9/1, § 293. Cf. cap. 7 deste volume.

8. JUNG. "A cura da divisão" (1961). OC 18/1. Cf. cap. 17 deste volume.

ou "transpessoais" encontrados na cultura e na sociedade. O indivíduo era um representante de uma situação psíquica coletiva e ancestral mais ampla; e Jung procurou "resolver os problemas psicológicos dando um passo além dos modelos científicos e da terapia no sentido usual"[9]. Sua psicologia é uma terapia da cultura e não simplesmente um tratamento clínico de pacientes. O conceito fundamental do arquétipo impossibilitava Jung de separar o individual do coletivo, porque ele descobriu que no mundo cada coisa estava conectada com todas as outras. Isto levou à teoria da sincronicidade, um "princípio conectivo acausal", que defendia a conexão entre psique e mundo e a relatividade de tempo e espaço no campo psicológico[10]. Com efeito, para Jung a psique já não estava "dentro" de nós, como estava para Freud e seu círculo. Jung inverteu este pressuposto e argumentou que nós estamos na psique, que ele via como um mundo de proporções cosmológicas[11].

Investigações em e para além da ciência e da religião

O conhecimento moderno privilegiou o método lógico e dedutivo mais do que a intuição, e é por isso que Jung parece sobressair como um caso especial na história do pensamento moderno. A vigorosa intuição que ele possuía encontra-se muitas vezes nas artes visionárias e não nas ciências. Mas nós somos afortunados por Jung ter permanecido no campo das ciências humanas – medicina, psiquiatria, psicologia –, ainda que estas disciplinas não lhe fossem nem um pouco hospitaleiras e o tratassem como um intruso. Não que Jung estivesse fazendo pesquisa não científica ou anticientífica – de fato, algo de sua obra continuou sendo empírica até o fim –, mas era algo tão novo, ousado e diferente que os cientistas tendiam a não se reconhecerem em sua obra. Em vez de descartar a obra de Jung como "não científica", os que simpatizam com seu projeto afirmam que é melhor classificar esta obra como um ramo da

---

9. HILLMAN. "Why 'Archetypal' Psychology?", p. 142.
10. JUNG. "Sincronicidade" (1951). OC 8/3. Cf. cap. 14 deste volume.
11. JUNG. "Diferença entre o pensamento oriental e o pensamento ocidental" (1939/1954). OC 11/5. Cf. cap. 12 deste volume.

hermenêutica, ou seja, "a arte da interpretação a serviço do sentido"[12]. Jung interpretava tudo o que via em função de sua visão e é por isso que seu *status* científico é questionado. Jung estava vendo o mundo através de uma lente que as ciências não entendiam.

No tempo de Jung a ciência operava sob a influência do Iluminismo, um movimento do século XVIII, no qual a razão era defendida como a fonte primária da autoridade. No início do século XX, um pouco desta atividade degenerou no *cientismo* – uma visão que nega a validade de qualquer fenômeno não suscetível de investigação científica. A religião era considerada "inimiga" da ciência, uma visão que Jung considerava difícil de justificar e que desde então foi solapada pelas investigações pós-modernas[13]. Jung escreveu: "A ciência termina nas fronteiras da lógica, o que não ocorre com a natureza"[14]. Jung estava decidido a explorar as profundezas da natureza como também a natureza humana. Não que ele fosse contrário à ciência, mas estava indo além do que a ciência permitia. O biólogo australiano Grant Watson compreendeu isto muito bem quando escreveu: "O Dr. C.G. Jung trabalhou em parte como um empírico e em parte como um intuitivo"[15].

Jung acenou amigavelmente para a religião durante toda a sua carreira, mas a religião não se reconheceu em sua obra. Os líderes religiosos consideravam Jung um cientista que estava procurando reduzir a teologia e a metafísica a fatores psicológicos. A religião acreditava que Jung estava dizendo que tudo o que é religioso podia ser reduzido ao nível da subjetividade humana e da fantasia. Foi lançada contra ele a acusação de "psicologismo", mas era uma representação incorreta de sua obra. Ele estava interessado em construir uma ponte para o metafísico, não em reduzir a metafísica a explicações racionais. Shamdasani escreve: "Decidido a reconciliar a ciência e a religião através da psicologia, sua

---

12. STEVENS, Anthony. *Jung: A Very Short Introduction*. Oxford: Oxford University Press, 2001, p. 157.
13. Cf. WARD, Graham (ed.). *The Postmodern God*. Oxford: Basil Blackwell, 1997.
14. JUNG. "A psicologia da transferência" (1946). OC 16/2, § 524.
15. WATSON, Grant. "The Mystery of Instinct" (1964), reimpresso em: GREEN, Dorothy (ed.). *Descent of Spirit: Writings of E.L. Grant Watson*. Sydney: Primavera Press, 1990, p. 108.

obra deparou com incessante controvérsia a cada passo"[16]. Jung foi mal-interpretado pela ciência e pela religião; nenhuma delas o considerou pertencente a seu mundo. A verdade é que ele estava tentando desenvolver uma posição intermédia entre as duas perspectivas. Como explica Jung em suas memórias: "Nas ciências, lamentava ausência do sentido; na religião, a ausência do empirismo"[17].

Em seu diário pessoal, *O Livro Vermelho*, Jung confidenciou que se apossou dele um espírito diferente de indagação: "O espírito das profundezas [...] tirou de mim a fé na ciência, ele me roubou a alegria da explicação e do ordenamento, e fez com que se extinguisse em mim a dedicação aos ideais dessa época"[18]. Jung experimentou um turbilhão que alterou por completo seus valores e direções originais. Uma força maior do que ele o impeliu a ocupar-se com o campo do sentido último e isto estimulou-o à indagação filosófica e à especulação religiosa. Procurou reconciliar o "espírito das profundezas" com sua carreira científica, mas encontrou oposição e antagonismo. Jung desenvolveu uma atitude espiritual para com a psique e despediu-se da corrente principal da psiquiatria para concentrar-se em sua investigação das profundezas. Rendeu-se a seu *daimon* interior ou gênio criativo, mas teve que pagar um alto preço.

O choque com as autoridades

Jung recorreu a autoridades ao seu redor em busca de confirmação, mas encontrou pouco conforto. Sigmund Freud, seu mentor e colaborador de 1906 a 1913, havia declarado a espiritualidade uma área tabu para a investigação científica. Freud era 20 anos mais velho do que Jung e Jung olhava para ele como uma figura do pai. Freud tolerou Jung enquanto este era um "seguidor", mas os interesses do próprio Jung foram ridicularizados por Freud como "misticismo" ou "ocultismo". A opinião acadêmica de que Jung era um charlatão é em grande parte um produto

---

16. SHAMDASANI, Sonu. *Jung and the Making of Modern Psychology: The Dream of a Science*. Cambridge: Cambridge University Press, 2003, p. 2.
17. JUNG. *Memórias, sonhos, reflexões* (1963). Rio de Janeiro: Nova Fronteira, 2005, p. 73.
18. JUNG. *O Livro Vermelho: Liber Novus*. Petrópolis: Vozes 2010, p. 229.

de Freud e de seu círculo. Jung se chocara com seu pai, um pastor. Ele se interessou pela profissão do pai e esperava que dela viessem coisas boas; mas, ao aproximar-se da adolescência, Jung ficou desapontado pelo que considerava vacuidade da religião de seu pai. Sentia que seu pai tinha pouca fé e nenhuma *experiência* sobre a qual baseá-la. Tudo o que ele parecia ter era um conjunto de crenças. Para Jung, os sermões de seu pai eram exibições de religiosidade sem espiritualidade[19].

Assim Jung se sentiu desapoiado por seu pai intelectual, Freud, e por seu pai biológico, Paul Jung. Na linguagem da psicanálise, ele sofreu um complexo paterno e durante sua vida e carreira teve que lutar para descobrir uma fonte paterna de força autenticadora dentro de si mesmo. No entanto, mesmo neste contexto, não podemos falar de seu complexo como puramente pessoal. Poder-se-ia dizer que, na época moderna, existe um complexo de "espiritualidade" na civilização. A ciência se recusou a apoiar o espírito, já que, até recentemente, ela esteve obcecada pelo fato demonstrável e pela causação material. A religião também dispensou a vida experiencial do espírito, preferindo focalizar as fontes históricas da revelação e o culto de líderes carismáticos. Em termos arquetípicos, o espírito é "deixado sem pai" por ambas as tradições e a vida e Jung é um testemunho deste problema.

A mãe de Jung conformou-se exteriormente com a religião de seu marido, mas em sua vida pessoal parecia uma defensora da religiosidade popular. Ela estava interessada em fantasmas, espíritos dos mortos e duendes. Parece que este interesse passou para seu filho e, para seu doutorado, Jung escreveu uma tese sobre a psicologia dos fenômenos mediúnicos ou ocultos[20]. A mãe de Jung parece ter exercido mais influência sobre ele do que o pai, dando-lhe um interesse permanente pelo que ele chamava de "religião noturna"[21]. Mas o interesse de Jung pelo oculto amadureceu psicologicamente com rapidez, como ocorre muitas vezes com o desenvolvimento intelectual das mentes curiosas e indagadoras. Em vez de focalizar os "espíritos" de sua mãe, Jung desenvolveu um inte-

---

19. Para mais detalhes sobre a relação de Jung com seu pai, cf. caps. 2 e 3 de *Memórias, sonhos, reflexões*.
20. JUNG. "Sobre a psicologia e patologia dos fenômenos chamados ocultos" (1902). OC 1.
21. JUNG. "Alma e terra" (1927/1931). OC 10/3, § 59.

resse e uma paixão pelo *espírito* como uma força arquetípica. Enquanto os espíritos são concebidos como organismos metafísicos literais e locais, o espírito é uma força universal encontrada em todas as coisas. O espírito não é apenas um elemento fantasmagórico nos acontecimentos ocultos, mas um princípio vivificante que imbui a cultura, a religião e a sociedade[22]. Poderíamos afirmar que o interesse de Jung pelo mundo invisível progrediu, passando de um espiritualismo ingênuo para uma espiritualidade madura[23].

Freud, misticismo, libido, incesto

Em 1913 Jung foi demitido efetivamente do movimento psicanalítico freudiano, que era dogmaticamente ateu. Era também principalmente judaico e, de acordo com Freud, o "misticismo" de Jung se devia à sua ascendência ariana germânica, que deixou sua marca no caráter de Jung e o inclinou para uma disposição espiritual. Freud havia reprimido seu próprio instinto espiritual e tendia a patologizá-lo nos outros, como também a estigmatizá-lo como um traço racial. O Freud sumamente secular suspeitava daquilo que ele denominava "sentimento da floresta do conto de fadas"[24] na obra de Jung e ufanou-se Karl Abraham: "Nós judeus temos uma vida mais fácil, por não termos nenhum elemento místico"[25]. Isto foi um erro da parte de Freud. Existem na cultura judaica tradições de pensamento místico antiquíssimas, muito respeitadas e permanentes, que Freud ignorava[26]. Freud estava falando de si mesmo

---

22. A noção de espírito se encontra em quase tudo o que Jung escreveu, mas um ensaio importante sobre este tema é "A fenomenologia do espírito no conto de fadas" (1945/1948). OC 9/1.

23. Cf. minha distinção entre espiritualismo e espiritualidade em *The Spirituality Revolution: The Emergence of Contemporary Spirituality*. Londres/Nova York: Routledge, 2004, p. 199-214.

24. Freud, carta a Jung, 22 de abril de 1910, em McGUIRE, William (ed.). *The Freud/Jung Letters*. Princeton: Princeton University Press, 1974, p. 310.

25. Freud, carta a Karl Abraham, 31 de julho de 1908, em FREUD, Sigmund & ABRAHAM, Karl. *A Psycho-Analytic Dialogue: The Letters of Sigmund Freud and Karl Abraham, 1907-1926*. Nova York: Basic Books, 1965, p. 52.

26. Cf. SCHOLEM, Gershom. *Major Trends in Jewish Mysticism* (1954). Nova York: Schocken Books, 1961.

e projetando sua atitude no povo judeu como um todo. Além disso, é errado atribuir um "elemento místico" a determinado grupo racial. A história mostra que este elemento se encontra em todos os povos e em todos os tempos. O elemento místico, porém, pode ser reprimido ou ignorado a serviço de um racionalismo triunfante.

O argumento intelectual surgiu de repente entre estes dois gigantes do pensamento moderno quando Jung procurou ampliar a teoria freudiana da libido[27]. Jung se sentia limitado pelo modelo freudiano, que definia a libido como puramente sexual e entendia os problemas da neurose como causados por dificuldades sexuais. Jung queria ampliar o conceito de libido para incluir a "energia psíquica" num sentido abrangente[28]. Para ele, a libido era uma força vital que podia incluir dinamismos espirituais, simbólicos e arquetípicos bem como sexuais. Jung acreditava que o sexo era o aspecto carregado de energia mais evidente do espectro da libido e, em seu aspecto mais sutil e elevado, que ele chamou de "o ultravioleta psíquico", era sinônimo de espírito[29]. Jung escreveu:

> O erotismo [a personificação da libido na mitologia grega] constitui um problema. [...] Por um lado, pertence à natureza primitiva e animal do homem. [...] Por outro lado, está ligado às mais altas formas do espírito. Só floresce quando espírito e instinto estão em perfeita harmonia. [...] O excesso de animalidade deforma o homem cultural; o excesso de cultura cria animais doentes[30].

Jung pensava que a teoria freudiana estava nos esfregando na cara nossa natureza animal às custas de nossa vida espiritual, que poderia acabar atrofiada. Assim como a repressão vitoriana da sexualidade nos tornou doentes, assim o remédio de Freud, no qual tudo o que é ele-

---

27. A revisão feita por Jung da teoria da libido foi publicada em alemão em 1912 em *Wandlungen und Symbole der Libido* [*Transformações e símbolos da libido*]. Foi publicada em inglês em 1916 como *Psychology of the Unconscious*. Jung revisou o livro em 1952 e agora ele aparece como *Símbolos da transformação*. OC 5.

28. Jung informou (preveniu?) Freud que seu conceito de libido estava prestes a abandonar o modelo "freudiano" numa carta a Freud, 2 de junho de 1909, em *The Freud/Jung Letters*, p. 225-226.

29. JUNG. "A natureza da psique". OC 8/2, § 420.

30. JUNG. "A teoria do eros". OC 7/1, § 32.

vado e nobre é reduzido a um construto de repressão sexual, é um tipo diferente de distorção.

Jung concedia: "A teoria sexual da neurose freudiana fundamenta-se, portanto, num princípio verdadeiro e real. Comete, no entanto, o erro da unilateralidade e da exclusividade, além da imprudência de querer apreender o Ego, que nunca se deixa capturar numa grosseira terminologia sexual"[31]. Jung pedia uma ênfase holística, que fosse capaz de equilibrar nossos ímpetos biológicos com nossos impulsos transcendentais. A religião de seu pai estava longe nas nuvens e havia perdido o instinto animal para o moralismo do cristianismo. Neste ponto, ele concordava com Freud e desautorizava a noção de que estava contra ele: "Espalhou-se o erro de que não vejo o valor da sexualidade"[32]. Ele podia ver a importância da sexualidade, mas não a considerava o único fator dinâmico na psique. Freud, seu pai adotivo, estava se concentrando demais nos impulsos biológicos e perdendo a vida elevada do espírito: era o oposto da posição de seu pai. A tarefa de Jung consistia em manter a tensão entre estes pontos de vista e não sucumbir a uma visão sublime ou redutiva da vida humana.

Outra disputa correlacionada entre eles girava em torno da ideia do incesto. De acordo com Freud, o tema do incesto nos sonhos e fantasias devia ser interpretado literalmente, como o desejo do paciente neurótico de coabitação sexual com o pai ou com a mãe. Freud balizou sua teoria pelo complexo de Édipo, o padrão da libido em que o indivíduo busca união sexual com o pai ou a mãe. Jung, pensando simbolicamente e não literalmente, via o incesto como a maneira de a psique expressar seu desejo de retornar à fonte da qual surgiu o ego. Para Jung, o tema do incesto assinalava o desejo do ego de receber o abraço e o socorro do inconsciente. Era a maneira poderosa da psique de pedir uma reconexão simbólica com as origens e com o plano de fundo. Jung publicou sua teoria "alternativa" do incesto em *Símbolos da transformação*, em 1912, e isto provocou o rompimento final entre ele e Freud.

---

31. JUNG. Ibid., § 33.
32. JUNG. *Memórias*, p. 150.

Freud descartou a teoria do incesto de Jung como uma mistificação e como evidência do "misticismo de Jung". Ele pensava que Jung estava achando a teoria sexual quente demais para manejar e que seu puritanismo suíço o impedia de aceitar a interpretação estritamente sexual. Para Freud, a leitura espiritual do incesto, feita por Jung, nada mais era do que uma defesa contra as realidades dos desejos infantis que flagelam a vida dos adultos neuróticos. Ele acusou Jung: "Você se esconde por trás de sua nuvem religioso-libidinal"[33]. Jung acreditava que a interpretação de Freud era uma defesa contra a capacidade da psique de usar os símbolos sexuais para descrever o renascimento espiritual.

O hábito de Freud de reduzir tudo ao mínimo denominador comum era um empecilho não só para sua resposta ao incesto, mas também para suas relações com Jung. Se Jung discordava de sua ênfase na sexualidade, isto era atribuído a inibições sexuais de Jung – uma acusação estranha, dada a evidência biográfica que sustenta a noção de que Jung tinha uma vida sexual plena e desinibida[34]. Divergências intelectuais eram atribuídas a um complexo de Édipo que Freud acreditava que Jung nutria contra ele. Esta estratégia redutora e circular de Freud levou Jung a uma perturbação. Como ele comentou ao psicanalista londrino Ernest Jones:

> Freud está convencido de que eu estou pensando sob a influência de um complexo paterno contra ele e, depois, tudo é complexo-absurdo... Contra esta insinuação estou completamente indefeso... Se Freud entende toda tentativa de pensar de maneira nova sobre os problemas da psicanálise como uma resistência pessoal, as coisas se tornam impossíveis[35].

Jung escreveu a Jones: "É um ponto de vista extremamente difícil e até injusto reduzir uma visão diferente a complexos pessoais. Esta é a psicologia do 'nada senão'. Elimina toda seriedade e consideração huma-

---

33. Freud, carta a Jung, 18 de fevereiro de 1912, em *The Freud/Jung Letters*, p. 485.
34. BAIR, Deirdre. *Jung: A Biography*. Londres: Little, Brown and Company, 2004.
35. Jung a Ernest Jones, 15 de novembro de 1912, em Sigmund Freud Copyrights, Wivenhoe, citado por SHAMDASANI, Sonu. *Jung and the Making of Modern Psychology*, p. 50.

na e as substitui por fofoca e suspeita pessoais"[36]. Jung sentiu que estava envolvido numa situação desumanizante, com um oponente que fazia um jogo sujo e com o qual não se podia argumentar.

A coisa notável não era que Freud e Jung se separaram, mas, antes de mais nada, que eles se uniram. Eles eram tão diferentes desde o início: Freud era o pessimista jovial, que explicava tudo em termos de causas mecânicas e impulsos pessoais, ao passo que Jung era o investigador idealista e romântico da mente, que procurava sempre vestígios do sagrado. No entanto, nos primeiros anos de sua relação, cada um mostrou um profundo respeito e um profundo amor pelo outro. Foram estes laços afetuosos que os auxiliaram ao longo dos sete anos de sua associação (1906-1913). Freud sentia inicialmente uma atração por Jung por causa de sua vitalidade intelectual, entusiasmo pessoal e capacidade de liderança. Freud estava procurando um sucessor para comandar o movimento psicanalítico e Jung parecia um candidato plausível, despertando grande ciúme do círculo vienense de Freud.

Suposto racismo e hostilidade intelectual

A questão da raça desempenhou um papel na escolha de Freud. Seus companheiros vienenses eram todos judeus e o estrategista em Freud queria deixar seu movimento em herança a um não judeu proeminente, de modo que sua ciência pudesse ser levada para além do gueto judaico até toda a Europa e a América. Ele escreveu a Abraham:

> Jung, sendo cristão e filho de um pastor, só pode chegar até mim enfrentando grandes resistências. Por esse motivo sua adesão é tanto mais valiosa. Eu quase diria que foi unicamente seu aparecimento em cena que removeu da psicanálise o perigo de tornar-se um assunto nacional judeu[37].

---

36. Jung a Jones, 25 de novembro de 1913, em Sigmund Freud Copyrights, ibid., citado por SHAMDASANI, p. 52.
37. Freud, carta a Abraham, 1º de maio de 1908, em Freud & Abraham. *A Psycho-Analytic Dialogue*, p. 34.

Freud anunciou que Jung era seu "sucessor e príncipe herdeiro"[38], uma decisão apressada em vista das diferenças entre eles. Ele procurou sepultar estas diferenças em vista de uma causa maior: "Afinal, nossos camaradas arianos são totalmente indispensáveis para nós; caso contrário, a psicanálise será vítima do antissemitismo"[39]. Freud escolheu Jung para assinalar ao mundo que a psicanálise não era uma ciência exclusivamente judaica. Com esta estratégia, ele esperava que a psicanálise não seria alvo de ataques antissemitas. Mas, logo que suas diferenças intelectuais começam a aflorar, e a interferir em seus planos de um império de influência, Freud mudou de opinião e concluiu que Jung devia estar sofrendo de "antissemitismo reprimido"[40]. Desde o início, poderíamos dizer, Freud preparou Jung para ser um bode expiatório psicológico e um portador de antissemitismo,

Freud usou o argumento da raça por oportunismo: enquanto concordava com Freud, Jung foi idealizado como um bom líder que asseguraria um futuro para a psicanálise; mas, quando a espiritualidade de Jung interferiu em suas relações, ele foi tachado de racista. Esta opinião foi compartilhada pelo círculo psicanalítico vienense, que estava ansioso por encontrar uma razão adicional para odiar Jung, já que sua influência sobre Freud os pusera na sombra. Quando foi constituída em 1913 uma "comissão secreta" de cinco pioneiros psicanalíticos a fim de proteger o movimento dos efeitos da ruptura causada pela deserção de Jung, como também para lidar com o crescente número de dissidentes (Adler, Rank, Ferenczi, Reich), uma parte de sua tarefa consistia em desestabilizar Jung e desacreditar sua obra. Parece que ele foi tachado de místico e racista, estigmas que foram difundidos por toda parte no mundo científico e no mundo culto[41].

---

38. Freud, carta a Jung, 16 de abril de 1909, em *The Freud/Jung Letters*, p. 218.
39. Freud, carta a Abraham, 26 de dezembro de 1908, em FREUD & ABRAHAM. *A Psycho-Analytic Dialogue*, p. 83.
40. Freud, citado em JONES, Ernest. *Sigmund Freud, Life and Work* (1953-1957), vol. 2. *Years of Maturity 1901-1019*. Londres: Hogarth Press, 1967, p. 55.
41. Para uma discussão ulterior desse problema, cf. STEVENS, Anthony. "Jung's alleged Anti-Semitism". In: *Jung: A Very Short Introduction*. Oxford: Oxford University Press, 2001, p. 140-151.

Freud escreveu à sua sócia Sabina Spielrein em 1913: "Eu estou, como você sabe, curado do último pingo de minha predileção pela causa ariana... Não apresentarei meus cumprimentos a Jung em Munique, como você sabe perfeitamente... Nós somos e permanecemos judeus. Os outros só irão nos explorar e nunca nos entenderão ou estimarão"[42]. Não só foram feitos comentários pessoais neste sentido; mas, em sua "História do movimento psicanalítico" de 1914, Freud tornou públicas suas acusações racistas, descrevendo Jung como alguém que tentou mas não conseguiu abandonar "alguns preconceitos raciais que ele se havia permitido anteriormente"[43]. Stephen Martin compreende a seriedade desta acusação pública e seus efeitos duradouros:

> Vinda da pena do próprio mestre num documento aparentemente oficial, esta declaração condenatória, justiceira e, para Freud, claramente destinada a salvar as aparências, deu início a uma histórica controvérsia que ferveu em fogo brando e frequentemente transbordou, com resultados desastrosos, desde aquele tempo[44].

Jung tinha consciência das alegações de Freud. Em "A situação atual da psicoterapia", Jung admite que sua obra foi "suspeita de antissemitismo" e afirma inequivocamente: "Esta suspeita partiu de Freud"[45]. Até Ernest Jones, um leal apoiador de Freud, escreveu: "Evidentemente, tomei conhecimento, para minha surpresa, de como... muitas observações ou atos poderiam ser interpretados neste sentido [como sinais de antissemitismo]. O próprio Freud era bastante sensível quanto a isso"[46]. Jones cita cartas de Freud a Abraham, em que casos de resistência intelectual à sua obra eram atribuídos ao antissemitismo[47]. Jones nunca iria ser muito crítico de seu líder, mas em sua biografia de Freud em três volumes diz o suficiente para nos alertar do potencial de jogo sujo.

---

42. Freud para Sabina Spielrein, citado em "Jung's alleged Anti-Semitism", p. 147.
43. FREUD. "On the History of the Psycho-Analytic Movement" (1914). *SE* 14, p. 43.
44. MARTIN, Stephen A. "Introduction". In: MAIDENBAUM, Arieh & MARTIN, Stephen A. (eds.). *Lingering Shadows: Jungians, Freudians and Anti-Semitism*. Boston: Shambala, 1991, p. 5.
45. JUNG. "A situação atual da psicoterapia" (1934). OC 10/3, § 354.
46. JONES, Ernest. *Sigmund Freud, Life and Work*, vol. 2, p. 184.
47. Freud a Abraham, 23 de julho de 1908, citado em JONES, op. cit., p. 56.

A Sociedade Médica Alemã de Psicoterapia e o jugo nazista

A outra "evidência" citada em relação ao alegado racismo de Jung é seu envolvimento com a Sociedade Médica Alemã de Psicoterapia. No início de 1933 Jung foi vice-presidente da Sociedade e mais tarde nesse ano o presidente, Ernst Kretschmer, renunciou à cadeira e Jung assumiu a presidência. Alguns viram nisto um sinal de simpatia pelo regime nazista, porque no final de 1933 todas as sociedades profissionais na Alemanha foram "amoldadas" à ideologia nazista. A palavra usada nesta época foi *Gleichgeschaltung*, que literalmente significa "alinhamento" com as políticas do nacional-socialismo. Em sua defesa, Jung afirmou que aceitou a presidência da Sociedade Alemã para oferecer apoio aos médicos judeus na Sociedade. Esta foi uma estratégia que ele discutiu com seus colegas judeus em Zurique, que concordaram em princípio com seu plano otimista e subversivo.

Em 1934 Jung encontrou uma maneira de os médicos judeus se tornarem "membros extraordinários" no guarda-chuva da Sociedade, para além do poder de veto dos membros alinhados com o nazismo[48]. Ele a transformou na Sociedade Médica Geral Internacional de Psicoterapia e um de seus primeiros atos como presidente foi estipular que todos os médicos judeus alemães que haviam sido excluídos de sua sociedade nacional fossem autorizados a tornar-se membros individuais da Sociedade Internacional, preservando assim seus direitos. Ao mesmo tempo, estabeleceu seções nacionais, inclusive seções holandesas, dinamarquesas, suecas e suíças – como também alemãs. Nas Sociedades não alemãs, os direitos e privilégios dos membros judeus seriam preservados de acordo com as leis dessas nações.

Enquanto isso, quando ele assumiu a presidência internacional, a Sociedade alemã se alinhou oficialmente com a política nazista sob a liderança do professor Matthias Heinrich Göring, primo do abominável Hermann Göring, marechal do Reich e comandante-chefe da Força Aérea alemã. Como parte de seus deveres enquanto presidente, Jung era o editor da revista da Sociedade, a *Zentralblatt für Psychotherapie*. No

---

48. COCKS, Geoffrey. *Psychotherapy in the Third Reich: The Göring Institute.* Oxford: Oxford University Press, 1985, p. 110, 127-128.

outono de 1933, o professor Göring anunciou sua intenção de publicar um suplemento especial para os membros da Sociedade alemã, obrigando-os a aderir à ideologia dos nazistas. Jung se opôs a esta ideia, mas pouco podia fazer, já que não era mais presidente da seção alemã. No entanto, quando apareceu o fascículo de dezembro da *Zentralblatt*, Jung ficou horrorizado ao descobrir que o editor havia incluído a declaração de Göring na edição destinada à circulação internacional, que trazia o nome de Jung como editor. Jung afirmou que isso foi feito sem seu conhecimento ou aprovação, mas seus críticos, sempre ávidos de ver o pior, não acreditaram nele.

Embora o envolvimento de Jung na Sociedade tenha sido motivado por desejos nobres, e até heroicos, de assegurar justiça para os médicos judeus, a máquina nazista soterrou as intenções de Jung. Os críticos afirmam que Jung deveria ter renunciado imediatamente, percebendo sua impotência diante do poder dos nazistas. Mas Jung teimosamente permaneceu presidente da Sociedade Internacional até 1939, apegando-se à esperança de que conseguiria fazer algum bem. Os estudiosos perguntaram: o que ele estava pensando quando procurou "assumir" a Sociedade Médica de Psicoterapia? A ideia de ir contra a nazificação das sociedades alemãs parecia temerária ou extremamente ingênua. Será que era um sinal de que Jung tinha pouco discernimento em questões sociais e políticas? Estava ele tentando desempenhar um papel messiânico numa situação impossível? Seus acusadores afirmam que ele foi um "colaborador" da máquina de guerra nazista, mas as ações e intenções de Jung sugerem outra coisa. No final do congresso da Sociedade, reunido em 1934 em Bad Nauheim, Jung publicou uma circular a todos os membros, afirmando o princípio de que "a Sociedade Internacional é neutra no tocante a política e credo".

Mas os que não eram próximos de Jung achavam que ele era uma marionete nas mãos do regime nazista. O fato de ele não ter renunciado quando o manifesto de Göring foi publicado na revista de Jung foi suficiente para convencer seus acusadores de que sua obra era antijudaica. O que piorou as coisas foi o mau *timing* da tentativa de Jung de desenvolver uma "tipologia nacional" das características raciais quando as tensões estavam no auge. Em 1918 e novamente em 1934 Jung tentou aplicar seus interesses tipológicos a cristãos e judeus, sugerindo uma diferença estrutural psicológica entre estes povos em termos de origem, história e ligação ao lugar[49]. Jung mostrou insensibilidade ao evocar esta questão no clima social de seu tempo e, embora sua tipologia não seja depreciativa ou preconceituosa, o fato de ela ter levantado a questão das diferenças foi em si altamente controverso. As declarações de Jung sobre "psicologia judaica" ofenderam algumas pessoas, embora a ofensa não fosse intencional. Andrew Samuels afirmou que o tabu deveria ser eliminado da tipologia nacional de Jung, já que hoje podemos ver esses critérios num contexto social diferente[50].

Mas a amarga ruptura com Freud, as teorias inoportunas de tipologia nacional e o envolvimento na Sociedade Alemã no período nazista tomaram um impulso próprio e, em algumas mentes, consolidou-se uma imagem de Jung como antissemita. Esta imagem ou estigma foi uma surpresa para sua secretária pessoal, Aniela Jaffé, que era judia, e que escreveu com perspicácia e sensibilidade sobre a conduta de Jung durante a época nazista[51]. Por sua vez, diversos colaboradores próximos de Jung, entre os quais Erich Neumann, Gerhard Adler, James e Hilda Kirsch, Jolande Jacobi, Rivkah Kluger e Sigmund Hurwitz – todos judeus –, levantaram a voz em sua defesa[52]. Ernest Harms publicou em 1946 um artigo intitulado "Carl Gustav Jung: Defensor de Freud e dos judeus", com o subtítulo: "Um capítulo da história psiquiátrica europeia sob o jugo nazista"[53]. Harms abordou as alegações contra Jung de maneira histórica. Ele compila fortes evidências para afirmar que as

---

49. JUNG. "Sobre o inconsciente" (1918) e "A situação atual da psicoterapia" (1934). OC 10/3.

50. SAMUELS, Andrew. "Nations, Leaders and a Psychology of Difference". *The Political Psyche*. Londres/Nova York: Routledge, 1993.

51. JAFFÉ, Aniela. "C.G. Jung and National Socialism". In: *From the Life and Work of C.G. Jung*. Nova York: Harper & Row, 1971.

52. Cf. por exemplo KIRSCH, James. "Carl Gustav Jung and the Jews: The Real Story" (1982). In: *Lingering Shadows: Jungians, Freudians and Anti-Semitism*, p. 51-88.

53. HARMS, Ernest. "Carl Gustav Jung: Defender of Freud and the Jews: A Chapter of European Psychiatric History under the Nazi Yoke". *Psychiatric Quarterly* (Nova York), abril de 1946, p. 1-32; reimpresso em *Lingering Shadows: Jungians, Freudians and Anti-Semitism*, p. 17-49.

alegações de antissemitismo e simpatia pró-nazista são o resultado de distorções, informações falsas e erro. Ele afirma que os inimigos de Jung usaram estas informações falsas contra ele.

Apesar deste apoio moral, os estigmas persistiram. Como diz o ditado: "O lodo gruda" – especialmente, como veremos, quando se trata do "lodo negro" da invenção de Freud. É difícil livrar-se destas alegações, porque elas foram reforçadas a partir do lado freudiano, que por um século não digeriu a deserção de seu "príncipe herdeiro". Desde que os freudianos ofuscaram os junguianos no âmbito cultural e na influência política, as declarações junguianas de defesa fizeram pouco para dissipar as opiniões difundidas pelas comissões secretas e outras.

Pneumafobia e medo do espírito

Minha interpretação é que a questão delicada não é tanto a raça quanto a espiritualidade. O insulto racial é o disfarce exterior de algum outro rancor. A raiva contra Jung ocorre porque ele simboliza o "espírito" e isso perturba os que são rigidamente racionais. Freud mostrou sinais fóbicos em relação ao espírito e em sua associação profissional Jung lembra esta troca de opiniões:

> Tenho ainda uma viva lembrança de Freud me dizendo: "Meu caro Jung, prometa-me nunca abandonar a teoria sexual. É o que importa, essencialmente. Olhe, devemos fazer dela um dogma, um baluarte inabalável". Ele me dizia isso cheio de ardor, como um pai que diz ao filho: "Prometa-me uma coisa, meu caro filho: vá todos os domingos à igreja!" Um tanto espantado, perguntei-lhe: "Um baluarte – contra o quê?" Ele respondeu-me: "Contra a onda de lodo negro do..." Aqui ele hesitou um momento e então acrescentou: "...do ocultismo!"[54]

Freud não podia suportar o pensamento de que seu herdeiro estivesse sendo vítima do "lodo negro" do ocultismo. Freud referia-se a tudo o que fosse de natureza espiritual como "ocultismo", embora este fosse um julgamento indiferenciado. As tendências "ocultas" de Jung,

---

54. JUNG. *Memórias*, p. 136.

como afirmei acima, foram superadas quando ele se aproximou de uma compreensão sofisticada da espiritualidade. Mas, para Freud, a espiritualidade e o ocultismo eram ambos "negros", ou seja, inimigos da razão. "Freud parecia entender por 'ocultismo', aproximadamente, tudo o que a filosofia e a religião – assim como a parapsicologia nascente – diziam da alma"[55].

Numa carta importante a Jung, Freud pretende um alto nível moral, dizendo que "está ávido por conhecimento e de forma alguma por superstições"[56]. Ironicamente, enquanto trata Jung como um idiota por causa de seu interesse pelo paranormal, Freud demonstra abundantemente suas próprias crenças ocultas. Ele descreve sua antiga e duradoura superstição numérica (numerologia), seu medo obsessivo de que irá morrer aos 61 anos de idade e seu interesse pela transmissão de pensamentos ou telepatia na análise. Ele as descreve com um ar de superioridade, tendo "detectado" estas superstições com a ajuda da autoanálise. No entanto, Freud estava suficientemente aferrado a este tema a ponto de escrever um ensaio sobre "Psicanálise e telepatia" em 1921, embora sua publicação tenha sido protelada até depois de sua morte em 1953[57]. Um de seus famosos ensaios – "O inquietante" (das Unheimliche) – demonstra a profunda atração que o místico e o oculto exercem sobre ele[58]. Neste ensaio, Freud "se declara culpado" por um interesse especial pelo tema e descreve suas "inquietantes" experiências pessoais do *déjà vu* e da superstição. Enquanto Jung está escrevendo *Símbolos da Transformação* e explorando o mito e as configurações do espírito, Freud é inspirado a escrever *Totem e tabu*, que trata de um tema semelhante.

Disto podemos conjecturar que Freud tinha um profundo interesse pelo espírito; mas, por tê-lo reprimido, este nunca evoluiu para além de um espiritualismo ambivalente e canhestro. Se o espírito é contrariado, ele pode assumir aparências inferiores. Como Jung escreveu em outro

---

55. JUNG. *Memórias*, p. 136.
56. Freud, carta a Jung, 16 de abril de 1909 em *The Freud/Jung Letters*, p. 219.
57. FREUD. "Psychoanalysis and Telepathy" (1921), publicado pela primeira vez em DEVEREUX, G. *Psychoanalysis and the Occult*. Nova York: International Universities Press, 1953, p. 56-68. Agora em *SE* 18.
58. FREUD. "The Uncanny" (1919) [Das Unheimliche]. *SE* 17.

contexto: "Aquilo que tiver sido reprimido, voltará a manifestar-se em outro lugar e sob uma forma modificada, mas desta vez carregado de um ressentimento que transforma o impulso natural em nosso inimigo"[59]. Freud parecia projetar seu espírito deformado sobre Jung, que ele "considerava um tolo crivado de complexos"[60]. Freud censura Jung por seu chamado "complexo de fantasma" e diz que este é "um delírio encantador do qual não se participa pessoalmente"[61]. No entanto, tudo indica que era Freud quem estava obcecado pelo "das Unheimliche", o inquietante[62].

Em *Tabooed Jung* (*Jung proscrito*), um estudo sobre a exclusão de Jung dos discursos acadêmicos, Christine Gallant escreve: "Jung sempre foi um objeto proscrito para o movimento psicanalítico"[63]. Em *Totem e tabu* Freud descreve o tabu da seguinte maneira: "Cerca-o uma sensação de algo inacessível... expresso principalmente em proibições e restrições. Nossa formulação 'temor sagrado' muitas vezes coincide no sentido com tabu"[64]. Isto poderia descrever Jung em 1913: ele era "inacessível", olhado com "temor sagrado" e a comissão secreta havia praticado "proibições" e "restrições" para sustar suas investigações. Quando um investigador da mente toca o numinoso, ele/ela se torna um representante dele, quase que por contágio. Ele se torna um portador do sagrado e isto é uma bênção e uma maldição, porque o seleciona, transformando-o em alguém que está sob a influência de um deus e não é mais um agente livre. O numinoso pode ser exasperante para quem insiste na necessidade da liberdade humana, já que a presença do sagrado limita nossa vontade. Os que se permitem ser tocados pelo sagrado se tornam figuras ridículas para os que têm medo destas profundezas.

---

59. JUNG. *Aion* (1951). OC 9/2, § 51.
60. Jung, carta a Freud, 11 de novembro de 1912, em *The Freud/Jung Letters*, p. 516.
61. Freud, carta a Jung, 16 de abril de 1909, em *The Freud/Jung Letters*, p. 220.
62. Cf. DEVEREUX, G. *Psychoanalysis and the Occult* (1953). Londres: Souvenir Press, 1974; e TOTTON, Nick. "Funny you should say that: Paranormality, at the margins and the centre of psychotherapy". *European Journal of Psychotherapy and Counselling* 9/4, 2007, p. 389-401.
63. GALLANT, Christine. *Tabooed Jung: Marginality as Power*. Nova York: University Press, 1996, p. 3.
64. FREUD. *Totem and Taboo* (1913). SE 13, p. 18.

Freud havia pescado um peixe que era maior do que seus construtos teóricos podiam permitir. Se procurarmos as raízes da sexualidade, acreditava Jung, precisamos estar preparados para aceitar também o espírito, já que são as duas faces da mesma força vital[65]. Ele disse que a sexualidade é "a outra face de Deus, o lado sombrio da imagem de Deus"[66]. Esta força sagrada requer ser conhecida em sua totalidade e não se contentará em ser considerada apenas uma função biológica. O que é excluído do quadro se torna uma fonte de aborrecimento e insatisfação. Jung julgava ter "observado uma erupção de fatores religiosos inconscientes em Freud"[67]. Freud havia levado em consideração apenas "uma das metades e como consequência inevitável nasce uma reação no inconsciente"[68]. Jung viu isto se manifestando como uma amargura geral em relação à vida e um endurecimento do coração:

> Minha impressão era que, no fundo, ele trabalhava contra sua própria meta e contra si mesmo. Pois bem: haverá maior amargura do que a de um homem que é seu mais encarniçado inimigo? Citando palavras suas: ele se sentia ameaçado por uma "onda de lodo negro", ele, aquele que antes de qualquer outro tentara penetrar e tirar a limpo as profundezas negras[69].

Das profundezas apareceu algo que Freud não podia integrar em seu sistema. Para Jung, a "monotonia da interpretação", que era característica do método redutivo de Freud, "traduzia uma fuga diante de si mesmo ou de outra parte de si que ele teria talvez que chamar de mística"[70]. Freud "queria ensinar – pelo menos é o que me pareceu – que, considerada subjetivamente, a sexualidade engloba também a espiritualidade, ou possui uma significação intrínseca. Mas sua terminologia, demasiado

---

65. As reflexões de Jung sobre a dimensão espiritual da sexualidade se encontram em "A psicologia da transferência" (1946). OC 16/2 e *Mysterium Coniunctionis* (1955-1956). OC 14/1-3.
66. JUNG. *Memórias*, p. 150.
67. JUNG. *Memórias*, p. 136.
68. JUNG. *Memórias*, p. 138.
69. JUNG. *Memórias*, p. 138.
70. JUNG. *Memórias*, p. 138.

concreta, era muito restrita para poder formular esta ideia"[71]. Seu interesse ambivalente pelo espírito era tratado como forma de projeção: Jung foi transformado no "profeta" desprezado que foi identificado com o lodo negro e despedido sumariamente. Freud se sentiu desobrigado por ter-se livrado de Jung, cujo nome e reputação estavam sobrecarregados de projeções.

Relevante neste contexto é a obra de John Carroll sobre o que ele chamava de *pneumafobia*, ou medo do espírito[72]. Carroll argumenta que a *pneumafobia* se encontra em contextos seculares e racionais que procuram evitar ou sepultar o espírito. Ele a encontra expressa num ataque rancoroso e defensivo contra as ideias espirituais, já que estas ideias levam algumas pessoas a sentir-se inadequadas. A consciência secular carrega uma "ferida" a respeito do pneuma e percebe que falhou em ajustar-se a ela. "A ferida supura e se transforma em rancor – a compulsão por difamar o pneuma e os que o carregam"[73]. Ressentimento, hostilidade e raiva – estes foram diagnosticados por Nietzsche como sintomas dos que perderam sua aspiração transcendental[74]. Os primeiros analistas pretendiam ser paladinos dos reprimidos e, enquanto traziam à tona o aspecto sexual da libido – muitas vezes contra a oposição "civilizada" – eram incapazes de agir como liberadores da energia espiritual. "É ainda uma tarefa do futuro", escreve Jung, "integrar a noção geral e básica de que nossa existência psíquica tem dois polos"[75].

A psicologia de Jung e o futuro

Embora Freud use "misticismo" como um termo de insulto, isso não seria tolerado hoje. As atitudes públicas e eruditas acerca do misticismo mudaram nas décadas de 1940 e 1950, quando apareceram os

---

71. JUNG. *Memórias*, p. 138.
72. CARROLL, John. *The Western Dreaming*. Sydney: HarperCollins, 2001, p. 53.
73. CARROLL, John. *The Existential Jesus*. Melbourne: Scribe Publications, 2007, p. 35.
74. NIETZSCHE, Friedrich. *The Birth of Tragedy*, trad. Shaun Whiteside. Londres: Penguin, 1993 [1872].
75. JUNG. *Memórias*, p. 151.

escritos de Thomas Merton e Teilhard de Chardin[76]. Da mesma forma também as obras de Evelyn Underhill, São João da Cruz, Teresa de Ávila e Mestre Eckhart foram redescobertas por uma cultura contemporânea ávida por ser informada pela visão mística. O interesse fenomenal pelos escritos do poeta islâmico Rumi confirmou que a fome que o mundo tem de misticismo está num alto nível e é constante. Neste sentido, Freud está fora de sintonia com a vida contemporânea e falando a partir de uma cosmovisão do final do século XIX.

Mesmo na análise freudiana a ideia de misticismo recebeu renovado apoio. Em *Realms of the Human Unconscious* (*Esferas do inconsciente humano*), Stanislav Grof, membro do grupo psicanalítico de Praga, apresentou sua pesquisa experimental sobre estados alterados de consciência e assinalou que em quase todos os casos seus pacientes "transcendiam o estreito esquema psicodinâmico e entravam nos âmbitos transpessoais"[77]. Grof começou como um freudiano convicto que compartilhava as críticas típicas a Jung, mas viu sua obra tornar-se mais "junguiana" na medida em que afirmava uma base arquetípica da mente. Nos últimos anos presenciamos diversos endossos da vida espiritual provenientes dos quartéis freudianos, como *The Psychoanalytic Mystic* (*A psicologia mística*), *Psychoanalysis and Religious Experience* (*Psicanálise e experiência religiosa*) e *Emotion and Spirit* (*Emoção e espírito*)[78]. Os freudianos ignoraram as atitudes deformadas de seu fundador em relação à espiritualidade e à religião.

Esta mudança podia ter sido esperada. Enquanto ciência da mente, a psicanálise não poderia permanecer fiel à racionalidade rígida de Freud. Ele estabeleceu limites demasiadamente estreitos e seus seguidores, inclusive Bion, Eigen e Grotstein, os fizeram recuar e, talvez, os tenham destruído. O polo espiritual da libido, como foi teorizado por Jung, veio

---

76. MERTON, Thomas. *A Montanha dos sete patamares*. Petrópolis: Vozes, 2010; CHARDIN, Teilhard de. *O fenômeno humano*. São Paulo: Herder, 1965.

77. GROF, Stanislav. *Realm of the Human Unconscious*. Nova York: Viking, 1975, p. 212.

78. EIGEN, Michael. *The Psychoanalytic Mystic*. Nova York: Free Association Books, 1998; MEISSNER, William. *Psychoanalysis and Religious Experience*. New Heaven: Yale University Press, 1984; e SYMINGTON, Neville. *Emotion and Spirit: Questioning the Claims of Psychoanalysis and Religion*. Londres: Karnac, 1998.

à tona na obra dos pós-freudianos, desmentindo a visão mecanicista que herdaram[79]. A distância entre as coisas junguianas e freudianas está se encurtando e em 1975 Paul Roazen escreveu: "Poucas figuras responsáveis na psicanálise ficariam perturbadas hoje se um analista apresentasse visões idênticas às de Jung em 1913"[80].

No entanto, embora a teoria freudiana esteja se tornando mais "junguiana", poucos ou talvez nenhum dos analistas estão preparados para reconhecer que ocorreu uma "reconciliação" com Jung. Em *Jung and the Post-Jungians* (*Jung e os pós-junguianos*), Andrew Samuels analisa 15 aspectos onde a teoria freudiana contemporânea se alinhou com o pensamento junguiano, mostrando que Jung estava apontando o caminho para o futuro. Samuels conclui: "Jung é revelado como um pensador e psicoterapeuta surpreendentemente moderno, que antecipou de maneira muito surpreendente muitos aspectos onde o pensamento psicanalítico se desenvolveu"[81]. Ironicamente, Jung é ainda visto por esses autores e analistas como uma figura do passado. Christine Gallant observa: "As teorias e descobertas do Jung maduro e dos junguianos posteriores são compatíveis com o trabalho psicanalítico contemporâneo. No entanto, pouco disso é reconhecido pelos críticos de hoje – muitos dos quais iriam provavelmente arrepiar-se com a sugestão de que entre Jung e eles existe menos diferença do que pensam"[82]. O trabalho da comissão secreta de Freud é eficaz até hoje, embora já não exista necessidade de a guerra cultural continuar.

É claro que as tradições freudianas estão mais interessadas em chegar, à sua maneira, a um ponto de vista nobre. Não querem retornar à dolorosa saga de Jung *versus* Freud ou envolver-se na política de personalidades de cem anos atrás. Estão mais interessadas em ultrapassar confiantemente seu fundador e seguir em frente. Embora seja um consolo limitado para os junguianos, no sentido de que eles permanecem marginalizados, isto justifica os rumos teóricos sobre os quais o projeto

---

79. Cf. TACEY, David. "The Gift of the Unknown: Jung(ians) and Freud(ians) at the End of Modernity". In: *European Journal of Psychotherapy and Counselling* 9/4, 2007, p. 423-434.
80. ROAZEN, Paul. *Freud and his Followers*. Nova York: 1975, p. 272.
81. SAMUELS, Andrew. *Jung and the Post-Jungians*. Londres: Routledge, 1985, p. 9.
82. GALLANT, Christine. *Tabooed Jung*, p. 4.

junguiano está fundado. Confirma também a teoria bipolar da libido de que, sempre que o aspecto sexual da libido é explorado, o aspecto espiritual aparece. Como escreveu Jung: "A energia só pode ser produzida pela tensão dos contrários"[83].

O surgimento da ciência holística

Escrevendo sobre a nova guinada na direção do conhecimento e da ciência nas décadas recentes, Diarmuid O'Murchu disse:

> O século XXI irá, com toda probabilidade, experimentar um impulso para outra visão da vida, a saber, a visão *holística* ou visão *dos sistemas*, que procura interpretar todas as formas de vida, inclusive o universo como um todo, como um processo de mútua interdependência, onde as partes individuais não agem independentemente, mas em relação com todas as outras para o bem do todo. Esta nova orientação, predita por Teilhard de Chardin há quase quarenta anos, já está começando a tomar forma; de maneira interessante, e talvez irônica, este impulso está surgindo não do cristianismo, mas das intuições combinadas da biologia, da física, da antropologia, da psicologia e do misticismo[84].

É verdade que Teilhard de Chardin previu a guinada para uma ciência holística na década de 1950, mas Jung a predisse antes, nas décadas de 1920 e 1930. Escrevendo em 1929, em seu comentário sobre a tradução de Richard Wilhelm de textos alquímicos chineses, Jung elogia os sistemas orientais de conhecimento por não perder o equilíbrio vital entre espírito e matéria. O Ocidente, diz ele, examinou cuidadosamente a matéria, suprimindo o espírito e confundindo-o com o intelecto. Nós no Ocidente ficamos inflados pela razão, mas:

> [A China] ...nunca se afastou dos fatos centrais da alma a ponto de perder-se no engano de uma supervalorização e desenvolvimento unilaterais de uma função psíquica

---

83. JUNG. "A teoria do eros". OC 7/1, § 34.
84. O'MURCHU, Diarmuid. *The God Who Becomes Redundant*. Dublin/Londres: The Mercier Press/Fowler Wright Books, 1986, p. 9.

isolada. Por isso mesmo nunca deixou de reconhecer o paradoxo e a polaridade de tudo o que vive. Os opostos sempre se equilibram na mesma balança – sinal de alta cultura. Ainda que represente uma força propulsora, a unilateralidade é um sinal de barbárie[85].

A unilateralidade do Ocidente é "bárbara", porque o espírito murcha e morre e a cultura cai a um nível mais baixo. As pessoas se deixam consumir pelo materialismo e a alta cultura absorve esta tendência e deixa de fazer as perguntas fundamentais. Por fim a cultura cai na desordem e na violência, como vimos no século XX, porque as energias psíquicas são tortas ou, como diriam os chineses, nós "perdemos o Tao", o Caminho. Jung continua:

> A reação que se iniciou no Ocidente contra o intelecto e a favor do eros ou da intuição constitui, na minha opinião, um sintoma de progresso cultural e um alargamento da consciência além dos estreitos limites de um intelecto tirânico[86].

Não tenho certeza do que Jung tinha em mente aqui, mas todos os indícios apontam que o conhecimento está se alargando para além de seus estreitos confins anteriores. Muitas forças culturais ajudaram a expandir os campos do conhecimento: os estudos feministas procuraram expor o conhecimento "objetivo" como um construto de uma cosmovisão patriarcal; o pós-modernismo procurou expor a própria noção de objetividade como uma ficção cultural[87]; a filosofia da ciência e a teoria dos paradigmas mostraram que aquilo que muitas vezes foi tido como ciência era "cientismo", uma ideologia que se faz passar por ciência[88]. Somos afortunados pelo fato de as ciências, como disse O'Murchu, estarem numa disposição de ânimo diferente, graças à virada pós-moderna.

---

85. JUNG. "Comentário a 'O segredo da flor de ouro'" (1929). OC 13, § 7.
86. Ibid., § 7.
87. LYOTARD, Jean-François. *The Postmodern Condition: A Report on Knowledge*. Minneapolis: University of Minnesota Press, 1984.
88. POPPER, Karl. *Conjectures and Refutations*. Londres: Routledge & Kegan Paul, 1963; e KUHN, Thomas. *The Structure of Scientific Revolutions* (1962). Chicago: University of Chicago Press, 1996.

As ciências deram um salto para as compreensões intuitivas do mundo, em parte porque a física se deu conta que é impossível observar a matéria sem ao mesmo tempo implicar o observador. A física contemporânea[89], a biologia[90], a matemática, a neurociência, a economia, a ecologia e as ciências naturais adotaram uma visão interconectada com o mundo, longe do modelo causal que constituía a base da ciência mecanicista. Algumas destas ciências se abriram à possibilidade de que o espírito é a força de ligação no universo[91]. A teologia se aproximou mais de uma compreensão integrativa da realidade[92] e a filosofia está recuperando seu interesse pelas questões do sentido último[93]. Até a psicologia e a psiquiatria estão indo na mesma direção[94]. O mundo imaginado por Jung, no qual religião, ciência, filosofia e psicologia pudessem trabalhar juntas e trazer a matéria e o espírito para uma nova relação, está emergindo, mas isto ocorreu bem depois de sua morte.

Em *Synchronicity: Nature and Psyche in an Interconnected Universe* (*Sincronicidade: Natureza e psique num universo interconectado*), Joseph Cambray escreve:

> Jung era radicalmente transgressivo; pouco se importava com os confins ou fronteiras das diferentes disciplinas, mas procurava os padrões mais profundos na mente, na cultura e na natureza. Ciência e religião não são intrinsecamente opostas e ele descobriu uma ciência do sagrado, especialmente em seu trabalho clínico[95].

---

89. BOHM, David. *Wholeness and the Implicate Order*. Londres: Routledge & Keagan Paul, 1980.

90. SHELDRAKE, Rupert. *The Rebirth of Nature: The Greening of Science and God*. Nova York: Bantam, 1991.

91. SPRETNAK, Charlene. *States of Grace: The Recovery of Meaning in the Postmodern Age*. San Francisco: HarperSanFrancisco, 1991; e CAPRA, Fritjof. *The Tao of Physics* (1975). Boston: Shambala, 1991.

92. BERRY, Thomas. *O sonho da terra*. Petrópolis: Vozes, 1991; e O'MURCHU, Diarmuid. *Quantum Theology*. Nova York: Crossroad, 1996.

93. DERRIDA, Jacques & VATTIMO, Gianni (eds.). *Religion*. Stanford: Stanford University Press, 1998.

94. EMMONS, Robert A. *The Psychology of Ultimate Concerns: Motivation and Spirituality in Personality*. Nova York/Londres: The Guilford Press, 1999; e JACOBS, Gregg. *The Ancestral Mind*. Nova York: Viking, 2003.

95. CAMBRAY, Joseph. *Synchronicity: Nature and Psyche in an Interconnected Universe*. College Station, TX: Texas A&M University Press, 2009.

A maneira como o conhecimento é dividido em compartimentos estanques em nossas universidades não é proveitoso para as investigações de Jung do *unus mundus*, um só mundo. Nosso sistema universitário só é capaz de reproduzir-se, ou seja, reproduzir um mundo dividido de especializações onde os vínculos "espirituais" são ignorados. Jung tinha dificuldade com as universidades porque era um generalista num tempo de especialização. Em sua época um generalista era desaprovado como um diletante que não podia ser levado a sério. No entanto, Jung não era um mero amador; ele estava em busca dos fios de ligação da existência, o que o forçou a entrar em muitos terrenos do conhecimento. Quando criou um Fundo de Psicologia na Escola Superior Técnica de Zurique, Jung falou da meta e do alcance da psicologia:

> O tratamento da psicologia deveria em geral caracterizar-se pelo princípio da universalidade. Não deveria ser proposta nenhuma teoria especial ou tema especial, mas a psicologia deveria ser ensinada em seus aspectos biológicos, etnológicos, médicos, filosóficos, cultural-históricos e religiosos[96].

Esta é uma declaração visionária acerca do papel futuro da psicologia no desenvolvimento do conhecimento; mas, ironicamente, o curso da psicologia dominante ia na direção oposta, rumo a uma crescente especialização. Em "Psicologia e poesia", Jung sugeriu que o psicólogo tem uma obrigação de ir além das fronteiras convencionais:

> É uma particularidade da alma ser não apenas mãe e origem de toda a ação humana, como também expressar-se em todas as formas e atividades do espírito; não podemos encontrar em parte alguma a essência da alma em si mesma, mas somente percebê-la e compreendê-la em suas múltiplas formas de manifestação. Por isso, o psicólogo é obrigado a adentrar em vários domínios, deixando o castelo seguro de sua especialidade; e isto, não como pretensão ou diletantismo, mas por amor ao conhecimento, em busca da verdade[97].

---

96. Jung, citado em MEIER, C.A. *The Psychology of Jung*. Volume 1: *The Unconscious in its Empirical Manifestations*. Boston: Sigo Press, 1984, p. x.
97. JUNG. "Psicologia e poesia" (1930/1950). OC 15, § 132.

Jung foi impelido a familiarizar-se com a antropologia, a sociologia, a física, a biologia, as religiões comparadas, as antigas civilizações, a teologia, os estudos clássicos, a alquimia medieval, a literatura, a arte e pelo menos nove sistemas linguísticos. Ele não era um perito nestes campos, mas era um pensador atento em busca de vestígios do espírito. Quando iniciou seus estudos sobre a sincronicidade, ele se associou ao físico Wolfgang Pauli[98], ganhador do Prêmio Nobel. Teve debates com Einstein, de modo que pôde ser informado sobre as novas investigações científicas sobre energia e matéria[99]. Estabeleceu conexões com o sinólogo Richard Wilhelm, com o indólogo Heinrich Zimmer, com o classicista Karl Kerényi e com o teólogo Victor White.

Jung arriscou-se a ser "indisciplinado" no sentido técnico e arriscou-se a cair na invisibilidade, nas gretas entre as disciplinas que percorria. Mas no contexto de nossa atual busca de conhecimento, os esforços de Jung fazem mais sentido. Uma expressão da nova preocupação pela interconexão é o interesse pelos estudos interdisciplinares. O impulso para os estudos interdisciplinares surgiu nos Estados Unidos, à medida que os estudiosos lutam por reconstituir o quebra-cabeça do conhecimento. Os países europeus continuaram muitas vezes resistindo a este desenvolvimento, por entender que o conhecimento é melhor servido num método especializado. Mas muitos nos Estados Unidos e em outros lugares estão insatisfeitos com os conhecimentos especializados que herdamos e estão procurando teorias mais amplas da sociedade e da personalidade. Muitos se dão conta de que muitas vezes os estudiosos acabam sabendo "cada vez mais" sobre "cada vez menos" e, por isso, existe ignorância e falta de interesse pelas questões mais amplas.

A ecologia da alma

Existe outra questão que precisamos tratar hoje: a crise ambiental e suas "verdades incômodas". Uma emergência ecológica está se agigantando e isto lançou uma nova luz sobre a função do conhecimento. O

---

98. JUNG, C.G. & PAULI, Wolfgang. *The Interpretation of Nature and the Psyche.* Londres/Nova York: Routledge & Keagan Paul, 1955.
99. Sobre a relação de Jung com Einstein, cf. CAMBRAY. *Synchronicity.*

conhecimento que continua a fragmentar o mundo, a separar a humanidade da natureza, a fazer uma divisão entre o espírito e a terra e entre a mente e o corpo, está sendo visto com um novo tipo de suspeita, como nunca vimos antes. O modelo dualista de conhecimento, que não tinha rivais até recentemente, está sendo atacado a partir de muitas direções e Jung está sendo valorizado neste momento. Hoje precisamos de teorias amplas que possam abarcar as relações entre humanidade e natureza e as conexões entre matéria, física, psique, mente e comportamento.

A emergência ecológica nos estimulou a valorizar o todo em vez da parte e Jung proporciona uma visão que é suficientemente ampla para compreender as conexões entre uma série de elementos que geralmente não estão conectados. Pode ser que esses elementos estiveram sempre conectados, mas nossas especializações científicas os mantiveram separados. As intuições de Jung da interconexão do mundo[100], junto com as revisões de sua obra feitas por Hillman[101], trouxeram significativas contribuições para o surgimento da disciplina da *ecopsicologia*[102]. Poderíamos dizer que finalmente o pensamento junguiano encontrou reconhecimento e respeito no campo erudito. A ecopsicologia reuniu cientistas da natureza, filósofos, poetas, ativistas ambientais, sociólogos teóricos da educação. Este importante discurso novo está em busca de orientação espiritual e fundamento filosófico para o movimento ambientalista e está sentindo atração por Jung. Antes de James Lovelock desenvolver sua hipótese Gaia[103], Jung estava propondo princípios unificadores do mundo que, como se percebe agora, têm consequências ecológicas. Existe grande alvoroço intelectual a respeito da ecopsicologia, porque ela parece sugerir uma saída do nosso dualismo, em direção a uma abordagem holística que pode curar a terra como também a mente.

---

100. Cf. em particular SABINI, Meredith (ed.). *The Earth Has a Soul: The Nature Writings of C.G. Jung.* Berkeley, CA: North Atlantic Books, 2002.

101. HILLMAN, James. "Anima Mundi: The Return of the Soul to the World" (1982). In: HILLMAN. *The Thought of the Heart and the Soul of the World.* Dallas: Spring Publications, 1992; e HILLMAN, James & VENTURA, Michael. *We've Had a Hundred Years of Psychotherapy and the World's Going Worse.* San Francisco: HarperSanFrancisco, 1992.

102. ROSZAK, Theodore/GOMES, Mary E. & KANNER, Allen K. (eds.). *Ecopsychology: Restoring the Earth, Healing the Mind.* San Francisco: Sierra Club Books, 1995.

103. LOVELOCK, James. *Gaia: A New Look at Life on Earth.* Nova York: Oxford University Press, 1979.

A própria prática clínica de Jung era um exercício de medicina holística ou cura ecológica. Ele se recusava a ver o corpo e suas doenças como algo separado da mente. Por sua vez, a mente era afetada pela vida do espírito. Uma atitude errada em relação à vida, uma perspectiva moral inadequada ou um preconceito podiam ter consequências para a saúde do corpo e de seus órgãos. Poderíamos descrever a prática clínica de Jung como uma aplicação de uma "ecologia da alma", na qual todas as partes do ser humano se afetam mutuamente. Jung foi um dos primeiros profissionais da medicina moderna a criticar o modelo médico e a afirmar que suas limitações eram ideológicas e precisavam ser superadas:

> A medicina, no decorrer do século XIX, tornara-se, em seus métodos e teoria, uma disciplina tributária das ciências naturais e se apoiava nos mesmos pressupostos filosóficos que estas últimas – *o causalismo e o materialismo*. A alma enquanto substância espiritual não existia por si, da mesma maneira que a Psicologia experimental se esforçava ao máximo para elaborar uma Psicologia sem alma[104].

Jung introduziu na medicina a ideia de que o médico tem a responsabilidade de trazer sentido ou espírito à vida do paciente. "A psiconeurose, em última instância, é um sofrimento de uma alma que não encontrou o seu sentido"[105]. "Ignorar a origem espiritual de tais conteúdos conduziria a um tratamento falho e, decorrentemente, a um fracasso"[106]. Na época, isto era a última coisa que a medicina queria ouvir. Ela se sentia filha da ciência natural e compartilhava seu pressuposto da causação material. Para a ciência o sentido parecia insubstancial, ambíguo e fugidio. Como podia uma coisa dessas influenciar a cura da neurose, e muito mais as doenças orgânicas do corpo? O antigo paradigma supunha que o corpo era uma máquina e poderíamos entender seus mecanismos em termos químicos e físicos. Jung considerava isso um argumento falho e que devia finalmente ser substituído por uma visão mais holística.

---

104. JUNG. "Relações entre a Psicoterapia e a Direção Espiritual" (1932). OC 11/6, § 490.
105. JUNG. Ibid., § 497.
106. JUNG. "O problema fundamental da psicologia contemporânea" (1931). OC 8/2, § 686; cf. cap. 1 deste volume.

Para seu desgosto, Jung foi tratado como um "curandeiro" que possuía ideias primitivas sobre a medicina. Mas era uma medicina obsoleta e nos 90 anos aproximadamente desde que Jung fez esses pronunciamentos suas críticas foram justificadas.

Em nosso tempo a medicina está se tornando mais holística. O clínico geral não é conhecedor apenas da medicina ocidental, mas muitas vezes tem interesse na medicina chinesa, indiana ou japonesa. Um grande número de médicos pratica a acupuntura, a medicina herbal ou fitoterapia, a naturopatia, a osteopatia e outras modalidades chamadas "complementares". Na saúde mental existe entre os profissionais e pacientes uma maior suspeita de que a medicação pode tratar doenças mentais complexas. A indústria da saúde mental está se encaminhando para um paradigma mais holístico, no qual as teorias e métodos de Jung, inclusive sua interpretação dos sonhos, fantasias e visões, e sua amplificação das imagens à luz dos mitos e sistemas cosmológicos, já não parecem mais fora de lugar. Neste ambiente aberto, o discurso sobre alma ou espírito já não irrita o profissional da medicina. Pelo contrário, todos os relatos sugerem que esses profissionais estão ávidos por ser reeducados num modelo mais amplo no qual alma e espírito não são mais considerados obsoletos[107].

Jung percebeu que a totalidade era a chave para curar a personalidade que entrou em conflito consigo mesma. Levar o consciente a ouvir o inconsciente e construir uma ponte entre os dois era a única maneira de recuperar a sanidade. Ele percebeu que nossa saúde mental havia sido afetada adversamente por uma separação demasiada da natureza. Quando o humano é divorciado do cosmos, temos mais probabilidade de experimentar a neurose:

> A psique não é um hormônio, mas um mundo de dimensões, por assim dizer, cósmicas. [...] Só consciências individuais que perderam a conexão com o todo da psique são presas da ilusão de que a alma é uma pequena região facilmente abrangível e que se presta como objeto de uma

---

[107]. SWINTON, John. *Spirituality and Mental Health Care: Rediscovering a "Forgotten" Dimension*. Londres: Kingsley, 2001.

teoria "científica". O mal básico da neurose é a perda dessa conexão maior[108].

Nós não somos destinados a viver uma vida pequena e murcha dentro de nossas conchas pessoais, mas a reconhecer nossa unidade com a criação. Nós viemos de uma totalidade mais ampla e nos assemelhamos a pontinhos de luz provenientes de uma fonte divina. Se excluímos o cosmos, e fazemos a experiência de ser egoístas, prejudicamos nossa humanidade. Por isso, para Jung, a maneira como as pessoas modernas vivem pode ser autodestrutiva. O que ele busca em sua terapia é a reconexão com o eu que perdemos, de maneira condizente com a compreensão moderna. Falando de nossa relação perdida com os símbolos primordiais, Jung disse: "Só é possível viver a vida em plenitude quando estamos em harmonia com estes símbolos e voltar a eles é sabedoria"[109].

---

108. JUNG. "A situação atual da psicoterapia" (1934). OC 10/3, § 366-367.
109. JUNG. "As etapas da vida humana". OC 8/2, § 794.

Cronologia da vida e obra de Jung

(Adaptado e modificado de *C.G. Jung: Word and Image*. Ed. Aniela Jaffé, Princeton University Press, 1979)

1875	Nasceu a 29 de julho em Kesswil, na Suíça, de Paul Jung (1842-1896), pastor da Igreja reformada suíça, e Emilie Jung, nascida Preiswerk (1848-1923).
1879	A família se muda para Klein-Hüningen, perto de Basileia.
1895-1900	Formação médica e habilitação na Universidade de Basileia.
1896	Morte do pai.
1900-1909	Trabalha sob a orientação de Eugen Bleuler no Burghölzli, o manicômio do Cantão de Zurique e clínica psiquiátrica da Universidade de Zurique.
1902	Médico assistente sênior no Burghölzli; tese de doutorado em Medicina na Universidade de Zurique: "Sobre a psicologia e patologia dos fenômenos chamados ocultos" [OC 1].
1902-1903	Semestre de inverno com Pierre Janet no Salpêtrière, em Paris, para estudo da psicopatologia.
1903	Casamento com Emma Rauschenbach (1882-1955); um filho e quatro filhas.
1903-1905	Pesquisas experimentais sobre associação de palavras.

1905-1909	Médico assistente sênior no Burghölzli; ministra cursos sobre terapia hipnótica; pesquisa sobre a esquizofrenia.
1905-1913	Nomeado Privatdozent (conferencista) na faculdade de medicina da Universidade de Zurique; conferências sobre esquizofrenia e psicologia.
1906	Abril: começa a correspondência com Freud.
1907	Publica "A psicologia da *dementia praecox*: um ensaio" [OC 3]; março: primeiro encontro com Freud em Viena.
1909	Retira-se da clínica para dedicar-se à prática privada; primeira visita aos EUA, com Freud e Ferenczi; muda-se para sua casa própria em Küsnacht/Zurique.
1910-1914	Primeiro presidente da Associação Psicanalítica Internacional.
1912	Outra visita aos EUA; publica "Tentativa de apresentação da Teoria Psicanalítica" [OC 4], "Novos caminhos da psicologia" [OC 7/1] e *Wandlungen und Symbole der Libido* (*Transformações e símbolos da libido*, 1916; para revisão cf. 1952), que levou à:
1913	Ruptura com Freud; designa sua psicologia com "psicologia analítica" (e também "psicologia complexa"); renuncia ao cargo de conferencista na Universidade de Zurique.
1913-1919	Período de grande desorientação psíquica, seu "confronto com o inconsciente".
1914	Renuncia ao cargo de presidente da Associação Psicanalítica Internacional.
1916	Publica "Septem Sermones ad Mortuos"; primeira pintura de mandala; primeira descrição da imaginação ativa em "A função transcendente" (OC 8/2) (só publicada em 1957); primeiro uso dos termos "inconsciente coletivo", "individuação", "*anima/animus*", "*persona*"; começa o estudo dos escritos gnósticos.
1918	Publica "Sobre o inconsciente" (OC 10/3).

1918-1919	Comandante de campo para os soldados britânicos internados em Château d'Oex; primeiro uso do termo "arquétipo" em "Instinto e inconsciente" [OC 8/2].
1920	Viagem à Argélia e à Tunísia.
1921	Publica *Psychologische Typen* (*Tipos psicológicos* – OC 6); primeiro uso do termo "self".
1923	Constrói uma torre em Bollingen; morte da mãe; começa a associação com Richard Wilhelm.
1924-1925	Viagem aos EUA; visita os índios Pueblo no Novo México.
1925	Primeiro seminário em inglês no Clube Psicológico, em Zurique.
1925-1926	Expedição ao Quênia, Uganda e rio Nilo; visita com Elgonyi no Monge Elgon.
1928	Começa o estudo da alquimia; publica *Dois escritos sobre psicologia analítica* (OC 7/2).
1928-1930	Seminários em inglês sobre "Análise dos sonhos" no Clube Psicológico, em Zurique.
1929	Publicação, com Richard Wilhelm, de *O segredo da flor de ouro*; publica *Contribuições à Psicologia Analítica*.
1930	Vice-presidente da Sociedade Médica Geral de Psicoterapia, tendo como presidente Ernst Kretschmer.
1930-1934	Seminários em inglês sobre "Interpretação das visões" no Clube Psicológico, em Zurique.
1932	Recebe o Prêmio de Literatura da Cidade de Zurique.
1933	Primeiras preleções na Eidgenösssische Technische Hochschule (ETH) (Instituto Federal de Tecnologia), em Zurique, sobre psicologia moderna; publica *Modern Man in Search of a Soul* (tradução inglesa de uma série de ensaios psicológicos); primeira conferência de Eranos, sobre "Estudo empírico do processo de individuação" [OC 9/1]; viagem para o Egito e a Palestina.

1934	Funda a Sociedade Médica Geral Internacional de Psicoterapia e se torna seu primeiro presidente; conferência de Eranos "Sobre os arquétipos do inconsciente coletivo" [OC 9/1].
1934-1939	Seminários em inglês sobre "Aspectos psicológicos do Zaratustra de Nietzsche" no Clube Psicológico, em Zurique.
1934-1939	Editor *Zentralblatt für Psychotherapie und ihre Grenzgebiete* (Leipzig).
1935	Nomeado professor titular na ETH, em Zurique; conferência de Eranos sobre "Símbolos oníricos do processo de individuação" [OC 12]; conferências de Tavistock (Tavistock Lectures), em Londres (*Fundamentos da psicologia analítica* [OC 18/1]).
1936	Recebe o título de doutor *honoris causa* da Universidade de Harvard; conferência de Eranos sobre "Ideias de salvação na alquimia" [OC 12]; publica o ensaio "Wotan" [OC 10/2].
1937	Conferências de Terry sobre "Psicologia e religião" [OC 11/1] na Universidade de Yale; conferência de Eranos sobre "As visões de Zósimo" [OC 13].
1938	Convite para participar do Congresso Indiano de Ciência, em Calcutá, na Índia; Congresso Internacional de Psicoterapia em Oxford, com Jung como presidente; recebe o título de doutor *honoris causa* da Universidade de Oxford; nomeado membro honorário da Sociedade Real de Medicina, de Londres; conferência de Eranos sobre "Aspectos psicológicos do arquétipo materno" [OC 9/1].
1939	Conferência de Eranos "Sobre o renascimento" [OC 9/1].
1940	Conferência de Eranos sobre "Interpretação psicológica do Dogma da Trindade" [OC 11/2].

1941	Publica, junto com Karl Kerényi, *Essays on a Science of Mythology*; conferência de Eranos sobre "O símbolo da transformação na missa" [OC 11/3].
1942	Renuncia ao cargo de professor na ETH; conferência de Eranos sobre "O espírito Mercurius" [OC 13].
1943	Nomeado para a cátedra de Psicologia Médica na Universidade de Basileia; torna-se membro honorário da Academia Suíça de Ciências.
1944	Renuncia à cátedra por motivo de doença grave; publica *Psicologia e alquimia* [OC 12].
1945	Conferência de Eranos sobre "A psicologia do espírito"; recebe o título de doutor *honoris causa* da Universidade de Genebra.
1946	Conferência de Eranos sobre "Considerações teóricas sobre a natureza do psíquico" (OC 8/2); publica "A psicologia da transferência" [OC 16/2] e *Essays on Contemporary Events*.
1948	Inauguração do Instituto C.G. Jung, em Zurique; conferência de Eranos sobre "O si-mesmo" (OC 9/2).
1951	Publica *Aion* [OC 9/2]; conferência de Eranos sobre "Sincronicidade" [OC 8/3].
1952	Publica *Símbolos da transformação* [OC 5] (edição amplamente revista de *Wandlungen und Symbole der Libido*), "Resposta a Jó" [OC 11/4] e, junto com Wolfgang Pauli, *The Interpretation of Nature and Psyche*, com a contribuição de Jung "Sincronicidade: Um princípio de conexões acausais" [OC 8/3]; doença grave.
1953	Publicação do primeiro volume da edição americana/britânica das *Collected Works* [Obras Completas] (trad. R.F. Hull); *Psicologia e Alquimia* [OC 12].
1955	Morte de sua esposa (27 de novembro); recebe o título de doutor *honoris causa* da ETH, por ocasião de seu octogésimo aniversário.

1955-1956	Publica *Mysterium Coniunctionis* [OC 14/1-3], o trabalho final sobre a importância psicológica da alquimia.
1957	Começa a obra *Memórias, sonhos, reflexões*, com a colaboração de Aniela Jaffé; entrevista *Face to Face* à BBC com John Freeman; publica "Presente e futuro" [OC 10/1].
1958	Publica "Um mito moderno sobre coisas vistas no céu" [OC 10/4].
1961	Termina sua última obra dez dias antes da morte: "Símbolos e interpretação dos sonhos" (OC 18/1); morre após uma rápida doença a 6 de junho em Küsnacht/Zurique.

PARTE I

A natureza da psique

A natureza da psique
Introdução

Capítulo 1: "O problema fundamental da psicologia contemporânea" (1931)
(De *A natureza da psique*. OC 8/2, § 649-688)

"O problema fundamental da psicologia contemporânea" é uma visão geral útil da psicologia de Jung e uma autoavaliação honesta de seus aspectos incomuns ou radicais. Jung analisa sua psicologia centrada na alma contra o pano de fundo histórico do materialismo científico. A psicologia de Jung é uma reação à psicologia árida de seu tempo, que ele chama de "psicologia sem alma". Mas Jung se recusa a adotar uma concepção romântica ou idealista da alma. Para Jung ela é um tema de investigação científica e somente uma atitude sóbria pode dar o devido valor às suas complexidades, funções e patologias. Para Jung a alma não é uma abstração teológica, como verificamos na religião ocidental, mas uma realidade empírica. Ele deriva o termo alma da palavra grega *psychê* e, por isso, "psico-logia" significa literalmente o "logos ou estudo da alma". Jung deseja que a disciplina da psicologia retorne ao seu fundamento original. Ele não vê nenhum motivo real, exceto o preconceito e os pressupostos modernos, para a psicologia ter dado uma guinada para materialismo redutor. O estudo da psique precisa ser devolvido ao seu mistério e à profundidade filosófica. Já que a alma é principalmente inconsciente para nós hoje, a psicologia de Jung começa com a ideia do inconsciente e isto a distingue das psicologias dominantes que são psicologias da consciência.

Jung admite que, em alguns aspectos, sua psicologia não é "moderna", porque o fato de derivar uma psicologia de princípios espirituais significa ir contra o viés redutor que se encontra em tudo o que é moderno. Sua psicologia representa, em parte, um retorno "à doutrina de nossos ancestrais" (§ 661). Jung desconfia do materialismo, já que para ele o materialismo pretende estar baseado em princípios científicos e, no entanto, é "uma religião, ou melhor ainda, é uma crença ou um credo cuja irracionalidade nada deixa a desejar" (§ 652). Ele menospreza o fato de o materialismo ter-se fundido com a investigação científica, produzindo assim o cientismo. Décadas antes da filosofia da ciência e da obra de Karl Popper e Thomas Kuhn, Jung estava argumentando que o materialismo científico é uma ideologia e não uma ciência. O materialismo está destruindo o pensamento de nosso tempo e dificilmente alguém ousa contradizê-lo, porque:

> Pensar diferentemente do que, em geral, atualmente se pensa, tem sempre o ressaibo de ilegitimidade e de algo perturbador; é considerado mesmo como algo de indecente, doentio ou blasfemo e, por isso mesmo, socialmente perigoso para o indivíduo que deste modo nada estupidamente contra a corrente.
>
> (§ 653)

Jung tinha consciência dos perigos do nadar contra a corrente e o praticou diariamente. Precisamos avaliar e compreender a decisão pessoal e a dificuldade profissional que isto implicava. Como poderíamos dizer hoje, ele deve ter tido uma enorme resiliência e autoconfiança para resistir ao bombardeio de críticas que constantemente recebia.

Jung não se contenta em afirmar uma posição oposta à psicologia dominante; ele também inverte as posições dessa ciência a seu favor, argumentando que ela é intrinsecamente irracional em sua obsessão com a causação material. Nós nem sequer sabemos o que é a "matéria"; portanto, como podemos pretender ter certeza sobre ela? A matéria permanece, até hoje, misteriosa para os físicos, os químicos e os biólogos, mas a cosmovisão popular afirma um "materialismo" que a ciência pura não pode suportar. De acordo com Jung, nós simplesmente substituímos a "metafísica da mente" que dominou até o período gótico por uma nova "metafísica da matéria". É um credo sem substância, exceto que serve ao eu em sua cegueira diante das dimensões invisíveis do ser.

Na realidade estamos voando cegamente para o futuro, com uma irresponsabilidade que Jung considera alarmante. Negligenciamos os invisíveis e imponderáveis da psique e a intuição de Jung é que isto nos está levando ao caos social e desespero pessoal. O invisível requer estudo e atenção e suas necessidades devem ser levadas a sério; caso contrário, enfrentamos uma contínua trajetória descendente rumo à violência e à destruição. Após a experiência da Primeira Guerra Mundial, Jung adota uma dimensão social em todos os seus escritos e não escreve como se não houvesse uma crise mundial fora da clínica. Ele pensa que é nossa cosmovisão infundada que é responsável pelo aumento da desordem social, política e psicológica.

Jung tem consciência de que os pesquisadores científicos deverão provar suas asserções e luta com esta demanda, afirmando que uma compreensão intuitiva leva à conclusão de que nem tudo está bem no mundo. Jung não está mais capacitado para proporcionar "evidência" para sua posição do que o materialismo é capaz de fornecer para a sua visão. Isto significa frustrá-lo ao longo de sua carreira, porque ele percebe a exatidão de suas intuições e, no entanto, é incapaz de explicá-las aos outros. Muitas vezes ele recorre a métodos filosóficos e não científicos de argumentação, ao mesmo tempo que afirma não ser um filósofo, mas um cientista. Ele afirma solenemente que tem fatos empíricos, mas estes não são os fatos que seus colegas considerarão convincentes. Os "fatos" de Jung são muitas vezes *interpretações* de fenômenos simbólicos como sonhos, visões, fantasias, religiões e obras de arte. Ele é mais um hermeneuta do que um cientista, um estudioso que interpreta o mundo através de um determinado tipo de visão.

Ao longo de toda a sua carreira, Jung está mais interessado pelo "Ocidente" como tema de sua análise do que pelo sofredor individual. A cultura ocidental é seu "paciente" e é tempo de analisar esta amostra e entender por que as coisas estão dando errado. Sua análise é uma análise psicológica ou um estudo da condição humana e não de algum grupo específico de neuróticos sofredores. Os indivíduos estão sofrendo porque o sistema cultural é desequilibrado e é isso que Jung procura abordar. Nosso sistema está errado porque tolera uma "unilateralidade" que não leva em consideração a psique integral e seus conteúdos. A tarefa que o próprio Jung se atribuiu consiste em falar a favor do que foi deixado fora da estrutura cultural ocidental.

Capítulo 2: "Sobre o inconsciente" (1918)
(De *Civilização em transição*. OC 10/3, § 1-48)

Em "Sobre o inconsciente" Jung se move entre dois pontos de vista. Em primeiro lugar, existe a análise psicológica da personalidade, com uma ênfase na dinâmica do inconsciente. Diz Jung: "O inconsciente se comporta de modo complementar ao respectivo conteúdo consciente" (§ 21). Para ele a psique é um sistema vigoroso que se esforça para alcançar um equilíbrio e uma relação equilibrada entre suas partes. Só num estado de plenitude, sustenta Jung, é que a psique funciona efetivamente e alcança a saúde. Em segundo lugar, existe a análise psicossocial e muitas vezes profética da civilização, com um foco nos eventos cataclísmicos da história recente. Esta análise é para Jung uma extensão lógica do primeiro tema, porque para ele a civilização está doente e desequilibrada. O Ocidente necessita de correção psicológica, cultural e religiosa.

Os editores de *Obras Completas* colocaram este ensaio no Volume 10, *Civilização em mudança*. Jung está se posicionando como um terapeuta da cultura e não apenas da neurose individual. Ele é um psicólogo que se recusa a permanecer dentro dos limites da clínica. Ele toma a liberdade de perambular pelo espectro da sociedade, da política e da cultura, fazendo pronunciamentos sobre o que está errado com a civilização e sobre a maneira de poder tornar as coisas melhores. Jung não estava sozinho neste movimento entre clínica e civilização. Seu mentor e colega, Freud, fazia a mesma coisa. Num momento Freud considerava um estudo de caso, no seguinte refletia sobre a civilização como um todo; e escreveu livros com títulos como *O mal-estar na civilização* e *Moisés e o monoteísmo*. Nos primeiros tempos da psicanálise não era incomum pioneiros explorarem todos os ângulos da vida e fazerem algum comentário. Hoje, os profissionais destas áreas são mais reservados, mantendo-se fiéis às suas "especializações" de uma maneira que teria estarrecido Freud e Jung, que teriam considerado isso uma falta de ousadia.

Esse ensaio foi escrito no final da guerra de 1914-1918. Jung assumiu a tarefa de compreender a guerra de um ponto de vista psicológico.

Ele não estava interessado em condenar a Alemanha, mas seu objetivo era fazer a pergunta psicológica: Donde veio esta erupção do mal? Qual a contribuição que a psicologia do inconsciente pode dar para compreender a catástrofe? Jung se arrisca a críticas em sua tentativa de interpretação. Os cientistas políticos iriam argumentar que uma psicologia do inconsciente tem pouco a oferecer para a solução das guerras. Eles afirmariam que a melhor maneira de entender a guerra e a catástrofe social seria explorar fatores conhecidos como riqueza, classe, economia, relações políticas e desigualdade social. Por que introduzir o desconhecido, quando o conhecido é bastante complexo?

Jung entende esta crítica, mas segue adiante sem se importar. A crise coletiva resulta de sua análise do indivíduo. Jung acredita que, nos primeiros estágios de desenvolvimento, surge um padrão típico por meio do qual nós nos identificamos com o lado bom de nossa personalidade e nos desidentificamos de nossos aspectos sombrios ou maus. Isto leva à supressão de aspectos que não se encaixam em nossa autoimagem idealizada. A supressão, ou rechaçar este aspecto indesejado, é seguida pela repressão, um esquecimento mais sério do aspecto negativo, e uma dissociação dele. Isto nos serve por algum tempo e nos ajuda a consolidar nossa vida e obter estabilidade e orientação moral. No entanto, se não pusermos um fim à repressão e não começarmos a recuperar os aspectos psicológicos que pertencem à nossa personalidade, seremos vítimas de projeção, ódio aos outros e conflito social.

Jung define a projeção como um processo pelo qual "um conteúdo inconsciente do sujeito [...] se transferia aparentemente para o objeto e ali ampliava muito algum ponto semelhante, parecendo razão suficiente do distúrbio" (§ 41). Percebemos os aspectos maus nos outros e os desprezamos por causa das realidades que não conseguimos ver em nós. Isto não é certamente uma ideia nova, ela se encontra no cerne dos sistemas religiosos e cosmológicos. Por exemplo, lemos no Novo Testamento: "Por que reparas no cisco que está no olho de teu irmão e nunca vês a trave que está no teu? Por que ousas dizer a teu irmão: 'Deixa-me tirar o cisco do teu olho', quando sempre trazes uma trave no teu?"[1] Jung

---

1. Mt 7,3-5.

está oferecendo uma abordagem moderna a esta antiquíssima intuição. Ele afirma que nós projetamos nossos conteúdos negativos sobre os que são "objetos mais ou menos apropriados" (§ 41), e a tarefa de retirar as projeções é tanto mais difícil porque pensamos ter um motivo justo para nossa crítica aos outros.

As guerras se difundem quando as nações que se pretendem "boas" atacam as que elas consideram "más". O estado do mundo é um reflexo da dissociação existente no interior do indivíduo. O afloramento do mal e da violência vem de dentro de nós. Todos nós somos responsáveis, na opinião de Jung, pela erupção do mal. Paradoxalmente, só podemos sair das garras do mal se fizermos amizade com ele. A cura, na opinião de Jung, é homeopática: recolher e beber um pouco do veneno. Se nos aproximarmos dele com consciência, ele não poderá nos alcançar de maneira tão devastadora. O mal se acumulou no Ocidente porque nos identificamos por demasiado tempo com o bem. Por isso existe um senso de urgência acerca do mal e o "problema do mal" não pode mais ser relegado às salas de seminários de filosofia. É um problema que cada um de nós precisa enfrentar.

A descoberta do inconsciente nos impôs esta consciência. Antes desta descoberta, nós podíamos ter concentrado nossa mente no bem e reprimido o lado sombrio, ou tê-lo projetado em nosso próximo. Mas agora que tomamos consciência da totalidade da psique, precisamos assumir a responsabilidade pela escuridão que se acumula no mundo interior. Precisamos enfrentar a escuridão interior, ou "enfrentar nossa própria sombra", como diria Jung mais tarde, como parte de nossa tarefa de desenvolvimento. Esta é uma responsabilidade com a qual se defrontam os indivíduos, as sociedades e as nações. Na época em que estava escrevendo este ensaio, Jung não havia desenvolvido sua teoria da *sombra* como arquétipo, embora o ensaio caminhe nessa direção.

No cerne da psicologia de Jung está uma filosofia moral. Às vezes ele o nega na tentativa de apresentar-se como um cientista empírico, mas existe uma explícita filosofia em sua psicologia. Sua filosofia parece ser uma versão ocidental da filosofia taoista da China, que requer um equilíbrio entre forças opostas. Existe uma secreta simetria entre energias conflitantes ou rivais, o yin e o yang; e, se estabelecermos uma relação entre elas, a rivalidade pode transformar-se em complementariedade e força vital. A pessoa toma o que inicialmente parece um agente inimigo e o transforma numa fonte de energia. Enfrentando a sombra, podemos descobrir que nossa vida recebe uma nova integridade moral e as coisas enveredam por um caminho mais coerente e criativo. No taoismo o "Caminho" é descoberto quando alguém descobre a chave para uma totalidade equilibrada. Então pode-se esperar que a psique recupere sua direção e sensação de fluidez.

Jung não importou literalmente esta filosofia da China, mas poderíamos dizer que ele tinha uma predisposição natural para pensar desta maneira. O Ocidente não precisa ir até a China para descobrir esta abordagem: ela pode ser encontrada também, em certa medida, nos deuses da antiga Grécia. Apolo, deus do sol, e Dioniso, deus da paixão e do êxtase, parecem representar um par de opostos, no qual a Grécia identificava a necessidade de reconhecer o lado claro e o lado escuro da existência. Às vezes é importante respeitar a luz, mas outras vezes é igualmente importante reconhecer o lado "escuro", que era simbolizado nos rituais de Dioniso. Só o cristianismo, afirma Jung, não consegue providenciar uma cosmologia na qual a humanidade possa regular sua experiência dos opostos. A civilização cristã perdeu este equilíbrio ao adorar um Deus da luz e transformar o Jesus histórico numa figura imaculada e perfeita do mito. Na história cristã há pouco espaço para o mal ou escuridão, exceto como elementos a serem demonizados como satanás ou diabo.

Na opinião de Jung isto era a derrocada da civilização e esta derrocada está arrastando consigo o Ocidente, devido ao acúmulo de vasta quantidade de mal. O motivo para o mal estar descontrolado é que não temos um contêiner simbólico para armazená-lo. O ensaio de Jung focaliza a Alemanha como uma nação na qual o mal se acumulou sem algum mito ou religião para transformá-la. O cristianismo, afirma ele, "domesticou a metade mais clara" da psique alemã, "mas a metade inferior está esperando a libertação e uma segunda domesticação". Ele acrescenta um aviso profético:

> Até lá, continua associada aos vestígios da era pré-histórica, ao inconsciente coletivo, o que significa uma pecu-

> liar e sempre crescente ativação do inconsciente coletivo. Quanto mais a visão cristã do mundo for perdendo sua autoridade incondicional, mais perceptivelmente a "besta loira" se agitará em sua prisão subterrânea, ameaçando sair e, assim, trazendo consequências catastróficas.
>
> (§ 17)

Observou-se que esta afirmação é uma antecipação acurada do espectro do nacional-socialismo e da ascensão do nazismo nas décadas de 1930 e 1940. A "besta loira" acordou de sua "prisão subterrânea" trazendo "consequências catastróficas", como Jung sugeriu. Isto mostra que sua psicologia, alcançando os níveis mais profundos da experiência, consegue não só analisar o presente, mas igualmente predizer o futuro.

Sempre que caminhamos para a luz, ou alcançamos a luz, lançamos uma sombra da qual quase nunca suspeitamos. Muitas vezes são os outros que chamam a atenção para a nossa sombra, visto que, embora nós não vejamos nossas deficiências, os outros têm a habilidade de detectá-las! A sombra é projetada nos outros e desempenha um papel para determinar como nós experimentamos as outras pessoas e o mundo exterior. No entanto, acontece que a sombra não é totalmente má ou negativa. Jung escreve:

> O fato de ainda existir dentro de nós uma parte deste elemento, capaz de nos tocar e de nos levar a sério, constitui para mim uma peculiaridade até certo ponto perigosa sim, mas também valiosa e simpática. Trata-se de uma riqueza intocada, um sinal de juventude, um tesouro não violado, uma promessa de renascimento.
>
> (§ 20)

E continua:

> O inconsciente contém também as obscuras fontes do instinto e da intuição [e] aquelas forças que a mera racionalidade, conveniência e sensatez de uma vida burguesa jamais poderiam despertar. [Contém todas] aquelas forças criativas que sempre de novo conseguem levar a vida do homem a novos desdobramentos, novas formas e novos horizontes.
>
> (§ 25)

A sombra é uma realidade paradoxal, que contém não só elementos indesejáveis, mas todos os impulsos mais escuros, primais e secretos que são responsáveis pela criatividade, originalidade e expressão espontânea. Uma pessoa que põe muita ênfase na luz acaba pálida, vazia, desanimada e desprovida de aventura – e despreparada para as investidas do mal. A sombra é uma "peculiaridade até certo ponto perigosa" e "também valiosa e simpática". Alguns junguianos escreveram sobre o "ouro" na sombra, acreditando que aquilo que a consciência rejeita é muitas vezes a substância da vida que lhe dá o maior valor[2]. No entanto, isto significa idealizar a sombra e colocar uma auréola ao redor dela. Embora aponte a natureza paradoxal da sombra, Jung adverte contra uma supervalorização de seu aspecto positivo:

> Mas seria totalmente errado julgar o inconsciente exclusivamente em função de seus atributos valiosos e considerá-lo de certa forma como fonte de revelações.
>
> (§ 20)

Seria um erro distorcer sentimentalmente o inconsciente e fazer dele uma dádiva em vez de um desafio moral difícil.

Capítulo 3: "As etapas da vida humana" (1930/1931)
(De *A natureza da psique*. OC 8/2, § 749-795)

Em "As etapas da vida humana" a personalidade é entendida como um campo de batalha entre forças opostas. Na medida em que procuramos tornar-nos conscientes, juntamo-nos às forças que buscam a civilização. Mas, na medida em que procuramos perder-nos no inconsciente, apoiamos as forças da inércia:

> Tudo aquilo que em nós está ligado ainda à natureza tem pavor de qualquer problema, porque seu nome é dúvida, e onde a dúvida impera, aí se enquadra a incerteza e a possibilidade de caminhos divergentes. Mas nos afasta-

---

2. JOHNSON, Robert. *Owning Your Shadow: Understanding the Dark Side of the Psyche*. HarperSanFrancisco, 1993.

mos da guia segura dos instintos e ficamos entregues ao medo, quando nos deparamos com a possibilidade de caminhos diferentes.

(§ 750)

Tememos que a civilização possa não se mostrar um guia tão confiável como o instinto. "Somos acometidos por um temor demasiado humano de que a consciência, nossa conquista prometeana, ao cabo não seja capaz de nos servir tão bem quanto a natureza" (§ 750). Nós nos afastamos dos caminhos do instinto, mas nos perguntamos se esta foi uma escolha sábia. Tememos que a luz da consciência seja apagada pelos problemas que nos assediam. Será que somos intrusos no grande projeto das coisas? Em alguns momentos, sentimos orgulho de nosso roubo prometeano do fogo dos deuses. Mas em momentos mais sombrios, quando somos envolvidos por incerteza e medo, a criança dentro de nós implora pelo caminho mais seguro da natureza, pela certeza do instinto, pela força da natureza. Em tempos sombrios, nos sentimos desamparados como um órfão, expulsos para um universo inexorável. Com efeito, como analisarei adiante, a conquista da consciência pode ser denominada um protesto masculino contra a mãe natureza.

Por mais que vociferemos contra nosso isolamento no mundo, Jung afirma que não temos outra alternativa senão trilhar o caminho no qual nos encontramos. Nada de voltar atrás, apenas seguir em frente:

> Cada problema implica a possibilidade de ampliar a consciência, mas também a necessidade de nos desprendermos de qualquer traço de infantilismo e de confiança inconsciente na natureza. Esta necessidade é um fato psíquico de tal monta que constitui um dos ensinamentos simbólicos mais essenciais da religião cristã. É o sacrifício do homem puramente natural, do ser inconsciente e natural, cuja tragédia começou com o ato de comer a maçã no paraíso. A queda do homem segundo a Bíblia nos apresenta o despontar da consciência como uma maldição.

(§ 751)

Embora a consciência inocente seja idealizada como um paraíso, não estamos livres para fazer experimentos conosco mesmos. Nossa desobediência à vontade de Deus é considerada necessária por Jung. A vontade de Deus é sinônimo de vontade da natureza, uma lei eterna e imutável que nós contrariamos por nossa conta e risco. Afastar-nos da inconsciência seria experimentado por nossa consciência inicial como uma transgressão da ordem natural. Por outro lado, sempre que nos afastamos de um problema porque ele exige muito esforço, estamos ativando a nostalgia do Éden, o sentimento de que podemos retornar à inocência e à infância.

Jung afirma que podemos recapitular nossa mitologia em nossa vida diária. Seu pensamento é uma reelaboração psicológica dos mitos da cultura ocidental, nos quais as verdades religiosas se tornam psicológicas. Ele transforma os nomes da religião nos verbos da psicologia: figuras metafísicas são transformadas em atos existenciais ou processos de consciência. A chave para esta mudança da mitologia para a psicologia é a consciência simbólica: olhando nossa vida simbolicamente, Jung localiza as metáforas que estão sepultadas em nossa experiência. Ele é perito na sutil arte de conseguir detectar correntes míticas que permeiam nossa vida ordinária, de sorte que nossa vida parece extraordinária. Realçando os elementos míticos, Jung transforma o fato mais banal em algo interessante e empolgante. Ele usa o mito para revelar o sentido mais profundo de nossa vida e a consciência do mito nos capacita a transformar acontecimentos em experiências.

No entanto, um dos mitos não examinados neste ensaio é o da natureza-*versus*-cultura. Jung parece desposar um dualismo tradicional entre terra e espírito, entre natureza e consciência. Seu dualismo é expresso em linguagem emotiva:

> É o afastamento do homem em relação aos instintos e sua oposição a eles que cria a consciência. O instinto é natureza e deseja perpetuar-se com a natureza, ao passo que a consciência só pode querer a civilização ou sua negação.
>
> (§ 750)

Este dualismo está ligado a uma visão patriarcal na qual o espírito é masculino e a "mãe terra" é feminina. Assim, Jung tende a perpetuar a crença de que o masculino é maior do que o feminino e de mais alto valor. O feminino nos puxaria para baixo para a terra e nos manteria inconscientes se não fosse a luta heroica do espírito, que precisa batalhar contra a terra por libertação. Para Jung, a tarefa da consciência é um *opus contra naturam*, um trabalho contra a natureza. Estas opiniões são hoje descartadas como fantasias de um sistema patriarcal-supremacista. Mas na carreira posterior de Jung há sinais de que ele superou o dualismo que é evidente em "As etapas da vida humana". A noção de que consciência e natureza são opostas é abandonada em sua obra posterior. Em troca, ele opta por uma abordagem mais orgânica, na qual a consciência é vista como a natureza lutando para tornar-se consciente de si mesma.

Se o espírito é a natureza lutando para alcançar a consciência, não existe conflito entre estas forças. Em troca, constrói-se uma cosmovisão diferente, na qual uma parte da natureza procura tornar-se consciente e a outra parte procura permanecer inconsciente. A natureza é um campo extremamente complexo, mas a noção de que a natureza é antagônica à consciência e procura minar o espírito é uma visão que convém aos preconceitos masculinos arraigados. Em seus ensaios sobre a alquimia e a sincronicidade, Jung parece abandonar este modelo masculinista e adota uma visão que é pós-heroica e ecológica. Existe pouco conforto para os pensadores ecológicos em "As etapas da vida humana" de Jung, que vê a humanidade trabalhando contra uma natureza hostil numa permanente luta pela sobrevivência.

O que permaneceu deste ensaio é a noção popular que Jung tem da crise da meia-idade. Embora a expressão "crise da meia-idade" tenha sido cunhada pelo analista canadense Elliott Jaques[3], foi Jung quem focou a atenção naquilo que ele chamou de "transição da meia-idade", que era o momento decisivo entre a primeira e a segunda "metades" da vida. A transição da meia-idade, julgava ele, ocorria entre os 35 e 40 anos de idade (§ 759). De acordo com esta teoria, o eu desempenha o papel dominante na primeira metade da vida e o inconsciente desempenha um papel cada vez mais importante na segunda metade. Esta personalidade inconsciente é chamada de "segundo eu" (§ 757), embora em outros lugares Jung substitua esta expressão pela noção do *si-mesmo*. Para Jung,

---

3. JAQUES, Elliott. "Death and the Midlife Crisis". *International Journal of Psycho-analysis* 46 (1965), p. 502-514.

o si-mesmo é o arquétipo da plenitude e governa tanto a dinâmica consciente quanto a dinâmica inconsciente da psique. O si-mesmo entra em cena na transição da meia-idade, onde se revela uma autoridade que é maior do que o eu.

A primeira metade da vida, de acordo com Jung, se ocupa com o desenvolvimento e a realização do eu. Sua tarefa consiste em deitar raízes no solo do mundo e extrair alimento para seu crescimento. Seu objetivo é encontrar um lugar para si mesmo na família e na sociedade, amizades e emprego e chegar a um acordo com as normas de seu período histórico. Somos obrigados a fazer estas adaptações devido às demandas físicas da vida. O objetivo da primeira metade da vida é estabilizar o eu, de modo que possa tornar-se um recipiente e um controlador da jornada humana. Pelo menos, o eu *acredita* estar no controle e esta atitude é importante para desenvolver sua confiança. Mas, quando as obrigações materiais da vida foram cumpridas, os impulsos não materiais e espirituais afloram e exigem atenção.

Então o eu é desalojado de sua posição central e toma consciência de uma diferente fonte de autoridade. O "segundo eu" não está interessado nos objetivos e ambições do eu, mas pode frustrar essas ambições para levar a personalidade a viver uma vida mais ampla, aberta aos arquétipos e às forças do cosmos. Na meia-idade o eu é transcendido por uma vontade maior e o indivíduo é levado a perceber que a vida tem a ver com forças maiores que invadem a personalidade e exigem expressão. Tipicamente, a segunda metade da vida está empenhada em dar ao invés de receber, em sacrificar-se ao invés de lucrar, em perder ao invés de ganhar. Mas é uma perda com a qual o espírito ganha. É a perda paradoxal que se encontra no cerne das cosmologias religiosas e espirituais.

Em nossa sociedade egocêntrica e secular, porém, o desejo da personalidade de tentar conseguir um "estado de consciência mais ampla e elevada" (§ 767) é frustrado. Existem poucos indícios sociais de que o indivíduo deva passar do eu a uma autoridade mais elevada, porque estes indícios são rotulados como "religiosos" e rejeitados. Portanto, a transição da meia-idade pode ser marcada por confusão, angústia e desordem. Em vez de transcender o eu, uma pessoa na meia-idade pode resolver-se a satisfazer ainda mais o eu; e se tornou um clichê insinuar que a pessoa mais velha que procura recuperar a juventude está sofrendo de uma crise da meia-idade. Se o desenvolvimento é frustrado e o eu se apega ao poder, nós não arredamos o pé, recusamo-nos a mudar e chegamos "a uma posição de fanatismo e intolerância, que culmina por volta dos cinquenta anos" (§ 773). A partir da teoria de Jung torna-se claro que a "religião", ou o que hoje chamamos de "espiritualidade", é um ingrediente integral de uma personalidade madura e, sem esse ingrediente, é provável que nos tornemos vítimas do narcisismo e de um desenvolvimento atrofiado.

Capítulo 4: "O eu e o inconsciente" (1928)
(De *Dois escritos sobre psicologia analítica*. OC 7/2, § 202-295)

A primeira seção da Parte I deste ensaio analisa os efeitos do inconsciente sobre a consciência. Jung está interessado em analisar os efeitos do inconsciente coletivo e como estes diferem dos efeitos do inconsciente pessoal. Para ilustrar seu argumento, ele apresenta um estudo de caso de uma paciente que sofre de neurose histérica benigna. Jung não apresenta uma descrição completa deste caso, mas apresenta alguns traços tirados apressadamente da memória. Jung parece impaciente com o material do caso e quer passar rapidamente para as questões centrais e não perdê-las de vista num atoleiro de detalhes clínicos.

Este ensaio foi escrito para contrastar sua abordagem com a de Freud. Jung argumenta que o tratamento da neurose não é completo sem levar em consideração os valores e orientações do inconsciente coletivo. As pessoas podem ficar doentes não só por causa de materiais pessoais reprimidos que foram excluídos da consciência, mas também por causa de conteúdos que nunca entraram na consciência. A terapia não consiste apenas em esquadrinhar a vida pessoal para discernir o que foi reprimido; ela é forçada também a tornar-se espiritual, ou pelo menos filosófica, quando isto for indicado por sonhos e fantasias de natureza arquetípica. Se a psique busca uma meta cósmica ou um sentido mais elevado, a terapia precisa estar preparada para aventurar-se nestas águas misteriosas. Jung afirma que a falta de uma vida simbólica ou espiritual pode tornar uma pessoa mentalmente e psiquicamente doente. Um ano após escrever este ensaio, ele faria sua famosa declaração: "Os deuses tornaram-se doenças"[4].

A paciente é uma mulher anônima que tem uma neurose, conjectura Jung, "cuja causa principal era um complexo paterno" (§ 206). No entanto, nas mãos de Jung, um complexo paterno não é a mesma coisa que ele é nas mãos de Freud. Esta mulher não procurava uma relação incestuosa com o pai; mais propriamente, ela buscava uma relação arquetípica e espiritual com um pai simbólico. Jung passa por momentos difíceis ao lidar com este caso, porque a paciente é uma mulher moderna que havia sorvido de sua sociedade a teoria "freudiana" e a teoria de Jung lhe parece arcana e inaceitável. É difícil defender uma interpretação religiosa de uma neurose se a paciente não é dessa crença. Jung tem uma dupla tarefa a cumprir como analista. Ele precisa interpretar a situação psicológica de sua paciente como também apresentar uma crítica metapsicológica da sociedade e dos fracassos do pensamento racional. Ele desempenha um duplo papel como um psicólogo das neuroses e como um filósofo da religião.

A paciente é incapaz de fazer uma adaptação à vida porque parece que sua energia "transborda em muitas direções, aparentemente inúteis" (§ 206). Ela é incapaz de desenvolver-se profissionalmente ou de estabelecer um laço com um parceiro ou envolver-se em relações sexuais. Estas estão fora de seu alcance, porque ela foi apanhada por aquilo que se apresenta inicialmente como um romance fatal com seu falecido pai. O ensaio se interessa pelo papel da transferência em sua recuperação. Ela desenvolve uma transferência altamente carregada, idealizada e romântica para o analista e isto parece reproduzir o laço com o pai. Não é que a transferência proporciona a solução, mas dá visibilidade ao problema:

> No decurso do tratamento a paciente transfere a imago paterna para o médico, fazendo-o de certo modo seu pai, mas como ele não é o pai, converte-o no substituto do homem que não conseguiu. O médico torna-se então o pai e de certa forma o amado ou, em outras palavras, o objeto do conflito. Nele, se conciliam os contrastes, parecendo oferecer por isso a solução quase ideal do con-

---

4. JUNG, C.G. "Comentário a 'O segredo da flor de ouro'" (1929). OC 13, § 54.

flito. Assim, sem que o deseje, é supervalorizado pela paciente que o transforma num deus ou salvador.

(§ 206)

Jung admite que esta interpretação soa bizarra aos ouvidos modernos. Mas ele diz que "esta metáfora não é tão ridícula como parece". Ele afirma que, em nossas relações amorosas e fantasias sexuais, nós estamos transferindo para o amado conteúdos que são de ordem simbólica. Estamos carregando as relações humanas com projeções divinas e nos perguntamos por que nossas relações são incapazes de suportar estes fardos.

Jung enfatiza que a transferência para o médico é uma resposta provisória e não uma solução. Uma pesquisa recente afirmou que Jung não era eficiente em suportar as transferências românticas das pacientes femininas, já que às vezes era tentado a beneficiar-se delas[5]. Estas transferências levaram-no sentir-se constrangido e ele estava ansioso por "superá-las". Isto pode explicar sua impaciência com esta transferência e por que ele realçou que, em contraste com a terapia freudiana, a transferência para o analista "está longe de ser a própria cura" (§ 206). Em sua opinião, a cura não pode ser alcançada se a terapia permanecer dentro de uma moldura personalista. Para Freud a ânsia de Jung de introduzir uma dimensão cósmica era uma expressão da neurose do próprio Jung: revelava seu desejo de colocar a religião acima da terapia e sua incapacidade de manter a salvo a sexualidade de seus clientes.

No entanto, Jung contra-argumentou: manter a dimensão personalista era um sinal de neurose; introduzir uma perspectiva transpessoal era uma oportunidade de saúde. A libido, acreditava Jung, busca uma fonte arquetípica de uma natureza transpessoal. Ele recorre aos sonhos da paciente para descobrir as imagens simbólicas que apontam para seu apego. No sonho ela se vê como uma criança que é segurada nos braços por uma figura gigantesca de pai. Quando ele a ergue do chão, o vento varre a encosta da colina e os campos de trigo e ela se sente acalentada quando ele a embala em seus braços (§ 211). Neste e em outros sonhos, torna-se evidente que o inconsciente dela está buscando conectar-se

---

5. WIENER, Jan. *The Therapeutic Relationship: Transference, Countertransference and the Making of Meaning*. College Station/TX: Texas A&M University Press, 2009.

com um deus e, por falta de um recipiente simbólico, suas energias se apegam ao pai e ao analista. Jung faz uma série de perguntas:

> O impulso do inconsciente estaria tentando, só na aparência, alcançar uma pessoa, tratando-se no fundo da busca de um deus? Acaso a nostalgia de um deus poderia ser uma paixão, manando de uma natureza obscura e instintiva, uma paixão intocada por quaisquer influências externas, talvez mais profunda e forte do que o amor por um ser humano?
>
> (§ 214)

Isto parecia absurdo para a paciente, que preferia a ideia de estar apegada ao pai e ao inatingível analista. Como a maioria das pessoas modernas, ela não tinha nenhuma propensão religiosa e achava difícil aceitar que estivesse buscando uma união extática com um deus. A paciente "mantinha uma atitude crítica e agnóstica e a ideia de uma deidade possível há muito tempo passara para o reino do inconcebível" (§ 218). Jung evitou uma discussão fútil com o ponto de vista dela. A tese de Jung não era que "ela" era religiosa, mas que *algo nela* era religioso. O mistério da alma não era compreendido por sua mente racional.

O inconsciente dela havia moldado uma imagem de Deus que "correspondia à concepção arcaica de um *daimon* da natureza, talvez um Wotan" (§ 218)[6]. Esta "imagem divina arcaica [estava] muito distante da ideia consciente de Deus" (§ 218). Jung tentou manter-se focado nos sonhos e não se preocupar com o intelecto intrometido. Parece que este método funcionou, já que a série de sonhos acabou "produzindo um efeito vivo, que poderia dar o que pensar a um psicólogo da religião" (§ 219). Ela não se converteu a nenhuma religião ou evangelho, mas existe uma espiritualidade "implícita" no final da análise[7]. Ela ficou mais segura de si, menos dependente do analista e Jung observou "uma espécie de erosão subterrânea da transferência" (§ 217). As relações românticas com um amigo masculino se aprofundaram e ela se viu numa relação amo-

---

6. Cf. o ensaio de Jung: "Wotan" (1936) [OC 10/2].

7. Sobre o tema da "espiritualidade implícita" cf. HAY, David. *Why Spirituality is Difficult for Westerners*. Exeter: Imprint Academic, 2007.

rosa continuada e segura. Jung acredita que foi alcançado no desenvolvimento dela o que ele chama de "núcleo normativo suprapessoal". Ou seja, ocorreu um momento em que ela tomou consciência de sua vida suprapessoal e se permitiu experimentar "uma visão de Deus" (§ 218).

Os sonhos expressavam símbolos que foram significativos e providenciaram um canal, de modo que o espírito dela pôde descansar nos "braços eternos" de seu criador[8]. Tendo feito esta conexão com uma fonte suprapessoal, sua libido foi libertada de sua prisão. A energia podia fluir em duas direções: para sua meta suprapessoal e para as relações sexuais. O paradoxo da vida espiritual é que, quando fazemos uma conexão com o espírito, permitimos que as energias entrem no campo humano com renovado vigor. A conexão suprapessoal não esgota a energia da vida, mas permite que a vitalidade flua para o mundo humano e carnal. Na psicologia de Jung, espírito e sexo não são opostos, mas complementares. Se introduzirmos a dimensão suprapessoal, nossa vida pessoal melhorará e nossas relações sexuais serão mais gratificantes.

A seção II se ocupa com os "Fenômenos resultantes da assimilação do inconsciente". Esta seção apresenta Jung de maneira crítica, já que ele está ansioso por mostrar que a assimilação do inconsciente pode produzir efeitos desagradáveis e estados mentais perigosos. Para o leitor novato, esta ênfase nos efeitos negativos do inconsciente pode parecer contraditória. Não estaria Jung tentando argumentar que nós devemos, a todo custo, aprender a assimilar o inconsciente? A resposta é sim e não. Jung argumenta que devemos tentar integrar os conteúdos do inconsciente. Esta é a maneira de conseguir a integração da personalidade: "Aconselhamos nossos pacientes a reter e assimilar em seu plano de vida os conteúdos reprimidos que foram associados de novo à consciência" (§ 205). No entanto, se os conteúdos do inconsciente forem incorporados ao eu ordinário, os resultados podem ser desastrosos. O eu não é suficientemente amplo para conter os conteúdos do inconsciente. A função do eu consiste em agir como foco dos conteúdos conscientes e negociar nossas relações com o mundo. Ele desempenha

---

8. Dt 33,27: "O Deus eterno é teu refúgio e o suporte são os braços eternos".

um papel importante neste sentido e é por isso que Jung lhe concede o *status* de um "arquétipo".

No entanto, se o eu é solicitado a incorporar em si o inconsciente, estamos esperando demais dele. Ele rompe os seus limites e se torna inflado ou deflacionado. Se o eu se expande para além de seus limites, ele se torna arrogante e "deiforme". Os antigos gregos chamavam de "hibrística (arrogante/soberba) uma pessoa com esse eu, mas nós tendemos a referir-nos a ela como inflada. Nessas pessoas, escreve Jung, observamos "uma consciência de si mesmos ou uma autoconfiança exageradas e até mesmo desagradáveis; não há o que não saibam, é como se estivessem a par de tudo que se relaciona com o próprio inconsciente, acreditando reconhecer tudo que dele emerge" (§ 221). Por outro lado, existem outros que "sentem-se deprimidos, e mesmo esmagados pelos conteúdos do inconsciente. Sua autoconfiança diminui e olham resignados as coisas extraordinárias que o inconsciente produz" (§ 221). Se a primeira resposta leva à inflação, a segunda pode levar ao igualmente insuportável estado de depressão. Na primeira resposta, o eu se expandiu para além de suas fronteiras até incluir um mundo que não lhe pertence; na segunda, o eu foi esmagado por conteúdos estranhos.

Podemos conceber isto em termos da metáfora da água. No primeiro caso, o eu é um recipiente pequeno que tenta abarcar um grande volume de água; ele se infla para além de seus limites, pretendendo conter o oceano do inconsciente. No segundo caso, o eu é destroçado por um tsunami que chega e o subjuga. Estas repostas, a inflada e a depressiva, refletem o impacto devastador que o inconsciente pode causar no eu. Jung reconhece que esses modos representam "tipos extremos" e que uma "matização sutil das duas atitudes aproximar-se-ia mais da realidade". Ele assinala que ambas as condições podem ser encontradas numa mesma pessoa, de modo que ela experimenta acessos alternativos de mania e de depressão. Hoje esta condição seria chamada depressão maníaca ou transtorno bipolar. Jung detecta um paralelo subjacente entre as duas condições:

> A presunção de um e a pusilanimidade do outro participam da mesma insegurança no que concerne a seus limites. O primeiro se infla exageradamente, enquanto o

outro se reduz em demasia. Ambos não reconhecem seus limites individuais.

(§ 225)

A inflação e a deflação são condições opostas, mas a causa é a mesma: o eu está inseguro de sua extensão e capacidade. Por isso, a inflação e a deflação são imagens especulares uma da outra:

> Se analisarmos estes dois modos extremos de reação, descobriremos que atrás da autoconfiança otimista dos primeiros se oculta um desamparo intenso, ou um muito mais intenso, em relação ao qual o otimismo consciente atua como uma compensação malograda. E atrás da resignação pessimista dos outros há uma obstinada vontade de poder que ultrapassa, no que concerne à segurança, o otimismo consciente dos primeiros.
>
> (§ 222)

A seção III se ocupa com a persona como máscara usada pela personalidade. Esta seção que dispensa explicação é um prelúdio à seção IV, na qual Jung introduz outra resposta negativa ao inconsciente, a saber, a "restauração regressiva da persona". Neste caso, o encontro com o inconsciente é esquecido ou violentamente reprimido e o indivíduo tenta retornar à sua vida anterior ao encontro. A pessoa sai correndo em direção à "normalidade" e à identificação com a ordem social, porque o inconsciente é tão perturbador que o medo da loucura a obriga a voltar a um estágio anterior de desenvolvimento. Este é um estudo da covardia moral e, no entanto, é uma tentação que muitos de nós enfrentamos quando nos empenhamos em restaurar nosso equilíbrio após um confronto com o inconsciente.

Na seção IV Jung inclui também uma discussão sobre a "identificação com a psique coletiva". Esta é uma extensão de sua análise anterior do problema da inflação. Mas agora ele está preocupado com aqueles que não só aceitam a inflação como seu destino, mas também a veem "exaltada agora como um sistema" (§ 260). Ele argumenta que esta condição produz "falsos profetas", o que ele considera um problema da época moderna. Com efeito, a falsa profecia é um problema não só naqueles que buscam seguidores, cultos e seitas, mas também em muitos pacientes, que passam por esta fase inflada em seus procedimentos com o inconsciente: "cada analisando começa abusando inconscientemente do conhecimento recém-adquirido, em proveito de sua atitude anormal e neurótica" (§ 223). Jung assinala que são "as mentes fracas" (§ 260) que sucumbem às grandiosas ilusões do inconsciente. A pessoa que tem mente forte não é tentada a gabar-se, presumindo que ela é idêntica aos conteúdos dos mitos e lendas. É provável que o "profeta" moderno seja um louco como também um profeta, porque somos vulneráveis a erupções do inconsciente e o que surge pode ser patológico em vez de profético. Aqui Jung está pensando nos líderes sociais e políticos, fundadores de novas seitas e gurus da "nova era". Jung apresenta este útil esclarecimento:

> Não pretendo negar, em geral, a existência de profetas autênticos, mas, por cautela, começarei duvidando em cada caso individual; o assunto é sério demais para que se aceite, levianamente, alguém como um verdadeiro profeta. Se for este o caso, ele mesmo lutará contra toda pretensão inconsciente a esse papel.
>
> (§ 262)

Jung acredita que existe a profecia autêntica, mas não confia em nossa capacidade de discerni-la. A profecia autêntica é rara e não devemos pressupor que ela jorrará porque necessitamos dela. "Se num abrir e fechar de olhos aparecer um profeta, seria melhor pensarmos num possível desequilíbrio psíquico" (§ 262).

A última seção se preocupa com a "individuação" (nota: esta seção do ensaio, como está reproduzida aqui, é uma versão abreviada). Depois de analisar as respostas negativas da inflação e da deflação e a rejeição do inconsciente por parte do eu, Jung se volta para o que ele considera "a resposta ideal, isto é, a de uma compreensão crítica" (§ 254). A característica da individuação consiste em desenvolver e manter um diálogo entre o eu e o inconsciente, de modo que possa ocorrer uma compreensão crítica dos conteúdos da psique. O argumento de Jung é que a grandeza ou pequenez do eu são ilusórias, embora sejam reais para as pessoas que estão sofrendo destas condições. Elas precisam ser descartadas em favor de uma compreensão ponderada de nossa individualidade, de sua forma, proporção, fronteiras, capacidades e limitações. "Para descobrirmos o que é autenticamente individual em nós mesmos, torna-se necessária uma profunda reflexão; a primeira coisa a descobrirmos é quão difícil se mostra a descoberta da própria individualidade" (§ 242). A insistência de Jung na ocorrência infrequente da individuação poderia parecer elitista para alguns, mas Jung está afirmando um fato como ele o vê: a individuação é rara.

Ele se refere à individuação como um caminho" e sugere expressões alternativas: "tornar-nos o nosso próprio si-mesmo", "tornar-se si-mesmo" ou "o realizar-se do si-mesmo" (§ 266). Percebendo o abuso de seu termo para sustentar padrões egoístas de vida, Jung afirma que a individuação não deve ser confundida com individualismo. A pessoa individuada "não se torna 'egoísta', no sentido usual da palavra, mas procura realizar a peculiaridade do seu ser e isto, como dissemos, é totalmente diferente do egoísmo ou do individualismo" (§ 267). A chave para a individuação, como a entende Jung, é a descoberta do si-mesmo. O si-mesmo "engloba o eu consciente" e "abarca não só a psique consciente, como a inconsciente, sendo, portanto, por assim dizer, uma personalidade que *também* somos" (§ 274). O si-mesmo é o ponto central da individuação, porque é suficientemente amplo para integrar os conteúdos do inconsciente sem ser esmagado ou desintegrado. O si-mesmo é descrito como o arquétipo da plenitude e pode ajudar a alinhar os conteúdos do inconsciente com a atitude consciente.

Enquanto o eu se relaciona com os conteúdos psíquicos com desapego e consciência crítica, o si-mesmo emerge para sustentar o eu em sua busca de integração:

> Desta forma, vai emergindo uma consciência livre do mundo mesquinho, susceptível e pessoal do eu, aberta para a livre-participação de um mundo mais amplo de interesses objetivos. Esta consciência ampliada não é mais aquele novelo egoísta de desejos, temores, esperanças e ambições de caráter pessoal, que sempre deve ser compensado ou corrigido por contratendências inconscientes.
> (§ 275)

É claro que, em tempos anteriores, o si-mesmo seria considerado uma figura religiosa, assim como Cristo, Moisés, Buda, Maomé ou tipos semelhantes de pessoas proféticas ou messiânicas. De acordo com Jung, precisamos trazer o si-mesmo para mais perto de nós e não mais experimentá-lo numa projeção sobre figuras históricas. Ele quer que imaginemos uma figura messiânica ou maravilhosa o centro de nossa vida psíquica, capaz de trazer forças conflitantes para um novo tipo de alinhamento holístico. Esta ideia provoca escândalo entre alguns comentaristas religiosos, que insistem que a revelação salvadora deve vir a nós do exterior. A resposta de Jung é que ele não está escrevendo para os que pertencem a crenças tradicionais; está escrevendo para aqueles para os quais estas crenças não são mais possíveis.

O si-mesmo e sua função unificadora na psique são mencionados apenas por alto neste ensaio, que se ocupa com a função autorreguladora do inconsciente em casos normais e anormais. Para uma discussão mais ampla da dinâmica do si-mesmo, cf. o capítulo 6.

Capítulo 1
O problema fundamental da psicologia contemporânea[1]

Enquanto a Idade Média, a Antiguidade Clássica e mesmo a humanidade inteira desde seus primórdios acreditavam na existência de uma alma substancial, a segunda metade do século XIX viu surgir uma psicologia "sem alma". Sob a influência do materialismo científico, tudo o que não podia ser visto com os olhos nem apalpado com as mãos foi posto em dúvida, ou pior, ridicularizado, porque era suspeito de metafísica. Só era "científico" e, por conseguinte, aceito como verdadeiro, o que era reconhecidamente material ou podia ser deduzido a partir de causas acessíveis aos sentidos. Esta mudança radical não começou com o materialismo científico, mas foi preparada desde longa data. Quando a idade gótica, com seu impulso em direção às alturas, mas com uma base geográfica e uma concepção do mundo muito limitadas, ruiu, aluída pela catástrofe espiritual que foi a Reforma, a linha horizontal em que se desenvolve a consciência moderna interferiu na linha vertical do espírito europeu. A consciência deixou de se desenvolver para o alto, mas ampliou-se horizontalmente, tanto do ponto de vista geográfico como do filosófico. Foi a época das grandes viagens de descobrimento e da ampliação empírica de nossas concepções relativas ao mundo. A crença na substancialidade da alma foi substituída pouco a pouco pela convicção cada vez mais instransigente quanto à substancialidade do mundo material, até que, por fim, após quatro séculos, os expoentes da

[649]

---

1. Conferência pronunciada no Kulturbund (Federação Cultural) de Viena, em 1931, e publicada pela primeira vez em *Europäische Revue*, vol. VII, 1931, ambas as vezes sob o título de *Die Entschleierung der Seele* (Tirando os véus da alma).

consciência europeia, os pensadores e pesquisadores vissem o espírito em uma dependência total em relação à matéria e às causas materiais.

[650] Seria, certamente, injusto atribuir à Filosofia ou às ciências naturais a responsabilidade por esta reviravolta total. Entretanto, houve sempre um número considerável de filósofos e homens de ciência inteligentes que não assistiram, sem protestar – por uma suprema intuição e com toda a profundidade de seu pensamento – a essa inversão irracional dos pontos de vista; alguns chegaram mesmo a se opor a ela, mas não encontraram seguidores, e sua resistência mostrou-se impotente face à onda irracional da preferência sentimental e universal pelo mundo físico. Não se pense que uma mudança tão radical no seio da concepção das coisas possa ser o fruto de reflexões racionais, pois não há especulação racional capaz de provar ou de negar tanto o espírito quanto a matéria. Estes dois conceitos – como qualquer pessoa inteligente de hoje poderá deduzir por si mesma – nada mais são do que símbolos usados para expressar fatores desconhecidos cuja existência é postulada ou negada ao sabor dos temperamentos individuais ou da onda do espírito da época. Nada impede a especulação intelectual de ver na psique um fenômeno bioquímico complexo, reduzindo-a, assim, em última análise, a um jogo de elétrons, ou, pelo contrário, de declarar que a presente ausência de regras que impera no interior do átomo é uma vida espiritual.

[651] O fato de a metafísica do espírito ter sido suplantada no curso do século XIX por uma metafísica da matéria é, intelectualmente falando, uma mera prestidigitação, mas, do ponto de vista psicológico, é uma revolução inaudita da visão do mundo. Tudo o que é extramundano se converte em realidades imediatas; o fundamento das coisas, a fixação de qualquer objetivo e mesmo o significado final das coisas não podem ultrapassar as fronteiras empíricas. A impressão que a mente ingênua tem é a de que qualquer interioridade invisível se torna exterioridade visível, e que todo valor se fundamenta exclusivamente sobre a pretensa realidade dos fatos.

[652] Qualquer tentativa de abordar esta mudança irracional de opinião sob o ponto de vista da Filosofia está fadada ao insucesso. Melhor é desistir, porque, se em nossos dias alguém sustentar que os fenômenos intelectuais e psíquicos se devem à atividade glandular, pode estar cer-

to de que terá o aplauso e a veneração de seu auditório, ao passo que, se um outro pretendesse explicar o processo de decomposição atômica da matéria estelar como sendo uma emanação do espírito criador do mundo, este mesmo público simplesmente deploraria a anomalia intelectual do conferencista. E, no entanto, ambas as explicações são igualmente lógicas, metafísicas, arbitrárias e simbólicas. Do ponto de vista epistemológico é tão válido afirmar que o homem descende de uma espécie animal quanto as espécies animais do homem. Mas, como se sabe, este pecado contra o espírito da época produziu consequências desastrosas para a carreira acadêmica de Dacqué[2]. Não se deve brincar com o espírito da época, porque ele é uma religião, ou melhor ainda, é uma crença ou um credo cuja irracionalidade nada deixa a desejar, e que, ainda por cima, possui a desagradável qualidade de querer que o considerem o critério supremo de toda a verdade e tem a pretensão de ser o detentor único da racionalidade.

O espírito da época não se enquadra nas categorias da razão humana. É uma propensão, uma tendência sentimental, que, por motivos inconscientes, age com soberana força de sugestão sobre todos os espíritos mais fracos de nossa época e os arrasta atrás de si. Pensar diferentemente do que, em geral, atualmente se pensa, tem sempre o ressaibo de ilegitimidade e de algo perturbador; é considerado mesmo como algo de indecente, doentio ou blasfemo e, por isso mesmo, socialmente perigoso para o indivíduo que deste modo nada estupidamente contra a corrente. Da mesma forma como, no passado, era um pressuposto inquestionável que tudo o que existia devia a existência à vontade criadora de um Deus espiritual, assim também o século XIX descobriu a verdade, também inquestionável, de que tudo provém de causas materiais. Hoje não é a força da alma que constrói para si um corpo; ao contrário, é a matéria que, com seu quimismo, engendra uma alma. Esta mudança radical na ma-

[653]

---

2. O autor se refere a Edgard Viktor August Dacqué, paleontólogo e filósofo nascido em 1878 e falecido em 1945, o qual reformulou a teoria evolucionista de Darwin, ensinando que o homem estaria fundamentalmente presente sob uma forma metafísica original ao longo de toda a evolução, desde o estágio do réptil, anterior à Era Glaciária, até seu aparecimento como mamífero na Idade Terciária. Desta "forma original" humana teriam surgido diversas espécies animais. A forma atual do homem seria o termo de um processo de refinamento daquela forma humana inicial, o que contraria a tese de Darwin [N.T.].

neira de ver as coisas seria para rir, se não constituísse uma das verdades cardeais do espírito da época. É popular e, portanto, decente, racional, científico e normal pensar assim. O espírito deve ser concebido como um epifenômeno. Tudo nos leva a esta conclusão, mesmo quando, em vez de "espírito", fale-se de "psique", e em vez de "matéria", usem-se os termos "cérebros", "hormônios" ou "instintos" e "pulsões". Repugna ao espírito da época atribuir uma substancialidade à alma, porque, a seus olhos, isto equivaleria a uma heresia.

[654]   Descobrimos agora que era uma presunção intelectual de nossos antepassados supor que o homem possui uma alma substancial, de natureza divina e, por conseguinte, imortal; que uma força própria da alma constrói o corpo, sustenta a vida, cura suas enfermidades, tornando a alma capaz de levar uma existência independente do corpo; que existem espíritos incorpóreos com os quais a alma tem intercâmbio, e um mundo espiritual para além de nosso presente empírico, do qual a alma extrai uma ciência das coisas espirituais cujas origens não podem ser procuradas no mundo visível. Mas nossa consciência mediana ainda não descobriu que é tão fantástico quanto presunçoso admitir que a matéria produz a alma; que os macacos geraram o homem; que foi de uma mistura harmoniosa de fome, de amor e de poder que nasceu a *Crítica da razão pura* (*Kritik der reinen Vernunft*) de Kant; que as células cerebrais fabricam pensamentos, e que tudo isto não pode ser de outro modo.

[655]   O que é, afinal, esta matéria todo-poderosa? É ainda um Deus criador, que, desta vez, despojou-se de seus antropomorfismos e assumiu a forma de um conceito universal cujo significado todos pretendem conhecer? A consciência geral se desenvolveu enormemente, tanto em extensão como em largura, mas, infelizmente, apenas em sentido espacial e não da duração; do contrário teríamos um sentido muito mais vivo da história. Se nossa consciência geral não fosse puramente efêmera, mas tivesse o sentido da continuidade histórica, saberíamos que na época da filosofia grega houve transformações análogas nos deuses, que poderiam nos levar a alguma crítica, em relação à nossa filosofia contemporânea. Mas o espírito da época se opõe drasticamente a estas reflexões. A história para ele nada mais é do que um arsenal de argumentos adequados que nos permitem dizer, por exemplo, que o velho Aristóteles já sabia

que... etc. Esta situação nos obriga a perguntar de onde provém o poder inquietante do espírito da época. Trata-se, sem dúvida alguma, de um fenômeno de importância capital, de um preconceito, em qualquer hipótese tão essencial, que não poderíamos abordar o problema da alma sem que lhe tenhamos dado a devida atenção.

Como disse anteriormente, a tendência incoercível a buscar explicações de preferência na ordem física corresponde ao desenvolvimento horizontal da consciência no decurso dos últimos quatro séculos. Esta tendência horizontal é uma reação à verticalidade exclusiva da era gótica. É um fenômeno da psicologia dos povos que, enquanto tal, desenvolve-se à margem da consciência individual. Exatamente da mesma maneira que os primitivos, agimos primeiramente de maneira totalmente inconsciente e somente muito mais tarde descobrimos por que é que agimos desta maneira. Entrementes, nos contentamos com toda espécie de racionalizações, todas elas inadequadas. [656]

Se tivéssemos consciência do espírito da época, reconheceríamos nossa tendência a buscar explicações de preferência no âmbito físico, pela razão de que no passado se recorreu abusivamente ao espírito como fonte de explicação. Este conhecimento despertaria nosso sentido crítico com relação a esta nossa tendência. Diríamos: muito provavelmente cometemos agora exatamente o erro inverso que, no fundo, é o mesmo. Superestimamos as causas materiais, e somente agora acreditamos haver encontrado a explicação correta, movidos pela ilusão de que conhecemos melhor a matéria do que um espírito "metafísico". Mas a matéria nos é tão desconhecida quanto o espírito. Nada sabemos a respeito das últimas coisas. Somente esta constatação é capaz de nos restituir o equilíbrio. Mas isto não quer dizer que neguemos a estreita vinculação que existe entre a psique e a fisiologia do cérebro, das glândulas e do corpo em geral. Continuamos com a profunda convicção de que os conteúdos de nossa consciência são altamente determinados por nossas percepções sensoriais, e não podemos negar que a hereditariedade inconsciente imprime em nós traços imutáveis de caráter tanto físicos quanto psíquicos, e que fomos marcados indelevelmente pelo poder dos instintos que entrava ou favorece ou modifica de maneira diversa os conteúdos mais espirituais. Temos até mesmo de confessar que a alma humana, sob [657] qualquer aspecto que a abordemos, apresenta-se, antes e acima de tudo, como uma cópia fiel de tudo o que chamamos matéria, empirismo, este nosso mundo, tanto em suas causas como em seus fins e em seu sentido. E, finalmente, depois de todas estas concessões, perguntamo-nos a nós mesmos se a alma, no fundo, não seria uma manifestação secundária, uma espécie de epifenômeno, e totalmente dependente do substrato físico. Tudo o que em nós é razão prática e participação nas coisas deste mundo responde em sentido afirmativo, e só nossas dúvidas quanto à onipotência da matéria é que nos poderiam levar a considerar, com um olhar crítico, este quadro científico da psique humana.

[658] Esta concepção já foi acusada de assimilar a atividade psíquica a uma secreção glandular: o pensamento seria apenas uma secreção cerebral, e com isto temos uma "Psicologia sem alma". Nesta concepção, a alma não é um *ens per se*, uma entidade subsistente por si mesma, mas uma simples expressão de processos do substrato físico. Que estes processos tenham a qualidade de consciência é, segundo este ponto de vista, um fato que não se pode negar, porque, se assim não fosse (continua a argumentação), não poderíamos falar de psique em geral: não se poderia falar de nada, porque a própria linguagem deixaria de existir. A consciência, portanto, é considerada a condição *sine qua non* da vida psíquica; é a própria alma. Por isto, todas as "psicologias sem alma" modernas são psicologias da consciência para as quais não existe vida psíquica inconsciente.

[659] Há, com efeito, não apenas *uma*, mas numerosas psicologias. Isto é curioso, porque, na realidade, há apenas *uma* matemática, apenas *uma* geologia, apenas *uma* zoologia, apenas *uma* botânica etc., ao passo que existem tantas psicologias, que uma universidade americana é capaz de publicar anualmente um grosso volume intitulado *Psychologies of 1930* etc. Creio que há tantas psicologias quantas filosofias, porque não existe apenas uma, mas numerosas filosofias. Digo isto porque entre a Filosofia e a Psicologia reina uma conexão indissolúvel, conexão esta que se deve à inter-relação de seus objetos; em resumo: o objeto da Psicologia é a alma, e o objeto da Filosofia é o mundo. Até recentemente, a Psicologia era um ramo da Filosofia, mas agora se esboça uma ascensão da Psicologia, que, como predisse Nietzsche, ameaça tragar a Filosofia. A

semelhança interior das duas disciplinas provém de que ambas consistem em uma formação sistemática de opiniões a respeito de objetos que se subtraem aos passos de uma experiência completa e, por isto, não podem ser adequadamente apreendidos pela razão empírica. Por isso elas incitam a razão especulativa a elaborar conceitos e opiniões, em tal variedade e profusão, que, tanto na Filosofia como na Psicologia, seriam necessários numerosos e grossos volumes para caber todas elas. Nenhuma dessas duas disciplinas pode subsistir sem a outra, e uma fornece invariavelmente à outra as premissas tácitas e muitas vezes também inconscientes.

A convicção moderna do primado da explicação física das coisas conduziu, em última análise, a uma "psicologia sem alma", isto é, a uma psicologia onde a atividade psíquica nada mais é do que um produto bioquímico. Aliás, não existe uma psicologia moderna, científica, cujo sistema explicativo se baseie exclusivamente no espírito. Ninguém, atualmente, poderia ousar fundar uma psicologia científica sobre o postulado de uma alma autônoma e independente do corpo. A ideia de um espírito subsistente em si mesmo, de um sistema cósmico fechado, que seria a premissa necessária à existência de almas individuais autônomas, é extremamente impopular, pelo menos entre nós. Na verdade, devo acrescentar que, ainda em 1914, no decorrer de uma Joint Session da Aristotelian Society, da Mind Association e da British Psychological Society, assisti no Bedford College de Londres a um simpósio cujo tema era: "Are individual minds contained in God or not?" As almas individuais estão contidas ou não em Deus? Se alguém, na Inglaterra, duvidasse do caráter científico dessas sociedades que abrigam a nata da intelectualidade inglesa, não encontraria nenhum benévolo ouvinte para escutá-lo. Na realidade, eu era talvez o único dos assistentes a me espantar com um debate onde se recorria a argumentos mais próprios do século XIII. Este fato nos mostra, porventura, que a ideia de um espírito autônomo cuja existência é um postulado axiomático, ainda não desapareceu, de todo, da intelectualidade europeia e se cristalizou no estado de fóssil medieval. [660]

Esta recordação talvez nos encoraje a considerar a possibilidade de uma "psicologia com alma", isto é, de uma teoria da alma baseada no [661] postulado de um espírito anônimo. A impopularidade de semelhante empreendimento não deve nos assustar, porque a hipótese do espírito não é mais fantástica do que a da matéria. Não possuindo a mínima ideia de como o psíquico possa emanar do físico, e sendo o psíquico um fato inegável da experiência, temos a liberdade de inverter as hipóteses, ao menos neste caso, e supor que a psique provém de um princípio espiritual tão inacessível quanto a matéria. Na verdade, semelhante psicologia não poderá ser moderna, porque moderno é negar esta possibilidade. Por isto, quer queiramos quer não, devemos remontar à doutrina de nossos ancestrais sobre a alma porque foram eles que conceberam semelhantes hipóteses.

[662] Segundo a velha concepção, a alma era essencialmente a vida do corpo, o sopro de vida, uma espécie de força vital que entrava na ordem física, espacial, durante a gravidez, o nascimento ou a concepção, e de novo abandonava o corpo moribundo com o último suspiro. A alma em si era um ser que não participava do espaço e, sendo anterior e posterior à realidade corporal, situava-se à margem do tempo, gozava praticamente da imortalidade. Esta concepção, evidentemente, vista sob o ângulo da psicologia científica moderna é pura ilusão. Como não é nossa intenção aqui fazer "metafísica", nem mesmo de tipo moderno, procuraremos ver, sem preconceitos, o que esta veneranda concepção contém de empiricamente justificado.

[663] Os nomes que os homens dão às suas experiências são, muitas vezes, bastante reveladores. De onde provém a palavra alemã *Seele* (alma)? Os vocábulos *Seele* (alemão), *soul* (inglês), *saiwala* (gótico), *saiwalô* (antigo germânico) são etimologicamente aparentados com o grego *aiolos* que significa móvel colorido, iridescente. A palavra grega *psyche* significa também, como se sabe, borboleta. Por outro lado, *saiwalô* está ligado ao antigo eslavo *sila*, força. Estas relações iluminam a significação original da palavra alemã *Seele* (alma): a alma é uma força que move, uma força vital.

[664] O nome latino *animus*, espírito, e *anima*, alma, têm o mesmo significado do grego *anemos*, vento. A outra palavra grega que designa o vento, *pneuma*, significa também espírito. No gótico, encontramos o mesmo termo sob a forma de *us-anan*, *ausatmen* (expirar), e no latim, *an-helare*, respirar com dificuldade. No velho alto-alemão, *spiritus sanc-*

tus se traduzia por *atum*, *Atem*. Respiração, em árabe, é *rih*, vento, *ruh*, alma, espírito. A palavra grega *psyche* tem um parentesco muito próximo com esses termos, e está ligada a *psycho*, soprar, a *psychos*, fresco, a *psychros*, frio, e a *physa*, fole. Estas conexões nos mostram claramente que os nomes dados à alma no latim, no grego e no árabe estão vinculados à ideia de ar em movimento, de "sopro frio dos espíritos". É por isto, talvez, também que a concepção primitiva atribui um corpo etéreo e invisível à alma.

[665] Compreende-se facilmente que a respiração, por ser um sinal de vida, sirva também para designá-la, da mesma forma que o movimento e a força que produz o movimento. Uma outra concepção primitiva vê a alma como fogo ou uma chama, porque o calor é também um sinal da vida. Uma outra concepção primitiva, curiosa, mas frequente, identifica a alma com o nome. O nome do indivíduo seria sua alma, daí o costume de reencarnar nos recém-nascidos a alma dos ancestrais, dando-lhes os nomes destes últimos. Este ponto de vista, no fundo, outra coisa não é senão admitir que a consciência do eu é expressão da alma. Frequentes vezes a alma é confundida com a sombra e, por isto, considera-se uma ofensa mortal contra alguém pisar-lhe na sombra. É por isto que o meio-dia (a hora dos "espíritos meridianos") é uma hora perigosa, porque nesse momento a sombra diminui de tamanho, o que equivale a uma ameaça à vida. A sombra exprime aquilo que os gregos chamavam o *synopados*, "aquele que segue atrás de nós", o sentimento de uma presença viva e inapreensível, e por isto é que as almas dos defuntos eram também chamadas de sombras.

[666] Creio que estas alusões são suficientes para mostrar de que modo o homem primitivo experimentou a alma. O psíquico aparece como uma fonte de vida, um *primum movens* (um primeiro motor), uma presença de natureza espiritual mas objetiva. Por isto o primitivo sabe conversar com sua alma: ela tem voz dentro dele, porque simplesmente não se identifica com ele nem com sua consciência. Para a experiência primitiva o psíquico não é, como para nós, a quintessência do subjetivo e do arbitrário; é algo de objetivo, subsistente em si mesmo e possuidor de vida própria.

[667]   Empiricamente falando, esta concepção se justifica perfeitamente, porque não somente no estágio primitivo como no homem civilizado o psíquico se revela como qualquer coisa de objetivo, subtraído em larga escala ao controle de nossa consciência. Assim não somos capazes, por exemplo, de reprimir a maior parte de nossas emoções, de transformar o mau humor em bom humor, de dirigir ou não dirigir nossos sonhos. Mesmo a pessoa mais inteligente pode se tornar, vez por outra, presa de ideias de que ela não consegue se libertar, apesar dos maiores esforços de vontade. Nossa memória pode dar os mais estranhos saltos, que apenas podemos assistir com passiva admiração; fantasias nos sobem à cabeça, sem que as tenhamos procurado ou esperado. Gostamos simplesmente de nos lisonjearmos com a ideia de sermos senhores em nossa própria casa. Na realidade, porém, dependemos, em proporções inquietantes, de um correto funcionamento do nosso psiquismo inconsciente e de suas falhas eventuais. Ora, se estudarmos a psicologia dos neuróticos, parece-nos de todo ridículo que haja ainda psicólogos que se ponham a equiparar a psique à consciência. E, como sabemos, a psicologia dos neuróticos só se diferencia daquela dos indivíduos considerados normais por traços muito insignificantes, porque, quem há, em nossos dias, que tenha a certeza absoluta de não ser neurótico?

[668]   Esta situação de fato nos permite admitir que a antiga concepção da alma como uma realidade autônoma e não somente objetiva, mas imediata e perigosamente arbitrária, tem a sua justificação. A suposição paralela de que esta entidade misteriosa e temível é, ao mesmo tempo, a fonte de vida, é também psicologicamente compreensível, porque a experiência nos mostra que o sentido do eu, ou seja, a consciência, emana da vida inconsciente. A criancinha apresenta uma vida psíquica sem consciência perceptível do eu, e é por isto que os primeiros anos da vida quase não deixam traços de lembranças. De onde surgem todas as ideias boas e salutares que nos vêm de repente ao espírito? De onde surgem o entusiasmo, a inspiração e o exaltado sentimento da vida? O primitivo sente a vida nas profundezas de sua alma; acha-se marcado até às raízes de seu ser pela atividade de sua alma geradora de vida, e é por isto que ele acredita em tudo o que age sobre sua alma, isto é, nos usos mágicos de toda espécie. Para ele, a alma é, portanto, a própria

vida, que ele não imagina dominar, mas da qual se sente dependente sob todos os aspectos.

A ideia de imortalidade da alma, por inaudita que nos pareça, nada tem de supreendente para o empirismo primitivo. Não há dúvida de que a alma é algo de estranho. Ela não é localizável no espaço, embora tudo o que existe ocupe um certo espaço. Na verdade, achamos que nossos pensamentos se situam na cabeça, mas, quando se trata dos sentimentos, mostramo-nos inseguros, porque parece que eles residem mais na região do coração. Nossas sensações estão distribuídas por todo o corpo. Nossa teoria sustenta que a sede da consciência está na cabeça. Os índios Pueblos, porém, diziam-me que os americanos eram loucos, porque pensavam que suas ideias se achavam na cabeça, ao passo que toda pessoa de juízo sadio pensa com seu coração. Certas tribos negras não localizam seu psiquismo nem na cabeça nem no coração, mas no ventre. [669]

A esta incerteza quanto à localização espacial acrescenta-se uma outra dificuldade, qual seja o fato de que os conteúdos psíquicos assumem um aspecto não espacial, logo que se distanciam da esfera da sensação. Que medida de comprimento podemos aplicar aos pensamentos? São pequenos, grandes, longos, delgados, pesados, líquidos, retos, circulares, ou o que mais? Se procuramos uma representação viva para uma entidade de quatro dimensões e que esteja, consequentemente, à margem do espacial, o melhor modelo que se nos apresenta seria o pensamento. [670]

Tudo seria, portanto, muito mais fácil se fosse possível negar a existência da psique. Mas aqui nos defrontamos com a experiência mais imediata de algo existencial, implantado na realidade de nosso mundo tridimensional, mensurável e ponderável, e que, sob todos os pontos de vista e em cada um de seus elementos, é espantosamente diferente desta realidade, embora ao mesmo tempo a reflita. A alma poderia ser, ao mesmo tempo, um ponto matemático e possuir as dimensões do universo, das estrelas fixas. Não podemos nos antipatizar com a intuição primitiva segundo a qual uma entidade tão paradoxal toca o divino. Se a alma não ocupa um espaço, é incorpórea. Os corpos morrem, mas o que é invisível e inextenso pode deixar de existir? E mais ainda: a vida e a alma existem antes do eu e quando o eu desaparece, como no sonho e na síncope, a vida e a alma continuam a existir, como nos [671] atestam nossas observações com outras pessoas e nossos sonhos. Por que a intuição primitiva negaria, em presença destes fatos, que a alma existe à margem do corpo? Devo confessar que nesta pretensa superstição não vejo mais absurdos do que nos resultados da pesquisa sobre a hereditariedade ou da psicologia dos instintos.

[672] Compreenderemos facilmente que a antiga concepção tenha atribuído à alma um conhecimento superior e mesmo divino, se considerarmos que culturas antigas, a começar dos tempos primitivos, utilizaram sempre os sonhos e as visões como fonte de conhecimento. Com efeito, o inconsciente dispõe de percepções subliminares cujo espectro e extensão toca as raias do maravilhoso. Por reconhecerem este estado de coisas, as sociedades primitivas utilizavam os sonhos e as visões como importantes fontes de informações, e sobre esta base psicológica se elevaram antiquíssimas e poderosas culturas, como a hindu e a chinesa, que desenvolveram, filosófica e praticamente até os mínimos detalhes, a via do conhecimento interior.

[673] A apreciação da psique inconsciente como fonte de conhecimento não é, de forma nenhuma, tão ilusória como nosso racionalismo ocidental pretende. Nossa tendência é supor que qualquer conhecimento provém, em última análise, do exterior. Mas hoje sabemos com certeza que o inconsciente possui conteúdos que, se pudessem se tornar conscientes, constituiriam um aumento imenso de conhecimento. O estudo moderno dos instintos nos animais, como, por exemplo, nos insetos, recolheu abundante material empírico que, pelo menos, nos prova que, se um ser humano se comportasse eventualmente como determinados insetos, possuiria uma inteligência superior à atual. Naturalmente é impossível provar que os insetos têm consciência de seu saber, mas para o sadio bom-senso é fora de dúvida que estes conteúdos inconscientes são também funções psíquicas. Do mesmo modo, o inconsciente humano contém todas as formas de vida e de funções herdadas da linhagem ancestral, de modo que em cada criança preexiste uma disposição psíquica funcional adequada, anterior à consciência. Mesmo no seio da vida consciente do adulto esta função instintiva inconsciente faz sentir constantemente sua presença e sua atividade: nelas se acham pré-formadas todas as funções da psique consciente. O inconsciente percebe, tem in-

tenções e pressentimentos, sente e pensa justamente como a consciência. Disto temos prova suficiente no campo da Psicopatologia e do estudo da função onírica. Só há uma diferença essencial entre o funcionamento consciente e o funcionamento inconsciente da psique: a consciência, apesar de sua intensidade e de sua concentração, é puramente efêmera e orientada para o presente imediato e seu próprio ambiente. Além disto, ela só dispõe, pela própria natureza, de materiais da experiência individual, que recobre apenas alguns decênios. Outra espécie de memória é artificial e consiste essencialmente em papel impresso. Quão diferente é o inconsciente! Não é concentrado nem intensivo, mas crepuscular até à obscuridade. É extremamente extensivo e pode justapor paradoxalmente os elementos mais heterogêneos possíveis, e encerra, além de uma quantidade incalculável de percepções subliminares, o tesouro imenso das estratificações depositadas no curso das vidas dos ancestrais que, apenas com sua existência, contribuíram para a diferenciação da espécie. Se o inconsciente pudesse ser personificado, assumiria os traços de um ser humano coletivo, à margem das características de sexo, à margem da juventude e da velhice, do nascimento e da morte, e disporia da experiência humana quase imortal de um a dois milhões de anos. Este ser pairaria simplesmente acima das vicissitudes dos tempos. O presente não teria para ele nem maior nem menor significação do que um ano qualquer do centésimo século antes de Cristo; seria um sonhador de sonhos seculares e, graças à sua prodigiosa experiência, seria um oráculo incomparável de prognósticos. Ele teria vivido, com efeito, um número incalculável de vezes, a vida do indivíduo, da família, das tribos e dos povos, e possuiria o mais vivo e mais profundo sentimento do ritmo do devir, da plenitude e do declínio das coisas.

Infelizmente, ou antes afortunadamente, este ser sonha. Pelo menos nos parece que este inconsciente coletivo não tem consciência de seus conteúdos, embora não tenhamos plena certeza disto, como no caso dos insetos. Parece também que este ser humano coletivo não é uma pessoa, mas antes uma espécie de corrente infinita ou quiçá um oceano de imagens e de formas que irrompem, às vezes, na consciência por ocasião dos sonhos ou em estados mentais anormais. [674]

[675] Seria simplesmente grotesco pretender classificar de ilusório este sistema imenso de experiências da psique inconsciente, porquanto nosso corpo visível e tangível é, também ele, um sistema de experiências dessa natureza, que ainda contém os traços de evoluções que remontam às primeiras idades e formam incontestavelmente um conjunto que funciona em vista de um determinado fim que é a vida, pois, do contrário, não poderíamos viver. A ninguém ocorreria a ideia de considerar a anatomia comparativa ou a fisiologia como um absurdo, e, por isto, não podemos dizer que a pesquisa do inconsciente coletivo ou a sua utilização como fonte de conhecimento seja uma ilusão.

[676] Vista a partir do exterior, a alma parece ser essencialmente o reflexo de processos exteriores que delas são não somente as causas ocasionais, mas a origem primeira. Do mesmo modo, o inconsciente à primeira vista não parece explicável senão do exterior e a partir da consciência. Como se sabe, Freud fez essa tentativa em sua psicologia, mas ela só poderia chegar a resultados concretos se o inconsciente fosse realmente um produto da existência individual e da consciência. Todavia, o inconsciente preexiste sempre porque é a disposição funcional herdada de geração em geração. A consciência é um renovo tardio da alma inconsciente. Seria, sem dúvida, muito pouco correto querer explicar a vida dos ancestrais à luz de algum epígono posterior; pelo que, no meu parecer, é errôneo colocar o inconsciente na dependência causal da consciência. Por isto, o contrário é certamente o mais verdadeiro.

[677] Mas este ponto de vista era justamente o da antiga Psicologia que, embora conhecesse o imenso tesouro de experiências obscuras que jaziam ocultas sob o limiar da consciência individual e efêmera, não via a alma do indivíduo senão sob a dependência de um sistema cósmico espiritual. Para ela não se tratava apenas de hipótese, mas era absolutamente evidente que este sistema era uma entidade dotada de vontade e de consciência – ou mesmo uma pessoa – e a esta entidade ela chamou Deus, que se tornou, assim, a quintessência da realidade. Deus era o mais real de todos os seres, a *prima causa* (causa primeira) graças à qual, somente, a alma poderia ser explicada. Esta hipótese tem sua justificação psicológica, porque qualificar de divino, em relação ao homem, um ser

quase imortal, possuidor de uma experiência quase eterna, não é de todo sem razão.

No que precede, tracei um quadro dos problemas de uma psicologia que não apela somente para a ordem física como princípio explicativo, mas para um sistema espiritual cujo *primum movens* não é a matéria e suas qualidades ou um estado energético, mas Deus. Nesta conjuntura, estamos expostos à tentação de, invocando a filosofia moderna da natureza, chamar Deus à energia ou ao *élan vital* e, assim, colocar num mesmo saco o espírito e a natureza. Enquanto tal empresa permanecer limitada às alturas nebulosas da filosofia especulativa, não oferece perigo. Mas se quiséssemos operar com esta ideia nas esferas mais baixas da experiência científica, não tardaríamos a nos envolver em confusões sem saída, porque nossas explicações devem ter significado prático: não exercemos uma psicologia com ambições meramente acadêmicas cujas explicações permanecessem letra morta. O que queremos é uma psicologia prática, verdadeira em seu exercício, ou seja, uma psicologia que nos forneça explicações confirmadas por seus resultados. Na arena da Psicoterapia prática o que procuramos são resultados concretos, e estamos proibidos de elaborar teorias sem interesse para nossos pacientes, ou que até mesmo pudessem prejudicá-los. Estamos aqui diante de uma questão muitas vezes de vida ou de morte – qual seja a de saber se nossas explicações devem apelar para a ordem física ou para o espírito. Não nos esqueçamos de que, do ponto de vista naturalista, tudo o que é espírito é uma ilusão e que, por outro lado, o espírito muitas vezes deve negar ou superar um fato psíquico importuno, para assegurar sua própria existência. Se eu reconhecer apenas valores naturais, minha hipótese física minimizará, inibirá ou mesmo anulará o desenvolvimento espiritual de meu paciente. Se, pelo contrário, eu me orientar, em última análise, exclusivamente para uma explicação espiritual, desconhecerei e violentarei o indivíduo natural com seu direito a uma existência física. Grande parte dos suicídios cometidos no decurso de um tratamento psicoterápico se deve a procedimentos errados deste gênero. Pouco me importa que a energia seja Deus, ou que Deus seja energia, porque isto jamais chegarei a saber, mas eu tenho obrigação de saber as explicações psicológicas que é preciso dar.

[678]

[679]   A psicologia moderna não se fixou em um destes pontos de vista, mas transita de um para outro, numa perigosa identificação que constitui uma das mais tentadoras ocasiões para um oportunismo desprovido de qualquer caráter. Aí está, sem dúvida, o grande perigo da *coincidentia oppositorum*, da libertação intelectual do dilema dos opostos. Que outra coisa poderia nascer da equivalência de duas hipóteses opostas senão uma indeterminação sem clareza e sem rumo definido? Em contraste com isto, salta imediatamente aos olhos a vantagem de um princípio explicativo unívoco, pois este nos permite uma posição que nos sirva de ponto de referência bem definido. Indubitavelmente estamos aqui diante de um problema muito difícil. Precisamos de uma realidade, de um fundamento explicativo real ao qual possamos apelar, e, no entanto, hoje é absolutamente impossível ao psicólogo moderno persistir no ponto de vista físico, depois de ter sentido claramente que a interpretação espiritualista é legítima. Mas também não pode adotar totalmente este caminho, pois é impossível deixar de considerar os motivos da validade relativa do ponto de vista físico. Nesta situação, para que lado se voltar?

[680]   Fiz as seguintes reflexões, numa tentativa de resolver este problema: o conflito entre natureza e espírito não é senão o reflexo da natureza paradoxal da alma: ela possui um aspecto físico e um aspecto espiritual que parecem se contradizer mutuamente, porque, em última análise, não compreendemos a natureza da vida psíquica como tal. Todas as vezes que o intelecto humano procura expressar alguma coisa que, em última análise, ele não compreendeu nem pode compreender, ele deve se expor, se é sincero, a uma contradição, deve decompô-la em seus elementos antitéticos, para que possa captar alguns de seus aspectos. O conflito entre o aspecto físico e o aspecto espiritual apenas mostra que a vida psíquica é, em última análise, qualquer coisa de incompreensível. É, sem dúvida alguma, nossa única experiência imediata. Tudo o que eu experimento é psíquico. A própria dor física é uma reprodução psíquica que eu experimento. Todas as percepções de meus sentidos que me impõem um mundo de objetos espaciais e impenetráveis são imagens psíquicas que representam minha experiência imediata, pois somente eles são os objetos imediatos de minha consciência. Minha psique, com efeito, transforma e falsifica a realidade das coisas em proporções tais, que é preciso

recorrer a meios artificiais para constatar o que são as coisas exteriores a mim; é preciso constatar, por exemplo, que um som é uma vibração do ar de uma certa frequência e que uma cor é determinado comprimento de onda da luz. No fundo estamos de tal modo envolvidos em imagens psíquicas, que não podemos penetrar na essência das coisas exteriores a nós. Tudo o que nos é possível conhecer é constituído de material psíquico. A psique é a entidade real em supremo grau, porque é a única realidade imediata. É nesta realidade, a *realidade do psíquico*, que o psicólogo pode se apoiar.

Se tentarmos penetrar mais profundamente no significado deste conceito de realidade, parece-nos que certos conteúdos ou imagens provêm de um meio ambiente supostamente físico, de que nossos corpos fazem parte, enquanto outros procedem de uma fonte dita espiritual, aparentemente diversa do mundo físico, mas que nem por isso são menos reais. Que eu imagine o carro que desejo comprar ou estado em que atualmente se encontra a alma de meu falecido pai, que eu me irrite com um fato exterior ou com um pensamento são, psiquicamente falando, coisas igualmente reais. A única diferença é que uma se refere ao mundo das coisas físicas e a outra ao mundo das coisas espirituais. Se transponho minha noção de realidade para o plano da psique, onde esta noção está em seu verdadeiro lugar, o conflito entre a natureza e o espírito como princípios explicativos antitéticos se resolve por si mesmo. A natureza e o espírito se convertem em meras designações de *origem dos conteúdos psíquicos* que irrompem em minha consciência. Quando uma chama me queima, não duvido da realidade do fogo. Quando, porém, tenho medo de que apareça um espírito, eu me refugio por detrás do pensamento de que isto não passa de uma ilusão. Mas, da mesma forma que o fogo é a imagem psíquica de um processo físico cuja natureza, em última análise, nos é ainda desconhecida, assim também o medo que tenho de fantasmas é uma imagem psíquica de origem espiritual, tão real quanto o fogo, porque o medo que eu sinto é tão real quanto a dor causada pelo fogo. A operação mental a que, em última análise, reduz-se o medo do fantasma, é para mim tão desconhecida quanto a natureza última da matéria. E da mesma forma como não penso em explicar a natureza do fogo por outro modo que não seja o recurso a noções quí-

[681]

micas e físicas, assim também não me ocorre explicar o meu medo do fantasma senão por fatores espirituais.

[682] O fato de a experiência imediata ser exclusivamente de ordem psíquica e, por conseguinte, que a realidade só pode ser de natureza psíquica, explica por que o homem primitivo considera os espíritos e os efeitos mágicos com o mesmo concretismo com que julga os acontecimentos físicos. Ele ainda não fragmentou sua experiência original em contrastes irredutíveis. Em seu universo se interpenetram o espírito e a matéria, e os deuses ainda passeiam por florestas e campos. O homem primitivo se acha ainda encerrado, tal qual uma criancinha malnascida, nos sonhos de sua alma e no mundo tal qual ele é realmente, não desfigurado ainda pelas dificuldades de conhecimento que se interpõem no caminho de um intelecto que dá os seus primeiros passos. Da desagregação do mundo original em espírito e natureza, o Ocidente salva a natureza na qual acredita por temperamento e em que se tem envolvido sempre e cada vez mais, através de todas as tentativas dolorosas e desesperadas de espiritualização. O Oriente, por sua vez, escolheu o espírito, proclamando que a matéria é *Maia* – ilusão – e continua mergulhado em seu torpor crepuscular, cercado pela miséria e pela sujeira asiáticas. Mas como há *uma* só Terra e o Oriente e o Ocidente não conseguiram rasgar a humanidade *una* em duas metades, a realidade psíquica mantém a sua unidade original e espera que a consciência humana progrida da crença em uma e da negação da outra realidade, para o reconhecimento das duas como elementos constitutivos de *uma* só alma.

[683] A ideia da realidade psíquica poderia certamente ser considerada como a conquista mais importante da psicologia moderna se fosse reconhecida como tal. Parece-me que a aceitação geral desta ideia é apenas uma questão de tempo. Ela se afirmará, sem dúvida, porque esta fórmula é a única que nos permite apreciar as múltiplas manifestações psíquicas em suas particularidades essenciais. Sem esta ideia, é inevitável que a explicação violente, em cada caso, uma das metades da psique, ao passo que, com ela, podemos ter a possibilidade de fazer justiça ao aspecto da vida psíquica, que é expresso na superstição, na mitologia, nas religiões e na filosofia. E, por certo, não se deve subestimar este aspecto do psiquismo. A verdade sensorial talvez satisfaça a razão, mas não revela

jamais um sentido da existência humana que suscite e expresse também nossas emoções. As forças destas emoções são, muitas vezes, os fatores que decidem, em última análise, tanto no bem quanto no mal. Mas quando estas forças não se apressam em socorrer nossa razão, esta última se mostra impotente, na maioria das vezes. A razão e as boas intenções nos preservaram, porventura, da guerra mundial ou de qualquer outro absurdo catastrófico? Ou as maiores transformações espirituais e sociais, como, por exemplo, a economia medieval ou a expansão explosiva da cultura islâmica surgiram da razão?

[684] Como médico não sou, naturalmente, atingido diretamente por estas questões universais; é de doentes que devo me ocupar. Até o presente a Medicina tem alimentado o preconceito de que se pode e se deve tratar e curar a doença; mas em tempos mais recentes ergueram-se vozes autorizadas, considerando esta opinião errada e preconizando o tratamento não da doença, mas do doente. Esta exigência também se impõe no tratamento dos males psíquicos. Volvemos cada vez mais nossa atenção da doença visível para o indivíduo como um todo, pois chegamos à conclusão de que precisamente o mal psíquico não consiste em fenômenos localizados e estreitamente circunscritos, mas, pelo contrário, estes fenômenos em si representam sintomas de uma atitude errônea da personalidade global. Por isto não podemos jamais esperar uma cura completa de um tratamento limitado à doença em si mesma, mas tão somente de um tratamento da personalidade como um todo.

[685] Lembro-me, a este propósito, de um caso muito instrutivo: tratava-se de um jovem extremamente inteligente que, depois de estudar acuradamente a literatura médica especializada, tinha elaborado uma análise circunstanciada de sua neurose. Trouxe-me ele o resultado de suas reflexões sob a forma de monografia clara e precisa, notavelmente bem escrita e, por assim dizer, pronta para ser impressa. Pediu-me que lesse o manuscrito e lhe dissesse o motivo pelo qual ele ainda não se havia curado, quando, segundo seus julgamentos científicos, já deveria realmente estar. Tive de lhe dizer, depois da leitura, que se fosse apenas o caso de compreender a estrutura causal da sua neurose, ele deveria incontestavelmente estar curado de seus males. Desde, porém, que ele não estava, achava eu que isto se devia a algum erro fundamental de sua

atitude para com a vida, erro que fugia à sintomatologia de sua neurose. Durante a anamnese, tive a atenção despertada pelo fato de que ele passava muitas vezes o inverno em Saint-Moritz ou em Nice. Perguntei-lhe quem pagava as despesas dessas estadias e acabei sabendo que era uma pobre professora que o amava e tirava de sua boca o sustento diário para garantir essas vilegiaturas de nosso jovem. Era nesta falta de consciência que estava a causa da neurose e da enfermidade e, por isto mesmo, a ineficácia de sua compreensão científica. Seu erro fundamental residia, aqui, numa atitude moral. O paciente achou que minha opinião nada apresentava de científica porque a moral nada teria a ver com a ciência. Acreditava ele que podia, em nome do pensamento científico, eliminar uma imoralidade que, no fundo, ele próprio não suportava e não admitia também que se tratasse de um conflito, pois aquela que o amava lhe dava esse dinheiro de livre e espontânea vontade.

[686]   Podemos fazer as considerações científicas que quisermos a este respeito, mas o fato é que a imensa maioria dos seres civilizados simplesmente não tolera semelhante comportamento. A atitude moral é um fator real com o qual o psicólogo deve contar se não quer incorrer nos mais tremendos erros. O mesmo se pode dizer quanto ao fato de que certas convicções religiosas não fundadas na razão constituem uma necessidade vital para muitas pessoas. Temos aqui, de novo, realidades psíquicas, capazes tanto de causar como de curar doenças. Quantas vezes não tenho ouvido um doente exclamar: "Se eu soubesse que minha vida tem um sentido e um objetivo, não haveria necessidade de toda esta perturbação dos meus nervos". Pouco importa que o paciente seja rico ou pobre, tenha família e *status*, porque estas circunstâncias exteriores não bastam para dar sentido a uma vida. Trata-se, aqui, muito mais de uma necessidade irracional de uma vida dita espiritual que o paciente não encontra nem na universidade nem nas bibliotecas e nem mesmo nas igrejas, pois ele pode aceitar aquilo que lhe oferecem e que fala apenas a seu intelecto, mas não toca seu coração. Em caso semelhante, o conhecimento preciso dos fatores espirituais por parte do médico é de importância absolutamente vital, e o inconsciente do enfermo reforça esta necessidade vital, produzindo, por exemplo, nos sonhos, conteúdos cuja natureza deve ser qualificada de essencialmente religiosa. Ignorar a

origem espiritual de tais conteúdos conduziria a um tratamento falho e, decorrentemente, a um fracasso.

Na realidade, as representações espirituais gerais são um elemento constitutivo indispensável da vida psíquica e se encontra em todos os povos que possuem uma consciência já de algum modo desenvolvida. É por isto que sua ausência parcial ou mesmo sua negação ocasional entre os povos civilizados deve ser considerada como uma degenerescência. Ao passo que a Psicologia, em seu desenvolvimento, até aqui se preocupa, sobretudo, com o condicionamento físico da alma. A tarefa da Psicologia no futuro será a de estudar as determinantes espirituais do processo psíquico. Mas a história natural do espírito se acha, hoje ainda, num estado só comparável ao das ciências naturais no século XIII. Mal começamos a fazer experiências. [687]

Se a psicologia moderna pode se glorificar de ter arrancado todos os véus que encobriam a imagem da alma, foram certamente aqueles que ocultavam seu aspecto biológico aos olhos dos pesquisadores. Podemos comparar a situação atual com o estado em que a medicina se encontrava no século XVI quando se começou a estudar a anatomia, mas não se tinha ainda a mínima ideia do que fosse a fisiologia. Assim também nós só conhecemos a vida da alma de maneira muito fragmentária. Sabemos hoje, é verdade, que existem na alma processos de transformação, condicionados espiritualmente, e que estão, por exemplo, na base das iniciações bem conhecidas na psicologia dos povos primitivos ou dos estados psíquicos induzidos pela prática da ioga. Mas ainda não conseguimos determinar suas leis próprias. Sabemos apenas que grande parte das neuroses se deve a uma perturbação desses processos. A investigação psicológica não conseguiu arrancar os múltiplos véus que cobrem a face da alma, porque ela é inacessível e obscura, como todos os segredos profundos da vida. Tudo o que podemos fazer é dizer o que temos tentado e o que pensamos realizar no futuro, para nos aproximarmos de uma solução deste grande enigma. [688]

Capítulo 2
Sobre o inconsciente[1]

[1]   Aos ouvidos do leigo, a palavra "inconsciente" soa como algo metafísico e até misterioso. Este caráter particular da palavra "inconsciente" deve-se, por um lado, ao fato de o conceito ter entrado na linguagem comum como designação de algo metafísico: Eduard von Hartmann, por exemplo, chama o fundamento universal de inconsciente. Por outro lado, o ocultismo também se valeu do termo porque seus cultores gostam de apropriar-se de expressões científicas para revestir suas especulações de um ar de "ciência". A psicologia experimental, ao contrário, que se portou durante certo tempo e com certa razão como a única psicologia científica, adotou uma atitude de rejeição com referência ao conceito do inconsciente, pois partia da concepção de que tudo que é psíquico é consciente, portanto só a consciência merecia o nome de psique. Admitia-se a existência de conteúdos psíquicos conscientes, uns mais "claros", outros mais "obscuros", mas negava-se a existência de conteúdos propriamente inconscientes.

[2]   Em grande parte esse conceito se deve ao trabalho em laboratório feito exclusivamente com pessoas "normais" e também à natureza das experiências que trabalhavam de preferência com os processos psíquicos mais elementares, enquanto que a investigação de funções psíquicas mais complexas, que por natureza escapam a uma pesquisa física exata, praticamente não existia. Mas um fator importante, que transcende a ambos os precedentes, foi separar a psicologia experimental da psico-

---

1. Publicado originalmente em *Schweizerland. Monatshefte für Schweizer Art und Arbeit*, IV/9 e 11/12, 1918, p. 464-472 e 548-558. Zurique.

logia patológica. Na França, desde Ribot, a psicologia sempre esteve atenta aos fenômenos anormais, e um de seus representantes mais eminentes, Binet, chegou a afirmar que a psique patológica exagera e realça a tal ponto certos desvios da normalidade, difíceis de compreender, que acabam por tornar-se compreensíveis. O psicólogo Pierre Janet, da Salpêtrière, dedicou-se quase exclusivamente e com grande sucesso ao estudo dos processos psicopatológicos. Mas são justamente os processos psíquicos anormais que demonstram mais claramente a existência de um inconsciente. Por esta razão, foram exatamente médicos, e sobretudo especialistas no campo das doenças psíquicas, que aceitaram e defenderam com mais veemência a hipótese do inconsciente. Enquanto na França a psicologia era consideravelmente enriquecida pela psicopatologia e levada a aceitar o conceito de processos "inconscientes", na Alemanha foi a psicologia que enriqueceu a psicopatologia, fornecendo-lhe uma série de valiosos métodos experimentais – mas sem assumir o mesmo interesse da psiquiatria pelos processos patológicos. Esta circunstância contribuiu substancialmente para que, na ciência alemã, a pesquisa psicopatológica tomasse um rumo diferente do seguido na França. Retirada do interesse dos círculos acadêmicos, ela se restringiu à tarefa do médico que, em seu trabalho profissional, era obrigado a compreender os complexos fenômenos psíquicos de seus pacientes. Deste modo, surgiu aquele complexo de conceitos teóricos e de técnicas práticas, conhecido como "psicanálise". Esta orientação desenvolveu amplamente a ideia do inconsciente psicológico, e isto em grau bem superior ao da escola francesa que se preocupou mais com as formas de manifestação dos processos inconscientes do que com sua causalidade e seu conteúdo específico. Há quinze anos, e inicialmente sem vínculo com a escola freudiana, baseado em investigações experimentais, eu me convenci da existência e da importância dos processos inconscientes, ao mesmo tempo que indicava os métodos capazes de demonstrar esses processos. Mais tarde, com a colaboração de um grupo de discípulos, demonstrei também a importância dos processos inconscientes em doentes mentais.

Como resultado deste trabalho, a princípio puramente médico, o conceito de inconsciente adquiriu uma coloração própria das ciências naturais. Na Escola de Freud, o conceito estacionou sob esta forma. [3]

De acordo com a concepção desta escola, o homem, como ser civilizado, não pode vivenciar uma série de instintos e desejos, simplesmente porque são incompatíveis com a lei e com a moral. O homem, desde que queira adaptar-se à sociedade, é obrigado a reprimir estes desejos. A suposição de que o homem tenha tais desejos é absolutamente plausível e pode ser constatada a qualquer momento por qualquer pessoa com um mínimo de honestidade. Mas esta constatação se refere, via de regra, apenas à existência de desejos incompatíveis e proibidos. Em casos individuais, porém, como mostra a experiência, a situação é bem diferente. Pode-se verificar muitas vezes que, como consequência da repressão do desejo proibido, o tênue fio entre o desejo e o consciente se rompe, tornando o desejo inconsciente. Ele é esquecido, aparecendo em seu lugar uma justificativa mais ou menos racional, se é que realmente se busca um motivo. Este processo, através do qual um desejo incompatível se torna inconsciente, chama-se *repressão*, em contraposição ao *recalque* que pressupõe que o desejo continue consciente. Embora reprimido e esquecido, o conteúdo incompatível continua a existir – quer consista de desejos ou de recordações desagradáveis – e com sua presença imperceptível influencia os processos conscientes. Esta influência se manifesta sob a forma de estranhos distúrbios das funções conscientes. Estes distúrbios são chamados de *sintomas nervosos* ou *psicogênicos*. É interessante notar que eles não se limitam a processos puramente psicológicos, mas se estendem também a processos fisiológicos. Nestes últimos, porém, nunca são afetados os componentes elementares – como sublinha Janet – mas sempre apenas a utilização arbitrária das funções, sob condições as mais complexas. Quero esclarecer este importante fato através de um exemplo: um componente elementar da função de ingestão de alimentos consiste no ato de deglutir. Se ocorrerem engasgos regulares com qualquer tipo de alimento líquido ou sólido, então trata-se de um assim chamado distúrbio anatômico ou orgânico. Mas se o engasgo se verificar somente com determinados alimentos, ou só em determinadas refeições, ou só na presença de certas pessoas ou sob determinado estado de espírito, então trata-se de um distúrbio nervoso ou psicogênico. Este distúrbio psicogênico só afeta, portanto, o ato de comer sob determinadas condições *psicológicas* e *não físicas*.

[4] Estes distúrbios de funções fisiológicas de que acabamos de falar são frequentes sobretudo na histeria. Em outro grande grupo de doenças – denominado pelos franceses de psicastenia – eles ficam em segundo plano, predominando os distúrbios puramente psicológicos. Esses últimos podem assumir inúmeras formas tais como obsessões, medos, depressões, caprichos, fantasias, afetos e impulsos doentios etc. Na raiz de todos esses distúrbios encontramos conteúdos psíquicos reprimidos, isto é, que se tornaram inconscientes. Com base nestes fatos, desenvolveu-se o conceito do inconsciente que acabamos de esboçar como sendo a soma total dos desejos incompatíveis e reprimidos, incluindo todas as recordações penosas e, por isso, reprimidas.

[5] Por outro lado, pode-se facilmente comprovar que a grande maioria dos conteúdos incompatíveis tem a ver com os fenômenos da vida sexual. A sexualidade é um instinto básico que, como todos sabem, é o mais cercado de mistérios e escrúpulos, e que, sob a forma de amor, pode ser a causa das mais violentas paixões, dos mais intensos anseios, dos mais profundos desesperos, dos sofrimentos mais secretos e das sensações mais dolorosas. A sexualidade é uma importante função física e uma função psíquica amplamente ramificada, sobre a qual repousa todo o futuro da humanidade. Portanto, ela é ao menos tão importante quanto a nutrição, embora seja um instinto de outro tipo. Mas enquanto a função da nutrição, sob todas as suas variantes, desde o comer de um simples pedaço de pão até o mais suntuoso banquete, pode ser satisfeita publicamente, só sofrendo restrições em caso de distúrbios enterogástricos ou de carestia generalizada, a sexualidade está presa a um tabu moral e deve submeter-se a uma série de determinações legais e restrições de todo tipo. Ela não está à disposição da pessoa, como a nutrição. Pode-se assim compreender que uma série de fortes interesses e afetos se reúna em torno desta questão, pois em geral os afetos intervêm sempre em lugares onde a adaptação deixa a desejar. Além disso, a sexualidade, como já foi dito, é um instinto fundamental do ser humano – motivo suficiente para a bem conhecida teoria de Freud que reduz tudo à sexualidade e traça um perfil do inconsciente que mais parece um quarto de despejo onde armazenamos todos os desejos infantis reprimidos, porque proibidos, e todos os desejos sexuais posteriores não permitidos. Por

pouco simpático que seja este conceito, temos que fazer-lhe justiça. Se estivermos dispostos a compreender tudo que Freud rotulou sob este conceito da sexualidade, veremos que ele ampliou suas fronteiras muito além dos limites permitidos. Melhor seria dar àquilo que ele realmente tem em mente o nome de "eros", recorrendo às antigas concepções filosóficas de um "pan-eros" que impregna toda a natureza viva como criador e fecundador. "Sexualidade" é uma expressão muito infeliz para isso. O conceito de sexualidade é cunhado e delimitado com tal precisão que mesmo a palavra "amor" se nega a valer como sinônimo. E, no entanto, como se pode facilmente verificar a partir de exemplos extraídos de seus escritos, Freud frequentemente quer dizer "amor" quando fala exclusivamente de "sexualidade".

[6] Toda a linha de pensamento de Freud se baseia firmemente na teoria sexual. Com certeza não existe pensador ou pesquisador que, sem preconceitos, não reconheça e admita imediatamente a extraordinária importância das experiências e dos conflitos sexuais e amorosos. Mas nunca se poderá provar que a sexualidade seja o instinto fundamental e a essência da psique humana. Ao contrário, a ciência "sem preconceitos" reconhecerá o fato de ser a psique uma estrutura extremamente complexa que pode ser abordada do ponto de vista biológico e explicada em termos biológicos, mas que, além disso, apresenta muitos outros enigmas cuja solução coloca exigências que uma ciência isolada, como a biologia, é incapaz de satisfazer. Quaisquer que sejam os "instintos" que uma biologia atual ou futura possa estabelecer e admitir, com certeza será totalmente impossível apontar um único instinto qualitativamente bem definido, no caso a sexualidade, como a última explicação. A biologia, e, em suma, nossa ciência natural, já ultrapassou esta fase: não é possível reduzir todos os fenômenos a uma única "força", como se fazia antigamente em relação ao combustível líquido e à eletricidade. Já aprendemos a aceitar um conceito mais modesto, chamado *energia*, como princípio que explica todas as modificações quantitativas.

[7] Estou convencido de que um verdadeiro espírito científico no campo da psicologia deve chegar à conclusão que os processos dinâmicos da psique não podem ser reduzidos a este ou aquele instinto específico – pois deste modo se retrocederia ao estágio da teoria flogística – mas deverá

aceitar também os instintos no âmbito da psique, deduzindo de suas inter-relações o princípio de explicação. Por isso, achei oportuno admitir uma grandeza hipotética, uma "energia", como princípio de explicação psicológica e designá-la "libido", no sentido clássico da palavra (desejo impetuoso), sem com isso fazer qualquer afirmação sobre a sua substancialidade. Com esta grandeza, os processos dinâmicos podem facilmente ser explicados e sem aquela deturpação própria de uma explicação baseada em motivo concreto. Se, portanto, a linha freudiana declara o sentimento religioso ou qualquer outra grandeza da esfera espiritual como "nada mais" que desejos sexuais proibidos, reprimidos e posteriormente "sublimados", isto corresponderia na física à seguinte afirmação: a eletricidade nada mais é que uma queda d'água interceptada e levada a uma turbina através de um sistema de tubos, portanto nada mais que uma queda d'água "culturalmente" deformada, uma argumentação que poderia até convir a um movimento ecológico, mas nunca a um raciocínio científico. Na psicologia uma explicação dessas só seria adequada se estivesse cabalmente provado que o fundamento dinâmico da existência nada mais é que sexualidade. Traduzido em termos da física, isto significaria que a água em queda, e só ela, pode produzir eletricidade. Neste caso poderíamos dizer que a eletricidade "nada mais" é que uma queda d'água conduzida por fios.

Portanto, se negarmos a teoria da sexualidade como exclusiva para explicar o inconsciente e a substituirmos por um conceito energético, devemos dizer que o inconsciente contém todos os elementos psíquicos cujo limiar o consciente não alcança ou não mais alcança ou ainda está por alcançar. Dentro desta convicção podemos fazer uma ideia aproximada do que seria o inconsciente. Já ficamos sabendo das *repressões* como conteúdos do inconsciente e a elas devemos acrescentar tudo aquilo que já esquecemos. Estar esquecido não significa estar "extinto", mas apenas que a lembrança se tornou subliminar, ou seja, sua intensidade energética caiu a tal ponto que não consegue mais aparecer no consciente, razão por que está perdida para o consciente, mas não para o inconsciente. Alguém poderia objetar que esta é uma maneira de falar e nada mais. Gostaria de mostrar através de um exemplo o que isto realmente significa: tomemos duas pessoas. Uma delas nunca leu um

[8]

livro e a outra já leu milhares. Retirando de ambas todas as recordações que acumularam naqueles dez anos durante os quais uma simplesmente viveu e a outra leu seus mil livros, podemos verificar que uma sabe tanto quanto a outra. Entretanto, facilmente se poderá identificar qual delas leu os livros e, é claro, entendeu o que leu. As experiências vividas, mesmo que fiquem esquecidas, deixam vestígios na psique através dos quais se pode reconhecer a experiência anterior. Esse longo lastro de influências indiretas deve-se à fixação das impressões que são conservadas mesmo quando não mais conseguem chegar ao consciente.

[9] Além dos fatos esquecidos, existem também *percepções* subliminares, quer sejam simples percepções sensoriais que ocorrem sob o limiar da estimulação auditiva ou do campo visual externo, ou apercepções, isto é, percepções assimiladas abstratamente de processos internos ou externos.

[10] Todo este material constitui o *inconsciente pessoal*. Nós o chamamos pessoal porque consiste inteiramente de experiências da vida pessoal. Se, portanto, alguma coisa cai no inconsciente, imediatamente entra na rede de associações do material inconsciente, podendo, eventualmente, surgir conexões de alto valor que atravessam o consciente ou sobem a ele sob a forma de "inspirações".

[11] Mas o conceito de inconsciente pessoal não esgota a natureza do inconsciente. Se o inconsciente fosse apenas pessoal, seria teoricamente possível atribuir todas as fantasias de um doente mental a experiências e impressões individuais. É claro que se pode atribuir grande parte deste material à história pessoal do doente, mas existem conexões de fantasias cujas raízes em vão procuraríamos na história pregressa do indivíduo. Que tipo de fantasias seriam essas? Trata-se, numa palavra, de fantasias mitológicas. São conexões que não correspondem a quaisquer experiências da vida pessoal mas apenas aos mitos.

[12] De onde procedem então essas fantasias mitológicas, se não têm qualquer origem no inconsciente pessoal e, por conseguinte, nas experiências da vida pessoal? Sem dúvida provêm do cérebro – precisamente do cérebro, e não de vestígios de recordações pessoais, mas da *estrutura hereditária do cérebro*. Tais fantasias sempre têm um caráter original, "criativo": assemelham-se a novas criações. Evidentemente derivam de uma atividade criativa do cérebro e não simplesmente de uma ativida-

de reprodutiva. Sabe-se que juntamente com o nosso corpo recebemos um cérebro altamente desenvolvido que traz consigo toda a sua história e que, ao atuar criativamente, vai haurir a inspiração fora de sua própria história, fora da história da humanidade. É bem verdade que por "história" entendemos a história que nós fazemos e que chamamos "história objetiva". A fantasia criativa nada tem a ver com esta história, mas somente com aquela história remotíssima e natural que vem sendo transmitida de modo vivo desde tempos imemoriais, isto é, a história da estrutura do cérebro. E esta estrutura conta sua história que é a história da humanidade: o mito interminável da morte e do renascimento e da multiplicidade de figuras que estão envolvidas neste mistério.

Este inconsciente, sepultado na estrutura do cérebro e que revela sua presença viva apenas na fantasia criativa, é o inconsciente *suprapessoal*. Ele vive no indivíduo criativo, manifesta-se na visão do artista, na inspiração do pensador, na experiência interior da pessoa religiosa. O inconsciente suprapessoal, como estrutura cerebral generalizada, é um espírito "onipresente" e "onisciente" que tudo pervade. *Conhece o ser humano como ele sempre foi e não como é neste exato momento. Conhece-o como mito.* É por isso também que a relação com o inconsciente suprapessoal ou *inconsciente coletivo* vem a ser uma expansão do ser humano para além de si mesmo, uma morte de seu ser pessoal e um renascer para uma nova dimensão, segundo nos informa a literatura de certos mistérios antigos. Portanto, sem o sacrifício do Homem como é atualmente não se pode alcançar o Homem como ele sempre foi (e sempre será). Com toda certeza é o artista que mais sabe dizer acerca deste sacrifício do ser humano pessoal, se não nos dermos por satisfeitos com a mensagem dos Evangelhos. [13]

Mas não se deve confundir fantasias mitológicas com *ideias hereditárias*. Não se trata disso, mas sim de possibilidades inatas de ideias, condições *a priori* de produzir fantasias, comparáveis talvez às categorias de Kant. As condições inatas não geram conteúdos mas conferem determinadas configurações aos conteúdos adquiridos. Essas condições universais decorrentes da estrutura hereditária do cérebro são a causa da semelhança dos símbolos e dos motivos mitológicos – ao surgirem – em toda parte do mundo. O inconsciente coletivo é aquele pano de fundo escuro sobre o qual a função de adaptação do consciente se destaca niti- [14]

damente. Somos quase tentados a dizer que tudo que é válido na psique está contido na função de adaptação; e tudo que é inútil constitui o cenário indefinido do qual emergem sombras ameaçadoras e fantasmas noturnos para o homem primitivo, exigindo dele sacrifícios e cerimônias que parecem inúteis e sem sentido à nossa mente biologicamente orientada. Rimos da superstição primitiva, achando que somos superiores a isso, mas esquecemos que este pano de fundo do qual zombamos como se fosse um museu de coisas estúpidas, tem uma influência tão temível sobre nós quanto sobre os primitivos. O que é diferente é apenas a teoria deles – teoria da bruxaria e dos espíritos. Acho muito interessante e até engenhosa essa teoria. Aliás mais significativa que as teorias acadêmicas de nossa ciência. Enquanto o homem moderno, tão culto, tenta diariamente descobrir qual o melhor regime alimentar para sua gastrite nervosa, e a que erro dietético deve ser atribuída a nova crise, o primitivo procura corretamente motivos psíquicos e um método de cura psicologicamente eficaz. Os processos do inconsciente nos influenciam tanto quanto aos primitivos. Da mesma forma que eles somos possuídos por demônios de doenças, nossa psique também está ameaçada por influências hostis e podemos, tanto quanto eles, ser presas de malévolos espíritos da morte, ou vítimas do encanto mágico emanado de uma pessoa estranha. O que acontece é que damos nomes diferentes a tudo isso; e esta é a única vantagem que levamos sobre os primitivos, como se um nome pudesse modificar as coisas. Isto é bem pouco, mas, por outro lado, é muito. A humanidade sempre se sentiu libertada do pesadelo quando o novo nome foi encontrado.

[15] Este misterioso pano de fundo que, desde tempos imemoriais, povoa as trevas noturnas das selvas primevas com entes de formas mutantes, mas sempre de novo semelhantes, nos dá, antes de mais nada, a impressão de um reflexo distorcido da vida diurna que se repete nos sonhos e terrores noturnos. São os "revenants", os espíritos dos mortos, as lembranças que de maneira fugidia e esquemática emergem da masmorra do passado, da qual nada de vivo retorna, ou são sentimentos remanescentes de um acontecimento que deixou profundas marcas, personificando-se na figura de um espírito. Tudo parece um efeito retardado, um indesejável gosto amargo do cálice vazio do dia, resíduos e inutilidades. Mas,

olhando melhor, descobriremos que este fundo, aparentemente hostil e negativo, envia emissários poderosos que influenciam ao máximo o modo de agir do homem primitivo. Esses mensageiros ora assumem uma forma mágica ora religiosa ou até mesmo as duas formas ao mesmo tempo, num misto inextricável. Na luta pela existência, ambas são os fatores mais importantes da psicologia primitiva. Nelas, o elemento espiritual se manifesta independentemente, sob a forma de uma sensualidade projetada da psique primitiva, puramente constituída de reflexos animais. Nós, europeus, só podemos admirar-nos dessa enorme influência que a experiência espiritual pode ter sobre o homem primitivo. Para ele, o imediatismo sensorial do objeto também é inerente ao fenômeno espiritual. O pensamento lhe *aparece*, ele não o pensa, mas aparece-lhe sob a forma de percepção sensorial projetada, como alucinação, por assim dizer, ou ao menos como sonho extremamente vívido. Por isso, para o homem primitivo um pensamento pode encobrir a realidade sensorial a tal ponto que, se um europeu se comportasse desse modo, diríamos que está louco.

[16] Estas peculiaridades da psicologia primitiva, que aqui só posso abordar superficialmente, são muito importantes para compreender o inconsciente coletivo. Uma simples reflexão nos faz entender isso: como homens civilizados, temos uma idade de aproximadamente dois mil e quinhentos anos. Antes disso houve um período pré-histórico de duração muito maior mas imprecisa, durante o qual se alcançou mais ou menos o nível cultural dos índios Sioux. E antes ainda se passaram centenas de milhares de anos da mera cultura da pedra que recua a uma época provavelmente muitíssimo mais longa, ocorrendo nela a passagem do animal para o homem. Há umas cinquenta gerações éramos, por assim dizer, simplesmente primitivos. A camada de cultura, esta simpática pátina, seria portanto extraordinariamente fina e tênue, comparada às camadas primitivas da psique, poderosamente desenvolvidas. Mas são estas camadas que formam o inconsciente coletivo, juntamente com os vestígios da animalidade que se perdem nos infindos e nebulosos abismos do tempo.

[17] O cristianismo dividiu o barbarismo germânico em sua metade inferior e superior e conseguiu assim – pela repressão do lado mais

escuro – domesticar o lado mais claro e torná-lo apropriado à cultura. Enquanto isso, porém, a metade inferior está esperando a libertação e uma segunda domesticação. Mas, até lá, continua associada aos vestígios da era pré-histórica, ao inconsciente coletivo, o que significa uma peculiar e sempre crescente ativação do inconsciente coletivo. Quanto mais a visão cristã do mundo for perdendo sua autoridade incondicional, mais perceptivelmente a "besta loira" se agitará em sua prisão subterrânea, ameaçando sair e, assim, trazendo consequências catastróficas. Este fenômeno acontece no indivíduo como revolução psicológica, mas pode também manifestar-se sob a forma de fenômeno social.

[18] A meu ver, este problema não existe para o judeu. Ele já era detentor da cultura antiga e além disso adquiriu a cultura dos povos com os quais conviveu. Por paradoxal que possa soar, ele possui duas culturas. É altamente domesticado mas prescinde daquela qualidade do ser humano capaz de enraizá-lo na terra, de receber novas forças de baixo, daquela dimensão terrena que os povos germânicos detêm de forma tão radical que chega a ser perigosa. É natural que o europeu ariano não se desse conta disso durante longo tempo, mas talvez comece a percebê-lo agora, durante esta guerra; ou talvez não. O judeu porém tem muito pouco disso. Onde será que ele toca a sua terra, deita raízes no seu chão? O mistério da terra não é brincadeira nem paradoxo. Basta constatar como, na América, já na segunda geração de imigrantes europeus, as medidas do crânio e da pélvis começaram a aproximar-se das do índio. Este é o segredo da terra americana.

[19] Todo chão tem, portanto, seu mistério. Temos disto uma imagem inconsciente na psique: uma relação do espírito com o corpo, como do corpo com sua terra. Peço ao leitor que me desculpe este modo figurado de falar, e que tente compreender o que quero dizer. Não é fácil descrever esses conceitos de modo adequado, por mais definidos que sejam. Há homens, e não são poucos, que vivem além e acima de seus corpos, flutuam como sombras imateriais sobre sua terra, sua parte terrena que é justamente seu corpo. Outros vivem inteiramente dentro dele. Via de regra, o judeu vive uma relação de vizinhança amigável com a terra, sem entretanto experimentar-lhe o poder que parece haver-se enfraquecido com o tempo. Desta circunstância poderia resultar a necessidade típica-

mente judaica de reduzir tudo às suas origens materiais: o judeu precisa desses começos, dessa origem para contrabalançar o perigoso excesso de peso de suas duas culturas. Um pouco mais de primitivismo não lhe faria mal, pelo contrário. Compreendo perfeitamente que as reduções de Freud e Adler a desejos sexuais primitivos e a primitivos desejos de poder encerrem para o judeu algo de benéfico e satisfatório, por serem uma forma de simplificar. Por isso Freud tem certa razão em fechar os olhos diante de minhas objeções. Mas para a mentalidade germânica estas doutrinas especificamente judaicas são de todo insatisfatórias, pois nós germanos ainda temos dentro de nós um autêntico bárbaro que não está para brincadeiras e cuja manifestação não significa para nós qualquer alívio ou passatempo agradável. Temos que aprender alguma coisa com esta guerra! Não é através de engraçadas e grotescas interpretações que alcançaremos nosso inconsciente. O psicoterapeuta de orientação judaica não encontra, no indivíduo germânico, aqueles resquícios melancólicos e humorísticos dos tempos de Davi, mas sim o bárbaro de anteontem, isto é, um ser para o qual a coisa de repente se torna muito séria, desagradavelmente séria. Também Nietzsche percebeu esta peculiaridade colérica do bárbaro, provavelmente por experiência própria. Por isso apreciava a mentalidade judaica e também por isso pregava o dançar, o voar e o não levar as coisas tão a sério. Mas não percebeu que não é o bárbaro que leva a coisa a sério e sim a coisa que o leva a sério. O mau espírito se apodera dele. E a quem, senão a Nietzsche, ela levou mais a sério?

Parece-me que o problema do inconsciente deve ser encarado como algo muito sério. A terrível compulsão da consciência para o bem, a poderosa força moral do cristianismo falam não só a favor do cristianismo mas demonstram também a força de seu adversário recalcado e reprimido – o elemento bárbaro, anticristão. O fato de ainda existir dentro de nós uma parte deste elemento, capaz de nos tocar e de nos levar a sério, constitui para mim uma peculiaridade até certo ponto perigosa sim, mas também valiosa e simpática. Trata-se de uma riqueza intocada, um sinal de juventude, um tesouro não violado, uma promessa de renascimento. Mas seria totalmente errado julgar o inconsciente exclusivamente em função de seus atributos valiosos e considerá-lo de certa forma como [20] fonte de revelações. Antes de tudo, ele nada mais é do que o mundo do passado, animado pela unilateralidade da atitude consciente. Quando a vida, por algum motivo, toma uma direção unilateral, produz-se no inconsciente, por razões de autorregulação do organismo, um acúmulo de todos aqueles fatores que na vida consciente não puderam ter suficiente voz nem vez. Disto resulta a teoria da compensação do inconsciente que eu elaborei em oposição à *teoria da repressão*.

[21] O inconsciente se comporta de modo *complementar* ao respectivo conteúdo consciente. Não se contrapõe a ele, podendo até coincidir com o consciente, e isto quando a atitude consciente se aproxima do ótimo vital. Quanto mais a atitude consciente se aproximar do ótimo vital, tanto menor se tornará a atividade autônoma do inconsciente, tanto mais seu valor cairá, tornando-se igual a zero no momento em que se alcançar o ótimo. Portanto, pode-se dizer que, enquanto tudo estiver correndo bem e o indivíduo estiver trilhando aquele camimho que, para ele, significa, tanto do ponto de vista individual quanto social, o ótimo, não haverá sequer sinal do inconsciente. Mas o fato de se falar do inconsciente justamente em nossos dias já é um sinal de que nem tudo está bem. Não podemos relegar a discussão sobre o inconsciente exclusivamente ao âmbito da psicologia analítica. Podemos ver seus começos em todo o mundo civilizado logo depois da Revolução Francesa, iniciando-se com Mesmer. É verdade que naquela época não se falava do inconsciente mas sim do "magnetismo animal" que, aliás, não passa de uma redescoberta do primitivo conceito de força e matéria psíquicas do inconsciente, e isto pela reativação da capacidade de imaginação primitiva, existente em potencial. Enquanto o magnetismo animal se difundia pouco a pouco em todo mundo ocidental como epidemia de "fazer a mesa girar", o que equivale à revivescência de uma crença fetichista – animação de um objeto inanimado – Robert Mayer elevava o primitivo conceito dinâmico ao conceito científico da energética! Como descreve o próprio Robert Mayer, também a ele o conceito primitivo se havia imposto compulsoriamente a partir do inconsciente, como uma inspiração. No entretempo, o hábito de fazer a mesa girar acabou libertando-se de seus primórdios e alcançava o nível do espiritismo da moderna crença nos espíritos, um renascimento das religiões xamanistas de nossos

antepassados. Este desenvolvimento de conteúdos reativados do inconsciente, que ainda persiste, levou nos últimos decênios a uma prodigiosa expansão de níveis subsequentes de desenvolvimento, isto é, a sistemas gnósticos ecléticos, à teosofia e antroposofia e, ao mesmo tempo, aos primórdios da psicologia analítica que tem sua origem na psicopatologia francesa, especialmente da escola dos hipnotistas, e procura averiguar cientificamente os fenômenos do inconsciente: os mesmos fenômenos que se tornam acessíveis à índole ingênua de seitas teosófico-gnósticas sob a forma de mistérios.

Deste desenvolvimento pode-se deduzir que a psicologia analítica não é um fato isolado, mas pertence a um determinado quadro histórico. A meu ver, a ocorrência deste distúrbio ou reativação do inconsciente, justamente por volta de 1800, se relaciona com a Revolução Francesa que foi não tanto uma revolução política mas muito mais uma revolução dos espíritos, uma explosão generalizada da energia armazenada pelo Iluminismo francês. A primeira destituição oficial do cristianismo pela Revolução deve ter causado uma profunda impressão no pagão inconsciente que existe em nós, pois desde então ele não teve mais sossego. No mais eminente alemão daquela época, Goethe, ele pôde mostrar-se vivo e, em Hölderlin, pôde pelo menos invocar em alta voz a suprema glória da Grécia. E desde então a descristianização da cosmovisão fez rápidos progressos, apesar de eventuais reações. Concomitantemente se deu a importação de deuses estrangeiros. Além do fetichismo e do xamanismo já citados, foi importado o budismo, desde Schopenhauer. As religiões mistéricas se difundiram bem depressa como também aquela forma mais elevada do xamanismo, a *Christian Science*. Encontramos uma tentativa de religião filosófica no movimento monístico. Este quadro lembra vivamente os primeiros séculos de nossa era, quando Roma começou a ridicularizar seus antigos deuses, com a consequente necessidade de introduzir deuses novos, mais eficientes. Também naquele tempo se importava praticamente tudo que aparecia, desde a mais baixa e vulgar superstição até os mais nobres frutos do espírito humano. Nosso tempo lembra fatalmente aquela época em que também tudo corria bem e em que irrompeu o inconsciente trazendo de volta coisas imemoriais. E o caos dos espíritos talvez tenha sido menos pronunciado naquela época do que hoje.

[22]

[23]   Como terá percebido o leitor, deixei de falar do aspecto médico do inconsciente, por exemplo, da questão de como o inconsciente produz sintomas nervosos. Fiz isto em outra oportunidade, por isso não vejo razões para voltar ao assunto aqui. Aliás, com isso não me afastei do meu ramo de especialização, pois a psicoterapia não abrange apenas atritos de família, questões de amores infelizes e coisas semelhantes, mas também a questão geral da adaptação psicológica em si mesma, ou seja, a questão de saber que atitude devemos tomar, de um lado, diante dos homens e dos fatos e, de outro, diante de nós mesmos. Um médico que trata do corpo precisa conhecer o corpo; um médico que trata da psique precisa conhecer a psique. Quem conhece a psique somente sob o ponto de vista da sexualidade ou da ânsia de poder pessoal, conhece apenas uma parte dela. Urge conhecer esta parte, mas também as outras partes e sobretudo a questão que apontei aqui sobre a moderna relação entre consciente e inconsciente. Não basta um olhar apenas biologicamente treinado para compreender este problema, pois com eugenia não se faz uma política prática, e considerar a vida humana sob o ponto de vista do instinto de conservação e de reprodução é excessivamente unilateral. Por certo o inconsciente oferece muitos aspectos diferentes. Mas até agora ficamos muito presos a determinadas peculiaridades externas das expressões inconscientes, por exemplo, à linguagem arcaica do inconsciente, e levamos tudo ao pé da letra. A linguagem do inconsciente é uma linguagem forte, rica em imagens como podem prová-lo nossos sonhos. Mas esta é a linguagem primitiva, como sempre foi – imagem fiel do mundo rico e colorido. Da mesma forma é constituído o inconsciente. É um reflexo compensatório ou complementar do mundo. Acho que não podemos atribuir ao inconsciente uma natureza puramente instintiva, nem uma realidade metafísica, e muito menos elevá-lo à condição de fundamento universal. Devemos entendê-lo como fenômeno psíquico, exatamente como o consciente. Sabemos tão pouco o que é a psique quanto o que é a vida. Enigma mais que suficiente para não sabermos até que ponto o "eu" é "mundo" e até que ponto o "mundo" é "eu"! Mas o inconsciente, em todo caso, *existe realmente, pois age de fato*. Mas seu tipo de realidade é diferente da realidade do mundo exterior, pois é uma realidade psicológica. Por isso, é como se nosso consciente se encontrasse entre dois mundos ou realidades, ou melhor, entre dois tipos completamente diferentes de fenômenos ou objetos psicológicos. Metade das percepções lhe

advém dos sentidos; a outra metade da intuição: a visão de fenômenos interiores, provocados pelo inconsciente. A imagem exterior do mundo nos faz compreender tudo como efeito da atuação de forças físicas e fisiológicas, enquanto a imagem interior do mundo nos faz compreender tudo como resultado da ação de seres espirituais. A imagem do mundo que nos é transmitida pelo inconsciente é de natureza mitológica. Ao invés das leis da natureza encontramos desejos de deuses e demônios, e ao invés dos instintos naturais atuam almas e espíritos. As duas imagens do mundo não se toleram mutuamente e não existe lógica que possa uni-las: uma fere nosso sentimento, a outra nossa razão. E, no entanto, a humanidade sempre sentiu a necessidade de unir de alguma forma estas duas imagens do mundo. Nesta tarefa se empenharam filósofos, fundadores de religiões e artistas.

Procura-se e com certeza sempre se há de procurar o "caminho do meio", um ponto em que os opostos se unem. Schiller achou que tinha encontrado este caminho na arte, aliás no "símbolo" da arte. O artista deveria conhecer, portanto, o segredo do caminho do meio. Mas minha experiência me leva a duvidar disto. A meu ver, a união da verdade racional com a verdade irracional deve ser encontrada não tanto na arte, mas muito mais no símbolo, pois é da essência do símbolo conter ambos os lados, o racional e o irracional. Ao expressar um, exprime também o outro, de modo a abraçar os dois ao mesmo tempo, mas não sendo nem um e nem o outro. [24]

Mas qual é a origem do símbolo? Com esta pergunta chegamos à função mais importante do inconsciente: *a função criadora de símbolos*. Com esta função acontece algo singular. Só existe sob certas condições. A função compensatória (complementar) é a função natural e sempre à disposição do inconsciente. Resulta do simples fato de que todas as emoções, pensamentos, desejos e tendências passíveis de interferir em nossa vida racional são dela excluídos, passando para o plano de fundo e caindo finalmente no inconsciente. É lá que aos poucos se vai reunindo tudo aquilo que foi reprimido ou recalcado, tudo que ignoramos ou desvalorizamos. Com o passar do tempo, tudo isso vai crescendo e começando a exercer influência sobre o consciente. Esta influência estaria diretamente em oposição à nossa atitude consciente, se o inconsciente consistisse apenas de conteúdos reprimidos e excluídos da [25] consciência. Mas, como vimos, não é assim. O inconsciente contém também as obscuras fontes do instinto e da intuição, a imagem do homem como sempre foi desde tempos imemoriais, além daquelas forças que a mera racionalidade, conveniência e sensatez de uma vida burguesa jamais poderiam despertar para uma ação vital, aquelas forças criativas que sempre de novo conseguem levar a vida do homem a novos desdobramentos, novas formas e novos horizontes. Por isso, não considero a influência do inconsciente sobre a consciência simplesmente como oposição, mas como *compensação*, complementação, na medida em que é capaz de acrescentar à consciência tudo aquilo que impede o ressecamento e entorpecimento numa direção unilateral.

[26] Esta função age automaticamente, mas, devido à atrofia dos instintos do homem civilizado, é muitas vezes fraca demais para modificar efetivamente a orientação consciente unilateral apoiada na sociedade humana como um todo. Por isso é e sempre foi necessário o emprego de artifícios para trazer à luz do dia a salutar colaboração das forças inconscientes. Foram principalmente as religiões que se incumbiram desta tarefa sob as mais diversas formas. Tomando as manifestações do inconsciente como sinais, revelações ou advertências divinos ou demoníacos, tinham para com o inconsciente uma concepção ou visão determinadas. Chamavam, desta forma, atenção especial para todos os fenômenos de natureza inconsciente, quer se tratasse de sonhos, visões, sentimentos, fantasias ou suas projeções (transferências para fora) em pessoas estranhas e incomuns, ou de acontecimentos extraordinários de natureza animada ou inanimada. Mas, com essa concentração da atenção no inconsciente, as religiões provocaram também um extravasamento de conteúdos e forças inconscientes na vida consciente, influenciando-a e alterando-a. Sob este aspecto, as ideias religiosas constituem um artifício que beneficia o inconsciente, reforçando a função compensatória com um valor superior de consciência – caso contrário permaneceria ineficaz. Ela confere ao conteúdo inconsciente um valor considerável, através de um dogma de fé ou de uma superstição, isto é, por meio de um conceito carregado de emoção. O conteúdo inconsciente não possui por natureza e *a priori* tal valor, embora possa adquiri-lo com o tempo, mas neste caso de forma desagradável. Quando os conteúdos inconscientes ficam

reprimidos por serem continuamente ignorados, acabam por impor sua influência sobre o consciente, uma influência de caráter *patológico*. É por isso que ocorrem distúrbios nervosos tanto no homem primitivo como no europeu civilizado. Homens e mulheres negros histéricos também não são raridade. Em todo caso é dessas experiências que se origina, em grande parte, o medo primitivo dos demônios, tornando necessárias medidas de afastamento.

[27] É natural que a função compensatória do inconsciente não contenha em si a avaliação consciente; ela depende exclusivamente do modo de pensar consciente. No máximo o inconsciente pode fornecer os germes das convicções conscientes ou da formação de símbolos. Por isso, pode-se dizer que a função criadora de símbolos do inconsciente existe ou não, dependendo das condições. Ela partilha essa qualidade paradoxal com o próprio símbolo. Basta lembrar aquela anedota do jovem rabino que era discípulo de Kant. Certo dia o jovem é procurado por um rabino idoso que queria reconduzi-lo à fé dos patriarcas. Mas todos os seus argumentos eram em vão. Finalmente o velho exibiu o *shofar* da má fama – o corno que é soprado durante a maldição dos hereges (como aconteceu com Spinoza). Perguntou então ao jovem: "Você sabe o que é isso?" O jovem respondeu imperturbavelmente: "Sei. É o chifre de um bode". Essa resposta fez o velho desmaiar de horror.

[28] O que é o *shofar*? É *também* simplesmente o chifre de um bode. Às vezes o símbolo não é mais do que isso, mas só quando está morto. Mata-se um símbolo quando se consegue reduzir o *shofar* a um chifre de bode. Mas um chifre de bode, por meio da simbolização, pode tornar-se o *shofar*.

[29] A função compensatória se manifesta em conjuntos de materiais psíquicos bem definidos, como por exemplo em sonhos, nos quais nada de "simbólico" se encontra, como tampouco num chifre de bode. Para desvendar seu caráter simbólico é necessária uma disposição consciente bem específica, a saber, a vontade de entender o conteúdo do sonho como simbólico. De início, como mera hipótese, deixando que a experiência da vida venha a decidir se é útil ou necessário, ou recomendável entender simbolicamente os conteúdos dos sonhos, em vista de uma orientação de vida. Quero dar um pequeno exemplo para esclarecer esta

questão que parece tão difícil: Uma paciente já de certa idade que, como muitos outros, descontrolou-se um pouco por causa do problema da guerra, contou-me o seguinte sonho que teve pouco antes de vir ao consultório:

[30] *Ela estava cantando hinos de igreja que reforçavam de modo especial sua fé em Cristo, entre outros o conhecido hino protestante*

> O sangue de Cristo e sua justiça
> São meu adorno, meu traje de festa.
> Assim vestido quero diante de Deus aparecer
> Quando pelas portas do céu ingressar.
> Creio em Jesus que me garante como certo:
> Quem crê, esse não passará por julgamento.
> Etc.

Enquanto canta, vê em frente à janela um touro que salta como louco. Num de seus saltos quebra uma perna. Vê o animal sofrendo. Acha que deve ser sacrificado e não quer mais olhar. Nisto acorda.

[31] O sofrimento do animal desperta lembranças de maus-tratos infligidos a animais dos quais foi testemunha involuntária. Ela detesta essas coisas e se perturba muito por causa de sua identificação inconsciente com o animal maltratado (com-padecer!). Dentro dela há algo que pode ser expresso através da imagem de um animal torturado. Essa imagem foi evidentemente evocada pela ênfase especial da fé em Cristo no hino que acabava de cantar, pois enquanto estava cantando o touro ficou excitado e em sua agitação quebrou a perna. Esta estranha relação desperta nela imediatamente a associação de uma profunda inquietude religiosa, devido à guerra mundial, e que abalou seriamente sua fé na bondade de Deus e na credibilidade da visão cristã do mundo. A afirmação da fé cristã no hino pretende amenizar este abalo, mas ao invés disso excita aquele elemento animal no inconsciente, personificado pelo touro. Este elemento é justamente aquele representado pelo símbolo cristão do sacrifício: algo conquistado e oferecido em sacrifício. No mistério cristão é o cordeiro sacrificado. Na religião-irmã do cristianismo, o mitraísmo, que também foi sua rival mais bem-sucedida, o principal símbolo de culto não era o cordeiro sacrificado, mas o *touro*. A costumeira imagem do altar era a subjugação do touro pelo Deus-redentor Mitra. Histori-

camente, encontramos portanto uma relação bem próxima entre o cristianismo e o sacrifício do touro. O cristianismo suprimiu esse elemento pagão, mas no momento em que a validade da fé cristã parece abalada, ele torna a manifestar-se em primeiro plano. É o elemento instintivo animal que ameaça irromper, mas a tentativa de libertação lhe quebra a perna, isto é, o instinto se mutila a si mesmo. Deste elemento instintivo-animal se originaram também aqueles fatores que restringem o poder do instinto. Da mesma raiz da qual brota o instinto cego e irrefreado nascem também as leis e formas naturais, capazes de domar e quebrar a força instintiva. Mas quando o instinto animal é varrido do consciente por meio da repressão, pode acontecer que irrompa espontaneamente com toda a força, de forma desordenada e incontrolável. Essa irrupção sempre acaba em catástrofe, em autodestruição. Assim, aquilo que originalmente era perigoso, transforma-se em algo lastimável, algo que realmente desperta compaixão. As terríveis forças desencadeadas pela guerra mundial levam à autodestruição porque carecem da sabedoria humana para orientá-las e sustentá-las. Nossa visão do mundo revelou-se extremamente mesquinha, incapaz de dar a essas forças uma forma cultural.

Se eu explicasse a esta minha paciente muito idosa que o touro era um "símbolo" sexual, nada teria ela ganho com isso. Ao contrário, simplesmente teria perdido seu ponto de vista religioso, o que nunca é vantagem. Num caso como este, não se trata de um dilema "ou-ou", mas de uma tentativa do inconsciente – se quisermos adotar uma interpretação simbólica – de harmonizar o alto valor do princípio cristão com o oposto aparentemente irreconciliável do instinto animal através da compaixão compreensiva. Não é por acaso que o cristianismo histórico não tem relação com o animal. Esta omissão (sobretudo em comparação com o budismo), frequentemente sentida por pessoas mais sensíveis, levou um poeta moderno a descrever um Cristo que sacrifica sua vida também pelos sofrimentos de animais irracionais. O mandamento cristão do amor ao próximo pode estender-se também ao animal, isto é, ao *animal em nós*, a acolher com amor tudo aquilo que um conceito excessivamente rígido reprimiu de modo drástico. Pela repressão no inconsciente, na fonte de onde brotou, o instinto animal se torna ainda mais animalesco. Nenhuma outra religião está tão manchada de sangue inocente, cruelmente derramado, quanto a Igreja cristã, e nunca o mundo viu guerra

[32]

mais sangrenta do que a guerra das nações cristãs. Por isso o animalesco reprimido, quando aflora espontaneamente à superfície, assume formas perigosas e leva à autodestruição, ao suicídio das nações, quando irrompe com violência. Mas se cada pessoa tivesse um melhor relacionamento com seu "animal", teria outra visão da vida. Então a "vida" seria um princípio moral supremo e absoluto e a pessoa reagiria instintivamente contra qualquer instituição ou organização que tivesse o poder de destruir a vida em grande escala.

[33] Este modesto sonho expõe simplesmente à sonhadora o valor do cristianismo, a percepção deste grande Bem, contrastando-o com a força contrária e indomável da natureza que, abandonada ao seu furor, se fere funestamente e desperta compaixão – e nada mais do que isso. Uma interpretação que atribuísse a emoção religiosa a uma repressão do instinto animal seria – sobretudo neste caso – totalmente estéril e inutilmente destruidora. Se, ao contrário, afirmarmos que o conteúdo do sonho é simbólico e pretende dar à sonhadora a possibilidade de reconciliar-se consigo mesma, teremos dado o primeiro passo para uma interpretação que visa trazer os valores opostos a uma harmonia simbólica e abrir um novo caminho de evolução interna. Mantendo coerentemente esta hipótese, os sonhos futuros deveriam propiciar então os meios de compreender as implicações mais amplas da união simbólica do elemento animal com as mais elevadas conquistas morais e intelectuais do espírito humano. A meu ver, isto de fato acontece, pois o inconsciente assume continuamente seu papel compensatório de acordo com a respectiva disposição consciente. Por isso nossa posição *consciente* diante do problema do inconsciente não é absolutamente indiferente. Quanto mais negativa, mais crítica, mais hostil e desdenhosa for nossa atitude perante o inconsciente, tanto mais contrários serão os conteúdos dele e tanto mais nos escapará o verdadeiro valor do inconsciente.

[34] Portanto, o inconsciente só terá para nós uma função criadora de símbolos se estivermos dispostos a reconhecer nele um elemento simbólico. Os produtos do inconsciente são pura natureza. A natureza não é por si só um guia, pois não existe em função do homem. Mas se quisermos valer-nos dela como tal, poderemos dizer com os antigos: *Naturam si sequemur ducem, nunquam aberrabimus* (se tivermos a natureza por

guia, nunca trilharemos caminhos errados). Os navios não são conduzidos pelo fenômeno da agulha magnética. É preciso fazer da bússola o guia e ainda aplicar-lhe determinada correção, pois não aponta exatamente para o Norte. O mesmo acontece com a função orientadora do inconsciente. Pode-se usar o inconsciente como fonte dos símbolos, mas com a necessária correção consciente que, aliás, temos que aplicar a todo fenômeno natural, para que possa servir aos nossos objetivos.

[35] Pode-se achar esta concepção pouco científica, pois em lugar algum se vê uma redução às causas fundamentais, de modo a se poder dizer com toda certeza que tal coisa "nada mais" é do que isto ou aquilo. Para todos que procuram explicar as coisas deste modo, a sexualidade como fator causal é muito mais conveniente. De fato, no caso que mencionei, uma explicação sexual pode facilmente ser aduzida. Mas resta perguntar: o que ganha a paciente com isso? De que serve tal resposta ao problema de uma mulher no limiar da velhice? Ou será que o tratamento psíquico deve ser reservado a pessoas de menos de quarenta anos?

[36] É claro que também se pode colocar outra pergunta: O que lucra a paciente com uma resposta que leva a sério o problema religioso? O que é, afinal de contas, um problema religioso? Em última análise, o que tem o método científico a ver com religião?

[37] Para solucionar essas questões, a instância mais competente é o próprio paciente. De que lhe serve esta ou aquela resposta? Interessa-lhe por acaso a ciência? Tratando-se de pessoa religiosa, sua relação com Deus é muito mais importante do que uma explicação cientificamente satisfatória, assim como à pessoa fisicamente doente pouco lhe importa o caminho que leva à cura, desde que fique curada. Nosso caso – como aliás todo e qualquer outro – só é tratado corretamente se o for individualmente. Isto significa embarcar no problema do paciente e não simplesmente dar-lhe uma explicação, talvez biologicamente correta e baseada em princípios "científicos", mas que ultrapassa sua compreensão.

[38] A meu ver, uma psicologia científica precisa simplesmente ajustar-se aos fatos vivos da psique, observá-los cuidadosamente como tais e assim chegar às experiências mais profundas que ainda lhe escapam. Por isso, se esta ou aquela psique individual tem um conflito sexual, e esta ou aquela outra um problema religioso, a verdadeira ciência deve primei-

ramente reconhecer a evidente diferença entre eles e ocupar-se respectivamente com o problema religioso ou com o problema sexual sem levar em conta se o credo biológico reserva ou não um lugar para os deuses. O pesquisador realmente imune a preconceitos não pode, aliás, deixar que seu credo individual venha violentar ou interferir no material com que trabalha; e o material patológico não é exceção a esta regra. Considera-se hoje uma ingenuidade imperdoável rotular, por exemplo, o conflito neurótico exclusivamente sob a categoria sexual ou da ânsia de poder. Tal procedimento é tão arbitrário quanto afirmar que não existe inconsciente nem conflito gerador de doenças. Se admitimos que as ideias são forças poderosas em geral, devemos admitir também que são poderosas na psique individual, tanto no consciente quanto no inconsciente. Ninguém duvida que a sexualidade seja um fator psicologicamente ativo; tampouco cabe duvidar que as ideias sejam fatores psicologicamente ativos. Entre o mundo das ideias e o mundo dos instintos existe, na verdade, uma diferença tão radical que, via de regra, só um dos polos é consciente. No outro polo domina o inconsciente. Assim, se alguém, em seu consciente, estiver inteiramente sob a representação e a sugestão do instinto, seu inconsciente se colocará claramente do lado da ideia. Mas como a influência do inconsciente só atinge o consciente indiretamente e o influencia em segredo, surge no consciente uma formação de compromisso: o instinto se transforma sub-repticiamente em ideia fixa, isto é, perde gradativamente sua realidade, sendo enchida pelo inconsciente até tornar-se uma ideia tão unilateral quanto generalizada. Pode também acontecer o contrário: alguém se coloca conscientemente no campo das ideias mas percebe que o instinto inconsciente vai rebaixando, secreta e intimamente, suas ideias à condição de instrumento dos desejos inconscientes.

[39] Como os tempos atuais e seus jornais parecem uma clínica psiquiátrica gigantesca, qualquer observador atento tem oportunidade de sobra para captar estes aspectos intuitivamente. Mas não se deve esquecer a seguinte regra: *o inconsciente de uma pessoa se projeta sobre outra pessoa*, isto é, aquilo que alguém não vê em si mesmo, passa a censurar no outro. Este princípio tem uma validade geral tão impressionante que seria bom se todos, antes de criticar os outros, se sentassem e ponderassem

cuidadosamente se a carapuça que querem enfiar na cabeça do outro não é aquela que se ajusta perfeitamente a eles.

Com esta observação aparentemente irrelevante, deparamos com uma das propriedades mais importantes do inconsciente, ou seja, com o fato de que ele está, por assim dizer, *acessível, a qualquer momento*, à nossa observação, com todos os seus componentes. [40]

A razão desta qualidade paradoxal está no fato de que tudo que é inconsciente, na medida em que for ativado por pequenas parcelas de energia, se projeta para fora, sobre determinados objetos mais ou menos apropriados. Perguntará o leitor, com certeza, como é que podemos saber isso? A existência destas projeções foi gradativamente reconhecida quando se descobriu que no processo de adaptação psicológica ocorriam distúrbios e defeitos cuja causa parecia encontrar-se no objeto. Investigações mais minuciosas mostraram que se tratava de um conteúdo inconsciente do sujeito que, por não ser reconhecido pelo sujeito, se transferia aparentemente para o objeto e ali ampliava muito algum ponto semelhante, parecendo razão suficiente do distúrbio. [41]

O fato desta projeção foi primeiramente reconhecido nos distúrbios de adaptação psicológica. Depois também naquilo que promovia adaptação, isto é, nas propriedades aparentemente positivas do objeto. Neste caso, trata-se de propriedades valiosas, mas não percebidas, da própria personalidade, que aparecem no objeto tornando-o particularmente desejável. [42]

Mas toda a extensão do caráter projetivo do inconsciente só foi conhecida através da análise daqueles obscuros e inexplicáveis sentimentos que conferem uma incompreensível magia a certos lugares, certas *nuances* da natureza, certas obras de arte, certos pensamentos e certas pessoas. Esta magia também nasce da projeção, e precisamente da projeção do inconsciente coletivo. Se forem objetos inanimados os portadores do caráter "mágico", não raro sua mera enumeração é suficiente para revelar seu significado como projeção de uma associação mitológica no inconsciente coletivo. Trata-se em geral de determinados conteúdos ou motivos que encontramos também na literatura dos mitos e dos contos de fada. Menciono como exemplo o tema da casa assombrada em que mora a bruxa ou o feiticeiro, em que acontece ou aconteceu um cri- [43]

me hediondo, onde aparecem fantasmas, onde se esconde um tesouro e assim por diante. A projeção desta imagem primitiva é reconhecida quando, algum dia, num lugar qualquer, deparamos de repente com aquela casa misteriosa ou assombrada, isto é, quando uma casa de verdade nos transmite esta sensação mágica. Nestes casos, toda a atmosfera que envolve o lugar parece simbólica, sendo portanto a projeção de uma fantasia inconsciente de caráter coerente.

[44] Podemos encontrar este fenômeno em sua mais bela forma entre os primitivos. Seu país é ao mesmo tempo uma topografia de seu inconsciente. Naquela árvore imponente mora o deus do trovão, naquela fonte mora "a velha", naquele bosque está sepultado o lendário rei, naquele vau as mulheres não podem cavalgar devido à presença de um certo espírito, junto àquela rocha não se pode acender fogo por causa de um demônio que vive dentro dela, aquele monte de pedras é habitado pelos espíritos dos ancestrais e as mulheres precisam recitar depressa uma fórmula mágica para não engravidar, pois o espírito de um ancestral poderia facilmente penetrar em seu ventre. Todo tipo de figuras e sinais marcam esses lugares e um temor reverencial circunda o ambiente. É assim que o homem primitivo vive em sua terra e ao mesmo tempo no país de seu inconsciente. Em toda parte seu inconsciente lhe vem ao encontro, vivo e real. Como é diferente a relação que temos com a terra em que vivemos! Sensações totalmente estranhas a nós acompanham o homem primitivo a cada passo. O que lhe diz o grito do pássaro? Ou o que significa aquela antiga árvore? Todo este mundo de sentimentos não está ao nosso alcance e é substituído por uma pálida satisfação estética. Todavia, o mundo sentimental dos primitivos não está totalmente perdido para nós. Continua vivo no inconsciente. Quanto mais nos afastarmos dele através de nosso esclarecimento e de nossa superioridade racional, mais ele recuará, mas tornar-se-á tanto mais potente com tudo aquilo que cai nele, tudo que é recusado ou excluído por nosso racionalismo unilateral. Mas essa parcela perdida da natureza se vingará em nós retornando sob forma distorcida ou deformada, por exemplo, como a epidemia do tango, como futurismo, dadaísmo e tudo o mais que se pode rotular como insensatez e mau gosto.

[45] Também a desconfiança do primitivo com relação à tribo vizinha, que parecia estar superada há muito tempo pelas organizações globais,

retornou em gigantescas proporções nesta guerra. Mas não se trata simplesmente de incendiar a aldeia vizinha ou fazer "rolar" algumas cabeças. Países inteiros são devastados, milhões de pessoas são assassinadas. Nenhum mérito se admite à nação inimiga e os próprios defeitos aparecem no outro fantasticamente ampliados. Onde estão hoje as cabeças superiores? Se é que existem, ninguém lhes dá ouvidos. Predomina, ao invés, uma fúria assassina generalizada, a fatalidade de um destino universal ineludível, contra o qual o indivíduo não mais é capaz de defender-se. E, não obstante, este fenômeno coletivo também se encontra em cada indivíduo, pois é de indivíduos que se compõe a nação. Por isso, cada um precisa descobrir os meios e modos de enfrentar o mal. De acordo com nossa atitude racionalista, pensamos poder resolver as coisas através de organizações internacionais, de leis e outras "boas intenções" semelhantes. Na verdade, porém, só uma mudança de mentalidade de cada indivíduo poderá levar a uma renovação do espírito das nações.

Existem teólogos e humanistas bem-intencionados que querem quebrar o princípio do poder – mas isso nos outros. Precisamos quebrar esse princípio primeiro em nós mesmos. Só então seremos fidedignos. Temos que ouvir a voz da natureza que nos fala do fundo do inconsciente. Então cada um estará tão preocupado consigo mesmo que desistirá de querer organizar o mundo. [46]

Talvez a pessoa leiga ache estranha a inclusão de problemas tão gerais na minha discussão de um conceito psicológico. Não se trata de uma digressão do tema, como poderia parecer, mas esses problemas fazem parte essencial do assunto. Também a questão da relação entre consciente e inconsciente não é uma questão especial e sim algo que tem a ver intimamente com nossa história, com nosso tempo atual, com nossa cosmovisão. Muita coisa só se torna inconsciente porque nossa concepção do mundo não lhe dá espaço, porque nossa educação e formação jamais lhe deu estímulo e, se alguma vez apareceu no consciente como eventual fantasia, foi imediatamente reprimida. Os limites entre consciente e inconsciente são em grande parte determinados por nossa cosmovisão. Por isso devemos falar de problemas gerais se quisermos tratar adequadamente do conceito de inconsciente. Se quisermos compreender a natureza do inconsciente, não podemos nos ocupar somente [47] com os problemas atuais, mas também com a história do espírito humano em geral.

[48] Esta preocupação com o inconsciente tem interesse não apenas teórico, mas prático. Pois, da mesma forma que a cosmovisão que tivemos até agora é fator decisivo na constituição e conteúdo do inconsciente, assim também a reformulação de nossa visão do mundo, em consonância com os conteúdos ativos do inconsciente, tornou-se uma tarefa necessária na prática. É praticamente impossível curar definitivamente distúrbios nervosos, causados por dificuldades de caráter, com consentimento excepcional do indivíduo, pois o homem não pode viver como indivíduo isolado, fora da sociedade humana. O princípio sobre o qual constrói sua vida deve ser um princípio aceito de modo geral, do contrário prescindirá daquela moralidade natural indispensável ao homem como membro da comunidade. Mas este princípio, se não for relegado à obscuridade do instinto inconsciente, tornar-se-á uma cosmovisão bem elaborada, necessária a todos aqueles que costumam prestar contas a si mesmos sobre seu modo de pensar e de agir. Isto pode explicar por que, nesta curta palestra, abordei questões que exigiriam, cada uma delas, caso se pretendesse fazer uma análise exaustiva, muito mais que uma cabeça e muito mais que um período de vida.

Capítulo 3
As etapas da vida humana[1]

Falar dos problemas das etapas da vida do homem é uma tarefa por demais exigente, pois esta significa nada menos do que traçar um quadro de toda a vida psíquica, desde o berço até à sepultura. No quadro de uma conferência, semelhante tarefa só pode ser levada a efeito em suas linhas gerais – e, naturalmente, não se trata de descrever a psicologia normal das diversas etapas da vida. Pelo contrário, trataremos apenas de certos problemas, isto é, de coisas que são difíceis, questionáveis ou ambíguas; numa palavra: de questões que nos permitem mais de uma resposta – e, além do mais, respostas que nunca são suficientemente seguras e inteiramente claras. Por este motivo, haverá não poucos aspectos que nossa mente terá de abordar com um ponto de interrogação. Pior ainda: haverá algumas coisas que deveremos aceitar com toda a boa-fé; e, ocasionalmente, teremos inclusive de nos entregar a especulações.

[749]

Se a vida psíquica fosse constituída de evidências naturais – como acontece ainda no estágio primitivo – poderíamos nos contentar com um empirismo decidido. Mas a vida psíquica do homem civilizado é cheia de problemas, e não pode ser concebida senão em termos de problema. Grande parte de nossos processos psíquicos são constituídos de reflexões, dúvidas, experimentos – coisas que a psique instintiva e inconsciente do homem primitivo desconhece quase inteiramente. É ao crescimento da consciência que devemos a existência de problemas; eles

[750]

---

1. Conferência publicada parcialmente em *Neue Zürcher Zeitung*, 14/16 de março de 1930; nova redação sob o título de *Die Lebenswende* aparecida em *Seelenprobleme der Gegenwart*. Psychologische Abhandlungen, III, 1931.

são o presente de grego da civilização. *É o afastamento do homem em relação aos instintos e sua oposição a eles que cria a consciência.* O instinto é natureza e deseja perpetuar-se com a natureza, ao passo que a consciência só pode querer a civilização ou sua negação. E mesmo quando procuramos voltar à natureza, embalados pelo ideal de Rousseau, nós "cultivamos" a natureza. Enquanto continuarmos identificados com a natureza, seremos inconscientes e viveremos na segurança dos instintos que desconhecem problemas. Tudo aquilo que em nós está ligado ainda à natureza tem pavor de qualquer problema, porque seu nome é *dúvida*, e onde a dúvida impera, aí se enquadra a incerteza e a possibilidade de caminhos divergentes. Mas nos afastamos da guia segura dos instintos e ficamos entregues ao *medo*, quando nos deparamos com a possibilidade de caminhos diferentes, porque a consciência agora é chamada a fazer tudo aquilo que a natureza sempre fez em favor de seus filhos, a saber: tomar decisões seguras, inquestionáveis e inequívocas. E, diante disto, somos acometidos por um temor demasiado humano de que a consciência, nossa conquista prometeana, ao cabo não seja capaz de nos servir tão bem quanto a natureza.

[751] Os problemas, portanto, nos compelem a um estado de soledade e de orfandade absoluta, onde nos sentimos abandonados inclusive pela natureza e onde somos obrigados a nos tornar conscientes. Não temos outra via de saída, e somos forçados a substituir nossa confiança nos acontecimentos naturais por decisões e soluções conscientes. Cada problema, portanto, implica a possibilidade de ampliar a consciência, mas também a necessidade de nos desprendermos de qualquer traço de infantilismo e de confiança inconsciente na natureza. Esta necessidade é um fato psíquico de tal monta que constitui um dos ensinamentos simbólicos mais essenciais da religião cristã. *É o sacrifício do homem puramente natural*, do ser inconsciente e natural, cuja tragédia começou com o ato de comer a maçã no paraíso. A queda do homem segundo a Bíblia nos apresenta o despontar da consciência como uma maldição. E é assim que vemos qualquer problema que nos obriga a uma consciência maior e nos afasta mais ainda do paraíso de nossa infantilidade inconsciente. Cada um de nós espontaneamente evita encarar seus problemas, enquanto possível; não se deve mencioná-los, ou melhor ainda, nega-se

sua existência. Queremos que nossa vida seja simples, segura e tranquila, e por isto os problemas são tabu. Queremos certezas e não dúvidas; queremos resultados e não experimentos, sem entretanto nos darmos conta de que as certezas só podem surgir através da dúvida, e os resultados através do experimento. Assim, a negação artificial dos problemas não gera a convicção; pelo contrário, para obtermos certeza e clareza, precisamos de uma consciência mais ampla e superior.

[752] Esta introdução um tanto longa me pareceu necessária para explicar a natureza de nosso assunto. Quando temos de lidar com problemas, instintivamente nos recusamos a percorrer um caminho que nos conduz através de obscuridades e indeterminações. Queremos ouvir falar somente de resultados inequívocos e nos esquecemos completamente de que os resultados só podem vir depois que atravessamos a obscuridade. Mas, para penetrar na obscuridade, devemos empregar todo o potencial de iluminação que a consciência nos oferece. Como eu já disse, devemos até mesmo nos entregar a especulações, pois, ao tratarmos dos problemas psíquicos, tropeçamos continuamente em questões fundamentais que se tornaram domínio exclusivo dos ramos mais diversificados do conhecimento. Nós inquietamos ou mesmo irritamos o teólogo não menos do que o filósofo, e o médico não menos do que o educador, e tenteamos inclusive no campo específico do biólogo e do historiador. Esta extrapolação não se deve à nossa curiosidade, mas à circunstância de que a psique do homem é uma combinação estranha de fatores que são, ao mesmo tempo, o objeto particular de ciências de âmbito maior. De fato, foi a partir de si próprio e de sua constituição peculiar que o homem produziu suas ciências. Estas são sintomas de sua psique.

[753] Se, por conseguinte, colocarmo-nos a questão inevitável de saber por que motivo o homem tem problemas, em geral, em constraste manifesto com o mundo animal, que não os tem, certamente nos envolveremos no complexo emaranhado de ideias produzidas por milhares de cérebros afiadíssimos no decurso dos séculos. Não farei trabalho de Sísifo nesta obra-prima de confusão, mas tentarei, simplesmente, apresentar minha contribuição para a solução desta questão básica.

[754] Sem consciência, não existem problemas. Por isto, a questão deve ser formulada de outra maneira. Como surgiu a consciência no homem?

125

Não o sabemos, porque não estávamos presentes quando os primeiros homens se tornaram conscientes. Mas podemos observar o despertar da consciência nas crianças pequenas. Qualquer pai pode vê-lo, se prestar atenção. E o que podemos ver é o seguinte: quando a criança *reconhece* alguém ou alguma coisa, sentimos que a criança tem consciência. Indubitavelmente foi este também o motivo pelo qual a árvore do conhecimento, no paraíso, produziu frutos tão fatais.

[755] Mas, o que é o conhecimento? Falamos de conhecimento quando conseguimos, por exemplo, ligar uma nova percepção a um contexto já existente, de tal modo que temos na consciência não somente a percepção dos sentidos, mas partes deste conteúdo igualmente. O conhecimento se baseia na percepção dos nexos dos vários conteúdos psíquicos entre si. Não podemos conhecer nenhum conteúdo que não esteja ligado com algum outro, e não podemos nos dar conta de sua existência se a nossa consciência ainda estiver neste nível inicial mais baixo. A primeira forma de consciência acessível à nossa observação e ao nosso conhecimento parece consistir, simplesmente, em perceber a conexão entre dois ou mais conteúdos psíquicos. Neste nível, por conseguinte, a consciência ainda está inteiramente ligada à percepção de algumas conexões e, por isto, é puramente esporádica e seu conteúdo não é mais lembrado posteriormente. É fato comprovado que não existe memória contínua dos primeiros anos de vida. Quando muito, o que existe são *ilhas de consciência*, que são como luzes isoladas ou objetos iluminados dentro da noite imensa. Mas estas ilhas de memórias não são aquelas conexões mais antigas que foram apenas percebidas; elas contêm uma nova série muito importante de conteúdos, isto é, aqueles conteúdos que pertencem ao próprio sujeito percipiente, o chamado ego. Inicialmente esta série é apenas percebida, como as séries originais de conteúdos, e é por esta razão que a criança, quando começa a falar de si própria, logicamente o faz na terceira pessoa. Só mais tarde, quando a série de conteúdos do eu ou o chamado complexo do eu, adquire energia própria – provavelmente como resultado de exercícios – é que surge o sentimento da subjetividade ou da egoicidade. Este é, provavelmente, o momento em que a criança começa a falar de si na primeira pessoa. Provavelmente é nesse estágio que tem início a *continuidade da memória*. Essencialmente ela seria, portanto, uma continuidade das reminiscências do eu.

No estágio infantil da consciência, ainda não há problemas; nada depende do sujeito, porque a própria criança ainda depende inteiramente dos pais. É como se não tivesse nascido ainda inteiramente, mas se achasse mergulhada na atmosfera dos pais. O nascimento psíquico e, com ele, a diferenciação consciente em relação aos pais só ocorrem na puberdade, com a irrupção da sexualidade. A mudança fisiológica é acompanhada também de uma revolução espiritual. Isto é, as várias manifestações corporais acentuam de tal maneira o eu, que este frequentemente se impõe desmedidamente. Daí o nome que se dá a esta fase: "os anos difíceis" da adolescência. [756]

Até este período, a vida psicológica do indivíduo é governada basicamente pelos instintos e por isto não conhece nenhum problema. Mesmo quando limitações externas se contrapõem aos impulsos subjetivos, estas restrições não provocam uma cisão interior do próprio indivíduo. Este se submete ou as evita, em total harmonia consigo próprio. Ele ainda não conhece o estado de divisão interior, induzido pelos problemas. Este estado só ocorre quando aquilo que é uma limitação exterior torna-se uma limitação interior, isto é, quando um impulso se contrapõe a outro. Em linguagem psicológica, isto quer dizer que o estado problemático, a divisão interior do próprio indivíduo, ocorre quando, ao lado da série dos conteúdos do eu, surge uma segunda série de igual intensidade. Esta segunda série tem uma significação funcional igual à do complexo do eu, e poderíamos chamá-la de segundo eu diferente do anterior, o qual, em dadas circunstâncias, pode até mesmo tomar o comando das mãos do primeiro eu. Isto produz a divisão interior do indivíduo ou seu estado problemático. [757]

Lancemos um rápido olhar ao que acabamos de expor: a primeira forma de consciência que consiste em um mero conhecer é um estado anárquico ou caótico. O segundo estágio, aquele do complexo do eu desenvolvido, é uma fase monárquica ou monística. O terceiro estágio traz consigo de novo um avanço da consciência, ou seja, a consciência de um estado de divisão ou de dualidade. [758]

Aqui abordamos o nosso verdadeiro tema – o problema das etapas da vida humana. Trataremos primeiramente dos problemas do período da juventude. Este estágio vai aproximadamente dos anos que [759] se seguem imediatamente à puberdade até o meio da vida, que se situa entre os trinta e cinco e os quarenta anos.

[760] Algum leitor talvez deseje saber por que começo com a segunda etapa da vida humana, como se a do estágio infantil fosse um estado sem problemas. Normalmente, a criança ainda não tem nenhum problema pessoal, mas sua complexa psique constitui um problema de primeira grandeza para seus pais, educadores e médicos. Só o ser humano adulto é que pode ter dúvidas a seu próprio respeito e discordar de si mesmo.

[761] Todos nós conhecemos as fontes dos problemas que surgem nesta fase da vida. Para a imensa maioria das pessoas são as exigências da vida que interrompem bruscamente o sonho da meninice. Se o indivíduo estiver suficientemente preparado, a passagem para uma atividade profissional pode efetuar-se de maneira suave. Mas se ele se agarra a ilusões que colidem com a realidade, certamente surgirão problemas. Ninguém pode avançar na vida sem se apoiar em determinados pressupostos. Às vezes estes pressupostos são falsos, isto é, não se coadunam com as condições externas com as quais o indivíduo se depara. Muitas vezes, são expectativas exageradas, subestima das dificuldades externas, injustificado otimismo ou uma atitude negativista. Poderíamos mesmo organizar toda uma lista de falsos pressupostos que provocam os primeiros problemas conscientes.

[762] Nem sempre é a contradição entre os pressupostos subjetivos e os fatos externos que geram problemas; muitas vezes podem ser também as dificuldades psíquicas internas que existem, mesmo quando exteriormente tudo corre às mil maravilhas. Muitíssimas vezes é a perturbação do equilíbrio psíquico provocada pelo instinto sexual; outras vezes pode ser também o sentimento de inferioridade ocasionado por uma sensibilidade exagerada. Estes conflitos interiores podem existir, mesmo que a adaptação ao mundo exterior tenha sido realizada sem esforço aparente. Tem-se até mesmo a impressão de que os jovens que tiveram de lutar duramente com a vida foram poupados de problemas internos, ao passo que aqueles que por este ou por aquele motivo não têm dificuldade de adaptar-se, defrontam-se com problemas de sexo ou conflitos provenientes de um sentimento de inferioridade.

As pessoas de temperamento problemático muitas vezes são neu- [763]
róticas, mas seria grave equívoco confundir a existência de problemas
com neurose, pois a diferença fundamental é que o neurótico é doente
porque não tem consciência dos seus problemas, ao passo que o indivíduo problemático sofre com seus próprios problemas conscientes sem
ser doente.

Se procurarmos extrair os fatores comuns e essenciais da variedade [764]
quase inexaurível dos problemas individuais que encontramos no período da juventude, deparamo-nos com uma característica peculiar a todos
os problemas desta fase da vida: um apego mais ou menos claro no nível
de consciência infantil, uma resistência às forças fatais existentes dentro
e fora de nós e que procuram nos envolver no mundo. Alguma coisa
dentro de nós quer permanecer como criança, quer permanecer inconsciente, ou, quando muito, consciente apenas do seu ego; quer rejeitar
tudo o que lhe é estranho, ou então sujeitá-lo à sua própria vontade;
não quer fazer nada, ou no máximo satisfazer sua ânsia de prazer ou de
domínio. Há em tudo isto alguma coisa da inércia da matéria: é a persistência no estado anterior, cuja consciência é menor em seu alcance, mais
estreita e mais egoísta do que a consciência da fase dualista, na qual o
indivíduo se vê diante da necessidade de reconhecer e aceitar aquilo que
é diferente e estranho como parte e como uma espécie de ego.

A resistência se dirige contra a ampliação do horizonte da vida, que [765]
é a característica essencial desta fase. Esta ampliação ou "diástole" – para
empregarmos uma expressão de Goethe – começa bem muito antes disto. Começa com o nascimento, quando a criança sai dos estreitos limites
do corpo da mãe, e aumenta incessantemente, até atingir o clímax no
estado problemático, quando o indivíduo começa a lutar contra ela.

Que lhe aconteceria, se ele simplesmente se convertesse naquela sua [766]
parte estranha e diferente que é também ego, e deixasse simplesmente
que o antigo eu se dissolvesse no passado? Este seria um procedimento
aparentemente viável. O escopo da educação religiosa – a começar pela
exortação a despojar-nos do velho Adão (Cl 3,9), até os ritos de renascimento dos povos primitivos – não é transformar o ser humano no
homem novo e futuro, e fazer com que o velho desapareça?

[767] A Psicologia nos ensina que, em certo sentido, não existe nada que possa realmente se extinguir, e o próprio Paulo continuou com um espinho na carne (2Cor 12,7). Quem se protege contra o que é novo e estranho e regride ao passado está na mesma situação neurótica daquele que se identifica com o novo e foge do passado. A única diferença é que um se alheia do passado e o outro do futuro. Em princípio, os dois fazem a mesma coisa: mantêm a própria consciência dentro de seus estreitos limites, em vez de fazê-la explodir na tensão dos opostos e construir um estado de consciência mais amplo e mais elevado.

[768] Este resultado seria o ideal se pudesse ser conseguido nesta segunda fase da vida. Na realidade, parece que a natureza não tem a menor preocupação em alcançar um nível superior da consciência; pelo contrário. E a própria sociedade não dá muito valor a tais proezas da psique; ela confere seus prêmios, em primeiro lugar, sempre ao feito, e não à personalidade. Esta última muitas vezes só é recompensada postumamente. Estes fatos nos obrigam a uma solução particular, qual seja a de nos limitarmos ao que é possível alcançar e a diferenciar determinadas capacidades, e é aqui onde se revela a verdadeira natureza do indivíduo socialmente eficaz.

[769] A eficiência, a utilidade etc. constituem os ideais que parecem apontar o caminho que nos permite sair da confusão dos estados problemáticos. Elas são as estrelas que nos guiarão na aventura da ampliação e consolidação de nossa existência física; ajudam-nos a fixar nossas raízes neste mundo, mas não podem nos guiar no desenvolvimento da consciência humana, ou seja, daquilo a que damos o nome de cultura ou civilização. No período da juventude, todavia, este é o procedimento normal de decisão e, em quaisquer circunstâncias, é preferível a deixar-se simplesmente ficar mergulhado em problemas.

[770] Esta dificuldade se resolve, portanto, adaptando-se tudo o que nos foi dado pelo passado às possibilidades e exigências do futuro. Limitamo-nos ao que é possível alcançar, e isto significa, psicologicamente falando, renunciar a todas as outras nossas potencialidades psíquicas: um perde uma parte preciosa de seu passado, e outro um pedaço precioso de seu futuro. Todos nós certamente nos recordamos de amigos e colegas de estudos, outrora jovens promissores e idealistas, que, quando os

reencontramos anos mais tarde, parecem-nos indivíduos mirrados que cresceram espremidos em moldes estreitos. Estes são exemplos da solução acima indicada.

[771] Os grandes problemas da vida nunca são resolvidos de maneira definitiva e total. E mesmo que aparentemente o tenham sido, tal fato acarreta sempre uma perda. Parece-me que a significação e a finalidade de um problema não estão na sua solução, mas no fato de trabalharmos incessantemente sobre ele. É somente isto que nos preservará da estupidificação e da petrificação. Assim, a solução dos problemas do período da juventude, restrita apenas ao que é possível alcançar, também só é válida temporariamente, e no fundo dura muito pouco. Em qualquer circunstância, conquistar um lugar na sociedade e modificar a própria natureza original, de modo que ela se adapte mais ou menos a esta forma de existência, constitui um fato notável. É uma luta travada dentro e fora de si próprio, e comparável à luta da criança pela existência do eu. Mas essa luta muitas vezes escapa à nossa observação porque se processa na obscuridade; mas quando vemos a obstinação com que certos indivíduos se mantêm apegados a ilusões e pressupostos infantis e a hábitos egoístas etc., podemos ter uma ideia da energia que foi necessária, outrora, para produzi-los. E o mesmo acontece também com os ideais, as convicções, as ideias mestras, as atitudes etc., que nos introduzem na vida durante o período da juventude e pelas quais lutamos: eles crescem juntamente com o nosso ser, aparentemente nos transformamos nele e, por isto, procuramos perpetuá-los a nosso bel-prazer com a mesma naturalidade com que o jovem afirma seu próprio eu, querendo ou não, diante de si próprio e do mundo.

[772] Quanto mais nos aproximamos do meio da existência e mais conseguimos nos firmar em nossa atitude pessoal e em nossa posição social, mais nos cresce a impressão de havermos descoberto o verdadeiro curso da vida e os verdadeiros princípios e ideais do comportamento. Por isto é que os consideramos eternamente válidos e transformamos em virtude o propósito de permanecermos imutavelmente presos a eles, esquecendo-nos de que só se alcança o objetivo social com sacrifício da totalidade da personalidade. São muitos – muitíssimos – os aspectos da vida que poderiam ser igualmente vividos, mas jazem no depósito de velharias,

em meio a lembranças recobertas de pó; muitas vezes, no entanto, são brasas que continuam acesas por baixo de cinzas amarelecidas.

[773] As estatísticas nos mostram que as depressões mentais nos homens são mais frequentes por volta dos quarenta anos. Nas mulheres, as dificuldades neuróticas começam geralmente um pouco mais cedo. Observamos que nesta fase – precisamente entre os trinta e cinco e os quarenta anos – prepara-se uma mudança muito importante, inicialmente modesta e despercebida; são antes indícios indiretos de mudanças que parecem começar no inconsciente. Muitas vezes é como que uma espécie de mudança lenta do caráter da pessoa; outras vezes são traços desaparecidos desde a infância que voltam à tona; às vezes também antigas inclinações e interesses habituais começam a diminuir e são substituídos por novos. Inversamente – e isto se dá com muita frequência – as convicções e os princípios que os nortearam até então, principalmente os de ordem moral, começam a endurecer-se e enrijecer-se, o que pode levá-los, crescentemente, a uma posição de fanatismo e intolerância, que culmina por volta dos cinquenta anos. É como se a existência destes princípios estivesse ameaçada, e, por esta razão, se tornasse mais necessário ainda enfatizá-los.

[774] O vinho da juventude nem sempre se clarifica com o avançar dos anos; muitas vezes até mesmo se turva. É nos indivíduos de mentalidade unilateral que melhor se podem observar os fenômenos acima mencionados, muitos dos quais se manifestam ora mais cedo, ora mais tardiamente. Parece-me que o retardamento desta manifestação é ocasionado, frequentemente, pelo fato de os pais dos indivíduos em questão ainda estarem em vida. É como se a fase da juventude se prolongasse indevidamente. Tenho observado isto especialmente em pessoas cujo pai era de idade avançada. A morte do pai provoca então como que um amadurecimento precipitado e, diríamos, quase catastrófico.

[775] Sei de um homem piedoso, que era administrador da igreja e que, a partir mais ou menos dos quarenta anos, assumira uma atitude cada vez mais intolerante, insuportável em matéria de religião e moral. Seu temperamento tornara-se visivelmente cada vez mais sombrio, e, por fim, ele nada mais era do que uma coluna turva no seio da Igreja. Levou a vida assim, até aos cinquenta e cinco anos, quando, certa feita, no meio

da noite, sentou-se repentinamente na cama e disse à mulher: "Agora descobri! Sou um verdadeiro patife!" Este reconhecimento da própria situação não deixou de ter suas consequências práticas. Nosso homem passou os últimos anos de sua vida no desregramento, e grande parte de sua fortuna foi esbanjada. Trata-se, evidentemente, de um indivíduo bastante simpático, capaz dos dois extremos!

[776] Todos os distúrbios neuróticos, bastante frequentes, da idade adulta têm em comum o fato de quererem prolongar a psicologia da fase juvenil para além do limiar da chamada idade do siso. Quem não conhece aqueles comovedores velhinhos que necessitam sempre de reesquentar o prato de seus saudosos tempos de estudante, e só conseguem reavivar um pouco a chama da vida, recordando-se de seus tempos heroicos que se petrificaram num filisteísmo desesperante. Mas quase todos gozam de uma vantagem inestimável: não são neuróticos, mas em geral apenas pessoas tediosas e estereotipadas.

[777] O neurótico é, antes, alguém que jamais consegue que as coisas corram para ele como gostaria que fossem no momento presente, e, por isto, não é capaz de se alegrar com o passado. Da mesma forma como antigamente ele não se libertou da infância, assim também agora se mostra incapaz de renunciar à juventude. Teme os pensamentos sombrios da velhice que se aproxima, e como a perspectiva do futuro lhe parece insuportável, ele se volta desesperadamente para o passado. Da mesma forma que o indivíduo preso à infância recua apavorado diante da incógnita do mundo e da existência humana, assim também o homem adulto recua assustado diante da segunda metade da vida, como se o aguardassem tarefas desconhecidas e perigosas, ou como se sentisse ameaçado por sacrifícios e perdas que ele não teria condições de assumir, ou ainda como se a existência que ele levara até agora lhe parecesse tão bela e tão preciosa, que ele já não seria capaz de passar sem ela.

[778] Talvez isto seja, no fundo, o medo da morte? Parece-me pouco provável, porque a morte geralmente ainda está muito longe e, por isto, é um tanto abstrata. A experiência nos mostra, pelo contrário, que a causa fundamental de todas as dificuldades desta fase de transição é uma mudança singular que se processa nas profundezas da alma. Para caracterizá-la, eu gostaria de tomar como termo de comparação o curso diário

do Sol. Suponhamos um Sol dotado de sentimentos humanos e de uma consciência humana relativa ao momento presente. De manhã, o Sol se eleva do mar noturno do inconsciente e olha para a vastidão do mundo colorido que se torna tanto mais amplo quanto mais alto ele ascende no firmamento. O Sol descobrirá sua significação nessa extensão cada vez maior de seu campo de ação produzida pela ascensão e se dará conta de que seu objetivo supremo está em alcançar a maior altura possível e, consequentemente, a mais ampla disseminação possível de suas bênçãos sobre a Terra. Apoiado nesta convicção, ele se encaminha para o zênite imprevisto – imprevisto, porque sua existência individual e única é incapaz de prever o seu ponto culminante. Precisamente ao meio-dia, o Sol começa a declinar e este declínio significa uma inversão de todos os valores e ideais cultivados durante a manhã. O Sol torna-se, então, contraditório consigo mesmo. É como se recolhesse dentro de si seus próprios raios, em vez de emiti-los. A luz e o calor diminuem e por fim se extinguem.

[779] Toda comparação claudica, mas esta, pelo menos, não claudica mais que as outras. Um aforismo francês resume a sabedoria desta comparação, com cinismo e resignação: *Si jeunesse savait, si vieillesse pouvait* (Se a juventude soubesse, se a velhice pudesse).

[780] Felizmente não somos sóis que nascem e se põem; do contrário, nossos valores culturais andariam mal. Mas há alguma coisa semelhante ao Sol dentro de nós, e falar em manhã de primavera, tarde de outono da vida não é mero palavrório sentimental, mas expressão de verdades psicológicas e até, mais ainda, de fatos fisiológicos, porque a virada do Sol ao meio-dia altera até mesmo certas características corporais. Especialmente entre os povos meridionais observa-se que as mulheres mais idosas adquirem uma voz rouca e profunda, bigodes incipientes, traços faciais duros e outras qualidades masculinas. Por outro lado, o físico masculino se atenua, assumindo traços femininos como a adiposidade e expressões faciais suavizadas.

[781] Há uma notícia interessante na bibliografia etnológica a respeito de um chefe guerreiro índio a quem o Grande Espírito apareceu em sonhos no meio da vida e lhe anunciou que a partir de então ele devia sentar-se entre as mulheres e crianças, usar vestes femininas e alimentar-se com

comida de mulher. Ele obedeceu a este sonho, sem perder a reputação e o prestígio. Esta visão é a expressão fiel da revolução psíquica do meio-dia da existência e do começo de seu declínio. Os valores do homem e mesmo seu corpo tendem a converter-se em seus opostos, pelo menos alusivamente.

Poderíamos comparar a masculinidade e a feminilidade e suas componentes psíquicas, por exemplo, com determinada provisão de substâncias utilizadas, por assim dizer, de modo desigual na primeira metade da vida. O homem consome grande quantidade de substância masculina e deixa apenas uma reserva menor de substância feminina, que agora deve ser utilizada. A mulher, pelo contrário, recorre à sua provisão de masculinidade até agora não utilizada. [782]

Esta mudança é mais acentuada ainda no domínio do psíquico do que no físico. Quantas vezes acontece que o homem abandona os seus negócios entre os quarenta e cinco e cinquenta anos, e a mulher veste calças e abre uma pequena loja na qual o homem talvez execute tarefas de simples empregado. Existe um grande número de mulheres que só despertam para a responsabilidade social e para a consciência social depois dos quarenta anos. Na vida moderna de negócios, particularmente na América, o *break down*, o colapso nervoso, é um fato comuníssimo depois dos quarenta anos. Se examinarmos as vítimas, verificaremos que aquilo que entra em colapso é o estilo de vida masculino até então prevalescente e o que resta é um homem feminizado. Inversamente, nestes mesmos círculos se observam casos de mulheres que nessa fase da vida desenvolvem uma masculinidade e uma dureza de inteligência fora do comum, que relegam os sentimentos e o coração a segundo plano. Muitas vezes estas mudanças são acompanhadas de toda sorte de catástrofes matrimoniais, porque não é muito difícil de imaginar o que acontece quando o homem descobre seus sentimentos ternos e a mulher a própria inteligência. [783]

O pior de tudo é que pessoas inteligentes e cultas vivem sua vida sem conhecerem a possibilidade de tais mudanças. Entram inteiramente despreparadas na segunda metade de suas vidas. Ou existem, porventura, universidades que preparem essas pessoas para sua vida futura e para suas exigências, da mesma forma como há universidades que introdu- [784]

zem os jovens no conhecimento do mundo e da vida? Não! Entramos totalmente despreparados na segunda metade da vida, e, pior do que isto, damos este passo, sob a falsa suposição de que nossas verdades e nossos ideais continuarão como dantes. Não podemos viver a tarde de nossa vida segundo o programa da manhã, porque aquilo que era muito na manhã, será pouco na tarde, e o que era verdadeiro na manhã, será falso no entardecer. Tratei um número muito grande de pessoas idosas e olhei para dentro da câmara secreta de suas almas para não mudar de ideia.

[785] O homem que envelhece deveria saber que sua vida não está em ascensão nem em expansão, mas um processo interior inexorável produz uma contração da vida. Para o jovem constitui quase um pecado ou, pelo menos, um perigo ocupar-se demasiado consigo próprio, mas para o homem que envelhece é um dever e uma necessidade dedicar atenção séria ao seu próprio si-mesmo. Depois de haver esbanjado luz e calor sobre o mundo, o Sol recolhe os seus raios para iluminar-se a si mesmo. Em vez de fazer o mesmo, muitos indivíduos idosos preferem ser hipocondríacos, avarentos, dogmatistas e *laudatores temporis acti* (louvadores do passado) e até mesmo eternos adolescentes, lastimosos sucedâneos da iluminação do si-mesmo, consequência inevitável da ilusão de que a segunda metade da vida deve ser regida pelos princípios da primeira.

[786] Disse há pouco que não temos escolas para os que chegaram aos quarenta anos. Mas isto não é totalmente verdadeiro. Nossas religiões têm sido sempre, ou já foram, estas escolas; mas para quantos de nós elas o são ainda hoje? Quantos dos nossos mais velhos se prepararam realmente nessas escolas para o mistério da segunda metade da vida, para a velhice, para a morte e a eternidade?

[787] O ser humano não chegaria aos setenta ou oitenta anos se esta longevidade não tivesse um significado para a sua espécie. Por isto, a tarde da vida humana deve ter também um significado e uma finalidade próprios, e não pode ser apenas um lastimoso apêndice da manhã da vida. O significado da manhã consiste indubitavelmente no desenvolvimento do indivíduo, em sua fixação e na propagação de sua espécie no mundo exterior, e no cuidado com a prole. É esta a finalidade manifesta da natureza. Mas quando se alcançou – e se alcançou em abundância – este objetivo, a busca do dinheiro, a ampliação das conquistas e a expansão

da existência devem continuar incessantemente para além dos limites do razoável e do sensato? Quem estende assim a lei da manhã, isto é, o objetivo da natureza, até à tarde da vida, sem necessidade, deve pagar este procedimento com danos à sua alma, justamente como um jovem que procura estender o seu egoísmo infantil até à idade adulta deve pagar seus erros com fracassos sociais. A preocupação em ganhar dinheiro, a existência social, a família, o cuidado com a prole são meras decorrências da natureza, mas não cultura. Esta situa-se para além da esfera dos objetivos da natureza.

Nas tribos primitivas observamos, por exemplo, que os anciãos quase sempre são guardiões dos mistérios e das leis, e é através destas, sobretudo, que se exprime a herança cultural da tribo. E como se passam as coisas entre nós, sob este aspecto? Onde está a sabedoria de nossos anciãos? Onde estão os seus segredos e as suas visões? Quase sempre a maioria de nossos anciãos quer competir com os jovens. Na América do Norte o ideal é, praticamente, que o pai seja como o irmão de seus filhos e a mãe, se possível, a irmã mais nova de suas filhas. [788]

Não sei até onde esta confusão é uma reação contra o exagero da dignidade atribuída aos velhos nem até que ponto é consequência de falsos ideais. Estes ideais existem, sem dúvida alguma, e o objetivo daqueles que os cultivam se situa no passado e não no futuro. Por isto eles procuram sempre voltar atrás. Devemos concordar com estas pessoas que é difícil ver que a segunda metade da vida oferece objetivos diferentes daqueles da primeira metade: expansão da vida, utilidade, eficiência, construção de uma boa imagem na vida social, canal seguro que leva a um bom casamento para seus filhos, e boas posições – não são objetivos suficientes? Infelizmente não são objetivos suficientes nem têm sentido para muitos que não veem na aproximação da velhice senão uma diminuição da vida e consideram seus ideais anteriores simplesmente como coisas desbotadas e puídas! Se tais pessoas tivessem enchido, já antes, a taça da vida até transbordar, e a tivessem esvaziado até a última gota, certamente seus sentimentos agora seriam outros; não teriam reservado nada para si; tudo o que quisesse pegar fogo estaria consumido, e a quietude da velhice seria bem-vinda para elas. Mas não devemos esquecer que só bem pouquíssimas pessoas são artistas da vida, e que a arte [789] de viver é a mais sublime e a mais rara de todas as artes. Quem jamais conseguiu esvaziar o cálice todo com elegância e beleza? Assim, quantas coisas na vida não foram vividas por muitas pessoas – muitas vezes até mesmo potencialidades que elas não puderam satisfazer, apesar de toda a sua boa vontade – e assim se aproximam do limiar da velhice com aspirações e desejos irrealizados que automaticamente desviam o seu olhar para o passado.

[790] É particularmente fatal para estas pessoas olhar para trás. Para elas, seriam absolutamente necessários uma perspectiva e um objetivo fixado no futuro. É por isto que todas as grandes religiões prometem uma vida no além, um objetivo supramundano que permite ao homem mortal viver a segunda metade da vida com o mesmo empenho com que viveu a primeira. Mas, se a expansão da vida e sua culminação são objetivos plausíveis para o homem de hoje, a ideia de uma continuação da vida depois da morte lhe parece questionável, quando não de todo inacreditável. Mas a cessação da vida só pode ser aceita como um objetivo razoável se a vida é tão desgraçada, que só temos de nos alegrar quando ela chega ao fim, ou se estamos convencidos de que o Sol procura se pôr "para iluminar outros povos distantes", com a mesma consequência lógica que revela ao ascender para o zênite. Mas acreditar tornou-se uma arte tão difícil, hoje em dia, que está praticamente fora da capacidade da maioria das pessoas e, especialmente, da parte culta da humanidade. Acostumamo-nos demasiado com a ideia de que em relação à imortalidade e a questões semelhantes existe uma infinidade de opiniões contraditórias, mas nenhuma prova convincente. E como a "ciência" é a palavra-chave contemporânea carregada de uma força de persuasão aparentemente absoluta, o que nos interessa são provas "científicas". Mas as pessoas cultas que raciocinam sabem perfeitamente que uma prova desta natureza é uma impossibilidade filosófica. É absolutamente impossível sabermos o que quer que seja a respeito de tais coisas.

[791] Permitir-me-ei ainda observar que, pelas mesmas razões, não podemos saber se algo se passa ou não depois da morte? Não há resposta, nem afirmativa nem negativa, para esta questão. Não dispomos de nenhum conhecimento científico preciso e claro a este respeito e, por este motivo, estamos na mesma situação em que nos achávamos quando

perguntávamos se o planeta Marte era habitado ou não. Os habitantes de Marte (se os há) certamente pouco se preocupam em saber se afirmamos ou negamos sua existência. Eles podem existir ou não. O mesmo acontece com a chamada imortalidade – e, com isto, poderíamos dar por encerrado o problema.

Mas aqui minha consciência de médico desperta, lembrando-me que tem algo de importante a dizer-nos a respeito desta questão. Com efeito, tenho observado que uma vida orientada para um objetivo em geral é melhor, mais rica e mais saudável do que uma vida sem objetivo, e que é melhor seguir em frente acompanhando o curso do tempo, do que marchar para trás e contra o tempo. Para o psiquiatra, o velho que for incapaz de se separar da vida é tão fraco e tão doentio quanto o jovem que não é capaz de construí-la. Na verdade, em muitos casos trata-se, tanto em relação a um como ao outro, da mesma cupidez infantil, do mesmo medo, da mesma teimosia e obstinação. Como médico, estou convencido de que é mais higiênico – se assim posso dizer – olhar a morte como uma meta para a qual devemos sempre tender, e que voltar-se contra ela é algo de anormal e doentio que priva a segunda metade da vida de seu objetivo e seu sentido. Por isto, acho que todas as religiões, com seu objetivo supramundano, são eminentemente racionais, do ponto de vista de uma higiene psíquica. Quando moro numa casa que eu sei que vai desabar sobre minha cabeça nos próximos dez dias, todas as minhas funções vitais são afetadas por estes pensamentos; mas se me sinto seguro, posso viver nela de maneira normal e confortável. Por isto, do ponto de vista da psiquiatria, seria aconselhável que só pudéssemos pensar na morte como uma transição, como parte de um processo vital cuja extensão e duração escapam inteiramente ao nosso conhecimento.

[792]

Embora a imensa maioria das pessoas não saiba o motivo pelo qual o organismo precisa de sal, contudo todas elas o exigem por uma necessidade instintiva. O mesmo acontece com as coisas da psique. A imensa maioria dos homens desde tempos imemoriais sempre sentiu a necessidade da continuação da vida. Esta constatação não nos conduz a um desvio; ela nos põe no centro da grande estrada real percorrida pela humanidade ao longo de sua existência. Por isto, pensamos corretamente em harmonia com a vida, mesmo que não entendamos o que pensamos.

[793]

[794] Compreendemos já alguma vez o que pensamos? Só compreendemos aquele tipo de pensamento que seja uma mera equação da qual não se extrai senão o que aí se colocou. É a operação do intelecto. Mas, além deste, há também um pensamento nas imagens primordiais, nos símbolos, que são mais antigos do que o homem histórico e nascidos com ele desde os tempos mais antigos e, eternamente vivos, sobrevivem a todas as gerações e constituem os fundamentos da nossa alma. Só é possível viver a vida em plenitude quando estamos em harmonia com estes símbolos, e voltar a eles é sabedoria. Na realidade, não se trata nem de fé nem de conhecimento, mas da concordância de nosso pensamento com as imagens primordiais do inconsciente que são as matrizes de qualquer pensamento que nossa consciência seja capaz de cogitar. E um destes pensamentos primordiais é a ideia de uma vida depois da morte. A ciência e estas imagens primordiais são incomensuráveis entre si. Trata-se de dados irracionais, condições *a priori* da imaginação que simplesmente existem e cujos objetivos e justificação a ciência só pode investigar *a posteriori*, como aconteceu, por exemplo, com a função da tiroide, que era considerada como um órgão sem sentido, antes do século XIX. Para mim, as imagens primordiais são como que órgãos psíquicos, que eu trato com o máximo cuidado. Por isto algumas vezes preciso dizer a algum de meus pacientes mais idosos: "Sua imagem de Deus ou sua ideia de imortalidade atrofiou-se, e, consequentemente, o seu metabolismo psíquico caiu fora dos eixos. O antigo φάρμακον ἀθανασίας, o remédio da imortalidade, era mais profundo e mais significativo do que imaginávamos".

[795] Para concluir, eu gostaria de voltar, por um momento, à comparação com o Sol. Os cento e oitenta graus do arco de nossa vida podem ser divididos em quatro partes. O primeiro quarto, situado a leste, é a infância, aquele estado sem problemas conscientes, no qual somos um problema para os outros, mas ainda não temos consciência de nossos próprios problemas. Os problemas conscientes ocupam o segundo e terceiro quartos, enquanto no último quarto, na extrema velhice, mergulhamos naquela situação em que, a despeito do estado de nossa consciência, voltamos a ser uma espécie de problema para os outros. A infância e a extrema velhice são totalmente diferentes entre si, mas têm algo em

comum: a imersão no processo psíquico inconsciente. Como a alma da criança se desenvolve a partir do inconsciente, sua vida psíquica, embora não seja facilmente acessível, contudo não é tão difícil analisar quanto a das pessoas muito velhas que mergulham de novo no inconsciente, onde desaparecem progressivamente. A infância e a extrema velhice são estados da vida sem qualquer problema consciente; por esta razão eu não as levei em consideração nesse meu estudo.

Capítulo 4
O eu e o inconsciente

PARTE I: EFEITOS DO INCONSCIENTE SOBRE A CONSCIÊNCIA

I. Inconsciente pessoal e inconsciente coletivo[1]

[202] É geralmente conhecido o ponto de vista freudiano segundo o qual os conteúdos do inconsciente se reduzem às tendências infantis *reprimidas*, devido à incompatibilidade de seu caráter. A repressão é um processo que se inicia na primeira infância sob a influência moral do ambiente, perdurando através de toda a vida. Mediante a análise, as repressões são abolidas e os desejos reprimidos conscientizados.

[203] De acordo com essa teoria, o inconsciente contém apenas as partes da personalidade que poderiam ser conscientes se a educação não as tivesse reprimido. Mesmo considerando que, sob um determinado ponto de vista, as tendências infantis do inconsciente são preponderantes, seria incorreto definir ou avaliar o inconsciente somente nestes termos. O inconsciente possui, além deste, outro aspecto, incluindo não apenas conteúdos *reprimidos*, mas todo o material psíquico que subjaz ao limiar da consciência. É impossível explicar pelo princípio da repressão a natureza subliminal de todo este material; caso contrário, a remoção das repressões proporcionaria ao indivíduo uma memória fenomenal, à qual nada escaparia.

---

1. Este escrito foi impresso pela primeira vez nos *Archives de Psychologie*, sob o título: "La structure de l'inconscient". Em sua forma presente é uma redação ampliada e bastante modificada do texto original, que aparece agora pela primeira vez em língua alemã, na *Obra Completa*, 7. [Cf. "*A estrutura do inconsciente*" no apêndice deste volume.]

Acentuamos, portanto, que, além do material reprimido, o inconsciente contém todos aqueles componentes psíquicos subliminais, inclusive as percepções subliminais dos sentidos. Sabemos, além disso, tanto por uma farta experiência como por razões teóricas, que o inconsciente também inclui componentes que ainda não alcançaram o limiar da consciência. Constituem eles as sementes de futuros conteúdos conscientes. Temos igualmente razões para supor que o inconsciente jamais se acha em repouso, no sentido de permanecer inativo, mas está sempre empenhado em agrupar e reagrupar seus conteúdos. Só em casos patológicos tal atividade pode tornar-se completamente autônoma; de um modo normal ela é coordenada com a consciência, numa relação compensadora. [204]

Pode-se afirmar que esses conteúdos são pessoais, na medida em que forem adquiridos durante a existência do indivíduo. Sendo esta última limitada, também deveria ser limitado o número de conteúdos adquiridos e depositados no inconsciente. Se assim fosse, haveria a possibilidade de esgotar o inconsciente mediante a análise ou o inventário exaustivo dos conteúdos inconscientes; isto, se admitíssemos o fato de que o inconsciente não pode produzir algo diferente dos conteúdos já conhecidos e recolhidos pela consciência. Poderíamos também deduzir a possibilidade já mencionada de que, anulando a repressão, impediríamos a descida dos conteúdos psíquicos ao inconsciente, o que estancaria a produtividade deste último. A experiência nos revela que isto só é possível numa proporção muito limitada. Aconselhamos nossos pacientes a reter e assimilar em seu plano de vida os conteúdos reprimidos que foram associados de novo à consciência. Tal processo, no entanto, como verificamos diariamente, não exerce qualquer influência sobre o inconsciente; este continua a produzir tranquilamente sonhos e fantasias, os quais, segundo a teoria original de Freud, deveriam ser motivados por repressões de ordem pessoal. Em tais casos, se prosseguirmos sistematicamente nossas observações, sem preconceitos, depararemo-nos com um material que, embora semelhante aos conteúdos pessoais anteriores, em seu aspecto formal, parece conter indícios de algo que ultrapassa a esfera meramente pessoal. [205]

Procurando um exemplo para ilustrar o que acima disse, lembro-me particularmente de uma paciente afetada por uma neurose histérica benig- [206]

na, cuja causa principal era um "complexo paterno", tal como o chamávamos no princípio deste século. Com isto pretendíamos dizer que a relação peculiar da paciente com seu pai era um obstáculo em seu caminho. Ela vivera em excelentes termos com o pai, que falecera recentemente. Sua relação com ele fora principalmente afetiva. Em casos deste tipo a função intelectual costuma desenvolver-se, transformando-se numa ponte para o mundo. Em conformidade com isto, nossa paciente se dedicou ao estudo da Filosofia. Seu forte impulso de conhecimento era motivado pela necessidade de liberar-se da união afetiva com o pai. Tal operação pode ser bem-sucedida se no novo plano fundado pelo intelecto os sentimentos também encontram uma saída, como por exemplo uma ligação afetiva com um homem adequado, estabelecendo-se assim uma relação equivalente à anterior. Entretanto, no caso em questão a transição não foi bem-sucedida, pois os sentimentos da paciente oscilavam entre o pai e um homem não muito apropriado. Em consequência, estancou-se o progresso de sua vida, logo se manifestando a desunião interna característica da neurose. A pessoa assim chamada normal saberia romper o laço afetivo por um lado ou por outro, mediante um enérgico ato de vontade, ou então – e é este talvez o caso mais frequente – transporia inconscientemente a dificuldade, resvalando pelo declive suave do instinto, sem perceber o conflito oculto atrás de dores de cabeça ou outras perturbações físicas. No entanto, qualquer debilidade do instinto (que pode ter muitas causas) é suficiente para impedir uma transição suave e inconsciente. O conflito estanca todo progresso e a detenção da vida que disso resulta é sinônimo de neurose. Em consequência dessa paralisação, a energia psíquica transborda em muitas direções, aparentemente inúteis. Assim, por exemplo, ocorrem inervações excessivas do sistema simpático, que ocasionam desordens nervosas do estômago e dos intestinos; pode haver excitação do vago (e consequentemente do coração); ou então fantasias e lembranças, em si mesmas despidas de interesse, podem ser supervalorizadas, obcecando a consciência (o piolho se torna um elefante!). Em tal situação é preciso que um novo motivo elimine o estancamento mórbido. A própria natureza, inconsciente e indiretamente, prepara o caminho através do fenômeno da transferência (Freud). No decurso do tratamento a paciente transfere a imago paterna para o médico, fazendo-o de certo modo seu pai, mas como ele *não* é o pai, converte-o no substituto do homem que não conseguiu. O médico torna-se então o pai e de certa forma o amado ou, em outras palavras, o objeto do conflito. Nele se conciliam os contrastes, parecendo oferecer por isso a solução quase ideal do conflito. Assim, sem que o deseje, é supervalorizado pela paciente que o transforma num deus ou salvador, fato insólito para o observador estranho ao processo. Esta metáfora não é tão ridícula como parece. Na realidade é um pouco demais ser pai e amante ao mesmo tempo. Afinal de contas ninguém pode aguentar um exagero por muito tempo. Teria pelo menos de ser um semideus a fim de desempenhar sem lacunas semelhante papel: o de doar constantemente. Para o paciente em estado de transferência esta solução provisória se afigura ideal; mas ao fim de algum tempo ocorre uma nova detenção, que se revela tão má quanto a anterior, decorrente do conflito neurótico. No fundo não se chegou ainda a uma verdadeira solução. O conflito foi apenas transferido. Entretanto, uma transferência bem-sucedida pode determinar – pelo menos temporariamente – o desaparecimento da neurose. Por isso foi encarada por Freud, com muito acerto, como um fator curativo de primeira importância; sendo, porém, um estado provisório, embora prometa a possibilidade da cura, está longe de ser a própria cura.

Esta discussão prolixa me pareceu essencial para a compreensão do exemplo oferecido; minha paciente chegara ao estado de transferência e já atingira seu limite máximo, momento em que começa a tornar-se desagradável a paralisação. A questão se impunha: e agora? Eu me tornara aos olhos da paciente o salvador ideal e a ideia de renunciar a mim não só a repugnava, como a horrorizava. Em tais situações o assim chamado "bom-senso" comparece com todo o seu repertório de advertências: "você deve simplesmente...", "seria bom...", "você realmente não pode..." etc. Felizmente, como o "bom-senso" não é muito raro e nem de todo ineficaz (embora haja pessimistas, eu sei), um motivo de ordem racional poderá despertar no exuberante sentimento de bem-estar provocado pela transferência, o entusiasmo necessário para enfrentar um sacrifício penoso, mediante um enérgico ato de vontade. Se isto for bem-sucedido (o que ocorre às vezes), o sacrifício dá o abençoado fruto e o paciente,

[207]

como que num salto, fica praticamente curado. O médico se alegra tanto com o fato, que se esquece de abordar as dificuldades teóricas desse pequeno milagre.

[208] Se o salto não for bem-sucedido – foi o que ocorreu com minha paciente – temos de defrontar-nos com o problema da liberação da transferência. Neste ponto a teoria "psicoanalítica" se refugia numa densa treva. Parece inevitável ter-se que admitir um nebuloso fatalismo: o assunto resolver-se-á de um modo ou de outro. "A transferência se desfaz automaticamente quando acaba o dinheiro do paciente", observou certa vez um colega um pouco cínico. Ou então as exigências inexoráveis da vida impossibilitarão o prolongamento desse estado; essas exigências que obrigam ao sacrifício involuntário determinam às vezes uma recaída mais ou menos completa. (É inútil procurar a descrição de tais casos nos livros que glorificam a psicanálise!)

[209] Há casos desesperados em que tudo é em vão; mas há também casos em que o estancamento não ocorre e a transferência se desfaz sem amarguras. Pensei comigo mesmo – no caso da minha paciente – que deveria haver um caminho claro e decente que permitisse a ela sair de tal experiência com integridade e consciência da situação. Há muito se "consumira" o dinheiro da minha paciente (se é que alguma vez o tivera) e era grande a minha curiosidade de saber o modo pelo qual a natureza tomaria um caminho para chegar a uma solução satisfatória. Como nunca me senti senhor desse "bom-senso" que sempre sabe exatamente o que fazer nas situações complicadas, sendo esse também o caso da minha paciente, sugeri-lhe que pelo menos prestasse atenção aos sinais oriundos da esfera da psique ainda não contaminada pela nossa intencionalidade e sabedoria superior: em primeiro lugar, aos *sonhos*.

[210] Os sonhos contêm imagens e associações de pensamentos que não criamos através da intenção consciente. Eles aparecem de modo espontâneo, sem nossa intervenção, e revelam uma atividade psíquica alheia à nossa vontade arbitrária. O sonho é, portanto, um produto natural e altamente objetivo da psique, do qual podemos esperar indicações ou pelo menos pistas de certas tendências básicas do processo psíquico. Este último, como qualquer outro processo vital, não consiste numa simples sequência causal, sendo também um processo de orientação teleológica.

Assim, podemos esperar que os sonhos nos forneçam certos indícios sobre a causalidade objetiva e sobre as tendências objetivas, pois são verdadeiros autorretratos do processo psíquico em curso.

Sobre a base destas reflexões, submetemos os sonhos a um exame minucioso. Seria demais citar aqui todos os sonhos que se seguiram. Basta esboçar seu caráter principal: na maioria se referiam à pessoa do médico, isto é, seus personagens eram evidentemente a própria sonhadora e o médico. Este último raramente aparecia em sua forma natural; em geral era distorcido de um modo estranho: ora sua estatura parecia de dimensão sobrenatural, ora se afigurava um homem extremamente velho, ou ainda se assemelhava a seu pai; às vezes, porém, confundia-se com a natureza de um modo bizarro, como no seguinte sonho: seu pai (que na realidade fora de baixa estatura) estava com ela numa colina coberta de campos de trigo. Ela era muito pequena perto dele, de modo que o pai parecia um gigante. Ele a ergueu do chão, segurando-a nos braços como se fosse uma criança. O vento fazia ondular os campos de trigo, balançando as espigas enquanto ele a embalava do mesmo modo em seus braços.

[211]

Este sonho e outros semelhantes fizeram-me perceber várias coisas. Antes de tudo tive a impressão de que seu inconsciente continuava firmemente a figurar-me como pai e amado; assim, o laço fatal que tentávamos desfazer parecia ainda mais apertado. Além disso, era inegável que seu inconsciente dava uma ênfase especial ao caráter sobrenatural, quase "divino" do pai e amado, acentuando desse modo, ainda mais, a supervalorização ocasionada pela transferência. Perguntava a mim mesmo se a paciente não compreendera ainda o caráter fantástico de sua transferência, ou se tal compreensão jamais alcançaria seu inconsciente, uma vez que este continuava a perseguir cega e idiotamente uma absurda quimera. A ideia de Freud de que o inconsciente "só sabe desejar", a vontade originária cega e sem objetivo de Schopenhauer, o demiurgo gnóstico em sua vaidade de acreditar-se perfeito –, mas criando na cegueira de sua limitação coisas lamentavelmente imperfeitas –, todas estas conjecturas pessimistas de um fundamento essencialmente negativo do mundo e da alma me acenavam de modo ameaçador. Diante disto nada a opor senão um bem-intencionado "deverias", reforçado por um golpe de machado que derrubasse de uma vez por todas essa fantasmagoria.

[212]

[213] Refletindo de novo, detalhadamente, sobre esses sonhos ocorreu-me outra possibilidade. Disse comigo mesmo: é evidente que os sonhos continuam a expressar-se através das mesmas metáforas, tão conhecidas pela paciente e por mim, uma vez que são usuais em nossas conversas. A paciente compreende sem dúvida alguma o fantástico de sua transferência. Sabe que me vê como pai e amado semidivino e, pelo menos intelectualmente, distingue tal fantasia de minha realidade efetiva. Assim, os sonhos repetem o ponto de vista consciente, mas sem a crítica consciente que eles ignoram por completo. Repetem os conteúdos conscientes, não em sua totalidade, insistindo sobre o ponto de vista fantástico, contra o "senso comum".

[214] Eu perguntava a mim mesmo: qual a fonte dessa obstinação e qual o seu propósito? Estava convencido de que devia ter algum sentido finalístico, uma vez que nada de verdadeiramente vivo carece de uma finalidade, ou pode ser explicado como um mero resíduo de fatos anteriores. A energia da transferência, porém, é tão forte, que dá a impressão de ser um instinto vital. Assim sendo, qual é o propósito de tais fantasias? Um exame e análise cuidadosos dos sonhos, em especial daquele que citamos, revelam uma tendência muito acentuada de dotar a pessoa do médico – contra a crítica consciente que o reduziria às proporções humanas – de atributos sobre-humanos: como se fosse um gigante, de uma era primordial, maior do que o pai, semelhante ao vento que passa impetuosamente sobre a terra. Tratar-se-ia, pois, de convertê-lo num deus! Mas não poderia ser o contrário? Pensei: talvez o inconsciente esteja tentando criar um deus, apoiando-se na pessoa do médico, a fim de libertar a concepção de deus dos invólucros de uma instância pessoal. Dessa forma, a transferência realizada na pessoa do médico não passaria de um equívoco da consciência, de uma brincadeira estúpida do "senso comum". Ou então o impulso do inconsciente estaria tentando, só na aparência, alcançar uma pessoa, tratando-se no fundo da busca de um deus? Acaso a nostalgia de um deus poderia ser uma *paixão*, manando de uma natureza obscura e instintiva, uma paixão intocada por quaisquer influências externas, talvez mais profunda e forte do que o amor por um ser humano? Quem sabe seria este o sentido mais intenso e profundo desse amor inadequado, que se chama transferência? Um pouco

do verdadeiro "*Gottesminne*" (amor divino), que desapareceu da nossa consciência desde o século XV?

Ninguém duvida da realidade de uma ânsia amorosa por um ser humano; mas que um fragmento de psicologia da religião, um anacronismo histórico, algo assim como uma curiosidade medieval – lembremo-nos de Mechthild von Magdeburg – possa vir à luz a modo de uma realidade viva e imediata numa sala de análise, expressando-se na figura prosaica do médico, isto parece fantástico demais para ser tomado a sério. [215]

Uma atitude verdadeiramente científica deve ser livre de preconceitos. O único critério de validez de uma hipótese é seu valor heurístico, isto é, explicativo. Propõe-se aqui a questão: podem ser consideradas válidas como hipóteses as possibilidades acima expostas? *A priori* nada impede de pensar na possibilidade de que as tendências inconscientes tenham um objetivo situado além da pessoa humana, assim como também é possível imaginar que o inconsciente "só sabe desejar". Apenas a experiência decidirá qual das hipóteses é a mais adequada. [216]

Esta nova hipótese não pareceu muito plausível à minha paciente, cujo espírito crítico era apreciável. A primeira interpretação, de que eu era seu pai e amado e, como tal, representava uma solução ideal do conflito, era muito mais atraente segundo seu modo de sentir. No entanto, seu intelecto era suficientemente lúcido para apreciar a possibilidade teórica da nova hipótese. Neste meio-tempo os sonhos continuavam a dissolver cada vez mais a pessoa do médico. Paralelamente ocorria algo que de início só eu pude perceber, com grande surpresa: uma espécie de erosão subterrânea da transferência. Suas relações com um amigo começaram a aprofundar-se perceptivelmente, se bem que ao nível da consciência ela continuasse vinculada à transferência. Foi assim que ao chegar a hora de deixar-me não houve catástrofe, mas uma despedida razoável. Tive o privilégio de ser o único espectador do processo de liberação. Vi como se desenvolve um núcleo normativo suprapessoal, por assim dizer, que exerce uma *função diretora* e como, pouco a pouco, transfere para si próprio as supervalorizações pessoais anteriores e o modo pelo qual este afluxo de energia exerce uma influência crescente sobre a consciência que lhe resistia. Ao nível da consciência, a paciente não percebeu o desenrolar do processo. Reconheci, por meu lado, que [217] os sonhos não eram meras fantasias, mas autorrepresentações de desenvolvimentos inconscientes, os quais permitiam a expansão gradual da psique da paciente, além da ligação pessoal inadequada[2].

[218]   Como indiquei, esta transformação se processou através do desenvolvimento inconsciente de um núcleo normativo suprapessoal; um objetivo virtual, por assim dizer, que se exprimia simbolicamente sob uma forma que só podemos descrever como uma visão de Deus. Os sonhos deformavam a pessoa do médico, até a proporção de um super-homem, transformando-o num pai gigantesco e primordial, que era ao mesmo tempo o vento e em cujos braços a sonhadora repousava como uma criança. Se quisermos responsabilizar a consciência da paciente (cristã por tradição) pela imagem divina aparecida em sonhos, teremos que acentuar a desfiguração. Em matéria religiosa, a paciente mantinha uma atitude crítica e agnóstica e a ideia de uma deidade possível há muito passara para o reino do inconcebível, isto é, da abstração completa. Em contraposição a isto, a imagem divina dos sonhos correspondia à concepção arcaica de um *daimon da natureza*, talvez um Wotan. Θεὸς τὸ πνεῦμα, "Deus é espírito", podia então ser traduzido em sua forma originária, πνεῦμα, significando "vento". Deus é o vento, mais forte e poderoso do que o homem, é um ente constituído por um alento invisível. De modo semelhante, em hebraico *ruah* e em árabe *ruh* significam alento e espírito[3]. Os sonhos ultrapassavam uma forma puramente pessoal de Deus e manifestavam uma imagem divina arcaica muito distante da ideia consciente de Deus. Poder-se-ia objetar que isto não passa de uma imagem infantil, uma lembrança da infância. Eu não faria objeção a esta hipótese se se tratasse de um velho sentado em trono de ouro, no céu. Mas no sonho em questão não havia qualquer sentimentalidade desta espécie e sim uma concepção primitiva que só pode corresponder à mentalidade arcaica. Tais concepções primitivas, das quais citei numerosos exemplos em meu livro *Wandlungen und Symbole der Libido* (Transformações e símbolos da libido), induzem-nos a fazer uma distinção, no que se refere ao material inconsciente, muito diversa daquela que fazemos entre "pré-consciente" e "inconsciente", ou

---

2. Cf. Função transcendente. In: JUNG, C.G. *Tipos psicológicos.* Zurique: Rascher, 1921 [OC, 6; § 908, sv. "símbolo"].

3. Índice detalhado em *Wandlungen und Symbole der Libido*. Op. cit. Cf. sv. "vento".

"subconsciente" e "inconsciente". Não discutiremos a exatidão destas distinções. Elas têm um valor bem definido e merecem ser esclarecidas posteriormente, como pontos de vista. A diferenciação que a experiência me impôs apenas reivindica para si o valor de mais um ponto de vista. Do que já dissemos até aqui se tornou clara a distinção, no inconsciente, de uma camada que poderíamos chamar de *inconsciente pessoal*. Os materiais contidos nesta camada são de natureza pessoal porque se caracterizam, em parte, por aquisições derivadas da vida individual e em parte por fatores psicológicos, que também poderiam ser conscientes. É fácil compreender que elementos psicológicos incompatíveis são submetidos à repressão, tornando-se por isso inconscientes; mas por outro lado há sempre a possibilidade de tornar conscientes os conteúdos reprimidos e mantê-los na consciência, uma vez que tenham sido reconhecidos. Os *conteúdos* inconscientes são de natureza *pessoal* quando podemos reconhecer em nosso passado seus efeitos, sua manifestação parcial, ou ainda sua origem específica. São partes integrantes da personalidade, pertencem a seu inventário e sua perda produziria na consciência, de um modo ou de outro, uma inferioridade. A natureza desta inferioridade não seria psicológica como no caso de uma mutilação orgânica ou de um defeito de nascença, mas o *de uma omissão que geraria um ressentimento moral*. O sentimento de uma inferioridade moral indica sempre que o elemento ausente é algo que não deveria faltar em relação ao sentimento ou, em outras palavras, representa algo que deveria ser conscientizado se nos déssemos a esse trabalho. O sentimento de inferioridade moral não provém de uma colisão com a lei moral geralmente aceita e de certo modo arbitrária, mas de um conflito com o próprio *si-mesmo* (*Selbst*) que, por razões de equilíbrio psíquico, exige que o déficit seja compensado. Sempre que se manifesta um sentimento de inferioridade moral, aparece a necessidade de assimilar uma parte inconsciente e também a possibilidade de fazê-lo. Afinal são as qualidades morais de um ser humano que o obrigam a assimilar seu *si-mesmo* inconsciente, mantendo-se consciente, quer pelo reconhecimento da necessidade de fazê-lo, quer indiretamente, através de uma penosa neurose. Quem progredir no caminho da realização do *si-mesmo* inconsciente trará inevitavelmente à consciência conteúdos do inconsciente pessoal, ampliando o âmbito de sua personalidade. Poderia acrescentar que esta "ampliação" se refere, em primeiro lugar, à consciência moral, ao autoconhecimento, pois os conteúdos do inconsciente liberados e conscientizados pela análise são em geral desagradáveis e por isso mesmo foram reprimidos. Figuram entre eles desejos, lembranças, tendências, planos etc. Tais conteúdos equivalem aos que são trazidos à luz pela confissão de um modo mais limitado. O restante, em regra geral, aparece mediante a análise dos sonhos. É muito interessante observar como às vezes os sonhos fazem emergir os pontos essenciais, um a um, em perfeita ordem. Todo esse material acrescentado à consciência determina uma considerável ampliação do horizonte, um aprofundamento do autoconhecimento e, principalmente, humaniza o indivíduo, tornando-o modesto. Entretanto, o autoconhecimento, considerado pelos sábios como o melhor e o mais eficaz para o homem, produz diferentes efeitos sobre os diversos caracteres. Assim o demonstram as descobertas notáveis que se faz na análise prática. Tratarei desta questão no capítulo seguinte.

[219] Como demonstra o exemplo que apresentei acerca da ideia arcaica de Deus, o inconsciente parece conter outras coisas além das aquisições e elementos pessoais. Minha paciente desconhecia a derivação da palavra "espírito" de "vento" e o paralelismo de ambas. Tal conteúdo não fora produzido por seu intelecto, nem jamais ouvira algo sobre isso. A passagem do Novo Testamento – τὸ πνεῦμα πνεῖ ὅπου θέλει – era-lhe desconhecida, pois não lia o grego. Na hipótese de tratar-se de uma aquisição pessoal, poder-se-ia considerar a eventualidade de um caso de *criptomnésia*[4], memória inconsciente de um pensamento que a sonhadora tivesse lido em alguma parte. Nada tenho a opor contra esta possibilidade, no caso citado; mas já vi um número suficiente de casos – muitos dos quais podem ser encontrados no meu livro já mencionado –, nos quais a possibilidade da criptomnésia deve ser excluída com toda a certeza. Mas mesmo que se tratasse de um caso de criptomnésia (o que me parece muito improvável), teríamos de explicar que predisposição determinara a fixação dessa imagem para ser mais tarde "ecforizada", produzida (Semon). De qualquer modo, quer se trate ou não de criptomnésia, surge no inconsciente de uma pessoa civilizada uma imagem

---

4. Cf. FLOURNOY, T. *Des Indes à la planète Mars*: Étude sur un cas de somnambulisme avec glossolalie. 3. ed. Paris/Genebra: [s.e.], 1900. • JUNG, C.G. "Sobre a psicologia e patologia dos fenômenos chamados ocultos". Op. cit., p. 110s. [OC, 1; § 138s.].

divina autêntica e primitiva, produzindo um efeito vivo, que poderia dar o que pensar a um psicólogo da religião. Nessa imagem nada há que possa ser considerado "pessoal"; *trata-se de uma imagem totalmente coletiva*, cuja existência étnica há muito é conhecida. Trata-se de uma imagem histórica que se propagou universalmente e irrompe de novo na existência através de uma função psíquica natural. Mas isto não é de se estranhar, uma vez que minha paciente veio ao mundo com um cérebro humano cujas funções continuam a ser as mesmas que entre os antigos germanos. É o caso de um *arquétipo* reativado, nome com que designei estas imagens primordiais[5]. Mediante a forma primitiva e analógica do pensamento peculiar aos sonhos, essas imagens arcaicas são restituídas à vida. Não se trata de ideias inatas, mas de caminhos virtuais herdados[6].

Diante destes fatos devemos afirmar que o inconsciente contém, não só componentes de ordem pessoal, mas também impessoal, coletiva, sob a forma de *categorias herdadas*[7] ou arquétipos. Já propus antes a hipótese de que o inconsciente, em seus níveis mais profundos, possui conteúdos coletivos em estado relativamente ativo; por isso o designei *inconsciente coletivo*. [220]

II. Fenômenos resultantes da assimilação do inconsciente

O processo de assimilação do inconsciente produz fenômenos dignos de nota: alguns pacientes adquirem uma consciência de si mesmos ou uma autoconfiança exageradas e até mesmo desagradáveis; não há o que não saibam, é como se estivessem a par de tudo que se relaciona com o próprio inconsciente, acreditando reconhecer tudo que dele emerge. A cada sessão aumenta seu sentimento de superioridade em relação ao médico. Outros, pelo contrário, sentem-se deprimidos, e mesmo esmagados pelos conteúdos do inconsciente. Sua autoconfiança diminui e olham resignados as coisas extraordinárias que o inconsciente produz. A primeira espécie de pacientes, na exuberância de sua autoconfian- [221]

---

5. Cf. *Tipos psicológicos*. Op. cit. [OC, 6; Definições, sv. "imagem"].
6. A objeção apresentada contra minha opinião, qualificando-a de "mística e fantástica", não tem, pois, razão de ser.
7. HUBERT, H. & MAUSS, M. *Mélanges d'histoire des religions*. Paris: [s.e.], 1909, p. XXIX.

ça, assume uma responsabilidade diante do inconsciente, que vai longe demais, além dos limites razoáveis; os outros abandonam toda responsabilidade, numa verificação oprimente da impotência do ego contra o destino que o domina através do inconsciente.

[222] Se analisarmos estes dois modos extremos de reação, descobriremos que atrás da autoconfiança otimista dos primeiros se oculta um desamparo intenso, ou um muito mais intenso, em relação ao qual o otimismo consciente atua como uma compensação malograda. E atrás da resignação pessimista dos outros há uma obstinada vontade de poder que ultrapassa, no que concerne à segurança, o otimismo consciente dos primeiros.

[223] Com estes dois modos de reação só esbocei os tipos extremos. A matização sutil das duas atitudes aproximar-se-ia mais da realidade. Como já disse em outra parte, cada analisando começa abusando inconscientemente do conhecimento recém-adquirido, em proveito de sua atitude anormal e neurótica, a não ser que já tenha se livrado dos sintomas no período inicial, podendo então prescindir do tratamento. Um fator importante desse primeiro período é que tudo ainda é empreendido ao *nível do objeto*, isto é, sem que haja distinção entre imago e objeto, de modo que tudo é relacionado diretamente com este último. Para os que têm os "outros" como objeto de preferência, de todo autoconhecimento que puderam absorver neste período da análise, concluirão: "Ah, os outros são assim!" Segundo seu modo de ser, tolerante ou intolerante, acreditar-se-ão obrigados a iluminar o mundo. O outro tipo humano, que se sente mais como objeto de seus semelhantes do que como sujeito, carregará o peso desse autoconhecimento e ficará deprimido. (Deixo de lado os inúmeros casos de pessoas cuja natureza superficial experimenta tais problemas só de passagem.) Entretanto, em ambos os casos, ocorre uma intensificação da relação com o objeto, ativa no primeiro, reativa no segundo. O fator coletivo se acentua nitidamente. O primeiro tipo estende sua esfera de ação, o segundo, a esfera do sofrimento.

[224] Adler empregou a expressão "semelhança a Deus" para caracterizar certos traços fundamentais da psicologia neurótica do poder. Ao tomar emprestada a mesma ideia ao *Fausto* de Goethe, faço-o mais no sentido

daquela conhecida passagem em que Mefistófeles escreve[8] este aparte no álbum do estudante:

> "Segue o velho conselho
> de minha tia, a Serpente.
> Tua semelhança a Deus
> te deixará todo tremente"[9].

Essa semelhança a Deus se refere, é claro, ao conhecimento do bem e do mal. A análise e a transformação dos conteúdos inconscientes engendra uma espécie de tolerância superior, graças à qual as partes relativamente indigestas da caracterologia inconsciente podem ser aceitas. Tal tolerância pode parecer muito sábia e "*superior*", mas muitas vezes não passa de um belo gesto, que desencadeia uma série de consequências. Duas esferas, antes cuidadosamente separadas, foram aproximadas. Depois de consideráveis resistências realizou-se com sucesso a união dos opostos, pelo menos aparentemente. A compreensão mais profunda obtida desse modo, a justaposição do que antes estava separado (e daí a aparente superação do conflito moral), dá lugar a um sentimento de superioridade que pode muito bem expressar-se como "semelhança a Deus". Entretanto esta justaposição de bem e mal pode provocar diversos efeitos, de acordo com os diferentes temperamentos. Nem todos se sentirão como super-homens, segurando nas mãos os pratos da balança do bem e do mal. Há os que se sentem como um objeto desamparado entre o martelo e a bigorna; não como Héracles na encruzilhada dos caminhos, mas como um barco sem leme entre Scila e Caribdis. Sem perceber, acha-se preso talvez no maior e mais antigo dos conflitos humanos, experimentando as angústias dos eternos princípios em colisão. Poderá sentir-se como um Prometeu acorrentado no Cáucaso ou como um crucificado. Isto representaria uma "semelhança a Deus" no sofrimento. Semelhança a Deus não é certamente um conceito científico, ainda que exprima com acerto fatos psicológicos. Nem imagino que todo leitor compreenda imediatamente o peculiar estado de espírito implicado nessa "semelhança a Deus". Tal termo parece pertencer apenas

---

8. "*Eritis sicut Deus, scientes bonum et malum*".
9. Fausto I, 4ª cena.

à esfera literária. Acho melhor, portanto, tentar uma descrição mais circunscrita de tal estado. A visão ganha pelo analisando mostra-lhe o que antes fora inconsciente. Naturalmente, ele dirige tal conhecimento a seu ambiente, vendo ou acreditando ver muitas coisas que antes eram invisíveis. Como esse conhecimento o ajudou, presume que também será útil para os outros. Torna-se facilmente arrogante e embora sua intenção seja boa, nem por isso deixará de ser aborrecido para os outros. Sente-se o dono de uma chave que abre muitas portas, e talvez todas! A própria "psicanálise" sofre desta inconsciência ingênua de seus limites, o que se pode ver, por exemplo, no seu modo de interpretar as obras de arte.

[225] Uma vez que a natureza humana não é constituída apenas de pura luz, mas também de muita sombra, as revelações obtidas pela análise prática são às vezes penosas e tanto mais penosas (como é geralmente o caso) quanto mais se negligenciou, antes, o lado oposto. Há pessoas que se abalam excessivamente com essa descoberta, esquecendo que não são as únicas a possuírem um lado sombrio. Entregam-se a uma depressão exagerada e começam a duvidar de tudo em si mesmas, nada lhes parecendo correto. Este é o motivo pelo qual excelentes analistas, cujas ideias são muito procedentes, nunca se resolvem a publicá-las, uma vez que o problema psíquico abordado se lhes afigura tão vasto, a ponto de julgarem impossível abarcá-los cientificamente. Enquanto o otimismo de alguns os torna presunçosos, o pessimismo de outros os torna excessivamente tímidos e desanimados. Estas são as formas do grande conflito, em escala reduzida. Entretanto, mesmo em suas pequenas proporções, a essência do conflito é facilmente identificável: a presunção de um e a pusilanimidade do outro participam da mesma *insegurança no que concerne a seus limites*. O primeiro se infla exageradamente, enquanto o outro se reduz em demasia. Ambos não reconhecem seus limites individuais, de um modo ou de outro. Se considerarmos o fato de que, como consequência da compensação psíquica, a grande humildade se aproxima demais do orgulho e "o orgulho precede a queda", descobriremos facilmente, atrás da presunção, certos traços de um temeroso sentimento de inferioridade. Com efeito, podemos ver com nitidez como a falta de segurança induz o exaltado a apregoar suas verdades, de cuja validez ele é o primeiro a duvidar; fazendo prosélitos, estes pode-

riam talvez provar-lhe o valor e a exatidão de suas próprias convicções. Além disso, não se sente a gosto na abundância de seus conhecimentos, ao ficar só; sente-se isolado e o medo de ser abandonado o impele a propagar suas opiniões e interpretações, a propósito e sem ele, porquanto, só convencendo alguém, se sente a salvo das dúvidas corrosivas.

Sucede o contrário com o tímido! Quanto mais se retira e se esconde, tanto maior se torna o desejo secreto de ser compreendido e reconhecido. Embora fale de sua inferioridade, no fundo não acredita nela. Brota de seu íntimo uma convicção obstinada de seus méritos não reconhecidos e isto o torna vulnerável à menor desaprovação, emprestando-lhe esse ar contrariado dos que são incompreendidos e lesados em suas justas pretensões. Deste modo, vai alimentando um orgulho mórbido e um descontentamento arrogante, cuja existência nega por todos os meios, mas pelos quais aqueles que o cercam têm que pagar muito caro. [226]

Esses dois tipos humanos são, ao mesmo tempo, grandes e pequenos em demasia; sua medida média individual, que nunca é muito segura, tende a tornar-se cada vez mais vacilante. Parece grotesco descrever tais estados como "semelhantes a Deus". Mas como ambos, a seu modo, ultrapassam as proporções humanas, possuem algo de "sobre-humano", podendo ser expressos figuradamente como "semelhantes a Deus". Se quisermos evitar o emprego desta metáfora, poderíamos falar de *inflação psíquica*. Tal definição me parece correta, pois o estado a que nos referimos envolve uma "expansão da personalidade" além dos limites individuais ou, em outras palavras, uma *presunção*. Em tal estado, a pessoa ocupa um espaço que normalmente não pode preencher. Isto só seria possível se ela se apoderasse de conteúdos e qualidades autônomos e que por isso mesmo ultrapassam seus limites. O que nos ultrapassa pertence a outro, a todos ou a ninguém. Como a inflação psíquica não é um fenômeno provocado exclusivamente pela análise, ocorrendo com a mesma frequência na vida cotidiana, podemos investigá-lo em outros casos. Um exemplo comum é o da identidade destituída de humor, que muitos homens estabelecem com sua ocupação ou seus títulos. O cargo que ocupo representa certamente minha atividade particular; mas é também um fator coletivo, historicamente condicionado pela cooperação de muitos e cuja dignidade depende da aprovação coletiva. Portan- [227]

to, se me identificar com meu cargo ou título, me comportarei como se fosse o conjunto complexo de fatores sociais que tal cargo representa, ou como se eu não fosse apenas o detentor do cargo, mas também, simultaneamente, a aprovação da sociedade. Dessa forma me expando exageradamente, usurpando qualidades que não são minhas, mas estão fora de mim. "*L'état, c'est moi*", é o lema de tais pessoas.

[228] O conhecimento também produz uma inflação semelhante, em princípio, mas muito mais sutil do ponto de vista psicológico. Neste caso não se trata da dignidade de um cargo, mas de fantasias extremamente significativas. Tentarei explicar esta afirmação através de um exemplo prático, escolhendo o caso de um doente mental que conheci pessoalmente, mencionado também num trabalho de Maeder[10]. Este caso se caracterizou por uma inflação muito acentuada. Nas doenças mentais constatamos, sob uma forma grave e intensa, certos fenômenos que podem aparecer episodicamente nos indivíduos normais[11]. O paciente ao qual nos referimos sofria de demência paranoica, com mania de grandeza. Mantinha ligação "telefônica" com a mãe de Deus e com outras grandes figuras. Na vida real era um pobre aprendiz de serralheiro; enlouquecera de modo incurável aos dezenove anos de idade. Nunca fora muito inteligente, mas tivera uma grandiosa ideia entre outras: *o mundo era seu livro de imagens e podia folheá-lo à vontade*. Era muito simples, bastava virar-se para outro lado e estava diante de uma nova página.

[229] É a versão simples, primitiva e concreta do "Mundo como Vontade e Representação" de Schopenhauer. Ideia comovedora, nascida de uma solidão extrema e de uma total alienação frente ao mundo, manifestada, no entanto, de um modo tão simples e ingênuo, que de início pode pro-

---

10. MAEDER, A. Psychologische Untersuchungen an Dementia Praecox-Kranken. *Jahrbuch für psychoanalytische u. psychopathologische Forschungen*, Vol. II, 1910. Leipzig/Viena, p. 209s.

11. Sendo eu ainda médico na Clínica Psiquiátrica de Zurique, acompanhei certa vez uma pessoa leiga, mas inteligente, pelos diversos departamentos de enfermos. Tal pessoa nunca vira antes, por dentro, um manicômio. Quando terminamos a visita, exclamou: "Mas escute, isto é a cidade de Zurique em miniatura! É a quintessência de sua população. Parece que aqui se reuniram todos os tipos que encontramos diariamente nas ruas, em seus exemplares clássicos! Gente bizarra, exemplares típicos de todas as alturas e profundidades!" Eu nunca pensara no caso sob tal ponto de vista, mas acredito que o visitante tinha razão em grande parte.

vocar o riso por sua estranheza. No entanto, este modo primitivo de ver as coisas subjaz no fundamento da magnífica visão do mundo de Schopenhauer. Só um gênio ou um louco pode desligar-se suficientemente dos vínculos da realidade, a ponto de ver o mundo como seu livro de imagens. Será que o doente elaborou ou construiu tal concepção ou esta lhe ocorreu por acaso? Terá sucumbido a essa visão? Esta última alternativa pode ser corroborada por seu estado de desintegração patológica e por sua inflação. Não é mais *ele* quem pensa e fala, mas *algo* pensa e fala dentro dele: por isso ouve vozes. Assim, a diferença que o separa de Schopenhauer reside no fato de que, nele, a visão permaneceu no estádio de um mero produto espontâneo, ao passo que Schopenhauer soube abstraí-la, exprimindo-a numa linguagem de validade universal. Deste modo, elevou-a do estado inicial subterrâneo à clara luz da consciência coletiva. Seria um erro total afirmar que a visão do paciente possui apenas um caráter ou *valor meramente pessoal*, como algo que lhe pertencesse. Se assim fosse, seria um filósofo. Entretanto, filósofo ou gênio é precisamente aquele que consegue transmudar uma visão primitiva e natural numa ideia abstrata, que pertence ao patrimônio geral da consciência. Esta realização e somente ela constitui seu *valor pessoal*, cujo reconhecimento não o fará sucumbir inevitavelmente à inflação psíquica. A visão do paciente é um *valor impessoal* surgido naturalmente, contra o qual ele não pôde defender-se e que o engoliu e "transportou" para fora do mundo. A inegável grandeza da visão influou-o até proporções patológicas, sem que ele pudesse apropriar-se da ideia, transformando-a numa concepção filosófica do mundo. O valor pessoal reside na realização filosófica e não na visão primária. O filósofo citado também teve essa visão, como incremento, procedente do patrimônio geral da humanidade do qual, em princípio, todos nós partilhamos. As maçãs de ouro caem da mesma árvore, quer sejam colhidas pelo insano aprendiz de serralheiro ou por Schopenhauer.

Este exemplo ainda nos ensina outra coisa: os conteúdos psíquicos transpessoais não são inertes ou mortos e, portanto, não podem ser manipulados à vontade. São entidades vivas que exercem sua força de atração sobre a consciência. A identificação com o próprio cargo ou título pode ser muito tentadora, mas é o motivo pelo qual tantas pessoas não

[230]

são mais do que a dignidade a elas concedida pela sociedade. Procuraríamos em vão uma personalidade atrás da casca. Sob o envoltório pomposo encontraríamos um homenzinho deplorável. O cargo ou qualquer tipo de casca exterior exerce um grande fascínio, porque representa uma fácil compensação das deficiências pessoais.

[231]   Entretanto, a inflação não é provocada apenas por atrações exteriores tais como títulos, cargos, ou outras regalias sociais. Estas constituem os fatores impessoais externos, na sociedade e na consciência coletiva. Mas assim como além do indivíduo há uma sociedade, do mesmo modo além da psique pessoal há uma psique coletiva: o inconsciente coletivo, que encerra, como vimos no exemplo citado, fatores não menos atrativos. Por conseguinte, do mesmo modo que um homem pode ser fascinado de repente pelo mundo de sua dignidade profissional ("*Messieurs, à présent je suis Roy*"), outro pode desaparecer com a mesma rapidez diante de uma daquelas poderosas imagens que transformam a face do mundo. Referimo-nos às mágicas "*représentations collectives*", que estão à base do *slogan* dos americanos, do chavão e, num nível mais alto, da linguagem do poeta e do místico. Lembro-me a propósito de um doente mental que não era poeta, nem um ser de exceção, mas simplesmente um jovem quieto e passional. Apaixonara-se por uma jovem e, como não raro acontece, se esquecera de averiguar se seu amor era correspondido. Sua primitiva "*participation mystique*" o convencera de que suas emoções eram partilhadas pela moça, tal como sucede frequentemente nos níveis inferiores da psicologia humana. Construiu então uma fantasia amorosa exaltada, que desmoronou assim que a jovem se negou a prestar-lhe atenção. Desesperado, decidiu afogar-se. Era tarde, as águas do rio refletiam as estrelas cintilantes. Ele acreditou que elas flutuavam, aos pares, rio abaixo. Uma sensação prodigiosa se apoderou de sua alma. Esquecendo-se das intenções suicidas, contemplou fascinado a cena estranha e encantadora. Pouco a pouco lhe pareceu cada estrela um rosto e todos os pares eram amantes estreitamente abraçados, que passavam como que num sonho. Foi então assaltado por uma nova compreensão das coisas: tudo mudara, seu destino, sua decepção, e mesmo o amor que antes sentira amorteceu. A lembrança da jovem foi-se apagando cada vez mais. Em seu lugar ele sentiu nitidamente que uma riqueza

indizível lhe era prometida. Sabia que ali perto um tesouro imenso estava escondido no Observatório astronômico. Às quatro horas da manhã foi detido pela polícia, no momento em que tentava arrombar a porta do Observatório.

O que lhe sucedera? Sua pobre cabeça deparara, num relance, com um quadro digno da poesia de Dante, beleza que não teria compreendido sob a forma de um poema. Mas ele a viu e essa visão o transformou. A grande dor que o ferira parecia agora distante; um mundo de estrelas, novo e inesperado, traçando caminhos silenciosos, tão longe da terra dolorosa, se descortinara a seus olhos, no momento em que pensara cruzar a "fronteira de Proserpina". A intuição de uma riqueza inaudita (quem seria insensível a tal pensamento?) atingiu-o como uma revelação divina. Foi demais para sua pobre cabeça. Embora não se tenha afogado no rio, afogou-se numa imagem eterna, cuja beleza se desvaneceu com ele. [232]

Assim como alguns desaparecem em seu papel social, outros podem ser tragados por uma visão interna, afastando-se definitivamente de seus semelhantes. Muitas transformações inexplicáveis da personalidade, tais como conversões repentinas ou outras mudanças profundas da mente são devidas ao fascínio de uma imagem coletiva[12]; esta última, como demonstra o exemplo citado, pode engendrar uma inflação intensa, a ponto de desintegrar a personalidade. Tal desintegração constitui uma doença mental de natureza passageira ou permanente: é uma "cisão da mente" ou "esquizofrenia" (Bleuler)[13]. A inflação patológica depende naturalmente de alguma fraqueza da personalidade, diante da autonomia dos conteúdos do inconsciente coletivo. [233]

Aproximar-nos-emos mais da verdade se pensarmos que nossa psique consciente e pessoal repousa sobre a ampla base de uma disposição psíquica herdada e universal, cuja natureza é inconsciente; a relação da psique pessoal com a psique coletiva corresponde, mais ou menos, à relação do indivíduo com a sociedade. [234]

---

12. Cf. *Tipos psicológicos*. Op. cit. [OC, 6; Definições sv. "imagem"]. Léon Daudet, em seu livro *L'Hérédo* (Paris: [s.e.], 1916), chama este processo de "autofécondation intérieure", entendendo por isto a reanimação da alma de um antepassado.

13. BLEULER, E. "Dementia Praecox oder Gruppe der Schizophrenien". *Handbuch der Psychiatrie*, 1911. Leipzig/Viena.

[235]   Do mesmo modo que o indivíduo não é apenas um ser singular e separado, mas também um *ser social*, a psique humana também não é algo de isolado e totalmente individual, mas também um fenômeno coletivo. E assim como certas funções sociais ou instintos se opõem aos interesses dos indivíduos particulares, do mesmo modo a psique humana é dotada de certas funções ou tendências que, devido à sua natureza coletiva, se opõem às necessidades individuais. Isto se deve ao fato do homem nascer com um cérebro altamente diferenciado, que o dota de uma ampla faixa de funções mentais possíveis; estas não foram adquiridas ontogeneticamente, nem foram por ele desenvolvidas. Na medida em que os cérebros humanos são uniformemente diferenciados, nessa mesma medida a função mental possibilitada é coletiva e universal. Assim é que se explica o fato de que os processos inconscientes dos povos e raças, separados no tempo e no espaço, apresentem uma correspondência impressionante, que se manifesta, entre outras coisas, pela semelhança fartamente confirmada de temas e formas mitológicas autóctones. A semelhança universal dos cérebros determina a possibilidade universal de uma função mental similar. Esta função é a psique coletiva. Na medida em que há diferenciações correspondentes à raça, tribo ou mesmo à família, também há uma psique coletiva que pertence à raça, tribo e família, além de uma psique coletiva "universal". Empregando uma expressão de Janet[14], a psique coletiva compreende as "*parties inférieures*" das funções psíquicas, isto é, a parte solidamente fundada, herdada e que, por assim dizer, funciona automaticamente, sempre presente ao nível impessoal ou suprapessoal da psique individual. Quanto ao consciente e inconsciente pessoais, podemos dizer que constituem as "*parties supérieures*" das funções psíquicas, isto é, a parte adquirida e desenvolvida ontogeneticamente. Por conseguinte, o indivíduo que incorporar *a priori* e inconscientemente a psique coletiva preexistente, a seu próprio patrimônio ontogenético, como se a primeira fosse parte deste último, estenderá de modo ilegítimo os limites de sua personalidade, com as consequências correspondentes. Pelo fato da psique coletiva compreender as "*parties inférieures*" das funções psíquicas, constituindo a base da personalidade,

---

14. JANET, P. *Névroses et idées fixes*. 2. ed. 2 vols. Paris: [s.e.], 1904/1908.

poderá esmagar e desvalorizar a personalidade; tal ocorrência se manifesta na inflação, que sufoca a autoconfiança ou intensifica a importância do ego, levando-o eventualmente a uma patológica vontade de poder.

Trazendo o inconsciente pessoal à consciência, a análise torna o indivíduo consciente de coisas que, em geral, já conhecia nos outros, mas não em si mesmo. Tal descoberta o torna menos original e mais *coletivo*. Tal fato nem sempre é um mal, podendo conduzir para o lado bom. Há pessoas que reprimem suas boas qualidades e, conscientemente, dão livre-curso a seus desejos infantis. A anulação das repressões pessoais traz à consciência, em primeiro lugar, conteúdos meramente pessoais; entretanto, já estão aderidos a esses conteúdos elementos coletivos do inconsciente, os instintos gerais, qualidades e ideias (imagens), assim como frações "estatísticas" de virtudes ou vícios em sua proporção média: "Cada um tem em si algo do criminoso, do gênio e do santo". Assim se compõe uma imagem viva, contendo tudo o que se move sobre o tabuleiro de xadrez do mundo: o bom e o mau, o belo e o feio. Pouco a pouco vai se estabelecendo um sentimento de solidariedade com o mundo, julgado por muitos como algo de positivo e representando, em certos casos, um fator decisivo no tratamento das neuroses. Presenciei alguns casos de enfermos que, nesta situação, conseguiram inspirar e sentir amor pela primeira vez na vida, ou então ousaram pular no desconhecido, encontrando o destino que lhes convinha. E não foram poucos os que, tomando esta situação como definitiva, passaram anos de certa euforia empreendedora. Muitas vezes tais casos foram citados como exemplos brilhantes da terapêutica analítica. Devo acrescentar, no entanto, que esses casos, referentes a tipos eufóricos e empreendedores, sofrem de uma tal falta de diferenciação frente ao mundo, que não se pode considerá-los verdadeiramente curados. Em minha opinião, eles estão e não estão curados, na mesma medida. Tive a oportunidade de acompanhar o desenvolvimento da vida de pacientes dessa espécie e devo confessar que muitos dentre eles manifestavam sintomas de desadaptação. Quando persistiam no caminho escolhido, eram levados gradualmente à esterilidade e monotonia características dos "despojados do ego" (*Ent-Ichten*). Refiro-me naturalmente a casos-limite e não aos menos significativos, normais ou médios, nos quais o problema de adaptação é de natureza

[236]

mais técnica do que problemática. Se eu fosse mais terapeuta do que investigador não poderia resistir a certo otimismo de julgamento, uma vez que me deteria no *número* de curas; mas meu olhar de investigador não se detém apenas na quantidade, mas na qualidade humana. A natureza é aristocrática; uma pessoa de valor vale por dez pessoas medíocres. Preocupei-me com homens de qualidade e, através deles, compreendi como é ambíguo o resultado de uma análise meramente pessoal. Percebi também as razões desta ambiguidade.

[237] Se através da assimilação do inconsciente cometermos o erro de incluir a psique coletiva no inventário das funções psíquicas pessoais, ocorrerá inevitavelmente uma *dissolução da personalidade em seus pares antagônicos*. Além do par de opostos já citado – mania de grandeza e sentimento de inferioridade –, tão evidente nas neuroses, há muitos outros, dentre os quais mencionarei apenas o par de opostos de caráter especificamente moral, ou seja, o bem e o mal. Na psique coletiva se abrigam todas as virtudes específicas e todos os vícios da humanidade e todas as outras coisas. Alguns se apropriam da virtude coletiva como de um mérito pessoal, outros encaram o vício coletivo como uma culpa que lhes cabe. As duas posições são tão ilusórias quanto a mania de grandeza e o sentimento de inferioridade. Tanto as virtudes como as maldades imaginárias são pares de opostos de ordem moral, contidos na psique coletiva, que se tornaram perceptíveis ou foram conscientizados artificialmente. Até que ponto esses pares de opostos se revelam como conteúdos da psique coletiva, é-nos mostrado mediante o exemplo dos primitivos: enquanto um observador exalta suas grandes virtudes, outro registra as piores impressões e isto no que diz respeito à mesma tribo. Para os primitivos, cuja diferenciação pessoal sabemos estar no início, as duas afirmações são verdadeiras; isto porque sua psique é essencialmente coletiva e, portanto, na maior parte, inconsciente. Eles se identificam mais ou menos com a psique coletiva, possuindo assim todas as virtudes e todos os vícios coletivos, sem caráter pessoal e sem contradição interna. A contradição só aparece quando começa o *desenvolvimento pessoal* da psique e quando a razão descobre a natureza irreconciliável dos opostos. A consequência desta descoberta é o conflito da repressão. Queremos ser bons e, portanto, devemos reprimir o mal; e com isto, o

paraíso da psique coletiva chega ao fim. A repressão da psique coletiva foi uma condição necessária para o desenvolvimento da personalidade. No tocante aos primitivos, o desenvolvimento da personalidade, ou melhor, o desenvolvimento da pessoa é uma questão de prestígio mágico. A figura do feiticeiro e a do chefe da tribo são significativas: ambos se distinguem pela singularidade de seus ornamentos e de seu modo de vida, que exprimem seu papel social. A peculiaridade de sua aparência externa o separa dos demais e tal segregação é realçada pela posse de segredos rituais. Por estes e outros meios, o primitivo cria um invólucro que o cerca, que pode ser designado como *persona* (máscara). Como sabemos, os primitivos usam máscaras nas cerimônias do totem, como meios de exaltar ou transformar a personalidade. Desta forma, o indivíduo favorecido é aparentemente afastado da esfera da psique coletiva e, na medida em que consegue identificar-se com sua *persona*, é realmente afastado. Tal afastamento significa prestígio mágico. Pode-se facilmente dizer que o motivo determinante deste processo é a vontade de poder. Mas isto supõe o esquecimento de que a formação do prestígio é sempre um produto do compromisso coletivo: não só deve haver alguém que deseje o prestígio, como um público que procure alguém para prestigiar. Assim sendo, seria inexato dizer que alguém adquire prestígio devido à sua vontade de poder individual; trata-se, muito mais, de uma questão coletiva. Quando a sociedade, como conjunto, necessita de uma figura que atue magicamente, serve-se da vontade de poder do indivíduo e da vontade de submissão da massa como veículo, possibilitando assim a criação do prestígio pessoal. Este último é um fenômeno da maior importância para a vida coletiva dos povos, tal como nos mostra a história política em seus primórdios.

A importância do prestígio pessoal determina a possibilidade de uma dissolução regressiva na psique coletiva, representando por isso um perigo, não só para o indivíduo favorecido como também para seus seguidores. Tal possibilidade se torna iminente quando a meta do prestígio – o reconhecimento geral – for alcançada. A pessoa se torna então uma verdade coletiva e isto é sempre o começo do fim. Obter prestígio é uma realização positiva, não só para o indivíduo favorecido como também para o clã. O indivíduo se destaca por suas ações e a maioria pela

[238]

abdicação do poder. Enquanto esta atitude requer luta para sua consecução e manutenção contra influências hostis, o resultado se mantém positivo, mas quando não houver mais obstáculos e o reconhecimento geral for atingido, o prestígio perde seu valor positivo, transformando-se, em geral, em *caput mortuum*. Inicia-se então um movimento cismático e todo o processo recomeça.

[239] Como a personalidade é de extrema importância para a vida da comunidade, tudo quanto perturbar seu desenvolvimento é sentido como um perigo; entretanto, o maior perigo reside na dissolução prematura do prestígio através de uma invasão do inconsciente coletivo. O segredo absoluto é um dos meios mais primitivos e o melhor para exorcizar este perigo. O pensamento, sentimento e esforço coletivos são relativamente mais fáceis do que a função e esforço individuais; daí a grande tentação de substituir a diferenciação individual da personalidade pela função coletiva. Depois de a personalidade ter sido diferenciada e protegida por um prestígio mágico, seu rebaixamento ou eventual dissolução na psique coletiva (como a negação de Pedro) ocasiona uma "perda da alma", porque uma realização pessoal importante foi negligenciada, ou então o indivíduo sucumbiu à regressão. Por isso as infrações do tabu são punidas de um modo draconiano, correspondente à seriedade da situação. Se considerarmos estes fatos apenas do ponto de vista causal, como simples resíduos ou metástases históricas do tabu do incesto[15], não compreenderemos de forma alguma a significação de tais medidas. Mas se nos aproximarmos do problema do ponto de vista teleológico, muita coisa aparentemente inexplicável tornar-se-á clara.

[240] Assim, pois, o desenvolvimento da personalidade exige sua diferenciação da psique coletiva, porquanto a ocorrência de uma diferenciação parcial ou confusa produziria imediatamente uma fusão do individual no coletivo. Existe ainda o perigo de que na análise do inconsciente a psique coletiva e a pessoal se confundam, o que acarretaria consequências desagradáveis, como já vimos. Tais consequências são nocivas, tanto para os sentimentos vitais do paciente como para seus semelhantes, no caso de o primeiro exercer qualquer influência sobre o ambiente. Em

---

15. FREUD, S. *Totem und Tabu*. Ges. Schriften, 1924, Bd. 10.

sua identificação com a psique coletiva, ele tentará impor aos outros as exigências do seu inconsciente, uma vez que esse tipo de identificação acarreta um sentimento de validez geral ("semelhança a Deus"). Em tal eventualidade, ignorará por completo as diferenças da psique pessoal dos demais. (O sentimento de validez geral provém, naturalmente, da universalidade da psique coletiva.) Uma atitude coletiva pressupõe, obviamente, esta mesma psique coletiva nos outros. Isto significa, porém, um menosprezo implacável frente às diferenças individuais, sem falar nas de caráter mais geral: as diferenças de raça[16], por exemplo, que existem dentro da própria psique coletiva. Tal desprezo pela individualidade significa a asfixia do ser individual, em consequência da qual o elemento de diferenciação é suprimido na comunidade. O elemento de diferenciação é o indivíduo. As mais altas realizações da virtude, assim como os maiores crimes, são individuais. Quanto maior for uma comunidade e quanto mais a soma dos fatores coletivos, peculiar a toda grande comunidade, repousar sobre preconceitos conservadores, em detrimento da individualidade, tanto mais o indivíduo será moral e espiritualmente esmagado. O resultado disto é a obstrução da única fonte de progresso moral e espiritual da sociedade. Nestas condições só poderão prosperar a socialidade e o que é coletivo no indivíduo. Tudo o que nele for individual submerge, isto é, está condenado à repressão: os elementos individuais caem no inconsciente onde, geralmente, se transformam em algo de essencialmente pernicioso, destrutivo e anárquico. No aspecto social, este princípio negativo se manifesta através de crimes espetaculares (regicídios etc.), perpetrados por indivíduos de predisposição profética; mas na maioria dos casos esse princípio negativo permanece no fundo

---

16. É um erro imperdoável considerar válidos para todos os resultados de uma psicologia judia. Ninguém consideraria como obrigatoriamente válida para nós a psicologia chinesa ou a hindu. A acusação de antissemitismo que tal crítica me acarretou é tão descabida como se me tivessem acusado de um preconceito antichinês. Certamente, num estágio anterior e inferior do desenvolvimento psíquico, antes de diferenciarem-se as mentalidades ariana, semítica, hamítica e mongólica, todas as raças humanas têm uma psique coletiva comum; porém, ao iniciar-se uma diferenciação racial, aparecem diferenças essenciais na psique coletiva. Por isso é-nos impossível traduzir globalmente o espírito de outras raças para a nossa mentalidade, sem prejudicá-lo de modo evidente; isto, entretanto, não impede que tantos tipos humanos de instintos débeis afetem, por exemplo, a filosofia hindu ou quaisquer outras.

e só se manifesta indiretamente na degenerescência moral inexorável da sociedade. É um fato digno de nota que a moralidade da sociedade, como conjunto, está na razão inversa do seu tamanho; quanto maior for o agregado de indivíduos, tanto maior será a obliteração dos fatores individuais e, portanto, da moralidade, uma vez que esta se baseia no sentido moral do indivíduo e na liberdade imprescindível para isso. Por conseguinte, todo indivíduo é, inconscientemente, pior em sociedade do que quando atua por si só. O motivo é que a sociedade o arrasta e na mesma medida o torna isento de sua responsabilidade individual. Um grupo numeroso de pessoas, ainda que composto de indivíduos admiráveis, revela a inteligência e moralidade de um animal pesado, estúpido e predisposto à violência. Quanto maior a organização, mais duvidosa é sua moralidade e mais cega sua estupidez. (*Senatus bestia, senatores boni viri.*) A sociedade, acentuando automaticamente as qualidades coletivas de seus indivíduos representativos, premia a mediocridade e tudo que se dispõe a vegetar num caminho fácil e irresponsável. É inevitável que todo elemento individual seja encostado na parede. Tal processo se inicia na escola, continua na universidade e é dominante em todos os setores dirigidos pelo Estado. Quando o corpo social é mais restrito, a individualidade de seus membros é mais protegida; nesse caso serão maiores sua liberdade relativa e o grau de sua responsabilidade consciente. Sem liberdade não pode haver moralidade. A admiração que sentimos diante das grandes organizações vacila quando nos inteiramos do outro lado de tais maravilhas: o tremendo acúmulo e intensificação de tudo o que é primitivo no homem, além da inconfessável destruição de sua individualidade, em proveito do monstro disfarçado que é toda grande organização. O homem de hoje, que se volta para o ideal coletivo, faz de seu coração um antro de criminosos. Isto pode ser facilmente verificado pela análise de seu inconsciente, ainda que este não o perturbe. Se a "adaptação"[17] ao seu ambiente é normal, nem mesmo a maior infâmia de seu grupo o perturbará, contanto que a maioria dos companheiros esteja convencida da alta moralidade de sua organização social. Pois bem,

---

17. "Adaptação" e "desadaptação". In: JUNG, C.G. *Tipos psicológicos*. Op. cit., p. 467s. [OC, 6; § 630].

tudo o que eu disse acerca da influência da sociedade sobre o indivíduo é igualmente válido no que concerne à influência do inconsciente coletivo sobre a psique individual. Entretanto, ficou bem claro, através dos exemplos mencionados, que esta última influência é tão invisível quanto a primeira é visível. Disto resulta que os efeitos internos (do inconsciente coletivo sobre a psique individual) parecem incompreensíveis e as pessoas que sofrem tal influência são catalogadas como casos patológicos e tratadas como se fossem loucas. E se houver entre elas um verdadeiro gênio, tal fato só será reconhecido na geração seguinte, ou mesmo mais tarde. Parece-nos muito natural que alguém se afogue na própria dignidade; mas que busque algo diverso das coisas desejadas pela multidão, e mesmo desapareça nesse anseio, é um fato difícil de aceitar. Deveríamos desejar a ambos o "humor" que – segundo Schopenhauer –, sendo um atributo verdadeiramente divino do homem, é a única coisa que lhe permite manter a alma em liberdade.

[241] Os instintos coletivos, as formas fundamentais do pensamento e do sentimento humanos, cuja atividade é revelada pela análise do inconsciente, representam uma aquisição que a personalidade consciente não pode assimilar sem um transtorno considerável. Por isso, no tratamento prático é da maior importância ter sempre em mente a integridade da personalidade. Se a psique coletiva for tomada como um patrimônio pessoal do indivíduo, disso resultará uma distorção ou uma sobrecarga da personalidade, difícil de dominar. Por conseguinte é absolutamente necessário distinguir os conteúdos pessoais dos conteúdos da psique coletiva. Tal distinção não é fácil, uma vez que o elemento pessoal procede da psique coletiva, à qual está intimamente ligado. Assim, pois, é difícil dizer exatamente quais os conteúdos que devem ser considerados pessoais e quais os coletivos. É evidente que o simbolismo arcaico encontrado com frequência nos sonhos e fantasias são fatores coletivos. Todos os instintos básicos e formas fundamentais do pensamento e do sentimento são coletivos. Tudo o que os homens concordam em considerar como geral é coletivo, sendo também coletivo o que todos compreendem, o que existe, o que todos dizem e fazem. Observando com atenção, sempre nos admiramos com o que há de coletivo na nossa assim chamada psicologia individual. É de tal ordem, que o indivíduo pode desaparecer

por completo atrás desse aspecto. Entretanto, como a individuação[18] é uma exigência psicológica imprescindível, esta força superior do coletivo nos permite compreender a atenção especialíssima que devemos prestar à delicada planta da "individualidade", se quisermos evitar que seja totalmente sufocada pelo coletivo.

[242]   O homem possui uma faculdade muito valiosa para os propósitos coletivos, mas extremamente nociva para a individuação: sua tendência à imitação. A psicologia social não pode prescindir da imitação, pois sem ela seriam simplesmente impossíveis as organizações de massa, o Estado e a ordem social. A base da ordem social não é a lei, mas a imitação, este último conceito abarcando também a sugestionabilidade, a sugestão e o contágio mental. Podemos constatar diariamente como se usa e abusa do mecanismo da imitação, com o intuito de chegar-se a uma diferenciação pessoal: macaqueia-se alguma personalidade eminente, alguma característica ou atividade marcantes, obtendo-se assim uma diferenciação externa, relativa ao ambiente circundante. Poder-se-ia quase dizer que então, como que por castigo, intensifica-se a semelhança com o espírito do ambiente, a ponto de chegar-se a uma identificação compulsiva inconsciente com o mesmo. Em geral, esta tentativa adulterada de diferenciação individual se enrijece numa "pose" e o indivíduo permanece no mesmo nível que antes; mas sua esterilidade ter-se-á intensificado de alguns graus. Para descobrirmos o que é autenticamente individual em nós mesmos, torna-se necessária uma profunda reflexão; a primeira coisa a descobrirmos é quão difícil se mostra a descoberta da própria individualidade.

III. A *persona* como segmento da psique coletiva

[243]   Neste capítulo abordaremos um problema que, se negligenciado, causará a maior confusão. Mencionei antes que, na análise do incons-

---

18. Cf. *Tipos psicológicos*. Op. cit. [OC, 6. Definições, sv. "individuação"]: "A individuação é [...] um processo de diferenciação que tem por meta o desenvolvimento da personalidade individual. [...] Assim como o indivíduo não é um ser isolado mas supõe uma relação coletiva com sua existência, do mesmo modo o processo de individuação não leva ao isolamento, mas a um relacionamento coletivo mais intenso e geral".

ciente pessoal, a primeira coisa a ser acrescentada à consciência é constituída por conteúdos pessoais; sugeri que tais conteúdos reprimidos podem ser conscientizados, representando o que poderíamos chamar de *inconsciente pessoal*. Mostrei também que, através da anexação das camadas mais profundas do inconsciente, para as quais propus o nome de *inconsciente coletivo*, se produz uma ampliação da personalidade, que pode levar à inflação. Tal estado ocorre mediante o mero prosseguimento do trabalho analítico, como no caso antes citado. Continuando a análise, acrescentamos à consciência pessoal certas qualidades básicas e impessoais da humanidade, fato este que desencadeia a inflação descrita anteriormente e que pode ser encarada como uma das consequências desagradáveis da plena conscientização[19].

A consciência pessoal é mais ou menos um segmento arbitrário da psique coletiva. Ela consiste numa soma de fatos psíquicos sentidos como algo de pessoal. O atributo "pessoal" significa: pertencente de modo exclusivo a *uma* dada pessoa. Uma consciência *apenas* pessoal acentua com certa ansiedade seus direitos de autor e de propriedade no que concerne aos seus conteúdos, procurando deste modo criar um todo. Mas todos os conteúdos que não se ajustam a esse todo são ne-

[244]

---

19. Este fenômeno decorrente da expansão da consciência não é de forma alguma específico do tratamento analítico, mas ocorre sempre que os homens são subjugados por um novo saber ou conhecimento. "O saber infla", escreve São Paulo na Epístola aos Coríntios, pois o novo conhecimento subira à cabeça de alguns, como sempre sucede. A inflação nada tem a ver com a espécie do conhecimento, mas sim com o modo pelo qual ele se apodera de uma cabeça fraca, quando o indivíduo se torna incapaz de ver ou ouvir qualquer outra coisa. Fica como que hipnotizado e acredita ter descoberto a solução do enigma universal. Isto já significa presunção. Tal processo é uma forma de reação tão geral que já no livro do Gênesis 2,17 comer da árvore do conhecimento representa um pecado que conduz à morte. Não é fácil de compreender por que um acréscimo de consciência, acompanhado de presunção, é tão perigoso. O Gênesis representa o ato de consciência como uma infração do tabu, como se através do conhecimento se transpusesse criminosamente um limiar sacrossanto. Creio que o Gênesis está certo, na medida em que cada passo em direção a uma consciência mais ampla é uma espécie de culpa prometeica: mediante o conhecimento rouba-se, por assim dizer, o fogo dos deuses, isto é, o patrimônio dos poderes inconscientes é arrancado do contexto natural e subordinado à arbitrariedade da consciência. O homem que usurpou novo conhecimento sofre uma transformação ou alargamento da consciência, mediante o que esta perde sua semelhança com a dos demais. Desse modo, eleva-se acima do nível humano de sua época ("sereis semelhantes a Deus"), mas isto o afasta dos homens. O tormento dessa solidão é a vingança dos deuses: tal homem não poderá voltar ao convívio humano. Como diz o mito, é agrilhoado à solitária rocha do Cáucaso, abandonado por deuses e homens.

gligenciados, esquecidos, ou então reprimidos e negados. Isto constitui uma forma de autoeducação que não deixa de ser, porém, demasiado arbitrária e violenta. Em benefício de uma imagem ideal, à qual o indivíduo aspira moldar-se, sacrifica-se muito de sua humanidade. Indivíduos desse tipo, extremamente *pessoais*, costumam ser muito sensitivos, já que é tão fácil ocorrer-lhes algo que traz à consciência certos detalhes indesejáveis de seu verdadeiro caráter ("individual").

[245] A este segmento arbitrário da psique coletiva, elaborado às vezes com grande esforço, dei o nome de *persona*. A palavra *persona* é realmente uma expressão muito apropriada, porquanto designava originalmente a máscara usada pelo ator, significando o papel que ia desempenhar. Se tentarmos estabelecer uma distinção entre o material psíquico consciente e o inconsciente, logo nos encontraremos diante do maior dilema: no fundo teremos de admitir que a afirmação acerca do inconsciente coletivo, isto é, de que seus conteúdos são gerais, também é válida no que concerne aos conteúdos da *persona*. Sendo esta última um recorte mais ou menos arbitrário e acidental da psique coletiva, cometeríamos um erro se a considerássemos (a *persona*), *in toto*, como algo "individual". Como seu nome revela, ela é uma simples máscara da psique coletiva, máscara que *aparenta uma individualidade*, procurando convencer aos outros e a si mesma que é uma individualidade, quando, na realidade, não passa de um papel, no qual fala a psique coletiva.

[246] Ao analisarmos a *persona*, dissolvemos a máscara e descobrimos que, aparentando ser individual, ela é no fundo coletiva; em outras palavras, a *persona* não passa de uma máscara da psique coletiva. No fundo, nada tem de *real*; ela representa um compromisso entre o indivíduo e a sociedade, acerca daquilo que "alguém parece ser: nome, título, ocupação, isto ou aquilo". De certo modo, tais dados são reais; mas, em relação à individualidade essencial da pessoa, representam algo de secundário, uma vez que resultam de um compromisso no qual outros podem ter uma quota maior do que a do indivíduo em questão. A *persona* é uma aparência, uma realidade bidimensional, como se poderia designá-la ironicamente.

[247] Seria incorreto, porém, encerrar o assunto sem reconhecer que subjaz algo de individual na escolha e na definição da *persona*; embora

a consciência do ego possa identificar-se com ela de modo exclusivo, o si-mesmo inconsciente, a verdadeira individualidade, não deixa de estar sempre presente, fazendo-se sentir de forma indireta. Assim, apesar de a consciência do ego identificar-se inicialmente com a *persona* – essa figura de compromisso que representamos diante da coletividade – o si-mesmo inconsciente não pode ser reprimido a ponto de extinguir-se. Sua influência se manifesta principalmente no caráter especial dos conteúdos contrastantes e compensadores do inconsciente. *A atitude meramente pessoal da consciência produz reações da parte do inconsciente e estas, juntamente com as repressões pessoais, contêm as sementes do desenvolvimento individual, sob o invólucro de fantasias coletivas.* Mediante a análise do inconsciente pessoal, a consciência se abre e é alimentada pelo material coletivo, que traz consigo elementos da individualidade. Sei muito bem que isto é incompreensível para os que desconhecem meus pontos de vista e minha técnica e principalmente para os que encaram o inconsciente do ponto de vista freudiano. Mas se o leitor lembrar-se do exemplo já citado da estudante de filosofia, poderá ter uma ideia aproximada do que aqui estou tentando formular. No início do tratamento, a enferma era quase inconsciente da fixação que subjazia à sua relação com o pai. Ignorava de um modo quase total que buscava um homem semelhante ao pai, fato este com que seu intelecto logo se defrontou. Isto não constituiria propriamente um erro se seu intelecto não tivesse aquele caráter de protesto peculiar, infelizmente comum nas mulheres intelectuais. Esse tipo de intelecto se caracteriza pela tendência de apontar os erros alheios; é crítico em demasia, de tonalidade desagradavelmente pessoal, com a pretensão, no entanto, de ser objetivo. Isto geralmente irrita os homens, sobretudo se a crítica a eles endereçada (como acontece muitas vezes) tocar-lhes um ponto fraco; em benefício de uma discussão fecunda, seria justamente este o ponto a evitar. Longe disto, é uma peculiaridade infeliz de tal tipo de mulher procurar os pontos fracos do homem e fixá-los, exasperando o interlocutor. Em geral, sua intenção não é consciente; pelo contrário, seu propósito inconsciente é o de impelir o homem a uma posição superior, tornando-o deste modo um objeto de admiração. Mas em geral este não percebe que está sendo forçado a assumir o papel de herói; na realidade acha esses insultos tão odiosos que tratará de desviar-se o mais possível de tal mulher. Finalmente, o único homem que lhe restará só poderá ser o que desde o início se apequenou e que, portanto, nada tem de admirável.

[248] Minha paciente encontrou em tudo isto um vasto campo de reflexão, uma vez que não tinha a menor ideia do jogo em que se enredara. Mas teve sobretudo que compreender o romance secreto que, desde a infância, se desenrolara entre ela e o pai. Seria longo demais descrever, em detalhe, o modo pelo qual, a partir de seus primeiros anos, se pusera em união inconsciente com o lado obscuro do pai. Sua mãe nada advertira. Assim, antecipando-se à sua idade, tornou-se a rival da mãe. Tudo isto veio à luz, na análise de seu inconsciente pessoal. Uma vez que, por razões profissionais, eu não tinha o direito de irritar-me, tornei-me inevitavelmente o herói e pai-amante. A transferência também consistiu de conteúdos do inconsciente pessoal. Meu papel de herói não passava de um pretexto e assim, transformado num mero fantasma, eu servia para que ela desempenhasse seu papel costumeiro de mãe-filha-amada, plenamente amadurecida, sábia e compreensiva – um papel vazio, uma *persona* atrás da qual seu ser real e autêntico, seu si-mesmo individual, permanecia oculto. Na medida em que se identificava completamente com o seu papel, tornava-se inconsciente do si-mesmo (*Selbst*). Permanecia num mundo nebuloso e infantil, incapaz de descortinar o verdadeiro mundo. Entretanto, à medida que sua análise progredia, foi-se tornando consciente da natureza de sua transferência, e os sonhos acerca dos quais falei no primeiro capítulo começaram a estruturar-se. Traziam fragmentos do inconsciente coletivo e isto representou o fim de seu mundo infantil e das fantasias heroicas. *Ela encontrou-se a si mesma e às suas verdadeiras potencialidades.* A maioria dos casos se processa deste modo, se a análise estender-se suficientemente. O fato de que a consciência de sua individualidade coincida exatamente com a revivescência de uma imagem divina arcaica não representa uma simples coincidência, mas um caso muito frequente que, em minha opinião, corresponde a uma lei inconsciente.

[249] Depois desta digressão, voltemos às reflexões iniciais.

[250] Uma vez abolidas as repressões de ordem pessoal, a individualidade e a psique coletiva começam a emergir, fundidas uma na outra, liberan-

do as fantasias pessoais até então reprimidas. Aparecem sonhos e fantasias, que se revestem de um aspecto diferente. O "cósmico" parece ser um sinal infalível das imagens coletivas; as imagens de sonhos e fantasias são associadas ao elemento "cósmico", tais como tempo e espaço infinitos, a enorme velocidade e a extensão dos movimentos, conexões "astrológicas", analogias telúricas, lunares e solares, alterações nas proporções do corpo etc. O aparecimento de motivos mitológicos e religiosos nos sonhos também indica a atividade do inconsciente coletivo. O elemento coletivo é anunciado muitas vezes por sintomas peculiares[20]: sonhos em que se voa através do espaço, a modo de um cometa, ou se tem a impressão de ser a terra, o sol ou uma estrela; ora se é extraordinariamente grande, ora pequeno como um anão; ou, como um morto, chega-se a um lugar estranho, num estado de alheamento, confusão, loucura etc. Do mesmo modo, podem ocorrer sentimentos de desorientação, vertigem e outros semelhantes, juntamente com os sintomas de inflação.

A riqueza de possibilidades da psique coletiva confunde e ofusca. Com a dissolução da *persona* desencadeia-se a fantasia espontânea, a qual, aparentemente, não é mais do que a atividade específica da psique coletiva. Tal atividade traz à tona conteúdos, cuja existência era antes totalmente ignorada. Na medida em que aumenta a influência do inconsciente coletivo, a consciência perde seu poder de liderança. Imperceptivelmente, vai sendo dirigida, enquanto o processo inconsciente e impessoal toma o controle. Assim, pois, sem que o perceba, a personalidade consciente, como se fora uma peça entre outras num tabuleiro de xadrez, é movida por um jogador invisível. É este quem decide o jogo do destino e não a consciência e suas intenções. No exemplo anteriormente citado, foi deste modo que se processou a liberação da transferência, apesar de afigurar-se tão impossível à consciência.

[251]

Sempre que surja uma dificuldade aparentemente insuperável, é inevitável ter-se que mergulhar neste processo. Entretanto, nem sempre ocorre tal necessidade, uma vez que a maioria dos casos de neurose só

[252]

---

20. Não será demais observar que os elementos coletivos dos sonhos não ocorrem apenas neste estádio do tratamento analítico. Há muitas espécies de situações psicológicas nas quais se manifesta a atividade do inconsciente coletivo. Mas não é este o lugar adequado para o exame dessas condições.

pede a remoção de dificuldades temporárias de adaptação. Mas os casos graves não podem ser curados sem uma profunda "mudança do caráter" ou da atitude. Na maioria dos casos, a adaptação à realidade exterior exige tanto trabalho, que a adaptação interior, voltada para o inconsciente coletivo, só pode ser considerada a longo prazo. No entanto, quando a adaptação interior se torna um problema, provém do inconsciente uma atração singular e irresistível, que exerce uma influência poderosa na direção consciente da vida. A predominância das influências inconscientes, assim como a desintegração da *persona* e a redução da força condutora do consciente constituem um estado de desequilíbrio psíquico, induzido artificialmente no decorrer do tratamento analítico; é claro que a intenção desta terapia é a de resolver uma dificuldade inibidora que barra a via de um desenvolvimento ulterior. Naturalmente há inúmeros obstáculos que podem ser superados com um bom conselho e com um pouco de ajuda moral, ajudados pela boa vontade e compreensão por parte do paciente. Deste modo são obtidos excelentes resultados e até mesmo a cura. Não são raros os casos em que não há necessidade de dizer uma só palavra acerca do inconsciente. No entanto, há dificuldades frente às quais não se vislumbra qualquer solução satisfatória. Nessa eventualidade, se o transtorno do equilíbrio psíquico não ocorreu antes do tratamento, certamente aparecerá durante a análise, e às vezes sem qualquer interferência do médico. É como se tais pacientes estivessem à espera de uma pessoa de confiança a fim de entregar-se e sucumbir. Essa perda de equilíbrio é, em princípio, semelhante a um distúrbio psicótico; isto é, difere dos estádios iniciais da doença mental pelo fato de conduzir finalmente a uma saúde mais plena, enquanto que nas psicoses há uma destruição crescente. No primeiro caso, a pessoa entra em pânico e como que se abandona diante de complicações aparentemente desesperadas. Em geral, tudo começa por um esforço pertinaz de dominar a situação problemática pela força de vontade; ocorre então o colapso e essa vontade diretora é completamente aniquilada. A energia assim liberada desaparece do consciente e cai no inconsciente. É então que costumam sobrevir os primeiros sinais da atividade inconsciente. (Assinalo aqui o exemplo do jovem que sucumbiu à psicose.) Evidentemente, nesse caso, a energia que desapareceu da consciência ativou o inconsciente. O resultado imediato foi a brusca *alteração dos sentidos*. Podemos imaginar que se o jovem mencionado tivesse uma mente mais forte, tomaria a visão das estrelas como uma imagem salvadora, conseguindo então encarar o sofrimento humano *sub specie aeternitatis*, e neste caso seu equilíbrio seria restaurado[21].

Deste modo, um obstáculo aparentemente invencível seria superado. Assim, pois, encaro a perda de equilíbrio como algo adequado, pois substitui uma consciência falha, pela atividade automática e instintiva do inconsciente, que sempre visa à criação de um novo equilíbrio; tal meta será alcançada *sempre que a consciência for capaz de assimilar os conteúdos produzidos pelo inconsciente, isto é, quando puder compreendê-los e digeri-los*. Se o inconsciente dominar a consciência, desenvolver-se-á um estado psicótico. No caso de não prevalecer nem processar-se uma compreensão adequada, o resultado será um conflito que paralisará todo progresso ulterior. O problema da compreensão do inconsciente coletivo coloca-nos diante de uma considerável dificuldade, que será o tema do próximo capítulo.

[253]

IV. Tentativas de libertar a individualidade da psique coletiva

Restabelecimento regressivo da persona

O colapso da orientação consciente não é assunto negligenciável. Corresponde a um fim de mundo em miniatura, como se tudo voltasse de novo ao caos original. O indivíduo sente-se abandonado, desorientado, como um barco sem leme entregue ao capricho dos elementos. Pelo menos, assim parece. Na realidade, porém, mergulhou de novo no inconsciente coletivo, que assume a direção. Poderíamos multiplicar os exemplos dos casos em que, no momento crítico, um pensamento "salvador", uma visão, uma "voz interna" imprimem uma nova direção à vida, com um poder de convicção irresistível. Provavelmente seria pos-

[254]

---

21. FLOURNOY, T. Automatisme téléologique antisuicide: un cas de suicide empêché par une hallucination. *Archives de Psychologie*, Vol. VII, 1908. Genebra, p. 113-137. • JUNG, C.G. *Über die Psychologie der Dementia praecox*. Halle: [s.e.], 1900, p. 174s. [Em português: "A psicologia da *Dementia Praecox*". In: JUNG, C.G. *Psicogênese das doenças mentais*. Petrópolis: Vozes, 2011 (OC, 3; § 304s.)].

sível mencionar outros tantos casos, em que o colapso significou uma catástrofe que destruiu uma vida: em tais momentos as ideias mórbidas podem enraizar-se, ou então todos os ideais desaparecem, o que não é menos desastroso. No primeiro caso, desenvolve-se uma excentricidade psíquica ou uma psicose, enquanto que no segundo se manifesta um estado de desorientação e desmoralização. Se os conteúdos inconscientes chegarem, porém, à consciência, inundando-a com seu misterioso poder de convicção, propõe-se a questão: de que modo o indivíduo reagirá? Será dominado pelos conteúdos? Aceitá-los-á credulamente? Rejeitá-los--á? (Deixarei de lado, por agora, a resposta ideal, isto é, a de uma compreensão crítica.) O primeiro caso significa paranoia ou esquizofrenia; o segundo torna o indivíduo um excêntrico, com certo gosto pela profecia, ou então pode fazê-lo retroceder a uma atitude infantil, apartando-o da sociedade humana; o terceiro significa a *restauração regressiva da* persona. Esta formulação parece muito técnica e o leitor suporá, com justeza, que se trata afinal de uma reação psíquica de natureza complexa, como as que se apresentam no decurso de um tratamento analítico. Seria um erro, no entanto, supor que casos desta espécie aparecem apenas durante o tratamento analítico. Tal processo pode ser observado igualmente, e às vezes com mais nitidez, em outras situações vitais; de modo particular, nas existências em que houve uma intervenção violenta e destruidora do destino. Todos, é claro, podem sofrer golpes adversos, mas na maioria dos casos as feridas se curam e não deixam mutilações. Mas aqui se trata de experiências destruidoras, que podem aniquilar o indivíduo, ou pelo menos aleijá-lo. Tomemos como exemplo um homem de negócios, que se arriscou demais e chegou à bancarrota. Se essa experiência deprimente não desanimá-lo e se, corajosamente, ele conseguir manter a ousadia, acrescida de um pouco de prudência salutar, sua ferida cicatrizará, sem dano permanente. Mas pode ocorrer que se sinta destruído e renuncie então a qualquer risco futuro, procurando laboriosamente salvar sua reputação social, nos marcos de uma personalidade muito mais limitada; poderá até mesmo rebaixar-se a um trabalho inferior, num posto muito abaixo de suas possibilidades, como uma criança assustada. Dessa forma, tecnicamente falando, estará tentando *restaurar sua* persona *por via regressiva*. Em consequência do temor, recuará a uma fase anterior de sua personalidade, e se rebaixará, pretendendo ser o que era *antes* da experiência crítica, mas incapaz até mesmo de pensar em repetir tal risco. Talvez tenha desejado antes, mais do que podia realizar; agora, no entanto, nem ousa tentar aquilo de que é capaz.

Tais experiências ocorrem em todos os domínios da vida e de todos os modos possíveis; ocorrem também no decurso de um tratamento psíquico. Neste último caso, trata-se igualmente de uma ampliação da personalidade, de um risco de natureza externa ou interna. No exemplo citado da estudante de filosofia, pode-se ver em que consiste a experiência crítica do tratamento psicoterapêutico: a *transferência*. Como já disse antes, o paciente pode deslizar inconscientemente sobre os escolhos da transferência. Neste caso não haverá experiência crítica, nada ocorrendo digno de nota. Naturalmente, por comodidade, o médico sempre desejará ter pacientes deste tipo. Entretanto, os pacientes mais lúcidos logo descobrem por si mesmos a existência do problema. E quando, como no caso citado, o médico é elevado à categoria de pai-amado, desencadeia-se sobre ele um dilúvio de exigências. Terá, então, forçosamente que buscar um caminho e modos hábeis de deter as investidas, sem que o vórtice o arraste e sem prejudicar o paciente. Uma ruptura violenta da transferência poderá ocasionar uma recaída completa, ou algo pior ainda; assim, pois, o problema deverá ser conduzido com muito tato e precaução. Outra possibilidade reside na esperança pia de que "com o tempo" o "disparate" acabará por si mesmo. Certamente, com o tempo tudo acaba; mas esse tempo, quem sabe quanto poderá prolongar-se? As dificuldades poderão ser insuportáveis para ambas as partes, de modo que é melhor renunciar à ideia do "tempo" como um fator de cura.

[255]

A teoria freudiana das neuroses parece oferecer um instrumento mais eficaz para "combater" a transferência. Segundo ela, a dependência do paciente pode ser explicada como uma exigência sexual infantil, que toma o lugar de um emprego razoável da sexualidade. A teoria adleriana[22] também oferece uma vantagem semelhante, explicando a transferência como uma meta infantil de poder e como uma "medida de segurança". Ambas as teorias são de tal modo adequadas à mentalidade neurótica,

[256]

---

22. ADLER, A. *Über den nervösen Charakter* – Grundzüge einer vergleichenden Individualpsychologie und Psychotherapie. Viena: [s.e.], 1912.

que todas as neuroses podem ser explicadas ao mesmo tempo pelas duas teorias[23]. Tal fato não pode ser negligenciado. Qualquer observador imparcial será obrigado a constatar que isso se deve à circunstância de que o "erotismo infantil" de Freud e o "impulso de poder" de Adler são, no fundo, a mesma coisa, apesar do choque de opiniões das duas escolas. No fenômeno da transferência vem à luz um fragmento do instinto primordial, a princípio incontrolado e incontrolável. As formas arcaicas de fantasia que alcançam gradualmente o limiar da consciência constituem outra prova deste fato.

[257] Baseados nestas duas teorias podemos tentar mostrar ao paciente como são infantis, impossíveis e absurdas suas exigências; talvez ele volte à razão. Minha paciente, porém, não foi a *única* que ignorou tais argumentos. É verdade que o médico pode defender-se com essas teorias, desembaraçando-se de uma situação difícil com uma dose relativa de humanidade. Há pacientes que, na realidade, não exigem (ou pelo menos não parecem exigir) tais cuidados; mas há casos em que tal método poderia causar um dano psíquico absurdo. No caso da minha estudante, senti obscuramente algo deste gênero e, portanto, abandonei toda tentativa racionalista, deixando à natureza – ainda que com uma desconfiança maldissimulada –, a oportunidade de corrigir um disparate que parecia ter-se originado dela mesma. Como já mencionei anteriormente, tal fato me ensinou algo de extraordinariamente importante: *a existência de uma autorregulação inconsciente. O inconsciente sabe não só "desejar", mas também cancelar seus próprios desejos*. Esta compreensão, de imensa importância para a integridade da personalidade, permanecerá oculta aos que se detiverem na ideia de que tudo isso não passa de um mero infantilismo. Retrocederá do limiar desta compreensão, dizendo: "Naturalmente tudo foi um disparate. Sou um louco visionário e o melhor que tenho a fazer é enterrar ou atirar ao mar o inconsciente e tudo o que se prende a ele". Considerará como pirraças infantis o sentido e a meta de tudo aquilo que desejava tão ardentemente. Compreenderá que sua ânsia era absurda, tentará ser tolerante consigo mesmo e resignar-se. O

---

23. Cf. o exemplo de um caso semelhante em: *Über die Psychologie des Unbewussten*. [s.l.]: [s.e.], 1943. [Em português: *Psicologia do inconsciente*. In: JUNG, C.G. Dois escritos sobre psicologia analítica. 2. ed. Petrópolis: Vozes, 2011, § 44s. (OC, 7/2)].

que fazer então? Em lugar de enfrentar o conflito, voltará *atrás*, restaurando regressivamente, do melhor modo possível, sua *persona* soterrada e suprimindo todas as esperanças e expectativas que haviam florescido durante a transferência. Tornar-se-á menor, mais limitado, mais racionalista do que antes. Não se pode dizer, porém, que em todos os casos tal resultado significa uma incrível desgraça, pois são muitos os que, por sua notória incapacidade, prosperam mais num sistema racionalista do que em liberdade. A liberdade é uma das coisas mais difíceis. Os que puderem suportar a solução apontada poderão dizer, com Fausto:

> "Conheço demasiadamente o círculo da Terra,
> O mais além é vedado ao nosso olhar;
> Tolo! Quem para lá dirige os olhos ofuscados
> Inventa seu duplo nos abismos do ar!
> Decida-se aqui e não se perca além;
> Para o homem bom o mundo tem finalidade
> Sem que se perca em vão na eternidade!
> O que distingue, bem pode dominar.
> Deixá-lo seguir ao longo dos terrestres dias;
> Que os fantasmas assombrem, segue sua via[24]..."

Tal solução seria perfeita se alguém pudesse livrar-se por completo do inconsciente, privando-o de sua energia e tornando-o inativo. Mas como a experiência mostra, só se pode privar o inconsciente de parte de sua energia; ele permanece em contínua atividade, uma vez que não só contém, mas é a fonte da libido, a partir da qual os elementos psíquicos fluem. É um erro, pois, acreditar que através de alguma teoria ou método mágico poder-se-ia esgotar a libido do inconsciente, anulando-o. Talvez uma ilusão desse tipo durasse algum tempo, até chegar a hora em que seria inevitável dizer, como Fausto:

[258]

> "Tantos espectros se apinham no ar,
> Como e para onde escapar?
> Antes vem e sorri a manhã racional,
> Depois tece a noite seu sonho infernal.
> Ao voltarmos alegres dos campos arados
> Grasna uma ave. Que disse ao grasnar?

---

24. *Fausto* II, 5º ato, cena 4.

> Desgraça, sugere a superstição:
> Tem forma e se mostra e traz maldição.
> Com medo ouvimos a porta estalar,
> Estamos sozinhos; ninguém vai entrar[25]..."

Ninguém pode, mediante seu *livre-arbítrio*, anular o poder efetivo do inconsciente. No máximo, conseguirá iludir-se. Como diz Goethe:

> "Se o ouvido em mim se fechar,
> No coração o medo vai medrar;
> A cada hora mudo a forma do meu ser
> E assim exerço meu despótico poder"[26].

Somente uma coisa é eficaz contra o inconsciente: a necessidade exterior premente. Entretanto os que tiverem um conhecimento maior acerca do inconsciente reconhecerão, atrás da *necessidade* exterior, a mesma face que antes os espreitava de dentro. Uma necessidade interna pode transformar-se numa necessidade externa; se esta última for real e não uma simples pose, a problemática psíquica costuma ser ineficaz. Por isso Mefistófeles dá este conselho a Fausto que se opõe à "loucura da magia":

> "Pois bem, eis o caminho mestre
> Sem médico, dinheiro ou bruxaria:
> Retoma a vida campestre,
> Cava e lavra descuidado,
> Conserva-te e à tua mente
> Num círculo bem limitado,
> Come da terra somente,
> Animal entre animais, esterca
> O campo que cultivares[27]".

A "vida simples" não pode ser simulada e, por conseguinte, a existência não problemática do homem pobre, entregue ao destino, nunca será obtida por contrafação. Só o homem que vive tal vida, não como mera *possibilidade*, mas por uma *necessidade* implícita de sua própria

---

25. Ibid.
26. Ibid.
27. *Fausto* I, cena 6.

natureza, poderá negligenciar cegamente o problema da psique, uma vez que lhe falta a capacidade de compreendê-la. Entretanto, quem tenha deparado com o problema fáustico não terá mais acesso à "vida simples". Naturalmente, nada o impedirá de ocupar uma casinha de dois quartos no campo, de cavoucar no jardim ou comer nabos crus. Mas sua alma rirá desses subterfúgios. *Só aquilo que somos realmente tem o poder de curar-nos.*

A reconstrução regressiva da *persona* representa uma possibilidade vital somente para o indivíduo que deve o malogro crítico de sua vida à presunção. Apequenando sua personalidade, retrocederá até a medida que pode preencher. Mas em qualquer outro caso, a resignação ou autodiminuição significam evasões que, com o correr do tempo, só podem ser mantidas à custa de indisposições neuróticas. Do ponto de vista consciente dessa pessoa, tal situação não representaria uma fuga e sim a impossibilidade de enfrentar o problema. Em geral tal doente é uma figura solitária, pois pouco ou nada vem ajudá-lo em nossa cultura moderna; até mesmo a psicologia lhe oferece apenas algumas interpretações puramente redutivas, sublinhando o caráter infantil, arcaico e inaceitável desses estados de transição. Não lhe ocorre pensar que uma teoria médica também pode servir para o médico esquivar-se, mais ou menos elegantemente, da armadilha. Por isso, as teorias redutivas se ajustam tão maravilhosamente à essência da neurose: prestam um grande serviço ao médico.

[259]

Identificação com a psique coletiva

A segunda possibilidade seria a identificação com o inconsciente coletivo. Isto equivaleria a aceitar a inflação, exaltada agora como um sistema. Em outras palavras, o indivíduo poderia ser o feliz proprietário *da* grande verdade que o aguardava para ser descoberta, o senhor do conhecimento escatológico para a salvação das nações. Tal atitude não implica necessariamente a megalomania em sua forma direta, mas sim na forma atenuada e mais conhecida do reformador, dos profetas e mártires. As mentes fracas correm o risco de sucumbir a esta tentação, uma vez que geralmente se caracterizam por uma boa dose de ambição, amor-próprio e ingenuidade descabida. Abrir a passagem da psique coletiva significa

[260]

uma renovação de vida para o indivíduo, quer seja agradável ou desagradável. Todos querem agarrar-se a esta renovação: uns, porque assim aumentam sua sensação de vida, outros porque veem nisso a promessa de um maior conhecimento, ou então esperam descobrir a chave que transformará suas vidas. No entanto, os que não quiserem renunciar aos grandes tesouros enterrados na psique coletiva deverão lutar, de um modo ou de outro, a fim de manter a ligação recém-descoberta com os fundamentos originários da vida[28]. A identificação parece ser o caminho mais curto, pois a dissolução da *persona* na psique coletiva é um convite direto para as bodas com o abismo, apagando-se toda memória nesse abraço. Este traço de misticismo é característico dos melhores indivíduos e é tão inato em cada qual como a "nostalgia da mãe", nostalgia da fonte da qual proviemos.

[261] Como já mostramos anteriormente, há na raiz da nostalgia regressiva, concebida por Freud como uma "fixação infantil" ou "desejo incestuoso", um valor e uma força especiais. Tal fato se revela com clareza nos mitos em que o herói é o melhor e o mais forte dentre o povo; é ele que segue essa nostalgia regressiva, expondo-se deliberadamente ao perigo de ser devorado pelo monstro do abismo materno. Mas é herói, afinal de contas, porque não é devorado, e vence o monstro, não uma, mas muitas vezes. A vitória sobre a psique coletiva, e só ela, confere o verdadeiro valor, a captura do tesouro oculto, da arma invencível, do talismã mágico ou daquilo que o mito determina como o mais desejável. Assim, pois, o indivíduo que identificar-se com a psique coletiva ou, em termos do mito, que for devorado pelo monstro, nele desaparecendo, estará perto do tesouro guardado pelo dragão, mas involuntariamente e para seu próprio mal.

[262] Ninguém que perceba o grotesco desta identificação teria a coragem de erigi-la em princípio. O perigo está no fato de a maior parte das

---

28. Quero lembrar aqui uma interessante observação de Kant. Em suas *Vorlesung Über Psychologie* (Leipzig: [s.e.], 1889) ele fala de um "tesouro enterrado no campo das representações obscuras, tesouro que jaz nos abismos profundos do conhecimento humano e que não podemos alcançar". Esse tesouro, como demonstrei detalhadamente no meu livro *Wandlungen und Symbole der Libido* (nova edição: *Símbolo da transformação*. Op. cit. OC, 5), é a soma das imagens primordiais, nas quais a libido está investida, ou melhor, que constituem sua autorrepresentação.

pessoas carecer do humor necessário ou de este faltar justamente na hora oportuna; tomadas por uma espécie de *pathos*, tudo lhes parece carregado de sentido e qualquer autocrítica eficaz é rejeitada. Não pretendo negar, em geral, a existência de profetas autênticos, mas, por cautela, começarei duvidando em cada caso individual; o assunto é sério demais para que se aceite, levianamente, alguém como um verdadeiro profeta. Se for este o caso, ele mesmo lutará contra toda pretensão inconsciente a esse papel. Portanto, se num abrir e fechar de olhos aparecer um profeta, seria melhor pensarmos num possível desequilíbrio psíquico.

Mas além da possibilidade de converter-se em profeta, há outra alegria sedutora, mais sutil e aparentemente mais legítima: a alegria de ser o *discípulo de um profeta*. Esta técnica é ideal para a maioria das pessoas. Suas vantagens são: o *odium dignitatis*, isto é, o da responsabilidade sobre-humana do profeta, que é substituído pelo *otium indignitatis*, que é muito mais suave. O discípulo é indigno; senta-se modestamente aos pés do "Mestre" e se protege contra os próprios pensamentos. A preguiça mental se torna uma virtude; pelo menos, é possível aquecer-se ao sol de um ser semidivino. Pode desfrutar do arcaísmo e infantilismo de suas fantasias inconscientes sem esforço algum, pois toda a responsabilidade é deixada ao Mestre. Através da divinização do Mestre, o discípulo se exalta, aparentemente sem que o perceba. Além disso, não possui a grande verdade (que, naturalmente, não foi descoberta por ele), recebida diretamente das mãos do Mestre? É óbvio que os discípulos sempre se unem com solidariedade, não por laços afetivos, mas com o propósito de confirmar suas próprias convicções, sem esforço, engendrando uma atmosfera de unanimidade coletiva. [263]

Há, porém, uma forma de identificação com a psique coletiva, que parece muito mais recomendável; alguém tem a honra de ser um profeta, assumindo desse modo uma perigosa responsabilidade. Outro indivíduo, por seu lado, é um simples discípulo, administrador do grande tesouro que o Mestre alcançou. Sente toda a dignidade e o peso de tal posição e considera uma obrigação solene, ou mesmo uma necessidade moral, denegrir todos os que pensem diferentemente; sua preocupação é fazer prosélitos e iluminar a humanidade, tal como se ele mesmo fosse o profeta. São estas as pessoas que, se ocultando atrás de uma *persona* [264] aparentemente modesta, irrompem de repente na cena do mundo, inflacionadas pela identificação com o inconsciente coletivo. Tal como o profeta, é uma imagem primordial da psique coletiva, o discípulo do profeta também o é.

[265] Em ambos os casos, a inflação provém do inconsciente coletivo e a independência da individualidade é lesada. Mas uma vez que nem todos possuem a força de uma individualidade independente, a fantasia do discípulo é talvez a mais conveniente. As gratificações da inflação decorrente representam, pelo menos, uma pequena compensação pela perda da liberdade espiritual. Nem devemos subestimar o fato de que a vida de um profeta, real ou imaginário, é cheia de tristezas, desapontamentos e privações; assim, pois, o bando de discípulos e a gritaria do *hosanna* têm o valor de uma compensação. Tudo isto é humanamente tão compreensível, que quase deveria surpreender-nos se conduzisse a algo mais além.

PARTE II: INDIVIDUAÇÃO

I. A função do inconsciente

[266] Há uma destinação, uma possível meta além das fases ou estádios de que tratamos na primeira parte deste livro: *é o caminho da individuação*. Individuação significa tornar-se um ser único, na medida em que por "individualidade" entendermos nossa singularidade mais íntima, última e incomparável, significando também que *nos tornamos o nosso próprio si-mesmo*. Podemos pois traduzir "individuação" como "tornar-se si-mesmo" (*Verselbstung*) ou "o realizar-se do si-mesmo" (*Selbstverwirklichung*).

[267] As possibilidades de desenvolvimento comentadas nos capítulos anteriores são, no fundo, *alienações do si-mesmo*, modos de despojar o si-mesmo de sua realidade, em benefício de um papel exterior ou de um significado imaginário. No primeiro caso, o si-mesmo recua para o pano de fundo e dá lugar ao reconhecimento social; no segundo, dá lugar ao sentido autossugestivo de uma imagem primordial. Em ambos os casos, verifica-se uma preponderância do coletivo. A renúncia do si-mesmo em favor do coletivo corresponde a um ideal social; passa até mesmo por dever social e virtude, embora possa significar às vezes um abuso egoísta. O egoísta ("*selbstisch*") nada tem a ver com o conceito de si-mesmo, tal

como aqui o usamos. Por outro lado, a realização do si-mesmo parece ser o contrário do despojamento do si-mesmo. Este mal-entendido é geral, uma vez que não se distingue corretamente individualismo de individuação. Individualismo significa acentuar e dar ênfase deliberada a supostas peculiaridades, em oposição a considerações e obrigações coletivas. A individuação, no entanto, significa precisamente a realização melhor e mais completa das qualidades coletivas do ser humano; é a consideração adequada e não o esquecimento das peculiaridades individuais, o fator determinante de um melhor rendimento social. A singularidade de um indivíduo não deve ser compreendida como uma estranheza de sua substância ou de suas componentes, mas sim como uma combinação única, ou como uma diferenciação gradual de funções e faculdades que em si mesmas são universais. Cada rosto humano tem um nariz, dois olhos etc., mas tais fatores universais são variáveis e é esta variabilidade que possibilita as peculiaridades individuais. A individuação, portanto, só pode significar um processo de desenvolvimento psicológico que faculte a realização das qualidades individuais dadas; em outras palavras, é um processo mediante o qual um homem se torna o ser único que de fato é. Com isto, não se torna "egoísta", no sentido usual da palavra, mas procura realizar a peculiaridade do seu ser e isto, como dissemos, é totalmente diferente do egoísmo ou do individualismo.

Entretanto, na medida em que o indivíduo humano, como unidade viva, é composto de fatores puramente universais, é coletivo e de modo algum oposto à coletividade. A ênfase individualística de sua própria peculiaridade representa, pois, uma contradição frente a este fato básico do ser vivo. A individuação, pelo contrário, tem por meta a cooperação viva de todos os fatores. Mas como os fatores universais sempre se apresentam em forma individual, uma consideração plena dos mesmos também produzirá um efeito individual, que não poderá ser superado por outro e muito menos pelo individualismo. [268]

A meta da individuação não é outra senão a de despojar o si-mesmo dos invólucros falsos da *persona*, assim como do poder sugestivo das imagens primordiais. Do que até agora foi dito depreende-se claramente o significado psicológico da *persona*. Entretanto, quando nos voltamos para o outro lado, isto é, para as influências do inconsciente coletivo, encontramo-nos num obscuro mundo interior, de compreensão muito [269] mais difícil do que a da psicologia da *persona*, acessível a qualquer um. Não há quem não saiba o que significa "assumir um ar oficial", ou "desempenhar seu papel na sociedade". Através da *persona* o homem quer *parecer* isto ou aquilo, ou então se esconde atrás de uma "máscara", ou até mesmo constrói uma *persona* definida, a modo de muralha protetora. Assim, pois, o problema da *persona* não apresenta grandes dificuldades intelectuais.

[270]   Mas é outra coisa tentar descrever, de um modo que todos possam compreender, os processos interiores sutis que irrompem na consciência com força sugestiva. Talvez o melhor modo de ilustrar tais influências seja o de recorrermos a exemplos de doenças mentais, de inspirações criadoras e de conversões religiosas. Uma excelente representação de tal transformação interna, de certo modo copiada da realidade, encontramo-la no livro de H.G. Wells: *Christina Alberta's Father*[29]. Transformações da mesma ordem são descritas no excelente livro *L'Hérédo*[30], de Léon Daudet. Podemos também encontrar um copioso material em William James: *Varieties of Religious Experience*[31]. Em muitos casos deste tipo existem fatores externos que produzem diretamente a mudança, ou pelo menos predispõem a ela; mas nem sempre o fator externo explica suficientemente tais mudanças de personalidade. Devemos reconhecer que estas também podem provir de motivos internos e subjetivos, de opiniões e convicções, nos quais os fatores externos desempenham um papel insignificante ou nulo. Nas mudanças patológicas da personalidade, este papel pode ser considerado como o fator geral. Os casos de psicose, que representam uma reação simples e evidente a algum acontecimento externo e irresistível, são exceções. Por isso, no campo da psiquiatria o fator etiológico essencial é a predisposição patológica herdada ou adquirida. O mesmo poderá dizer-se acerca da maioria das intuições criadoras, pois é difícil supor uma relação meramente causal entre a maçã que cai e a teoria da gravitação de Newton. Do mesmo modo, todas as conversões religiosas que não procedem diretamente da sugestão ou do

---

29. WELLS, H.G. *Christina Alberta's Father.* Londres/Nova York: [s.e.], 1925.
30. DAUDET, L. *L'Hérédo.* Paris: [s.e.], 1916.
31. *The Varieties of Religious Experience.* A Study in Human Nature. 30. ed. Londres/Cambridge (Mass.): [s.e.], 1902.

contágio do exemplo são devidas a processos interiores autônomos, que culminam numa transformação da personalidade. Tais processos têm a particularidade de ser inicialmente subliminais, isto é, inconscientes, só alcançando a consciência de modo gradual. O momento da irrupção pode, entretanto, ser repentino, de maneira que a consciência é como que inundada instantaneamente por conteúdos estranhos e inesperados. Os leigos e os que são atingidos pelo fenômeno assim poderão julgar; mas não o perito, que sabe não existirem tais transformações repentinas. Na realidade, a irrupção se preparou através de muitos anos, às vezes durante a metade da vida: já na infância ter-se-ia podido verificar muitas particularidades que, mais ou menos, já indicariam simbolicamente futuros desenvolvimentos anormais. Lembro-me, por exemplo, de um doente mental que se recusava a comer, criando também uma estranha dificuldade à alimentação por meio de sonda nasal. Era necessário recorrer à anestesia antes de introduzi-la. O paciente sabia engolir a língua, isto é, sabia como empurrá-la garganta abaixo, fato insólito para mim, nessa época. Num intervalo de lucidez, contou-me a seguinte história: quando menino, tentava imaginar os meios de suicidar-se, vencendo os obstáculos que pudessem opor a esse intento. Primeiro, tentou reter a respiração, mas constatou que ao chegar a um estado de semiconsciência recomeçava a respirar. Desistiu dessa tentativa e pensou na possibilidade de recusar o alimento. Tal fantasia o satisfez, até o momento em que descobriu que poderiam alimentá-lo, introduzindo o alimento pela cavidade nasal. Começou então a imaginar o modo pelo qual conseguiria obstruir esse conduto, ocorrendo-lhe a ideia de empurrar a língua para trás. A princípio não o conseguiu, mas com o exercício regular chegou a engolir a língua, tal como às vezes acontece acidentalmente nos indivíduos anestesiados; quanto a ele, obteve esse resultado pelo relaxamento artificial dos músculos que ficam à base da língua.

Desse modo estranho, o menino se preparava para uma futura psicose. Depois da segunda crise, enlouqueceu de modo incurável. Este exemplo, entre outros, é suficiente para mostrar como a irrupção posterior e aparentemente súbita de conteúdos desconhecidos na realidade não o é, constituindo o resultado de um processo inconsciente que se desenrola através de muitos anos.

[271]

[272] O grande problema se propõe aqui: em que consistem os processos inconscientes? Como se formam? Naturalmente, na medida em que são inconscientes, nada se pode dizer a respeito. Entretanto, às vezes, manifestam-se parcialmente através de sintomas, ações, opiniões, afetos, fantasias e sonhos. Com o auxílio desses materiais de observação, podemos tirar conclusões indiretas acerca da constituição e do estado momentâneos do processo inconsciente e de seu desenvolvimento. Não devemos, entretanto, iludir-nos, pensando ter descoberto a *verdadeira natureza* do processo inconsciente. Jamais conseguiremos ultrapassar o hipotético "como se".

[273] "Nenhum espírito criado poderá mergulhar nas profundidades da natureza", e nem do inconsciente. Sabemos, porém, que o inconsciente nunca está em repouso. Sua atividade parece ser contínua, pois mesmo quando dormimos sonhamos. É verdade que há muitas pessoas que afirmam nunca sonharem; o mais provável é que não se lembrem de seus sonhos. Não deixa de ser significativo o fato de que as pessoas que falam dormindo em geral não se lembram do sonho que as fez falar e nem mesmo se lembram de ter sonhado. É raro passar um dia sem que cometamos algum erro ao falar, sem que desapareça da nossa memória algo de que antes nos lembrávamos ou sem que nos subjugue um estado de ânimo, cuja origem desconhecemos etc. Todas estas coisas são sintomas da contínua atividade do nosso inconsciente, que à noite se evidencia nos sonhos e, durante o dia, vence ocasionalmente as inibições impostas pela consciência.

[274] Na medida do alcance de nossa experiência atual, podemos dizer que *os processos inconscientes se acham numa relação compensatória em relação à consciência*. Uso de propósito a expressão "compensatória" e não a palavra "oposta", porque consciente e inconsciente não se acham necessariamente em oposição, mas se complementam mutuamente, para formar uma totalidade: o *si-mesmo* (*Selbst*). De acordo com esta definição, o si-mesmo é uma instância que engloba o eu consciente. Abarca não só a psique consciente, como a inconsciente, sendo, portanto, por assim dizer, uma personalidade que *também* somos. Podemos facilmente imaginar que possuímos almas parciais. Conseguimos, por exemplo, representar nossa *persona*, sem grande dificuldade. Mas ultrapassa o poder

da nossa imaginação a clara imagem do que somos enquanto si-mesmo, pois nesta operação a parte deveria compreender o todo. É impossível chegar a uma consciência aproximada do si-mesmo, porque por mais que ampliemos nosso campo de consciência sempre haverá uma quantidade indeterminada e indeterminável de material inconsciente, que pertence à totalidade do si-mesmo. Este é o motivo pelo qual o si-mesmo sempre constituirá uma grandeza que nos ultrapassa.

Os processos inconscientes compensadores do eu consciente contêm todos os elementos necessários para a autorregulação da psique como um todo. No nível pessoal, tais processos inconscientes são constituídos por motivos pessoais que a consciência não reconhece, mas que afloram nos sonhos, ou são significados de situações cotidianas negligenciadas, de afetos que não nos permitimos e críticas a que nos furtamos. Entretanto, quanto mais conscientes nos tornamos de nós mesmos através do autoconhecimento, atuando consequentemente, tanto mais se reduzirá a camada do inconsciente pessoal que recobre o inconsciente coletivo. Desta forma, vai emergindo uma consciência livre do mundo mesquinho, susceptível e pessoal do eu, aberta para a livre-participação de um mundo mais amplo de interesses objetivos. Essa consciência ampliada não é mais aquele novelo egoísta de desejos, temores, esperanças e ambições de caráter pessoal, que sempre deve ser compensado ou corrigido por contratendências inconscientes; tornar-se-á uma função de relação com o mundo de objetos, colocando o indivíduo numa comunhão incondicional, obrigatória e indissolúvel com o mundo. As complicações que ocorrem neste estádio já não são conflitos de desejos egoístas, mas dificuldades que concernem à própria pessoa e aos outros. Neste estádio aparecem problemas gerais que ativaram o inconsciente coletivo; eles exigem uma compensação coletiva e não pessoal. É então que podemos constatar que o inconsciente produz conteúdos válidos, não só para o indivíduo, mas para outros: para muitos e talvez para todos. [275]

Os elgonyi, que vivem nas florestas virgens do Elgon, me explicaram certa vez que há duas espécies de sonhos: o sonho cotidiano do homem comum e a "grande visão", que só os grandes homens têm, como por exemplo o mago e o cacique. Os pequenos sonhos não têm importância alguma; mas quando alguém sonha um "grande sonho", convoca a tribo para contá-lo a todos. [276]

[277] Mas como se sabe, porém, se o sonho é "grande" ou "pequeno"? Por um sentimento intuitivo de sua importância significativa. Tal impressão é de tal modo avassaladora, que o indivíduo jamais pensaria guardá-lo para si. *Tem* de contá-lo, supondo, de um modo psicologicamente correto, que o sonho é importante para todos. Mesmo entre nós, o sonho coletivo é carregado de uma importância significativa que nos impele a comunicá-lo. Originando-se de um conflito de relação, deve ser levado à relação consciente, porque compensa esta última e não apenas a um defeito pessoal interior.

[278] Os processos do inconsciente coletivo não dizem respeito somente às relações mais ou menos pessoais de um indivíduo com sua família, ou com um grupo social; dizem respeito à comunidade humana em geral. Quanto mais ampla e impessoal for a condição que desencadeia a reação inconsciente, mais estranha e irresistível será a manifestação compensadora. Esta última não só impele à comunicação particular, como à sua revelação ou confissão; poderá até mesmo pressionar o indivíduo a assumir um papel representativo.

[279] Ilustrarei, com um exemplo, o modo pelo qual o inconsciente compensa as relações. Certa vez um senhor arrogante me procurou para tratar-se. Ele dirigia um negócio, com seu irmão mais jovem. A relação entre ambos era muito tensa e isto constituía um dos motivos da neurose do meu paciente. As razões que este me apresentava para explicar o verdadeiro motivo da tensão entre ele e o irmão não me pareciam de forma alguma claras e convincentes. Criticava esse irmão de todos os modos possíveis e não propunha uma imagem favorável de sua competência. No entanto, este último aparecia frequentemente em seus sonhos, desempenhando sempre o papel de um Bismarck, de um Napoleão, ou de um Júlio César. Sua casa parecia o Vaticano ou Yildiz Kiosk. Era claro que o inconsciente do senhor em questão necessitava exaltar a categoria do irmão mais jovem. Este fato me levou a concluir que, na vida real, meu paciente se superestimava e depreciava o irmão. O desenrolar posterior desta análise justificou minha conclusão.

[280] Outra paciente, uma jovem que amava apaixonadamente a mãe, sempre sonhava com ela de modo desfavorável. Esta aparecia em seus sonhos como bruxa, como um fantasma ou como uma perseguidora. A

mãe a mimara exageradamente e a cegara com sua ternura; a filha não podia, pois, reconhecer conscientemente a influência nociva da mãe sobre ela. Seu inconsciente, no entanto, exerceu uma crítica nitidamente compensadora em relação à mãe.

Aconteceu-me certa vez subestimar em excesso uma paciente, tanto do ponto de vista intelectual quanto moral. Em seguida tive um sonho: um castelo se erguia no alto de um penhasco. Na torre mais elevada havia um balcão e nele estava a minha paciente. Não hesitei em contar-lhe o sonho, naturalmente com o melhor resultado. [281]

É fato conhecido que costumamos desempenhar um mau papel diante das pessoas que subestimamos injustamente. Pode, entretanto, suceder o contrário e foi isto que aconteceu com um amigo meu. Era ele ainda um jovem estudante quando decidiu solicitar uma audiência junto ao "excelentíssimo senhor" Virchow. Ao apresentar-se diante dele, trêmulo de emoção, balbuciou, tentando dizer o próprio nome: "Eu me chamo Virchow". Ao que sua excelência respondeu, com um sorriso malicioso: "Ah, o senhor também se chama Virchow?" A sensação da própria insignificância fora excessiva para o inconsciente do meu amigo e isto o induziu a apresentar-se a Virchow como alguém da mesma grandeza. [282]

Nestas relações de caráter preponderantemente pessoal não se trata, é claro, de compensações por assim dizer coletivas; no primeiro caso, pelo contrário, as figuras usadas pelo inconsciente são de natureza coletiva: são heróis mundialmente conhecidos. Pois bem, nos dois últimos casos mencionados há duas possibilidades de interpretação: ou o irmão mais novo do meu paciente devia ser um homem de reconhecido e amplo valor coletivo, ou meu paciente se supervalorizava não só em relação a ele, mas a todos. Não havia razões concretas que confirmassem a primeira hipótese; quanto à segunda foi-se tornando cada vez mais evidente. Daí a grande arrogância do meu paciente diante do irmão e do grupo mais amplo da sociedade; assim, pois, a compensação valeu-se de uma imagem coletiva. [283]

Pode-se dizer o mesmo do segundo caso. A "bruxa" é uma imagem coletiva. Devemos, portanto, deduzir que o amor cego da jovem não se referia só à mãe, mas a um grupo social mais amplo. Era este o caso, pois ela ainda vivia num mundo exclusivamente infantil, em que identificava [284] tudo com a imagem dos pais. Os exemplos citados se referem a relações dos limites pessoais. Há, porém, um tipo de relação impessoal que exige às vezes uma compensação consciente. Em tais casos aparecem imagens coletivas de caráter mais ou menos mitológico. Trata-se, em primeiro lugar, de problemas morais, filosóficos e religiosos que, devido à sua validez universal, provocam compensações mitológicas. No livro já citado de H.G. Wells encontramos uma forma clássica de compensação: Preemby, uma espécie de edição de bolso em termos de personalidade, descobre que é a verdadeira reencarnação de Sargão, o rei dos reis. Mas o gênio do autor soube salvar o pobre Sargão do infortúnio meramente patológico de seu disparate, deixando transparecer o sentido trágico e eterno de tão lamentável absurdo: Mr. Preemby, um zero à esquerda, sente-se como um ponto de interseção de todas as épocas passadas e futuras. Tal revelação custa-lhe uma loucura pacífica, dado que o pequeno Mr. Preemby se livra do risco iminente de ser engolido por uma protoimagem.

[285] O problema genérico do mal e do pecado representa outro aspecto de nossas relações impessoais com o mundo. Por isso produz compensações coletivas, mais do que qualquer outro problema. Um paciente que sofria de uma grave neurose obsessiva teve aos dezesseis anos um sonho que, sem dúvida, já representava um sintoma inicial: *estava escuro, ele caminhava por uma rua desconhecida, quando ouviu passos que o seguiam. Andou mais depressa, atemorizado. Os passos aproximavam-se cada vez mais. Começou a correr, sentia um medo crescente. Os passos pareciam alcançá-lo. Enfim, olhou para trás e deparou com o diabo. Mortalmente assustado, deu um salto e ficou como que suspenso no ar.* Este sonho se repetiu duas vezes, indicando assim sua especial importância.

[286] Como se sabe, a neurose obsessiva, com seus escrúpulos e obsessões de cunho cerimonial, não tem só a aparência de um problema moral; interiormente é cheia de desumanidade, criminalidade e maldade implacável, contra cuja integração a personalidade resiste desesperadamente; de resto, esta última pode ser suave e bem-organizada. O motivo pelo qual tantos atos devem ser realizados de um modo cerimonial e "correto" é a suposição de que representam o contrapeso diante do mal que ameaça de dentro. Depois do sonho citado, manifestou-se a neuro-

se; ela consistia essencialmente no esforço do paciente manter-se, como ele mesmo dizia, num estado "provisório", "incontaminado" de pureza. Para consegui-lo, evitava ou "anulava" todo contato com o mundo e com as coisas que lembravam sua transitoriedade. Isso era obtido através de incríveis complicações, cerimônias escrupulosas de purificação e a observância estrita de inúmeras regras, extremamente complexas. Antes mesmo que o paciente pressentisse a existência infernal que o aguardava, o sonho lhe mostrara que devia fazer um pacto com o diabo, se quisesse voltar a pisar a terra firme.

Mencionei em outra parte o sonho de um jovem estudante de teologia, sonho este que ilustra a compensação de seu problema religioso[32]. Tratava-se de um emaranhado de dificuldades de fé, o que não é raro no homem moderno. No sonho, ele era o discípulo de um "mago branco", que só se vestia de negro. Este o ensinou até certo ponto, a partir do qual teria que recorrer ao "mago negro". Este último se vestia de branco e afirmou ter encontrado as chaves do paraíso; mas precisava recorrer à sabedoria do mago branco para saber usá-las. Tal sonho contém, como é evidente, o problema dos opostos. Este problema, como sabemos, encontrou na filosofia taoista uma solução bem diversa dos pontos de vista que prevaleceram no Ocidente. As imagens mobilizadas pelo sonho são impessoais, coletivas, e correspondem à natureza impessoal dos problemas religiosos. Em contraste com a visão cristã, o sonho realça a relatividade do bem e do mal de um modo que lembra imediatamente o conhecido símbolo do Yang e do Yin. [287]

Não devemos, porém, concluir, à base de tais compensações, que quanto mais a consciência se embrenha nos problemas universais, tanto maior deve ser o alcance das compensações produzidas pelo inconsciente. Há, por assim dizer, um interesse *legítimo* e outro *ilegítimo* com os problemas impessoais. São legítimas as excursões que surgem de uma profunda e autêntica necessidade individual e ilegítimas as que represen- [288]

---

32. Cf. "Sobre os arquétipos do inconsciente coletivo". In: JUNG, C.G. *Von den Wurzeln des Bewusstseins*: Studien über den Archetypus (vol. 9 de Psychologische Abhandlungen). Zurique: Rascher, 1954, p. 46s. [OC, 9/1; § 70s.]; "A fenomenologia do espírito no conto de fadas". In: JUNG, C.G. *Symbolik des Geistes*. Zurique: Rascher, 1953, p. 16s. [OC, 9/1; § 398s.]; *Psychologie und Erziehung*. Zurique: Rascher, 1950, p. 96s. [OC, 7/2; § 208s.].

tam apenas uma curiosidade intelectual, ou a tentativa de evadir-se de uma realidade desagradável. Neste último caso, o inconsciente produz compensações demasiado pessoais e humanas, cuja meta é a de reconduzir a consciência à realidade imediata. As pessoas que se entusiasmam ilegitimamente com o infinito têm muitas vezes sonhos ridículos e banais, que procuram abrandar tal exaltação. Assim é que pela natureza da compensação podemos tirar conclusões acerca da seriedade e da autenticidade das aspirações conscientes.

[289]   Não são poucas as pessoas que têm medo de admitir que o inconsciente possa ter, até certo ponto, "grandes" ideias. Certamente, objetarão: "Mas o senhor acredita mesmo que o inconsciente é capaz de formular uma crítica de algum modo construtiva para nossa mentalidade de homens ocidentais?" Isso seria realmente um absurdo se tomássemos o problema do ponto de vista intelectual e atribuíssemos ao inconsciente uma psicologia consciente. Sua mentalidade é de caráter instintivo, não tem funções diferenciadas, nem *pensa* segundo os moldes daquilo que entendemos por "pensar". Ele somente cria uma imagem que responde à situação da consciência; esta imagem é tão impregnada de ideia como de sentimento e poderá ser tudo, menos o produto de uma reflexão racionalista. Seria mais certo considerarmos tal imagem como uma *visão artística*. Não devemos esquecer que o problema subjacente ao sonho mencionado é uma profunda questão emocional e não um problema intelectual, formulado na consciência do sonhador. Para um homem de sensibilidade moral, o problema ético constitui uma questão apaixonada que se enraíza tanto nos processos instintivos, mais profundos, como em suas aspirações mais idealistas. Tal problema é profundamente real. Não é de admirar-se, pois, que a ele responda o mais profundo de sua natureza. O psicólogo não deve preocupar-se com o fato de que cada um considere sua psicologia a medida de todas as coisas, nem de que tal observação não lhe passe pela cabeça (no caso de ser um tolo); o psicólogo deverá encarar as coisas objetivamente, sem mutilá-las em benefício de uma hipótese subjetiva. Pois bem, assim como os indivíduos de natureza mais rica e abarcante podem empolgar-se legitimamente com um problema impessoal, assim também seu inconsciente responderá no mesmo registro. E ao consciente, que pode indagar por que existe esse

terrível conflito entre o bem e o mal, o inconsciente poderá responder: "Olha bem, os dois necessitam-se mutuamente; pois mesmo no melhor e precisamente no melhor existe o germe do mal. E nada é tão mau que não possa produzir um bem".

[290] O sonhador poderia desconfiar que o conflito, aparentemente insolúvel, fosse um preconceito de uma mentalidade subordinada a certo tempo e lugar. A imagem do sonho, aparentemente complicada, revelaria um senso comum instintivo e gráfico, uma espécie de embrião de uma ideia racional que teria podido ocorrer conscientemente a um espírito mais maduro. Em todo o caso, a filosofia chinesa concebeu-a há muito tempo. A singular configuração, plástica e acertada do pensamento, é uma prerrogativa dessa mente natural e primitiva que vive em todos nós e que só pode ser obscurecida por uma consciência desenvolvida de modo unilateral. Se observarmos deste ponto de vista as compensações produzidas pelo inconsciente, poder-se-á dizer com razão que julgamos o inconsciente, sublinhando demais o ponto de vista da consciência. De fato, ao formular estas reflexões sempre parti do ponto de vista que o inconsciente não faz mais do que reagir aos conteúdos conscientes; é como se faltasse ao primeiro qualquer iniciativa, apesar de sua reação ser rica de significado. Não pretendo, no entanto, provar que em *todos os casos* o inconsciente é apenas reativo. Pelo contrário, há muitas experiências que parecem demonstrar a espontaneidade do inconsciente e sua possibilidade de apropriar-se da direção do processo psíquico. São inúmeros os casos de pessoas que permaneceram estagnadas numa inconsciência mesquinha, até que por fim se tornaram neuróticas. A neurose desencadeada pelo inconsciente tira-as da apatia, muitas vezes contrariando sua preguiça e sua desesperada resistência.

[291] Acho, no entanto, que seria um erro supor que em tais casos o inconsciente atua segundo um plano geral e preestabelecido, tendendo para uma determinada meta e sua realização. Jamais encontrei algo que pudesse fundamentar tal hipótese. O motivo propulsor – na medida em que podemos percebê-lo – parece ser essencialmente um instinto de realização do si-mesmo. Se se tratasse de um plano geral ou teleológico, todos os indivíduos dotados de um inconsciente excessivo deveriam ser impelidos irresistivelmente para um estado superior de consciência. Isto

não se dá. Há camadas inteiras da população que apesar de sua notória inconsciência não são atingidas pela neurose. Os que sofrem tal destino, a minoria, representam na realidade um tipo humano "superior", que por um motivo qualquer permaneceu muito tempo num estádio primitivo. Com o correr do tempo, sua natureza não resistiu a essa apatia antinatural. A estreiteza de sua esfera consciente e a limitação de sua vida e existência lhe pouparam a energia; pouco a pouco esta se acumulou no inconsciente, explodindo afinal sob a forma de uma neurose mais ou menos aguda. Este mecanismo simples não supõe um "plano" básico. Basta, para explicá-lo, o instinto de realização do si-mesmo, perfeitamente compreensível. Poder-se-ia também considerá-lo como um amadurecimento tardio da personalidade.

[292] Provavelmente estamos muito longe ainda de ter alcançado o cume da consciência absoluta. Todo ser humano é capaz de ascender a uma consciência mais ampla, razão pela qual podemos supor que os processos inconscientes, sempre e em toda parte, levam à consciência conteúdos que, uma vez reconhecidos, ampliam o campo desta última. Sob este prisma, o inconsciente se afigura um campo de experiência de extensão indeterminada. Se ele fosse apenas reativo frente à consciência, poderíamos perfeitamente considerá-lo como um *mundo-especular do psiquismo*. Neste caso, a fonte essencial de todos os conteúdos e atividades estaria na consciência; nada haveria no inconsciente além dos reflexos distorcidos de conteúdos conscientes. O processo criador encontrar-se-ia encerrado na consciência, e toda inovação seria sempre uma descoberta ou habilidade consciente. Os fatos empíricos não confirmam tal suposição. Todo homem criador sabe que o elemento involuntário é a qualidade essencial do pensamento criador. E porque o inconsciente não é apenas um espelhar reativo, mas atividade produtiva e autônoma, seu campo de experiência constitui uma realidade, um mundo próprio. Deste último podemos dizer que atua sobre nós do mesmo modo que atuamos sobre ele, ou seja, o mesmo que podemos dizer acerca do campo empírico do mundo exterior. Mas enquanto no mundo exterior os objetos são os elementos constitutivos, na interioridade os elementos constitutivos são os fatores psíquicos.

[293] A ideia da objetividade psíquica não é de forma alguma uma nova descoberta; representa, muito pelo contrário, uma das primeiras e mais

amplas "conquistas" da humanidade: a convicção concreta do *mundo dos espíritos*. O mundo dos espíritos não foi uma descoberta, como, por exemplo, a do fogo pela fricção, mas sim a experiência ou conscientização de uma realidade tão válida quanto a do mundo material. Duvido que haja primitivos que não conheçam a "influência mágica" ou a "substância mágica". (A palavra "mágica" é outra designação do fator psíquico.) Parece também que todos sabem algo acerca da existência dos espíritos[33]. O "espírito" é um fato psíquico. Assim como distinguimos nossa própria corporalidade dos corpos alheios, os primitivos também distinguem entre suas almas (quando possuem alguma representação acerca das mesmas) e os espíritos; estes últimos são sentidos como algo de estranho e alheio ao homem. São objeto da percepção externa, ao passo que a própria alma (ou uma das diversas almas, quando acreditam em sua pluralidade), não o é, apesar de aparentar-se por afinidade aos espíritos. Depois da morte, a alma (ou uma das diversas almas) torna-se um espírito que sobrevive ao morto; manifesta então, muitas vezes, uma deterioração de caráter, o que contradiz parcialmente a ideia de uma imortalidade pessoal. Os batak[34] afirmam que os homens que em vida foram bons tornam-se malévolos e perigosos como espíritos. Quase tudo que os primitivos dizem acerca das travessuras que os espíritos se permitem em relação aos vivos e principalmente a imagem que têm dos "*revenants*" corresponde, nos mínimos detalhes, aos fenômenos constatados nas experiências dos espíritas. E tal como é possível perceber, nas comunicações dos "espíritos" que comparecem nas seções espíritas, a atividade de fragmentos psíquicos, assim também podemos interpretar os espíritos primitivos como manifestações de complexos inconscientes[35]. A importância atribuída pela psicologia moderna ao "complexo parental" é o prosseguimento imediato da experiência primitiva concernente

---

33. Nos casos contrários, devemos levar em conta o fato de que às vezes o medo dos espíritos é tão grande que as pessoas negam tê-lo. Constatei isto entre os habitantes do Elgon.

34. WARNECK, J. Die Religion der Batak. In: BÖHMER, J. (org.). *Religionsurkunden der Völker*, vol. 1. Leipzig: [s.e.], 1909.

35. Cf. Die psychologischen Grundlagen des Geisterglaubens. In: JUNG, C.G. *Über psychische Energetik und das Wesen der Träume*. Zurique: Rascher, 1948 (vol. II da série: Psychologische Abhandlungen) [OC, 8]. Cf. tb. JAFFÉ, A. *Geistererscheinungen und Vorzeichen*. Zurique: Daimon, 1958.

à eficácia perigosa do espírito dos pais. Os primitivos, em sua suposição (impensada) de que os espíritos são realidades do mundo exterior, cometem um erro de julgamento; este erro, porém, tem seu prolongamento na hipótese (só parcialmente verdadeira) de que nossos pais são os responsáveis pelo complexo parental. Na antiga teoria do trauma da psicanálise freudiana e além dela, tal suposição tinha a validez de uma explicação científica. (Para evitar esta falta de clareza, propus a expressão "imago parental".)[36]

[294] Naturalmente, o homem ingênuo não percebe, ao nível da consciência, que seus parentes mais próximos, cuja influência sobre ele é direta, só em parte coincidem com a *imagem* que deles tem; a outra parte dessa imagem é constituída de um material que procede do próprio sujeito. A *imago* nasce das influências dos pais e das reações específicas do filho; por conseguinte é uma imagem que reproduz o objeto de um modo bem condicional. O homem ingênuo crê, porém, que seus pais são tais como ele os vê. A imagem é projetada inconscientemente e, quando os pais morrem, continua a atuar como se fosse um espírito autônomo. Os primitivos falam do espírito dos pais que voltam à noite (*revenants*); o homem moderno denomina esta mesma realidade de complexo paterno ou materno.

[295] Quanto mais limitado for o campo consciente de um indivíduo, tanto maior será o número de conteúdos psíquicos (*imagines*) que se manifestam exteriormente, quer como espíritos, quer como poderes mágicos projetados sobre vivos (magos, bruxas). Num estádio superior de desenvolvimento, quando já existem representações da alma, nem todas as imagens continuam projetadas (quando a projeção continua, até mesmo as árvores e as pedras dialogam); nesse novo estádio, um complexo ou outro pode aproximar-se da consciência, a ponto de não ser percebido como algo estranho, mas sim como algo próprio. Tal sentimento, no entanto, não chega a absorver o referido complexo como um conteúdo subjetivo da consciência. Ele fica, de certo modo, entre o consciente e o inconsciente, numa zona crepuscular: por um lado, pertence ao sujeito

---

36. Tal expressão foi empregada pela psicanálise, e substituída, na psicologia analítica, pelos termos de "imagem primordial" e "arquétipo paterno ou materno".

da consciência, mas por outro lhe é estranho, mantendo uma existência autônoma que o opõe ao consciente. De qualquer forma, não obedece necessariamente à intenção subjetiva, mas é superior a esta, podendo constituir um manancial de inspiração, de advertência, ou de informação "sobrenatural". Psicologicamente, tal conteúdo poderá ser explicado como sendo parcialmente autônomo e não totalmente integrado ao complexo da consciência. Esses complexos são as almas primitivas, as *ba* e *ka* egípcias. Num nível mais alto e particularmente entre os povos civilizados do Ocidente, este complexo é sempre feminino (*anima* e ψυχή), certamente devido a motivos profundos e significativos.

PARTE II

Os arquétipos

Os arquétipos
Introdução

Capítulo 5: "O conceito de arquétipo" (1938/1954)
(De "Aspectos psicológicos do arquétipo materno", em
Os arquétipos e o inconsciente coletivo. OC 9/1, § 148-155)

Teoria dos arquétipos

Para ajudar o leitor a obter uma visão geral da teoria dos arquétipos é necessário um ensaio que vá além das seleções publicadas nesta antologia. Os escritos de Jung sobre a teoria dos arquétipos são diversos e complicados e, no entanto, nem todos precisam ser consultados para obter uma perspectiva crítica sobre o assunto. O que segue é uma tentativa minha de proporcionar uma avaliação honesta e equilibrada de um tema calorosamente contestado.

Com a teoria dos arquétipos de Jung chegamos ao núcleo estrutural de sua psicologia. Muitos artistas, estudiosos da literatura, antropólogos e outros consideraram sua teoria convincente e iluminadora. Ela parece explicar muita coisa acerca do estudo das culturas, das religiões e da história das ideias. No entanto, os cientistas refutaram quase universalmente a teoria dos arquétipos de Jung[1]. Não estou seguro se a teoria já foi descartada de forma justa ou mesmo se ela foi entendida antes de ser refutada. James Hillman, minimizando a controvérsia, disse que a teoria deveria ser reformulada como mito e não como ciência e mantém um pé

---

1. O principal estudo da ciência dos arquétipos continua sendo: STEVENS, Anthony. *Archetypes Revisited: An Updated Natural History of the Self*. Londres: Routledge, 2002.

em cada campo. Eu gostaria de acreditar que a reputação científica dos arquétipos possa ser recuperada, à medida que os cientistas admitam sua complexidade e capacidade explicativa.

Os arquétipos são "estruturas idênticas, universais, da psique"[2], que constituem os "resíduos de remota humanidade"[3]. Jung reivindica uma linhagem distinta para seus arquétipos; opõe-se à noção de que ele é responsável por inventá-los e argumenta que ele os descobriu a partir de fontes históricas. Neste contexto, ele reivindica como precedentes as "ideias" de Platão (§ 149), as "categorias" de Kant (§ 150) e os "protótipos" de Schopenhauer[4]. Aparentemente a terminologia precisa não é importante, embora o termo "arquétipo" possa ser encontrado numa série de textos antigos[5]. O importante é nossa consciência de que forças universais existem e foram notadas ao longo da história. Em "Instinto e inconsciente", Jung vê os arquétipos os equivalentes psicológicos dos instintos. Ele diz que o arquétipo é "como a percepção do instinto de si mesmo ou como o autorretrato do instinto"[6]. Ele afirma que a teoria dos arquétipos não deve representar um choque para os investigadores científicos; assim como os "instintos" são parte integrante da biologia, assim os "arquétipos" são as categorias fundamentais da psicologia.

Em "A natureza da psique" Jung compara a estrutura da psique a um espectro de luz, afirmando que o instinto representa o "infravermelho psíquico, isto é, a psique biológica instintiva" e o arquétipo representa "o ultravioleta psíquico", que "denota um campo que não apresenta nenhuma das peculiaridades do fisiológico"[7]. Ele diz que "é quase certo que não temos outra alternativa senão a de definir sua natureza [dos arquétipos] como 'espírito', com base em seu efeito mais importante. [...] A ser assim, sua posição estaria situada para além dos

---

2. JUNG. Símbolos da transformação (1912/1952). OC 5, § 224.

3. Ibid., § 259.

4. Jung. "Instinto e inconsciente" (1919). OC 8/2, § 276.

5. Jung cita autores antigos que usaram o termo, entre os quais Filo Judeu (Fílon de Alexandria), Irineu e Dionísio Areopagita, em "Sobre os arquétipos do inconsciente coletivo" (1934/1954). OC 9/1, § 5.

6. Ibid., § 277.

7. JUNG. "A natureza da psique" (1947/1954). OC 8/2, § 420.

limites da esfera psíquica"[8]. Há um tom de relutância nestes pronunciamentos, porque Jung sabe que está saindo dos limites da ciência e a ciência o descartará logo que ele começar a falar de *espírito* como uma influência determinante.

Numa tentativa de reforçar sua teoria, Jung usa o filósofo Kant, que não é muito lido hoje, mas é ainda influente na tradição filosófica. Kant distinguia entre *phainomena*, as coisas que podem se apresentar aos sentidos, e *noumena*, as coisas que permanecem fora de nossa percepção. Jung usou esta terminologia para distinguir entre o *arquétipo em si*, que está fora do escrutínio da razão e, portanto, é numenal, e a *imagem arquetípica*, que é uma representação cultural e pessoal de um arquétipo no tempo e no espaço e, portanto, é fenomenal. Jung referia-se a si mesmo como um "fenomenólogo" do arquétipo[9] e explorador dos aspectos da realidade arquetípica que podem ser estudados. Enquanto cientista, sua intenção é focar as imagens arquetípicas e deixar o arquétipo numenal aos filósofos. Assim o arquétipo *em si* permanece fora do âmbito da ciência. Como diz Jung: "O finito não pode jamais apreender o infinito"[10]. Às vezes Jung parece postular sua teoria e depois repudiá-la na medida em que ela gradualmente se confunde com metafísica e abstração: "Estou convencido daquilo que sei. Tudo o mais é hipótese. Quanto ao resto, há um sem-número de coisas que deixo entregue ao desconhecido"[11].

Ao formular sua teoria dos arquétipos, Jung conhecia suficientemente a biologia para avaliar que as imagens ou representações não podiam ser herdadas geneticamente. De acordo com os princípios da ciência biológica, nenhum "conteúdo" pode ser herdado; só pode ser herdada uma estrutura ordenadora livre de conteúdo. Assim, o arquétipo em si é para Jung uma forma herdada vazia ou sem imagens e só pode ser "preenchida", de acordo com suas palavras, pela experiência do mundo que nos cerca. Ele estava reivindicando para o arquétipo uma explicação biológica que era semelhante à hipótese biológica dos instin-

---

8. Ibid.
9. JUNG. "Psicologia e religião" (1938/1940). OC 11/1, § 2.
10. JUNG. "A estrutura da alma" (1927/1931). OC 8/2, § 283.
11. JUNG. "Psicologia e religião" (1938/1940). OC 11/1, § 79.

tos: "O que é herdado não são as ideias, mas as formas, as quais sob esse aspecto particular correspondem aos instintos igualmente determinados por sua forma" (§ 155). Não obstante, mesmo dando estes esclarecimentos no interesse da ciência, a teoria de Jung foi mal-interpretada e rejeitada pelas ciências. Anthony Stevens chega ao ponto de dizer que a teoria dos arquétipos encontrava "escárnio universal"[12]. Jung parecia escrever o epitáfio de toda a sua teoria ao dizer: "Aquele que ainda pensa anacronicamente a modo de Platão, decepcionar-se-á ao vivenciar que a entidade [...] metafísica da ideia foi relegada à esfera incontrolável da fé e da superstição" (§ 149).

Para ser honesto com os críticos de Jung, existe na teoria alguma confusão que pode dar origem a uma recepção hostil. Em seus primeiros escritos ele usou a expressão "imagem primordial" para referir-se à estrutura básica e herdada da psique. Ele o fez, por exemplo, em *Transformações e símbolos da libido* (1912), o livro que marcou a ruptura com Freud. Ele usou "imagem primordial", porque ainda não chegara ao termo "arquétipo", que não foi empregado até 1919[13]. Ele tinha consciência de que uma "imagem" não podia ser herdada ou reproduzida geneticamente e, portanto, "imagem primordial" era uma expressão infeliz. É quase inacreditável que Jung tenha continuado a usar esta expressão em sua última obra, solapando assim suas próprias distinções. Por exemplo, ainda em 1938/1954 Jung ainda escreve que "uma imagem primordial só pode ser determinada quanto ao seu conteúdo, no caso de tornar-se consciente e portanto preenchida com o material da experiência consciente" (§ 155). Mas como pode uma "imagem" não ter "conteúdo"? Certamente ele se refere a uma estampa ou um conversor de imagens e não a uma imagem.

Mesmo ao revisar o reintitulado *Símbolos da transformação* em 1952, Jung não aproveitou a oportunidade de corrigir este erro científico porque usa "imagem primária" e "arquétipo" intercambiavelmente[14]. Jaffé,

---

12. STEVENS, Anthony. *The Two-Million-Year-Old Self*. College Station/TX: Texas A&M Press, 1993, p. 21.

13. Jung usou pela primeira vez o termo "arquétipo" em "Instinto e inconsciente" (1919). OC 8/2, § 270.

14. JUNG. Símbolos da transformação. OC 5, § 450.

Samuels e Hobson disseram que essa negligência em sua linguagem nada fez para ajudar sua causa ou para apaziguar seus críticos[15]. Hobson argumenta que Jung usa termos de maneira vaga e "parece esquecer seus próprios critérios rigorosos[16]. Hobson diz que Jung usa a palavra "forma" de maneira confusa, às vezes referindo-se ao arquétipo como uma "forma sem conteúdo" e às vezes referindo-se ao próprio conteúdo como "forma". Jung parecia escrever apressadamente e sem a necessária atenção aos detalhes. Ele era seu próprio pior inimigo, já que seus leitores – especialmente os que o estudavam em busca de falhas – podiam facilmente ter a impressão de que ele estava correndo contra a ciência e optando por um "misticismo" de imagens herdadas ou representações geneticamente adquiridas.

Os cientistas da natureza e os cientistas sociais não prestavam atenção aos esclarecimentos e modificações de Jung; parece que a sorte estava lançada por volta de 1912. Os cientistas presumiam que Jung estava dizendo que as imagens, as ideias e os simbolismos eram herdados e eles sabiam que isto era impossível. Para dar alguns exemplos: O influente folclorista Weston La Barre denunciou as teorias de Jung, afirmando que seus "simbolismos populares arquetípicos são filogeneticamente herdados"[17]. Não só isto era impossível, mas estas ideias, de acordo com La Barre, subestimam a influência da cultura na geração de simbolismos populares. Talvez La Barre tenha lido apenas o primeiro Jung, antes de ele fazer a distinção entre arquétipo e imagem. Em sua última obra Jung está na defensiva e salienta que a cultura e a sociedade são fatores decisivos na construção das imagens arquetípicas. Os arquétipos, uma vez ativados, só podem ser desenvolvidos mais plenamente pela experiência cultural. Baseado no mesmo pressuposto, o etnólogo William Bascom

---

15. JAFFÉ, Aniela. The Myth of Meaning (1967). Nova York: Penguin Books, 1975, p. 17; SAMUELS, Andrew. Jung and the Post-Jungians. Londres/Nova York: Routledge, 1985, p. 33; HOBSON, R.F. "The Archetypes of the collective unconscious" (1961). In: FORDHAM, Michael/GORDON, Rosemary/HUBBACK, Judith/LAMBERT, Kenneth & WILLIAMS, Mary (eds.). Analytical Psychology: A Modern Science. Londres: Academic Press, 1980, p. 66-75.

16. HOBSON, R.F., op. cit., p. 73.

17. LA BARRE, Weston. "Folklore and Psychology". *The Journal of American Folklore*, vol. LXI, out-dez 1948, p. 382-390, aqui p. 383.

escreve: "Foi necessário rejeitar os arquétipos de Jung [...] porque eles desconsideram a influência da cultura tanto no simbolismo quanto no folclore"[18]. Alan Dundes trabalha a partir da mesma premissa quando escreve: "Já que são pré-culturais, [os arquétipos] estão essencialmente além da influência do condicionamento cultural e, por isso, a teoria de Jung elimina a necessidade do estudo do condicionamento cultural para compreender os arquétipos"[19].

Continuando a tradição da crítica, o antropólogo francês Claude Lévi-Strauss dispensa Jung como um pensador confuso. Em sua obra *Antropologia estrutural*, ele se distancia de Jung, embora chegue à mesma teoria acerca das estruturas inconscientes preexistentes[20]. Em *O pensamento selvagem*, Lévi-Strauss acusa Jung de ingenuidade biológica por identificar o arquétipo com as imagens e não com as formas a elas subjacentes[21]. Isto significava acusar Jung de propor uma forma obsoleta de lamarckismo. Se isto foi uma crítica baseada no primeiro Jung sem considerar sua obra posterior, ou se foi uma tentativa deliberada de destruir sua reputação, é um fato a ser ainda determinado. Existe algum motivo para supor que estes estudiosos foram influenciados pela campanha freudiana e foram incapazes de pensar claramente sobre o valor da obra de Jung. A rejeição de Jung, por parte de Freud, foi o único "texto" que eles tiveram em mente.

Uma rejeição recente da teoria de Jung mostra como esta postura se tornou automática. Escreve o psicólogo Noel Smith: "Os 'arquétipos' são os conceitos místicos inventados pelo psicanalista Karl [sic] Jung. Não existe nenhuma evidência objetiva para eles e nenhuma evidência é possível"[22]. Comentando esta passagem, John Haule escreve: "Não é

---

18. BASCOM, William R. "Four Functions of Folklore". *The Journal of American Folklore*, vol. LXVII, fev. 1954, p. 343.
19. DUNDES, Alan. *The Study of Folklore*. Englewood Cliffs/NJ: Prentice-Hall, 1965, p. 291.
20. LÉVI-STRAUSS, Claude. *Structural Anthropology*. Garden City/NY: Anchor, 1967, p. 18 (português: *Antropologia estrutural*. São Paulo: Tempo Brasileiro, 1976).
21. LÉVI-STRAUSS, Claude. *The Savage Mind*. Chicago: University of Chicago Press, 1968, p. 65 (português: *O pensamento selvagem*. Campinas: Papirus, 1989).
22. SMITH, Noel W. *An Analysis of Ice Age Art: Its Psychology and Belief System*. Nova York: Peter Lang, 1992, p. 13.

incomum esses repúdios incluírem um erro de ortografia do nome de Jung ou erros de fato mais graves. Eles revelam que o estudioso em questão está lidando com a reputação de Jung difundida por boatos e não com quaisquer fatos verificáveis"[23]. Uma sistemática interpretação errônea das ideias de Jung ocorreu por cerca de cem anos, resultando em violações de sua obra e de sua reputação.

Isto foi suficiente para deixar Jung apavorado e sua exasperação é evidente em numerosos lugares:

> Sempre deparo de novo com o mal-entendido de que os arquétipos são determinados quanto ao seu conteúdo, ou melhor, são uma espécie de "ideias" inconscientes. Por isso devemos ressaltar mais uma vez que os arquétipos são determinados apenas quanto à forma e não quanto ao conteúdo e, no primeiro caso, de um modo muito limitado. Uma imagem primordial só pode ser determinada quanto ao seu conteúdo, no caso de tornar-se consciente e portanto preenchida com o material da experiência consciente. [...] O arquétipo é um elemento vazio e formal em si, nada mais sendo do que uma *facultas praeformandi*, uma possibilidade dada *a priori* da forma da sua representação.
>
> (§ 155)

Mas a esta altura o mundo científico havia cessado de ouvir. Anthony Stevens argumenta que "era inútil Jung protestar que ele não estava defendendo ideias inatas"[24], já que estudiosos como Lévi-Strauss já haviam desligado a tomada, deixando de dar-lhe atenção. O dano estava feito e a ciência seguia em frente. De vez em quando encontramos alguém que fica surpreso com a desventura de Jung. Em "Jung e seus críticos", Carlos Drake diz que "um mal-entendido a respeito da natureza do arquétipo está difuso no folclore e na antropologia"[25]. Com

---

23. HAULE, John Ryan. *Jung in the 21st Century*. Vol. I. *Evolution and Archetype*. Londres/Nova York: Routledge, 2011, p. 9.
24. STEVENS, Anthony. *The Two-Million-Year-Old Self*, p. 13.
25. DRAKE, Carlos. "Jung and is Critics". *The Journal of American Folklore*, vol. 80, n. 318, out-dez 1967, p. 321-333, aqui p. 329.

efeito, isso é verdade, mas estes comentários se encontram em revistas especializadas, enquanto no mundo mais amplo dos estudos eruditos as opiniões negativas continuam como antes. Os estudiosos junguianos procuram muitas vezes esclarecer os equívocos e apontar os erros, mas é difícil mudar um preconceito uma vez que foi confirmado por décadas de consentimento. Os cientistas não querem ler as defesas junguianas da teoria, porque "Jung" já foi desacreditado.

O resultado foi que Jung ou foi esquecido e ignorado, ou desviado para o departamento de literatura e para os estudos religiosos e de cinema, onde os poderes explicativos de suas teorias eram óbvios. O simbolismo arquetípico, e sua relação com o mito, o sonho e a fantasia, é tão evidente nas artes que sua teoria dos arquétipos não pode desaparecer enquanto os artistas continuam trazendo à tona padrões míticos a partir do inconsciente. O crítico Northrop Frye se referiu aos escritos de Jung como sendo "essencialmente estudos de crítica literária"[26] e é difícil não ver isto como uma observação sarcástica. A relegação de Jung às artes não é um resultado de que alguém poderia se orgulhar e espero que as ciências possam reabrir o processo contra Jung e avaliar as provas sob uma nova luz.

Anthony Stevens observou um grande número de pesquisas científicas recentes que parecem confirmar a teoria de Jung, ou correr paralelamente a ela:

> Diversos psicólogos e psiquiatras evolucionistas, tanto na Inglaterra como nos Estados Unidos, detectaram e anunciaram a presença de propensões neuropsíquicas virtualmente indistinguíveis dos arquétipos. Paul Gilbert se refere a elas como "padrões psicobiológicos de resposta", Russell Gardner como "programas de mestrado" ou "estados de propensão", enquanto Brant Wenegrat toma emprestada a expressão sociobiológica "estratégias geneticamente transmitidas de resposta". David Buss se refere a "meca-

---

26. FRYE, Northrop. *Fables of Identity: Studies in Poetic Mythology*. Nova York: Harcourt, Brace & World, 1963, p. 17.

nismos psicológicos evoluídos" e Randolph Nesse a "tendências preparadas"[27].

Parece que a psicologia evolutiva, que leva em consideração as ciências biológicas e o impacto da natureza sobre a mente, está se movendo para áreas que são semelhantes às teorias de Jung. A dicotomia convencional natureza/criação está desmoronando e os cientistas estão descobrindo que a natureza e a criação são interdependentes. Os psicólogos evolucionistas afirmam: "Não existe nada na lógica do desenvolvimento que justifique a ideia de que as características possam ser divididas em conjuntos geneticamente *versus* ambientalmente controlados ou arranjados de acordo com um espectro que reflete a influência dos genes *versus* ambiente"[28]. Não foi Jung, mas o sociobiólogo Robin Fox, quem disse: "Estamos equipados com *propensões* inatas que requerem contribuição ambiental para sua realização"[29].

Parece que alguns pesquisadores das ciências estão "redescobrindo" a teoria dos arquétipos, embora a maioria evite o termo "arquétipo", já que ficou contaminado e os cientistas não querem ser relegados à periferia excêntrica. Observei isto no trabalho do neurocientista de Harvard Gregg Jacobs, cuja obra *The Ancestral Mind* (*A mente ancestral*) postula um depósito inconsciente de propensões que são indistinguíveis dos arquétipos de Jung[30]. Mas ele não faz a conexão com Jung porque, suponho eu, ele não tem coragem de associar-se a uma fonte desacreditada. As reputações são frágeis, facilmente contaminadas e difíceis de reparar uma vez que foram degradadas. Além de Stevens, existem diversos pesquisadores da ciência que estão preparados para tentar reabilitar o prestígio de Jung no mundo científico. Entre estes autores eu incluiria Rupert

---

27. STEVENS, Anthony. *On Jung*, 2ª ed. Princeton/NJ: Princeton University Press, 1999, p. 285.
28. TOOBY, J. & COSMIDES, L. "The Psychological Foundations of Culture". In: BARKOW, J./TOOBY, J. & COSMIDES, L. (eds.). *The Adapted Mind: Evolutionary Psychology and the Generation of Culture*. Nova York: Oxford University Press, 1992, p. 83.
29. FOX, Robin. *The Search for Society: Quest for a Biosocial Science and Morality*. New Brunswick/NJ: Rutgers University Press, 1989, p. 45.
30. JACOBS, Gregg. *The Ancestral Mind*. Nova York: Viking, 2003.

Sheldrake[31], Joseph Cambray[32] e Jean Knox[33]. Jung perdeu o primeiro assalto na luta com a ciência, mas há sinais de que o futuro poderá chegar a uma avaliação diferente.

Capítulo 6: "Estudo sobre o simbolismo do si-mesmo: O eu; A sombra; Sizígia: *anima* e *animus*; O si-mesmo" (1951)
(De *Aion*. OC 9/2, § 1-67)

I: O eu

O eu deve ser distinguido daquilo que Jung chama de "si-mesmo" ou "pessoa total", na medida em que o eu é "o centro do campo da consciência" (§ 1) e o si-mesmo é o centro da totalidade da consciência e do inconsciente. "Por definição, o eu está subordinado ao si-mesmo e está para ele, assim como qualquer parte está para o todo" (§ 9). O eu tem alguma liberdade "dentro dos limites do campo da consciência" (§ 9), mas esta é radicalmente reduzida pela influência dos complexos e dos arquétipos. "Há qualidades perfeitamente inconscientes que só podem ser observadas a partir do mundo exterior, ou para se chegar às quais é necessário muita fadiga, ou recorrendo até mesmo a meios artificiais" (§ 7). O eu é um arquétipo e podemos referir-nos a ele como o arquétipo da vida consciente, "com o qual todos os conteúdos conscientes se relacionam" (§ 1). Com "eu" Jung está se referindo a algo mais do que o sentido popular de "eu", que na linguagem coloquial é usado como um sinônimo de ambição, orgulho ou esforço pessoal.

Nossa cultura tende a ser obcecada pelo eu, já que procuramos um culto da consciência com exclusão de todo o resto. O inconsciente e seus arquétipos são muitas vezes descartados como ilusórios e, como resultado, supervalorizamos o eu e o consideramos o único ator na eco-

---

31. SHELDRAKE, Rupert. *The Presence of the Past*. Londres: Collins, 1988 e *The Rebirth of Nature: The Greening of Science and God*. Nova York: Bantam, 1991.
32. CAMBRAY, Joseph. *Synchronicity: Nature and Psyche in an Interconnected Universe*. College Station/TX: Texas A&M University Press, 2009.
33. KNOX, Jean. *Archetype, Attachment, Analysis: Jungian Psychology and the Emergent Mind*. Nova York: Routledge, 2003.

nomia psíquica. Como que para compensar a supervalorização, alguns adquirem o hábito de depreciar o eu e subvalorizar o seu papel. Os que tendem a um ponto de vista espiritual olham muitas vezes para o eu com desdém e tentam eliminá-lo numa busca por um si-mesmo espiritual. No entanto, como escreve Jung, "a assimilação do eu pelo si-mesmo deve ser considerada como uma catástrofe psíquica" (§ 45). A tarefa do eu consiste em orientar nossa vida na consciência e facilitar nossas relações com os outros e com o mundo. A noção popular de que a consciência espiritual deve procurar erradicar o eu é um equívoco perigoso, e pode surgir da equiparação do eu com o orgulho. Mas, se for perdido o eu no sentido de Jung, a personalidade "se situa no *continuum* espaço-tempo característico deste último (o inconsciente)" (§ 45). Esta é uma maneira cortês de dizer que o indivíduo caiu numa condição de loucura.

Jung enfatiza que o eu não deve ser perdido para o inconsciente, porque ele existe "em um espaço e tempo absolutos" e "isto se dá por uma necessidade vital" (§ 45). A personalidade não pode ser composta unicamente de profundezas aquáticas, mas precisa ter alguma terra firme onde construir sua morada. Para Jung, uma espiritualidade que não inclua uma base estável no mundo é altamente suspeita e deve ser descartada como uma forma de psicopatologia. Por trás desta visão, parece-me, existe uma teologia da encarnação: Jung acredita que a eternidade não pode entrar no tempo e no espaço se o instrumento humano, por sua vez, não puder consolidar-se na realidade. A eternidade precisa do tempo, ou Deus precisa da humanidade, de modo que possa irromper no tempo e no espaço e realizar sua natureza. Se o ser humano é demasiadamente "cósmico", a busca da encarnação é abortada.

II: A sombra

Comentei extensamente a formação e o problema da sombra na introdução ao capítulo 2. No entanto, o capítulo 2 se ocupava sobretudo com o aspecto coletivo da sombra, ao passo que no capítulo 6 a sombra é considerada a partir de um ponto de vista individual e clínico. Os conteúdos deste capítulo são tomados de uma conferência pronunciada na Sociedade Suíça de Psicologia Prática em 1948 e são admiráveis por suas sugestões práticas. Jung argumenta que a sombra é o mais acessível dos arquétipos; e uma rudimentar soma de autorreflexão, como também os comentários críticos dos seus amigos e dos seus adversários, servem para recordar ao indivíduo seu lado sombrio. No entanto, "com compreensão e boa vontade, a sombra pode ser integrada de algum modo na personalidade, enquanto certos traços, como sabemos pela experiência, opõem obstinada resistência ao controle moral, escapando portanto a qualquer influência" (§ 16).

O grande obstáculo à integração da sombra é a projeção, que é obstinada e difícil de superar. O eu está convencido de que os traços peculiares da sombra devem ser encontrados nos outros e, na medida em que está apegado a esta crença, nessa mesma medida ele permanece inconsciente. Jung toma cuidado de não punir o eu por seu fracasso, porque "não é o sujeito que projeta, mas o inconsciente. Por isso não se cria a projeção: ela já existe de antemão" (§ 17). Nesta discussão Jung mostra sensibilidade e distingue entre culpa e responsabilidade. O eu não é *censurado* pelas projeções, mas é *responsabilidade* do eu tornar-se consciente delas e retirá-las do ambiente. Este afastamento parece ser da máxima importância moral e social. "A consequência da projeção é um isolamento do sujeito em relação ao mundo exterior, pois ao invés de uma relação real o que existe é uma relação ilusória" (§ 17). A psicologia de Jung tem um profundo interesse pela relação com o ambiente social e político e pela maneira de melhorar esta relação em proveito da humanidade.

III: Sizígia: anima *e* animus

"A sombra [...], além de poder ser percebida e visualizada, diferencia-se, pois, do *animus* e da *anima*, que se acham bastante afastados da consciência: este o motivo pelo qual dificilmente, ou nunca, eles podem ser percebidos em circunstâncias normais" (§ 19). Se a integração da sombra é um trabalho de aprendizado, a integração da *anima* ou do *animus* é uma conquista magistral. Todos nós temos aspectos masculinos e femininos em nossa personalidade e Jung foi o primeiro dos psicólogos a postular uma complexidade bissexual no núcleo de cada indivíduo. Alguns consideraram sua teoria radical e desafiadora; a noção de um componente contrassexual interior estava desestabilizando as normas de gênero estabelecidas. Hoje as intuições de Jung se tornaram geralmente aceitas e poderíamos até dizer que agora elas são predominantes. Tornou-se quase um clichê falar de homens "que entram em contato com seu lado feminino". É curioso que este tema seja muitas vezes ridicularizado ou parodiado nos filmes, como se a sociedade estivesse desconfortável com esta complexidade psicológica e precisasse caçoar dela. De certa forma é o feminino nos homens que causa desconforto, ao passo que o masculino nas mulheres parece ser mais aceitável.

É um fato que homens e mulheres têm hormônios tanto masculinos quanto femininos e a questão é qual o hormônio que predomina para saber se a pessoa é do sexo masculino ou feminino. Jung afirma que os homens desenvolvem tipicamente o lado masculino de sua natureza e seu lado feminino cai no inconsciente. Nas profundezas o lado feminino tende a formar uma personalidade semiautônoma que Jung chama de *anima*. Ele usa o mesmo raciocínio para as mulheres, que desenvolvem tipicamente o aspecto mais feminino de sua natureza e seu lado masculino cai no inconsciente e se torna uma personalidade parcial que ele chama de *animus*. O objetivo do desenvolvimento psicológico consiste em dissolver as subpersonalidades *anima* e *animus* e integrá-las na personalidade consciente. Quanto mais feminina uma mulher é ou procura ser, ou quanto mais masculino um homem é ou procura ser, tanto mais o inconsciente produzirá uma contrapersonalidade do tipo contrassexual e esta emergirá nos sonhos, nas visões, nas fantasias, nas projeções e em tudo o que brota do inconsciente.

Uma vez integradas, estas subpersonalidades se tornam o que Jung chama de "funções de relação com o inconsciente", ou seja, pontes que ligam o consciente ao inconsciente. Enquanto *anima* e *animus* permanecem autônomos e separados, a pessoa não é um todo integrado, mas um lugar de si-mesmos conflitantes e plurais, e cada um luta por liderança e controle. A totalidade é o estado psicológico ideal, mas é raramente alcançada. Geralmente nós oscilamos entre uma atitude e outra, num movimento de avanço e recuo muito semelhante ao balanço de um pêndulo.

Jung acredita que a maneira típica de encontrarmos a *anima* e o *animus* é através de projeções sobre o sexo oposto. De acordo com sua teoria, os arquétipos formam a base das relações mais íntimas. Na primeira metade da vida, é biologicamente importante que projetemos estes arquétipos. É para benefício da espécie, senão para o indivíduo, que a *anima* e o *animus* são projetados nos outros e formam a base das relações. A *anima* de um homem é muitas vezes formada em torno das primeiras experiências de mulheres-chave em sua vida, como a mãe, as irmãs, tias, amigas e babás. De maneira semelhante, nas mulheres o *animus* é moldado na experiência do pai, dos irmãos, primos e outras pessoas importantes do sexo masculino. As projeções acontecem porque o eu ignora sua natureza mais profunda e porque o instinto assegura que os sexos se unem para a procriação.

Quando homens e mulheres se encontram e se envolvem, o homem projeta sua *anima* na mulher e experimenta a outra parte de si mesmo através dela e vice-versa para a mulher. Em muitos casos, isto leva a relações felizes e casamentos estáveis, pelo menos até que a psique decida que um dos parceiros ou ambos devem desenvolver os elementos contrassexuais de suas personalidades. Então começa o problema. A projeção começa a escorregar e a pessoa amada não parece mais o companheiro ou companheira ideal. Isto é um sinal de que a relação do eu com a *anima* ou com o *animus* precisa mudar. Isto produz estragos nas relações e muitas não sobrevivem a este processo de diferenciar a imagem arquetípica da pessoa real.

Embora a teoria de Jung do componente contrassexual da personalidade pareça radical em certos aspectos, existem outras partes dela que são conservadoras. Sua noção de que a consciência de uma mulher é governada pelo Eros, a "função de relacionamento", e a de um homem pelo Logos, o caráter "diferenciador e cognitivo" (§ 29) nos surpreende hoje como limitada e sexista. Jung parece sugerir que as mulheres são destinadas a sentir e os homens são destinados a pensar e esta é, afinal, uma descrição de uma ordem social patriarcal que o nosso tempo esteve trabalhando arduamente para solapar. Jung quer que as mulheres sejam "femininas" e os homens sejam "masculinos", mas isto suscita muitas questões acerca do condicionamento social e da construção de gênero. Vivemos num mundo diferente do mundo imaginado por Jung – de tal maneira que parece que ele confundiu arquétipo com estereótipo.

Hoje a noção de que os homens deveriam ser uniformemente masculinos e as mulheres uniformemente femininas parece ultrajante, devido a décadas de reforma social, feminismo e experimentação de gênero. A teoria de Jung tem pouco a dizer a *gays* e lésbicas, que não se encaixam nas categorias nas quais ele está pensando. Um homem "feminino" e uma mulher "masculina" são para Jung um sinal de que cada qual se identifica com o componente contrassexual e ele se pronuncia contra este tipo de personagem. Tendo descoberto o elemento contrassexual na psique, Jung estava preocupado em limitar e conter este elemento potencialmente disruptivo. É como se ele experimentasse em si mesmo uma reação contra suas próprias ideias radicais. Uma identidade convencional de gênero precisa ser preservada, argumentava ele, ainda que elementos da polaridade contrassexual devessem ser permitidos. Se os homens mostrassem demasiada feminidade, especialmente na escolha de um parceiro homossexual, Jung expressava desaprovação e suspeitava que esses homens estavam sofrendo de um complexo materno e fossem "possuídos pela *anima*". Se as mulheres se tornassem demasiadamente masculinas, Jung se referia a elas como "teimosas", "irritantes" e "dominadas pelo *animus*".

Jung tinha uma maneira de falar sobre os "problemas" das mulheres que é irritante para muitos de nós hoje. Ele fala do Logos (ou pensamento) nas mulheres como um "incidente deplorável" (§ 29) e diz: "Por mais amável e solícito que seja o seu Eros, ela não cede a nenhuma lógica da terra, quando nela cavalga o *animus*" (§ 29). Jung está procurando ser descritivo e franco, mas para nós estes pronunciamentos são ofensivos e afastam potenciais leitores. Como se expressou uma aluna minha, Jung está no estado de maior constrangimento ao falar sobre gênero. Tudo o que posso dizer em sua defesa é que não devemos rejeitar todo um conjunto, porque nele existe algo de intragável. Precisamos remover as observações sexistas e os comentários grosseiros e focar os conceitos centrais. A teoria de Jung a respeito de nossa natureza contrassexual permanece inestimável para nossa compreensão do desenvolvimento e nossa tarefa consiste em recuperar a teoria de seu sexismo, de modo que possamos fazer justiça à diversidade de gênero que hoje é valorizada. Nas palavras de Andrew Samuels, em relação ao gênero e à sexualidade os seguidores desta tradição são obrigados a ser pós-junguianos em vez de junguianos[34].

---

34. SAMUELS, Andrew. *Jung and the Post-Jungians.* Londres/Nova York: Routledge, 1985.

IV: O si-mesmo

Em certos aspectos, o si-mesmo parece mais abstrato e hipotético do que a *anima*, o *animus* e a sombra. Embora estes sejam identificáveis nos sonhos e projeções, o si-mesmo parece quase um ato de fé da parte de Jung, especialmente porque nada equivalente ao si-mesmo foi postulado antes na psicologia. Não obstante, Jung afirma que o si-mesmo "é algo empírico" e "se defronta com o sujeito, de modo autônomo, tal como o *animus* e a *anima*" (§ 59). É à religião e à cosmologia que devemos recorrer para encontrar um equivalente do si-mesmo e aqui topamos com dificuldades. No Ocidente, os equivalentes do si-mesmo – Cristo, Moisés, Maomé – foram figuras externas e históricas, não elementos da psique. O que "salva", o que reúne numa totalidade a pessoa fragmentada, o que "esconjura [...] as potências anárquicas do mundo obscuro, copiando ou gerando uma ordem que converte o caos em cosmos" (§ 60), foi experimentado no passado como uma figura messiânica exterior.

No Ocidente seria necessário recorrer às tradições esotéricas para encontrar um fator redentor situado no interior da personalidade. No Oriente a história é outra, porque os conceitos do Atman, do Tao e do Deus Interior são dominantes e não ocultados em campos esotéricos. Para o Oriente não é nenhum problema imaginar um agente redentor no interior da pessoa humana. Jung quer introduzir na psicologia ocidental uma ideia que é estranha ao pensamento ocidental. Com efeito, Jung precisou retornar aos antigos e desacreditados campos da alquimia medieval e aos estudos herméticos para encontrar ideias semelhantes àquilo que ele propunha no conceito do si-mesmo. Sua noção do si-mesmo atraiu algumas pessoas que tinham atitudes de apreço e reconhecimento, mas alienou um número muito maior. O si-mesmo, poderíamos dizer, é o ponto no qual a psicologia de Jung se transforma numa espécie de experiência religiosa. É o ponto onde a ciência dá lugar à metafísica, embora Jung ainda afirme que o si-mesmo é "empírico" (§ 59).

Embora alguns de nós possamos ser tentados a vituperar o Ocidente por sua atitude exteriorizante e viés extrovertido, o Ocidente pode ter uma boa razão para seu foco tradicional. Logo que o eu vislumbra o divino próximo à sua realidade imediata, isso lhe sobe à cabeça e ele se torna inflado. Analisei este ponto em minhas observações sobre o capítulo 4. O fato de a figura do divino estar próxima ao eu expõe o eu ao perigo da *hybris* e este é um perigo ao qual o eu geralmente sucumbe. Uma vez que "o si-mesmo [é] assimilado ao eu" (§ 47), a visão divina é estilhaçada, o processo encarnacional é corrompido e a individuação da personalidade termina. Já que a resposta típica do eu é essa inflação, o Ocidente pode ter-nos protegido deste perigo, como na oração cristã: "não nos deixes cair na tentação, mas livra-nos do mal". A proximidade do divino é uma bênção e uma maldição e, na medida em que o eu não está preparado para esta revelação, ela é pincipalmente uma maldição.

Então, por que Jung assumiu como tarefa sua dar-nos a conhecer a proximidade do divino? Ao que parece, ele pensa que nós estamos prontos para esta novidade e para a integração do Oriente metafórico (espiritualidade interior, introvertida) no Ocidente. É difícil saber que evidências tem Jung para supor que esta revelação não seria catastrófica – que o Ocidente é capaz de lidar com este acontecimento sem enlouquecer. É significativo que as religiões ocidentais, exceto algumas poucas vozes discordantes, ataquem Jung pelo que elas percebem como uma tentativa dele de impingir o narcisismo e o egocentrismo como experiência religiosa. Uma declaração do Vaticano deixa claro que a Igreja Católica considera Jung um malfeitor e falso profeta[35]. Mas a Igreja parece não entender que Jung está defendendo o si-mesmo, e não o eu, como lugar de espiritualidade e cura. Já que o si-mesmo é esta ideia estranha, muitos não sabem como entendê-lo: quando Jung aponta para o mundo interior, eles supõem que ele está defendendo o eu. As vozes oficiais da religião ocidental não estão prontas para a mensagem de Jung, mas a consideram um egoísmo disfarçado de religião da "nova era"[36]. Já que a figura redentora interior não é vista, todos os caminhos da interioridade são descartados como fúteis e ilusórios.

---

35. PONTIFÍCIO CONSELHO CULTURAL E PONTIFÍCIO CONSELHO PARA O DIÁLOGO INTER-RELIGIOSO. *Jesus Cristo portador da água viva: Uma reflexão cristã sobre a "Nova Era"* (03/02/2003).
36. Cf. TACEY, David. *Jung and the New Age*. Londres/Nova York: Routledge, 2001.

A figura redentora interior ainda não surgiu no horizonte da consciência e Jung argumenta que isto ocorre porque nós por muito tempo projetamos esta figura em objetos externos. Ele acredita que o processo histórico nos levou a um lugar onde não podemos mais buscar salvação. Para o Ocidente culto as formas tradicionais das religiões desmoronaram e o tempo parece adequado para voltar-se para as forças salvadoras da psique. Na opinião dos ocidentais cultos, a guinada para o Oriente faz parte deste processo de acessar o divino interior. Jung tem razão ao insistir que nada desta transformação espiritual pode funcionar, a não ser que os ocidentais descubram o sentido vital da humildade. Sem humildade, e um genuíno desejo de *servir* às forças arquetípicas, não seremos capazes de aplicar-nos de maneira sadia ao nascimento do si-mesmo. O Ocidente precisa superar sua *hybris*, de modo que o eu possa ser um instrumento desta transformação. Jung viu em Nietzsche a personificação do que poderia fracassar no Ocidente: após a morte de Deus, o eu desenvolve a ideia de que o "Super-homem" pode substituí-lo. Mas, para Jung, a morte de Deus só pode ser substituída por um renascimento de Deus. É a realocação do divino que interessa a Jung em suas reflexões sobre o si-mesmo.

Capítulo 7: "A psicologia do arquétipo da criança" (1940)
(De *Os arquétipos e o inconsciente coletivo*. OC 9/1, § 259-305)

Este é um primoroso exemplo da análise arquetípica de Jung. O motivo da criança na mitologia, no folclore e no sonho é tratado de maneira perspicaz e erudita, e podemos ver as vantagens da abordagem multidisciplinar. Antes do método arquetípico, os estudiosos da mitologia costumavam abordar este tema a partir de posições especializadas, perdendo assim as intuições fornecidas por uma visão global. "O tratamento habitualmente dado a motivos mitológicos em diversos campos da ciência independentes uns em relação aos outros, tal como na filologia, etnologia, história da civilização e das religiões comparadas, não ajudou realmente a reconhecer a sua universalidade" (§ 259). A vantagem de ver o motivo da criança como um arquétipo é que todos estes ângulos disciplinares podem ser considerados e pode-se vê-lo como um "elemento estrutural da psique" e "uma função viva existente" nas pessoas modernas (§ 259). Ele não está mais "lá fora" no mito, no passado e nos estudos eruditos, mas também "aqui dentro" na psique do sujeito humano vivente. O arquétipo proporciona uma perspectiva universal que não era possível antes, embora os críticos desta abordagem a acusem de generalização ampla e diletantismo.

Jung analisa a psicologia do que ele designa como "mentalidade primitiva", embora hoje nós a designaríamos como mentalidade indígena ou autóctone. Ele argumenta que os arquétipos estão presentes nos mitos e nos rituais dos povos autóctones, mas se opõe à sugestão de que eles estão presentes através de "migração" ou transmissão intercultural. Ao invés, Jung afirma que eles surgiram diretamente do inconsciente coletivo. Jung se opõe à teoria, muitas vezes presente nas ciências sociais, de que os mitos são tentativas pré-científicas de descrever as estações e os processos físicos. Eles não são alegorias do mundo exterior, mas revelações de um mundo interior:

> A mentalidade primitiva não *inventa* mitos, mas os *vivencia*. Os mitos são revelações originárias da alma pré-consciente, pronunciamentos involuntários acerca do acontecimento anímico inconsciente e nada menos do que alegorias de processos físicos. Tais alegorias seriam um jogo ocioso de um intelecto não científico. Os mitos, pelo contrário, têm um significado vital.
>
> (§ 261)

Esse "significado vital" é psíquico e espiritual – ambos ao mesmo tempo – e Jung argumenta contra qualquer redução chamada "científica" do arquétipo e do mito a fatores externos. A seu ver, a ciência é "não científica" em sua sistemática evitação da realidade psíquica e em suas tentativas de minimizar os materiais arquetípicos como descrições "primitivas" do mundo físico. Os mitos e as fantasias arquetípicas são "como autorretratos de processos que acontecem no inconsciente ou como asserções da psique inconsciente acerca de si própria (§ 262).

Quando se trata de mitos e símbolos, escreve Jung, estamos na presença do mistério. Precisamos aceitar que o conhecimento pleno destes materiais nos é negado:

> Em última análise [...] é impossível indicar aquilo a que se referem. Toda interpretação estaciona necessariamente no "como se". O núcleo de significado último pode ser circunscrito, mas não descrito.
>
> (§ 265)

Jung insiste que precisamos contentar-nos com um vasto elemento de incerteza e resistir à tentação de declarar de maneira absoluta o que as imagens arquetípicas "significam". O arquétipo da criança, como revela este ensaio, é complexo, profundo, místico e multifacetado. Pode-se entender que ele significa muitas coisas. A preferência de Jung pelo mistério é o que frustra os cientistas e os que desejam respostas diretas. Mas eu descobri que a insistência de Jung na incognoscibilidade dos arquétipos é sincera. Existe um segredo na criação, um "sentido oculto" (§ 266) na psique e Jung quer honrá-lo da melhor maneira possível. Afinal, é melhor não ter a presunção de conhecer a realidade do que reivindicar uma imagem falsa da realidade e impedir que a verdade se revele. Jung adota uma abordagem de esperar-para-ver que está cheia de reverência para com a vida.

Jung insiste que, quando interpretamos a realidade arquetípica, nunca podemos esquivar-nos da esfera da metáfora e chegar a algum nível mais literal. Estamos envolvidos num discurso poético, queiramos ou não, porque os arquétipos não são redutíveis a conceitos ou à lógica:

> Até mesmo a melhor tentativa de explicação não passa de uma tradução mais ou menos bem-sucedida para outra linguagem metafórica. (De fato, a linguagem nada mais é do que imagem!) Na melhor das hipóteses, *sonha-se a continuidade ao mito*, dando-lhe uma forma moderna.
>
> (§ 271)

Jung se assemelha a um monge budista que nos convida a apreciar o mistério da criação e não a tentar dar-lhe uma explicação. Mais próximo do Ocidente, Jung nos lembra o poeta John Keats, que escreveu que o poeta deveria aspirar a um estado de "capacidade negativa"; "isto acontece quando um homem é capaz de permanecer em incertezas, mistérios, dúvidas sem qualquer busca irritadiça do fato e da razão"[37]. O melhor que podemos fazer é manter o mistério vivo, "sonhando sua continuidade" e dando-lhe "uma forma moderna". A tarefa da interpretação, e da arte e da ciência, consiste em relacionar estes mistérios incognoscíveis com a consciência, mantendo assim um vínculo vital entre o presente e o passado.

---

37. KEATS, John. Carta a George e Tom Keats, 22 de dezembro de 1818. In: CAMPION, Jane (ed.). *Bright Star: The Complete Poems and Selected Letters of John Keats*. Londres: Vintage Books, 2009, p. 492.

Capítulo 5
O conceito de arquétipo[1]

O conceito da Grande Mãe provém da história das religiões e abrange as mais variadas manifestações do tipo de uma Deusa-Mãe. No início esse conceito não diz respeito à psicologia, na medida em que a imagem de uma "Grande Mãe" aparece *nessa forma* muito raramente. E quando aparece na experiência clínica, isso só se dá em circunstâncias especiais. O símbolo é obviamente um derivado do arquétipo materno; assim sendo, quando tentamos investigar o pano de fundo da imagem da Grande Mãe, sob o prisma da psicologia, temos necessariamente de tomar por base de nossa reflexão o arquétipo materno de um modo muito mais genérico. Embora já não seja tão necessária atualmente uma discussão ampla sobre o conceito de arquétipo, não me parece, porém, dispensável fazer algumas observações preliminares a respeito do mesmo.

[148]

Em épocas passadas – apesar de existirem opiniões discordantes e tendências de pensamento aristotélicas – não se achava demasiado difícil compreender o pensamento de Platão, de que a ideia é preexistente e supraordenada aos fenômenos em geral. "Arquétipo" nada mais é do que uma expressão já existente na Antiguidade, sinônimo de "ideia" no sentido platônico. Por exemplo, quando Deus é designado por τὸ ἀρχέτυπον φῶς[2] no *Corpus Hermeticum*, provavelmente datado do século III, expressa-se com isso a ideia de que ele é preexistente ao fenô-

[149]

---

1. Publicado pela primeira vez sob o título "Os diversos aspectos do renascimento", em: *Eranos-Jahrbuch*, 1939 (Rhein-Verlag, Zurique, 1940); revisto e ampliado sob o título "Aspectos psicológicos do arquétipo materno", em *Gestaltungen des Unbewussten* (Psychologische Abhandlungen VII). Rascher, Zurique, 1950.
2. SCOTT. *Hermetica* I, p. 140; a luz arquetípica.

meno "luz" e imagem primordial supraordenada a toda espécie de luz. Se eu fosse um filósofo daria prosseguimento ao argumento platônico segundo minha hipótese, dizendo: em algum lugar, "em um lugar celeste" existe uma imagem primordial da mãe, preexistente e supraordenada a todo fenômeno do "maternal" (no mais amplo sentido desta palavra). Mas como não sou filósofo e sim um empirista, não posso permitir a mim mesmo a pressuposição de que o meu temperamento peculiar, isto é, minha atitude individual no tocante a problemas intelectuais, tenha validade universal. Tal coisa aparentemente só é aplicável àquele filósofo que supõe serem universais suas disposições e atitudes e não reconhece a sua problematicidade individual, sempre que possível, como condição essencial de sua filosofia. Como empirista devo constatar que há um temperamento para o qual *as ideias são entidades e não somente "nomina"*. Por acaso – quase eu poderia dizer – vivemos atualmente, há cerca de duzentos anos, numa época em que se tornou impopular e até mesmo incompreensível supor que as ideias pudessem ser algo diverso de simples *nomina*. Aquele que ainda pensa anacronicamente a modo de Platão, decepcionar-se-á ao vivenciar que a entidade celeste, isto é, metafísica, da ideia foi relegada à esfera incontrolável da fé e da superstição, compassivamente legada ao poeta. O ponto de vista nominalista "triunfou" mais uma vez sobre o realista na disputa secular dos universais, e a imagem originária volatilizou-se num *flatus vocis*. Essa reviravolta foi acompanhada e até certo ponto provocada pela marcante evidência do empirismo, cujas vantagens se impuseram nitidamente à razão. Desde então, a "*ideia*" deixou de ser um *a priori*, adquirindo um caráter secundário e derivado. É óbvio que o nominalismo mais recente também reivindica validade universal, apesar de basear-se num pressuposto determinado pelo temperamento e, portanto, limitado. O teor dessa validade é o seguinte: válido é tudo aquilo que vem de fora, sendo pois verificável. O caso ideal é a constatação pela experiência. A antítese é a seguinte: é válido aquilo que vem de dentro e que portanto não é verificável. É óbvio que este ponto de vista é desesperador. A filosofia natural dos gregos, voltada para a materialidade, combinada com a razão aristotélica, obteve uma vitória tardia, porém significativa, sobre Platão.

Em toda vitória há sempre o germe de uma derrota futura. Mais recentemente têm-se multiplicado os sinais indicativos de uma mudança de ponto de vista. Significativamente, a teoria das categorias de Kant, a qual sufoca já no embrião qualquer tentativa de retomada de uma metafísica em seu sentido antigo, prepara por outro lado um renascimento do espírito platônico: uma vez que não pode haver uma metafísica que ultrapasse a capacidade humana, não existe também qualquer conhecimento empírico, o qual já não esteja aprioristicamente preso e limitado por uma estrutura cognitiva. Nos cento e cinquenta anos transcorridos desde a *Crítica da razão pura*, pouco a pouco foi-se abrindo caminho à intuição de que o pensar, a razão, a compreensão etc., não são processos autônomos, livres de qualquer condicionamento subjetivo, apenas a serviço das eternas leis da lógica, mas sim funções psíquicas agregadas e subordinadas a uma personalidade. A pergunta não é mais se isto ou aquilo foi visto, ouvido, tocado com as mãos, pesado, contado, pensado e considerado lógico. Mas é: *quem* vê, *quem* ouve, *quem* pensou? Começando com a "equação pessoal" na observação e medida dos menores processos, esta crítica prossegue até a criação de uma psicologia empírica, como nunca foi conhecida antes. Estamos convencidos atualmente de que em todas as áreas do conhecimento há premissas psicológicas, as quais testemunham decisivamente acerca da escolha do material, do método de elaboração, do tipo de conclusões e da formulação de hipóteses e teorias. Até mesmo acreditamos que a personalidade de Kant foi um fator decisivo de sua *Crítica da razão pura*. Não só os filósofos, mas também nossas próprias tendências filosóficas e até mesmo o que chamamos nossas melhores verdades são afetadas, quando não diretamente ameaçadas, pela ideia de uma premissa pessoal. Toda liberdade criativa – exclamamos – nos é desse modo roubada! Será possível que um homem só possa pensar, dizer e fazer o que ele mesmo é?

[150]

Contanto que não se caia de novo num exagero, vítimas de um psicologismo desenfreado, trata-se na realidade, segundo me parece, de uma crítica inevitável. Tal crítica é a essência, origem e método da psicologia moderna: *há* um fator apriorístico em todas as atividades humanas, que é a estrutura individual inata da psique, pré-consciente e inconsciente. A psique pré-consciente, como por exemplo a do recém-

[151]

-nascido, não é de modo algum um nada vazio, ao qual, sob circunstâncias favoráveis, tudo pode ser ensinado. Pelo contrário, ela é uma condição prévia tremendamente complicada e rigorosamente determinada para cada indivíduo, que só nos parece um nada escuro, porque não a podemos ver diretamente. No entanto, assim que ocorrem as primeiras manifestações visíveis da vida psíquica, só um cego não veria o caráter individual dessas manifestações, isto é, a personalidade singular. É impossível supor que todas essas particularidades sejam criadas só no momento em que aparecem. Se se tratar, por exemplo, de predisposições mórbidas, que já existem nos pais, inferimos uma transmissão hereditária pelo plasma germinal. Não nos ocorreria o pensamento de que a epilepsia do filho de uma mãe epiléptica fosse uma mutação surpreendente. Procedemos do mesmo modo no tocante a talentos, que podem ser rastreados através de gerações. O reaparecimento de comportamentos instintivos complicados em animais que nunca viram seus pais, tendo sido impossível portanto que os mesmos os tivessem "educado", pode ser explicado da mesma maneira.

[152]   Hoje em dia devemos partir da hipótese de que o ser humano, na medida em que não constitui uma exceção entre as criaturas, possui, como todo animal, uma psique pré-formada de acordo com sua espécie, a qual revela também traços nítidos de antecedentes familiares, conforme mostra a observação mais acurada. Não temos razão alguma para presumir que certas atividades humanas (funções) constituem exceções a esta regra. Não temos a menor possibilidade de saber como são as disposições ou aptidões que permitem os atos instintivos do animal. Da mesma forma, é impossível conhecer a natureza das disposições psíquicas inconscientes, mediante as quais o homem é capaz de reagir humanamente. Deve tratar-se de formas de função as quais denominamos "imagens". "Imagens" expressam não só a forma da atividade a ser exercida, mas também, simultaneamente, a situação típica na qual se desencadeia a atividade[3]. Tais imagens são "imagens primordiais", uma vez que são peculiares à espécie, e se alguma vez foram "criadas", a sua criação coincide no mínimo com o início da espécie. O típico humano

---

3. Cf. [JUNG] *Instinkt und Unbewusstes* (Instinto e inconsciente).

do homem é a forma especificamente humana de suas atividades. O típico específico já está contido no germe. A ideia de que ele não é herdado, mas criado de novo em cada ser humano, seria tão absurda quanto a concepção primitiva de que o Sol que nasce pela manhã é diferente daquele que se pôs na véspera.

[153] Uma vez que tudo o que é psíquico é pré-formado, cada uma de suas funções também o é, especialmente as que derivam diretamente das disposições inconscientes. A estas pertence a *fantasia criativa*. Nos produtos da fantasia tornam-se visíveis as "imagens primordiais" e é aqui que o conceito de arquétipo encontra sua aplicação específica. Não é de modo algum mérito meu ter observado esse fato pela primeira vez. As honras pertencem a Platão. O primeiro a pôr em evidência a ocorrência, na área da etnologia, de certas "ideias primordiais" que se encontram em toda parte foi Adolf Bastian. Mais tarde, são dois pesquisadores da Escola de Dürkheim, Hubert e Mauss, que falam de "categorias" próprias da fantasia. A pré-formação inconsciente na figura de um "pensamento inconsciente" foi reconhecida pelo eminente Hermann Usener[4]. Se de algum modo contribuí no tocante a essas descobertas, foi por ter provado que os arquétipos não se difundem por toda parte mediante a simples tradição, linguagem e migração, mas ressurgem espontaneamente em qualquer tempo e lugar, sem a influência de uma transmissão externa.

[154] Não podemos subestimar o alcance dessa constatação, pois ela significa nada menos do que a presença, em cada psique, de disposições vivas inconscientes, nem por isso menos ativas, de formas ou ideias em sentido platônico que instintivamente pré-formam e influenciam seu pensar, sentir e agir.

[155] Sempre deparo de novo com o mal-entendido de que os arquétipos são determinados quanto ao seu conteúdo, ou melhor, são uma espécie de "ideias" inconscientes. Por isso devemos ressaltar mais uma vez que os arquétipos são determinados apenas quanto à forma e não quanto ao conteúdo, e no primeiro caso, de um modo muito limitado. Uma imagem primordial só pode ser determinada quanto ao seu conteúdo, no caso de tornar-se consciente e portanto preenchida com o material

---

4. USENER. *Das Weihnachtsfest*, p. 3.

da experiência consciente. Sua forma, por outro lado, como já expliquei antes, poderia ser comparada ao sistema axial de um cristal, que pré-forma, de certo modo, sua estrutura no líquido-mãe, apesar de ele próprio não possuir uma existência material. Esta última só aparece através da maneira específica pela qual os íons e depois as moléculas se agregam. O arquétipo é um elemento vazio e formal em si, nada mais sendo do que uma *facultas praeformandi*, uma possibilidade dada *a priori* da forma da sua representação. O que é herdado não são as ideias, mas as formas, as quais sob esse aspecto particular correspondem aos instintos igualmente determinados por sua forma. Provar a essência dos arquétipos em si é uma possibilidade tão remota quanto a de provar a dos instintos, enquanto os mesmos não são postos em ação *in concreto*. No tocante ao caráter determinado da forma, é elucidativa a comparação com a formação do cristal, na medida em que o sistema axial determina apenas a estrutura estereométrica, não porém a forma concreta do cristal particular. Este pode ser grande ou pequeno ou variar de acordo com o desenvolvimento diversificado de seus planos ou da interpenetração recíproca de dois cristais. O que permanece é apenas o sistema axial em suas proporções geométricas, a princípio invariáveis. O mesmo se dá com o arquétipo: a princípio ele pode receber um nome e possui um núcleo de significado invariável, o qual determina sua aparência, apenas a princípio, mas nunca concretamente. *O modo* pelo qual, por exemplo, o arquétipo da mãe sempre aparece empiricamente, nunca pode ser deduzido só dele mesmo, mas depende de outros fatores.

Capítulo 6
Estudo sobre o simbolismo do si-mesmo[1]
O eu; A sombra; Sizígia: *anima* e *animus*;
O si-mesmo

I. O eu

A circunstância de lidar com a psicologia do inconsciente fez-me deparar com fatos que exigem a elaboração de novos conceitos. Um destes conceitos é o do *si-mesmo* (*Selbst*). Refiro-me, com isto, não a uma grandeza que venha ocupar o lugar daquela até o momento designada pelo termo *eu*, mas a uma grandeza mais abrangente, que inclua o eu. Entendemos por "eu" aquele fator complexo com o qual todos os conteúdos conscientes se relacionam. É este fator que constitui como que o centro do campo da consciência, e dado que este campo inclui também a personalidade empírica, o eu é o sujeito de todos os atos conscientes da pessoa. Esta relação de qualquer conteúdo psíquico com o eu funciona como critério para saber se este último é consciente, pois não há conteúdo consciente que antes não se tenha apresentado ao sujeito. [1]

Esta definição descreve e estabelece, antes de tudo, *os limites do sujeito*. Teoricamente, é impossível dizer até onde vão os limites do campo da consciência, porque este pode estender-se de modo indeterminado. Empiricamente, porém, ele alcança sempre o seu limite, todas as vezes que toca o âmbito do *desconhecido*. Este desconhecido é constituído por tudo quanto ignoramos, por tudo aquilo que não possui qualquer relação com o eu enquanto centro da consciência. O desconhecido se divide em dois grupos: o concernente aos fatos exteriores que podemos atingir [2]

---

1. [Publicado originalmente como os primeiros quatro capítulos de *Aion: Untersuchungen zur Symbolgeschichte* (Zurique, Rascher Verlag, 1953). – EDITOR].

por meio dos sentidos, e o que concerne ao mundo interior que pode ser objeto de nossa experiência imediata. O primeiro grupo apresenta o desconhecido do mundo ambiente, e o segundo, o desconhecido do mundo interior. Chamamos de *inconsciente* a este último campo.

[3] O eu considerado como conteúdo consciente em si não é um fator simples, elementar, mas complexo; é um fator que, como tal, é impossível descrever com exatidão. Sabemos pela experiência que ele é constituído por duas bases aparentemente diversas: uma base *somática* e uma base *psíquica*. Conhecemos a base somática, partindo da totalidade das sensações de natureza endossomáticas, as quais, por sua vez, são de caráter psíquico e ligadas ao eu e, consequentemente, também conscientes. Estas sensações decorrem de estímulos endossomáticos que só em parte transpõem o limiar da consciência. Parte considerável destes estímulos se processa de modo inconsciente, isto é, subliminar. Este caráter subliminar não implica necessariamente um estado meramente fisiológico, o mesmo acontecendo com relação a um conteúdo psíquico. Eles podem, eventualmente, tornar-se supraliminares, isto é, podem transformar-se em sensações. Não há dúvida de que parte considerável dos estímulos endossomáticos é totalmente incapaz de se tornar consciente, e seu caráter é tão elementar, que não há razão para conferir-lhe uma natureza psíquica, a menos que se partilhe a opinião filosófica segundo a qual os processos vitais são de fundo psíquico. Contra uma tal hipótese, que dificilmente será comprovada, deve-se arguir, sobretudo, que ela estende o conceito de psique além de qualquer limite válido, tomando o processo vital, deste modo, num sentido que nem sempre tem o apoio dos fatos reais. Conceitos demasiado amplos revelam-se em geral instrumentos inadequados de trabalho, por serem vagos e nebulosos. Por isso propus que o conceito de psíquico só fosse aplicado àquela esfera em que exista uma vontade comprovadamente capaz de alterar o processo reflexivo ou instintivo. Sobre este ponto, sou obrigado a remeter o leitor ao meu artigo *Der Geist der Psychologie* (O espírito da psicologia[2]), onde trato detalhadamente desta definição do psíquico.

---

2. *Eranos-Jahrbuch,* 1946 (Posteriormente intitulado: *Theoretische Überlegungen zum Wesen des Psychischen* [Considerações teóricas sobre a natureza do psíquico]).

A base somática do eu é constituída, como já apontei, por fatores conscientes e inconscientes. Outro tanto se pode dizer da base psíquica: o eu se assenta, de um lado, sobre o campo da *consciência global*, e, do outro, sobre a *totalidade dos conteúdos inconscientes*. Estes últimos se dividem em três grupos: (1) o dos conteúdos temporariamente subliminares, isto é, voluntariamente reproduzíveis; (2) o dos conteúdos que não podem ser reproduzidos voluntariamente, e (3) o dos conteúdos totalmente incapazes de se tornarem conscientes. Pode-se deduzir a existência do grupo número 2, dada a ocorrência de irrupções espontâneas na consciência de conteúdos subliminares. O grupo número 3 é hipotético, isto é, uma decorrência lógica dos fatos que estão na origem do segundo grupo: quer dizer, este grupo encerra conteúdos que ainda não irromperam ou jamais irromperão na consciência. [4]

Ao afirmar acima que o eu se apoia sobre o campo global da consciência, não estou, de modo algum, querendo dizer que *seja constituído* por ele. Se isto acontecesse realmente, seria impossível distingui-lo do campo da consciência. É apenas o ponto central, fundado e delimitado pelo fator somático acima descrito. [5]

A despeito do caráter relativamente desconhecido e inconsciente de suas bases, o eu é um fator consciente por excelência. Constitui, inclusive, uma aquisição empírica da existência individual. Parece que resulta, em primeiro lugar, do entrechoque do fator somático com o mundo exterior, e, uma vez que existe como sujeito real, desenvolve-se em decorrência de entrechoques posteriores, tanto com o mundo exterior como com o mundo interior. [6]

Apesar de desconhecermos os limites de suas bases, o eu nunca é mais ou menos amplo do que a consciência como tal. Como fator consciente, o eu pode ser perfeitamente descrito, pelo menos do ponto de vista teórico. Mas isto nada mais nos proporcionaria do que uma imagem da personalidade consciente, à qual faltariam todos os traços que o sujeito desconhece ou de que não tem consciência. Mas a imagem global da personalidade deveria incluir também esses traços. É absolutamente impossível fazer uma descrição completa da personalidade, mesmo sob o ponto de vista teórico, porque uma parcela do inconsciente não pode ser captada. Esta parcela não é, de modo algum, irrelevante, como a [7]

235

experiência nos tem mostrado até à saciedade. Pelo contrário: há qualidades perfeitamente inconscientes que só podem ser observadas a partir do mundo exterior, ou para se chegar às quais é necessária muita fadiga, ou recorrendo até mesmo a meios artificiais.

[8] É evidente que o fenômeno global da personalidade não coincide com o eu, isto é, com a personalidade consciente; pelo contrário, constitui uma grandeza que é preciso distinguir do eu. Tal exigência, naturalmente, só se verifica numa psicologia que se defronta com a realidade do inconsciente. Mas uma diferenciação desta espécie é da máxima relevância para essa psicologia. Até mesmo para a aplicação da justiça é importante saber se determinados fatos são de natureza consciente ou inconsciente, como, por exemplo, quando se trata de julgar a respeito da imputabilidade ou não de um ato.

[9] Por isso propus que a personalidade global que existe realmente, mas que não pode ser captada em sua totalidade, fosse denominada *si-mesmo*. Por definição, o eu está subordinado ao si-mesmo e está para ele, assim como qualquer parte está para o todo. O eu possui o livre-arbítrio – como se afirma –, mas dentro dos limites do campo da consciência. Empregando este conceito, não estou me referindo a algo de psicológico, mas sim ao conhecidíssimo fato psicológico da assim chamada decisão livre, ou seja, ao sentimento subjetivo de liberdade. Da mesma forma que nosso livre-arbítrio se choca com a presença inelutável do mundo exterior, assim também os seus limites se situam no mundo subjetivo interior, muito além do âmbito da consciência, ou lá onde entra em conflito com os fatos do si-mesmo. Do mesmo modo que as circunstâncias exteriores acontecem e nos limitam, assim também o si-mesmo se comporta, em confronto do eu, como uma *realidade objetiva* na qual a liberdade de nossa vontade é incapaz de mudar o que quer que seja. É inclusive notório que o eu não é somente incapaz de qualquer coisa contra o si-mesmo, como também é assimilado e modificado, eventualmente, em grande proporção, pelas parcelas inconscientes da personalidade que se acham em vias de desenvolvimento.

[10] É de essência das coisas a impossibilidade de apresentar uma definição geral do eu que não seja de caráter formal. Qualquer outro modo de considerar o problema deveria levar em conta a *individualidade* que

é inerente ao eu, como propriedade essencial. Embora os numerosos elementos que compõem este fator complexo sejam sempre os mesmos por toda parte, variam, contudo, ao infinito, fato este que afeta a sua clareza, a sua tonalidade emocional e a sua amplitude. Por isso, o resultado desta composição, ou seja, o eu é, até onde podemos saber, algo de individual e único, que permanece de algum modo idêntico a si-mesmo. Este caráter permanente é relativo, pois em certos casos podem ocorrer transformações na personalidade. Estas modificações nem sempre são de natureza patológica, mas determinadas também pela evolução, e por isso, caem na esfera do normal.

Como ponto de referência do campo da consciência, o eu é o sujeito de todos os *esforços de adaptação* na medida em que estes são produzidos pela vontade. Por este motivo é que na economia psíquica o eu exerce um papel altamente significativo. A posição que aí ocupa é de tal modo importante, que o preconceito segundo o qual o eu é o centro da personalidade ou de que o campo da consciência é a psique pura é simplesmente destituído de qualquer fundamento. Excetuando-se as alusões que encontramos em Leibniz, Kant, Schelling e Schopenhauer e os esboços filosóficos de Carus e de von Hartmann, foi somente a psicologia moderna que descobriu, a partir do final do século XIX, com seu método indutivo, as bases da consciência, demonstrando empiricamente a existência de uma psique extraconsciente. Esta descoberta relativizou a posição até então absoluta do eu, quer dizer: este conserva sua condição de centro do campo da consciência; mas como ponto central da personalidade tornou-se problemático. Constitui parte desta personalidade, não há dúvida, mas não representa a sua totalidade. Como já mencionei, é simplesmente impossível saber até onde vai sua participação; em outras palavras: é impossível saber se é livre ou dependente das condições da psique extraconsciente. Podemos apenas dizer que sua autonomia é limitada e que sua dependência tem sido comprovada de maneira muitas vezes decisiva. Sei, por experiência, que é melhor não subestimar a dependência do inconsciente. É óbvio que não se pode dizer tal coisa àqueles que já sobre-estimam a importância do inconsciente. Um critério para saber em que consiste a justa medida nos é dado pelas manifestações psíquicas subsequentes a uma apreciação errônea. Sobre isto voltaremos a falar mais adiante.

[11]

[12]   Dividimos o inconsciente, acima, em três grupos, sob o ângulo da psicologia da consciência, mas é possível dividi-lo também em dois campos: de um lado, o de uma psique extraconsciente, cujos conteúdos classificamos de *pessoais* e, do outro, o de uma psique cujos conteúdos qualificamos de *impessoais*, ou melhor, *coletivos*. O primeiro grupo compreende os conteúdos que formam as partes constitutivas da personalidade individual e, por isso mesmo, poderiam ser também de natureza consciente. O segundo grupo representa uma *condição ou base da psique em geral*, universalmente presente e sempre idêntica a si mesma. Evidentemente, uma afirmação como esta não é mais do que uma hipótese à qual fomos levados pela espécie de material que colhemos ao longo de nossas experiências, embora seja muito provável que a semelhança universal entre os processos psíquicos se deva a uma regularidade igualmente universal, da mesma forma pela qual o instinto que se manifesta nos indivíduos representa a expressão parcial de uma base instintiva universal.

II. A sombra

[13]   Os conteúdos do inconsciente pessoal são aquisições da existência individual, ao passo que os conteúdos do inconsciente coletivo são *arquétipos* que existem sempre e *a priori*. Em outra obra tratei da relação existente entre estes últimos e os instintos[3]. Empiricamente, os arquétipos que se caracterizam mais nitidamente são aqueles que mais frequentemente e intensamente influenciam ou perturbam o eu. São eles a *sombra*, a *anima* e o *animus*[4]. A figura mais facilmente acessível à experiência é a sombra, pois é possível ter um conhecimento bastante aprofundado de sua natureza. Uma exceção a esta regra é constituída apenas por aqueles casos, bastante raros, em que as qualidades da personalidade foram reprimidas e o eu, consequentemente, desempenha um papel negativo, isto é, desfavorável.

---

3. *Instinkt und Unbewusstes* – Der Geist der Psychologie.

4. O conteúdo deste e do próximo capítulo foram tirados de uma conferência que fiz em Zurique, no ano de 1948, na Schweizerischen Gesellschaft für Praktische Psychologie (Sociedade Suíça de Psicologia Prática). Foi publicado no periódico *Wiener Zeitschrift für Nervenheilkunde und deren Grenzgebiete*, I/4 (1948).

[14] A sombra constitui um problema de ordem moral que desafia a personalidade do eu como um todo, pois ninguém é capaz de tomar consciência desta realidade sem dispender energias morais. Mas nesta tomada de consciência da sombra trata-se de reconhecer os aspectos obscuros da personalidade, tais como existem na realidade. Este ato é a base indispensável para qualquer tipo de autoconhecimento e, por isso, em geral, ele se defronta com considerável resistência. Enquanto, por um lado, o autoconhecimento é um expediente terapêutico, por outro implica, muitas vezes, um trabalho árduo que pode se estender por um largo espaço de tempo.

[15] Uma pesquisa mais acurada dos traços obscuros do caráter, isto é, das inferioridades do indivíduo que constituem a sombra, mostra-nos que esses traços possuem uma natureza emocional, uma certa autonomia e, consequentemente, são de tipo obsessivo, ou melhor, possessivo. A emoção, com efeito, não é uma atividade, mas um evento que sucede a um indivíduo. Os afetos, em geral, ocorrem sempre que os ajustamentos são mínimos e revelam, ao mesmo tempo, as causas da redução desses ajustamentos, isto é, revelam uma certa inferioridade e a existência de um nível baixo da personalidade. Nesta faixa mais profunda o indivíduo se comporta, relativamente às suas emoções quase ou inteiramente descontroladas, mais ou menos como o primitivo que não só é vítima abúlica de seus afetos, mas principalmente revela uma incapacidade considerável de julgamento moral.

[16] Com compreensão e boa vontade, a sombra pode ser integrada de algum modo na personalidade, enquanto certos traços, como sabemos pela experiência, opõem obstinada resistência ao controle moral, escapando portanto a qualquer influência. De modo geral, estas resistências ligam-se a projeções que não podem ser reconhecidas como tais e cujo conhecimento implica um esforço moral que ultrapassa os limites habituais do indivíduo. Os traços característicos da sombra podem ser reconhecidos, sem maior dificuldade, como qualidades pertinentes à personalidade, mas tanto a compreensão como a vontade falham, pois a causa da emoção parece provir, sem dúvida alguma, de outra pessoa. Talvez o observador objetivo perceba claramente que se trata de projeções. Mas há pouca esperança de que o sujeito delas tome consciência. Deve

admitir-se, porém, que às vezes é possível haver engano ao pretender-se separar projeções de caráter nitidamente emocional, do objeto.

[17] Suponhamos agora que um determinado indivíduo não revele tendência alguma para tomar consciência de suas projeções. Neste caso, o fator gerador de projeções tem livre-curso para agir, e, se tiver algum objetivo, poderá realizá-lo ou provocar o estado subsequente que caracteriza sua atividade. Como se sabe, não é o sujeito que projeta, mas o inconsciente. *Por isso não se cria a projeção: ela já existe de antemão.* A consequência da projeção é um *isolamento do sujeito* em relação ao mundo exterior, pois ao invés de uma relação real o que existe é uma relação ilusória. As projeções transformam o mundo externo na concepção própria, mas desconhecida. Por isso, no fundo, as projeções levam a um estado de autoerotismo ou autismo, em que se sonha com um mundo cuja realidade é inatingível. O *sentiment d'incomplétude* (sentimento de incompletude) que daí resulta, bem como a sensação mais incômoda ainda de esterilidade, são explicados de novo, como maldade do mundo ambiente e, como este círculo vicioso, se acentua ainda mais o isolamento. Quanto mais projeções se interpõem entre o sujeito e o mundo exterior, tanto mais difícil se torna para o eu perceber suas ilusões. Um paciente de 45 anos de idade, que sofria de uma neurose compulsiva desde os 20 anos e se isola completamente do mundo, em consequência dela, dizia-me: "Não posso admitir o fato de que desperdicei os melhores 25 anos da minha existência!"

[18] Muitas vezes é trágico ver como uma pessoa estraga de modo evidente a própria vida e a dos outros, e como é incapaz de perceber até que ponto essa tragédia parte dela e é alimentada progressivamente por ela mesma. Não é a sua consciência que o faz, pois esta lamenta e amaldiçoa o mundo desleal que dela se afasta cada vez mais. Pelo contrário, é um fator inconsciente que trama as ilusões que encobrem o mundo e o próprio sujeito. Na realidade, o objetivo desta trama é um casulo em que o indivíduo acabará por se envolver.

[19] Seria lógico admitir que essas projeções, que nunca ou somente com muita dificuldade podem se desfazer, pertencem à esfera da sombra, isto é, ao lado obscuro da própria personalidade. Entretanto, esta hipótese é impossível, sob certo ponto de vista, na medida em que os símbolos que

afloram nesses casos não se referem ao mesmo sexo, mas ao sexo oposto: no homem, à mulher, e vice-versa. Como fonte de projeções, portanto, figura não mais a sombra do mesmo sexo, e sim a do sexo oposto. É aqui que deparamos com o *animus* da mulher e a *anima* do homem, que são correlativos e cuja autonomia e caráter inconsciente explicam a pertinácia de suas projeções. A sombra é, em não menor grau, um tema conhecido da mitologia; mas como representa, antes e acima de tudo, o inconsciente pessoal, podendo por isso atingir a consciência sem dificuldades no que se refere a seus conteúdos, além de poder ser percebida e visualizada, diferencia-se, pois, do *animus* e da *anima*, que se acham bastante afastados da consciência: este o motivo pelo qual dificilmente, ou nunca, eles podem ser percebidos em circunstâncias normais. Não é difícil, com um certo grau de autocrítica, perceber a própria sombra, pois ela é de natureza pessoal. Mas sempre que tratamos dela como arquétipo, defrontamo-nos com as mesmas dificuldades constatadas em relação ao *animus* e à *anima*. Em outras palavras: é bem possível que o indivíduo reconheça o aspecto relativamente mau de sua natureza, mas defrontar-se com o absolutamente mau representa uma experiência ao mesmo tempo rara e perturbadora.

III. Sizígia: *anima* e *animus*

Mas que fator projetante é este? O Oriente dá-lhe o nome de "tecedeira"[5] ou maia, isto é, a dançarina geradora de ilusões. Se não soubéssemos disto há bastante tempo mediante os sonhos, esta interpretação nos colocaria na pista certa: aquilo que encobre, que enlaça e absorve, aponta inelutavelmente para a *mãe*[6], isto é, para a relação do filho com a mãe real, com a *imagem* desta, e com a mulher que deve tornar-se mãe para ele. Seu *eros* é passivo, como é o de uma criança: ele espera ser captado, sugado, velado e tragado. Ele procura, de certo modo, a órbita prote-

[20]

---

5. ROUSSELLE. *Seelische Führung im lebenden, Taoismus*. Quadro I, p. 150, 170: Rousselle denomina a tecelã de "alma animal". Há um provérbio que diz "A tecelã coloca o tear em movimento" (op. cit.). Por minha parte, defini a *anima* como sendo uma personificação do inconsciente.

6. O termo "mãe", tanto aqui como no que se segue, não é empregado no sentido literal, mas como símbolo de tudo o que atua como "mãe".

tora e nutridora da mãe, a condição de criança de peito, distanciada de qualquer preocupação com a vida e na qual o mundo exterior lhe vem ao encontro e até mesmo lhe impõem sua felicidade. Por isso, não é de espantar que o mundo real se lhe retraia.

[21] Se dramatizarmos este estado, como o inconsciente em geral o faz, o que vemos no proscênio psicológico é alguém que vive para trás, procurando a infância e a mãe, e fugindo do mundo mau e frio que não quer compreendê-lo de modo algum. Não poucas vezes se vê, ao lado do filho, uma mãe que parece não ter a mínima preocupação que o filho de torne um homem adulto, e cuida de tudo com infatigável devotamento e nada omite ou negligencia do que possa impedir o filho de tornar-se homem e casar-se. Observa-se o conluio secreto entre a mãe e o filho, e o modo pelo qual a primeira ajuda o segundo a mentir perante a vida.

[22] De que lado está culpa? Do lado da mãe ou do filho? Provavelmente de ambas as partes. É preciso levar a sério o irrealizado anseio que o filho sente de viver e amar o mundo. Ele gostaria de tocar o real com as mãos, de abraçar a terra, fecundar o campo do mundo. Mas apenas é capaz de impulsos impacientes, pois a secreta recordação de que pode receber de presente o mundo e a felicidade – isto é, da parte da mãe – paralisa suas forças propulsoras e sua perseverança. O pedaço de mundo com o qual se encontra, como acontece com toda criatura humana, jamais é de todo verdadeiro, pois não se entrega a ele nem lhe é benevolente; comporta-se asperamente e quer ser conquistado, e só se submete ao que é forte. Reclama a virilidade do homem, seu entusiasmo e sobretudo sua coragem e seu poder de decisão, que tornasse capaz de um empenho total. Para isto seria necessário um eros desleal, que o fizesse esquecer a mãe e submeter-se à pena de abandonar a primeira amada de sua vida. Antevendo esta aventura inquietante e perigosa, a mãe ensinou-lhe cuidadosamente a praticar as virtudes da fidelidade, da dedicação e da lealdade, a fim de preservá-lo do dilaceramento moral que está ligado à aventura da vida. Ele aprendeu muito bem a lição, e permanece fiel à mãe talvez de forma preocupante para ela (quando se revela, por exemplo, seu caráter homossexual, em homenagem a ela), mas, ao mesmo tempo, também para sua satisfação inconsciente e mítica. De fato, com esta última relação se concretiza o arquétipo ao mesmo tempo

antiquíssimo e sacrossanto do conúbio entre mãe e filho. Que tem a realidade banal a oferecer, enfim, com seus registros civis, seus salários mensais, com suas contas de aluguel etc., que pudesse contrabalançar os místicos estremecimentos do hierógamos, a mulher coroada de estrelas que o dragão persegue e as piedosas incertezas que envolvem as núpcias do cordeiro?

A este nível do mito, que é provavelmente o que melhor expressa a natureza do inconsciente coletivo, a mãe é, simultaneamente, velha e jovem. Deméter e Perséfone (Prosérpina), e o filho é, ao mesmo tempo, esposo e criança adormecida de peito num estágio de indescritível plenitude, com a qual nem de longe se podem comparar as imperfeições da vida real, os esforços e as fadigas empregados no processo de adaptação, bem como o sofrimento causado pelas inúmeras decepções com a realidade. [23]

No filho, o fator que forma as projeções é idêntico à *imago materna* e por isto esta última é tomada como sendo a verdadeira mãe. A projeção só pode ser desfeita quando o filho percebe que há uma imago da mãe no âmbito de sua psique, e não só uma imago da mãe, como também da filha, da irmã e da amada, da deusa celeste e da Baubo ctônica universalmente presente como imagem sem idade, e que toda mãe e toda amada é, ao mesmo tempo, a portadora e geradora desses reflexos profundamente inerentes à natureza do homem. Ela lhe pertence, esta imago da mulher: É a fidelidade, que nem sempre deve guardar em determinadas circunstâncias, por causa da própria vida. É a compensação absolutamente necessária para os riscos, as fadigas e os sacrifícios da existência, que terminam em decepções e desenganos. É o consolo que compensa as agruras da vida, mas é também, apesar de tudo, a grande sedutora, geradora de ilusões em relação a esta mesma existência, ou melhor, em relação não só a seus aspectos racionais e utilitários, por exemplo, como também a seus paradoxos e às suas ambiguidades terríveis, em que contrabalançam o bem e o mal, o êxito e os fracassos, a esperança e o desespero. Sendo o seu maior perigo, ela exige o máximo do homem e, quando há alguém capaz disto, ela efetivamente o recebe. [24]

Esta imagem é "a Senhora Alma", como a denominou Spitteler. Propus o termo *anima*, porque o mesmo deve designar algo de específico para o qual o vocábulo "alma" é demasiadamente geral e vago. O fato [25] que se exprime no conceito de *anima* é um conteúdo sumamente dramático do inconsciente. Podemos descrevê-lo em linguagem racional e científica, mas nem de longe exprimiríamos seu caráter vital. Por isso prefiro, de modo consciente e intencional, as intuições e maneiras de exprimir intuitivas e dramáticas da mitologia porque, tendo em vista o seu objeto, isto é, os fatos anímicos e vitais, tal procedimento não é só muito mais expressivo, como também mais preciso do que a linguagem científica abstrata que muitas vezes corteja a opinião segundo a qual suas intuições poderiam ser substituídas por equações algébricas.

[26] O fator determinante das projeções é a *anima*, isto é, o inconsciente representado pela *anima*. Onde quer que se manifeste: nos sonhos, nas visões e fantasias, ela aparece *personificada*, mostrando deste modo que o fator subjacente a ela possui todas as qualidades características de um ser feminino[7]. Não se trata de uma invenção da consciência; é uma produção espontânea do inconsciente. Também não se trata de uma figura substitutiva da mãe. Pelo contrário: temos a impressão de que as qualidades numinosas que tornam a imagem materna tão poderosa originam-se do arquétipo coletivo de *anima* que se encarna de novo em cada criança do sexo masculino.

[27] Como, porém, a *anima* é um arquétipo que se manifesta no homem, é de supor-se que na mulher há um correlato, porque do mesmo modo que o homem é compensado pelo feminino, assim também a mulher o é pelo masculino. Com esta definição não pretendo, porém, suscitar a ideia de que tal relação compensadora foi obtida por dedução. Pelo contrário, foram necessárias numerosas e demoradas experiências para captar empiricamente a natureza da *anima* e do *animus*. Por isso, tudo quanto dissermos a respeito destes dois arquétipos, demonstrá-lo-emos diretamente por meio de fatos concretos, ou apresentá-lo-emos pelo menos de maneira plausível. Na realidade, tenho plena consciência,

---

7. Obviamente ela surge como figura típica nas belas-letras. As publicações mais recentes a este respeito são: FIERZ-DAVID, L. *Der Liebestraum des Poliphilo*; • JUNG. *Die Psychologie der Übertragung*. É no humanista Ricardo Vito, do século XV, que se encontra, pela primeira vez, a *anima* como ideia psicológica (em: *Aelia Laelia Crispis epitaphium*). Cf. JUNG. *Das Rätsel Von Bologna*.

quanto a este ponto, de que se trata de um trabalho pioneiro que deve contentar-se com seu caráter provisório.

Assim como a mãe parece ser o primeiro receptáculo do fator determinante de projeções relativamente ao filho, assim também o é o *pai* em relação à filha. A experiência de tais relações é constituída, na prática, de numerosos casos individuais que representam todas as variantes possíveis do mesmo tema fundamental. Por isso, uma descrição condensada dela só é possível de maneira esquemática.

[28]

A mulher é compensada por uma natureza masculina, e por isso o seu inconsciente tem, por assim dizer, um sinal masculino. Em comparação com o homem, isto indica uma diferença considerável. Correlativamente, designei o fator determinante de projeções presente na mulher com o nome de *animus*. Este vocábulo significa razão ou espírito. Como a *anima* corresponde ao Eros materno, o *animus* corresponde ao Logos paterno. Longe de mim querer dar uma definição por demais específica destes conceitos intuitivos. Uso os termos "Eros" e "Logos" meramente como meios nocionais que auxiliam a descrever o fato de que o consciente da mulher é caracterizado mais pela vinculação ao Eros do que pelo caráter diferenciador e cognitivo do Logos. No homem, o Eros, que é a função de relacionamento, em geral aparece menos desenvolvido do que o Logos. Na mulher, pelo contrário, o Eros é expressão de sua natureza real, enquanto que o Logos muitas vezes constitui um incidente deplorável. Ele provoca mal-entendidos e interpretações aborrecidas no âmbito da família e dos amigos, porque é constituído de opiniões e não de reflexões. Refiro-me a suposições aprioristicas acompanhadas de pretensões, por assim dizer, a verdades absolutas. Como todos sabemos, tais pretensões provocam irritação. Como o *animus* tem tendência a argumentar, é nas discussões obstinadas em que mais se faz notar a sua presença. Por certo é possível que haja também muitos homens que argumentem de maneira bem feminina, naqueles casos, por exemplo, em que são predominantemente possuídos pela *anima*, razão pela qual se transmudam no *animus* de sua *anima*. Para eles o que interessa sobretudo é a *vaidade* e a *sensibilidade* pessoais. Para as mulheres, ao contrário, o que importa é o *poder* da verdade ou da justiça ou qualquer outra coisa abstrata, pois as costureiras e os cabeleireiros já cuidaram de sua vaida-

[29]

de. O pai (= a soma das opiniões tradicionais) desempenha um grande papel na argumentação da mulher. Por mais amável e solícito que seja o seu Eros, ela não cede a nenhuma lógica da terra, quando nela cavalga o *animus*. Em inúmeros casos o homem tem a impressão (e não é de todo sem fundamento!) de que só a sedução, o espancamento ou a violentação podem ainda con"vencê-la". Ele não percebe que esta situação sumamente dramática não demorará muito a ter um fim banal, sem atrativos, se ele abandonar o campo da luta e deixá-lo entregue a outra mulher, ou mesmo à sua própria, para a continuação da pendência. Mas só raramente, ou talvez nunca, lhe ocorrerá esta ideia salutar, pois homem algum é capaz de se entreter com um *animus*, pelo mais breve espaço de tempo que seja, sem sucumbir imediatamente a sua *anima*. Quem, neste caso, possuísse o senso de humor para escutar a conversa, talvez ficasse espantadíssimo com a imensa quantidade de lugares-comuns, de banalidades usadas a torto e a direito, frases de jornais e romances, coisas velhas e batidas de todas as espécies, além de insultos ordinários e ilogicismos desnorteadores. É uma conversa que se repete milhares de vezes em todas as línguas da terra, sem nenhuma preocupação com os interlocutores, e que permanece substancialmente sempre a mesma.

[30]   Este fato, aparentemente estranho, se deve à seguinte circunstância: todas as vezes que o *animus* e a *anima* se encontram, o *animus* lança mão da espada de seu poder e a *anima* asperge o veneno de suas ilusões e seduções. Mas o resultado nem sempre será necessariamente negativo, pois há também a grande possibilidade de que os dois se apaixonem um pelo outro (numa espécie de amor à primeira vista!). Mas a linguagem do amor é de espantosa uniformidade, e em geral se utiliza de formas populares, acompanhadas da maior dedicação e fidelidade, o que faz com que os dois parceiros se encontrem mais uma vez numa situação banal e coletiva. Eles, entretanto, se armam, na ilusão de estarem se relacionando do modo mais individual possível.

[31]   Seja do ponto de vista positivo como negativo, a relação *anima--animus* é sempre "animosa", isto é, emocional, e por isso mesmo coletiva. Os afetos rebaixam o nível da relação e o aproximam da base instintiva, universal, que já não contém mais nada de individual. Por isso acontece não raras vezes que a relação se dá por sobre a cabeça dos

seus representantes humanos, que posteriormente nem mesmo percebem o que aconteceu.

[32] Enquanto no homem o ofuscamento animoso é sobretudo de caráter sentimental e caracterizado pelo ressentimento, na mulher ele se expressa através de conceitos, interpretações, opiniões, insinuações e construções defeituosas, que têm, sem exceção, como finalidade ou mesmo como resultado a ruptura da relação entre suas pessoas. A mulher, do mesmo modo que o homem, é envolvida pelo seu *familiaris sinistro* e, como filha, que é a única a compreender o pai e tem eternamente razão, é transportada para o país das ovelhas onde se deixa apascentar pelo seu pastor de almas, isto é, pelo *animus*.

[33] Do mesmo modo que a *anima*, assim também o *animus* tem um aspecto positivo. Sob a forma do pai expressam-se não somente opiniões tradicionais como também aquilo que se chama "espírito" e de modo particular certas concepções filosóficas e religiosas universais, ou seja, aquela atitude que resulta de tais convicções. Assim o *animus* é também um *psychopompos*, isto é, um intermediário entre a consciência e o inconsciente, e uma personificação do inconsciente. Da mesma forma que a *anima* se transforma em um Eros da consciência, mediante a integração, assim também o *animus* se transforma em um Logos; da mesma forma que a *anima* imprime uma relação e uma polaridade na consciência do homem, assim também o *animus* confere um caráter meditativo, uma capacidade de reflexão e conhecimento à consciência feminina.

[34] Em princípio, a ação da *anima* e a ação do *animus* sobre o eu são idênticas. É difícil eliminá-las, primeiro porque são bastante poderosas e enchem imediatamente a personalidade do sentimento inabalável de que ela está de posse da justiça e da verdade e em segundo lugar porque sua origem foi projetada, e parece fundada consideravelmente em objetos e situações objetivas. Sinto-me propenso a atribuir as duas características desta ação às qualidades do arquétipo em geral. De fato, o arquétipo existe *a priori*. E partindo deste fato, é possível explicar a existência indiscutida e indiscutível, muitas vezes totalmente irracional, de certos caprichos e opiniões. A notória rigidez destas opiniões se explica, no fundo, pelo fato de que uma forte ação sugestiva promana do arquétipo. Este fascina a consciência e a mantém hipnoticamente prisio-

neira. Muitas vezes o eu, nessas circunstâncias, tem uma ligeira sensação de haver sofrido uma derrota moral e se comporta de maneira ainda mais renitente, orgulhosa e obstinada em suas posições, aumentando seu sentimento de inferioridade, num círculo vicioso. Com isto ele priva a relação humana de uma base sólida, pois não só a megalomania como também o sentimento de inferioridade impossibilitam qualquer reconhecimento, sem o qual não há relacionamento algum.

[35] Como lembrei acima, não é difícil perceber a sombra como *anima* ou *animus*. No primeiro caso, temos a vantagem de uma certa preparação mediante a educação que sempre procurou convencer os homens de que eles não são feitos de ouro 100% puro. Por isso, qualquer um entende facilmente e sem demora o que os termos "sombra", "personalidade inferior" e outros semelhantes significam. Se ainda não o sabe, um sermão dominical, sua própria mulher ou a comissão de cobrança de impostos poderão encarregar-se de refrescar-lhe a memória. Mas com o *animus* e a *anima* as coisas não se passam assim tão facilmente: em primeiro lugar, não há educação moral a este respeito, e, em segundo lugar, é muito frequente que os indivíduos se satisfaçam em ter razão, preferindo injuriar-se mutuamente (ou pior ainda!), a reconhecer a projeção. Parece, pelo contrário, algo muito natural que os homens tenham caprichos irracionais e as mulheres, opiniões igualmente irracionais. Isto deve ser atribuído provavelmente a motivos de ordem instintiva, e por isso é necessário ser como se é, porque justamente deste modo se garante o jogo empedocleano do *neikos* (ódio) e da *philia* (amor) dos elementos, pelos séculos afora. A natureza é conservadora e não se altera facilmente em seus domínios. O *animus* e a *anima* constituem parte de um domínio especial da natureza, que defende sua inviolabilidade com o máximo de obstinação. Por isso, é muito mais difícil conscientizar-se das próprias projeções do par *animus-anima* do que reconhecer seu lado sombrio. Neste último caso, é necessário vencer certas resistências morais como a vaidade, a cobiça, a presunção, os ressentimentos etc., ao passo que no primeiro caso devem ser acrescentadas dificuldades de ordem puramente racional, sem falar dos conteúdos da projeção, os quais já não se sabe como classificar. Por isso, apresenta-se ainda uma dúvida, e esta muito mais profunda, ou seja, a de saber se não estamos nos intrometendo no

domínio próprio da natureza, tornando-nos conscientes de coisas que, no fundo, melhor seria deixar adormecidas.

Embora eu saiba, por experiência, que há um certo número de pessoas que podem compreender sem grandes dificuldades no plano intelectual e moral o que se entende pelos termos *animus* e *anima*, ainda assim encontramos outras que não se dão ao trabalho de pensar que por trás destes conceitos existe algo de intuitivo. Isto nos mostra que, com tais conceitos, nos situamos um pouco à margem da esfera do normal. Eles não são populares, justamente porque nos parecem pouco familiares. O resultado é que mobilizam preconceitos que os transformam em tabus, como sempre tem acontecido com tudo o que é insólito. [36]

Ora, ao estabelecermos quase como exigência a necessidade de desfazer as projeções, porque é mais salutar e, sob todos os aspectos, mais vantajoso, começamos a trilhar um terreno inexplorado e desconhecido. Todos nós, até agora, estávamos convencidos de que a representação de "meu pai", de "minha mãe" etc., nada mais era do que a imagem do verdadeiro pai etc., em tudo conforme ao original, de sorte que, quando alguém diz "meu pai", não pensa senão naquele que é real e verdadeiramente seu pai. Ele pensa realmente que assim é, mas um ato de pensar, em si, está longe de efetuar a identidade. Neste ponto o sofisma do *enkekalymmenos* (do encoberto) está correto[8]: se incluirmos no cômputo psicológico a imagem que F. tem a respeito de seu pai, e que ele considera seu verdadeiro pai, o resultado será falso, porque a expressão introduzida na equação não confere com a realidade. F. ignora que a representação de uma pessoa é constituída, primeiramente, pela imagem que ele recebe da verdadeira pessoa, e depois de uma outra imagem resultante da reelaboração subjetiva da primeira imagem, em si talvez já bastante falha. A representação que F. tem do pai é uma grandeza pela qual o verdadeiro pai é parcialmente responsável; e parte dela se deve ao filho, de tal modo que todas as vezes que critica ou elogia o pai, está inconscientemente atingido a si mesmo, dando assim origem àquelas [37]

---

8. Provém de Eubúlides de Mégara, e assim diz: És capaz de conhecer teu pai? Sim. És capaz de conhecer este encoberto? Não. Este encoberto é teu pai. És, portanto, capaz de conhecer e de não conhecer o teu pai ao mesmo tempo" (Segundo Diógenes Laércio. *De clarorum philosophorum vitis*, 2, 108s.).

consequências psíquicas que surgem em todos os que por hábito se rebaixam ou se enaltecem a si mesmos. Mas se F. comparar atentamente suas reações com a realidade, poderá observar que algo nele está errado, se é que já não percebeu há muito tempo, pelo comportamento do seu pai, que a ideia que formavam deste último é falsa. Em geral, pode estar convencido de que tem razão e de que, se alguém está errado, só pode ser o outro. Se o Eros de F. é pouco desenvolvido, a relação insatisfatória lhe é indiferente ou então se irrita com a incoerência e os outros aspectos incompreensíveis do pai, que jamais se comporta de acordo com a imagem que ele tem a seu respeito. Por isso, F. tem toda a razão de sentir-se ofendido, incompreendido e mesmo ludibriado.

[38] É fácil imaginar o quanto se gostaria de desfazer as projeções num caso deste gênero. Por isso há sempre otimistas, convencidos de que é possível encaminhar o mundo para essa idade de ouro, bastando para isso dizer às pessoas onde se encontra o caminho certo que para lá conduz. Eles gostariam de tentar explicar-lhes, alguma vez, em casos como este, que seu comportamento se assemelha ao de um cachorro que persegue a própria cauda. Para que alguém tome consciência das falhas de sua posição, exige-se muito mais que um simples "dizer", pois aqui se trata de muito mais do que a razão comum pode permitir. Em outros termos: trata-se daqueles "equívocos" que determinam o destino dos indivíduos e que nunca percebemos em situações normais. Seria como se quiséssemos convencer um homem mediatamente comum de que é um delinquente.

[39] Mencionei todas estas coisas para ilustrar a que ordem de grandeza pertencem as projeções geradas pela *anima* e pelo *animus*, e que esforços morais e intelectuais são exigidos para desfazê-las. Ora, nem todos os conteúdos da *anima* e do *animus* estão projetados. Muitos deles afloram nos sonhos etc., e muitos outros podem alcançar a consciência mediante a chamada imaginação ativa. Aqui aparece claramente como certas ideias, sentimentos e afetos que ninguém considerava possíveis, estão vivos dentro de nós. Quem nunca teve uma experiência desta natureza consigo mesmo acha naturalmente que tal possibilidade é absolutamente fantástica, pois uma pessoa normal "sabe muito bem o que pensa". Este caráter infantil do "homem normal" é a regra geral. Por isso não se

pode esperar que uma pessoa que jamais teve esta experiência entenda realmente a natureza da *anima* e do *animus*. Tais reflexões levam-nos a um domínio inexplorado de experiências psíquicas, quando conseguimos realizá-las também na prática. Mas quem o consegue dificilmente deixará de ficar impressionado com tudo aquilo que o eu ignora, ou ignorava. Atualmente este acréscimo de conhecimentos ainda é uma grande raridade. Em geral, é pago antecipadamente com uma neurose, ou com algo ainda pior.

A autonomia do inconsciente coletivo se expressa nas figuras da *anima* e do *animus*. Eles personificam os seus conteúdos, os quais podem ser integrados à consciência, depois de retirados da projeção. Neste sentido, constituem *funções* que transmitem conteúdos do inconsciente coletivo para a consciência. Aparecem os que se comportam como tais só na medida em que as tendências da consciência e do inconsciente não divergem em demasia. Mas se surge uma tensão, a função até então inofensiva se ergue, personificada, contra a consciência, comportando-se mais ou menos como uma cisão sistemática da personalidade ou como uma alma parcial. Mas esta comparação claudica a olhos vistos, porque nada daquilo que pertence à personalidade se acha separado dela. Pelo contrário: as duas formas constituem um acréscimo perturbador. A razão e a possibilidade de um tal comportamento residem no fato de que embora os conteúdos da *anima* e do *animus* possam ser integrados, a própria *anima* e o próprio *animus* não o podem, porque são arquétipos; consequentemente, a pedra fundamental da totalidade psíquica que transcende as fronteiras da consciência jamais poderá constituir-se em objeto da consciência reflexa. As atuações da *anima* e do *animus* podem tornar-se conscientes, mas, em si, são fatores que transcendem o âmbito da consciência, escapando à observação direta e ao arbítrio do indivíduo. Por isso ficam autônomos, apesar da integração de seus conteúdos, razão pela qual não se deve perdê-los de vista. Tal fato é de suma importância, sob o ponto de vista terapêutico, porque, mediante uma observação continuada, paga-se ao inconsciente um tributo que assegura mais ou menos a sua cooperação. Como se sabe, o inconsciente, por assim dizer, não se deixa "despachar" de uma vez por todas. Uma das tarefas mais importantes da higiene mental consiste em prestar continua-

[40]

mente uma certa atenção à sintomatologia dos conteúdos e processos inconscientes, uma vez que a consciência está continuamente exposta ao risco da unilateralidade, de entrar em trilhos ocupados e parar num beco sem saída. A função complementar ou compensadora do inconsciente faz, porém, com que estes perigos, muito grandes nas neuroses, possam ser evitados até certo ponto. Mas em situações ideais, isto é, quando a vida, bastante simples e inconsciente, ainda pode entrar sem hesitações e sem escrúpulos pelo caminho sinuoso dos instintos, a compensação atua com pleno êxito. Quanto mais civilizado, mais consciente e complicado for o homem, tanto menos ele será capaz de obedecer aos instintos. As complicadas situações de sua vida e as influências do meio ambiente se fazem sentir de maneira tão forte, que abafam a débil voz da natureza. Esta é substituída então por opiniões e crenças, teorias e tendências coletivas que reforçam os desvios da consciência. Em tais casos é necessário que a atenção se volte, intencionalmente, para o inconsciente. Por isso é de particular importância que não se pense nos arquétipos como em imagens fantásticas que passam rápidas e fugidias, mas como fatores permanentes e autônomos, coisas que o são na realidade.

[41] Mostra-nos a experiência que esses dois arquétipos têm um caráter fatal que atua, em determinados casos, de maneira trágica. Eles são, no verdadeiro sentido da palavra, o pai e a mãe de todas as grandes complicações do destino e, como tais, são conhecidos no mundo inteiro desde épocas imemoriais: trata-se do *par de deuses*[9], um dos quais, por causa de sua natureza de "Logos", é caracterizado pelo "Pneuma" e pelo "nous", como o Hermes de múltiplas facetas, enquanto a segunda é representada sob os traços de Afrodite, Helena (Selene), Perséfone e Hécate, por causa de sua natureza de "Eros". São potências inconscientes, ou precisamente deuses, como a Antiguidade muito "corretamente" os concebeu. Esta

---

9. Com isto, evidentemente, não queremos dar uma definição psicológica e muito menos metafísica. Em *Die Beziehungen zwischen dem Ich und dem Unbewussten* (JUNG, C.G. *Dois estudos sobre Psicologia Analítica*. Petrópolis: Vozes, 2011, OC, 7) indiquei que este par se compõe, respectivamente, de três elementos, a saber: de um conjunto de qualidades femininas próprias do homem, e de qualidades masculinas próprias da mulher; da experiência que o homem tem com a mulher, e vice-versa; da imagem arquetípica feminina e masculina. O primeiro elemento pode ser integrado na personalidade, através do processo de conscientização, mas o último não.

designação os aproxima, na escala dos valores psicológicos, daquela posição central em que eles, seja qual for o caso, sempre se situam, quer a consciência lhes reconheça este valor ou não, pois o seu poder aumenta de modo proporcional ao seu grau de inconsciência. Quem não os percebe, fica ao seu sabor, como essas epidemias de tifo que se alastram quando não se conhece a sua fonte infecciosa. Também no seio do cristianismo a sizígia de deuses não se tornou de forma alguma obsoleta. Pelo contrário: ela ocupa o ponto mais alto na figura de Cristo e da Igreja esposa[10]. Estes paralelos se revelam extremamente valiosos quando se trata de achar a medida exata do significado desses dois arquétipos. O que podemos descobrir inicialmente, a partir deles, é tão pouco claro, que dificilmente alcança os limites da visibilidade. Só quando lançamos um jato de luz nas profundezas obscuras e exploramos psicologicamente os caminhos estranhamente submersos do destino humano é que podemos perceber, pouco a pouco, como é grande a influência desses dois complementos da consciência.

Resumindo, gostaria de ressaltar que a integração da sombra, isto é, a tomada de consciência do inconsciente pessoal constitui a primeira etapa do processo analítico, etapa sem a qual é impossível qualquer conhecimento da *anima* e do *animus*. Só se pode conhecer a realidade da sombra, em face de um outro, e a do *animus* e da *anima*, mediante a relação com o sexo oposto, porque só nesta relação a projeção se torna eficaz. Este conhecimento dá origem, no homem, a uma tríade, um terço da qual é transcendente, ou seja: o sujeito masculino, o sujeito feminino, o seu contrário e a *anima* transcendente. Na mulher, dá-se o inverso. No homem, o quarto elemento que falta na tríade para chegar à totalidade é o arquétipo do velho sábio que aqui não tomo em consideração; na mulher é a mãe ctônica. Estes elementos formam uma quaternidade que é metade imanente e metade transcendente, ou seja, aquele arquétipo que denominei *quatérnio de matrimônios*[11]. Este quatérnio forma um esquema do *si-mesmo* e da estrutura social primitiva,

[42]

---

10. Assim se lê na Segunda Carta de Clemente aos Coríntios 14,2: "Deus criou o homem masculino e feminino. O masculino é Cristo, e o feminino é a Igreja". Nas representações figurativas, muitas vezes Maria aparece em lugar da Igreja.
11. *Die Psychologie der Übertragung* (§ 425s.). Sobre este ponto, cf. adiante, o quatérnio naasseno.

isto é, do *cross-cousin-marriage* (casamento entre primos) e das classes de matrimônio e, consequentemente, também da divisão dos primitivos agrupamentos humanos em *quartiers* (quarteirões). O si-mesmo, por seu turno, é uma imagem divina, e não se pode distingui-lo desta última. A concepção cristã primitiva já sabia disto, pois senão um Clemente de Alexandria jamais teria podido dizer que aquele que conhece a si mesmo, conhece a Deus[12].

IV. O si-mesmo[13]

[43]   Voltemo-nos agora para a questão de saber se o aumento de conhecimento ocasionado pela retirada das projeções, isto é, se a integração dos conteúdos coletivos inconscientes tem alguma influência sobre a personalidade do eu. Na verdade, poderíamos esperar um efeito considerável, pois os conteúdos integrados constituem *parte do si-mesmo*. Sua assimilação alarga não somente as fronteiras do campo da consciência como também o significado do eu, principalmente quando este se defronta com o inconsciente sem uma atitude crítica, tal como acontece na maioria dos casos. Nestas circunstâncias, o eu é facilmente superado e se identifica com os conteúdos assimilados. Assim é que uma consciência masculina, por exemplo, cai sob a influência da *anima*, podendo até mesmo ser possuído por ela.

[44]   Já tratei em outro contexto[14] das questões referentes à integração dos conteúdos inconscientes, razão pela qual eu me dispenso de entrar aqui em detalhes. Gostaria apenas de lembrar que, quanto maior for o número de conteúdos assimilados ao eu e quanto mais significativos forem, tanto mais o eu se aproximará do si-mesmo, mesmo que esta aproximação nunca possa chegar ao fim. Isto gera inevitavelmente uma *inflação do eu*[15], caso não se faça uma separação prática entre este último e as

---

12. Cf. § 347 deste volume.

13. O conteúdo deste capítulo provém de um artigo publicado no *Eranos-Jahrbuch*, 1948.

14. *Die Beziehungen zwischen dem Ich und dem Unbewussten* (*O eu e o inconsciente*. Petrópolis: Vozes, 2011).

15. De acordo com terminologia de 1Cor 5,2: *Inflati estis (pephysiomenoi) et non magis luctum habuistis* etc. ("E vós andais inflados de orgulho e não pusestes luto"). Isto com referência a um incesto entre mãe e filho, tolerado pela comunidade.

figuras inconscientes. Mas esta discriminação só produz algum resultado prático se a crítica conseguir, de um lado, fixar alguns limites racionais do eu, a partir de critérios universalmente humanos, e, de outro, conferir uma autonomia e uma realidade (de natureza psíquica) a figuras do inconsciente, isto é, ao si-mesmo, à *anima* e à sombra. Uma psicologização desta autonomia e realidade é ineficaz, isto é, apenas aumenta ainda mais a inflação do eu. Não se liquida uma coisa, declarando-a irreal. O fator formador de projeções é de uma realidade impossível de ser negada. Quem, entretanto, nega este fator, identifica-se com ele, e isto não é apenas inquietante, mas simplesmente perigoso para o bem-estar do indivíduo. Todos os que lidam com casos desta natureza sabem muito bem o quanto uma inflação pode ser perigosa para a vida. Para se levar uma queda mortal basta uma escada ou um assoalho liso. Ao lado do motivo do *casus ab alto* (queda de cima) existem também outros motivos psicossomáticos ou puramente psíquicos não menos desagradáveis, para a redução da presunção. Que não se pensa aqui, evidentemente, numa arrogância consciente. Não é sempre disto que se trata. Não se tem diretamente consciência deste estado. Pelo contrário: sua existência só pode ser detectada, na melhor das hipóteses, a partir de sintomas indiretos. Entre estes sintomas figura também o que o meio ambiente mais próximo tem a dizer a nosso respeito. Isto é: a inflação aumenta o ponto cego do olho, e quanto mais formos assimilados pelo fator formador de projeções, tanto maior será nossa tendência a nos identificarmos com ele. Um claro sintoma disto é a recusa que se verifica, nesta oportunidade, de perceber e de levar em consideração as reações do meio ambiente.

A assimilação do eu pelo si-mesmo deve ser considerada como uma catástrofe psíquica. A imagem da totalidade permanece imersa na inconsciência. É por isto que ela participa, por um lado, da natureza arcaica do inconsciente, enquanto que, por outro, na medida em que está contido no inconsciente, se situa no *continuum* espaço-tempo característico deste último[16]. Estas duas propriedades são numinosas e, por isso mesmo, absolutamente determinantes para a consciência do eu, que é diferenciada, separada do inconsciente, encontrando-se as referidas propriedades em um espaço e tempo absolutos. Isto se dá por uma necessidade vital.

[45]

---

16. Cf. JUNG. *Der Geist der Psychologie*.

Por isso, se o eu cai sob o controle de qualquer fator inconsciente, sua adaptação sofre uma perturbação, situação esta que abre as portas para todo tipo de casos possíveis.

[46] O enraizamento do eu no mundo da consciência e o fortalecimento da consciência por uma *adaptação* o mais adequada possível são de suma importância. Neste sentido, determinadas virtudes como a atenção, a conscienciosidade, a paciência, sob o ponto de vista moral, e a exata consideração dos sintomas do inconsciente e a autocrítica objetiva, do ponto de vista intelectual, são também sumamente importantes.

[47] É bem possível que a colocação do acento sobre a personalidade do eu e sobre o mundo da consciência assuma tais proporções, que as figuras do inconsciente sejam psicologizadas, e o *si-mesmo*, em consequência, *assimilado ao eu*. Embora isto signifique o processo inverso relativamente ao que acabamos de descrever, a consequência que se verifica é a mesma, ou seja, a inflação. Neste caso, o mundo da consciência deveria ser demolido, em benefício da realidade do inconsciente. No primeiro caso, será preciso defender a realidade contra um estado onírico arcaico, "eterno" e "ubíquo"; no segundo, deve-se, ao invés, dar espaço ao sonho, em detrimento do mundo da consciência. Na primeira hipótese, recomenda-se o emprego de todas as espécies possíveis de virtude. Na segunda eventualidade, a presunção do eu só pode ser sufocada por uma derrota moral. Isto se faz necessário, pois de outro modo nunca se alcançaria aquele grau mediano de modéstia que é preciso para manter uma situação de equilíbrio. Não se trata de um afrouxamento moral, como se poderia supor, mas de um esforço moral numa direção diferente. Quem não é suficientemente responsável, por exemplo, precisa de um desempenho moral, a fim de que possa satisfazer a mencionada exigência. Para aqueles, porém, que estão suficientemente enraizados no mundo, em virtude de seus próprios esforços, vencer suas virtudes, afrouxando, de algum modo, os laços de sua relação com o mundo e diminuindo a eficácia de seu esforço de adaptação, representa um desempenho moral notável. (Lembro, aqui, a figura de Bruder Klaus [Nicolau de Flüe], o qual deixou mulher e numerosa prole entregues à própria sorte, para salvar a própria alma!)

Como todos os problemas morais propriamente ditos só começam, sem exceção, além do que é estabelecido pelo código penal, sua solução só raramente, ou quase nunca, pode se basear em precedentes da mesma natureza, para não falarmos dos preceitos e artigos da lei. Em outras palavras: os problemas reais se originam de *conflitos de deveres*. Quem é suficientemente humilde ou acomodado pode tomar sua decisão com a ajuda de uma autoridade externa. Mas quem não confia nos outros nem em si mesmo jamais chegaria a tomar uma decisão, a não ser daquele modo que a *Common Law* chama de *act of God*. O *Oxford Dictionary* define esta expressão como um *act of uncontrollable natural forces* (ação de forças naturais incontroláveis). Existe, em todos estes casos, uma autoridade inconsciente que dissipa a dúvida, criando um *fait accompli* (um fato consumado). [Em conclusão: isto só acontece de forma velada, mesmo naqueles indivíduos que baseiam sua decisão em uma autoridade externa.] Podemos designar esta instância como "vontade de Deus" ou como *operation of natural forces*. Mas, neste caso, não é psicologicamente possível saber em que sentido ela é tomada. A interpretação racionalista da autoridade interior como sendo "forças naturais" ou como instintos satisfaz a inteligência moderna, mas tem o grande inconveniente de que a decisão, aparentemente vitoriosa do instinto, ofenda a autoconsciência; por esta razão facilmente nos persuadimos de que a coisa só foi resolvida por uma decisão racional da vontade. O homem civilizado tem tanto medo do *crimen laesae maiestatis humanae* (crime de lesa-majestade humana) que, sempre que possível, retoca posteriormente os fatos da maneira descrita, para dissimular a sensação de uma derrota moral sofrida. Seu orgulho consiste, evidentemente, em acreditar na própria autonomia e na onipotência de seu querer, e em desprezar aqueles que são logrados pela simples natureza.

[48]

Conceber a autoridade interna como "vontade de Deus" (o que implica admitir que as "forças naturais" são "forças divinas") tem a vantagem de a decisão se apresentar, em tal caso, como um ato de obediência e o resultado deste último como algo planejado por Deus. Contra esta concepção objeta-se, aparentemente com razão, que ela não só é muito cômoda, como também lança o manto da virtude sobre o que não passa de um afrouxamento moral. Esta objeção, entretanto, só se justifica

[49]

quando uma ideia egoísta se oculta intencionalmente por detrás da fachada verbal hipócrita. Mas casos desta espécie não constituem a regra, pois o que acontece comumente é que tendências instintivas se impõem a favor ou contra o interesse subjetivo, com ou sem o assentimento de uma autoridade externa. Não é preciso consultar previamente essa autoridade, pois ela se apresenta, *a priori*, na força das tendências que pugnam em torno da decisão. Neste combate o homem nunca aparece como um mero observador, mas toma parte nele, mais ou menos "voluntariamente", tentando colocar o peso de seu sentimento de liberdade moral no prato da balança da decisão. Entretanto, aqui não se sabe em que redundará a motivação causal, por vezes inconsciente, de sua decisão, que ele considera livre. Tanto poderá ser um *act of God* quanto uma catástrofe natural. Esta questão me parece insolúvel, porque as raízes do sentimento de liberdade moral nos são desconhecidas, mas sua existência é tão certa como a dos instintos, cuja natureza nos parece compulsiva.

[50] Em resumo: é mais vantajoso, e também psicologicamente mais "correto", considerar certas forças naturais que se manifestam em nós, sob a forma de impulsos, como sendo a "vontade de Deus". Com isso nos pomos em consonância com o *habitus* da vida psíquica ancestral, isto é, funcionamos tal qual tem funcionado o ser humano em todos os lugares e em todas as épocas. A existência desse *habitus* demonstra sua capacidade de sobreviver, pois, se não a tivesse, todos os que o seguiram teriam perecido por não haverem se adaptado. Se estivermos em consonância com ele, existirá para nós uma possibilidade racional de sobreviver. Se uma concepção tradicional nos garante tal coisa é porque não só não há motivo algum para considerar tal concepção como errônea, como também temos toda razão de considerá-la "verdadeira" ou "correta", precisamente em sentido psicológico. Verdades psicológicas não são conhecimentos metafísicos. São, pelo contrário, modos (*modi*) habituais de pensar, de sentir e de agir que se revelam úteis e proveitosos à luz da experiência.

[51] Quando digo que impulsos encontrados dentro de nós devem ser considerados como "vontade de Deus", não é minha intenção insistir em que devemos considerá-los como desejos e vontade arbitrários, mas como dados absolutos com os quais é preciso, por assim dizer, saber

conviver de maneira correta. A vontade só consegue dominá-los parcialmente. Poderá, porventura, reprimi-los, sem conseguir alterá-los em sua essência; aquilo que tiver sido reprimido, voltará a manifestar-se em outro lugar e sob uma forma modificada, mas desta vez carregado de um ressentimento que transforma o impulso natural, em si inofensivo, em nosso inimigo. Eu gostaria também que o termo "Deus", na expressão "vontade de Deus", não fosse tomado em sentido cristão, mas no sentido de Diotima, ao afirmar: "O Eros, meu caro Sócrates, é um grande demônio"[17]. O vocábulo grego "demônio" (*daimon*) exprime um poder determinante que vem ao encontro do homem, de fora, tal como o poder da Providência e do destino. Neste encontro, é ao homem que se reserva a decisão ética. Mas o homem precisa saber a respeito do que decide, e saber também o que está fazendo. Quando presta obediência, não é apenas ao próprio arbítrio que está seguindo, e quando rejeita, não é apenas a própria ficção que está destruindo.

Na psicologia não se recomenda o ponto de vista *apenas* biológico ou o das ciências naturais, pelo fato de ser em essência meramente intelectual. Mas isto não constitui uma desvantagem, porquanto o método seguido pelas ciências naturais tem-se revelado heuristicamente de inestimável valor no campo da pesquisa psicológica. Mas o intelecto não capta o fenômeno psicológico como um todo, uma vez que este não é constituído de *sentido*, mas de *valor*, valor que se fundamenta na intensidade das tonalidades afetivas concomitantes. Precisa-se, no mínimo, de duas funções "racionais"[18] para se esboçar o esquema mais ou menos completo de um conteúdo psíquico. [52]

Quando, portanto, no estudo dos conteúdos psíquicos se toma em consideração não apenas o aspecto intelectual, senão também o julgamento de valor, obtém-se necessariamente não apenas uma imagem completa do respectivo conteúdo, mas também a posição especial que ocupa na escala dos conteúdos psíquicos. O valor afetivo constitui um critério sumamente importante, sem o qual a psicologia não é possível, [53]

---

17. "Eros é um demônio, Sócrates, um grande demônio" (PLATÃO. *Banquete*, na tradução de Rudolf Kassner, p. 49).

18. Cf. *Tipos psicológicos* (Definições: "Racional") [Tradução brasileira, Rio de Janeiro: Zahar Editores, 3. ed., 1976, p. 538s. – N.T.].

porque é ele que determina, em larga medida, o papel que o conteúdo acentuado desempenhará na economia da psique. Ou melhor, o valor afetivo funciona como um barômetro que indica a intensidade de uma representação, intensidade que, por sua vez, expressa a tensão energética, o potencial de ação da representação. A sombra, por exemplo, em geral tem um valor afetivo marcadamente negativo, ao passo que a *anima* e o *animus* possuem, ao invés, um valor positivo. A sombra, geralmente, vem acompanhada de tonalidades afetivas claras e facilmente identificáveis, enquanto que a *anima* e o *animus* apresentam qualidades afetivas bastante difíceis de definir. Vale dizer: o mais das vezes elas são sentidas como algo de fascinador e numinoso. Muitas vezes envolvem-nas uma atmosfera de sensibilidade, de intangibilidade, de mistério e de embaraçosa intimidade, e até mesmo de incondicionalidade. Estas qualidades exprimem a relativa autonomia das duas figuras em questão. Sob o aspecto da colocação dentro da hierarquia afetiva, a *anima* e o *animus* estão mais ou menos para a sombra assim como a sombra está para a consciência do eu. Parece que é sobre este último que se concentra a enfatização afetiva. Seja como for, a consciência do eu consegue, pelo menos por algum tempo, reprimir a sombra, com um dispêndio não pequeno de energia. Mas se, por quaisquer motivos, o inconsciente adquire a supremacia, cresce a valência da sombra etc. em proporção com este predomínio, e se inverte, por assim dizer, a escala de valores. Aquilo que se achava mais distante da consciência desperta e parecia inconsciente assume como que um aspecto ameaçador, ao mesmo tempo que o valor vai crescendo na seguinte progressão: consciência do eu, sombra, *anima*, si-mesmo. Esta inversão do estado de consciência desperta ocorre, regularmente, na passagem do estado de vigília para o estado de sono, e é neste último sobretudo que mais se destaca aquilo que era inconsciente em pleno dia. Cada *abaissement du niveau mental* (queda do nível mental) provoca uma relativa inversão dos valores.

[54] Refiro-me aqui à acentuação *subjetiva* do sentimento que está submetida à mudança mais ou menos periódica acima descrita. Mas existem também *valores objetivos* que se fundamentam em um *consensus* (consenso) universal, tais como os valores morais, estéticos e religiosos, isto é, ideais reconhecidos universalmente ou representações coletivas (as *représenta-*

tions collectives de Lévy-Bruhl[19]), de tonalidade afetiva. É fácil determinar as acentuações afetivas subjetivas ou "quantidades de valor", com base no tipo e no número das constelações por elas produzidas, ou dos sintomas perturbadores[20]. Os ideais coletivos muitas vezes não recebem acentuação afetiva subjetiva; mas isto não impede que conservem seu valor afetivo. Por isto, não se pode demonstrar a existência deste último com base em sintomas subjetivos, mas sim com base, de um lado, nos atributos de valor que são inerentes a tais representações coletivas e, do outro, em uma simbólica característica, sem falar de seu efeito sugestivo.

Este problema tem um aspecto prático, pois pode acontecer facilmente que, por falta de acentuação afetiva subjetiva, uma ideia coletiva, em si mesma importante, só apareça representada no sonho por um atributo de natureza inferior (por exemplo, um deus, por um atributo teriomórfico), ou então a ideia pode não possuir, na consciência, aquela acentuação afetiva que lhe cabe por natureza, razão pela qual deve ser primeiramente recolocada em seu contexto arquetípico. Disto se encarregam os poetas e profetas. Hölderlin, por exemplo, em seu "Hino à Liberdade" faz com que tal conceito, cujo uso e o abuso frequentes tornaram insípido, reviva em seu esplendor primitivo:

> Desde que seu braço me arrancou do pó,
> Bate meu coração temerário e feliz:
> Inflamadas pelos seus beijos divinos,
> Ardem ainda minhas faces incendidas.
> Cada som de sua boca feiticeira
> Enobrece ainda o sentido recriado.
> Escutai, ó espíritos! Seguidores de minha deusa,
> Escutai e prestai homenagem à soberana[21].

É fácil perceber que a ideia é recolocada, aqui, em sua situação originária, isto é, sob a forma luminosa da *anima* arrancada ao peso da terra e à tirania dos sentidos e mostrando, qual *psychopompos*, o caminho que conduz aos prados felizes.

---

19. *Les Fonctions mentales dans les sociétés inférieures.*
20. *Über psychische Energetik und das Wesen der Träume*, § 14s. e 20s.
21. Obras Completas II, *Poesias*, p. 53.

[57] Entretanto, o primeiro caso, em que a ideia coletiva é representada por um aspecto insignificante do sonho, parece ser mais frequente: a "deusa" aparece sob a forma de um gato preto, e a própria divindade, sob a forma de *lapis exilis* (pedra diminuta). Mas para a interpretação necessitamos nesse caso de certos conhecimentos que têm menos a ver com a zoologia e com a mineralogia do que com a realidade de um *consensus omnium* (consenso universal) histórico a respeito do objeto em consideração. Estes aspectos "mitológicos" das coisas estão sempre presentes. Embora hesitemos às vezes se a porta de entrada do jardim deve ser pintada de verde ou de branco, isto não indica, por si só, que pensamos, por exemplo, que o verde é a cor da esperança e da vida; contudo, o aspecto simbólico do "verde" não deixa de estar presente aí como um *sous-entendu* (como subentendido) inconsciente. Por isso, aquilo que é da máxima importância para a vida do inconsciente ocupa o último lugar na escala dos valores da consciência, e vice-versa. A própria figura da sombra pertence ao reino dos fantasmas irreais, sem falarmos da *anima* e do *animus* que só aparecem sob a forma de projeções dirigidas aos próximos. O si-mesmo, em sua totalidade, situa-se além dos limites pessoais e quando se manifesta, se é que isto ocorre, é somente sob a forma de um mitologema religioso; os seus símbolos oscilam entre o máximo e o mínimo. Por isso quem se identifica com a metade diurna de sua própria existência psíquica, só pode conceber os sonhos noturnos como nulidades desprovidas de valor, embora a noite possa ser tão longa quanto o dia, e toda consciência esteja baseada numa evidente situação de inconsciência, aí tendo suas raízes e aí se extinguindo cada noite. Além do mais, a psicopatologia sabe muito bem o que o inconsciente causa à consciência, sendo por isso que consagra ao inconsciente uma atenção muitas vezes incompreensível para um leigo, de início. Sabemos, com efeito, que aquilo que é pequeno durante o dia, torna-se grande durante a noite, e vice-versa. Por isso também sabemos que, ao lado do que é pequeno durante o dia, existe sempre aquilo que é grande durante a noite, embora invisível.

[58] Este conhecimento é o pré-requisito indispensável para qualquer integração, isto é, um conteúdo só pode ser integrado quando seu duplo aspecto se tornar consciente e o conteúdo tiver sido apreendido no

plano intelectual, mas em correspondência com seu valor afetivo. É muito difícil, porém, combinar intelecto e sentimento, pois os dois, *per definitionem*, repelem-se. Quem se identificar com um ponto de vista intelectual, poderá eventualmente confrontar-se com o sentimento sob a forma da *anima*, numa situação de hostilidade; inversamente, um *animus* intelectual brutalizará o ponto de vista do sentimento. No entanto, quem quiser realizar esta difícil tarefa, não só intelectualmente, mas também como valor de sentimento, deverá, para o que der e vier, defrontar-se com o *animus* ou com a *anima*, a fim de alcançar uma união superior, uma *coniunctio oppositorum* (unificação dos opostos). Este é um pré-requisito indispensável para se chegar à totalidade.

Embora a "totalidade", à primeira vista, não pareça mais do que uma noção abstrata (como a *anima* e o *animus*), contudo é uma noção empírica, antecipada na psique por símbolos espontâneos ou autônomos. São estes os símbolos da *quaternidade* e dos *mandalas*, que afloram não somente nos sonhos do homem moderno, que os ignora, como também aparecem amplamente difundidos nos monumentos históricos de muitos povos e épocas. Seu significado como símbolos da unidade e da totalidade é corroborado no plano da história e também no plano da psicologia empírica. O que parece à primeira vista uma noção abstrata é, na realidade, algo de empírico, que revela espontaneamente sua existência apriorística. A totalidade constitui, portanto, um fator objetivo que se defronta com o sujeito, de modo autônomo, tal como o *animus* e a *anima*; e da mesma forma que ambos ocupam uma posição hierarquicamente superior à da sombra, assim também a totalidade exige uma posição e um valor superiores aos da sizígia (*anima-animus*). Parece que esta última constitui pelo menos uma parte essencial, a modo das duas metades da totalidade, isto é, o par régio irmão-irmã, ou seja, aquela tensão dos opostos da qual procede a Criança Divina[22] como símbolo da unidade.

[59]

A unidade e a totalidade se situam a um nível superior na escala dos valores objetivos, uma vez que não podemos distinguir os seus símbolos

[60]

---

22. A este respeito, cf. KERÉNYI & JUNG. *Einführung in das Wesen der Mythologie*, bem como JUNG, *Psychologie und Alchemie* [Índice analítico] nos verbetes: *filius philosophorum*, *infans* e *hermaphroditus*.

da *imago Dei* (imagem de Deus). Tudo o que se diz sobre a imagem de Deus pode ser aplicado sem nenhuma dificuldade aos símbolos da totalidade. Mostra-nos a experiência que os mandalas individuais são símbolos ordenadores, razão pela qual se manifestam nos pacientes sobretudo em épocas de desorientação ou de reorientação psíquicas. Eles exorcizam e esconjuram, sob a forma de círculos mágicos, as potências anárquicas do mundo obscuro, copiando ou gerando uma ordem que converte o caos em cosmos[23]. O mandala se apresenta à consciência primeiramente como algo de vago e puntiforme[24]; em geral, é necessário um trabalho demorado e meticuloso, bem como a integração de muitas projeções, até que se possa compreender de modo mais ou menos completo as proporções do símbolo. Não seria difícil chegar a esta percepção, se ela fosse apenas intelectual; os enunciados universais acerca do Deus que está em nós e acima de nós, de Cristo e do seu *corpus mysticum* (corpo místico), do *Atman* suprapessoal etc., são formulações de que o intelecto se apodera com facilidade. Disto nasce a ilusão de que assim tomamos posse do objeto. Mas na realidade nada se conseguiu, a não ser o seu nome. Desde épocas antigas existe a ideia preconcebida de que ele representa magicamente o próprio objeto, e portanto bastaria pronunciar o nome para tornar presente o objeto. Na realidade, a razão teve razões de sobra para reconhecer, ao longo dos séculos, a futilidade dessa opinião; mas isto não impediu que, ainda em nossos dias, o mero domínio intelectual seja considerado como absolutamente válido. Ora, foi a psicologia experimental que nos mostrou claramente que o ato de "conceber", mediante o intelecto, um fato psicológico, não produz senão um "conceito" deste fato, e tal conceito não passa de um nome, de um mero *flatus vocis* (um sopro de voz). Mas, neste caso, tais moedinhas de troco podem ser manuseadas comodamente. Passam facilmente de mão em mão, pois não possuem substância inerente. São sonoras, mas não encerram valor algum e a nada obrigam, embora designem uma tarefa e uma obrigação gravíssimas. O intelecto é de incontestável utilidade, mas além disto é também um grande embusteiro e ilusionista, sempre que tenta manusear *valores*.

---

23. A este respeito, cf. *Psychologie und Alchemie*, II, 3.
24. Cf. § 340 do presente volume.

Tem-se a impressão de se poder fazer qualquer tipo de ciência apenas com o intelecto; mas isto não ocorre com a psicologia, cujo objeto exorbita os dois aspectos que nos são transmitidos através da percepção sensorial e do pensamento. A função de valor, ou seja, o *sentimento*, constitui parte integrante da orientação da consciência; por isso, não pode faltar em um julgamento psicológico mais ou menos completo, pois de outra forma o modelo do processo real a ser produzido seria incompleto. É inerente a todo processo psíquico a qualidade de valor, isto é, a tonalidade afetiva. Esta tonalidade indica-nos em que medida o sujeito foi *afetado* pelo processo, ou melhor, o que este processo significa para ele na medida em que o processo alcança a consciência. É mediante o "afeto" que o sujeito é envolvido e passa, consequentemente, a sentir todo o peso da realidade. Esta diferença corresponde, portanto, mais ou menos àquela que existe entre a descrição de uma enfermidade grave que se lê em algum livro e a doença real que o paciente tem. Psicologicamente, não se possui o que não se experimentou na realidade. Uma percepção meramente intelectual pouco significa, pois o que se conhece são meras palavras e não a substância a partir de dentro. [61]

É muito maior do que se imagina o número de pessoas que têm medo do inconsciente. Tais pessoas têm medo até da própria sombra. Quando se trata da *anima* e do *animus*, este medo cresce até se transformar em pânico. A sizígia (*animus-anima*) representa, na realidade, aqueles conteúdos psíquicos que irrompem no seio da consciência[25], no curso de uma psicose (e de modo claríssimo nas formas paranoides da esquizofrenia). O próprio fato de vencer tal medo, quando isto ocorre, já representa uma façanha moral extraordinária, mas não é a única condição a ser satisfeita no caminho que conduz à verdadeira experiência do si-mesmo. [62]

A sombra, a sizígia e o si-mesmo são fatores psíquicos de que podemos ter uma ideia satisfatória somente a partir de uma experiência mais ou menos completa. Assim como estas noções têm sua origem na experiência viva da realidade, do mesmo modo elas só podem ser eluci- [63]

---

25. Um caso clássico é aquele publicado por Nelken (*Analytische Beobachtungen über Phantasien eines Schizophrenen*). E também a autobiografia de Schreber: *Denkwürdigkeiten eines Nervenkranken*.

dadas à base da experiência. Uma crítica filosófica nelas encontrará toda espécie de defeitos, se não atentar previamente que se trata de *fatos* e que o chamado conceito, neste caso, não é mais do que uma descrição ou definição resumida desses fatos. Ele terá também tão pouca possibilidade de prejudicar o objeto, quanto a crítica zoológica a imagem do ornitorrinco. Não se trata do conceito, mas sim de uma palavra, de uma ficha de jogar que só tem importância e aplicação por representar a soma das experiências que, lamentavelmente, não posso transmitir a meus leitores. Em algumas publicações tentei, com base no material casuístico recolhido, descrever a natureza dessas experiências, assim como o método de obtê-las. Sempre que meu método é aplicado, são confirmadas as minhas indicações referentes aos fatos. Na época de Galileu qualquer um poderia ver as luas de Júpiter, se se desse ao trabalho de usar o telescópio por ele inventado.

[64] Afora o estreito círculo especializado da psicologia, as figuras citadas também são compreendidas por todos aqueles que possuem algum conhecimento da mitologia comparada. Na "sombra" reconhecem o representante adverso do obscuro mundo ctônico, cuja figura contém traços universais. A sizígia é diretamente inteligível como modelo psíquico de todos os pares de deuses. Em virtude de suas qualidades empíricas, o si-mesmo se manifesta por fim como o *eidos* (ideia) de todas as representações supremas da totalidade e da unidade, que são inerentes, sobretudo, aos sistemas monoteístas e monistas.

[65] Considero tais paralelos importantes, na medida em que possibilitam relacionar certas representações *metafísicas*, que perderam a base natural de suas experiências, com um acontecimento psíquico vivo e universalmente dado, fazendo com que elas readquiram o seu sentido específico e original. Com isto se restabelece a ligação entre aqueles conteúdos projetados e "formulados" como sendo intuições "metafísicas", e o eu. Infelizmente, já o dissemos, a existência de conceitos metafísicos e a crença de que são reais não produzem por si só a presença de seu conteúdo ou objeto, embora a concordância entre a intuição e a realidade, sob uma forma de estado psíquico especial, de um *status gratiae* (estado de graça), não seja impossível, ainda que não possa ser produzida pela vontade do indivíduo. Se os conceitos metafísicos perderam,

pois, a capacidade de recordar ou evocar a experiência original, não só se tornaram inúteis, como constituem verdadeiros empecilhos no caminho de uma evolução ulterior. As pessoas se agarram justamente à posse daquelas coisas que outrora significavam riqueza, e quanto mais ineficazes, mais incompreensíveis e mais sem vida se tornam, tanto mais os indivíduos se aferram a elas. (As pessoas se apegam, naturalmente, apenas a ideias estéreis; as ideias vivas possuem conteúdo e riqueza, de modo que não há motivo para se aferrar a elas.) No decorrer do tempo, portanto, o que é lógico se transforma em disparate. Infelizmente é este o destino das concepções metafísicas.

Atualmente, a questão consiste realmente em saber o que, em todo o mundo, se entende por tais ideias. O público – caso não haja voltado as costas para a tradição – há muito não deseja mais ouvir uma "mensagem", mas, pelo contrário, quer que se lhe diga qual é o seu sentido. As simples palavras que murmuram no púlpito são incompreensíveis e pedem uma explicação: Como pode a morte de Cristo ter-nos salvo, se nenhum de nós se sente salvo? Como pode Jesus ser um Homem-Deus, e o que é um Homem-Deus? Que se entende por Trindade, *parthenogenesis*, comer o corpo e beber o sangue? Em que extremo se situa o mundo destes conceitos em relação aos da vida cotidiana, cuja realidade cristalina as ciências naturais e físicas captam em sua máxima extensão? Das vinte e quatro horas do dia passamos pelo menos dezesseis exclusivamente neste mundo, e as oito restantes em um estado inconsciente. Onde ou quando acontece algo que nos lembre, mesmo longinquamente, ocorrências tais como anjos, milagres de multiplicação de pães, bem-aventuranças, ressurreição de mortos etc.? Por isso foi uma descoberta quando se verificou que no estado inconsciente de sono ocorrem certos intervalos denominados "sonhos", e que nestes sonhos às vezes ocorrem cenas que guardam uma semelhança nada desprezível com os temas dos mitos. Os mitos são narrativas maravilhosas e tratam justamente de tudo aquilo que, muitas e muitas vezes, é também objeto de fé. [66]

É bem difícil encontrar algo semelhante no universo cotidiano da existência; até 1933 só encontrávamos, por assim dizer, enfermos mentais na posse de fragmentos vivos da mitologia. Depois desta data ampliou-se o universo dos heróis e dos monstros, como um fogo devasta- [67]

dor, sobre todas as nações do mundo; ficou então provado que o mito e seu universo próprio nada perderam de sua vitalidade, nem mesmo nos séculos da razão e do Iluminismo. Se os conceitos metafísicos já não exercem quase nenhum fascínio sobre os homens, certamente não é pela falta da originalidade e primitividade da alma europeia, mas única e exclusivamente porque os símbolos tradicionais já não exprimem aquilo que o fundo do inconsciente quer ouvir, como resultado dos vários séculos de evolução da consciência cristã. Trata-se de um verdadeiro *antimimon pneuma* (um espírito de contrafação), de um pseudoespírito de arrogância, histeria, imprecisão, amoralidade criminosa e sectarismo doutrinário, gerador de refugos espirituais, de sucedâneos da arte, de gagueiras filosóficas e de vertigens utópicas, suficientemente bons para serem ministrados, qual forragem, em grande quantidade, ao homem massificado de nosso tempo. É assim que se nos afigura o espírito pós-cristão.

Capítulo 7
A psicologia do arquétipo da criança[1]

I. Introdução

O autor[2] do trabalho sobre a mitologia da "criança" ou da divindade-criança pediu-me que comentasse o objeto de seu estudo sob o ponto de vista psicológico. Aceito o seu convite com prazer, apesar do empreendimento parecer-me muito ousado, em vista do grande significado do motivo mitológico da criança. A ocorrência deste motivo na Grécia e em Roma foi ampliada pelo próprio Kerényi, através de paralelos indianos, finlandeses e de outras procedências, indicando assim que a representação (do motivo) seria passível de muitas outras extensões. Uma descrição abrangente não contribuiria com nada de determinante, em princípio; poderia, porém, produzir uma impressão poderosa da incidência e frequência universal do motivo. Até hoje, o tratamento habitualmente dado a motivos mitológicos em diversos campos da ciência independentes uns em relação aos outros, tal como na filologia, etnologia, história da civilização e das religiões comparadas, não ajudou realmente a reconhecer a sua universalidade; a problemática psicológica

[259]

---

1. Publicado juntamente com uma contribuição de Karl Kerényi ("*Das Urkind in der Urzeit*") sob a forma de monografia (Albae Vigiliae VI / VII) na editora Pantheon Akademische Verlagsanstalt, Amsterdan-Leipzig, 1940, sob o título *Das Göttliche Kind. In Mythologischer und Psychologischer Beleuchtung*. A seguir juntamente com o capítulo seguinte deste volume, sob o título: C.G. Jung und Karl Kerényi, *Einführung in das Wesen der Mythologie. Gottkindmythos/Eleusinische Mysterien*, na mesma editora, 1941. Nova edição com o mesmo título, mas com outro subtítulo: *Das Göttliche Kind/das göttliche Mädchen*, Rhein-Verlag, Zurique, 1951.
2. [KERÉNYI. *Das göttliche Kind.*]

que esta última levanta poderia ter sido facilmente posta de lado por hipóteses de migração. Consequentemente, as ideias de Adolf Bastian[3] tiveram pouco êxito em sua época. Já havia então material empírico suficiente para permitir conclusões psicológicas consideráveis, mas faltavam as premissas necessárias. Embora os conhecimentos psicológicos daquele tempo incluíssem em seu âmbito a formação dos mitos conforme testemunha o exemplo de *Völkerpsychologie* de Wilhelm Wundt, eles não haviam chegado a provar esse mesmo processo como uma função viva existente na psique do homem civilizado. Do mesmo modo, não conseguiam compreender os motivos mitológicos como elementos estruturais da psique. Fiéis à sua história, em que a psicologia era em primeiro lugar metafísica, depois o estudo dos sentidos e de suas funções e, em seguida, das funções da consciência, identificaram o seu objeto com a consciência e seus conteúdos, ignorando completamente a existência de uma alma não consciente. Apesar de vários filósofos, como Leibniz, Kant e Schelling terem indicado claramente o problema da alma obscura, foi um médico que se sentiu impelido a destacar o *inconsciente* como a base essencial da psique, a partir de sua experiência científica e médica. Estamos falando de Carl Gustav Carus[4], o precursor de Eduard von Hartmann. Mais recentemente foi novamente a psicologia médica que se aproximou do problema do inconsciente, sem pressuposições filosóficas. Tornou-se claro, através de numerosas investigações, que a psicopatologia das neuroses e de muitas psicoses não pode dispensar a hipótese de uma parte obscura da alma, ou seja, do inconsciente. O mesmo se dá com a psicologia do sonho, que é verdadeiramente uma *terra intermedia* entre a psicologia normal e a patológica. No sonho, tal como nos produtos da psicose, verificam-se inúmeras conexões que podem ser postas em paralelo com associações de ideias mitológicas (ou eventualmente com certas criações poéticas, muitas vezes caracterizadas por tomarem emprestado seus motivos dos mitos, de modo nem sempre consciente). Se uma investigação cuidadosa demonstrasse que na maioria desses casos se trata simplesmente de conhecimentos esquecidos, o médico jamais se

---

3. [*Der Mensch in der Geschichte* (1860). – EDITOR]
4. [*Psyche* (1846). – EDITOR]

teria dado ao trabalho de fazer pesquisas extensas sobre paralelos individuais e coletivos. Verdadeiramente, porém, foram observados mitologemas típicos justamente em indivíduos nos quais esses conhecimentos estavam fora de questão e mesmo sendo impossível uma derivação indireta de ideias religiosas ou de figuras da linguagem popular[5]. Tais conclusões forçam-nos a assumir que se trata de revivescências "autóctones", além de toda tradição e consequentemente da existência de elementos estruturais "formadores de mitos" da psique inconsciente[6].

[260] Estes produtos nunca ou raramente são mitos formados, mas sim componentes de mitos que, devido à sua natureza típica, podemos chamar de "motivos", "imagens primordiais", "tipos" ou "arquétipos", como eu os designei. O arquétipo da criança é um ótimo exemplo. Hoje podemos permitir-nos pronunciar a fórmula de que os arquétipos aparecem nos mitos e contos de fadas, bem como no sonho e nos produtos da fantasia psicótica. O meio que os contém é, no primeiro caso, um contexto de sentido ordenado e quase sempre de compreensão imediata, mas, no segundo caso, uma sequência de imagens geralmente incompreensível, irracional, delirante, que no entanto não carece de uma certa coerência oculta de sentido. No indivíduo, os arquétipos aparecem como manifestações involuntárias de processos inconscientes, cuja existência e sentido só pode ser inferido; no mito, pelo contrário, trata-se de formações tradicionais de idades incalculáveis. Remontam a um mundo anterior originário, com pressupostos e condições espirituais que ainda podemos observar entre os primitivos atuais. Os mitos, neste nível, são em regra geral ensinamentos tribais, transmitidos de geração em geração, através de relatos orais. O estado de espírito primitivo diferencia-se do

---

5. JUNG. *Die Struktur der Seele* [§ 317s.].

6. Freud (*Die Traumdeutung*, p. 185) fez um paralelo entre certos aspectos da psicologia infantil e o mito de Édipo, cuja "atuação universalmente válida" – dizia – seria explicada por pressupostos infantis muito semelhantes. A elaboração propriamente dita do material mitológico foi assumida posteriormente por meus discípulos (MAEDER. *Essai d'interprétation de quelques rêves* e *Die Symbolik in den Legenden, Märchen, Gebräuchen und Träumen*; RICKLIN. *Über Gefängnispsychosen* e *Wunscherfüllung und Symbolik im Märchen*; ABRAHAM. *Traum und Mythus*). Seguiu-se o trabalho de Rank, da Escola de Viena, *Der Mythus von der Geburt des Helden*. In: *Transformações e símbolos da libido* (1911), apresentei depois uma pesquisa mais extensa sobre os paralelos psíquicos e mitológicos. Cf. tb. *O arquétipo com referência especial ao conceito de anima* [Capítulo III deste volume].

civilizado principalmente pelo fato de a consciência estar muito menos desenvolvida no sentido da extensão e intensidade. Funções tais como o pensamento, a vontade etc. não estão diferenciadas, mas ainda no estado pré-consciente, o que se evidencia, por exemplo, no caso do pensamento, pelo fato de que não se pensa conscientemente, mas os pensamentos *acontecem*. O primitivo não pode afirmar que ele pensa, mas sim que "algo pensa dentro dele". A espontaneidade do ato de pensar não está causalmente em sua consciência, mas em seu inconsciente. Além disso, ele é incapaz de qualquer esforço consciente de vontade, devendo colocar-se previamente na "disposição do querer", ou entregar-se a ela: daí, os seus *rites d'entrée et de sortie*. Sua consciência é ameaçada por um inconsciente poderosíssimo, daí o temor de influências mágicas que a qualquer momento podem atravessar a sua intenção e por esse motivo ele está cercado de poderes desconhecidos aos quais deve ajustar-se de algum modo. Devido ao crônico estado crepuscular de sua consciência, muitas vezes é quase impossível descobrir se ele apenas sonhou alguma coisa ou se a viveu na realidade. A automanifestação do inconsciente com seu arquétipo introduz-se sempre em toda parte na consciência e o mundo mítico dos antepassados, por exemplo, o *alchera* ou *bugari* dos aborígines australianos é uma existência de nível igual ou mesmo superior à natureza material[7]. Não é o mundo tal como o conhecemos que fala a partir de seu inconsciente, mas o mundo desconhecido da psique, do qual sabemos que reflete apenas em parte o nosso mundo empírico, e que, por outro lado, molda este último de acordo com o pressuposto psíquico. O arquétipo não provém de fatos físicos mas descreve como a alma vivencia a realidade física, e aqui ela (a alma) procede muitas vezes tão autocraticamente chegando a negar a realidade tangível através de afirmações que colidem com esta última.

[261] A mentalidade primitiva não *inventa* mitos, mas os *vivencia*. Os mitos são revelações originárias da alma pré-consciente, pronunciamentos involuntários acerca do acontecimento anímico inconsciente e nada menos do que alegorias de processos físicos[8]. Tais alegorias seriam um jogo

---

7. O fato é conhecido e a respectiva literatura etnológica por demais volumosa para ser mencionada aqui.

8. *Die Struktur der Seele* [§ 328s.].

ocioso de um intelecto não científico. Os mitos, pelo contrário, têm um significado vital. Eles não só representam, mas também *são* a vida anímica da tribo primitiva, a qual degenera e desaparece imediatamente depois de perder sua herança mítica, tal como um homem que perdesse sua alma. A mitologia de uma tribo é sua religião viva, cuja perda é tal como para o homem civilizado, sempre e em toda parte, uma catástrofe moral. Mas a religião é um vínculo vivo com os processos anímicos, que não dependem do consciente, mas o ultrapassam, pois acontecem no obscuro cenário anímico. Muitos desses processos inconscientes podem ser gerados indiretamente por iniciativa da consciência, mas jamais por arbítrio consciente. Outros parecem surgir espontaneamente, isto é, sem causas discerníveis e demonstráveis pela consciência.

[262] A psicologia moderna trata produtos da atividade da fantasia inconsciente como autorretratos de processos que acontecem no inconsciente ou como asserções da psique inconsciente acerca de si própria. Podemos distinguir duas categorias em tais produtos. Primeiro: fantasias (inclusive sonhos) de caráter pessoal, que indubitavelmente se reportam a vivências pessoais, a coisas esquecidas ou reprimidas, podendo portanto ser inteiramente explicadas pela anamnese individual. Segundo: fantasias (inclusive sonhos) de caráter impessoal e pessoal, que não podem ser atribuídas a vivências do passado individual e consequentemente não podem ser explicadas a partir de aquisições individuais. Tais imagens da fantasia têm, sem dúvida, uma analogia mais próxima com os tipos mitológicos. Presume-se por este motivo que elas correspondam a certos elementos estruturais *coletivos* (e não pessoais) da alma humana em geral e que são *herdadas* tais como os elementos morfológicos do corpo humano. Embora a tradição e a expansão mediante a migração de fato existam, há, como já dissemos, inúmeros casos que não podem ser explicados desse modo, exigindo pois a hipótese de uma revivescência "autóctone". Estes casos são tão numerosos que não podemos deixar de supor a existência de um substrato anímico coletivo. Designei este último por *inconsciente coletivo*.

[263] Os produtos desta segunda espécie assemelham-se de tal forma aos tipos estruturais dos mitos e dos contos de fadas que somos levados a considerá-los como aparentados. Por isso é muito possível que ambos, tanto os tipos mitológicos como os individuais, surjam em circunstân-

cias muito similares. Conforme já mencionamos, os produtos da fantasia da segunda espécie (como também os da primeira) surgem em um estado de intensidade reduzida da consciência (em sonhos, sonhos acordados, delírios, visões etc.). Nesses estados cessa a inibição provocada pela concentração da consciência sobre os conteúdos inconscientes, e assim jorra, como que saindo de portas laterais abertas, o material até então inconsciente, para o campo da consciência. Este modo de surgimento é uma regra geral[9].

[264] A intensidade de consciência reduzida e a ausência de concentração e atenção, ou seja, o *abaissement du niveau mental* (Pierre Janet), corresponde quase exatamente ao estado primitivo de consciência, no qual devemos supor a origem da formação dos mitos. Por essa razão é extremamente provável que os arquétipos mitológicos também tenham surgido de maneira semelhante à das manifestações de estruturas arquetípicas individuais que ocorrem ainda atualmente.

[265] O princípio metodológico segundo o qual a psicologia trata dos produtos do inconsciente é o seguinte: conteúdos de natureza arquetípica são manifestações de processos no inconsciente coletivo. Não se referem, portanto, a algo consciente agora ou no passado, mas a algo essencialmente inconsciente. Em última análise, portanto, é impossível indicar aquilo a que se referem. Toda interpretação estaciona necessariamente no "como se". O núcleo de significado último pode ser circunscrito, mas não descrito. Mesmo assim, a simples circunscrição já denota um progresso essencial no conhecimento da estrutura pré-consciente da psique, que já existia quando ainda não havia qualquer unidade pessoal (que no primitivo atual ainda não é uma posse assegurada), nem qualquer vestígio de consciência. Podemos observar tal estado pré-consciente na primeira infância e são justamente os sonhos dessa época que frequentemente trazem à luz conteúdos arquetípicos extremamente importantes[10].

---

9. Certos casos de visões espontâneas, "*automatismes teléologiques*" (Flournoy) e os procedimentos referentes ao método da "imaginação ativa" por mim indicados [*Estudo empírico do processo de individuação* (Capítulo XI deste volume)] constituem uma exceção.

10. O material correspondente encontra-se apenas em relatórios não impressos do Seminário de Psicologia da Eidgenössischen Technischen Hochschule, Zurique, 1936-1939.

Quando se procede segundo o princípio acima, não se trata mais de indagar se um mito se refere ao Sol ou à Lua, ao pai ou à mãe, à sexualidade, ao fogo ou à água, mas trata-se unicamente da circunscrição e da caracterização aproximada de um *núcleo de significado* inconsciente. O sentido deste núcleo nunca foi consciente e nunca o será. Sempre foi e será apenas interpretado, pois toda a interpretação que se aproxima de algum modo do sentido oculto (ou – do ponto de vista do intelecto científico – sem sentido, o que é o mesmo) sempre reivindicou não só a verdade e validade absolutas, mas também reverência e devoção religiosa. Os arquétipos sempre foram e são forças da vida anímica, que querem ser levados a sério e cuidam de valorizar-se da forma mais estranha. Sempre foram portadores de proteção e salvação, e sua violação tem como consequência os *perils of the souls*[11], tão conhecidos na psicologia dos primitivos. Além disso, também são causas infalíveis de perturbações neuróticas ou até psicóticas, ao se comportarem exatamente da mesma forma que órgãos corporais ou sistemas de funções orgânicas negligenciadas ou maltratadas.

[266]

Um conteúdo arquetípico sempre se expressa em primeiro lugar metaforicamente. Se falar do Sol e com ele identificar o leão, o rei, o tesouro de ouro guardado pelo dragão, ou a "força vital de saúde" do homem, não se trata nem de um, nem de outro, mas de um terceiro desconhecido, que se expressa mais ou menos adequadamente através dessas metáforas, mas que – para o intelecto é um perpétuo vexame – permanecendo desconhecido e não passível de uma formulação. Por essa razão, o intelecto científico sempre sucumbe de novo a tendências iluministas, na esperança de banir definitivamente o fantasma do inexplicável. Não importa se esses esforços são chamados de evemerismo, apologética cristã, iluminismo no sentido estrito da palavra, ou de positivismo, sempre haverá oculto por trás um mito em roupagem nova e desconcertante que, segundo um modelo arcaico e venerável, lhe dava um cunho de conhecimento definitivo. Na realidade nunca nos libertaremos legitimamente do fundamento arquetípico, a não ser que estejamos dispostos a pagar

[267]

---

11. (Perigos da alma.)

o preço de uma neurose, da mesma forma que não nos livraremos de nosso corpo e de seus órgãos sem cometer suicídio. Já que não podemos negar os arquétipos ou torná-los inócuos de algum modo, cada nova etapa conquistada na diferenciação cultural da consciência confronta-se com a tarefa de encontrar uma nova *interpretação* correspondente a essa etapa, a fim de conectar a vida do passado, ainda existente em nós com a vida do presente, se este ameaçar furtar-se àquele. Se esta conexão não ocorrer cria-se uma consciência desenraizada, que não se orienta pelo passado, uma consciência que sucumbe desamparada a todas as sugestões, tornando-se suscetível praticamente a toda epidemia psíquica. Com a perda do passado, tornado "insignificante", desvalorizado, impossível de recuperar seu valor, também se perde o salvador, pois este é o próprio insignificante, ou dele surge. Ele aparece sempre de novo na "transformação da figura dos deuses" (Ziegler), como profeta ou primogênito de uma nova geração e se manifesta inesperadamente nos lugares mais improváveis (nascimento da pedra e da árvore, sulco de arado, água etc.) e também sob uma forma ambígua (pequeno polegar, anão, criança, animal etc.).

[268]   Este arquétipo da "criança divina" é extremamente disseminado e intimamente misturado a todos os outros aspectos mitológicos do motivo da criança. Não é necessário aludir ao Menino Jesus, vivo ainda, que na lenda de Cristóvão mostra também aquele aspecto típico de ser "menor que pequeno" e "maior que grande". No folclore o motivo da criança aparece sob a forma de anões, elfos, como personificações de forças ocultas da natureza. A figura do homenzinho de metal[12] ἀνθρωπάριον do classicismo tardio também pertence a essa esfera, homenzinho que animava até a Alta Idade Média as galerias das minas[13] por um lado, e por outro representava os metais alquímicos[14] e principalmente o Mercúrio renascido em sua forma perfeita (como hermafrodita, *filius sapientiae* ou como *infans noster*[15]). Graças à interpretação religiosa da

---

12. BERTHELOT. *Collection des anciens alchimistes grecs*, III, XXXV, p. 201.
13. AGRICOLA. *De animantibus subterraneis*; KIRCHER. *Mundus subterraneus*, VIII, 4.
14. MYLIUS. *Philosophia reformata*.
15. "Allegoria super librum turbae". In: *Artis auriferae* I, p. 161.

"criança", alguns testemunhos da Idade Média foram conservados, mostrando que a "criança" não é simplesmente uma figura tradicional, mas também uma visão vivenciada espontaneamente (enquanto irrupção do inconsciente). Menciono a visão do "menino nu", de Mestre Eckhart, e o sonho do Irmão Eustáquio[16]. Há também relatos interessantes acerca de tais vivências espontâneas em histórias de fantasmas na Inglaterra, onde se trata da visão de um *Radiant Boy*, supostamente visto em um lugar de ruínas romanas[17]. Tal figura é tida como de mau agouro. Até parece tratar-se da figura de um *puer aeternus*, que se tornou desfavorável através de "metamorfoses"; portanto ele participou do destino dos deuses da Antiguidade e germânicos, os quais se tornaram cruéis. O caráter místico da vivência também é confirmado na segunda parte do *Fausto* de Goethe, em que o próprio Fausto se transforma no menino e é admitido no "Coro dos meninos abençoados", isto como "fase larvar" do Doutor Mariano[18].

[269] Na estranha história intitulada *Das Reich ohne Raum*, de Bruno Goetz, aparece a figura de um *puer aeternus* chamado Fo (igual a Buda) com coros completos de meninos "desgraçados" de significado nefasto. (É melhor deixar de lado fatos contemporâneos.) Menciono apenas o caso acima para demonstrar a vitalidade permanente deste arquétipo.

[270] O motivo da criança ocorre não raro no campo da psicopatologia. A criança delirante é comum entre mulheres doentes mentais e é geralmente interpretado no sentido cristão. *Homunculi* também aparecem como no famoso caso Schreber[19], onde se manifestam em bandos e maltratam o doente. Mas a manifestação mais clara e significativa do motivo da criança na terapia das neuroses dá-se no processo da maturação da personalidade, induzido pela análise do inconsciente, que eu denominei

---

16. *Texte aus der deutschen mystik des 14. und 15. Jahrhunderts*, p. 143s. e 150s.
17. INGRAM. *The Haunted Homes and Family Traditions of Great Britain*, p. 43s.
18. Há uma antiga autoridade da alquimia, chamada Morienes, Morienus ou Marianus ("*De compositione alchemiae*". In: MANGETUS. *Bibliotheca chemica curiosa* I, p. 509s.). Devido ao caráter pronunciadamente alquímico de *Fausto*, Segunda parte, uma tal conexão não seria totalmente inesperada.
19. *Denkwürdigkeiten eines Nervenkranken*.

processo de individuação[20]. Trata-se aqui de processos pré-conscientes, os quais passam pouco a pouco, sob a forma de fantasias mais ou menos estruturadas, diretamente para a consciência, ou se tornam conscientes através dos sonhos ou, finalmente, através do método da imaginação ativa[21]. Estes materiais contêm abundantes motivos arquetípicos, entre os quais, frequentemente, o da criança. Muitas vezes a criança é formada segundo o modelo cristão, mas mais frequentemente ela se desenvolve a partir de níveis antigos não cristãos, ou seja, a partir de animais ctônicos, tais como crocodilos, dragões, serpentes ou macacos. Às vezes a criança aparece no cálice de uma flor, sai de um ovo dourado ou constitui o ponto central de um mandala. Nos sonhos, apresenta-se como filho ou filha, como menino, jovem ou uma virgem. Ocasionalmente, parece ter origem exótica: chinesa, indiana, de pele escura ou mais cósmica sob as estrelas, ou ainda com a fronte cingida por uma coroa de estrelas, filho do rei ou de uma bruxa com atributos demoníacos. Como um caso especial do motivo do "tesouro difícil de atingir"[22], o motivo da criança é extremamente mutável, assumindo todos os tipos de formas possíveis, pedra preciosa, pérola, flor, vaso, ovo dourado, quaternidade, esfera de ouro etc. Pode ser intercambiada com essas imagens e outras semelhantes.

II. A psicologia do arquétipo da criança

A. O arquétipo como estado pretérito

[271] No que diz respeito à psicologia do motivo ou tema da criança, devo ressaltar que toda afirmação que ultrapasse os aspectos puramente fenomênicos de um arquétipo expõe-se necessariamente à crítica acima expressa. Em momento algum devemos sucumbir à ilusão de que um arquétipo possa ser afinal explicado e com isso encerrar a questão. Até mesmo a melhor tentativa de explicação não passa de uma tradução

---

20. Descrição geral em: "Consciência, inconsciente e individuação" [Capítulo X deste volume]. Fenomenologia especial nos capítulos seguintes, bem como em: *Psicologia e alquimia* [Segunda parte: "Símbolos oníricos do processo de individuação"] e *Estudo empírico do processo de individuação* [Capítulo XI deste volume].
21. *O eu e o inconsciente*, Segunda parte, III [além disso, *A função transcendente*].
22. *Símbolos da transformação* [índice, cf. verbete].

mais ou menos bem-sucedida para outra linguagem metafórica (de fato, a linguagem nada mais é do que imagem!). Na melhor das hipóteses, *sonha-se* a continuidade ao mito, dando-lhe uma forma moderna. O que quer que uma explicação ou interpretação faça com o mito, isso equivalerá ao que fazemos com nossa própria alma, e haverá consequências correspondentes para o nosso próprio bem-estar. O arquétipo – e nunca deveríamos esquecer-nos disso – é um órgão anímico presente em cada um. Uma explicação inadequada significa uma atitude equivalente em relação a este órgão, através do qual este último pode ser lesado. O último que sofre, porém, é o mau intérprete. A "explicação" deve portanto levar em conta que o sentido funcional do arquétipo precisa ser mantido, isto é, uma conexão suficiente e adequada quanto ao sentido da consciência com o arquétipo deve ser assegurada. Este último é um elemento da estrutura psíquica, representando portanto um componente vitalmente necessário à economia anímica. Ele representa ou personifica certos acontecimentos instintivos da psique primitiva obscura, das verdadeiras, mas invisíveis raízes da consciência. O elementar significado da conexão com essas raízes é-nos mostrado pela preocupação da mente primitiva com relação a certos fatos "mágicos", os quais nada mais são do que aquilo que designamos por arquétipos. Esta forma originária da *religio* constitui ainda hoje a essência atuante de toda vida religiosa e assim permanecerá, qualquer que seja a forma futura dessa vida.

[272] Não há substitutivo "racional" para o arquétipo, como também não há para o cerebelo ou os rins. Podemos examinar órgãos somáticos anatomicamente, histologicamente e embriologicamente. Isto corresponderia à descrição da fenomenologia arquetípica e à apresentação da mesma em termos histórico-comparativos. O sentido de um órgão somático só pode ser obtido a partir do questionamento teleológico. Daí surge a pergunta: qual é a finalidade biológica do arquétipo? Da mesma forma que a fisiologia responde à pergunta no que diz respeito ao corpo, cabe à psicologia responder à mesma pergunta em relação ao arquétipo.

[273] Afirmações tais como "o motivo da criança é apenas um vestígio da memória da própria infância" e outras explicações similares só nos fazem fugir da questão. Se, ao contrário – com uma pequena modificação dessa frase –, dissermos que "o motivo da criança é o quadro para certas

coisas que esquecemos da própria infância" já nos aproximamos mais da verdade. No entanto, uma vez que o arquétipo é sempre uma imagem que pertence à humanidade inteira e não somente ao indivíduo, talvez seja melhor formular a frase do seguinte modo: "*o motivo da criança representa o aspecto pré-consciente da infância da alma coletiva*"[23].

[274] Não é um erro imaginar esta afirmação, de início, como histórica, em analogia a determinadas experiências psicológicas, que mostram como certas fases da vida individual se tornam autônomas, podendo personificar-se na medida em que resultam numa visão de si mesmo: por exemplo, a própria pessoa se vê como criança. Experiências visionárias deste tipo – quer ocorram em sonho ou em estado de vigília – são, como sabemos, condicionadas ao fato de ter havido uma dissociação prévia entre o estado presente e o passado. Tais dissociações ocorrem devido a incompatibilidades, por exemplo, entre o estado presente que entrou em conflito com o estado da infância. Talvez tenha havido uma separação violenta na pessoa de seu caráter originário, a favor de uma *persona* arbitrária, voltada para a ambição[24]. Assim ela tornou-se carente de infância, é artificial, tendo perdido suas raízes. Isto representa a oportunidade favorável para um confronto veemente com a verdade originária.

[275] Em vista do fato de que até hoje a humanidade não cessou de fazer afirmações acerca da criança divina, podemos talvez estender a analogia individual à vida da humanidade, chegando à conclusão de que esta

---

23. Talvez não seja supérfluo mencionar um preconceito de caráter leigo, que sempre tende a confundir o motivo da criança com a experiência concreta da "criança", como se a criança real fosse o pressuposto causal da existência do motivo da criança. Na realidade psicológica, porém, a representação empírica da "criança" é apenas um meio de expressão (e nem mesmo o único!) para falar de um fato anímico impossível de apreender de outra forma. Por este motivo a representação mitológica da criança não é de forma alguma uma cópia da "criança" empírica, mas um símbolo fácil de ser reconhecido como tal: trata-se de uma criança divina, prodigiosa, não precisamente humana, gerada, nascida e criada em circunstâncias totalmente extraordinárias. Seus feitos são tão maravilhosos ou monstruosos, como a sua natureza ou constituição corporal. É unicamente graças a essas propriedades não empíricas que temos necessidade de falar de um "motivo da criança". Além disso, a "criança" mitológica varia: ora é Deus, gigante, ora o Pequeno Polegar, o animal etc., o que aponta para uma causalidade que é tudo menos racional ou concretamente humana. O mesmo vale para os arquétipos "pai" e "mãe", os quais, mitologicamente falando, são símbolos irracionais.

24. *Tipos psicológicos* [§ 879s.], definições, cf. alma, e *O eu e o inconsciente*, Primeira parte, cap. 3.

provavelmente também entra sempre de novo em contradição com sua condição infantil, isto é, com o estado originário inconsciente, instintivo, e de que há o perigo de uma tal contradição perturbar a visão da "criança". O exercício religioso, isto é, a repetição das palavras e do ritual do acontecimento mítico tem por isso a finalidade de trazer a imagem da infância e tudo o que a ela está ligado diante dos olhos da consciência, com o objetivo de não romper a conexão com o estado originário.

B. *A função do arquétipo*

O motivo da criança não representa apenas algo que existiu no passado longínquo, mas também algo presente; não é somente um vestígio, mas um sistema que funciona ainda, destinado a compensar ou corrigir as unilateralidades ou extravagâncias inevitáveis da consciência. A natureza da consciência é de concentrar-se em poucos conteúdos, seletivamente, elevando-os a um máximo grau de clareza. A consciência tem como consequência necessária e condição prévia a exclusão de outros conteúdos igualmente passíveis de conscientização. Esta exclusão causa inevitavelmente uma certa unilateralidade dos conteúdos conscientes. Uma vez que a consciência diferenciada do homem civilizado possui um instrumento eficaz para a realização de seus conteúdos através da dinâmica da vontade, com o crescente fortalecimento desta última há um perigo maior de perder-se na unilateralidade desviando-se das leis e raízes do seu ser. Por um lado, isso representa a possibilidade da liberdade humana, mas, por outro, é a fonte de infindáveis transgressões contra os instintos. O homem primitivo se caracteriza, pois – pelo fato de estar mais próximo do instinto, como o animal –, pela neofobia (terror do que é novo) e pelo tradicionalismo. Na nossa opinião ele é lamentavelmente atrasado enquanto nós exaltamos o progresso. Mas nossa valorização do progresso possibilita, por um lado, uma quantidade das mais agradáveis realizações do desejo, no entanto, por outro, acumula uma culpa prometeica, igualmente gigantesca, que exige de tempos em tempos uma expiação sob a forma de catástrofes fatais. Há muito a humanidade sonhava com o voo e agora já chegamos aos bombardeios aéreos! Sorrimos hoje da esperança cristã no além e nós mesmos acabamos caindo em quiliasmos cem vezes mais ridículos do que a ideia de um além-morte

[276]

prazeroso! A consciência diferenciada é continuamente ameaçada de desenraizamento, razão pela qual necessita de uma compensação através do estado infantil ainda presente.

[277] Os sintomas de compensação são caracterizados pelos defensores do progresso de modo pouco lisonjeiro. Vistos superficialmente, trata-se de um efeito retrógrado, o que faz com que se fale em inércia, atraso, ceticismo, criticismo, conservadorismo, timidez, mesquinharia etc. Na medida em que a humanidade tem, em alto grau, a capacidade de livrar-se dos próprios fundamentos, também pode ser arrastada acriticamente por unilateralidades perigosas até a catástrofe. O ideal retrógrado é sempre mais primitivo, mais natural (tanto no bom como no mau sentido) e "mais moral", posto que se atém fielmente a leis tradicionais. O ideal progressista é sempre mais abstrato, antinatural e mais "amoral", na medida em que exige infidelidade à tradição. O progresso conquistado pela vontade é sempre *convulsivo*. A característica retrógrada é mais próxima da naturalidade, sempre ameaçada porém de um despertar doloroso. A concepção mais antiga tinha consciência de que um progresso só é possível *Deo concedente*, o que prova encontrar-se consciente dos opostos, repetindo os antiquíssimos *rites d'entrée et de sortie* em nível superior. Quanto mais a consciência se diferencia, tanto maior o perigo da sua separação da raiz. A separação completa ocorre quando é esquecido o *Deo concedente*. Ora, é um axioma da psicologia que uma parte da alma cindida da consciência só é aparentemente desativada; de fato, esta conduz a uma possessão da personalidade, cujas metas são falsificadas no interesse da parte anímica cindida. Quando, pois, o estado infantil da alma coletiva é reprimido até a total exclusão, o conteúdo inconsciente se apodera da meta consciente, o que inibe, falsifica ou até destrói sua realização. Um progresso viável porém só pode ocorrer através da cooperação de ambos.

C. *O caráter futuro do arquétipo*

[278] Um aspecto fundamental do motivo da criança é o seu caráter de futuro. A criança é o futuro em potencial. Por isto a ocorrência do mo-

tivo da criança na psicologia do indivíduo significa em regra geral uma antecipação de desenvolvimentos futuros, mesmo que pareça tratar-se à primeira vista de uma configuração retrospectiva. A vida é um fluxo, um fluir para o futuro e não um dique que estanca e faz refluir. Não admira, portanto, que tantas vezes os salvadores míticos são crianças divinas. Isto corresponde exatamente às experiências da psicologia do indivíduo, as quais mostram que a "criança" prepara uma futura transformação da personalidade. No processo de individuação antecipa uma figura proveniente da síntese dos elementos conscientes e inconscientes da personalidade. É, portanto, um símbolo de unificação dos opostos[25], um mediador, ou um *portador da salvação*, um propiciador de completitude. Devido a este significado, o motivo da criança também é capaz das inúmeras transformações acima mencionadas: pode ser expresso, por exemplo, pelo redondo, pelo círculo ou pela esfera, ou então pela quaternidade como outra forma de inteireza[26]. Designei esta inteireza que transcende a consciência com a palavra si-mesmo (*Selbst*[27]). A meta do processo de individuação é a síntese do si-mesmo. Observado por outro ponto de vista, prefere-se o termo "enteléquia" ao de "síntese". Há uma razão empírica pela qual a expressão "enteléquia" possa parecer mais adequada: os símbolos da totalidade ocorrem frequentemente no início do processo da individuação e até podem ser observados nos sonhos iniciais da primeira infância. Esta observação intercede a favor de uma existência apriorística da potencialidade da inteireza[28], razão pela qual o conceito de enteléquia é recomendável. Na medida, porém, em que o processo de individuação transcorre empiricamente como uma síntese, é como se paradoxalmente algo já existente dependesse ainda de uma montagem. Deste ponto de vista o termo "síntese" também é aplicável.

---

25. *Tipos psicológicos* [§ 315s.].

26. "Símbolos oníricos do processo de individuação" [*Psicologia e alquimia*, Segunda parte] e *Psicologia e religião* [§ 108s.].

27. *O eu e o inconsciente* [§ 398s.; cf. também *Aion*, cap. 4].

28. *Psicologia e alquimia* [§ 328s.].

D. Unidade e pluralidade do motivo da criança

[279]   No âmbito da fenomenologia multifacetada da "criança" temos que distinguir a unidade e a pluralidade de suas respectivas manifestações. Tratando-se, por exemplo, de muitos *homunculi*, anões, meninos etc., que não apresentam características individuais, existe a probabilidade de uma dissociação. Encontramos por isso tais formas especialmente na esquizofrenia, que é em essência uma fragmentação da personalidade. Numerosas crianças representam um produto da dissolução da personalidade. Se a pluralidade porém ocorre em pessoas normais, então trata-se da representação de uma síntese da personalidade ainda incompleta. A personalidade (ou seja, o "si-mesmo") encontra-se ainda no estágio da pluralidade, isto é, um eu talvez esteja presente, mas ainda não pode experienciar a sua totalidade no quadro de sua própria personalidade, a não ser no âmbito da família, da tribo ou da nação; encontra-se ainda no estágio da identificação inconsciente com a pluralidade do grupo. A Igreja leva na devida conta esta condição comumente difundida através da doutrina do *corpus mysticum*, do qual o indivíduo é membro por sua natureza.

[280]   Se no entanto o tema da criança aparece sob a forma da unidade, trata-se de uma síntese da personalidade inconsciente que já se completou provisoriamente, a qual, na prática, como tudo o que é inconsciente, não significa mais do que uma possibilidade.

E. A criança-deus e a criança-herói

[281]   A criança ora tem o aspecto da divindade criança, ora o do herói juvenil. Ambos os tipos têm em comum o nascimento miraculoso e as adversidades da primeira infância, como o abandono e o perigo da perseguição. Por sua natureza, o primeiro é inteiramente sobrenatural e o segundo é humano, porém elevado ao limite do sobrenatural (é semidivino). O deus, especialmente em sua íntima afinidade com o animal simbólico, personifica o inconsciente coletivo ainda não integrado em um ser humano, ao passo que o herói inclui a natureza humana em sua sobrenaturalidade, representando desta forma uma síntese do inconsciente ("divino", isto é, ainda não humanizado) e da consciência humana. Significa consequentemente uma antecipação potencial de uma individuação que se aproxima da totalidade.

Os destinos da "criança" podem por isso ser considerados como representações daqueles acontecimentos psíquicos que ocorrem na enteléquia ou na gênese do si-mesmo. O "nascimento miraculoso" procura relatar a maneira pela qual essa gênese é vivenciada. Como se trata de uma gênese psíquica, tudo tem que acontecer de um modo não empírico, como por exemplo através de um nascimento virginal, por uma concepção milagrosa ou então por um nascimento a partir de órgãos não naturais. O motivo da "insignificância", do estar exposto a, do abandono, perigo etc., procura representar a precariedade da possibilidade da existência psíquica da totalidade, isto é, a enorme dificuldade de atingir este bem supremo. Caracteriza também a impotência, o desamparo daquele impulso de vida o qual obriga tudo o que cresce a obedecer à lei da máxima autorrealização; neste processo as influências do ambiente colocam os maiores e mais diversos obstáculos, dificultando o caminho da individuação. A ameaça da própria singularidade por dragões e cobras, o inconsciente, indica de modo particular o perigo de a consciência recentemente adquirida ser tragada pela alma instintiva. Os vertebrados inferiores há muito são símbolos prediletos do substrato psíquico coletivo[29], cuja localização anatômica coincide com os centros subcorticais, o cerebelo e a medula espinal. Estes órgãos constituem a serpente[30]. Sonhos com serpentes ocorrem, por este motivo, geralmente por ocasião de desvios da consciência de sua base instintiva. [282]

O tema "menor do que pequeno e no entanto maior do que grande" complementa a impotência da "criança" com os seus feitos igualmente maravilhosos. Este paradoxo pertence à essência do herói e perpassa como um fio vermelho todo o seu destino. Ele enfrenta o maior perigo, mas no entanto sucumbe a algo insignificante: Baldur perece pelo visco, Mauí pelo riso de um pequeno pássaro, Siegfried pelo único ponto vulnerável, Héracles pelo presente de sua esposa, outros por uma traição vulgar etc. [283]

O ato principal do herói é vencer o monstro da escuridão: a vitória esperada da consciência sobre o inconsciente. Dia e luz são sinônimos [284]

---

29. Vertebrados superiores simbolizam especialmente as emoções.
30. Este significado da serpente já se encontra em HIPÓLITO. *Refutatio*, IV, 49-51. Cf. tb. LEISEGANG. *Die Gnosis*, p. 146.

da consciência, noite e escuridão, do inconsciente. A tomada de consciência é provavelmente a experiência mais forte dos tempos primordiais, pois é através dela que se fez o mundo, de cuja existência ninguém suspeitava antes. "E Deus disse: Faça-se a luz!" É a projeção daquela vivência imemorial da consciência se destacando do inconsciente. Ainda hoje, a posse da alma é algo precário entre os primitivos, e a "perda da alma" é uma doença anímica típica, que leva a medicina primitiva a tomar múltiplas medidas psicoterapêuticas. Por isso, a "criança" já se destaca por feitos que indicam a meta da vitória sobre a escuridão.

III. A fenomenologia especial do arquétipo da criança

A. *O abandono da criança*

[285]   A criança enjeitada, seu abandono e o risco a que está sujeita são aspectos que configuram o início insignificante, por um lado, e o nascimento misterioso e miraculoso da criança por outro. Essa afirmação descreve uma certa vivência psíquica de natureza criativa, cujo objetivo é a emergência de um conteúdo novo, ainda desconhecido. Na psicologia do indivíduo trata-se sempre, em tal circunstância, de uma situação de conflito doloroso aparentemente sem saída – para a consciência, pois para esta sempre vale o *tertium non datur*[31]. Desta colisão dos opostos a psique inconsciente sempre cria uma terceira instância de natureza irracional, inesperada e incompreensível para a consciência. Apresenta-se ela sob uma forma que não corresponde nem ao sim, nem ao não, sendo portanto rejeitada pelos dois. A consciência nada sabe além dos opostos e por isso também não reconhece aquilo que os une. Mas como a solução do conflito pela união dos opostos é de vital importância e também desejada pela consciência, o pressentimento de criação significativa abre caminho. Disso resulta o caráter numinoso da "criança". Um conteúdo importante, mas desconhecido, exerce sempre um efeito fascinante e secreto sobre a consciência. A nova configuração é o vir a ser de uma totalidade, isto é, está a caminho da totalidade, pelo menos na medida em que ela excede em "inteireza" a consciência dilacerada pelos opostos,

---

31. *Tipos psicológicos* [§ 249s. – Não existe um terceiro].

superando-a por isso em completitude. Por esse motivo, todos os "símbolos unificadores" também possuem um significado redentor.

A "criança" surge desta situação como um conteúdo simbólico manifestamente liberto do pano de fundo (da mãe), isto é, isolado, incluindo às vezes também a mãe na situação perigosa, quando é ameaçado, por um lado, pela atitude de recusa da consciência e, por outro, pelo *horror vacui* do inconsciente, pronto para devorar de novo todos os seus nascimentos, uma vez que o inconsciente produz estes últimos apenas ludicamente e que a destruição é uma parte inevitável do jogo. Nada no mundo dá as boas-vindas a este novo nascimento, mas apesar disso ele é o fruto mais precioso e prenhe de futuro da própria natureza originária; significa em última análise um estágio mais avançado da autorrealização. É por isso que a natureza, o próprio mundo dos instintos, se encarrega da "criança": esta é alimentada ou protegida por animais. [286]

"Criança" significa algo que se desenvolve rumo à autonomia. Ela não pode *tornar-se* sem desligar-se da origem: o abandono é, pois, uma condição necessária, não apenas um fenômeno secundário. O conflito não é superado portanto pelo fato de a consciência ficar presa aos opostos; por este motivo, necessita um símbolo que lhe mostre a exigência do desligamento da origem. Na medida em que o símbolo da "criança" fascina e se apodera do inconsciente, seu efeito redentor passa à consciência e realiza a saída da situação de conflito, de que a consciência não era capaz. O símbolo é a antecipação de um estado nascente de consciência. Enquanto este estado não se estabelece, a "criança" permanece uma projeção mitológica que exige uma repetição pelo culto e uma renovação ritual. O Menino Jesus, por exemplo, permanece uma necessidade cultual, enquanto a maioria das pessoas ainda é incapaz de realizar psicologicamente a frase bíblica: "A não ser que vos torneis como as criancinhas". Tratando-se aqui de desenvolvimentos e transições extremamente difíceis e perigosos, não surpreende que tais figuras permaneçam vivas por centenas ou milhares de anos. Tudo o que o homem deveria, mas ainda não pode viver em sentido positivo ou negativo, vive como figura e antecipação mitológica ao lado de sua consciência, seja como projeção religiosa ou – o que é mais perigoso – conteúdos do inconsciente que se projetam então espontaneamente em objetos incongruentes, como [287] por exemplo em doutrinas e práticas higiênicas e outras "que prometem salvação". Tudo isto é um substitutivo racionalizado da mitologia que, devido a sua falta de naturalidade, mais prejudica do que promove a pessoa humana.

[288]   A situação de conflito sem saída, que gera a criança como um *tertium* irracional, é sem dúvida uma fórmula que corresponde apenas a um grau de desenvolvimento psicológico moderno. Não se aplica essa fórmula à vida anímica do primitivo; e isso porque o âmbito da consciência infantil do primitivo ainda exclui todo um mundo de possibilidades de vivências psíquicas. O conflito moral moderno, no estágio natural do primitivo, ainda é uma calamidade objetiva que ameaça a própria vida. Não raro, há figuras de criança que são portadoras de cultura e por isso identificadas com fatores que promovem a cultura, tais como o fogo[32], o metal, o trigo, o milho etc. Como portadoras de luz, ou seja, amplificadoras da consciência, essas figuras de criança vencem a escuridão, ou seja, o estado inconsciente anterior. Uma consciência mais elevada, ou um saber que ultrapassa a consciência atual, é equivalente a estar sozinho no mundo. A solidão expressa a oposição entre o portador ou o símbolo da consciência mais alta e o seu meio ambiente. Os vencedores da escuridão retornam a tempos remotos, o que indica (juntamente com muitas outras lendas) que também existia uma *carência psíquica originária*, ou seja, a *inconsciência*. O medo "irracional" da escuridão dos primitivos atuais provém provavelmente desta fonte. Encontrei em uma tribo no Monte Elgon uma forma de religião que correspondia a um otimismo panteísta. Esta convicção, porém, era sempre abolida das seis da tarde até às seis da manhã e substituída por medo, pois de noite domina Ayik, o ser da escuridão, o "autor do medo". Durante o dia não havia serpentes gigantes naquela região, mas de noite elas espreitavam à beira de todos os caminhos. De noite toda a mitologia estava à solta!

---

32. Até mesmo o Cristo é de natureza ígnea "*Qui iuxta me est, iuxta ignem est*" etc. (Quem está perto de mim, está perto do fogo): ORÍGENES, *Homiliae in Ieremiam*, XX, 3, apud: PREUSCHEN. *Antilegomena*, p. 44; também o Espírito Santo.

B. A invencibilidade da criança

Chama a atenção o paradoxo presente em todos os mitos da criança, [289] pelo fato de ela estar entregue e indefesa frente a inimigos poderosíssimos, constantemente ameaçada pelo perigo da extinção, mas possuindo forças que ultrapassam muito a medida humana. Esta afirmação se relaciona intimamente com o fato psicológico de a "criança" ser "insignificante" por um lado, isto é, desconhecida, "apenas" uma criança, mas, por outro, divina. Do ponto de vista da consciência, parece tratar-se de um conteúdo insignificante sem nenhum caráter liberador ou salvífico. A consciência fica aprisionada em sua situação de conflito e os poderes que aí se digladiam parecem ser tão grandes que o conteúdo "criança" emerge isolado, sem nenhuma relação com os fatores da consciência. Por isso, ele não é notado, podendo retornar facilmente ao inconsciente. Pelo menos é o que deveríamos temer, se as coisas se comportassem de acordo com as nossas expectativas conscientes. O mito enfatiza, porém, que não é este o caso, mas que a "criança" é dotada de um poder superior e que se impõe inesperadamente, apesar de todos os perigos. A "criança" nasce do útero do inconsciente, gerada no fundamento da natureza humana, ou melhor, da própria natureza viva. É uma personificação de forças vitais, que vão além do alcance limitado da nossa consciência, dos nossos caminhos e possibilidades, desconhecidos pela consciência e sua unilateralidade, e uma inteireza que abrange as profundidades da natureza. Ela representa o mais forte e inelutável impulso do ser, isto é, o impulso de realizar-se a si mesmo. É uma impossibilidade de *ser-de-outra-forma*, equipada com todas as forças instintivas naturais, ao passo que a consciência sempre se emaranha em uma suposta possibilidade de ser-de-outra-forma. O impulso e compulsão da autorrealização é uma lei da natureza e, por isso, tem uma força invencível, mesmo que o seu efeito seja no início insignificante e improvável. A força manifesta-se nos atos milagrosos da criança-herói e mais tarde nas *athla* (nas "obras") da *figura do serviçal* (do tipo Héracles) em que, apesar de o herói ter ultrapassado o estágio da impotência da "criança", ainda ocupa uma posição insignificante. A figura do serviçal conduz geralmente à epifania propriamente dita do herói semidivino. Por estranho que pareça, temos na alquimia uma variante do tema muito parecida e isso nos sinônimos da *lapis*. Como matéria-prima ela é a *lapis exilis et vilis*. Como substância de transmutação, ela aparece como *servus rubeus* ou *fugitivus*, e atinge finalmente numa verdadeira apoteose a dignidade de um *filius sapientiae*, ou *deus terrenus*, uma "luz acima de todas as luzes", um poder que contém todas as forças das regiões superiores e inferiores. Ela torna-se o *corpus glorificatum* que alcançou a incorruptibilidade eterna, tornando-se por isso uma panaceia (o "portador da cura")[33]. A grandeza e a invencibilidade da "criança" começa na especulação indiana acerca do ser do Atmã. Este corresponde ao que é "menor do que pequeno e maior do que grande": o si-mesmo, como fenômeno individual, "menor do que pequeno", mas como equivalente do mundo, "maior do que grande"[34]. O si-mesmo, enquanto polo oposto, ou o absolutamente "Outro" do mundo, é a *conditio sine qua non* do conhecimento do mundo e da consciência de sujeito e objeto. É a alteridade psíquica que possibilita verdadeiramente a consciência. A identidade não possibilita a consciência. Somente a separação, o desligamento e o confronto doloroso através da oposição, pode gerar consciência e conhecimento. A introspecção indiana reconheceu muito cedo este fato psicológico e por isso pôs em pé de igualdade o sujeito da cognição e o sujeito da existência em geral. De acordo com a atitude predominantemente introvertida do pensamento indiano, o objeto perdeu até mesmo o atributo de realidade absoluta, tornando-se frequentemente mera ilusão. A mentalidade greco-ocidental não podia se livrar da convicção da existência absoluta do mundo. Isto acontecia no entanto às custas do significado cósmico do si-mesmo. Hoje é difícil ainda para o homem ocidental reconhecer a necessidade psicológica de um sujeito transcendente do conhecer, como um polo oposto do universo empírico, embora o postulado da existência de um si-mesmo em confronto com o mundo, pelo menos como um *ponto refletor*, seja logicamente indispensável. Independentemente da atitude de rejeição ou de aprovação condicional da respectiva filosofia, há uma

---

33. [A pequena pedra insignificante – o escravo vermelho ou fugaz – filho da sabedoria – deus terreno – corpo glorificado.] O material encontra-se resumido em: *Psicologia e alquimia*, Partes II e III. Mercúrio como servo na parábola de IRINEU FILALETES. *Erklärung der Hermetisch Poetischen Werke Herrn Georgii Riplaei*, p. 131s.

34. [Cf. Katha-Upanishad. In: *Sacred Books of the East*, XV, p. 11, traduzido e comentado em: *Tipos psicológicos*, § 342.]

tendência compensatória em nossa psique inconsciente para produzir um símbolo do si-mesmo em seu significado cósmico. Estes esforços ocorrem nas formas arquetípicas do mito do herói, como podem ser facilmente observados em todo processo de individuação.

A fenomenologia do nascimento da "criança" sempre remete de novo a um estado psicológico originário do não conhecer, da escuridão ou crepúsculo, da indiferenciação entre sujeito e objeto, da identificação inconsciente de homem e mundo. Deste estado de indiferenciação surge o ovo dourado, o qual é tanto homem quanto mundo; no entanto não é nenhum dos dois, mas um terceiro, irracional. Para a consciência crepuscular do homem primitivo é como se o ovo saísse do útero do vasto mundo, sendo por isso um acontecimento cósmico e objetivo externo. Para a consciência diferenciada, ao contrário, parece evidente que este ovo nada mais é do que um símbolo nascido da psique, ou – o que é pior – uma especulação arbitrária e portanto "nada mais do que" um fantasma primitivo desprovido de qualquer "realidade". A psicologia médica atual considera diferentemente o fenômeno deste *phantasmata*. Sabe que perturbações das funções corporais importantes, por um lado, e consequências psíquicas devastadoras, por outro, resultam de meras "fantasias". "Fantasias" são expressões naturais da vida do inconsciente. Uma vez que este é a psique de todos os complexos autônomos funcionais do corpo, suas "fantasias" têm um significado etiológico que não deve ser menosprezado. Sabemos pela psicopatologia do processo de individuação que a formação dos símbolos é frequentemente associada a perturbações somáticas psicógenas, as quais em certas ocasiões podem ser sentidas como "verdadeiras". No campo da medicina, as fantasias são coisas *reais*, as quais o psicoterapeuta tem que levar seriamente em conta. Ele não pode negar a legitimidade daqueles *phantasmata* primitivos, cujo conteúdo é tão real que devido a isso são projetados no mundo exterior. Em última análise, o corpo humano também é constituído da matéria do mundo e é nela que as fantasias se tornam manifestas; sim, sem ela, as "fantasias" não podem ser experienciadas. Sem matéria, elas seriam mais ou menos como grades abstratas de cristal dentro de uma solução de lixívia em que o processo de cristalização ainda não começou.

[290]

[291]   Os símbolos do si-mesmo surgem na profundeza do corpo e expressam a sua materialidade tanto quanto a estrutura da consciência discriminadora. O símbolo é o corpo vivo, *corpus et anima*; por isso, a "criança" é uma fórmula tão adequada para o símbolo. A singularidade da psique é uma grandeza em vias de realização, nunca de um modo total, mas aproximativo, a qual é ao mesmo tempo o fundamento imprescindível de toda consciência. As "camadas" mais profundas da psique vão perdendo com a escuridão e fundura crescentes a singularidade individual. Quanto mais "baixas", isto é, com a aproximação dos sistemas funcionais autônomos, tornam-se gradativamente mais coletivas, a fim de se universalizarem e ao mesmo tempo se extinguirem na materialidade do corpo, isto é, nas substâncias químicas. O carbono do corpo é simplesmente carbono. Em seu nível "mais baixo" a psique é pois simplesmente "mundo". Neste sentido dou toda razão a Kerényi quando este diz que no símbolo fala *o próprio mundo*. Quanto mais arcaico e "mais profundo", isto é, mais fisiológico o símbolo, tanto mais ele é coletivo e universal, tanto "mais material". Quanto mais abstrato, diferenciado e específico, tanto mais se aproxima da natureza da unicidade e singularidade consciente e tanto mais se desfaz do seu caráter universal. Em plena consciência ele corre o perigo de tornar-se mera alegoria, que em parte alguma ultrapassa os limites da compreensão consciente, ficando então exposta a todas as tentativas possíveis de explicação racionalista.

C. *O hermafroditismo da criança*

[292]   É um fato digno de nota que talvez a maioria dos deuses cosmogônicos sejam de natureza bissexual. O hermafrodita justamente significa uma união dos opostos mais fortes e estranhos. Essa união remete em primeiro lugar a um estado de espírito primitivo, em cujo estado crepuscular as diferenças e contrastes ainda se encontram indistintos ou confusos. Com a clareza crescente da consciência, porém, os opostos afastam-se de modo distinto e irreconciliável. Assim, se o hermafrodita fosse apenas um produto da indiferenciação primitiva, seria de esperar-se sua eliminação com o desenvolvimento da cultura. Isto não acontece de forma alguma; pelo contrário, esta representação ocupou também a fantasia em níveis culturais elevados e máximos, sempre de novo, tal como

podemos observar na filosofia do gnosticismo do helenismo tardio e sincrético. A "rebis" hermafrodita desempenha um papel significativo na filosofia da natureza da Idade Média. E na época atual ouvimos falar da androginia de Cristo na mística católica[35].

Aqui não pode mais tratar-se da persistência de um fantasma primitivo, de uma contaminação originária de opostos. A representação primordial, como podemos constatar nas obras medievais[36], tornou-se o *símbolo da união construtiva de opostos*, um símbolo "unificador" propriamente dito. Em seu significado funcional, o símbolo não aponta mais para trás, mas para a frente, para uma meta ainda não atingida. Sem ater-nos à sua monstruosidade, o hermafrodita tornou-se pouco a pouco, inequivocamente, um portador de cura, superador de conflitos, significado este que ele já alcançara em fases bem anteriores da cultura. Este significado vital explica por que a imagem do hermafrodita não se apaga nos primeiros tempos, mas, pelo contrário, pôde afirmar-se com a profundidade crescente do conteúdo simbólico através dos séculos. O fato de uma representação tão arcaica ter-se elevado a um tal nível de significado indica não só a vitalidade das ideias arquetípicas em geral, como também demonstra o acerto do princípio de que o arquétipo é o mediador e unificador de opostos entre os fundamentos inconscientes e a consciência. Ele constrói uma ponte entre a consciência do presente, ameaçada de desenraizamento, e a totalidade natural inconscientemente instintiva dos tempos originários. Através dessa mediação a unicidade, a singularidade e a unilateralidade da atual consciência individual é conectada sempre de novo com a condição prévia natural e da raça. Progresso e desenvolvimento são ideais inegáveis; mas perdem o sentido se o homem chegar a seu novo estado apenas como um fragmento de si mesmo, deixando para trás, na sombra do inconsciente, todo o essencial que constitui seu pano de fundo, a um estado de primitividade, ou até de barbárie. A consciência cindida de seus fundamentos, incapaz de preencher o sentido de um novo estado, torna a cair com muita facilidade em uma situação, bem pior do que aquela da qual a mudança quis

[293]

---

35. KOEPGEN. *Die Gnosis des Christentums*, p. 315s.
36. A *lapis* como *mediator* e *medium*; cf. *Tractatus aureus cum scholiis.* In: MANGETUS. *Bibl. chem.* I, p. 408b, e *Art. Aurif.*, p. 641.

libertá-la – *exempla sunt odiosa*! Friedrich Schiller foi quem pela primeira vez viu com clareza este problema; mas nem seus contemporâneos, nem seus sucessores tiveram a capacidade de tirar qualquer conclusão deste fato. Pelo contrário, as pessoas tendem mais do que nunca a educar apenas crianças. Por isso eu suspeito que o "*furor paedagogicus*" seja um atalho bem-vindo que circunda o problema central tratado por Schiller, ou seja, *a educação do educador*. As crianças são educadas por aquilo que o adulto *é*, e não por suas palavras. A crença geral nas palavras é uma verdadeira doença da alma, pois uma tal superstição sempre afasta o homem cada vez mais de seus fundamentos, levando-o à identificação desastrosa da personalidade com o *slogan* em que acredita naquele momento. Enquanto isso, tudo o que foi superado e deixado para trás pelo chamado progresso resvala cada vez mais para dentro do inconsciente profundo, ocasionando a volta à condição primitiva da identificação com a massa. E este estado torna-se então realidade em lugar do progresso esperado.

[294] Na medida em que a cultura se desenvolve, o ser originário bissexual torna-se símbolo da unidade da personalidade do si-mesmo, em que o conflito entre os opostos se apazigua. Neste caminho, o ser originário torna-se a *meta* distante da autorrealização do ser humano, sendo que desde o início já fora uma projeção da totalidade inconsciente. A totalidade humana é constituída de uma união da personalidade consciente e inconsciente. Tal como todo indivíduo provém de genes masculinos e femininos e o seu sexo é determinado pela predominância de um ou outro dos genes, assim também na psique só a consciência, no caso do homem, tem um sinal masculino, ao passo que o inconsciente tem qualidade feminina. Na mulher, dá-se o contrário. Apenas redescobri e reformulei este fato na minha teoria da *anima*[37], que já há muito era conhecida.

[295] A ideia da *coniunctio* do masculino e feminino, que se tornou um conceito técnico na filosofia hermética, já aparece no gnosticismo como um *mysterium iniquitatis* provavelmente com a influência do "casamento divino" do Antigo Testamento, tal como foi realizado por exemplo

---

37. *Tipos psicológicos*, definições, cf. alma, e *O eu e o inconsciente* [Segunda parte, cap. II, § 296s.].

por Oseias[38]. Tais coisas não são apenas indicadas por certos costumes tradicionais[39], mas também são citações do Evangelho que encontramos na *Segunda Epístola de Clemente*: "Quando os dois se tornarem um, e o que está fora (tornar-se) como o que está dentro, o masculino com o feminino tornar-se-ão nem masculino, nem feminino"[40]. Este *logion* é introduzido por Clemente de Alexandria através das seguintes palavras: "Quando tiverdes calcado com os pés a veste da vergonha..."[41], o que se refere provavelmente ao corpo, pois Clemente assim como Cassiano (do qual a citação foi tirada) como também o Pseudo-Clemente interpretaram a palavra num sentido espiritual, ao contrário dos gnósticos, os quais, ao que parece, tomaram a *coniunctio* literalmente. No entanto, tiveram o cuidado, através da prática do aborto e de outras restrições, de não permitir que o sentido biológico de seu comportamento prevalecesse sobre o significado religioso do rito. Enquanto na mística eclesiástica a imagem primordial do *hieros gamos* era sublimada ao máximo e só se aproximava ocasionalmente da *physis*, pelo menos emocionalmente, como por exemplo no caso de Mectilde de Magdeburgo[42], a imagem se manteve inteiramente viva, continuando como objeto de preocupação psíquica especial. Os desenhos simbólicos de Opicinus de Canistris[43] nos dão sob este aspecto uma ideia interessante do modo pelo qual esta imagem primordial servia como instrumento de união dos opostos, até mesmo no estado patológico. Por outro lado, na filosofia hermética dominante da Idade Média, a *coniunctio* realizava-se inteiramente no campo da *physis* através da teoria abstrata *coniugium Solis et Lunae*, a qual apesar da fantasia imagística dava ensejo à antropomorfização.

Isto só é compreensível quando a imagem originária reaparece sob a forma da oposição homem-mulher na psicologia moderna do inconsciente, ou seja, como consciente masculino e inconsciente personificado no feminino. Através da conscientização psicológica, porém, o quadro

[296]

---

38. Os 1,2s.
39. Cf. FENDT. *Gnostische Mysterien*.
40. HENNECKE. *Neutestamentliche Apokryphen*, p. 176, 12.
41. CLEMENTE. *Stromata*, III, 13, 92 [e HENNECKE. Op. cit., p. 23].
42. *Das fliessende Licht der Gottheit*.
43. SALOMON. *Opicinus de Canistris*.

complicou-se consideravelmente. Enquanto a antiga ciência era quase exclusivamente uma área em que só o inconsciente do homem podia projetar-se, a nova psicologia teve de reconhecer também a existência de uma psique feminina autônoma. No entanto trata-se aqui do caso inverso: uma consciência feminina opõe-se a uma personificação masculina do inconsciente, que já não podemos chamar de *anima*, mas, sim, de *animus*. Esta descoberta complicou também o problema da *coniunctio*.

[297]   Originariamente, este arquétipo era vivido inteiramente no campo da magia da fertilidade, permanecendo portanto durante muito tempo um fenômeno puramente biológico, sem outra finalidade a não ser a da fecundação. Mas já na remota Antiguidade o significado simbólico do ato parece ter-se ampliado. Assim, por exemplo, a realização do *hieros gamos* como um ritual do culto tornou-se não só um mistério, como também uma abstração[44]. Já vimos que o gnosticismo também se esforçou seriamente no sentido de subordinar o fisiológico ao metafísico. Na Igreja, finalmente, a *coniunctio* é totalmente suprimida do plano da *physis*, e na filosofia da natureza tornou-se uma *theoria* abstrata. Este desenvolvimento significa uma transformação gradual do arquétipo em um processo anímico que podemos designar teoricamente por uma combinação de processos conscientes e inconscientes[45]. Na prática, porém, a coisa não é tão fácil, pois em geral o inconsciente feminino do homem é projetado em uma parceira feminina, e o inconsciente masculino da mulher em um homem. A elucidação desta problemática porém é especialmente psicológica e já não se refere mais ao esclarecimento do hermafrodita mitológico.

D. *A criança como começo e fim*

[298]   Depois de sua morte, Fausto é perseguido, como menino, no "coro dos meninos bem-aventurados". Não sei se Goethe se referia, com essa

---

44. Cf. denúncia do bispo Astério (FOUCART. *Mystères d'Eleusis*, cap. XX). Segundo relato de Hipólito, o hierofante ficou impotente mediante a ingestão de uma dose de cicuta. As autocastrações dos sacerdotes a serviço da deusa-mãe têm um significado semelhante.

45. Mais sobre o confronto com o inconsciente, cf. *O eu e o inconsciente*, Primeira parte, cap. II [§ 221s.].

estranha ideia, aos cupidos dos antigos sepulcros. Isto não seria inconcebível. A figura do *cucullatus* indica o gênio encapuçado, isto é, invisível, do morto, que agora reaparece na ciranda infantil de uma nova vida, cercado de figuras marinhas dos golfinhos e dos deuses do mar. Este é o símbolo querido do inconsciente, a mãe de tudo o que vive. Tal como a "criança" tem, em certas circunstâncias (por exemplo, no caso de Hermes e dos dáctilos), uma relação muito próxima com o falo enquanto símbolo do genitor, assim ela aparece de novo no falo sepulcral, como símbolo da concepção renovada.

A "criança" é, portanto, também "*renatus in novam infantiam*", não sendo, portanto, apenas um ser do começo, mas também um ser do fim. O ser do começo existiu antes do homem, e o ser do fim continua depois dele. Psicologicamente, esta afirmação significa que a "criança" simboliza a essência humana pré-consciente e pós-consciente. O seu ser pré-consciente é o estado inconsciente da primeiríssima infância; o pós-consciente é uma antecipação *per analogiam* da vida além da morte. Nesta ideia se exprime a natureza abrangente da totalidade anímica. Esta nunca está contida no âmbito da consciência, mas inclui a extensão do inconsciente, indefinido e indefinível. A totalidade é pois empiricamente uma dimensão incomensurável, mais velha e mais nova do que a consciência envolvendo-a no tempo e no espaço. Esta constatação não é uma simples especulação, mas uma experiência anímica direta. O processo da consciência não só é constantemente acompanhado, mas também frequentemente conduzido, promovido e interrompido por processos inconscientes. A vida anímica estava na criança ainda antes de ela ter consciência. Mesmo o adulto continua a dizer e fazer coisas cujo significado talvez só se torne claro mais tarde, ou talvez se perca. No entanto, ele as disse e fez como se soubesse o que significavam. Nossos sonhos dizem constantemente coisas que ultrapassam a nossa compreensão consciente (razão pela qual são tão úteis na terapia das neuroses). Temos pressentimentos e percepções de fontes desconhecidas. Medos, humores, intenções e esperanças nos assaltam, sem causalidade visível. Tais experiências concretas fundamentam aqueles sentimentos de que nós nos conhecemos de modo muito insuficiente e a dolorosa conjectura de que poderíamos ter vivências surpreendentes com nós mesmos.

[299]

[300]   O homem primitivo não é um enigma para si mesmo. A pergunta acerca do homem é sempre a última que ele se propõe. Mas o primitivo tem tanto de anímico projetado fora de sua consciência que a experiência de algo psíquico fora dele é muito mais familiar do que para nós. A consciência protegida a toda volta por poderes psíquicos, sustentada, ameaçada ou traída por eles, é uma experiência primordial da humanidade. Essa experiência projetou-se no arquétipo da criança que expressa a totalidade do ser humano. Ela é tudo o que é abandonado, exposto e ao mesmo tempo o divinamente poderoso, o começo insignificante e incerto e o fim triunfante. A "eterna criança" no homem é uma experiência indescritível, uma incongruência, uma desvantagem e uma prerrogativa divina, um imponderável que constitui o valor ou desvalor último de uma personalidade.

IV. Conclusão

[301]   Tenho a consciência de que um comentário psicológico do arquétipo da criança sem uma documentação detalhada não passa de um esboço. Uma vez, porém, que se trata de um território novo na psicologia, o que em primeiro lugar me preocupou foi delimitar o âmbito possível da problemática levantada pelo arquétipo em questão e descrever resumidamente seus diferentes aspectos. Delimitações agudas e formulações estritas de conceitos são praticamente impossíveis neste campo, pois a interpenetração recíproca e fluida pertence à natureza dos arquétipos. Estes só podem ser circunscritos na melhor das hipóteses de modo aproximativo. O seu sentido vivo resulta mais de sua apresentação como um todo do que de sua formulação isolada. Toda tentativa de uma apreensão mais aguda pune-se imediatamente pelo fato de apagar a luminosidade do núcleo inapreensível de significado. Nenhum arquétipo pode ser reduzido a uma simples fórmula. Trata-se de um recipiente que nunca podemos esvaziar, nem encher. Ele existe em si apenas potencialmente e, quando toma forma em alguma matéria, já não é mais o que era antes. Persiste através dos milênios e sempre exige novas interpretações. Os arquétipos são os elementos inabaláveis do inconsciente, mas mudam constantemente de forma.

[302] É praticamente impossível arrancar um arquétipo isolado do tecido vivo da alma e seu sentido, mas, apesar de seu entrelaçamento, os arquétipos constituem unidades que podem ser apreendidas intuitivamente. A psicologia como uma das múltiplas manifestações de vida da alma opera com ideias e conceitos que, por sua vez, são derivados de estruturas arquetípicas, gerando um mito algo abstrato. A psicologia traduz, portanto, a linguagem arcaica do mito em um mitologema moderno ainda não reconhecido como tal, o qual constitui um elemento da "ciência" do mito. Esta atividade "inútil" é um mito vivo e vivido, sendo por isso satisfatório e até benéfico para as pessoas de temperamento imaginativo, na medida em que estavam cindidas dos fundamentos da alma por uma dissociação neurótica.

[303] Encontramos o arquétipo da "criança" empiricamente em processos de individuação espontâneos e induzidos terapeuticamente. A primeira manifestação da "criança" é, em geral, totalmente inconsciente. Neste caso há uma identificação do paciente com o seu infantilismo pessoal. Depois, ocorre, "sob a influência da terapia", uma separação e objetivação mais ou menos gradual da "criança" e portanto uma dissolução da identidade, acompanhada de uma intensificação "às vezes tecnicamente apoiada" de figurações fantasiosas, em que traços arcaicos, isto é, mitológicos, tornam-se cada vez mais visíveis. O processo de transformação que se segue corresponde ao mito do herói. Em geral, o motivo dos grandes feitos não comparece; em compensação, as ameaças míticas desempenham um papel maior. Na maioria das vezes reaparece, nesse estágio, uma identificação com o papel do herói, que por diversos motivos é um polo de atração. Tal identificação é frequentemente obstinada e preocupante para o equilíbrio anímico. Se essa identificação puder ser dissolvida através da redução da consciência à sua medida humana, a figura do herói diferenciar-se-á gradativamente até o símbolo do si-mesmo.

[304] Na realidade prática, porém, trata-se certamente não de um mero saber acerca de tais desenvolvimentos, mas da vivência das transformações. O estágio inicial do infantilismo pessoal mostra a imagem de uma criança "abandonada", ou seja, "incompreendida" e tratada injustamente, a qual tem pretensões exageradas. A epifania do herói, isto é, a se-

gunda identificação manifesta-se em uma inflação correspondente: a pretensão exagerada torna-se convicção de que se é algo especial; ou a impossibilidade de satisfazer a pretensão é prova da própria inferioridade, o que favorece o papel do herói sofredor (numa inflação negativa). Apesar de serem contraditórias, ambas as formas são idênticas, porque à megalomania consciente corresponde uma inferioridade compensatória inconsciente e a uma inferioridade consciente, uma megalomania inconsciente. (Nunca encontramos uma sem a outra.) Se o recife da segunda identificação for circum-navegado com êxito, o acontecimento consciente pode ser separado nitidamente do inconsciente e este último pode ser observado objetivamente. Disso resulta a possibilidade de um confronto com o inconsciente e assim de uma síntese possível dos elementos conscientes e inconscientes do conhecimento e da ação. Ocorre novamente o deslocamento do centro da personalidade do eu para o si-mesmo[46].

[305] Nesse quadro psicológico ordenam-se os temas do abandono, da invencibilidade, do hermafroditismo, e do ser do começo e do fim, enquanto categorias da vivência e da compreensão, facilmente discerníveis.

---

46. *O eu e o inconsciente.*

PARTE III

Religião e cultura

Religião e cultura
Introdução

Capítulo 8: "O problema psíquico do homem moderno" (1928/1931)
(De *Civilização em transição*. OC 10/3, § 148-196)

Para Jung, o "problema" espiritual da humanidade ocidental consiste num feixe de problemas. Em primeiro lugar, a pessoa moderna foi educada para acreditar na razão e na evidência dos sentidos. Isto significa que a pessoa realmente moderna se tornou alienada da religião e de todas as formas de atividade não racional. Ela se envolve naquilo que Jung chamou de pensamento "dirigido" ou lógico[1], impedindo assim a psique de expressar-se. Isto criou uma personalidade dividida, com a parte consciente identificada com a sociedade e seus valores e a parte inconsciente abandonada, sem apoio e carente de direção. O inconsciente está sujeito a tornar-se ingovernável, perigoso ou monstruoso nesta condição dividida, criando assim o clima social para o conflito, a guerra e um descontentamento geral capaz de levar a vícios, compulsões, fanatismos e movimentos revolucionários. Quando o espírito é negligenciado, ele se torna fonte de muitas patologias.

Em segundo lugar, a vida não racional da alma mudou; já não é mais expressa adequadamente pelos valores do cristianismo, nem por qualquer outra religião que se preocupa principalmente com o bem, a

---

1. JUNG. "As duas formas de pensamento", em *Símbolos da transformação* (1912/1952). OC 5.

luz e o sagrado. Houve uma tal acumulação de mal e escuridão na psique que a alma não consegue mais identificar-se com imagens de bondade. A alma requer um tipo diferente de expressão, que possa reconhecer – e transformar – as forças sombrias que se acumulam no mundo interior. Isto significa que não pode haver nenhum retorno às formas religiosas do passado e o "problema" espiritual não é resolvido retornando à vida religiosa do estilo antigo. As religiões parecem agora um tanto estranhas à alma: "Para ele [o homem moderno] as religiões já não parecem provir de dentro, da psique; ao contrário, tornaram-se para ele pedaços de um inventário do mundo exterior" (§ 168).

Em terceiro lugar, as novas expressões religiosas, que precisam ainda ser realizadas, precisarão surgir de dentro das condições da alma moderna e precisam ser experienciais. A nova vida religiosa da humanidade não pode basear-se em crença externa, tradição recebida ou instrução moral. Jung sugere que a imitação de Cristo ou de qualquer outra figura messiânica já não pode mais ser possível; ao invés, precisamos permitir que o espírito interior nos guie e dirija (§ 171). Isto aponta para uma religião baseada na inabitação do Espírito Santo – embora o espírito moderno seja tudo menos "santo" quando é encontrado pela primeira vez. Jung parece seguir o pensamento do monge calabrês do século XII Joaquim de Fiore, que defendia uma visão tripartida da história: um mundo veterotestamentário governado por Deus Pai, um mundo cristão governado por Deus Filho e um terceiro mundo futuro governado pelo Espírito. A obra de Jung aponta para uma nova era que não representa tanto a destruição do Pai e do Filho quanto sua completude numa ordem espiritual superior. O Espírito Santo – o membro menos conhecido da Trindade – é, na mente de Jung, como uma chave para o panorama do futuro.

"Tenho a impressão de estarmos apenas no limiar de uma nova cultura espiritual" (§ 190) e assim não temos as formas culturais para direcionar esta nova vida espiritual. Não podemos esperar que a tradição religiosa, a sociedade ou os governos façam o trabalho por nós: todos eles são expressões "do velho mundo" que se opõem a uma mudança radical. A sociedade quer permanecer humanista e secular, a religião quer permanecer fiel ao passado e a educação quer permanecer fiel à razão. Por conseguinte, a humanidade é deixada encalhada e sem recursos. Se vier alguma mudança, será a partir de nossos próprios esforços: "As grandes inovações jamais vêm de cima, sempre de baixo, como as árvores que não nascem do céu, mas germinam do solo" (§ 177). Jung põe a ênfase na iniciativa e no esforço pessoais: "O homem moderno [...]. Sua eficiência deve chegar ao grau máximo, do contrário a a-história será mera infidelidade ao passado" (§ 153). Jung estás criticando severamente os "pseudomodernos" que não enfrentam os desafios da época, mas apenas desfrutam sua libertação em relação ao passado. Para Jung, eles são hedonistas e dão uma má fama à pessoa "verdadeiramente moderna". Se a vida espiritual não é levada em consideração, ou se não contribuirmos para reconstruí-la de alguma maneira, nossa vida é vazia e arrastamos a civilização para a beira da ruína.

Reconstruir é essencial, mas Jung admite que de início nós não sabemos como reconstruir ou por onde começar. Ele critica os novos movimentos espirituais de seu tempo, especialmente a teosofia de Madame Blavatsky e a antroposofia de Rudolph Steiner. É difícil saber por que Jung está criticando severamente estes movimentos; afinal de contas, eles são novas respostas à vida do espírito e parecem preencher seus requisitos necessários para enfrentar nossos desafios espirituais de uma maneira experiencial. Talvez estes movimentos sejam uma ameaça à psicologia de Jung e ele se sente impelido a atacá-los. Talvez Jung veja neles as qualidades incômodas, grosseiras e imprecisas que se encontram em todos os movimentos do espírito, inclusive em seu próprio. Ele afirma que "a teosofia ocidental é o verdadeiro diletantismo bárbaro imitando o Oriente" (§ 189), mas os monges budistas poderiam dizer o mesmo a respeito da psicologia de Jung, especialmente sua apropriação do Atman, do Tao e do mandala no conceito do si-mesmo. Seu uso das ideias orientais é superficial e impreciso, mesmo que seja bem-intencionado.

Jung parece sensível ao Oriente e está muito consciente do quanto tomou emprestado dele. Jung quer que o Ocidente chegue ao seu próprio "Oriente", encontrando em si mesmo uma atitude introvertida e experiencial equivalente:

> Parece que o Oriente tem alguma relação com a transformação espiritual pela qual estamos passando. Só que este Oriente não é um mosteiro tibetano de mahatmas, mas é

algo que está essencialmente dentro de nós. Na verdade, é nossa psique que cria constantemente novas formas espirituais, formas que abrangem realidades psíquicas capazes de pôr freios salutares à avidez desenfreada de presas do homem ariano.

(§ 190)

Para Jung o Oriente é um símbolo do potencial inexplorado da psique ocidental, e ele quer levar-nos a estabelecer contato com essa realidade psíquica – e não projetar nossa interioridade sobre o mundo oriental. A guinada para o Oriente parece seguir boa parte da lógica de Jung: o mundo ocidental está vazio, esgotado, precisa de renovação; mas Jung intervém com crítica moral, se essa guinada significa negligenciar a interioridade do Ocidente enquanto caminhamos para o Oriente.

Capítulo 9: "Psicologia e religião: A autonomia do inconsciente" (1938/1940)

(De *Psicologia e religião ocidental e oriental*. OC 11/1, § 1-55)

É um choque para o pensamento ocidental imaginar que o "inconsciente" é capaz de uma forma de inteligência superior à nossa razão. As forças psíquicas não só possuem discernimento e sabedoria, mas "o inconsciente revela às vezes uma inteligência e intencionalidade superiores à compreensão consciente de que somos capazes no momento" (§ 63). As forças psíquicas não só são invisíveis, mas possuem uma inteligência que aponta para algum objetivo mais alto. A ciência, no entanto, afirma que esse objetivo foi "acrescentado" aos dados por Jung. Jung argumenta que a vida recebe esplendor e esperança quando vemos o significado que é observável nas profundezas psíquicas. Isto não é uma distorção da realidade, mas a vida é destinada a ser vivida. A ciência é a distorção, porque evita observar a vida através da lente da inteligência mais profunda que sustenta a existência.

Neste ponto começamos a perguntar-nos sobre a adequação do termo "inconsciente". Se o inconsciente possui direção, objetivo, sabedoria, e se é "superior à compreensão consciente", em que sentido ele é inconsciente? Jung admite que "o conceito de inconsciente é, na realidade, uma simples pressuposição adotada por razões de comodidade" (§ 64). Em outro ensaio ele se refere ao inconsciente como "consciência múltipla"[2]. Em sua opinião, nós é que somos inconscientes e a psique é consciente, no sentido de ser inteligente e consciente de sua meta. Nós somos inconscientes de nossa meta e só a vemos de relance durante nossa vida. Mas, por começarmos com o eu ou o si-mesmo socialmente condicionado, o resto da psique nos é desconhecido e o chamamos de "inconsciente", ainda que o rebaixemos ao usar este termo.

Este é um exemplo das confusões terminológicas nas quais Jung se encontrou. De início ele seguiu Freud e para Freud o eu é a sede da identidade humana. Mas, por Jung ter esmiuçado a "sabedoria" que ia além de Freud, o legado psicanalítico tornou-se um fardo quando ele tentou explorar suas intuições. No Oriente, por exemplo, não existe algo como o "inconsciente" e as forças cósmicas ou arquétipos são considerados sumamente inteligentes e conscientes. Muitas vezes refleti que o Oriente está certo neste ponto e nós no Ocidente somos lentos em aprender que o eu é a sede da inconsciência, ao passo que as forças arquetípicas são inteligentes. Provindo de Freud, mas aproximando-se mais do misticismo e do Oriente, Jung se viu preso entre os dois e usa uma linguagem que pode confundir o leitor novato de sua obra.

Jung anuncia que o inconsciente tem "tendências religiosas" (§ 39) e que a psique é um "fenômeno religioso" (§ 63). Ele define sua obra como "a psicologia do *homo religiosus*" (§ 11). Ele vê na psique forças que buscam a *religio* ou "religação" com o sagrado. Estas forças, aparentemente subjetivas, são de fato objetivas porque participam da realidade última. Jung discerne que está ocorrendo no pano de fundo psíquico algo que é de monumental importância, mas que a humanidade, até agora, continua a evitar.

O que Jung entende por religioso? Ele não entende a "religião" no sentido convencional. Jung não estava interessado na religião organizacional e se rebelou contra o pai por dedicar-se àquilo que para ele era uma tradição "morta" ou moribunda. O principal interesse de Jung estava na experiência religiosa, ou seja, no fato de alguém ter-se encon-

---

2. JUNG. "A natureza da psique" (1947/1954). OC 8/2, § 388.

trado ou ter sido posto em contato com o *numinosum*. Este termo se refere a um deus ou espírito como uma força que pode impactar nossa experiência e mudar radicalmente a vida. Jung escreve: "O numinoso constitui uma condição do sujeito, e é independente de sua vontade" (§ 6). Esta é a característica da obra de Jung. Ele não está interessado em nossa intenção pessoal, em nossas ações ou escolhas independentes. Jung concentra sua atenção em algo que vem ao nosso encontro e que está fora de nossa vontade e é contrário às nossas intenções. Existe algo fora da consciência que nos ofusca de todos os lados. Num tempo dominado pelo humanismo e por ideais de independência, as ideias de Jung surpreendem a muitos como arcaicas, medievais e contramodernas. Mas os que se interessam pelas fontes do mistério do qual nossa vida surge ficarão intrigados com o que Jung chama de suas "explanações de caráter bastante inusitado" (§ 4).

"O numinoso", afirma Jung, é "o influxo de uma presença invisível, que produz uma modificação especial na consciência" (§ 6). Isto soa estranho aos ouvidos modernos e muitos preferem fugir desta perspectiva. O temor do numinoso ou *pneumafobia* é o que afasta muitos de nós das intuições de Jung. Existe uma resistência natural, talvez inata, aos "profetas" que nos dizem que Deus está próximo. Isto é não só um choque intelectual, mas também uma reprimenda emocional ao nosso si-mesmo e sua autonomia. Vivemos num período da história em que as noções de liberdade gozam de alta estima. A obra de Jung não trata da liberdade, mas dos vínculos que nos ligam a presenças invisíveis. "A liberdade", escreveu Camile Paglia, "é a ideia moderna mais superestimada"[3] e os que vivem de acordo com a ideia de liberdade não gostam do que encontram na obra de Jung.

Jung nos diz como somos limitados; mas, tão importante quanto isso, ele nos diz como podemos alcançar certo grau de liberdade. Embora exortando-nos a tomar consciência das presenças invisíveis em nossa vida, Jung tem um lado humanístico e está interessado em que encontremos nossa relação com estas presenças, de modo que possamos descobrir um elemento de liberdade e manter a dignidade diante de

---

3. PAGLIA, Camille. *Sexual Personae*. Londres: Penguin, 1990, p. 39.

um destino arquetípico. A primeira tarefa consiste em tornar-nos conscientes dos arquétipos, em respeitá-los. Tendo-os trazido à consciência, podemos ser capazes de alcançar certa autonomia. Na opinião de Jung, nossa liberdade é limitada por complexos e arquétipos e reduzida por um destino que funciona através do inconsciente. Mas é possível alguma libertação, embora tudo corra contra uma vida totalmente livre, por causa de nossa integração numa matriz que mal podemos discernir.

Existe, porém, um lado positivo nessa integração. Ela não só limita nossa liberdade, mas nos conecta com forças que estão além do eu. O eu pode sentir-se sozinho, até alienado do mundo, da história e do cosmos, mas esta alienação é uma ilusão de sua estrutura. É um "mito" de acordo com o qual muitos de nós vivemos e é um mito que a obra de Jung questiona. Em alguns aspectos, a obra de Jung se assemelha à obra de Karl Marx: ambos viam a alienação como a condição moderna e ambos procuraram superar a alienação e alcançar uma existência autêntica. Mas, enquanto para Marx a obra de transformação devia ser alcançada pela rebelião social contra o capitalismo, para Jung a transformação era psicológica e alcançada pela rebelião contra a hegemonia do eu. Para ele, nós precisamos mudar o *locus* de nossa identidade, deslocando-a do eu e seu isolamento típico para a alma e a conectividade. Retornando à alma, a humanidade pode recuperar suas raízes e afinidade com a natureza e o processo histórico. A revolução de Marx foi tentada e considerada insuficiente; a revolução de Jung não foi tentada e é uma tarefa para o futuro.

Capítulo 10: Prefácio à *Resposta a Jó*: Ao leitor benévolo (1952)
(De *Resposta a Jó*. OC 11/4, § 553-559)

O breve prefácio de Jung ao seu livro *Resposta a Jó* é provavelmente a mais clara e mais concisa manifestação sobre o problema do literalismo nas religiões ocidentais. *Resposta a Jó* (não reproduzida aqui) se ocupa com o problema do mal e com o papel do feminino na religião; mas, além disso, desenvolve um argumento acerca da correta interpretação das imagens sagradas. Jung acredita que as Igrejas se envolveram numa falsidade autoilusória. Elas tenderam a interpretar suas imagens, milagres e prodígios como eventos literais ou fatos físicos, ao passo que é óbvio que momentos importantes na história cristã como o nascimento virginal, a ressurreição física e a segunda vinda não são eventos que ocorrem no palco da história, mas imagens míticas. Eles são *mitos* que foram elaborados em torno dos simples "fatos" da figura histórica de Jesus, de seu ministério de amor e perdão e de sua crucifixão no Calvário. Jung não duvida que Jesus existiu, mas sente que esta figura liberou tantos padrões arquetípicos que sua vida foi apropriada pelos mitos antes que alguém tivesse a oportunidade de conhecê-lo. Jung incluiu os seguidores de Jesus nesta categoria; nenhum conheceu Jesus como uma figura real, porque sua vida foi entremeada de correntes míticas.

Hoje tendemos a descartar os mitos como "falsos", mas Jung insistiu que eles são "verdadeiros". Ele não quis dizer que eles são literalmente verdadeiros, mas que são espiritualmente verdadeiros, ou seja, expressam verdades antiquíssimas do espírito e padrões intemporais da alma. Cristo tornou-se um símbolo universal do espírito e pode-se dizer que o espírito não tem um nascimento "normal", ou seja, ele não depende de processos sexuais ou fatos biológicos para sua existência. Ele precede a sexualidade, a biologia e o corpo e pode-se dizer que ele é "virginal" em sentido metafórico. O espírito não pode ser destruído pela morte ou pela aniquilação do corpo e, por isso, pode-se dizer que ele é imortal, que "ressuscita" após a morte e leva uma vida própria na mente de Deus. A teoria junguiana da natureza metafórica dos mistérios cristãos não agrada aos leitores cristãos, que insistem na "verdade" desses mistérios. Jung está dizendo que os crentes simplórios carecem de imaginação e não compreendem a natureza da verdade. A verdade não é algo que se pode ver ou tocar, ou um acontecimento que pode ser comtemplado por uma testemunha ocular. A ressurreição não pode ser captada pela fotografia. O corpo exterior morre e o espírito continua vivendo. A verdade é interior, oculta ao olho comum e revelada somente ao poeta, ao profeta ou ao filósofo.

Os cristãos tendem a não acreditar num nível oculto da verdade na Bíblia e imaginam a Palavra de Deus como um fato real ou não metafórico. Por isso, a leitura que Jung faz destes mistérios é considerada herética. No entanto, a esperança de Jung não é humilhar a tradição religiosa, mas levá-la a ver o sentido mais profundo de seus milagres. Em sua opinião, o literalismo está matando a Igreja e destruindo uma religião que sob outros aspectos é boa. Se a religião pudesse entender seus milagres como símbolos e as escrituras como poesia, ela não seria rejeitada por pessoas racionais que não conseguem mais "acreditar" no sobrenatural e construiria uma ponte entre os dogmas e a psique. Enquanto estes acontecimentos forem literalizados, eles permanecem "lá fora", perdidos no passado e captados em projeções. Se forem transformados em símbolos do espírito, podemos recuperar esta herança mesmo numa época tecnológica. Eles podem novamente adquirir vida na alma.

Jung deixou claro desde o início que ele não é alguém que acredita em milagres ou prodígios. Ele considerava que uma mistura de pouco discernimento e mau gosto da parte das Igrejas conspirou para interpretá-los literalmente:

> Os enunciados religiosos são desta categoria [metafóricos por natureza]. Todos eles se referem a objetos que é impossível constatar sob o ponto de vista físico. Se assim não fosse, cairiam inexoravelmente sob o domínio das ciências naturais que os arrolariam simplesmente entre as coisas que não se podem comprovar pela experiência. Sob o ponto de vista físico, não têm qualquer sentido. Seriam simples milagres, passíveis de dúvida, incapazes de evidenciar a realidade objetiva de um espírito, ou seja, de um sentido, pois o sentido sempre se evidencia por si mesmo.
> (§ 554)

Os enunciados religiosos não são verdadeiros literalmente, mas nem são mentiras, como afirmam os ateus. A pessoa racional afirma solenemente que, se eles não são verdadeiros como fatos, não podem ser verdadeiros de maneira alguma. Este pensamento nos situa num deserto espiritual no qual muitos de nós patinhamos. Os mistérios das religiões são verdades do espírito, mas isto não é evidente por si mesmo para a maioria de nós hoje. Nem mesmo os que estão profissionalmente envolvidos na vida religiosa compreendem isto. Muitas vezes, os que dedicam sua vida à religião não percebem que a religião é um chamado à transformação pessoal. Precisamos ser introduzidos na linguagem do mito e do símbolo, iniciados nela, seja por exercício, por educação ou por uma análise do inconsciente. O inconsciente ainda se comunica na linguagem do mito, a mesma linguagem que se encontra nos sistemas religiosos.

As tradições pedem que as pessoas retornem à crença em milagres, mas Jung mostra que isto é impossível para o intelecto moderno; tampouco esta crença nos conecta com o sentido dos milagres:

> [Os milagres] apelam para a inteligência daqueles que são incapazes de captar o sentido em si mesmo. Constituem meros sucedâneos de uma realidade do espírito que não foi compreendida.
>
> (§ 554)

O literalismo satisfaz as instituições religiosas e suas exigências, mas não a alma ou espírito, que têm fome de sentido nos milagres e para além deles. Não podemos mais alimentar-nos de milagres e prodígios, porque já não nos satisfazemos com contos supersticiosos e precisamos saber o sentido das transformações do espírito. Os milagres são para os que não têm fé ou imaginação. Não precisamos de milagres se existe fé verdadeira. Confundir a narrativa sagrada do corpo místico com fatos relativos ao corpo físico não é obra de inspiração divina, mas de manipulação cultural. É interessante observar o quanto a crítica da religião feita por Jung se aproxima nesse ponto da crítica de Marx ou Freud.

Jung pressentia que, se a religião ocidental não conseguisse superar sua obsessão pelo literalismo, havia pouca esperança de um despertar religioso. Ele queria trazer os mitos da religião para a vida, estabelecendo um contato entre eles e a alma, de modo que pudessem ser experimentados como verdades interiores do indivíduo. A ênfase histórica na religião estava aniquilando-a, porque tudo estava sendo mantido fora da arena subjetiva. Os mitos deviam ser separados de suas associações históricas e vinculados ao coração humano. No atual clima dogmático, os mitos estavam morrendo por não serem entendidos como órgãos vivos da alma.

Capítulo 11: "Psicologia e poesia" (1930/1950)
(De *O espírito na arte e na ciência*. OC 15, § 133-162)

Uma das primeiras coisas que Jung faz neste ensaio é pedir desculpa por invadir o campo da literatura. Jung sente que convém dar uma explicação e diz:

> É uma particularidade da alma ser não apenas mãe e origem de toda a ação humana, como também expressar-se em todas as formas e atividades do espírito; não podemos encontrar em parte alguma a essência da alma em si mesma, mas somente percebê-la e compreendê-la em suas múltiplas formas de manifestação. Por isso, o psicólogo é obrigado a adentrar em vários domínios, deixando o castelo seguro de sua especialidade; e isto, não como pretensão ou diletantismo, mas por amor ao conhecimento, em busca da verdade[4].

Jung acrescenta: "a força imagística da poesia, embora [...] pertença ao domínio da literatura e da estética, [...] é também um fenômeno psíquico, e como tal deve ser provavelmente considerada pelo psicólogo". Este "provavelmente" não parece muito convincente, mas nesta etapa da história da psicanálise os pesquisadores não estavam confiantes sobre até onde podiam invadir o campo alheio.

Jung diz que ele não pode restringir-se à psicologia ou à psiquiatria e que seu interesse "rompeu a estrutura" do estudo da medicina. A natureza complexa da psique fez de Jung um generalista, não porque quisesse sê-lo, mas porque precisava sê-lo. A busca da psique impeliu-o a entrar em áreas de conhecimento que ele nunca teria explorado se não tivesse sido instigado. Jung arriscou-se a ser "indisciplinado" no sentido técnico e arriscou-se a cair na invisibilidade, nas gretas entre as disciplinas. Jung arriscou-se a ser "indisciplinado" no sentido técnico e arriscou-se a cair na invisibilidade, nas gretas entre as disciplinas. Ele ultrapassou os limites porque foi motivado pelo desejo de encontrar seu caminho rumo a um novo lugar para além das especializações convencionais. Ele estava em busca do sentido e o sentido não está confinado a nenhuma disciplina.

Um dos principais temas de Jung é que a personalidade do artista não explica, e não pode explicar, a arte: "A psicologia pessoal do criador revela certos traços em sua obra, mas não a explica" (§ 134). Ele se volta deliberadamente contra o reducionismo de Freud. Nas interpretações

---

4. Não é possível dar os números dos parágrafos, já que a Introdução donde foi tirada esta citação e outras seguintes foi encontrada postumamente e não está publicada nos ensaios de Jung, de modo que não recebeu números de parágrafo da maneira usual.

freudianas, a obra de arte é muitas vezes reduzida aos problemas psicológicos do artista. Jung objeta que nesse tipo de análise "aquilo que a obra contém de pretensamente criador não passaria de um mero sintoma" (§ 134). Estas interpretações encontram nas obras de arte, por exemplo, o complexo materno ou conflitos edipianos do artista. Na visão de Jung isto expõe a interpretação psicanalítica a um escárnio e má reputação merecidos. Muitos ficam desconfiados da interpretação psicanalítica da poesia, da pintura e da narrativa porque são tacanhos e dogmáticos, raramente focados na obra ou no que ela poderia significar para a sociedade ou a cultura, mas concentrados apenas em reduzi-la a problemas pessoais.

Jung argumenta também contra o humanismo na crítica literária. Ao contrário das leituras freudianas, nas quais o artista se torna um sofredor neurótico, o humanismo tende a exaltar o artista e a celebrá-lo como um herói, um santo ou um visionário. O humanismo sucumbe ao que se chama "falácia intencional", ou seja, a noção de que um artista sabe exatamente o que está fazendo em sua obra. Isto supõe que as intenções conscientes do artista esgotam os sentidos da obra e, se quisermos descobrir o sentido de qualquer obra, basta apenas contactar o artista e perguntar-lhe a respeito dela. Isto é o oposto da leitura freudiana, na qual se presume que as obras de arte contêm impulsos inconscientes. Jung concorda com Freud que a arte contém materiais inconscientes, mas discorda da visão de que estes materiais podem ser reduzidos a problemas pessoais.

A abordagem de Jung se harmoniza de maneira fascinante com as ideias do pós-estruturalismo e do pós-modernismo. Estas teorias tendem a enfatizar a objetividade da obra de arte e não a reduzem à psicologia do artista. Roland Barthes, como outros teóricos franceses, escreveu sobre a "morte do autor", entendendo com isto que as intenções do artista não devem ser vistas como sendo os princípios explicativos da arte. De acordo com Barthes, precisamos olhar além das intenções do artista para explorar a obra em si mesma, independentemente do que o artista tinha em mente no momento em que a concebeu. Isso se aproxima da abordagem de Jung – no sentido de que ele antecipou em várias décadas as ideias do pós-modernismo e do pós-estruturalismo[5].

---

5. Cf. HAUKE, Christopher. *Jung and the Postmodern*. Londres/Filadélfia: Routledge, 2000.

Jung distingue entre o que ele chama de modo "psicológico" e modo "visionário" de expressão. Estes são termos infelizes e até os editores deste ensaio começam a discutir com Jung numa nota de rodapé ao parágrafo 139. Os editores sugerem que Jung pretendia distinguir entre modo personalista e modo arquetípico de expressão. Isto parece uma escolha mais feliz de termos. O que Jung chama de modo "psicológico" e os editores chamam de modo "personalista" não interessa a Jung. Ele argumenta que os escritos "psicológicos" são conscientes e deliberados e, sendo assim, não existe nada para o psicólogo interpretar: "O assim chamado 'romance psicológico' não interessa [ao psicólogo], não lhe oferecendo o que nele a perspectiva literária pretende encontrar" (§ 136). "À primeira parte o psicólogo não tem nada a acrescentar que o poeta já não tenha dito, e muito melhor" (§ 138). Esse modo de criatividade, argumenta Jung, é tão cuidadosamente controlado que não existem estruturas mais profundas a discernir. Enquanto estudioso da literatura, preciso discordar dele. Muitas vezes um texto dá a impressão de ser elaborado deliberadamente, mas por baixo permanecem elementos estranhos a serem desenterrados. Em outras palavras, o inconsciente se insinua, mesmo quando o consciente parece estar no controle[6].

Jung estava interessado principalmente no que ele chamava de modo "visionário". Ele afirma que neste modo as palavras tendem a apoderar-se do artista e transformá-lo num instrumento muitas vezes relutante. Jung torna-se lírico a respeito deste modo e mostra um fascínio romântico por sua aparente falta de controle:

> "O modo visionário da criação artística [...]. Sua essência, estranha, de natureza profunda, parece provir de abismos de uma época arcaica. [...] Constitui uma vivência originária que ameaça a natureza, ferindo-a em sua fragilidade e incapacidade de compreensão. O valor e o choque emotivo são acionados pela terribilidade da violência, a qual emerge do fundo das idades, de modo frio e estranho ou sublime e significativo. [...] O desconcertante encontro de acontecimentos tão poderosos, que ultrapassam a

---

6. Cf. TACEY, David. *Patrick White: Fiction and the Unconscious.* Melbourne: Oxford University Press, 1988.

extensão da sensibilidade e compreensão humanas, exige da criação artística algo diverso das experiências banais, hauridas no primeiro plano da vida cotidiana.

(§ 141)

Jung fornece diversos exemplos deste modo, tomados principalmente da literatura alemã, que é o que ele melhor conhece. Ele cita a *segunda parte* do *Fausto* de Goethe, o *Anel dos Nibelungos* de Wagner, o *Assim falava Zaratustra* de Nietzsche; e menciona também, da literatura italiana, a *Divina comédia* de Dante, e, da literatura inglesa, a poesia de William Blake. São obras nas quais houve uma erupção do inconsciente e o artista é dominado por algo que escapa ao seu controle, agindo como um instrumento a serviço dos processos arquetípicos. Jung diz que nós normalmente nos sentimos ambivalentes a respeito de tais obras, porque elas são tão estranhas à vida normal e à experiência cotidiana: "Há uma exigência óbvia de comentários, explicações; sentimo-nos surpreendidos, desconcertados, confusos, desconfiados ou, o que é pior, chegamos a experimentar repugnância" (§143).

Como exemplo de sentir *repugnância* por uma obra visionária, Jung dá o exemplo do *Ulisses* de James Joyce. Ele escreveu um ensaio independente e longo sobre este romance modernista, mas não está entre seus melhores escritos, e parece que Jung não entendeu a obra[7]. Refere-se a ela como tendo um padrão e conteúdo de um estado mental psicótico. Jung gosta de algumas obras visionárias, mas não de outras; prefere que elas sejam coerentes no estilo, não fragmentadas e confusas. Ironicamente, elas são destinadas a retratar explosões do inconsciente, mas não devem *ser* explosivas no estilo, como no caso de Joyce. O gosto de Jung pela arte é curiosamente restrito: ele gosta que uma obra tenha um conteúdo romântico, que pode ser apaixonado e turbulento, mas espera que a forma ou configuração seja clássica e comedida.

Jung afirma que algumas obras de arte se tornam "grandiosas" porque expressam não só os impulsos inconscientes do artista, mas também a vida inconsciente da época. Ele atribui a essas obras não só um signi-

---

7. JUNG. "Ulisses: Um monólogo". OC 15.

ficado estético e moral, mas também um sentido profético. Elas antecipam conteúdos da psique coletiva que ainda não chegaram ao limiar da consciência. Estas obras nos dizem o que está acontecendo no interior de nossa cultura e Jung considera que as obras de arte visionárias, como as religiões e os mitos, têm um valor terapêutico: "O mais importante, porém, especialmente para a crítica literária, é o fato de as manifestações do inconsciente coletivo possuírem um caráter compensatório em relação à situação consciente; dessa forma uma vida inconsciente unilateral, desadaptada ou até mesmo perigosa, tende a ser resposta e equilíbrio" (§ 152). Obras de arte capazes de trazer as correntes arquetípicas à superfície servem para compensar a unilateralidade da sociedade e, na medida em que alinham os conteúdos indisciplinados com a consciência, ajudam a prevenir futuras explosões de desordem. A arte é uma forma de terapia coletiva; ela fornece o que está faltando à percepção, relaciona-o com a consciência e com isso ajuda uma sociedade a alcançar a plenitude.

A teoria do inconsciente coletivo possibilita a Jung ressaltar a importância social das obras que têm conteúdo arquetípico. Ele resume sua teoria da seguinte maneira:

> O processo criativo consiste [...] numa ativação inconsciente do arquétipo e numa elaboração e formalização na obra acabada. De certo modo a formação da imagem primordial é uma transcrição para a linguagem do presente pelo artista, dando novamente a cada um a possibilidade de encontrar o acesso às fontes mais profundas da vida que, de outro modo, lhe seria negado. É aí que está o significado social da obra de arte: ela trabalha continuamente na educação do espírito da época, pois traz à tona aquelas formas das quais a época mais necessita[8].

A arte visionária é para a sociedade o que o sonho é para o indivíduo: o meio pelo qual os conteúdos reprimidos são trazidos à superfície, de modo que possa ocorrer uma transformação. Como acontece com os sonhos, as obras visionárias precisam ser interpretadas e requerem respostas hermenêuticas. As obras estéticas começaram o trabalho de

---

8. JUNG. "Relação da psicologia analítica com a obra de arte poética". OC 15, § 130.

interpretação para nós "traduzindo" um conteúdo arquetípico para "a linguagem do presente". Estas obras "dão forma" a conteúdos que ainda precisam ser compreendidos pela mente e pela sociedade, porque as obras visionárias, assim como os sonhos, falam por meio de símbolos que o intelecto não compreende. A teoria da arte de Jung foi antecipada por Shakespeare, que escreveu em *Sonho de uma noite de verão*:

> Como a imaginação dá contorno
> Ao desconhecido, a pena do poeta
> Dá-lhe forma, e o nada etéreo
> Ganha um lugar certo e um nome[9].

O "nada etéreo" de Shakespeare é semelhante ao "inconsciente" de Jung e a obra de arte dá conteúdos arquetípicos a "um lugar certo e um nome". O artista é um mago que "dá contorno / ao desconhecido" e permite que esse desconhecido ressoe na imaginação de uma época. Se são grandiosas, as obras podem ressoar pelas épocas vindouras.

Capítulo 12: "Diferença entre o pensamento oriental e o pensamento ocidental" (1939/1954)

(De "Comentário psicológico sobre o Livro Tibetano da Grande Libertação", em *Psicologia e religião ocidental e oriental*. OC 11/5, § 759-787)

Este ensaio, escrito em inglês, é a primeira seção do comentário de Jung sobre o Livro Tibetano da Grande Libertação. Jung entende que o Oriente tem uma compreensão melhor da psicologia do que o Ocidente, mas está relutante em admiti-lo porque ele é completamente ocidental. Ele admira o Oriente, mas não pode tornar-se um advogado do Oriente, embora esteja tentado a ir nessa direção. Sempre que Jung trata do Oriente, seu texto está cheio de admiração e desejo, solapados por resistências. A questão que ele levanta é a seguinte: Como o Oriente e o Ocidente chegaram a essas diferentes concepções do espírito? "Podemos admitir com toda a tranquilidade que a expressão oriental correspondente ao termo 'mind' se aproxima bastante do nosso 'inconsciente', ao

---

9. SHAKESPEARE. *A Midsummer Night's Dream*. Ato V, cena 1, linhas 14-17. Cf. também READ, Herbert. *The Forms of Things Unknown*. Nova York: Horizon Press, 1960.

passo que o termo 'espírito' é mais ou menos idêntico à consciência reflexa" (§ 774). "O espírito oriental, pelo contrário, não sente dificuldade em conceber uma consciência sem o eu. Admite que a existência é capaz de estender-se além do estágio do eu. O eu chega mesmo a desaparecer neste estado 'superior'" (§ 774). "Para nós, ocidentais, a consciência reflexa é impensável sem um eu. Ela se equipara à relação dos conteúdos com o eu. Se não existe o eu, estará faltando alguém que possa se tornar consciente de alguma coisa" (§ 774).

A diferença entre Oriente e Ocidente é que para o Ocidente o espírito tem origem no ser humano e para o Oriente o espírito é uma qualidade ou dimensão do cosmos. O Oriente pode conceber o espírito sem uma presença humana. Seu conceito de mente é universal, ao passo que o do Ocidente é antropocêntrico. O Ocidente afirma que não existe nenhuma evidência da existência de um espírito universal e a ciência não a considera uma hipótese sensata. Jung não inclui sua psicologia nesta generalização, já que sua visão permite um espírito universal, tese que ele desenvolve em sua teoria da sincronicidade. Jung está no Ocidente, mas não é *do* Ocidente. Ele está alarmado por verificar que o espírito se tornou uma coisa tão encolhida e mirrada:

> O desenvolvimento da filosofia ocidental nos dois últimos séculos teve como resultado o isolamento do espírito em sua própria esfera e a ruptura de sua unidade original com o universo. O próprio homem deixou de ser o microcosmos, e sua alma já não é mais a *scintilla* consubstancial ou uma centelha da *anima mundi* [da alma do mundo].
>
> (§ 759)

Nós separamos o espírito do cosmos e Jung está alarmado com este desenvolvimento porque o considera a marca de nossa alienação.

Mas precisamos ler Jung acuradamente; ele não está sendo tão categórico como poderia parecer. Ele diz que o Ocidente perdeu o espírito universal, mas não pensa que o perdemos para sempre. Com efeito, a descoberta do inconsciente pode ter-nos dado a capacidade de recuperá-lo novamente. O que chamamos de "nosso" espírito ou "nossa" psique pode ser apenas uma maneira de falar. Nosso antropocentrismo pode ser uma ilusão, uma incapacidade de enxergar além de certos fatos. A verdade pode ser mais chocante do que qualquer coisa que qualquer ciência ocidental imaginou. Nosso espírito e psique humanos podem fazer parte de um *continuum* do espírito que nós não vemos. Nós bloqueamos habitualmente e sistematicamente a dimensão universal, deixando de perceber que nossas almas são "centelhas" ou *scintillae* da alma do mundo. "É igualmente possível que nosso espírito não seja mais do que a manifestação de um espírito universal" (§ 760). "O espírito universal" perdido ou esquecido, supõe Jung, pode ser encontrado numa condição rudimentar em nosso inconsciente. É a psicologia do inconsciente que constrói uma ponte potencial entre a concepção oriental e a concepção ocidental do espírito.

Embora Jung diga que "é inútil [...] construir pontes falsas ou enganadoras por sobre abismos" (§ 773), mesmo assim ele está cautelosamente empolgado com a perspectiva de encontrar o espírito oriental no inconsciente ocidental. Ele presume que o Oriente se tornou atrativo para o Ocidente e que o Ocidente está desejoso daquilo que o Oriente possui. Ele está preocupado com esta atitude ambiciosa porque pensa que nós temos uma fome consumista, que pode deixar-nos cegos para as possibilidades de nossa própria transformação. Para nós é mais fácil considerar o espírito universal como um tesouro do Oriente e partir em busca desse tesouro de maneira literal. Mas, se fizermos isto, a psique ocidental permanece ainda presa em seu personalismo e confinamento: ela apenas "agregou" o espírito universal como uma posse exótica. O dualismo original entre pessoal e universal permanece e apenas foi submergido por nossa fome gananciosa. Jung nos exorta a encontrar um espírito universal como um tesouro enterrado no campo.

Jung examina diversos pontos de vista diferentes e contrários entre o Oriente e o Ocidente. "A introversão é [...] o estilo do Oriente, ou seja, uma atitude habitual e coletiva, ao passo que a extroversão é o estilo do Ocidente" (§ 770). "O Oriente se baseia na realidade psíquica, isto é, na psique, enquanto condição única e fundamental da existência" (§ 770); ao passo que "nós, do Ocidente, acreditamos que uma verdade só é convincente quando pode ser constatada através de fatos externos" (§ 778). O Ocidente desenvolveu sua relação com o mundo – o estudo da natureza, a ciência, a tecnologia, a medicina –, enquanto o Oriente desenvolveu sua relação com o mundo interior e aperfeiçoou a arte da espiritualidade, à qual Jung se refere como "a capacidade de autolibertação própria da mentalidade introvertida" (§ 773). Cada civilização desenvolveu suas forças e negligenciou suas fraquezas e pontos cegos. Jung enfatiza os desenvolvimentos desproporcionais de cada civilização: "O que nós [no Ocidente] temos para apresentar no tocante ao conhecimento espiritual e à técnica psicológica deve parecer tão atrasado, comparado à ioga, como a astrologia e a medicina orientais, comparadas às ciências do Ocidente" (§ 778).

Mas, apesar destas vastas diferenças, "estes mundos antitéticos se defrontaram um com o outro" (§ 778). O Oriente está se tornando rapidamente ocidentalizado e o Ocidente está tomando emprestados e adaptando elementos do Oriente. Cada mundo está explorando o outro em busca do que está faltando nele. Jung parece estar preocupado que, em seu fascínio pela tecnologia e ciência ocidentais, o Oriente esteja perdendo sua força espiritual e, por outro lado, que o Ocidente, em seu interesse pela espiritualidade oriental, esteja evitando sua própria alma. Ele não está animado com a possibilidade de se chegar a uma civilização global na qual tanto o mundo interior quanto o mundo exterior sejam desenvolvidos e respeitados. Se o Ocidente seduz o Oriente com sua ciência e tecnologia, e falha em desenvolver sua própria interioridade, não estaremos caminhando necessariamente para a integração psicológica. No entanto, Jung também não é pessimista e demonstra um senso de arrebatamento com as possibilidades do que ele chama de "aventura espiritual de nossa época" (§ 763).

Capítulo 8
O problema psíquico do homem moderno[1]

O problema psíquico do homem moderno é uma das questões indefinidas, exatamente por sua modernidade. Moderno é o homem que surgiu há pouco, e um problema moderno é uma questão que surgiu, mas cuja resposta ainda está no futuro. Por isso o problema psíquico do homem moderno é, na melhor das hipóteses, uma interrogação que talvez se apresentasse de modo bem diferente se tivéssemos ligeira ideia da resposta que o futuro trará. Além disso, trata-se de algo tão geral – para não dizer tão vago – que supera em muito a força de compreensão de um único pensador, de maneira que temos todas as razões do mundo para abordar este problema com toda modéstia e o maior cuidado. Na minha opinião, é absolutamente necessário reconhecer expressamente esta limitação, pois nada induz tanto a encher a boca com palavras altissonantes, mas por isso mesmo vazias, do que a abordagem de um problema deste tipo. Somos, de fato, levados a afirmações aparentemente imodestas e audaciosas que facilmente poderiam cegar-nos. Quantos homens já não sucumbiram à ousadia e grandiosidade de suas próprias palavras!

Para começar logo com a falta de modéstia, devo dizer que este homem que chamamos moderno, portanto aquele que vive no presente mais imediato, está no pico ou à margem do mundo: sobre ele só o céu, debaixo dele toda a humanidade cuja história se perde na névoa dos tempos mais remotos, e à sua frente o abismo do futuro. São poucos os

---

1. Conferência feita no Congresso da Liga de Colaboração Intelectual, em Praga, outubro de 1928. Publicada em *Europäische Revue*, IV/9, 1928, p. 700-715. Berlim. Reelaborada e ampliada em *Seelenprobleme der Gegenwart* (Psychologische Abhandlungen, III), Zurique: [s.e.], 1931. Novas edições em 1933, 1939, 1946, 1950, brochura em 1969.

modernos, ou melhor, os homens que vivem no presente imediato, pois sua existência exige a mais alta consciência, uma consciência extremamente intensiva e extensiva, com um mínimo de inconsciência, pois só aquele que tem consciência plena de sua existência como ser humano está de todo presente. Deve-se entender bem que não é o simples fato de viver no presente que faz alguém ser moderno, pois neste caso tudo o que vive hoje seria moderno. Só é moderno aquele que tem profunda consciência do presente.

[150] Quem chega a esta consciência do presente, necessariamente é *solitário*. O homem "moderno" sempre foi solitário. Cada passo em direção a uma consciência mais elevada e mais abrangente afasta-o da participação mística primitiva e puramente animal com o rebanho, e da submersão num inconsciente comum. Cada passo à frente representa uma luta para arrancá-lo do seio materno universal da inconsciência primitiva, no qual permanece a grande massa do povo. Mesmo entre os povos civilizados, as camadas mais baixas vivem num estado de inconsciência que pouco difere da dos primitivos. As camadas imediatamente superiores vivem, em geral, num nível de consciência que corresponde aos começos da cultura humana, e as camadas mais altas têm uma consciência análoga à dos séculos mais recentes do passado. Só o homem moderno, de acordo com o significado que lhe demos, vive realmente no presente, porque só ele possui uma consciência do presente e só para ele os níveis mais primitivos de viver se esmaeceram. Os valores e aspirações desses mundos só lhe interessam do ponto de vista histórico. Por conseguinte, ele se tornou "a-histórico", no sentido mais profundo do termo, tendo-se afastado da massa que só vive de ideias tradicionais. Na verdade ele só é completamente moderno quando ficar na margem mais exterior do mundo, tendo atrás de si tudo o que ruiu e foi superado, e diante de si o nada, do qual tudo pode surgir[2].

[151] Isto soa tão grandioso que toca perigosamente o banal, pois nada é mais fácil do que afetar esta consciência do presente. Existe toda uma horda de pessoas imprestáveis que se dão um ar de modernidade, pulando fraudulentamente todos os degraus com todas as dificílimas tarefas

---

2. [Nisto, o teu Nada, posso encontrar meu Tudo!" *Fausto*, Parte II – Trad.].

que eles apresentam. E eis que aparecem de repente completamente desprovidas de raízes e quais espectros vampirescos junto ao homem verdadeiramente moderno, desacreditando-o em sua solidão pouco invejável. E acontece então que os raros homens do presente são vistos pelos olhos pouco penetrantes da massa somente através do enganoso véu desses espectros pseudomodernos, com os quais são confundidos. Nada se pode fazer. O homem moderno é perigoso e suspeito, como sempre foi em todos os tempos, a começar por Sócrates e Jesus.

Admitir a modernidade significa declarar-se voluntariamente falido. [152] É fazer uma nova espécie de voto de pobreza e de castidade, e até mesmo renunciar – o que é ainda mais doloroso – à auréola de santidade que sempre exige a sanção da história. O pecado de Prometeu foi ficar sem história. Neste sentido, o homem moderno é pecador. *Um nível mais elevado de consciência é portanto culpa.* Mas, como já disse, só o homem que conseguiu galgar os degraus da consciência do passado ou, em outras palavras, cumpriu satisfatoriamente as tarefas que encontrou em seu mundo pode chegar à plena consciência do presente. Deverá ser, por conseguinte, um homem virtuoso e eficiente no melhor dos sentidos, um homem de eficiência ou capacidade igual e até mesmo superior à dos outros. Essas qualidades torná-lo-ão capaz de galgar o próximo degrau de consciência imediatamente superior.

Sei que o conceito de "eficiência" é especialmente repugnante aos [153] pseudomodernos, pois lembra-lhes desagradavelmente seu embuste. Mas isso não nos impede de tomá-lo como critério essencial do homem moderno, critério indispensável, pois, sem ele, o moderno não passaria de mero especulador sem consciência. Sua eficiência deve chegar ao grau máximo, do contrário a a-história será mera infidelidade ao passado, se não for compensada pela aptidão criativa. Negar o passado e só ter consciência do presente seria pura futilidade. O hoje só tem sentido se estiver entre o ontem e o amanhã. O hoje é um processo, uma transição que se afasta do passado e se encaminha para o futuro. Só o homem consciente do hoje, neste sentido, tem o direito de chamar-se *moderno*.

Muitos se chamam "modernos" – particularmente os pseudomodernos. [154] Por isso encontramos o homem verdadeiramente moderno, muitas vezes, entre os que se dizem antiquados. Fazem isso, de um lado, para compensar de alguma forma, através de uma forte acentuação do passado, a culpa de haverem rompido com a tradição histórica e, de outro lado, para evitar o perigo de serem confundidos com os pseudomodernos. A todo bem corresponde um mal, e não pode entrar no mundo absolutamente nada de bem sem produzir diretamente o mal correspondente. Essa dolorosa realidade torna ilusório o sentimento intenso que acompanha a consciência do presente, ou seja, de sermos o ápice de toda a história humana passada, a conquista e o resultado de milhares e milhares de anos. Na melhor das hipóteses, isso é uma confissão de pobreza orgulhosa, pois somos também a destruição das esperanças e ilusões de milhares de anos. Quase dois mil anos de história cristã se passaram e, ao invés da parusia e do reino milenar, o que presenciamos é a guerra mundial entre nações cristãs, com arame farpado e gases venenosos... Que derrocada no céu e na terra!

[155]   Diante de um quadro desses, é melhor voltarmos a uma atitude bem humilde. Hoje o homem moderno está no ápice, amanhã estará superado; é a última resultante de uma evolução antiquíssima, mas também é a pior desilusão de todas as esperanças da humanidade. Disso ele está consciente. Sabe muito bem que a ciência, a técnica e a organização podem ser uma bênção, mas sabe também que podem ser catastróficas. Testemunhou que os governos bem-intencionados protegeram a paz segundo o princípio "Si vis pacem, para bellum" a tal ponto que a Europa quase chegou à ruína total[3]. E no tocante aos ideais, nem a Igreja cristã, nem a fraternidade humana, nem a social-democracia internacional, nem a solidariedade dos interesses econômicos conseguiram suportar a prova de fogo da realidade. Hoje, dez anos depois da guerra, o mesmo otimismo está de volta, as mesmas organizações, as mesmas aspirações políticas, os mesmos *slogans* e expressões que preparam, a longo prazo, as mesmas catástrofes inevitáveis. Os pactos que proscrevem a guerra são vistos com ceticismo, apesar de desejarmos que tenham o maior sucesso. No fundo, por trás de todas essas medidas paliativas, ronda a dúvida. Considerando todos os aspectos, acho que não estou exagerando se comparar a consciência moderna com a psique de um homem que, tendo sofrido um abalo fatal, caiu em profunda insegurança.

---

3. Isto foi escrito em 1928! (Se queres a paz, prepara-te para a guerra.)

Pode-se deduzir dessas afirmações que estou partindo de uma perspectiva médica, pois é esta a minha profissão. Um médico vê sempre doenças, mas é essencial à sua profissão que não veja doenças onde elas não existem. Evito, pois, afirmar que a humanidade ocidental e o homem branco em particular estejam doentes, ou que o Ocidente esteja às portas de um colapso. Tal juízo ultrapassa de longe a minha competência.

[156]

Quando se ouve alguém falar de um problema cultural ou de um problema humano, nunca se deve esquecer de perguntar quem está falando. Pois, quanto mais geral o problema, tanto mais "introduzirá secretamente" sua psicologia pessoal na descrição. Isto poderá levar a distorções imperdoáveis e a falsas conclusões, com sérias consequências. Mas, por outro lado, o próprio fato de um problema geral envolver e assumir a personalidade inteira é garantia de que quem fala dele também o tenha vivenciado ou experimentado pessoalmente. Na segunda hipótese, ele nos apresenta o problema sob um ponto de vista pessoal, mostrando-nos portanto uma verdade, ao passo que o primeiro manipula o problema com tendências pessoais e o deforma, sob o pretexto de lhe dar uma forma objetiva. O resultado será simplesmente uma imagem ilusória sem qualquer base verdadeira.

[157]

É claro que só conheço o problema psíquico do homem moderno a partir de *minha* própria experiência com outras pessoas e comigo mesmo. Conheço a vida psíquica de algumas centenas de pessoas instruídas, quer doentes ou sadias, vindas de todas as partes do mundo civilizado dos brancos. E é a partir dessa experiência que estou falando. Certamente só poderei traçar uma imagem unilateral, pois tudo reside na *psique*, tudo se encontra no *lado interno*, por assim dizer. Mas devo acrescentar que a psique nem sempre e em todo lugar está no lado interno. Há povos e épocas em que ela se encontra no exterior, povos e épocas sem psicologia, como, por exemplo, todas as antigas culturas, entre as quais principalmente a do Egito com sua extraordinária objetividade e sua também grandiosa confissão dos pecados, ingênua e negativa ao mesmo tempo. É difícil imaginar por trás dos túmulos de Ápis em Sakkara e das pirâmides algum problema psíquico, tampouco quanto por trás da música de Bach.

[158]

[159] Se existe alguma forma ideal e ritual externa, pela qual se assumem e se expressam todas as aspirações e esperanças da alma – como por exemplo sob a forma de uma religião viva – então podemos dizer que a psique está fora, e que não há problema psíquico, assim como também não há inconsciente no nosso sentido da palavra. Por conseguinte, a descoberta da psicologia se restringe naturalmente às últimas décadas, embora os séculos anteriores já tivessem introspecção e inteligência suficientes para reconhecer as realidades psicológicas. Aconteceu o mesmo com o conhecimento técnico. Os romanos, por exemplo, conheciam os princípios mecânicos e processos físicos que poderiam tê-los levado a construir uma máquina a vapor. Mas tudo ficou só no brinquedo fabricado por Herão[4]. A razão disso é que não havia necessidade para tanto. Esta necessidade surgiu apenas com a excessiva divisão do trabalho e com a crescente especialização do último século. Da mesma forma, foi a *necessidade psíquica* do nosso tempo que nos fez descobrir a psicologia. É claro que os fenômenos psíquicos já existiam antes, mas não se impunham e ninguém lhes dava atenção. Era como se não existissem. Mas hoje não se pode mais esquecer a psique.

[160] Os primeiros a reconhecer essa verdade foram sem dúvida os médicos. Para o sacerdote, a psique não passava de algo que se devia adaptar à forma já reconhecida para assegurar uma função sem distúrbios. Enquanto esta forma oferecia verdadeiras possibilidades de vida, a psicologia se limitava a ser uma técnica auxiliar e a psique não era encarada como fator *sui generis*. Enquanto o homem vivia no seio do rebanho não tinha psicologia própria, nem precisava dela, com exceção de sua crença na imortalidade da alma. Mas à medida que ultrapassou o horizonte de sua religião local ocidental, em outras palavras, quando sua religião não mais conseguiu conter toda a plenitude de sua vida, então a psique começou a tornar-se o fator com o qual já não era possível lidar pelos meios ordinários. Por isso temos uma psicologia que se baseia nos fatos empíricos e não em artigos de fé ou postulados filosóficos. E o próprio fato de termos uma psicologia é sintoma de profundo estremecimento

---

4. Herão de Alexandria (provavelmente um século d.C.), matemático grego e físico a cujo espírito inventivo a ciência e a técnica devem muitos teoremas, fórmulas, instrumentos e aparelhos.

da psique em geral. Pois acontece com a psique geral o que acontece com a psique individual: enquanto tudo vai bem e enquanto todas as energias psíquicas encontram uma função adequada e satisfatória, nada temos a temer, nada nos perturba. Nenhuma incerteza ou dúvida nos assalta e estamos em perfeita harmonia conosco. Mas se alguns canais da atividade psíquica ficarem soterrados, aparecem fenômenos de retenção, a fonte parece transbordar, ou seja, o interior quer outra coisa do que o exterior e a consequência é o conflito conosco mesmos. Só nesta condição, ou seja, neste *estado de necessidade*, descobrimos a psique como algo que quer outra coisa, como algo estranho e até hostil e inconciliável. A descoberta da psicanálise freudiana mostra claramente esse processo. A primeira coisa que descobriu foi a existência de fantasias sexuais perversas e criminosas que, tomadas ao pé da letra, são absolutamente incompatíveis com a consciência do homem civilizado. Se alguém adotasse o ponto de vista dessas fantasias, seria simplesmente considerado rebelde, louco ou delinquente.

[161] Não se pode pressupor que o pano de fundo da psique ou o inconsciente só tenha desenvolvido este aspecto nos tempos recentes. Provavelmente sempre foi assim e em todas as civilizações. Cada cultura tem seu adversário do tipo Heróstrato. Mas nenhuma cultura anterior à nossa se viu constrangida a levar a sério esse pano de fundo psíquico em si mesmo. A psique sempre foi simples parte de um sistema metafísico. Mas a consciência moderna já não pode prescindir do conhecimento da psique, apesar das mais fortes e obstinadas resistências. É isso que distingue nossa época das precedentes. Não podemos mais negar que as obscuras realidades do inconsciente são potências eficazes, que existem forças psíquicas que não podemos inserir em nossa ordem do mundo racional, pelo menos no presente. Mais ainda, construímos sobre elas uma ciência, uma prova a mais de que estamos realmente levando a sério essas realidades. Séculos passados podiam achá-las insignificantes e ignorá-las. Mas, para nós, são como a túnica de Nesso, impossível de tirar.

[162] A revolução que a consciência moderna sofreu em consequência das catástrofes da guerra mundial foi internamente acompanhada pelo abalo moral da fé em nós mesmos e em nossa bondade. Outrora podíamos considerar os estrangeiros como malfeitores sob o aspecto moral e polí-

tico, mas o homem moderno deve reconhecer que ele é moral e politicamente igual a todos os demais. Enquanto em tempos passados eu achava que era dever meu, imposto por Deus, chamar os outros à ordem, sei agora que também eu devo ser chamado à ordem e que seria bem melhor arrumar primeiro a minha própria casa. Tanto mais porque percebo com grande clareza que minha fé na possibilidade de uma organização racional do mundo – o velho sonho do reino de mil anos de paz e concórdia – ficou profundamente abalada. O ceticismo da consciência moderna a este respeito já não permite qualquer entusiasmo político ou de reforma mundial. É antes a base mais desfavorável possível para um simples fluxo das energias psíquicas no mundo, assim como a dúvida sobre a personalidade moral de um amigo influencia desfavoravelmente as relações de amizade, prejudicando inevitavelmente seu desenvolvimento. Este ceticismo faz com que a consciência moderna recue, se volte sobre si mesma. Este refluxo faz retornarem à consciência conteúdos psíquicos subjetivos que certamente sempre estavam presentes, mas permaneciam na obscuridade mais profunda até o momento de poderem escoar livremente para fora. O homem da Idade Média via o mundo de modo bem diferente. Para ele, a Terra era o centro do universo, eternamente fixa e em repouso. Em volta dela girava o Sol, solícito em propiciar-lhe calor. Os homens brancos, todos filhos de Deus, estavam sob as asas do Altíssimo e eram criados para a felicidade eterna. Sabiam exatamente *o que* deviam fazer e *como* deviam portar-se para passar da vida terrestre transitória para uma vida eterna, cumulada de felicidade. Não é mais possível imaginar, nem mesmo em sonho, uma realidade deste tipo. A ciência natural conseguiu rasgar esse véu há bastante tempo. Já se foi esse tempo, como se foi o tempo da infância, quando achávamos que o nosso pai era o homem mais belo e mais poderoso da Terra.

[163]   O homem moderno perdeu todas as certezas metafísicas da Idade Média, trocando-as pelo ideal da segurança material, do bem-estar geral e do humanitarismo. Quem conseguiu conservar inalterável até hoje esse ideal deve possuir uma dose de otimismo fora do comum. Também esta segurança foi por água abaixo, pois o homem moderno começa a perceber que todo passo em direção ao progresso material parece significar uma ameaça cada vez maior de uma catástrofe ainda pior. Diante

deste quadro, a imaginação e a esperança recuam assustadas. O que pensar, por exemplo, das medidas de proteção que as grandes cidades vêm adotando contra possíveis ataques com gases venenosos e inclusive fazem treinamentos com a população? Significam simplesmente – segundo o princípio *si vis pacem para bellum* (se queres paz, prepara-te para a guerra) – que estes ataques com gases mortíferos já foram previstos e planejados. Basta reunir o material necessário à destruição que o diabólico se apossará infalivelmente do homem, levando-o a agir. Sabemos muito bem que as armas de fogo disparam por si, desde que haja um conjunto suficiente delas.

O vago pressentimento da terrível lei que rege a cega contingência, chamada por Heráclito a lei da *enantiodromia*, isto é, a contracorrente, congela de tal forma o plano mais profundo da consciência moderna, a ponto de paralisar toda crença na possibilidade de opor-se a esta monstruosidade, através de medidas sociais e políticas. Se, depois desta terrível visão de um mundo cego, no qual se contrabalançam continuamente a construção e a destruição, a consciência se voltar para o homem como sujeito e entrar no recesso de sua própria psique, encontrará nela uma escuridão tão selvagem que seria bem melhor ignorá-la. Também aqui a ciência destruiu um último refúgio. O que prometia ser uma caverna protetora, foi transformado em esgoto. [164]

Não obstante, parece até um alívio encontrar tanto mal nas profundezas da própria psique, pois, pelo menos, conseguimos descobrir aí a causa de todo o mal que existe na grande humanidade. Mesmo chocados e desiludidos a princípio, temos a impressão de que essas realidades psíquicas, precisamente por serem parte de nossa psique, são algo que temos mais ou menos na mão e podemos portanto controlar, ou pelo menos reprimir como convém. Se conseguíssemos isso – pelo menos admiti-lo já seria tão bom – estaria extirpada uma parte do mal no mundo externo. Pela ampla difusão do conhecimento do inconsciente, todo mundo poderia, por assim dizer, verificar se um homem público se deixa arrastar por escusos motivos inconscientes e os jornais poderiam admoestá-lo: "Por favor, submeta-se a uma análise. Você está sofrendo de um complexo paterno reprimido". [165]

[166]　　　Usei de propósito este exemplo grosseiro para mostrar a que conclusões absurdas poderia levar a ilusão de que basta algo ser psíquico para podermos manejá-lo à vontade. Não resta dúvida que o mal provém, em grande parte, da inconsciência ilimitada do homem, como também é verdade que um conhecimento mais profundo nos ajuda a lutar contra as causas psíquicas do mal, exatamente como a ciência nos tornou capazes de combater com êxito as adversidades externas.

[167]　　　O crescente interesse pela psicologia no mundo inteiro, nos últimos vinte anos, prova irrefutavelmente que a consciência moderna se afastou um pouco das realidades exteriores e materiais para voltar sua atenção mais para a realidade interna e subjetiva. A arte expressionista antecipou profeticamente esta mudança, porque toda arte sempre capta com antecedência e intuitivamente as futuras mudanças da consciência em geral.

[168]　　　O interesse psicológico de nossa época espera algo da psique, algo que o mundo externo não pôde dar, certamente alguma coisa que nossa religião deveria conter mas não contém ou não mais contém, pelo menos para o homem moderno. Para ele, as religiões já não parecem provir de dentro, da psique; ao contrário, tornaram-se para ele pedaços de um inventário do mundo exterior. Nenhum espírito supraterrestre é capaz de prendê-lo com uma revelação interior. Ao invés, ele se esforça por escolher religiões e convicções e veste uma delas, como se veste uma roupa de domingo, desfazendo-se finalmente dela como se faz com uma roupa usada.

[169]　　　Os fenômenos obscuros e quase patológicos do pano de fundo da psique fascinam de algum modo o interesse. Mas é difícil explicar como algo que foi rejeitado pelas épocas precedentes possa tornar-se, de repente, tão interessante. Não se pode negar, porém, que há um interesse geral nessas questões, apesar da aparente incompatibilidade com o bom gosto. Quando me refiro ao interesse psicológico, não entendo apenas o interesse pela ciência psicológica, ou o interesse ainda mais restrito pela psicanálise de Freud, mas o crescente interesse pelos fenômenos psíquicos mais amplos como o espiritismo, a astrologia, a teosofia, a parapsicologia etc. O mundo não viu mais nada semelhante desde o final do século XVI e XVII. Só podemos compará-la com o apogeu da gnose dos séculos I e II d.C. As correntes espirituais de hoje têm realmente

profundas semelhanças com o gnosticismo. Mais ainda: até existe hoje uma Igreja gnóstica da França e conheço, na Alemanha, duas escolas gnósticas que se declaram abertamente como tais. Numericamente, o movimento mais importante é sem dúvida a teosofia, como sua irmã continental, a antroposofia. Pode-se dizer que são água do mais puro gnosticismo, com roupagem indiana. Ao lado delas, o interesse pela psicologia científica é insignificante. Mas os sistemas gnósticos também se baseiam exclusivamente em fenômenos inconscientes e seus ensinamentos morais penetram na obscuridade profunda como, por exemplo, a versão europeia da yoga kundalini hindu. O mesmo acontece com os fenômenos da parapsicologia. Os que os conhecem podem confirmá-lo.

[170] O apaixonado interesse por esses fenômenos brota certamente da energia psíquica que reflui das formas obsoletas de religião. Por esta razão, esses movimentos apresentam um caráter genuinamente religioso, apesar de sua pretensão científica: é o caso de Rudolf Steiner que chama sua antroposofia de *a* "ciência espiritual". As tentativas de esconder esse caráter mostram que a religião está atualmente desacreditada, tanto quanto a política e a reforma do mundo.

[171] Não seria ir longe demais dizer que a consciência moderna, ao contrário da consciência do século XIX, voltou suas esperanças mais íntimas e mais profundas para a psique, não no sentido de uma confissão religiosa tradicional, mas no sentido gnóstico. O fato de todos esses movimentos se revestirem de uma aparência científica não é simplesmente uma caricatura ou intenção de ocultar sua verdadeira natureza, mas sinal positivo de que estão realmente buscando ciência, isto é, *conhecimento* em estrita oposição à essência das formas ocidentais de religião, ou seja, à fé. A consciência moderna abomina a fé e consequentemente as religiões que nela se baseiam. Só as admite na medida em que o conteúdo de seu conhecimento estiver aparentemente de acordo com fenômenos experimentados no pano de fundo psíquico. Ela quer *saber*, isto é, experimentar originalmente por si mesma.

[172] A época das descobertas, cujo término talvez tenhamos atingido pela exploração completa da Terra, já não queria acreditar que os hiperbóreos eram monstros de um só pé ou coisa semelhante, mas queria saber e ver com os próprios olhos o que havia por trás dos limites do

mundo conhecido. Nossa época se dispõe, evidentemente, a procurar o que existe na psique, além da consciência. A questão que preocupa qualquer círculo espiritista é esta: O que acontece quando um médium perde a consciência? E a questão de todo teosofista é: Que experiência poderei ter em graus mais elevados da consciência, isto é, além de minha consciência atual? Cada astrólogo se pergunta: Quais são as forças operantes que determinam meu destino, além de minha intenção consciente? E todo psicanalista quer saber quais são as molas inconscientes que atuam por trás da neurose.

[173] Nossa época quer fazer por si mesma a experiência da psique. Quer uma experiência original e não pressupostos, embora utilize todas as hipóteses existentes como meios de atingir os fins, inclusive as das religiões conhecidas e da autêntica ciência. O europeu de ontem sentiria leve arrepio descer-lhe pela espinha se olhasse um pouco mais fundo neste campo. Não só lhe pareceria obscuro e assustador o objeto da pesquisa, mas o próprio método ele o consideraria um abuso chocante de suas mais belas conquistas espirituais. O que diz, por exemplo, o profissional astrônomo, do fato de hoje se fazerem pelo menos mil vezes mais horóscopos do que há trezentos anos atrás? O que dizem o iluminista e o pedagogo filósofos do fato de o mundo de hoje não ter conseguido reduzir, em uma que seja, as superstições que se arrastam desde a Antiguidade? O próprio Freud, fundador da psicanálise, teve que fazer um honesto esforço para colocar à clara luz tudo que há de imundo, de obscuro e de mau no pano de fundo psíquico, e para interpretá-lo de tal forma que ninguém mais tivesse vontade de lá procurar outra coisa que não lixo imundo e rejeitos. De nada valeu seu esforço; sua tentativa de intimidação acabou provocando justamente o efeito contrário: a admiração por toda esta sujeira. Um fenômeno em si perverso e que normalmente seria inexplicável se não existisse nessas pessoas o secreto fascínio pela psique.

[174] Não resta dúvida que, desde o começo do século XIX, desde a época memorável da Revolução Francesa, a psique foi aos poucos tomando o primeiro plano da consciência geral, exercendo uma força atrativa cada vez maior. A entronização da deusa da Razão em Notre-Dame parece ter sido um gesto simbólico de grande significado para o mundo ocidental, análogo à derrubada do carvalho de Wotan pelos missionários cristãos,

pois, tanto naquela época como agora, nenhum raio vingador veio fulminar os blasfemadores.

[175] É claro que temos que ver neste episódio muito mais do que simples brincadeira da história universal que, justamente na mesma época, e precisamente um francês, Anquetil Duperron, que vivia na Índia, no começo do século XIX, conseguiu trazer consigo uma tradução do *Oupnek'hat*, uma coleção de 50 Upanixades que, pela primeira vez, permitiu ao Ocidente penetrar mais profundamente no misterioso espírito oriental. Para o historiador pode tratar-se de mera coincidência, sem qualquer nexo causal histórico. Mas minha premonição médica me impede de ver aí apenas um acaso, uma vez que tudo acontece de conformidade com as regras psicológicas que atuam infalivelmente na vida pessoal: cada vez que algum aspecto importante é desvalorizado na consciência, vindo a desaparecer, surge por sua vez uma compensação no inconsciente. Isto acontece em analogia à lei fundamental da conservação da energia, pois também os nossos fenômenos psíquicos são *processos energéticos*. Nenhum valor psíquico pode desaparecer sem ser substituído por um equivalente. É esta a lei heurística fundamental da práxis psicoterapêutica de todos os dias que sempre se confirma. O médico em mim se nega a crer que a vida psíquica de um povo esteja além das regras psicológicas fundamentais. A psique de um povo tem uma configuração apenas um pouco mais complexa do que a psique do indivíduo. E, no caso inverso, já não falou um poeta dos "povos" de sua alma? E, com razão, acho eu. Pois algo de nossa psique não é indivíduo mas povo, coletividade, humanidade. De alguma forma somos parte de uma psique única e abrangente, de um homem singular e imenso – usando as palavras de Swedenborg.

[176] E assim como o escuro em mim, eu indivíduo, exige a benfazeja claridade, o mesmo acontece na vida psíquica do povo. A massa obscura e anônima que confluiu destruidoramente para Notre-Dame atingiu também o indivíduo, a Anquetil Duperron, provocando nele uma resposta que entrou para a história. Dele procedem Schopenhauer e Nietzsche e é dele que provém a influência espiritual do Oriente, cujas dimensões ainda não conseguimos avaliar. Tomemos cuidado para não subestimar esta influência! Temos pouca coisa dela na superfície intelectual da Europa:

alguns professores de Filosofia, um ou outro entusiasta do budismo, algumas sombrias celebridades como Madame Blavatsky e Annie Besant com seu *Krishnamurti*. Parecem ilhas isoladas que afloram da massa oceânica, mas na verdade são picos de enormes cadeias de montanhas submarinas. Alguns educadores de estreita visão acreditavam até há pouco tempo que a astrologia era coisa ridícula do passado. Ei-la que surge agora, das camadas sociais mais baixas, e está às portas de nossas universidades, das quais foi banida há cerca de trezentos anos. O mesmo se dá com as ideias orientais: começam a lançar raízes nos níveis mais baixos do meio popular e crescem lentamente até chegar à superfície. De onde provinham os cinco ou seis milhões de francos suíços do templo antroposófico de Dornach? Com certeza não de um único homem. Infelizmente não temos à mão qualquer estatística para certificar-nos exatamente do número de teosofistas secretos ou declarados de hoje. Mas é certo que o número se eleva a alguns milhões. A estes devemos acrescentar ainda alguns milhões de espiritistas de denominação cristã e teosófica.

[177]   As grandes inovações jamais vêm de cima, sempre de baixo, como as árvores que não nascem do céu mas germinam do solo, ainda que suas sementes tenham caído do alto. O abalo do nosso mundo e o abalo de nossa consciência são uma e a mesma coisa. Tudo se torna relativo e por conseguinte questionável. E, enquanto a consciência, hesitante e duvidosa, contempla este mundo questionável em que ressoam tratados de paz e amizade, de democracia e ditadura, de capitalismo e bolchevismo, cresce o anseio de seu espírito por uma resposta ao tumulto de dúvidas e inseguranças. E são precisamente as camadas obscuras do povo, os humildes e silenciosos da terra, de quem tantas vezes se zomba, que são menos atingidos pelos preconceitos acadêmicos do que os altos expoentes da ciência, pois se deixam levar pelo instinto inconsciente da psique. Visto do alto, este espetáculo parece desolador e ridículo, mas de uma simplicidade que se assemelha à dos bem-aventurados dos tempos bíblicos. Não é tocante, por exemplo, ver como se escrevem grossos compêndios para registrar tudo que há de refugo na psique humana? Neles encontramos as mais insignificantes bagatelas, as ações mais absurdas, as fantasias mais selvagens que são recolhidas como *Antropophyteia*[5] por

---

5. [KRAUSS, F.S. (ed.). *Anthropophyteia*, 10 vols. Leipzig: Ethnologischer Verlsg, 1904-1913. – EDITORES.]

pessoas ligadas a Havelock Ellis e Freud em tratados sérios e enterradas com todas as honras científicas. O círculo de seus leitores já abrange todo o mundo civilizado branco. Donde provém tal zelo? A que atribuir esta fanática veneração do insípido? É que se trata de algo psicológico, de substância psíquica, portanto de algo tão precioso quanto o fragmento de manuscritos salvos em meio a montes de lixo muito antigos. Mesmo o mais secreto e fedorento da psique tem valor para o homem moderno, porque serve aos seus objetivos. Quais são esses objetivos?

[178] Freud colocou no início de sua *Interpretação dos sonhos* a seguinte frase: *Flectere si nequeo superos, Acheronta movebo* (Se eu não posso dobrar os deuses do Olimpo, pelo menos vou fazer o Aqueronte balançar). Por quê?

[179] Os deuses que queremos destronar são os ídolos e os valores do nosso mundo consciente. Como sabemos, nada desacreditou tanto os deuses antigos como suas escandalosas histórias. E a história se repete: perscrutamos as razões profundas de nossas brilhantes virtudes e de nossos ideais incomparáveis, e clamamos com todo júbilo: "Eis os vossos deuses, meras fantasmagorias fabricadas pela mão do homem, aviltadas pela baixeza humana, sepulcros caiados repletos de podridão e imundície!" Parece que soa uma nota bem conhecida, e aquelas palavras que não conseguimos entender no catecismo de preparação para a confirmação estão voltando à vida.

[180] Estou profundamente convencido de que não se trata de meras analogias fortuitas. Há muitas pessoas que estão mais próximas da psicologia freudiana do que do Evangelho. Para estas o bolchevismo é muito mais do que virtude cívica. Todas, porém, são nossas irmãs e em cada um de nós existe pelo menos *uma* voz que lhes dá razão, pois em suma todos fazemos parte de *uma única* psique.

[181] O inesperado resultado desta orientação do espírito é que o mundo recebe uma fisionomia horrível, tão feia que ninguém mais consegue amá-lo, que nem conseguimos amar a nós mesmos e que, em última análise, nada mais existe no mundo exterior capaz de afastar-nos de nossa própria psique. Sem dúvida esta é a consequência a que, no fundo, se quer chegar. Afinal de contas, o que pretende a teosofia, com sua doutrina do karma e da reencarnação, a não ser que este mundo fictício nada

mais é do que um lugar de passagem, de aprimoramento moral dos imperfeitos? Relativiza também o sentido imanente do mundo presente, apenas com outra técnica, isto é, prometendo outros mundos mais elevados, mas sem aviltar este nosso. O resultado porém é sempre o mesmo.

[182] Admito que todas essas ideias são extremamente não acadêmicas, mas atingem a consciência moderna de baixo. Seria novamente mera coincidência que a teoria da relatividade de Einstein e a mais recente teoria nuclear que já atinge o supracausal e o ininteligível se tenham apossado do nosso pensamento? Até a física volatiliza nosso mundo material. Por isso acho que não é de estranhar que o homem moderno recue, sempre de novo, para sua realidade psíquica, procurando nela a segurança que o mundo já não lhe pode dar.

[183] Do ponto de vista da psique, o mundo ocidental se encontra numa situação crítica, e o perigo será ainda maior se preferirmos as ilusões de nossa beleza interior à verdade mais impiedosa. O homem ocidental vive numa espessa nuvem de autoincensação para dissimular seu verdadeiro rosto. E os homens de outra cor, o que somos para eles? O que pensam de nós a Índia e a China? O que sente o homem negro a nosso respeito? E o que pensam todos aqueles que exterminamos pela cachaça, pelas doenças venéreas e pelo rapto de suas terras?

[184] Tenho por amigo um índio, chefe pueblo. Certo dia estávamos conversando familiarmente sobre os brancos e ele me disse: "Não conseguimos entender os brancos. Sempre estão querendo alguma coisa e sempre estão inquietos, procurando não sei o quê. O que será que estão procurando? Nós não sabemos. Não conseguimos mesmo entendê-los. O nariz deles é tão agudo, seus lábios tão finos e cruéis e seus traços fisionômicos tão característicos. Achamos que são todos *malucos*".

[185] Certamente meu amigo reconheceu, sem ser capaz de dizer o nome exato, a ave de rapina ariana, com sua sede insaciável de presas em todos os países, mesmo os que não lhe dizem respeito. Além disso, deve ter notado nossa megalomania que nos leva a afirmar, entre outras coisas, que o cristianismo é a única verdade e que o Cristo branco é o único salvador. Não enviamos nossos missionários até a China, depois de revolucionar todo o Oriente com nossa ciência e tecnologia fazendo dele nosso

tributário? A comédia do cristianismo na África é realmente deplorável. Aí a extirpação da poligamia, certamente querida por Deus, abriu caminho à prostituição em escala tal que só na Uganda se gastam vinte mil libras anualmente para prevenir doenças venéreas. É para chegar a esses resultados tão edificantes que o honrado europeu paga seus missionários. Precisaríamos lembrar também a história dos atrozes sofrimentos na Polinésia e os benefícios advindos do comércio do ópio?

[186] É assim que aparece o europeu através da nuvem de incenso de sua própria moral. Por isso não é de admirar que a escavação de nossa própria psique seja antes de mais nada uma espécie de drenagem. Só um grande idealista como Freud pôde consagrar a um trabalho tão sujo a atividade de toda uma vida. Não foi ele que provocou o mau cheiro, mas todos nós que nos achamos tão limpos e decentes; e o provocamos por pura ignorância e grosseira ilusão sobre nós mesmos. Portanto, nossa psicologia, isto é, o conhecimento de nossa psique, começa, sob todos os pontos de vista, pelo lado mais repugnante, a saber, por tudo que não queremos ver.

[187] Entretanto, se nossa psique consistisse apenas de coisas más e sem valor, nenhum poder no mundo poderia induzir um homem normal a achar nela qualquer coisa atraente. É por isso também que todos aqueles que não conseguem ver na teosofia senão uma lamentável superficialidade intelectual, e no freudismo nada mais que avidez de sensações, prenunciam um fim rápido e inglório a esses movimentos. Não percebem que na base desses movimentos existe uma paixão, ou seja, o fascínio da psique que mantém essas formas de expressão como estágios até que algo melhor venha substituí-las. No fundo, superstição e perversidade são uma e a mesma coisa. São formas transitórias de natureza embrionária das quais surgirão formas novas e mais maduras.

[187a] O aspecto do pano de fundo psíquico do Ocidente é, tanto do ponto de vista intelectual quanto do ponto de vista moral e estético, muito pouco atraente. Com uma paixão sem igual, erigimos à nossa volta um mundo monumental. Mas, precisamente por ser tão grandioso, tudo o que existe de magnífico está fora de nós, e tudo o que encontramos no fundo de nossa psique deve necessariamente ser mesquinho e insuficiente, como de fato é.

[187b]   Estou convencido de estar antecipando aqui algo da consciência em geral. O conhecimento dessas realidades psicológicas ainda não é do domínio comum. O público ocidental está apenas a caminho deste conhecimento contra o qual, por razões bem compreensíveis, há grande resistência. O pessimismo de Spengler não deixou de impressionar, embora esta impressão se restringisse aos limites convenientes ao círculo acadêmico. O conhecimento psicológico, ao contrário, apreende o que há de dolorosamente pessoal, chocando-se por isso com resistências e negações pessoais. Aliás, estou longe de considerar essas resistências como insignificantes. Pelo contrário, elas me parecem uma sadia reação contra um elemento destruidor. Todo relativismo tem uma ação destruidora quando se arvora em princípio supremo e último. Portanto, quando chamo a atenção para um aspecto sombrio do pano de fundo psíquico, meu intuito não é fazer uma advertência pessimista. Pretendo antes sublinhar que, apesar de seu aspecto assustador, o inconsciente exerce forte atração não só sobre as naturezas doentias, mas também sobre os espíritos sadios e positivos. O fundo da psique é natureza e natureza é vida criadora. É verdade que a própria natureza derruba o que construiu, mas vai reconstruir de novo. Os valores que o relativismo moderno destrói no mundo visível, a psique no-los restitui. De início só vemos a descida na obscuridade e na fealdade, mas aquele que é incapaz de suportar este espetáculo também não conseguirá jamais criar a luminosidade e a beleza. A luz sempre nascerá da noite, e nenhum sol jamais ficou imóvel no céu porque uma tímida aspiração humana se engatou nele. O exemplo de Anquetil Duperron não nos mostrou como a psique suprime, ela mesma, seus próprios eclipses? É evidente que a China não pensa que a ciência e a técnica europeias provocarão seu desaparecimento. Por que acreditaríamos que a secreta influência espiritual do Oriente poderia nos destruir?

[188]   Mas esqueço que aparentemente ainda não nos demos conta de que, enquanto nós revolucionamos o mundo *material* do Oriente com a superioridade de nossos conhecimentos *técnicos*, o Oriente, por sua vez, confunde nosso mundo *espiritual* com a superioridade de seus conhecimentos *psíquicos*. Nunca chegamos a pensar que o Oriente poderia pegar-nos por dentro. Tal ideia nos parece louca, uma vez que só pensamos

nas conexões causais e não podemos entender como um Max Müller, um Oldenberg, um Deussen ou um Wilhelm poderiam ser responsabilizados pela confusão psíquica de nossa classe média. Afinal, o que nos ensina o exemplo da Roma imperial? Após a conquista da Ásia Menor, Roma se tornou asiática; a Europa também foi contaminada pela Ásia e continua até hoje. Da Cilícia veio a religião militar das legiões romanas que se espalhou do Egito até a nebulosa Bretanha. Nem é preciso falar da origem asiática do cristianismo.

Ainda não nos demos conta que a teosofia ocidental é o verdadeiro diletantismo bárbaro imitando o Oriente. Estamos recomeçando com a astrologia que, para o Oriente, é pão de cada dia. O estudo da sexualidade que para nós nasceu em Viena e na Inglaterra encontra na Índia modelos bem superiores. Sobre o relativismo filosófico encontramos lá textos milenares, e a própria concepção da ciência chinesa se baseia exclusivamente num ponto de vista supracausal que mal suspeitamos. E a respeito de certas novas descobertas, um tanto complicadas, de nossa psicologia, podemos encontrar uma descrição bastante clara em antigos textos chineses, como mostrou recentemente o professor Wilhelm. O que consideramos uma descoberta especificamente ocidental – a psicanálise e os movimentos que derivaram dela – não passa de uma tentativa de principiantes, em comparação com a arte que há muito tempo se vem exercendo no Oriente. Talvez saibamos que o livro que estabelece uma comparação entre a psicanálise e a yoga já foi escrito. Seu autor é Oskar A.H. von Schmitz[6]. [189]

Os teósofos têm uma concepção divertida dos mahatmas que se encontram em algum lugar no Himalaia ou no Tibet onde inspiram e dirigem os espíritos do mundo inteiro. É tão forte a influência das crenças mágicas do Oriente que europeus comuns, de mente normal, me asseguraram que tudo de bom que eu disse me fora inspirado pelos mahatmas, de nada valendo minha própria inspiração. Esta mitologia, tão difundida no Ocidente, e na qual se acredita de coração, não é um absurdo, como também não o são as demais mitologias. É uma verdade [190]

---

6. *Psychoanalyse und Yoga* (Na edição anglo-americana desse volume faltam os § 187 a e b; e os § 188 e 189 estão trocados).

psicológica de grande importância. Parece que o Oriente tem alguma relação com a transformação espiritual pela qual estamos passando. Só que este Oriente não é um mosteiro tibetano de mahatmas, mas é algo que está essencialmente dentro de nós. Na verdade é nossa psique que cria constantemente novas formas espirituais, formas que abrangem realidades psíquicas capazes de pôr freios salutares à avidez desenfreada de presas do homem ariano. Talvez se trate de algo análogo ao estreitamento dos horizontes de vida que se tornou no Oriente um perigoso quietismo; ou uma espécie de estabilidade de vida que aparece necessariamente quando as exigências do espírito se tornam tão prementes quanto as necessidades da vida social. Nesta nossa época de americanismo, ainda estamos bem distantes disto; tenho a impressão de estarmos apenas no limiar de uma nova cultura espiritual. Não quero passar por profeta, mas acho que só dificilmente poderemos esboçar o problema psíquico do homem moderno sem mencionar sua aspiração por sossego num estado de inquietação, seu desejo de segurança num estado de insegurança constante. É da necessidade e carência que nascem novas formas de vida, e não de exigências ideais ou de meros desejos. Além disso, não podemos expor um problema exclusivamente em si e por si mesmo, sem indicar pelo menos uma possibilidade de solução, mesmo que não seja nada de definitivo. Tal como se apresenta o problema hoje, parece que não podemos esperar por uma solução próxima. Como sempre acontece, uns anseiam por uma volta resignada ao passado, enquanto outros, mais otimistas, almejam por uma mudança no modo de viver e na cosmovisão.

[191]   É no fascínio que o problema espiritual exerce sobre o homem moderno que está, na minha opinião, o ponto central do problema psíquico do hoje. Por um lado, trata-se de um fenômeno de decadência – se formos pessimistas. Mas, por outro lado, trata-se de um germe promissor de transformação profunda da atitude espiritual do Ocidente – se formos otimistas. Em todo caso, trata-se de um fenômeno da maior importância que deve ser levado em conta justamente por encontrar suas raízes nas vastas camadas do povo. E é tão importante porque atinge, como prova a história, as incalculáveis forças instintivas irracionais da psique, que transformam inesperada e misteriosamente a vida e a cultu-

ra dos povos. São essas forças, ainda invisíveis a muitas pessoas de hoje, que estão por trás do interesse de nossa época pela psicologia. No fundo, a fascinação da psique não é uma perversidade doentia, é uma atração tão poderosa que não pode ser detida, nem mesmo por algo repelente.

Ao longo da enorme estrada do mundo, tudo parece devastado e desgastado. Certamente é por isso que o instinto, em sua busca de satisfação, abandona as estradas feitas e passa a caminhar a esmo, exatamente como o homem antigo se livrou de suas divindades do Olimpo e se voltou para os cultos místicos da Ásia Menor. Nosso secreto instinto procura no exterior e se apropria da teosofia e da magia orientais. Mas procura também no interior, levando-nos a contemplar o pano de fundo obscuro da psique. E faz isto com o mesmo ceticismo e o mesmo radicalismo que levou Buda a colocar de lado, como insignificantes, seus dois milhões de deuses, para poder atingir a experiência primordial, a única capaz de convencer. [192]

E chegamos, agora, à última questão. O que eu disse do homem moderno, será que é realmente verdade ou não passaria de uma ilusão de ótica? Não se pode duvidar que para muitos milhões de ocidentais os fatos que aduzi não passam de acasos sem importância, e de aberrações deploráveis para um grande número de pessoas cultas. O que pensaria, por exemplo, um romano letrado, do cristianismo que se espalhou inicialmente entre as classes mais baixas do povo? Para muitas pessoas, o Deus ocidental é ainda uma personalidade tão viva quanto Alá do outro lado do Mar Mediterrâneo. E cada crente, por sua vez, considera o outro como o pior herege que apenas se tolera com piedade porque não há outro jeito. O europeu esclarecido acha que a religião e tudo o que tem a ver com ela é bom para o povo e para a sensibilidade feminina, mas de pouca importância em vista das questões econômicas e políticas do momento atual. [193]

Por isso venho sendo refutado em toda a minha linha de pensamento como alguém que preconiza uma tempestade sem qualquer indício de nuvens no céu. Talvez seja uma tempestade abaixo do horizonte, uma tempestade que talvez nunca nos alcance. Mas as questões da psique sempre se encontram abaixo do horizonte da consciência e, quando falamos de problemas psíquicos, sempre falamos daquilo que se encontra [194] no extremo limite do visível, de coisas tão íntimas e frágeis, como flores que só se abrem dentro da noite. À luz do dia tudo é claro e tangível, mas a noite dura tanto quanto o dia e nós também vivemos durante a noite. Há pessoas que têm sonhos maus que acabam estragando o dia seguinte. E, para muitas pessoas, a vida cotidiana é um sonho tão mau que anseiam pela noite, quando o espírito desperta. Acho até que esse tipo de pessoas não é pequeno em nossos dias e por isso continuo reafirmando que o problema psíquico do homem moderno é parecido com aquele que foi retratado aqui.

[195] Não obstante, devo culpar-me de certa parcialidade, pois omiti o *espírito do nosso tempo* sobre o qual a maioria das pessoas se manifesta, pois é coisa evidente a qualquer um. Mostra-se através do ideal internacional ou supranacional, que toma corpo na Liga das Nações e em organizações análogas, bem como no esporte e, finalmente – o que é significativo – no cinema e no *jazz*. São sintomas bem característicos do nosso tempo, que estenderam o ideal humanístico ao próprio corpo. O esporte valoriza extraordinariamente o corpo, tendência que se acentua ainda mais na dança moderna. O cinema, como também o romance policial, tornam-nos capazes de viver sem perigo todas as nossas excitações, fantasias e paixões que tinham que ser reprimidas numa época humanística. Não é difícil perceber a relação desses sintomas com a situação psíquica. O fascínio da psique nada mais é que uma nova autorreflexão, uma reflexão que se volta sobre nossa natureza humana fundamental. Por que estranhar então se esse corpo, por tanto tempo subestimado em relação ao espírito, tenha sido novamente descoberto? Somos quase tentados a falar de uma vingança da carne contra o espírito. Quando Keyserling denuncia sarcasticamente o chofer como o herói da cultura moderna, sua observação tem um fundo de verdade. O corpo exige igualdade de direitos. Ele exerce o mesmo fascínio que a psique. Se ainda estivermos imbuídos da antiga concepção de oposição entre espírito e matéria, isto significa um estado de divisão e de intolerável contradição. Mas se, ao contrário, formos capazes de reconciliar-nos com o mistério de que o espírito é a vida do corpo, vista de dentro, e o corpo é a revelação exterior da vida do espírito, se pudermos compreender que formam uma unidade e não uma dualidade, também compreenderemos que a tentativa de

ultrapassar o atual grau de consciência, através do inconsciente, leva ao corpo e, inversamente, que o reconhecimento do corpo não tolera uma filosofia que o negue em benefício de um puro espírito. Essa acentuação das exigências físicas e corporais, incomparavelmente mais forte do que no passado, apesar de parecer sintoma de decadência, pode significar um *rejuvenescimento*, pois, segundo Hölderlin

> Onde há perigo,
> surge também a salvação[7].

E, de fato, podemos constatar que o mundo ocidental começa a caminhar num ritmo bem mais rápido, o ritmo americano, exatamente o contrário do quietismo e da resignação que não se coadunam com o mundo. Começa a manifestar-se mais do que nunca uma oposição entre o exterior e o interior, ou, mais exatamente, entre a realidade objetiva e a subjetividade. Quem sabe uma última corrida entre a envelhecida Europa e a jovem América. Talvez uma última tentativa, sadia ou desesperada, de escapar do poder das obscuras leis naturais e conquistar uma vitória, maior e mais heroica ainda, da mente desperta sobre o sono das nações. Uma questão que só a história poderá responder.

---

7. *Patmos*, p. 230.

Capítulo 9
Psicologia e religião[1]: A autonomia do inconsciente

[1]   Parece que o propósito do fundador das *Terry Lectures* é o de proporcionar, tanto aos representantes das Ciências Naturais quanto aos da Filosofia e de outros campos do saber humano, a oportunidade de trazer sua contribuição para o esclarecimento do eterno problema da religião. Tendo a Universidade de Yale me concedido o honroso encargo das *Terry Lectures* de 1937, considero minha tarefa mostrar o que a psicologia, ou melhor, o ramo da psicologia médica que represento, tem a ver com a religião ou pode dizer sobre a mesma. Visto que a religião constitui, sem dúvida alguma, uma das expressões mais antigas e universais da alma humana, subentende-se que todo o tipo de psicologia que se ocupa da estrutura psicológica da personalidade humana deve pelo menos constatar que a religião, além de ser um fenômeno sociológico ou histórico, é também um assunto importante para grande número de indivíduos.

[2]   Embora me tenham chamado frequentemente de filósofo, sou apenas um empírico e, como tal, me mantenho fiel ao ponto de vista fenomenológico. Mas não acho que infringimos os princípios do empirismo científico se, de vez em quando, fazemos reflexões que ultrapassam o simples acúmulo e classificação do material proporcionado pela experiência. Creio, de fato, que não há experiência possível sem uma consideração reflexiva, porque a "experiência" constitui um processo de

---

1. [Escrita em inglês e pronunciada em 1937, na Universidade de Yale, no Connecticut, como as quinze séries das Dwight Harrington Terry Lectures. O que é reproduzido aqui é a primeira parte da série de preleções. A série completa foi publicada pela Yale Universiy Press (e pela Oxford University Press de Londres) em 1938. O texto foi ampliado por Jung em 1940. EDITOR].

assimilação, sem o qual não há compreensão alguma. Daqui se deduz que abordo os fatos psicológicos não sob um ângulo filosófico, mas de um ponto de vista científico-natural. Na medida em que o fenômeno religioso apresenta um aspecto psicológico muito importante, trato o tema dentro de uma perspectiva exclusivamente empírica: limito-me, portanto, a observar os fenômenos e me abstenho de qualquer abordagem metafísica ou filosófica. Não nego a validade de outras abordagens, mas não posso pretender a uma correta aplicação desses critérios.

[3] Sei muito bem que a maioria dos homens acredita estar a par de tudo o que se conhece a respeito da psicologia, pois acham que esta é apenas o que sabem acerca de si mesmos. Mas a psicologia, na realidade, é muito mais do que isto. Guardando escassa vinculação com a filosofia, ocupa-se muito mais com fatos empíricos, dos quais uma boa parte é dificilmente acessível à experiência corrente. Eu me proponho, pelo menos, a fornecer algumas noções do modo pelo qual a psicologia prática se defronta com o problema religioso. É claro que a amplitude do problema exigiria bem mais do que três conferências, visto que a discussão necessária dos detalhes concretos tomaria muito tempo, impelindo-nos a um número considerável de esclarecimentos. O primeiro capítulo deste estudo será uma espécie de introdução ao problema da psicologia prática e de suas relações com a religião. O segundo se ocupará de fatos que evidenciam a existência de uma função religiosa no inconsciente. O terceiro versará sobre o simbolismo religioso dos processos inconscientes.

[4] Visto que minhas explanações são de caráter bastante inusitado, não deve pressupor que meus ouvintes estejam suficientemente familiarizados com o critério metodológico do tipo de psicologia que represento. Trata-se de um ponto de vista exclusivamente científico, isto é, tem como objeto certos fatos e dados da experiência. Em resumo: trata de acontecimentos concretos. Sua verdade é um fato e não uma apreciação. Quando a psicologia se refere, por exemplo, ao tema da concepção virginal, só se ocupa da existência de tal ideia, não cuidando de saber se ela é verdadeira ou falsa, em qualquer sentido. A ideia é psicologicamente verdadeira, na medida em que existe. A existência psicológica é subjetiva, porquanto uma ideia só pode ocorrer num indivíduo. Mas é objetiva, na medida em que mediante um *consensus gentium* é partilhada por um grupo maior.

[5]   Este ponto de vista é também o das Ciências Naturais. A psicologia trata de ideias e de outros conteúdos espirituais, do mesmo modo que, por exemplo, a zoologia se ocupa das diversas espécies animais. Um elefante é verdadeiro porque existe. O elefante não é uma conclusão lógica, nem corresponde a uma asserção ou juízo subjetivo de um intelecto criador. É simplesmente um fenômeno. Mas estamos tão habituados com a ideia de que os acontecimentos psíquicos são produtos arbitrários do livre-arbítrio, e mesmo invenções de seu criador humano, que dificilmente podemos nos libertar do preconceito de considerar a psique e seus conteúdos como simples invenções arbitrárias ou produtos mais ou menos ilusórios de conjecturas e opiniões. O fato é que certas ideias ocorrem quase em toda a parte e em todas as épocas, podendo formar-se de um modo espontâneo, independentemente da migração e da tradição. Não são criadas pelo indivíduo, mas lhe ocorrem simplesmente, e mesmo irrompem, por assim dizer, na consciência individual. O que acabo de dizer não é filosofia platônica, mas psicologia empírica.

[6]   Antes de falar da religião, devo explicar o que entendo por este termo. Religião é – como diz o vocábulo latino *religere* – uma *acurada e conscienciosa observação* daquilo que Rudolf Otto[2] acertadamente chamou de "numinoso", isto é, uma existência ou um efeito dinâmico não causados por um ato arbitrário. Pelo contrário, o efeito se apodera e domina o sujeito humano, mais sua vítima do que seu criador. Qualquer que seja a sua causa, o numinoso constitui uma condição do sujeito, e é independente de sua vontade. De qualquer modo, tal como o *consensus gentium*, a doutrina religiosa mostra-nos invariavelmente e em toda a parte que esta condição deve estar ligada a uma causa externa ao indivíduo. O numinoso pode ser a propriedade de um objeto visível, ou o influxo de uma presença invisível, que produzem uma modificação especial na consciência. Tal é, pelo menos, a regra universal.

[7]   Mas logo que abordamos o problema da atuação prática ou do ritual deparamos com certas exceções. Grande número de práticas rituais são executadas unicamente com a finalidade de provocar deliberadamente o efeito do numinoso, mediante certos artifícios mágicos como, por

---

2. OTTO, R. *Das Heilige*. Breslau: [s.e.], 1917.

exemplo, a invocação, a encantação, o sacrifício, a meditação, a prática da ioga, mortificações voluntárias de diversos tipos etc. Mas certa crença religiosa numa causa exterior e objetiva divina precede essas práticas rituais. A Igreja Católica, por exemplo, administra os sacramentos aos crentes, com a finalidade de conferir-lhes os benefícios espirituais que comportam. Mas como tal ato terminaria por forçar a presença da graça divina, mediante um procedimento sem dúvida mágico, pode-se assim arguir logicamente: ninguém conseguiria forçar a graça divina a estar presente no ato sacramental, mas ela se encontra inevitavelmente presente nele, pois o sacramento é uma instituição divina que Deus não teria estabelecido se não tivesse a intenção de mantê-la[3].

Encaro a religião como uma atitude do espírito humano, atitude que, de acordo com o emprego originário do termo *religio*, poderíamos qualificar a modo de uma *consideração e observação cuidadosas* de certos fatores dinâmicos concebidos como "potências": espíritos, demônios, deuses, leis, ideias, ideais, ou qualquer outra denominação dada pelo homem a tais fatores; dentro de seu mundo próprio a experiência ter-lhe-ia mostrado suficientemente poderosos, perigosos ou mesmo úteis, para merecerem respeitosa consideração, ou suficientemente grandes, belos e racionais, para serem piedosamente adorados e amados. Em inglês, diz-se de uma pessoa entusiasticamente interessada por uma empresa qualquer, "that he is almost religiously devoted to his cause". William James, por exemplo, observa que um homem de ciência muitas vezes não tem fé, embora seu "temperamento seja religioso"[4].

[8]

Eu gostaria de deixar bem claro que, com o termo "religião"[5], não me refiro a uma determinada profissão de fé religiosa. A verdade, porém,

[9]

---

3. A *gratia adiuvans* e a *gratia sanctificans* são os efeitos *sacramentam ex opere operato*. O sacramento deve sua eficácia ao fato de ter sido instituído diretamente por Cristo. A Igreja é incapaz de unir o rito à graça de forma que o *actus sacramentalis* produza a presença e o efeito da graça, isto é, a *res et sacramentum*. Portanto, o rito exercido pelo padre não é *causa instrumentalis*, mas simplesmente *causa ministerialis*.

4. "But our esteem for facts has not neutralized in us ali religiousness. It is itself almost religious. Our scientific temper is devout" (Porém, nosso respeito pelos fatos não neutralizou em nós toda religiosidade. Ele mesmo é quase religioso. Nossa disposição científica é piedosa). *Pragmatism,* 1911, p. 14s.

5. "Religio est, quae superioris cuiusdam naturae (quam divinam vocant) curam caeremoniamque affert". Cicero, *De Inventione Rhetorica,* II, p. 147 (Religião é aquilo que nos incute

é que toda confissão religiosa, por um lado, se funda originalmente na experiência do numinoso, e, por outro, na *pistis,* na fidelidade (lealdade), na fé e na confiança em relação a uma determinada experiência de caráter numinoso e na mudança de consciência que daí resulta. Um dos exemplos mais frisantes, neste sentido, é a conversão de Paulo. Poderíamos, portanto, dizer que o termo "religião" designa a atitude particular de uma consciência transformada pela experiência do numinoso.

[10] As confissões de fé são formas codificadas e dogmatizadas de experiências religiosas originárias[6]. Os conteúdos da experiência foram sacralizados e, em geral, enrijeceram dentro de uma construção mental inflexível e, frequentemente, complexa. O exercício e a repetição da experiência original transformaram-se em rito e em instituição imutável. Isto não significa necessariamente que se trata de uma petrificação sem vida. Pelo contrário, ela pode representar uma forma de experiência religiosa para inúmeras pessoas, durante séculos, sem que haja necessidade de modificá-la. Embora muitas vezes se acuse a Igreja Católica por sua rigidez particular, ela admite que o dogma é vivo e, portanto, sua formulação seria, em certo sentido, susceptível de modificação e evolução. Nem mesmo o número de dogmas é limitado, podendo aumentar com o decorrer do tempo. O mesmo ocorre com o ritual. De um modo ou de outro, qualquer mudança ou desenvolvimento são determinados pelos marcos dos fatos originariamente experimentados, através dos quais se estabelece um tipo particular de conteúdo dogmático e de valor afetivo. Até mesmo o protestantismo – que, ao que parece, se libertou quase totalmente da tradição dogmática e do ritual codificado, desintegrando-se, assim, em mais de quatrocentas denominações – até mesmo o protestantismo, repetimos, é obrigado a ser, pelo menos, cristão e a expressar-se dentro do quadro de que Deus se revelou em Cristo, o qual padeceu pela humanidade. Este é um quadro bem determinado, com conteúdos precisos, e não é possível ampliá-lo ou vinculá-lo a ideias e sentimentos

---

zelo e um sentimento de reverência por uma certa natureza de ordem superior que chamamos divina). "Religiose testimonium dicere ex jurisjurandi fide". Cicero, *Pro Coelio,* 55 (Prestar religiosamente um testemunho com um juramento de fé).
6. SCHOLZ, H. *Die Religionsphilosophie des Als-Ob*. Leipzig: [s.e.], 1921, insiste num ponto de vista semelhante; cf. tb. PEARCY, H.R. *A Vindication of Paul*. Nova York: [s.e.], 1936.

budistas ou islâmicos. No entanto, sem dúvida alguma, não só Buda, Maomé, Confúcio ou Zaratustra constituem fenômenos religiosos, mas igualmente Mitra, Cibele, Átis, Manes, Hermes e muitas outras religiões exóticas. O psicólogo, que se coloca numa posição puramente científica, não deve considerar a pretensão de todo credo religioso: a de ser o possuidor da verdade exclusiva e eterna. Uma vez que trata da experiência religiosa primordial, deve concentrar sua atenção no aspecto humano do problema religioso, abstraindo o que as confissões religiosas fizeram com ele.

Como sou médico e especialista em doenças nervosas e mentais, não tomo como ponto de partida qualquer credo religioso, mas sim a psicologia do *homo religiosus,* do homem que considera e observa cuidadosamente certos fatores que agem sobre ele e sobre seu estado geral. É fácil a tarefa de denominar e definir tais fatores segundo a tradição histórica ou o saber etnológico, mas é extremamente difícil fazê-lo do ponto de vista da psicologia. Minha contribuição relativa ao problema religioso provém exclusivamente da experiência prática com meus pacientes, e com as pessoas ditas normais. Visto que nossas experiências com os seres humanos dependem, em grau considerável, daquilo que fazemos com eles, a única via de acesso para meu tema será a de proporcionar uma ideia geral do modo pelo qual procedo no meu trabalho profissional. [11]

Como toda neurose se relaciona com a vida mais íntima do homem, o paciente solicitado a descrever, de forma detalhada, as circunstâncias e complicações que provocaram sua enfermidade, sofrerá fatalmente certas inibições. Mas por que motivo não pode falar livremente sobre as mesmas? Por que é medroso, tímido e esquivo? A causa reside na "observação cuidadosa" de certos fatores externos que se chamam opinião pública, respeitabilidade ou bom nome. E mesmo que confie em seu médico, mesmo que não se sinta envergonhado diante dele, hesitará em confessar certas coisas a *si mesmo,* como se fosse perigoso tomar consciência de si próprio. Em geral, temos medo daquilo que aparentemente pode subjugar-nos. Mas existe no homem algo que seja mais forte do que ele mesmo? Não devemos esquecer que toda neurose é acompanhada por um sentimento de desmoralização. O homem perde confiança em si mesmo na proporção de sua neurose. Uma neurose [12] constitui uma derrota humilhante e desse modo é sentido por todos aqueles que não são de todo inconscientes de sua própria psicologia. O indivíduo sente-se derrotado por algo de "irreal". Talvez seu médico há muito lhe disse que nada lhe falta, que ele não sofre do coração e não tem carcinoma algum. Seus sintomas são puramente imaginários. Mas, quanto mais acredita ser um *malade imaginaire*, tanto mais um sentimento de inferioridade se apodera de sua personalidade. "Se meus sintomas são imaginários" – dirá – "de onde me vem esta maldita imaginação e por que me ocupo com semelhante loucura?" Na realidade, é tocante termos diante de nós um homem dotado de inteligência, afirmando de modo quase suplicante que tem um carcinoma intestinal, para logo em seguida acrescentar, com voz sumida, que sabe obviamente ser seu carcinoma um produto de sua fantasia.

[13] Temo que a concepção materialista usual da psique não nos ajuda muito nos casos de neurose. Se a alma possuísse um corpo de matéria sutil, pelo menos poder-se-ia dizer que esse corpo vaporoso sofreria de um carcinoma mais ou menos aéreo, da mesma forma que um corpo de matéria sólida é sujeito a sofrer tal enfermidade. Nesse caso, pelo menos, haveria algo de real. Talvez a medicina sinta uma aversão tão grande contra todo sintoma de natureza psíquica: para ela ou o organismo está doente, ou não lhe falta nada, absolutamente. Se não é possível verificar por que o organismo está doente, isto se deve ao fato dos meios disponíveis no momento não permitirem ainda ao médico descobrir a verdadeira natureza do transtorno, sem dúvida alguma, de origem orgânica.

[14] Mas o que é a psique? Um preconceito materialista a considera apenas como um simples epifenômeno, um produto secundário do processo orgânico do cérebro. Afirma-se que todo transtorno psíquico deve ter uma causa orgânica ou física, ainda que não possamos demonstrá-lo, devido à imperfeição dos meios atuais de diagnóstico. A inegável conexão entre a psique e o cérebro confere a este ponto de vista uma certa importância, mas não de modo a erigi-lo em verdade exclusiva. Não sabemos se na neurose existe ou não um transtorno efetivo dos processos orgânicos do cérebro; quando se trata de transtornos de origem endócrina, não temos também condições de saber se elas são causa ou efeito da enfermidade.

Por outro lado, não há dúvida alguma de que as neuroses provêm de causas psíquicas. Na realidade, é difícil imaginar que um transtorno possa ser curado num instante, mediante uma simples confissão. Mas vi um caso de febre histérica, com temperatura de trinta e nove graus, curada em poucos minutos depois de detectada, mediante confissão, sua causa psicológica. E como explicaríamos os casos de enfermidades físicas, que são influenciadas ou mesmo curadas pela simples discussão de certos conflitos psíquicos penosos? Presenciei um caso de psoríase, que se estendia praticamente por todo o corpo e que depois de algumas semanas de tratamento psicológico diminuiu em cerca de nove décimos. Num outro caso, um paciente foi submetido a uma operação, por causa da dilatação do intestino grosso; foram extraídos quarenta centímetros deste último, mas logo se verificou uma considerável dilatação da parte restante. O paciente, desesperado, recusou-se a uma segunda operação, embora o cirurgião afirmasse sua urgência. Pois bem, logo que foram descobertos certos fatos psíquicos de natureza íntima, o intestino grosso do paciente começou a funcionar normalmente. [15]

Experiências deste tipo, nada raras, tornam muito difícil acreditar que a psique nada representa ou que um fato imaginário é irreal. A psique só não está onde uma inteligência míope a procura. Ela existe, embora não sob uma forma física. É um preconceito quase ridículo a suposição de que a existência só pode ser de natureza corpórea. Na realidade, a única forma de existência de que temos conhecimento imediato é a psíquica. Poderíamos igualmente dizer que a existência física é pura dedução, uma vez que só temos alguma noção da matéria através de imagens psíquicas, transmitidas pelos sentidos. [16]

Seguramente cometeríamos um grave erro se esquecêssemos esta verdade simples, mas fundamental, pois mesmo que a imaginação fosse a única causa da neurose, ainda assim ela seria algo de muito real. Se um homem imaginasse que eu sou seu pior inimigo e me matasse, eu estaria morto por causa de uma mera fantasia. As fantasias existem e podem ser tão reais, nocivas e perigosas quanto os estados físicos. Acredito mesmo que os transtornos psíquicos são mais perigosos do que as epidemias e os terremotos. Nem mesmo as epidemias de cólera ou de varíola da Idade Média roubaram a vida a tantos homens como certas divergências de opinião por volta de 1914 ou certos "ideais" políticos na Rússia. [17]

[18]   Nosso espírito não pode apreender sua própria forma de existência, por faltar-lhe seu ponto de apoio de Arquimedes, externamente, e não obstante, existe. A psique existe, e mais ainda: é a própria existência.

[19]   Que resposta daremos, pois, a nosso enfermo do carcinoma imaginário? Eu diria: "Sim, meu amigo, sofres, na verdade, de um mal de natureza cancerosa. Abrigas, com efeito, um mal mortal que não matará teu corpo, porque é imaginário. Mas acabarás por matar tua alma. Já arruinou e envenenou tuas relações humanas e tua felicidade pessoal, e continuará a estender-se cada vez mais, até engolir toda a tua existência psíquica; chegarás ao ponto de não ser mais uma criatura humana, e sim um tumor maligno e destruidor".

[20]   Nosso paciente percebe que não é o causador de sua fantasia mórbida, embora seu entendimento teórico lhe sugira que é seu dono e produtor. Quando uma pessoa padece de um carcinoma verdadeiro, jamais acredita que seja, ele mesmo, o criador de semelhante mal, embora o carcinoma se encontre em seu próprio organismo. Mas quando se trata da psique, logo sentimos uma espécie de responsabilidade, como se fôssemos os produtores de nossos estados psíquicos. Este preconceito é de origem relativamente recente. Não há muito tempo, pessoas extremamente civilizadas acreditavam em agentes psíquicos capazes de influenciar nosso ânimo. Havia magos e bruxas, espíritos, demônios e anjos, e até mesmo deuses que podiam provocar certas mudanças psicológicas no homem. Em épocas anteriores, o homem do carcinoma imaginário teria tido sentimentos muito diversos em relação à sua ideia. Talvez admitisse que alguém tivesse feito um despacho contra ele, ou que estivesse possesso do demônio. Nunca lhe passaria pela cabeça considerar-se o causador de semelhante fantasia.

[21]   Eu suponho, de fato, que sua ideia do carcinoma é uma excrescência espontânea de uma parte da psique que não se identifica com a consciência. Ela se manifesta como uma formação autônoma, que se infiltra através da consciência. Podemos considerar a consciência como sendo nossa própria existência psíquica, mas o carcinoma também tem *sua* existência psíquica própria, independentemente de nós mesmos. Esta afirmação parece enfeixar perfeitamente todos os fatos observados. Se

submetermos o caso deste paciente ao experimento da associação[7], não tardaremos a descobrir que ele não manda na própria casa: suas reações são demoradas, alteradas, reprimidas ou substituídas por intrusos autônomos. Um determinado número de palavras-estímulo não são respondidas por intenção consciente, mas por certos conteúdos autônomos, acerca dos quais a pessoa examinada muitas vezes não faz qualquer ideia. No caso estudado encontraremos indubitavelmente respostas provenientes do complexo psíquico cujas raízes estão na ideia do carcinoma. Todas as vezes que uma palavra estímulo toca em alguma coisa ligada ao complexo escondido, a reação da consciência do eu é alterada ou mesmo substituída por uma resposta originária do referido complexo. É como se o complexo fosse um ser autônomo, capaz de perturbar as intenções do eu. Na realidade, os complexos se comportam como personalidades secundárias ou parciais, dotadas de vida espiritual autônoma.

[22] Certos complexos só estão separados da consciência porque esta preferiu descartar-se deles, mediante a repressão. Mas há outros complexos que nunca estiveram na consciência e, por isso, nunca foram reprimidos voluntariamente. Brotam do inconsciente e invadem a consciência com suas convicções e seus impulsos estranhos e imutáveis. O caso de nosso paciente pertence a esta última categoria. Apesar de sua cultura e inteligência, transformara-se em vítima de algo que o subjugava e possuía. Era inteiramente incapaz de qualquer autodefesa contra o poder demoníaco de seu estado mórbido. Com efeito, a ideia obsessiva foi crescendo dentro dele como um carcinoma. Um belo dia apareceu, e desde então continua inalterável. Só ocorrem breves períodos de liberdade.

[23] A existência de semelhantes casos explica até certo ponto por que as pessoas têm medo de se tornarem conscientes de si mesmas. Alguma coisa poderia estar escondida por detrás dos bastidores – nunca se tem plena certeza disto – e, por isso, é preferível "observar e considerar cuidadosamente" os fatores exteriores à consciência. Na maioria das pessoas há uma espécie de δεισιδαιμονία (deisidaimonia) em relação aos possíveis conteúdos do inconsciente. Além de todo receio natural, de todo sentimento de pudor e de tato, existe em nós um temor secreto dos *perils*

---

7. JUNG, C.G. *Diagnostische Assoziationsstudien,* 1910-1911.

of the soul (dos perigos da alma). É muito natural que tenhamos repugnância de admitir um medo tão ridículo. Mas devemos saber que não se trata de um temor absurdo e sim bem justificado. Nunca podemos estar seguros de que uma ideia nova não se apodere de nós ou de nosso vizinho. Tanto a história contemporânea como a antiga nos ensina serem tais ideias, muitas vezes, tão estranhas e tão extravagantes, que a razão dificilmente as aceita. O fascínio que em geral acompanha uma dessas ideias, provoca uma obsessão fantástica que, por seu turno, faz com que todos os dissidentes – não importa se bem-intencionados ou sensatos – sejam queimados vivos, decapitados ou liquidados em massa por metralhadoras modernas. Não podemos sequer nos tranquilizar com a ideia de que tais acontecimentos pertencem a um passado remoto. Infelizmente, elas não só pertencem aos nossos dias, como devemos esperá-las também no futuro, e isto de forma muito especial. *Homo homini lupus* é uma máxima triste, mas de validez eterna. O homem tem, de fato, motivos suficientes para temer as forças impessoais que se acham ocultas em seu inconsciente. Encontramo-nos numa feliz inconsciência, uma vez que tais forças jamais, ou pelo menos quase nunca, se manifestam em nossas ações pessoais e em situações normais. Por outro lado, quando as pessoas se reúnem em grande número, tranformam-se em turba desordenada, desencadeando-se os dinamismos profundos do homem coletivo: as feras e demônios que dormitam no fundo de cada indivíduo, convertendo-o em partícula da massa. No seio da massa, o homem desce inconscientemente a um nível moral e intelectual inferior, que sempre existe sob o limiar da consciência, e o inconsciente está sempre pronto para irromper, logo que ocorra a formação e atração de uma massa.

[24] Julgo um equívoco funesto considerar a psique humana como algo de puramente pessoal e explicá-la exclusivamente de um ponto de vista pessoal. Tal explicação só é válida para o indivíduo que se acha integrado em ocupações e relações diárias habituais. Mas a partir do momento em que surja uma ligeira variação como, por exemplo, um acontecimento imprevisto e um pouco inusitado, manifestam-se forças instintivas que parecem inteiramente fortuitas, novas e até mesmo estranhas; elas já não podem ser explicadas por motivos pessoais, e se assemelham a eventos primitivos, um pânico por ocasião de um eclipse solar, e coisas seme-

lhantes. A tentativa de reduzir, por exemplo, a explosão sangrenta das ideias bolchevistas a um complexo paterno de ordem pessoal parece-me extremamente insatisfatória.

É surpreendente a transformação que se opera no caráter de um indivíduo quando nele irrompem as forças coletivas. Um homem afável pode tornar-se um louco varrido ou uma fera selvagem. Temos a propensão de inculpar as circunstâncias externas, mas nada poderia explodir em nós que já não existisse de antemão. Na realidade, vivemos sempre como que em cima de um vulcão, e a humanidade não dispõe de recursos preventivos contra uma possível erupção que aniquilaria todas as pessoas a seu alcance. Por certo, é bom pregar a sã razão e o bom-senso, mas o que deve fazer alguém quando seu auditório é constituído pelos moradores de um manicômio ou pela massa fanática? Entre os dois casos não há grande diferença, pois o alienado, tal como a turba, é movido por forças impessoais que o subjugam. [25]

Na realidade, basta uma neurose para desencadear uma força impossível de controlar por meios racionais. O caso citado do carcinoma mostra-nos claramente como a razão e a compreensão humana são importantes diante do absurdo mais palpável. Aconselho sempre meus pacientes a considerar este disparate evidente e no entanto invencível, como a exteriorização de um poder e de um sentido ainda incompreensível para nós. A experiência tem-me ensinado que o meio mais eficaz é tomar a sério um fato como o citado e procurar uma explicação adequada para ele. Mas uma explicação só é satisfatória quando conduz a uma hipótese que equivalha ao efeito patológico. Nosso paciente enfrenta uma força volitiva e uma sugestão, às quais sua consciência nada pode contrapor. Nesta situação precária seria má estratégia convencer o paciente de que ele próprio estaria, de um modo difícil de se entender, por detrás de seu sintoma, inventando-o. Uma interpretação como esta paralisaria, de imediato, seu ânimo combativo, e baixaria seu nível moral. Será muito melhor para ele entender que seu complexo é uma potência autônoma, dirigida contra sua personalidade consciente. Além disso, tal explicação se ajusta muito mais aos fatos reais do que uma redução a motivos pessoais. É verdade que existe uma motivação de cunho inegavelmente pessoal, mas esta motivação não é intencional; simplesmente acontece no paciente. [26]

[27] Quando na epopeia babilônica Gilgamesh[8] provoca os deuses com sua presunção e sua *hybris,* estes inventam e criam um homem tão forte como Gilgamesh, a fim de pôr termo às ambições do herói. O mesmo acontece com nosso paciente: é um pensador que pretendia ordenar continuamente o mundo com o poder de seu intelecto e entendimento. Tal ambição conseguiu pelo menos forjar seu destino pessoal. Submeteu tudo à lei inexorável de seu entendimento, mas em alguma parte a natureza se furtou sorrateiramente, vingando-se dele, sob o disfarce de um disparate absolutamente incompreensível: a ideia de um carcinoma. Este plano inteligente foi tramado pelo inconsciente, para travá-lo com cadeias cruéis e impiedosas. Foi o mais rude golpe desferido contra seus ideais racionais e principalmente contra sua fé no caráter onipotente da vontade humana. Tal obsessão só pode ocorrer num homem acostumado a abusar da razão e do intelecto para fins egoístas.

[28] Gilgamesh, entretanto, escapou à vingança dos deuses. Teve sonhos que o preveniram contra esses perigos e ele os levou em consideração. Os sonhos lhe mostraram como vencer o inimigo. Quanto ao nosso paciente, homem de uma época em que os deuses foram eliminados e até mesmo passaram a gozar de má reputação, também teve sonhos, mas não os escutou. Como um homem inteligente poderia ser tão supersticioso a ponto de levar os sonhos a sério? O preconceito, muito difundido, contra os sonhos é apenas um dos sintomas da subestima muito mais grave da alma humana em geral. Ao magnífico desenvolvimento científico e técnico de nossa época, correspondeu uma assustadora carência de sabedoria e de introspecção. É verdade que nossas doutrinas religiosas falam de uma alma imortal, mas são muito poucas as palavras amáveis que dirige à psique humana real; esta iria diretamente para a perdição eterna se não houvesse uma intervenção especial da graça divina. Estes importantes fatores são responsáveis em grande medida – embora não de forma exclusiva –, pela subestima generalizada da psique humana. Muito mais antigo do que estes desenvolvimentos relativamente recentes são o medo e a aversão primitivos contra tudo o que confina com o inconsciente.

---

8. *Das Gilgamesch-Epos.* Tradução alemã de ALB. Schott, 1934.

Podemos supor que em seus primórdios a consciência fosse muito precária. Ainda hoje podemos observar com que facilidade se perde a consciência nas comunidades relativamente primitivas. Um dos *perils of the soul*[9] é, por exemplo, a perda de uma alma, que ocorre quando uma parte volta a ser inconsciente. Um exemplo é o que vemos no estado de *amok*[10], que corresponde ao furor guerreiro (*Berserkertum*) das sagas germânicas[11]. Trata-se de um estado de transe mais ou menos completo, muitas vezes acompanhado de efeitos sociais devastadores. Mesmo uma emoção comum pode causar uma considerável perda de consciência. Por isso é que os primitivos empregam formas refinadas de cortesia: falam em surdina, depõem as armas, arrastam-se pelo chão, curvam a cabeça, mostram a palma das mãos. Nossas próprias formas de cortesia ainda revelam uma atitude "religiosa" em relação a possíveis perigos psíquicos. Ao darmos um "bom-dia", procuramos conciliar de modo mágico as graças do destino. É uma falta de delicadeza conservar a mão esquerda no bolso ou atrás das costas, quando cumprimentamos alguém. Quando se pretende ser particularmente atencioso, cumprimenta-se a pessoa com ambas as mãos. Diante de alguém revestido de grande autoridade inclinamos a cabeça descoberta, ou seja, oferecemos a cabeça desprotegida ao poderoso, para captar suas graças, já que ele poderia ter um súbito acesso de fúria. Às vezes os primitivos chegam a tal grau de excitação em suas danças guerreiras, que chegam a derramar sangue.

[29]

A vida do primitivo é acompanhada pela contínua preocupação da possibilidade de perigos psíquicos, e são numerosas as tentativas e procedimentos para reduzir tais riscos. Uma expressão exterior deste fato é a criação de áreas de tabus. Os inumeráveis tabus são áreas psíquicas delimitadas que devem ser religiosamente observadas. Certa vez em que visitava uma tribo das vertentes meridionais do Monte Elgon, cometi um erro terrível. Durante a conversa, quis indagar acerca da casa dos espíritos que muitas vezes encontrara nas florestas, e mencionei a pala-

[30]

---

9. FRAZER, J.G. *Taboo and the Perils of the Soul* (The Golden Bough, Part II). Londres: [s.e.], 1911, p. 30s. • CRAWLEY, A.E. *The Idea of the Soul*. Londres: [s.e.], 1909, p. 82s. • LÉVY-BRUHL, L. *La mentalité primitive*. Paris: [s.e.], 1922.

10. FENN, G.M. *Running Amok*. Londres: [s.e.], 1901.

11. NINCK, M. *Wodan und germanischer Schicksalsglaube*. Jena: [s.e.], 1935.

vra *selelteni*, que significa "espírito". Imediatamente todos se calaram e eu me vi em apuros. Todos desviavam a vista de mim, que pronunciara, em voz alta, uma palavra cuidadosamente evitada, abrindo com isto o caminho para as mais perigosas consequências. Tive que mudar de assunto, a fim de poder continuar a conversa. Eles me garantiram que nunca tinham sonhos, privilégio do chefe da tribo e do curandeiro. Este último logo me confessou que não tinha mais sonhos, pois em seu lugar a tribo tinha agora o comissário do distrito. "Depois que os ingleses chegaram ao país, não temos mais sonhos – disse ele; o comissário sabe tudo a respeito das guerras, das enfermidades, e onde devemos viver". Esta estranha afirmação se deve ao fato de que os sonhos anteriormente constituíam a suprema instância política, sendo a voz de *mungu* (o numinoso, Deus). Por isso seria imprudente para um homem comum deixar surgir a suspeita de que tivesse sonhos.

[31] Os sonhos são a voz do desconhecido, que sempre está ameaçando com novas intrigas, perigos, sacrifícios, guerras e outras coisas molestas. Um negro sonhou, certa vez, que seus inimigos o haviam capturado e queimado vivo. No dia seguinte reuniu os parentes, pedindo-lhes que o queimasse. Estes concordaram, até o ponto de lhe amarrarem os pés e colocá-los no fogo. Naturalmente ele ficou aleijado, mas conseguiu escapar de seus inimigos[12].

[32] Há inúmeros ritos mágicos cuja única finalidade é a defesa contra as tendências imprevistas e perigosas do inconsciente. O estranho fato de que o sonho representa, por um lado, a voz e a mensagem divinas e, por outro, uma inesgotável fonte de tribulações, não perturba o espírito primitivo. Encontramos resquícios deste fato primitivo na psicologia dos profetas judeus[13]. Muitas vezes eles hesitam em escutar a voz que lhes fala. E – é preciso admitir – não era fácil para um homem piedoso como Oseias casar-se com uma mulher pública, para obedecer à ordem do Senhor. Desde os albores da humanidade observa-se uma pronunciada propensão a limitar a irrefreável e arbitrária influência do "sobrenatu-

---

12. LÉVY-BRUHL, L. *Les fonctions mentales dans les sociétés inférieures*. Op. cit.; e *La mentalité primitive*. Paris: [s.e.], 1935, cap. III, "Les rêves".

13. HÄUSSERMANN, F. *Wortempfang und Symbol in der alttestamentlichen Prophetie*. (Beihefte zur Zeitschrift für die alttestamentliche Wissenschaft, 58), Giessen: [s.e.], 1932.

ral", mediante fórmulas e leis. E este processo continuou através da história, sob a forma de uma multiplicação de ritos, instituições e convicções. Nos dois últimos milênios a Igreja cristã desempenha uma função mediadora e protetora entre essas influências e o homem. Nos escritos da Idade Média não se nega que em certos casos possa haver uma influência divina nos sonhos, mas não se insiste sobre este ponto, e a Igreja se reserva o direito de decidir, em cada caso, se um sonho constitui ou não uma revelação genuína. Num excelente tratado sobre os sonhos e suas funções diz Benedictus Pererius S.J.: "Com efeito, Deus não está ligado às leis do tempo e não precisa de ocasiões determinadas para agir, pois inspira seus sonhos em qualquer lugar, sempre que quiser e a quem quiser"[14]. A passagem seguinte lança uma luz interessante sobre as relações entre a Igreja e o problema dos sonhos: "Lemos com efeito, na vigésima segunda Colação de Cassiano, que os antigos mestres e guias espirituais dos monges eram versados na investigação e interpretação cuidadosas da origem de certos sonhos"[15]. Pererius classifica os sonhos da seguinte maneira: ... "muitos são naturais, vários são humanos e alguns podem ser divinos"[16]. Os sonhos têm quatro causas: 1) doença física; 2) afeto ou emoção violenta, produzidos pelo amor, pela esperança, pelo medo ou pelo ódio (p. 126ss.); 3) o poder e a astúcia do demônio, isto é, de um deus pagão ou do diabo cristão. "Com efeito, o diabo pode conhecer e comunicar aos homens, em sonhos, os efeitos naturais que decorrerão necessariamente de determinadas causas, assim como tudo aquilo que ele próprio fará em seguida, e ainda certas coisas passadas e

---

14. "Deus nempe, instius modi temporum legibus non est alligatus nec temporum eget ad operandum ubicunque enim vult, quandocunque, et quibuscurque vult, sua inspirat somnia..." ("Deus não é constrangido pelas leis do tempo, nem é obrigado a esperar momentos oportunos para atuar; Ele inspira sonhos onde quer, quando quer e naqueles que escolhe...") In: PERERIUS, B., S.J. *De magia*. De observatione somniorum et de divinatione astrologica, libri tres. Colônia: [s.e.], 1598, p. 147.

15. "Legimus enin apud Cassianum in Collatione 22. veteres illos monachorum magistros et rectores, in perquirendis, et executiendis quorundam somniorum causis, diligenter esse versatos" ("Podemos ler na 22ª Coleção de Cassiano que os antigos mestres e diretores dos monges eram versados na perquirição e exame das causas de certos sonhos"). Ibid., p. 142.

16. "...multa sunt naturalia, quaedam humana, nonnulla etiam divina" ("...muitos (sonhos) são naturais, alguns de origem humana e alguns podendo mesmo ser divinos"). Ibid., p. 145.

futuras desconhecidas pelos homens"[17]. Em relação ao interessante diagnóstico dos sonhos de origem diabólica, diz o autor: "...podemos conjecturar acerca de quais são os sonhos sugeridos pelo demônio; em primeiro lugar, os sonhos frequentes que significam coisas futuras ou ocultas, cujo conhecimento nenhuma utilidade traz para a própria pessoa ou para terceiros, só servindo para a ostentação vazia de um saber ocioso, ou para a realização de alguma ação má..."[18]; 4) sonhos enviados por Deus. Relativamente aos sinais que indicam a origem divina de um sonho diz o autor: "...sabemo-lo pelo valor das coisas manifestadas no sonho, ou seja: se, graças a esse sonho, a pessoa fica sabendo de coisas cujo conhecimento só poderia ser alcançado por uma concessão ou dom especial de Deus. Trata-se dos fatos que a teologia das escolas chama de futuros e daqueles segredos do coração encerrados no mais recôndito da alma escapando por completo ao conhecimento humano e, finalmente, dos mistérios supremos de nossa fé, que não podem ser conhecidos senão por revelação do próprio Deus (!!)..." Por último, chega-se ao conhecimento de seu caráter (divino), principalmente por uma iluminação e uma comoção interior mediante a qual Deus aclara a mente do homem e toca a sua vontade de tal modo, que o convence da veracidade e autenticidade de seu próprio sonho; reconhece também Deus como seu autor, com uma certeza e evidência tão grandes, que é obrigado a

---

17. "Potest enim daemon naturales effectus ex certis causis aliquando necessario proventuros, potest quaecunque ipsemet postea facturus est, potest tam praesentia, quam praeterita, quae hominibus occulta sunt, cognoscere, et hominibus per somnium indicare" ("Pois o demônio pode conhecer os efeitos naturais que ocorrerão num tempo futuro, a partir de certas causas; pode saber as coisas que ele mesmo está preparando para depois; pode saber as coisas presentes e passadas, que se acham ocultas, e revelá-las em sonhos aos homens"). Ibid., p. 129.

18. "...conjectari potest, quae somnia missa sint a daemone: primo quidem, si frequenter accidant somnia significantia res futuras, aut occultas, quarum cognitio non ad utilitatem, vel ipsius, vel aliorum, sed ad inanem curiosae scientiae ostentationem, vel etiam ad aliquid mali faciendum conferat..." ("...pode-se conjecturar que os sonhos são enviados pelo demônio; primeiro, quando seu significado aponta frequentemente coisas futuras ou ocultas, e cujo conhecimento não apresenta vantagens ou utilidade para a própria pessoa, ou para outros, a não ser o da ostentação de um saber curioso, ou que incite a uma ação má..."). Ibid., p. 130.

acreditar, sem a mínima sombra de dúvida"[19]. Como – segundo já indicamos acima – o demônio é capaz de produzir sonhos com predições exatas sobre acontecimentos futuros, o autor acrescenta uma citação de Gregorius: "Os santos distinguem entre as ilusões e as revelações, entre as vozes e as imagens mesmas das visões, em virtude de um sentimento afetivo (gosto) interior, conhecendo o que lhes vem da parte do bom espírito e o que provém do espírito enganador. De fato, se a mente humana não estivesse prevenida contra esta última tentação, seria envolvida em muitos absurdos pelo espírito enganador; este, algumas vezes, costuma predizer muitas coisas verdadeiras, unicamente com a finalidade de poder, ao fim de tudo, fazer a alma cair nalgum engano"[20]. Diante de tal incerteza, um fato que parecia oferecer uma garantia positiva era o de ver se os sonhos se ocupavam dos "principais mistérios de nossa fé". Atanásio, em sua biografia de Santo Antônio, nos mostra

---

[19]. "...ex praestantia rerum, que per somnium significantur: nimirum, si ea per somnium innotescant homini, quorum certa cognitio, solius. Dei concessu ac munere potest homini contingere, hujusmodi sunt, quae vocantur in scholis Theologorum futura contingentia, arcana item cordium, quaeque intimis animorum inclusa recessibus, ab omni penitus mortalium intelligentia obliterunt, denique praecipua fidei et auctoritate eius somnii certiorem facit, ut Deum esse ipsius auctorem, ita perspicue agnoscat, et liquido iudicet, ut sine dubitatione ulla credere, et vellit, et debeat" ("...da importância das coisas reveladas pelo sonho; especialmente se, no sonho, esses conhecimentos são revelados a uma pessoa por concessão e graças de Deus; na escola dos teólogos, tais coisas são chamadas de acontecimentos contingentes e futuros, segredos do coração totalmente inacessíveis à compreensão humana; e enfim, os mais altos mistérios da nossa fé, que homem algum conhece a não ser que o próprio Deus lhe comunique!!)... Isto é especialmente manifesto por uma certa iluminação que move a alma, pelo que Deus também ilumina a mente, agindo sobre a vontade e assegurando assim ao sonhador a credibilidade e autoridade desse sonho, de modo que ele reconhece claramente e julga com certeza ser Deus seu autor, e então não só lhe dá crédito, como deve fazê-lo sem sombra de dúvida"). Ibid., p. 131s.

[20]. "Sancti viri inter illusiones, atque revelationes, ipsas visionum voces et imagines, quondam intimo sapore discernunt, ut sciant quid a bono spiritu percipiant, et quid ab illusore patiantur. Nam si erga haec mens hominis cauta non esset, per deceptorem spiritum, multis se vanitatibus immergeret, qui nonnunquam solet multa vera praedicere, ut ad extremum valeat animam ex una alique falsitate laqueare" ("Os homens santos distinguem as ilusões das revelações, as palavras e imagens verdadeiras das visões, por um tipo de sensibilidade interior, de maneira que sabem o que recebem do bom espírito e o que devem suportar do impostor. Portanto, se a mente humana não for cautelosa no tocante a isto, poderá submergir em muitas vaidades por causa do espírito enganador, o qual prediz às vezes coisas verdadeiras a fim de armar o laço e prevalecer a partir de uma determinada falsidade"). *Dialogorum Libri IV*, cap. 48. In: PERERIUS. Op. cit., p. 132, cf. tb. MIGNE, J.P. *Patr. lat.*, 77, col. 412.

como os demônios são hábeis em predizer acontecimentos futuros[21]. Segundo este mesmo autor, os demônios aparecem algumas vezes até mesmo sob a forma de monges, salmodiando, lendo a Bíblia em voz alta e fazendo comentários perturbadores sobre a conduta moral dos irmãos[22]. Pererius, entretanto, parece confiar em seu critério, e acrescenta: "Da mesma forma que a luz natural da razão faz-nos perceber, com evidência, a verdade dos primeiros princípios, admitindo-as imediatamente, sem qualquer discussão, assim também a luz divina ilumina nossa mente durante os sonhos provocados por Deus, fazendo-nos ver com clareza que estes sonhos são verdadeiros e provêm de Deus; e neles acreditamos com toda a certeza"[23]. Pererius não aborda a perigosa questão de saber se toda convicção firme, proveniente de um sonho, comprova, de forma necessária, a origem divina desse sonho. Ele apenas considera como evidente que semelhante sonho tenha naturalmente um caráter que corresponda aos "mistérios mais importantes de nossa fé" e não, casualmente, aos de outra fé. O humanista Casper Peucer pronuncia-se, a este respeito, de modo muito mais preciso e restrito. Diz ele: "Os sonhos de origem divina são aqueles que, segundo o testemunho das Sagradas Escrituras, foram concedidos, não a qualquer um e de maneira casual, nem àqueles que andam à procura de revelações particulares e de caráter pessoal, segundo suas opiniões, mas somente aos santos pais e profetas, em conformidade com o julgamento e a vontade de Deus; além do mais, tais sonhos não tratam de coisas sem importância, superficiais e momentâneas, mas falam-nos de Cristo, do governo da Igreja, dos impérios e de outros fatos maravilhosos da mesma natureza. Deus sempre faz com que tais sonhos sejam acompanhados de provas seguras, como o dom da

---

21. Cf. BUDGE, E.A.W. *The Book of Paradise*. 2 vols. Londres: [s.e], 1904, I, p. 37s.

22. Ibid., p. 33s. e p. 47.

23. Quemadmodum igitur naturale mentis nostrae lumen facit nos evidenter cernere veritatem primorum principiorum, eamque statim citra ullam argumentationam, assensu nostro complecti: sic enim somniis a Deo datis, lumen divinum animis nostris affulgens, perficit, ut ea somnia, et vera et divina esse intelligamus, certoque credamus" ("Por conseguinte, a luz natural da nossa mente capacita-nos a distinguir com clareza a verdade dos primeiros princípios, de modo que eles são aprendidos imediatamente por nosso consentimento e sem outras argumentações; assim, pois, nos sonhos enviados por Deus, a luz divina, brilhando em nossas almas, permite que compreendamos e acreditemos com certeza que tais sonhos são verdadeiros e enviados por Deus").

(correta) interpretação e outros, de modo que fique bem patente o fato de não serem arbitrários ou oriundos da simples natureza, mas realmente inspirados por Deus[24]. Seu criptocalvinismo manifesta-se de modo palpável em suas palavras, sobretudo se as compararmos com a *Theologia naturalis* de seus contemporâneos católicos. É provável que sua alusão a "revelações" se refira a certas inovações heréticas da época. Pelo menos é isto o que ele diz no parágrafo seguinte, onde trata dos *somnia diabolici generis* (sonhos de caráter diabólico): "...e tudo o mais que o diabo revelou em nossos dias aos anabatistas, aos delirantes e fanáticos de todas as épocas"[25]. Com mais perspicácia e compreensão humana, Pererius consagra um capítulo ao problema: "É lícito ao cristão observar os sonhos"? (*An licitum sit christiano homini observare somnia?*), e um outro capítulo à questão: "A quem compete interpretar corretamente os sonhos?" (*Cujus hominis sit rite interpretari somnia?*) No primeiro capítulo chega à conclusão de que se deveria levar em consideração os sonhos importantes. Citemos suas próprias palavras: "É próprio de um espírito religioso, prudente, solícito e preocupado com a própria salvação e não de um espírito supersticioso, indagar, por um lado, se os sonhos que nos ocorrem frequentemente, instigando-nos a cometer o mal, não são sugeridos pelo demônio e, por outro, considerar se os sonhos que nos estimulam e nos incitam a praticar o bem, como, por exemplo, abraçar o celibato, distribuir esmolas e entrar para a vida reli-

---

24. "Divina somnia sunt, que divinitus immissa sacrae literae affirmant, non quibusvis promiscue, nec captantibus aut expectantibus peculiares ἀποκαλύψεις sua opinione: sed sanctis Patribus et Prophetis Dei arbitrio et voluntate nec de levibus negociis, aut rebus nugacibus et momentaneis, sed de Christo, de gubernatione Ecclesiae, de imperiis, et eorundem ordine, de aliis mirandis eventibus: et certa his semper addidit Deus testimonia, ut donum interpretationis et alia, quo constaret non temere ea objici neque ex natura nasci, sede inseri divinitus" ("São de Deus os sonhos que a Sagrada Escritura afirma serem enviados do alto, não promiscuamente a todos, nem àqueles que se empenham em captar revelações segundo o seu desejo, mas aos santos patriarcas e profetas, pela vontade e desígnio de Deus. (Tais sonhos) não se referem a coisas levianas ou bagatelas, ou a coisas efêmeras, mas a Cristo, ao Império da Igreja, à ordem e outros assuntos importantes; e a estes, Deus acrescenta sempre testemunhos seguros, tais como o dom da interpretação e outras coisas, pelo que eles não são passíveis de objeção, nem possuem uma origem natural, sendo de inspiração divina"). *Commentarius de Praecipuis Generibus Divinationum*, 1560, p. 270.

25. "...quaeque nunc Anabaptistis et omni tempore Enthusiastis et similibus exhibet". ("...e que agora o tempo mostra aos anabatistas, entusiastas e fanáticos").

giosa, não são inspirados por Deus"[26]. Somente pessoas tolas prestam atenção aos outros sonhos fúteis. No segundo capítulo, ele adverte que ninguém deve interpretar os sonhos, *nisi divinitus afflatus et eruditus* (a não ser inspirado e instruído por Deus). *Nemo* – acrescenta ele – *novit quae Dei sunt nisi spiritus Dei*[27]. Esta afirmação, muito acertada em si mesma, reserva a arte da interpretação dos sonhos às pessoas dotadas, *ex officio,* com o *donum spiritus sancti.* É evidente, porém, que um autor jesuíta não poderia pensar num *descensus spiritus sancti extra ecclesiam.* Apesar de admitir que certos sonhos provêm de Deus, a Igreja não está disposta a tratá-los com seriedade e até mesmo se pronuncia expressamente contra eles, embora reconheça que alguns possam conter uma revelação imediata. Por isso, a Igreja não vê com bons olhos a mudança de atitude espiritual que se verificou nos últimos séculos – pelo menos no que se refere a este ponto –, porque essa mudança debilitou demais a posição introspectiva anterior, favorável a uma consideração séria dos sonhos e às experiências interiores.

[33]   O protestantismo, que derrubou alguns dos muros cuidadosamente erigidos pela Igreja, não tardou a sentir os efeitos destruidores e cismáticos da revelação individual. Quando caiu a barreira dogmática e o rito perdeu a autoridade de sua eficácia, o homem precisou confrontar uma experiência interior sem o amparo e o guia de um dogma e de um culto, que são a quintessência incomparável da experiência religiosa, tanto cristã como pagã. O protestantismo perdeu, quanto ao essencial, todos os matizes mais sutis do cristianismo tradicional: a missa, a confissão, grande parte da liturgia e a função do sacerdote como representante hierárquico de Deus.

---

26. "Denique somnia, quae nos saepe commovent, et incitant ad flagitia, considerare num a daemone nobis subjiciantur, sicut contra, quibus ad bona provocamur et instigamur, veluti ad caelibatum, largitionem eleemosynarum et ingressum in religionem, ea ponderari num a Deo nobis missa sint, non est superstitiosi animi, sed religiosi, prudentis, ac salutis suae satagentis, atque solliciti" ("Finalmente, considerar se os sonhos, que às vezes nos perturbam e nos incitam ao mal, são motivados pelo demônio e, por outro lado, ponderar se aqueles mediante os quais somos elevados e incitados ao bem, como, por exemplo, ao celibato, à caridade, à entrada numa ordem religiosa, nos são enviados por Deus, (tudo isso) é determinado, não por uma mente supersticiosa, mas uma mente religiosa, prudente, cuidadosa e solícita em relação à sua salvação"). Ibid., p. 143.

27. Ibid., p. 146; cf. 1Cor 2,11.

[34] Devo advertir que esta última afirmação não constitui um julgamento de valor, e nem pretende sê-lo. Restrinjo-me a assinalar fatos. Em compensação, porém, com a perda da autoridade da Igreja, o protestantismo reforçou a autoridade da Bíblia. Mas, como nos mostra a história, certas passagens bíblicas podem ser interpretadas de maneiras diferentes; além disso, a crítica literária revelou-se muito pouco apta para fortalecer a fé no caráter divino das Escrituras Sagradas. Também é um dado de fato que, pela influência da chamada ilustração científica, grande massa de pessoas cultas afastou-se da Igreja ou se tornou totalmente indiferente a ela. Se se tratasse apenas de racionalistas empedernidos ou de intelectuais neuróticos, ainda se poderia suportar a perda. Mas muitos deles são homens religiosos, embora incapazes de se harmonizar com as formas de fé existentes. Se assim não fosse, dificilmente poder-se-ia explicar a influência notável do grupo de Buchman[28] sobre círculos mais ou menos cultos do protestantismo. O católico que volta as costas à sua Igreja, em geral, alimenta uma inclinação secreta ou manifesta para o ateísmo, ao passo que o protestante, quando possível, adere a um movimento sectário. O absolutismo da Igreja Católica parece exigir uma negação igualmente absoluta, enquanto que o relativismo protestante permite variantes.

[35] Talvez alguém pense que eu me demorei tanto em torno da história do cristianismo, só para explicar o preconceito contra os sonhos e contra a experiência individual. Mas o que acabo de dizer poderia ter sido uma parte de minha entrevista com o paciente do carcinoma. Disse-lhe eu que seria melhor tomar a sério sua obsessão do que afrontá-la como um disparate patológico. Mas tomá-la a sério significaria reconhecê-la como uma espécie de diagnóstico: o de que numa psique realmente existente ocorrerá um transtorno sob a forma de um tumor canceroso. "Mas – perguntar-se-ão – em que consiste esse tumor?" Ao que eu respondo: "Não sei", porque realmente não o sei. Embora – como já disse antes – se trate indubitavelmente de uma formação inconsciente compensatória

---

28. O autor se refere ao movimento fundado pelo americano Frank Nathan Daniel Buchman, na década de 1920, na Inglaterra, conhecido inicialmente como o *Grupo de Oxford*, e a partir de 1938 denominado *Rearmamento moral;* tal movimento esteve em voga na época da chamada *Guerra Fria* [N.T.].

ou completamentar, nada se sabe ainda de sua natureza específica ou de seu conteúdo. É uma manifestação espontânea do inconsciente, em cuja base se acham conteúdos que não são encontrados na consciência.

[36] Nesta altura meu paciente sente uma aguda curiosidade de saber como conseguirei detectar os conteúdos que constituem a raiz de sua ideia obsessiva. Então, com o risco de desconcertá-lo digo que seus sonhos nos fornecerão todas as informações necessárias. Teremos de considerá-los como se proviessem de uma fonte inteligente, como que pessoal, orientada para determinados fins. Isto, evidentemente, é uma hipótese ousada e ao mesmo tempo uma aventura, pois depositamos desta forma uma confiança extraordinária numa entidade em que não se pode confiar muito, entidade cuja existência real continua a ser negada por não poucos psicólogos e filósofos contemporâneos. Um conhecido homem de ciências a quem eu havia explicado meu modo de proceder, fez a seguinte observação, muito característica: "Tudo isto é muito interessante, mas perigoso". Sim, eu admito, é perigoso, tanto quanto uma neurose. Quando se deseja curar uma neurose, deve-se correr algum risco. Fazer algo sem risco algum é completamente ineficaz, como bem o sabemos. A operação cirúrgica de um carcinoma representa um risco, e no entanto deve ser feita. Com a preocupação de ser melhor compreendido, muitas vezes tentei aconselhar meus pacientes a imaginarem a psique como uma espécie de *subtle body* (corpo sutil), em cujo seio poderiam crescer tumores de matéria muito tênue. Tão forte é a crença preconcebida de que a psique é inimaginável, sendo por conseguinte menos do que o ar, ou então consistindo num sistema mais ou menos intelectual de conceitos lógicos, que as pessoas dão por inexistentes certos conteúdos se não tiverem consciência deles. Não se tem fé, nem confiança na exatidão de um funcionamento psíquico fora da consciência, e consideram-se os sonhos simplesmente como algo ridículo. Em tais circunstâncias, minha proposta desperta as piores suspeitas. De fato, tenho ouvido todas as objeções que se possa imaginar contra os vagos esquemas dos sonhos.

[37] Entretanto, encontramos nos sonhos, antes de uma análise mais profunda, os mesmos conflitos e complexos cuja existência pode ser detectada pela experiência das associações. Além disso, estes complexos constituem uma parte integrante da neurose existente. Por isso, temos

razões suficientes para supor que os sonhos podem oferecer-nos pelo menos tantos esclarecimentos sobre o conteúdo de uma neurose quanto a experiência das associações. Na realidade, oferecem muito mais. O sintoma é como que o broto que surge na superfície da terra, mas a planta mesma se assemelha a um extenso rizoma subterrâneo (raizame). Este rizoma é o conteúdo da neurose, a terra nutriz dos complexos, dos sintomas e dos sonhos. Temos boas razões, inclusive, para supor que os sonhos refletem com fidelidade os processos subterrâneos da psique. E se conseguirmos penetrar no rizoma, teremos alcançado, literalmente, a "raiz" da enfermidade.

[38] Como não é meu intento chegar aos pormenores da psicopatologia da neurose, tomarei como exemplo outro caso, para mostrar o modo pelo qual os sonhos revelam fatos desconhecidos da psique, e em que consistem tais fatos. O homem a cujos sonhos me refiro é também um intelectual de notável capacidade. Neurótico, procurou minha ajuda, sentindo que sua neurose havia rompido seu equilíbrio interior e lenta, mas seguramente ia solapando sua moral. Felizmente sua capacidade intelectual ainda estava intacta e ele dispunha livremente de sua aguda inteligência. Por isso, encarreguei-o de observar e anotar seus próprios sonhos. Não os analisei, nem expliquei. Só muito mais tarde abordamos sua análise, de modo que, dos sonhos que relatarei a seguir, não lhe foi dada nenhuma interpretação. Constituem uma sucessão natural de fatos alheios a qualquer influência estranha. O paciente nada lera sobre psicologia, e muito menos sobre psicologia analítica.

[39] A série se compõe de mais de quatrocentos sonhos; portanto, não posso abarcar todo o material recolhido. Mas publiquei uma seleção de quarenta e sete destes sonhos, que oferece temas de inusitado interesse religioso[29]. Devo acrescentar, no entanto, que o homem de cujos sonhos nos ocupamos recebera uma educação católica, mas não praticava nem se interessava por problemas religiosos. Pertencia àquele grupo de intelectuais ou cientistas que se mostrariam espantados se lhes atri-

---

29. JUNG, C.G. Traumsymbole des Individuationsprozesses. In: JUNG, C.G. *Psychologie und Alchemie*. 2ª parte. [s.l.]: [s.e.], 1944 [OC, 12]. Os sonhos mencionados na presente obra são estudados nesse livro sob um ponto de vista diverso. Como os sonhos têm muitos aspectos, podem ser analisados sob diferentes ângulos.

buíssemos ideias religiosas de qualquer espécie. Se sustentarmos o ponto de vista segundo o qual o inconsciente possui uma existência psíquica independente da consciência, este caso a que nos referimos poderia ser de interesse muito particular, desde que nosso conceito acerca do caráter religioso de certos sonhos não seja falso. E se atribuirmos importância à consciência, sem conferir uma existência psíquica autônoma ao inconsciente, será interessante indagar se o sonho extrai ou não seu material de conteúdos conscientes. Se o resultado da investigação favorecer a hipótese do inconsciente, os sonhos deverão ser tidos como possíveis fontes de informação das tendências religiosas do inconsciente.

[40] Não se pode esperar que os sonhos falem explicitamente de religião, na forma pela qual estamos acostumados a fazê-lo. Mas entre os quatrocentos sonhos existem dois que, *evidentemente*, tratam de religião. Reproduzirei agora o texto de um sonho registrado pelo próprio sonhador.

"Todas as casas têm alguma coisa que lembra um palco, algo de teatro. Apresentam bastidores e decorações. Ouve-se alguém pronunciar o nome de Bernard Shaw. A peça se desenvolverá num futuro distante. Num dos bastidores estão escritos em inglês e alemão as seguintes palavras:

"Esta é a Igreja Católica universal.
Ela é a Igreja do Senhor.
Queiram entrar todos os que se sentem instrumentos do Senhor".

Abaixo, está escrito em caracteres menores: "A Igreja foi fundada por Jesus e por Paulo" – como que para recomendar a antiguidade de uma firma. Eu disse a meu amigo: "Venha, vamos ver do que se trata".

Ele respondeu: "Não entendo por que tantas pessoas precisam reunir-se quando têm sentimentos religiosos". Ao que eu replico: "Como protestante, você jamais compreenderá isso". Uma mulher concorda vivamente comigo. Vejo uma espécie de proclamação na parede, cujo conteúdo é o seguinte:

"Soldados!
Quando sentirdes que estais em poder do Senhor, evitai dirigir-lhe diretamente a palavra. O Senhor é inacessível às palavras. Além disso, recomendamo-vos, encarecidamente, que não discutais entre vós a res-

peito dos atributos do Senhor, porque as coisas preciosas e importantes são inexprimíveis".

Assinado: Papa... (nome ilegível).

Entramos. O interior da Igreja parece o de uma mesquita, sobretudo o de Santa Sofia. Não se veem bancos. O recinto, como tal, produz belo efeito. Não há imagens. Na parede, a modo de ornamentação há sentenças emolduradas (como há os provérbios do Corão). Um desses provérbios diz o seguinte: 'Não aduleis os vossos benfeitores'. A mulher que antes havia concordado comigo, prorrompe em prantos e exclama: 'Então já nada mais resta'. Respondo-lhe: 'Tudo isto me parece muito certo', mas ela desaparece. Primeiramente me vejo diante de uma das pilastras, de tal modo que nada consigo enxergar. Troco então de lugar e percebo que há diante de mim uma multidão. Não faço parte dela e me sinto só. Mas todos estão diante de mim e vejo seus rostos. Dizem em uníssono: 'Confessamos estar em poder do Senhor. O Reino dos Céus está dentro de nós'. Dizem isto três vezes, com grande solenidade. Depois, ouve-se o órgão tocando uma fuga de Bach, com acompanhamento de coro. Mas o texto original foi suprimido. Às vezes ouve-se apenas uma espécie de trinado e logo, em seguida, ouve-se diversas vezes as seguintes palavras: 'O resto é papel' (significando: não atua como vida sobre mim). Terminado o coro, começa de um modo estudantil, por assim dizer, a parte íntima da reunião. Todos os participantes são alegres e equilibrados. Passeiam, falam uns com os outros, saúdam-se, serve-se vinho (de um seminário episcopal destinado à formação de padres) e refrescos. Deseja-se o florescimento da Igreja e, como que para exprimir a alegria pelo aumento de participantes na festa, um alto-falante transmite uma canção da moda, com o seguinte estribilho: 'Agora Carlos é também dos nossos'. Um padre me explica: 'Estas diversões de segunda ordem foram aprovadas e permitidas oficialmente. Temos que adaptar-nos um pouco aos métodos americanos. Numa organização de massa, como a nossa, isto é inevitável. Distinguimo-nos fundamentalmente das igrejas americanas por uma orientação nitidamente antiascética'. Em seguida despertei. Sensação de grande alívio".

Como se sabe, existem inúmeras obras sobre a fenomenologia dos sonhos, mas são muito poucas as que tratam da sua psicologia. E isto, certamente, pela razão manifesta de que uma interpretação psicológi-

[41]

ca dos sonhos constitui uma empresa sumamente delicada e arriscada. Freud fez um esforço heroico para esclarecer as obscuridades da psicologia dos sonhos, servindo-se de critérios que ele extraíra do campo da psicologia[30]. Embora admire seu arrojo, não posso concordar com seus métodos e com suas conclusões. Na sua opinião, os sonhos nada mais são do que uma fachada, por trás da qual algo se esconde, deliberadamente. Não há dúvida de que os neuróticos ocultam coisas desagradáveis, talvez da mesma forma que as pessoas normais. Mas resta saber se tal categoria é aplicável a um fenômeno tão normal e universalmente difundido como os sonhos. Duvido de que possa supor que um sonho seja algo diferente daquilo que realmente parece ser. Inclino-me a recorrer a uma outra autoridade, a judaica, expressa no Talmud; segundo ela, o sonho é sua própria interpretação. Em outras palavras: *eu tomo o sonho tal como é*. O sonho constitui matéria tão difícil e complicada, que de modo algum me atrevo a conjecturar sobre uma possível tendência a enganar, que lhe seja inerente. O sonho é um fenômeno natural e não há nenhuma razão evidente para considerá-lo um engenhoso estratagema destinado a enganar-nos. Ele sugere quando a consciência e a vontade se acham debilitadas. Parece um produto natural, que se pode encontrar também em pessoas não neuróticas. Além disso, tão reduzido é o nosso conhecimento a respeito da psicologia do processo onírico, que convém proceder com muita cautela para não introduzirmos em nosso trabalho de interpretação elementos estranhos ao próprio sonho.

[42] Por todas estas razões creio que o sonho de que nos ocupamos trata de religião. Coerente e bem-formado, dá a impressão de possuir uma certa lógica e uma finalidade, isto é, parece fundamentar uma motivação dotada de sentido, diretamente expressa no conteúdo do sonho.

---

30. FREUD, S. *Die Traumdeutung*. Ges. Schriften. Vol. II. Viena: [s.e.], 1925. • Herbert Silberer, em: *Der Traum*. Stuttgart: [s.e.], 1919, desenvolve um ponto de vista cauteloso e equilibrado. A respeito da diferença entre as concepções de Freud e as minhas, remeto o leitor ao meu breve ensaio sobre este tema: Der Gegensatz Freud-Jung, publicado em: *Seelenprobleme der Gegenwart*. Material adicional, em: *Uber die Psychologie des Unbewussten*, p. 91s. OC, 7, § 12s. (*Psicologia do inconsciente*). Cf. tb.: KRANEFELDT, W.M. *Die Psychoanalyse*. 1930. • ADLER, G. *Entdeckung der Seele*. – Von Sigmund Freud und Alfred Adler zu C.G. Jung. Zurique: [s.e.], 1934. • WOLFF, T. Einführung in die Grundlagen der Komplexen Psychologie. *Die kulturelle Bedeutung der Komplexen Psychologie*. Zurique: Rhein, 1959.

A primeira parte do sonho é uma séria argumentação em favor da Igreja Católica. O sonhador rejeita um certo ponto de vista protestante, segundo o qual a religião constitui apenas uma experiência íntima individual. A segunda parte, bem mais grotesca, representa a adaptação da Igreja a um ponto de vista decididamente mundano, sendo o final uma argumentação em favor de uma tendência antiascética que a Igreja real jamais apoiaria. Mas no sonho do paciente o sacerdote antiascético converte tal tendência em princípio. A espiritualização e a sublimação são conceitos essencialmente cristãos, e toda insistência oposta a isso equivaleria a um paganismo sacrílego. O cristianismo nunca foi mundano e jamais cultivou uma política de boa vizinhança com o bem comer e beber, e a introdução da música de *jazz* no culto dificilmente constituiria uma inovação recomendável. As pessoas "alegres e equilibradas" que, de um modo mais ou menos epicurista, passeiam para lá e para cá, conversando descontraidamente, lembram-nos um ideal filosófico antigo, ao qual se opõe o cristianismo contemporâneo. Tanto na primeira como na segunda parte do sonho é acentuada a importância das massas, isto é, das multidões.

[43]

Assim, a Igreja Católica, embora vivamente recomendada, é equiparada a uma concepção pagã, incompatível com uma atitude fundamentalmente cristã. O antagonismo efetivo não transparece no sonho. Acha-se velado pelo ambiente íntimo e agradável, onde os contrastes perigosos se confundem e se apagam. A concepção protestante de uma relação individual com Deus se acha reprimida pela organização de massas e um sentimento religioso coletivo que lhe corresponde. A importância atribuída às massas e a introdução de um ideal pagão oferecem uma estranha semelhança com fatos da Europa de nossos dias. Todos nós fomos surpreendidos por certas tendências paganizantes da Alemanha contemporânea, pois ninguém fora capaz de interpretar a íntima experiência dionisíaca de Nietzsche. Nietzsche não foi senão um dos casos entre milhares e milhões de alemães – que na época ainda não haviam nascido – em cujo inconsciente se desenvolveu, no decurso da Primeira Guerra Mundial, o primo germânico de Dioniso: Wotan[31]. Nos sonhos

[44]

---

31. Cf. a relação de Odin como deus dos poetas, dos visionários e dos entusiastas delirantes, e de Mimir, o sábio, corresponde à relação de Dionisos e Sileno. A palavra "Odin" tem uma ligação, em sua raiz, com o gálico οὐατεις, o irlandês "faith", o latim "vates", à semelhança

dos alemães que tratei naquela época pude ver, com clareza, o surto da revolução de Wotan, e em 1918 publiquei um trabalho no qual assinalava o caráter insólito do novo desenvolvimento que se deveria esperar na Alemanha[32]. Aqueles alemães não eram, de modo algum, pessoas que haviam lido *Assim falava Zaratustra,* e seguramente os jovens que celebravam sacrifícios pagãos de cordeiros ignoravam as experiências de Nietzsche[33]. Por isso, deram a seu deus o nome de Wotan e não o de Dioniso. Na biografia de Nietzsche encontramos testemunhos irrefutáveis de que o deus ao qual ele se referia, originariamente, era na realidade Wotan; mas como filósofo clássico dos anos de 1870 e 1880 do século XIX, denominou-o Dioniso. Confrontados entre si, ambos os deuses apresentam muitos pontos em comum.

[45]   No sonho do meu paciente não há, ao que parece, nenhuma oposição ao sentimento coletivo, à religião das massas e ao paganismo, com exceção do amigo protestante, que logo silencia. Só um aspecto insólito desperta a nossa atenção: a mulher desconhecida que primeiro apoia o elogio ao catolicismo e, em seguida, prorrompe, subitamente, em lágrimas, dizendo: "Então já nada mais resta". E logo desaparece, para não mais voltar.

[46]   Quem é essa mulher? Para o nosso paciente, é uma pessoa indeterminada e desconhecida, mas quando teve este sonho, já a conhecia muito bem como "a mulher desconhecida" que frequentemente lhe aparecera em outros sonhos.

[47]   Como esta figura desempenha um importante papel nos sonhos das pessoas do sexo masculino, eu a designo pelo termo técnico de *anima*[34]

---

de μάντιζ, e de μαίνομαι. NINCK, M. *Wodan und germanischer Schicksalsglaube.* Jena: [s.e.], 1935, p. 30s.

32. JUNG, C.G. Über das Unbewusste. "Schweizerland". Fasc. IV. [s.l.]: [s.e.], 1918 [OC, 10].

33. Cf. meu artigo Wotan em: *Aufstätze zur Zeitgeschichte,* 1946. As figuras paralelas de Wotan na obra de Nietzsche encontram-se no poema de 1863-1864, "Dem unbekannten Gott", reproduzido em: FOERSTER-NIETZSCHE, E. *Der werdende Nietzsche.* Munique: [s.e.], 1924, p. 239. • Em *Also sprach Zarathustra,* p. 366, 143 e 200 (cf. *Nietzsches Werke,* 1901, vol. 6). • E, por fim, no *Sonho de Wotan* de 1859; cf. em FOERSTER-NIETZSCHE, E. Op. cit., p. 84s.

34. Cf. *Die Beziehung zwischen dem Ich und dem Unbewussten.* 6. ed. [s.l.]: [s.e.], 1963 [OC, 7; p. 117s., § 296]; cf. tb. *Psychologische Typen.* [s.l.]: [s.e.], 1921 [OC, 6], onde são apresentadas definições de *alma* (Seele) e de *imagem da alma* (Seelenbild); *Über die Archetypen des*

tendo em vista que, desde tempos imemoriais, o homem, nos mitos, sempre exprimiu a ideia da coexistência do masculino e do feminino num só corpo. Tais intuições psicológicas se acham projetadas de modo geral na forma da *sizígia* divina, o par divino, ou na ideia da natureza andrógina do Criador[35]. No fim do século XIX Edward Maitland, biógrafo de Anna Kingsford, relata-nos uma experiência interior da bissexualidade da divindade[36]. Existe, além disso, a filosofia hermética com seu andrógino, o homem interior hermafrodita[37], o *homo Adamicus* (o homem adâmico), que "embora se apresente sob forma masculina,

---

kollektiven Unbewussten; Über dem Archetypus mit besonderer Berücksichtigung des Anirnabegriffes; em: *Von den Wurzeln des Bewusstseins,* 1954.

35. Cf. *Über den Anchetypus mit besonderer Berücksichtigung des Animabegriffes.*
36. MAITLAND, E. *Anna Kingsford, Her Life, Diary and Work.* 1896, p. 129s.
37. A afirmação acerca da natureza hermafrodita da divindade no *Corpus Hermeticum,* Lib. I (SCOTT, W. (org.). *Hermética.* I, p. 118: (ὁ δὲ νοῦς ὁ πρῶτος ἀρρενόθηλυς ὤν) provavelmente foi tomada de Platão: *Banquete XIV.* Não se tem certeza se as representações medievais posteriores do hermafrodita provêm de *Poimandres (Corpus Hermeticum,* Lib. I), pois no Ocidente essa figura era quase desconhecida até que Marsílio Ficino, no ano de 1471, publicou o *Poimandres.* Existe, contudo, a possibilidade de que algum homem de ciência daquela época, que sabia o grego, tenha recolhido a ideia de um dos *Codices Graeci* então existentes, como, por exemplo, o *Codex Laurentianus,* 71, 33, o *Parisinus Graecus,* 1220, o *Vaticanus Graecus,* 237 e 951, todos do século XIV. Não há códigos mais antigos. A primeira tradução latina, da autoria de Marsílio Ficino, produziu um efeito sensacional. Mas antes desta data encontramos os símbolos hermafroditas do *Codex Germanicus Monacensis,* 598, de 1417. Parece-me mais provável que o símbolo hermafrodita provêm de manuscritos árabes ou sírios, traduzidos no século XI ou XII. No antigo *Tractatulus Avicennae* latino, fortemente influenciado pela tradição árabe, lemos o seguinte: "(Elixir) Ipsum est serpens luxurians, se ipsum impraegnans" (o elixir é a serpente da luxúria que engravida a si mesma); cf. em: *Artis Auriferae,* 1593, I, p. 406. Embora se trate de um PSEUDO AVICENA e não do autêntico IBN SINA (970-1037), pertence às fontes árabes-latinas da literatura hermética medieval. Encontramos a mesma passagem no tratado *Rosinus ad Sarratantam (Artis Auriferae,* I, 1593, p. 309): "Et ipsum est serpens seipsum luxurians, seipsum impraegnans" etc. "Rosinus" é uma corruptela de "Zosimos", o filósofo neoplatônico grego do século III. Seu tratado *Ad Sarratantam* pertence ao mesmo gênero literário, e como a história desse texto mantém-se na obscuridade, não se pode dizer por enquanto quem copiou de quem. A *Turba Philosophorum,* Sermão LXV, texto latino de origem árabe, traz também a seguinte alusão: "compositum germinat se ipsum (O composto gera a si mesmo); cf. em: RUSKA, J. *Turba Philosophorum,* 1931, p. 165. Pelo que pude verificar, o primeiro texto que seguramente menciona o hermafrodita é o *Liber de Arte Chimica incerti autoris,* do século XVI (em: *Artis Auriferae,* I, p. 575s.). O texto se acha na p. 610: "Is vero mercurius est omnia metalla, masculus et foemina et monstrum Hermaphroditum in ipso animae, et corporis matrimônio" (Este Mercúrio, entretanto, é constituído de todos os metais e é, ao mesmo tempo, masculino e feminino e monstro hermafrodita na própria união do corpo com a alma). Da literatura posterior menciono apenas REUSNER, H. *Pandora,* 1588; Splendor

traz Eva, isto é, a mulher, escondida em seu próprio corpo, segundo o que se lê num comentário medieval do *Tractatus Aureus*[38].

[48] Talvez a *anima* seja uma representação da minoria dos genes femininos presentes no corpo masculino. Isto é tanto mais verossímil, porquanto esta figura não se encontra no mundo das imagens do inconsciente feminino. Há neste, porém, uma figura equivalente e que desempenha um papel de igual valor: não é a figura de uma mulher, mas a de um homem. A esta figura masculina presente na psicologia da mulher dei o nome de *animus*[39]. Uma das exteriorizações mais características das duas figuras é aquilo que, há muito tempo, se costuma chamar de "animosidade". A *anima* é causadora de caprichos ilógicos, ao passo que o *animus* suscita lugares-comuns irritantes e opiniões insensatas. Ambas as figuras surgem frequentemente nos sonhos. De modo geral, personificam o inconsciente, conferindo-lhe um caráter particularmente desagradável e irritante. O próprio inconsciente não possui tais propriedades negativas; elas se manifestam principalmente quando ele é personificado por essas figuras, e quando elas começam a influenciar a consciência. Como são apenas personalidades parciais, têm o caráter de um homem ou de uma mulher inferiores, e daí sua influência irritante. Sob esta influência o homem se acha sujeito a caprichos imprevistos, enquanto a mulher se torna teimosa, exprimindo opiniões que se afastam do essencial[40].

Solis, em *Aureum Vellus,* 1598; MAJER, M. *Symbola aureae mensae,* 1617; e *Atalanta Fugiens,* 1618; MYLIUS, J.D. *Philosophia Reformata,* 1622.

38. O *Tractatus Aureus Hermetis* é de origem árabe e não pertence ao *Corpus Hervieticum.* Desconhecemos sua história (foi impresso pela primeira vez em 1566). Domingus Gnosius escreveu um comentário do texto, em: *Hermetis Trimegisti Tractatus vere Aureus de Lapidis Philosophi Secreto,* 1610. Ele diz. (p. 101): "Quem admodum in sole ambulantis corpus continuo sequitur umbra... sic hermaphroditus noster Adamicus, quamvis in forma masculi appareat, semper tamen in corpore occultatam Evam sive foeminam suam secum circumfert" (Do mesmo modo que a sombra sempre acompanha o corpo de quem anda à luz do sol..., assim também o nosso hermafrodita adâmico traz sempre Eva, isto é, sua mulher, escondida em seu corpo, embora sua aparência seja masculina). Este comentário, juntamente com o texto, se encontra reproduzido em MANGETUS, J.J. *Bibliotheca chemica curiosa,* 1702, I, p. 401s.

39. Cf. uma descrição de ambas as figuras em: *Die Beziehung Zwischen dem Ich und dem Unbewussten,* 1950, p. 117s. (OC, 7, § 296s.), como também suas definições *sub voce* "alma" (Seele); cf. JUNG, E. Ein Beitrag zum Problem des Animus. In: JUNG, C.G. *Wirklichkeit der Seele.* Zurique: [s.e.], 1947.

40. A *anima* e o *animus* não se manifestam unicamente de forma negativa. Às vezes aparecem também como fonte de iluminação, como mensageiros (a!gg e loi) e como mistagogos.

A reação negativa da *anima,* no sonho alusivo à Igreja, indica que o lado feminino do paciente – seu inconsciente – não concorda com seu modo de pensar. Esta divergência de sentimento começa no que diz respeito ao provérbio escrito na parede: "Não adulais os vossos benfeitores", e com o qual o paciente está de ocordo. O sentido desta frase parece bastante sensato, de modo que não se percebe a razão pela qual a mulher se desespera tanto. Sem aprofundar o sentido deste segredo, devemos por enquanto contentar-nos com o fato de que existe uma contradição no sonho: uma minoria importante abandona o cenário, sob vivo protesto, sem prestar atenção aos acontecimentos posteriores. [49]

Pelo sonho ficamos sabendo que a função inconsciente do nosso paciente estabelece um compromisso muito superficial entre o catolicismo e uma *joie de vivre* (alegria de viver) pagã. O produto do inconsciente não expressa um ponto de vista sólido ou uma opinião definitiva; corresponde muito mais à exposição dramática de um ato de reflexão. Talvez pudéssemos formulá-lo da seguinte maneira: "Como vai o teu asssunto religioso? Você é católico, não é verdade? Mas isto não é o suficiente. E o ascetismo... Pois bem, até mesmo a Igreja deve adaptar-se um pouco: cinema, rádio, *jazz* etc. Por que não aceitar um pouco de vinho eclesiástico e algumas relações alegres?" Mas a mulher desagradável e misteriosa, que já aparecera em sonhos anteriores, parece profundamente decepcionada, e se retira. [50]

Devo reconhecer que simpatizo com a *anima*. Evidentemente, o compromisso é muito barato e superficial, bem característico do paciente e de muitas outras pessoas, para as quais a religião não significa muito. Para meu paciente a religião é destituída de importância e ele jamais esperava que ela viesse a interessá-lo de algum modo. Mas ele veio consultar-me por causa de uma experiência muito difícil. Era um intelectual extremamente racionalista, que acabou percebendo ser sua atitude espiritual e filosófica totalmente impotente em relação à sua neurose e a seus fortes efeitos desmoralizantes. Nada encontrou em toda a sua concepção do mundo que lhe proporcionasse um autocontrole satisfatório. Encontrava-se, portanto, na situação de um homem quase abandonado por suas convicções e pelo ideal até pouco cultivados. De modo geral, constitui algo de extraordinário o fato de um indivíduo, em [51] tais circunstâncias, voltar à religião de sua infância, na esperança de nela encontrar alguma ajuda para seus problemas. Não se tratava, porém, de uma tentativa ou de uma decisão conscientes de fazer reviver as antigas formas de sua fé religiosa. Ele apenas sonhou com isso, ou melhor, seu inconsciente levou-o a uma singular constatação no tocante à sua religião. Exatamente como se o espírito e a carne – eternos inimigos na consciência cristã – tivessem feito as pazes, à custa de um estranho enfraquecimento de sua natureza antagônica. O espiritual e o mundano se acham conjugados numa situação inesperada de paz. O efeito é um tanto grotesco e cômico. A austera seriedade do espírito parece minada por uma alegria semelhante àquela que a Antiguidade pagã conhecia, perfumada de vinho e rosas. Seja como for, o sonho descreve um ambiente espiritual e mundano que amortece a dramaticidade do conflito moral e faz com que se esqueçam todas as dores e penas da alma.

[52] Se se tratasse da satisfação de um desejo, esta, indubitavelmente, teria sido consciente, pois era isto precisamente que o paciente já havia feito, até ao excesso. E sob este aspecto ele também não estava inconsciente, pois o vinho era um de seus inimigos mais perigosos. Pelo contrário, o sonho em estudo constitui um testemunho imparcial do estado de espírito do paciente. Ele nos oferece a imagem de uma religião degenerada e corrompida pelo mundanismo e pelos instintos do vulgo. O sentimentalismo religioso substitui o numinoso da experiência divina, característica de uma religião que perdeu o mistério vivo. É fácil compreender que uma religião desse tipo não representa uma ajuda, nem produza qualquer efeito moral.

[53] O aspecto geral do sonho em questão é desfavorável, embora vislumbremos nele, vagamente, alguns aspectos positivos. Poucas vezes os sonhos são exclusivamente positivos ou negativos. De modo geral, os dois aspectos aparecem juntos, embora um prevaleça sobre o outro. É evidente que um sonho como esse não proporciona ao psicólogo material suficiente para colocar com profundidade o problema da atitude religiosa. Se possuíssemos apenas o sonho em questão, dificilmente poderíamos esperar descobrir seu significado íntimo; mas dispomos de toda uma série, que alude a um insólito problema religioso. Na medida do possível, nunca interpreto um sonho isolado. Em geral, o sonho é parte

integrante de uma série. Assim como existe uma continuidade na consciência, embora interrompida pelo sono, do mesmo modo talvez exista uma continuidade no processo inconsciente, provavelmente mais ainda do que nos processos da consciência. Em todo caso, minha experiência favorece a hipótese segundo a que os sonhos constituem elos visíveis de uma cadeia de processos inconscientes. Se pretendemos conhecer a motivação mais profunda do referido sonho deveremos recorrer à série inteira e verificar em que ponto da longa cadeia de quatrocentos sonhos ele se encontra.

Nós o encontramos como elo entre dois sonhos importantes e terríveis. O sonho anterior fala de uma reunião de muitas pessoas e de uma estranha cerimônia aparentemente mágica, cuja finalidade era "reconstituir o gibão". O sonho subsequente trata de um tema parecido: a transformação mágica de animais em seres humanos[41]. [54]

Ambos os sonhos são extremamente desagradáveis e alarmantes para o paciente. O sonho da Igreja evidentemente se situa na superfície e exprime opiniões que, em outras circunstâncias, poderiam perfeitamente ser pensadas de forma consciente; os outros dois sonhos têm um caráter estranho e insólito, e é tal o seu efeito emocional que, se fosse possível, o paciente preferiria não tê-los sonhado. Com efeito, o texto do segundo sonho diz literalmente: "Quando se escapa tudo está perdido". Esta observação concorda estranhamente com a da mulher desconhecida: "Então já nada mais resta". Podemos concluir destas duas afirmações que o sonho da Igreja foi uma tentativa de fugir a outros pensamentos que povoavam os sonhos, e cujo significado era muito mais profundo. Esses pensamentos aparecem no sonho anterior e no sonho seguinte, ao da Igreja. [55]

---

41. Cf. *Psychologie und Alchemie*. Op. cit., p. 177s. e p. 202s. [OC, 12; § 164s. e 183s.].

Capítulo 10
Prefácio à *Resposta a Jó*: Ao leitor benévolo

Doleo super te frater mi...
2Sm 1,26

[553] "Devido ao seu conteúdo um tanto insólito, este meu trabalho exige um pequeno prefácio, que o benévolo leitor não deve perder de vista. No que se segue trataremos de veneráveis objetos da fé religiosa, e todos aqueles que se ocupam com isso correm o risco de ser reduzidos a pedaços pelo entrechoque das duas partes que discutem acerca desses objetos. Tal discussão parte do estranho pressuposto de que só é "verdadeiro" aquilo que se comprovou ou se comprova como sendo uma realidade *física*. Assim, por exemplo, acreditam que o nascimento original de Cristo foi um acontecimento físico, ao passo que outros o negam, por considerá-lo fisicamente impossível. Não há dúvida de que esta divergência de posições é logicamente insolúvel, e por isso seria melhor que os contendores deixassem de lado essas discussões estéreis, que não levam a nada. Ambas as partes têm e não têm razão, e chegariam mais facilmente a um acordo se renunciassem à palavrinha "físico". O conceito de "físico" não constitui o único critério de uma verdade, pois há também verdades *psíquicas* que não se podem explicar, demonstrar ou negar sob o ponto de vista físico. Se houvesse, por exemplo, uma crença geral de que em certo período de sua história o Reno tivesse corrido da foz para a nascente, tratar-se-ia de uma crença que é um fato em si, embora a sua formulação no sentido físico deva ser considerada como simplesmente inadmissível. Uma crença como esta constitui uma realidade psíquica, de que não se pode duvidar e que também não precisa ser demonstrada.

Os enunciados religiosos são desta categoria. Todos eles se referem a objetos que é impossível constatar sob o ponto de vista físico. Se assim não fosse, cairiam inexoravelmente sob o domínio das ciências naturais que os arrolariam simplesmente entre as coisas que não se podem comprovar pela experiência. Sob o ponto de vista físico, não têm qualquer sentido. Seriam simples milagres, passíveis de dúvida, incapazes de evidenciar a realidade objetiva de um espírito, ou seja, de um *sentido,* pois o sentido sempre se evidencia por si mesmo. O sentido e o espírito de Cristo estão presentes em nós e os podemos perceber mesmo sem os milagres. Estes últimos apelam para a inteligência daqueles que são incapazes de captar o sentido em si mesmo. Constituem meros sucedâneos de uma realidade do espírito que não foi compreendida. Mas com isto não pretendemos negar que a presença vital deste espírito seja, às vezes, acompanhada de fenômenos físicos extraordinários; apenas queremos acentuar que estes últimos não podem substituir, e muito menos produzir, o único e essencial conhecimento do espírito.

[554]

O fato de os enunciados religiosos se acharem muitas vezes em aberta oposição aos fenômenos fisicamente comprovados é uma demonstração da autonomia do espírito em face da percepção de ordem física e também de uma certa independência psíquica em relação às realidades físicas. *A alma é um fator autônomo,* e os enunciados religiosos são uma espécie de confissão da alma, os quais, em última análise, têm suas raízes em processos inconscientes e, por conseguinte, também transcendentais. Estes processos são inacessíveis ao domínio da percepção física, mas revelam sua presença mediante as confissões correspondentes da alma. Tais enunciados chegam até nós por meio da consciência humana, isto é, são expressos em formas vivas e dinâmicas que se acham, por sua vez, expostas a múltiplas influências de natureza tanto interna como externa. Por isso, quando falamos de conteúdos religiosos, situamo-nos em um mundo de imagens que se referem a um determinado inefável. Não sabemos se estas imagens, comparações e conceitos exprimem ou não com clareza seu objeto transcendental. O termo "Deus", por exemplo, expressa uma imagem ou um conceito verbal que sofreu muitas mudanças ao longo de sua história. Em tal caso não temos possibilidade alguma de mostrar, com a mínima parcela de certeza que seja – a não ser a da fé – se

[555]

tais mudanças se referem apenas às imagens e aos conceitos, ou se atingem o próprio inefável. É verdade que podemos conceber a Deus não só como um agir em perpétuo fluxo, transbordante de vitalidade, que se transfunde em um número interminável de formas, mas também como um Ser eternamente imóvel e imutável. Mas a única certeza de que dispõe a nossa inteligência é a de que trabalha com imagens, representações, que dependem da fantasia humana e de seus condicionamentos tanto em relação ao espaço como ao tempo; por isso mesmo, sofreram muitas modificações ao longo de sua história secular. Não há dúvida de que na origem destas imagens se acha algo que transcende a consciência e não somente impede que os enunciados variem simplesmente, de maneira ilimitada e caótica, como também mostrando que eles estão relacionados com uns poucos princípios ou arquétipos. Estes princípios são incognoscíveis em si mesmos, como a psique ou a matéria, e só podemos traçar os seus perfis, que, bem o sabemos, são incompletos, fato constantemente comprovado também pelos enunciados religiosos.

[556]   Por isso ao tratar, a seguir, destas realidades "metafísicas", faço-o plenamente consciente de que estou me movendo no mundo das imagens e de que nenhuma de minhas reflexões toca o inefável. Sei perfeitamente como é reduzida a nossa capacidade de representação – sem falarmos das limitações e da pobreza de nossa linguagem – para ter a pretensão de imaginar que minhas afirmações dizem em princípio mais do que a crença do primitivo, quando este afirma que o seu deus salvador é uma lebre ou uma serpente. Embora todo o nosso universo de representações seja constituído de imagens antropomórficas e portanto, segundo creio, incapazes de resistir a uma crítica racional, contudo é preciso não esquecer que ele assenta em arquétipos numinosos, ou seja, em um fundamento emocional que parece inacessível à razão crítica. Refiro-me aqui a casos psíquicos cuja existência podemos ignorar mas nunca refutar. É por isto que Tertuliano invoca a este respeito e não sem razão o testemunho da alma, quando diz na sua obra *De testimonio animae*

> Estes testemunhos da alma quanto mais verdadeiros, tanto mais simples; quanto mais simples, tanto mais vulgares; quanto mais vulgares, tanto mais comuns; quanto mais comuns, mais naturais; quanto mais naturais, tanto mais divinos. Não acredito que estes testemunhos possam parecer sem sentido e importância para alguém,

tendo em vista que é justamente da majestade da natureza que provém a autoridade da alma. O que atribuíres à mestra, também deverás atribuir à discípula. A mestra é a natureza; a discípula, a alma. Tudo quanto a primeira ensinou ou a segunda aprendeu foi concedido por Deus, preceptor da mestra. Está em ti, a partir da alma que tens dentro de ti, julgar o quanto a alma possa receber do seu supremo mestre. Procura sentir dentro de ti a presença daquela de onde provêm as tuas sensações. Considera que ela é tua vidente nos eventos que prenunciam o futuro, tua intérprete nos vaticínios, e aquela que vela por ti nos acontecimentos posteriores. Admirável é que ela conheça o Deus que concedeu aos homens tais coisas, mas mais admirável ainda é que conheça Aquele que as deu[1].

Dando mais um passo à frente, considero as afirmações da Sagrada Escritura como manifestações da alma, embora com o risco de incorrer na suspeita de psicologismo. Ainda que os enunciados da *consciência* possam não passar de enganos, mentiras e outras arbitrariedades, isto não acontece com os enunciados da alma: em primeiro lugar, eles ultrapassam os limites de nosso pensar comum, pois se referem a realidades que transcendem a consciência. Estes *entia* (entes) são os arquétipos do inconsciente coletivo que produzem os complexos de representações sob a forma de temas mitológicos. Estas representações não são inventadas; são percebidas interiormente (por exemplo, nos sonhos) já como produtos acabados. São fenômenos espontâneos que escapam ao nosso arbítrio e por isso podemos atribuir-lhes uma certa autonomia. Pela mesma razão, devemos considerá-los não só como objetos em si, mas como sujeitos dotados de leis próprias. Podemos, naturalmente, descrevê-los e até certo ponto interpretá-los como objetos, sob o ponto de vista da

[557]

---

1. Capítulo V em MIGNE, J.P. *Patr. Lat.*, t. 1, col. 615s.: ("Haec testimonia animae quanto vera, tanto simplicia; quanto simplicia, tanto vulgaria; quanto vulgaria, tanto communia; quanto communia, tanto naturalia; quanto naturalia, tanto divina. Non putem cuiquam frivolum et frigidum videri posse, si recogitet naturae maiestatem, ex qua censetur auctoritas animae. Quantum dederis magistrae, tantum adjudicabis discipulae. Magistra natura, anima discipula. Quidquid aut illa edocuit, aut ista perdidicit, a Deo traditum est, magistro scilicet ipsius magistrae. Quid anima possit de principali institutore praesumere, in te est aestimare de ea quae in te est. Senti illam, quae ut sentias efficit: recogita in praesagiis vatem, in ominibus augurem, in eventibus prospicem. Mirum si a Deo data homini novit divinare. Tam mirum, si eum a quo data est, novit").

consciência, tal como se pode descrever e interpretar uma pessoa viva. Mas no caso presente é preciso deixar de lado a autonomia desses objetos. Entretanto, se levarmos em conta esta autonomia, as representações a que nos referimos devem ser tratadas como sujeitos, ou seja, devemos reconhecer seu caráter espontâneo e também a sua intencionalidade, isto é, uma espécie de consciência e de *liberum arbitrium* (livre-arbítrio). Observamos o seu modo de comportar-se e consideramos os seus enunciados. Este duplo ponto de vista que devemos assumir em relação a qualquer organismo mais ou menos autônomo conduz naturalmente a um duplo resultado: de um lado, a uma espécie de relato sobre aquilo que faço com esse objeto e, de outro, ao relato do que ele faz (ocasionalmente em relação a mim). Não há dúvida de que esta duplicidade de aspectos, em si inevitável, causa no início uma certa confusão na mente de meus leitores, e isto de modo particular em se tratando, nas páginas subsequentes, do arquétipo da divindade.

[558] Se alguém tivesse a tentação de estabelecer um "limite" (Nur) às imagens divinas, certamente entraria em conflito com a experiência que nos revela, sem a menor sombra de dúvida, a extraordinária numinosidade dessas imagens. A eficácia extraordinária (= mana) dessas representações é de tal intensidade, que se tem a impressão de que elas não só indicam o "Ens realissimum", como também parecem expressá-lo e mesmo produzi-lo. E isto é o que torna a discussão sumamente difícil, quando não impossível. De fato, não se pode conceber a realidade de Deus, a não ser recorrendo a imagens que surgiram, em geral, de forma espontânea ou foram consagradas pela tradição e cujos efeitos psíquicos a razão distinguiu de seu fundamento metafísico, inacessível ao conhecimento. A razão simplesmente confunde a imagem viva e atuante com o X transcendental a que esta última está ligada. A legitimidade ilusória deste procedimento logo nos salta aos olhos, e não pode ser levada em consideração enquanto não se levantarem graves objeções contra o enunciado. Caso exista algum motivo para críticas, é preciso que nos lembremos de que a imagem e o enunciado são processos psíquicos que não se confundem com o seu objeto transcendental. Eles não o produzem; simplesmente o indicam. Mas a crítica e a discussão no âmbito dos processos psíquicos não somente são permitidas, como até mesmo são inevitáveis.

[559] O que tentarei nas páginas subsequentes representa uma espécie de confrontação com certas representações religiosas tradicionais. O fato de eu tratar de fatores numinosos constitui um desafio não só para o meu *intelecto* como também para o meu *sentimento*. Por isso não posso me escudar por detrás de uma prudente objetividade; pelo contrário, devo deixar que fale minha subjetividade emocional, dizendo aquilo que sinto quando leio determinados livros da Sagrada Escritura ou me recordo de certas impressões que recebi dos ensinamentos de nossa fé. Não escrevo na qualidade de perito em Sagrada Escritura (que não sou), mas como leigo e como médico a quem foi dado perscrutar as profundezas da vida da alma de inúmeras pessoas. Embora o que eu expresse seja principalmente fruto de minha concepção pessoal, sei que falo também em nome de muitos outros aos quais aconteceu algo de semelhante ao que se passou comigo.

Capítulo 11
Psicologia e poesia[1]

Prefácio

Tal como Nietzsche profetizou, a psicologia, que outrora levava uma vida modesta como que num quartinho escondido, mas equipado de modo altamente acadêmico, desenvolveu-se nos últimos decênios, tornando-se um tema de interesse público, além do âmbito delimitado pelas universidades. Sob a forma da psicotécnica, a psicologia influi sobre a empresa industrial; como psicoterapia abrange vastas áreas da medicina, ao passo que sob a forma da filosofia continua herdeira de Schopenhauer e Hartmann. Na realidade, ela redescobriu Bachofen e Carus, e através dela a mitologia e a psicologia dos povos primitivos ganharam um novo interesse. A psicologia revolucionará a ciência das religiões comparadas e não são poucos os teólogos que abrem para ela o acesso à direção espiritual. Nietzsche terá enfim razão com o seu dito: *scientia ancilla psychologiae*?

Hoje, entretanto, este avanço e penetração da psicologia consistem num fluxo confuso de correntes caóticas que buscam ocultar sua falta de segurança pela proclamação enfática de seus pontos de vista e por seu dogmatismo. As tentativas de explorar esses diversos domínios científicos e existenciais, mediante a psicologia, não deixam de ser muito

---

1. Apareceu pela primeira vez in Emil Ermatinger, *Philosophie der Literaturwissenschaft*, Berlim, 1930. Foi levemente elaborada, com algumas mudanças e acréscimos, in: JUNG, C.G., *Gestaltungen des Unbewussten* (cf. Referências). O manuscrito do prefácio foi encontrado posteriormente e é aqui publicado pela primeira vez. Seu teor indica nitidamente que se trata de uma conferência, mas não há maiores detalhes a respeito.

unilaterais. Mas unilateralidade e rigidez de princípios são as doenças de criança de cada nova ciência, ao desempenhar seu trabalho pioneiro com alguns instrumentos restritos sob a forma de ideias. Com toda a tolerância e reconhecendo a necessidade de existirem várias opiniões didáticas, chamei insistentemente a atenção para o perigo que representam a unilateralidade e o dogmatismo, e em especial no campo da psicologia. O psicólogo deveria ter sempre presente o fato de que sua hipótese é a expressão de sua própria condição subjetiva, não devendo portanto reivindicar para ela, sem mais nem menos, uma validade geral. Aquilo que, no vasto campo das possibilidades psíquicas, o indivíduo pode oferecer como esclarecimento é por enquanto apenas *um ponto de vista*, e seria uma violência ao objeto tornar um ponto de vista uma verdade obrigatória, mesmo em termos de pretensão. O fenômeno anímico é de fato tão ricamente matizado, multiforme e ambíguo, que se torna impossível captá-lo de um modo completo em um *único* reflexo especular. É impossível também abrangê-lo como um *todo* em nossa representação; devemos contentar-nos, a cada momento, com a elucidação de um aspecto do fenômeno total.

É uma particularidade da alma ser não apenas mãe e origem de toda a ação humana, como também expressar-se em todas as formas e atividades do espírito; não podemos encontrar em parte alguma a essência da alma em si mesma, mas somente percebê-la e compreendê-la em suas múltiplas formas de manifestação. Por isso, o psicólogo é obrigado a adentrar em vários domínios, deixando o castelo seguro de sua especialidade; e isto, não como pretensão ou diletantismo, mas por amor ao conhecimento, em busca da verdade. Ele não conseguirá limitar a alma à estreiteza do laboratório e do consultório médico; deverá persegui-la em domínios talvez estranhos a ele, onde quer que ela atue de modo evidente.

É este o motivo pelo qual falo hoje aos senhores, como psicólogo, sobre a força imagística da poesia, embora ela pertença ao domínio da literatura e da estética e a minha especialidade seja a medicina. Mas a força imagística é também um fenômeno psíquico, e como tal deve ser considerada pelo psicólogo. Isto não significa que esteja me adiantando ao historiador de literatura, ou de estética. Não pretendo de modo algum substituir tais pontos de vista pela perspectiva psicológica. Acaso o fizesse, incorreria no pecado da unilateralidade que eu mesmo censurei. Não me arrogo também apresentar uma teoria completa da criação poética, isto ser-me-ia impossível. Minhas explanações significam apenas meus pontos de vista, a partir dos quais poderia orientar-se uma consideração psicológica do fenômeno poético.

Introdução

[133] É certo e até mesmo evidente que a psicologia, ciência dos processos anímicos, pode relacionar-se com o campo da literatura. A alma é ao mesmo tempo mãe de toda ciência e vaso matricial da criação artística. Assim, pois, seria lícito esperar das ciências da alma que, por um lado, pudessem ajudar no tocante ao estudo da estrutura psicológica de uma obra de arte e, por outro, explicar as circunstâncias psicológicas do homem criador. Notemos, entretanto, que essas duas tarefas são essencialmente diferentes.

[134] O estudo de uma obra de arte é o fruto "intencional" de atividades anímicas complexas. Estudar as circunstâncias psicológicas do homem criador equivale a estudar o próprio aparelho psíquico. No primeiro caso, o objeto da análise e interpretação psicológicas é a obra de arte concreta; no segundo, trata-se da abordagem do ser humano criador, como personalidade única e singular. Ainda que a obra de arte e o homem criador estejam ligados entre si por uma profunda relação, numa interação recíproca, não é menos verdade que não se explicam mutuamente. Certamente é possível tirar de um deduções válidas no que concerne ao outro, mas tais deduções nunca são concludentes. No melhor dos casos, exprimem probabilidades e interpretações felizes, e não passam disso. Quando Fausto exclama: "As mães, as mães, isto soa tão estranho!", o que sabemos da relação particular de Goethe com sua mãe deixa transparecer alguma coisa. Mas isto não nos permite compreender o modo pelo qual uma fixação materna pode engendrar um *Fausto*, mesmo que uma intuição profunda nos leve a pensar que os laços maternos desempenharam no homem que foi Goethe um papel significativo, deixando particularmente no *Fausto* traços reveladores. Por outro lado, é impossível, a partir do *Anel dos Nibelungos*, perceber ou deduzir com segurança o fato de que Wagner se sentia atraído por homens travestis; mas a partir

daí podemos discernir os caminhos secretos que vão dos traços heroicos dos Nibelungos ao que havia de morbidamente feminino no homem que foi Wagner. A psicologia pessoal do criador revela certos traços em sua obra, mas não a explica. E mesmo supondo que a explicasse, e com sucesso, seria necessário admitir que aquilo que a obra contém de pretensamente criador não passaria de um mero sintoma e isto não seria vantajoso nem glorioso para a obra.

O estado atual da ciência psicológica, a qual, seja dito de passagem, é a mais jovem das ciências, não permite de forma alguma estabelecer no campo dos trabalhos literários encadeamentos exatos de causa e efeito; no entanto, é isto que esperaríamos dela, como ciência. A psicologia, porém, só revela encadeamentos causais estritos no domínio semipsicológico dos instintos e dos reflexos. Mas quando começa a vida anímica, isto é, quando abordamos os complexos, a psicologia deve contentar-se em fornecer descrições pormenorizadas dos acontecimentos, oferecendo imagens matizadas de tramas cuja sutileza é quase sobre-humana; deve, entretanto, renunciar à pretensão de impor um só desses elementos como "necessário". Caso contrário, se a psicologia pudesse exibir causalidades indubitáveis no tocante à obra de arte ou à criação artística, todo o âmbito da especulação sobre a arte seria reduzido a um apêndice da psicologia. Mesmo que esta última nunca deva renunciar à pesquisa da causalidade eventual dos processos complexos, é óbvio que sua expectativa jamais será satisfeita, pois os elementos criadores irracionais que se expressam nitidamente na arte desafiarão todas as tentativas racionalizantes. A totalidade dos processos psíquicos que se dão no quadro do consciente pode ser explicada de maneira causal; no entanto, o momento criador, cujas raízes mergulham na imensidão do inconsciente, permanecerá para sempre fechado ao conhecimento humano. Poderemos somente descrevê-lo em suas manifestações, pressenti-lo, mas nunca será possível apresá-lo. Assim, pois, a crítica de arte e a psicologia sempre serão interdependentes, mas o princípio de uma jamais suprimirá o da outra. O princípio da psicologia é o de mostrar o material psíquico como algo decorrente de premissas causais. O princípio da crítica artística é o de considerar a psique apenas como um ente, quer se trate da obra ou do artista. Ambos os princípios são válidos apesar de sua relatividade.

[135]

I. A obra

[136]   A perspectiva psicológica da obra de arte distingue-se, por suas colocações específicas, da perspectiva literária. Os valores e fatos que são determinantes para esta última podem ser desprovidos de qualquer interesse para a primeira; assim, obras de valor literário extremamente duvidoso podem muitas vezes parecer particularmente interessantes para o psicólogo. O assim chamado romance psicológico, por exemplo, não o interessa, não lhe oferecendo o que nele a perspectiva literária pretende encontrar. Tal romance, considerado como um todo que tem sua razão de ser em si mesmo, explica-se a si próprio; tem por assim dizer sua própria psicologia, que o psicólogo poderia, no máximo, completar ou criticar. Neste caso, porém, seria importante perguntar por que esse autor concebeu tal obra, resposta que o texto em questão não oferece. Cuidaremos deste último problema na segunda parte desta exposição.

[137]   Inversamente, o romance não psicológico oferece, em geral, à elucidação do psicólogo melhores possibilidades. O autor não tem intenções psicológicas, não antecipa a psicologia particular de seus personagens; por isso, não só deixa espaço à análise e à interpretação, como as solicita, pela objetividade de suas descrições. Bons exemplos disto são os romances de Benoit e as *fiction stories* inglesas, no gênero de Rider Haggard, que se encaminharam, através de Conan Doyle, para o tipo literário mais apreciado pelas massas: o romance policial. Lembremos aqui o maior romance americano de Melville, o *Moby Dick*. A descrição palpitante dos fatos, ainda que aparentemente alheia a qualquer intenção psicológica, é do maior interesse para o psicólogo, pois toda a narração se edifica sobre um pano de fundo psicológico inexpresso; o olhar crítico irá distingui-lo com tanto maior pureza e clareza quanto mais o autor estiver inconsciente de seus pressupostos. No romance psicológico, pelo contrário, o autor tenta alçar a matéria-prima de sua obra além dos simples acontecimentos, à esfera da discussão e elucidação psicológicas. Por este motivo, o pano de fundo anímico é muitas vezes totalmente obscurecido. O leigo retira muitas vezes suas noções de "psicologia" dos romances desta espécie; quanto aos romances do primeiro tipo, só a psicologia pode conferir seu sentido mais profundo.

O que aqui comentamos, baseados no romance, constitui um princípio psicológico que ultrapassa consideravelmente os limites deste gênero literário. Ele é válido também para a poesia e no *Fausto* distingue a primeira da segunda parte. A tragédia amorosa explica-se por si mesma, enquanto a segunda parte exige um trabalho de interpretação. À primeira parte o psicólogo nada tem a acrescentar que o poeta já não o tenha dito, e muito melhor. A segunda parte, pelo contrário, apresenta uma fenomenologia de tal modo prodigiosa, que o poder criador do poeta é como que consumido e até ultrapassado; nela, nada se explica por si mesmo e cada novo verso pede a interpretação do leitor. O *Fausto* caracteriza da melhor maneira possível os dois polos extremos entre os quais, do ponto de vista psicológico, pode mover-se uma obra-prima literária.

Para maior clareza, chamemos ao primeiro, o modo psicológico[2] de criar; e ao segundo, o modo visionário. O modo psicológico tem como tema os conteúdos que se movem nos limites da consciência humana; assim, por exemplo, uma experiência de vida, uma comoção, uma vivência passional; enfim, um destino humano que a consciência genérica conhece, ou pelo menos pode pressentir. Esse tema, captado pela alma do poeta, é elevado a partir de uma vivência banal, à altura de sua vivência interior e de tal modo transformado que aquilo que até então parecia trivial, ou que se sentia confusa e penosamente, é colocado, por sua nova expressão, no primeiro plano da consciência do leitor. Assim, o poeta lhe confere um grau superior de clareza e de humanidade. O tema originário, ao qual empresta forma, provém em sua essência da esfera dos homens, de suas alegrias e dores, suscetíveis de renovarem-se indefinidamente. Em sua configuração poética, esse tema será esclarecido e

---

2. [A designação "psicológica" é um tanto confusa neste contexto porque, como a análise subsequente deixa claro, o modo "visionário" trata igualmente do material "psicológico". Além disso, "psicológico" é usado ainda em outro sentido nos §§ 136-137, onde o "romance psicológico" é contrastado com o "romance não psicológico".
O termo "personalístico" se apresenta como mais próximo de definir o material em questão, que deriva "do domínio da experiência humana, do primeiro plano de suas vivências anímicas" (§ 140). O termo "personalístico" ocorre em outros lugares na obra de Jung, por exemplo em *A prática da psicoterapia*, § 172 e 248. Duas vezes ele caracteriza um tipo particular de psicologia. O segundo exemplo é mais significativo, visto que "personalístico" é contraposto a "arquetípico" e esta parece ser exatamente a distinção intencional entre os dois tipos de material psicológico e os dois modos de criação artística. – EDITORES.]

transformado. Dessa maneira o poeta livrou o psicólogo de todo e qualquer trabalho. Ou deveria o psicólogo explicar por que Fausto se apaixona por Margarida, ou por que Margarida comete um infanticídio? Nisso tudo não há mais do que destino humano, que se repete milhares de vezes na monotonia cinzenta dos tribunais de justiça e do código civil; nada permanece na sombra, tudo se explica por si mesmo, de modo convincente.

[140] É nesta linha que devem ser situadas inúmeras produções literárias, o romance de *milieu*, o romance social, o romance de família, o romance policial, os poemas didáticos, a maioria dos poemas líricos, as tragédias e as comédias. Qualquer que seja, em cada caso, sua forma artística, os conteúdos do modo psicológico de criar provêm sempre do domínio da experiência humana, do primeiro plano de suas vivências anímicas mais fortes. Se chamo tal criação artística de "psicológica" é pelo fato de ela mover-se sempre nos limites do que é psicologicamente compreensível e assimilável. Da vivência à sua formulação artística, todo o essencial se desenvolve no domínio da psicologia imediata. O próprio tema psíquico da vivência nada tem em si de estranho; pelo contrário, é-nos sobejamente conhecido. Trata-se da paixão e de suas vicissitudes, dos destinos e de seus sofrimentos, da natureza eterna, seus horrores e belezas.

[141] O abismo entre o primeiro e o segundo *Fausto* também separa o modo *psicológico* do modo *visionário* da criação artística. Neste segundo modo, tudo se inverte: o tema ou a vivência que se torna conteúdo da elaboração artística é-nos desconhecido. Sua essência, estranha, de natureza profunda, parece provir de abismos de uma época arcaica, ou de mundos de sombra e de luz sobre-humanos. Esse tema constitui uma vivência originária que ameaça a natureza, ferindo-a em sua fragilidade e incapacidade de compreensão. O valor e o choque emotivo são acionados pela terribilidade da vivência, a qual emerge do fundo das idades, de modo frio e estranho ou sublime e significativo. Ora a manifestação é demoníaca, grotesca e desarmônica, destruindo valores humanos e formas consagradas, como uma sequência angustiosa do eterno caos, crime de lesa-majestade do homem, usando a expressão de Nietzsche, ora irrompe como uma manifestação cujos altos e baixos a intuição humana não pode sondar, ou como uma beleza que seria vão tentar apreender com palavras. O desconcertante encontro de acontecimentos tão

poderosos, que ultrapassam a extensão da sensibilidade e compreensão humanas, exige da criação artística algo diverso das experiências banais, hauridas no primeiro plano da vida cotidiana. Estas últimas nunca rasgam a cortina cósmica, nunca explodem os limites das possibilidades humanas; por isso mesmo, ainda que provocando uma profunda comoção no indivíduo, inserem-se facilmente nas formas da criação artística do homem. A forma visionária, à qual já nos referimos, rasga de alto a baixo a cortina na qual estão pintadas as imagens cósmicas, permitindo uma visão das profundezas incompreensíveis daquilo que ainda não se formou. Trata-se de outros mundos? Ou de um obscurecimento do espírito? Ou das fontes originárias da alma humana? Ou ainda do futuro das gerações vindouras? Não podemos responder a essas questões nem pela afirmativa, nem pela negativa.

Configurar e reconfigurar:
Eterno prazer do sentido eterno.

Encontramos uma visão originária desse tipo no *Poimandres*, no *Pastor de Hermas*, em Dante, na segunda parte do *Fausto*, nas vivências dionisíacas de Nietzsche[3], nas obras de Wagner (*Anel dos Nibelungos*, *Tristão*, *Parsifal*), na *Primavera olímpica* de Spitteler, nos desenhos e poemas de William Blake, na *Hipnerotomaquia* do monge Francesco Colonna[4], no balbuciar filosófico-poético de Jacob Boehme[5] e também nas imagens ora magníficas, ora grotescas do *Jarro de ouro* de E.T.A. Hoffmann[6]. De forma mais breve e concisa, uma experiência dessa natureza constitui o conteúdo essencial das obras de Rider Haggard em torno de *Ela, a feiticeira*; citemos também Benoit (principalmente em *Atlântida*), Kubin (em *O outro lado*), Meyrink (principalmente em *A face verde* que não deve ser subestimada), Goetz (em *O reino sem espaço*), Barlach (*O dia morto*) etc.

[142]

---

3. Cf. *Aufsätze zur Zeitgeschichte*, p. 6s.

4. Agora, baseado nos princípios da psicologia complexa, foi reelaborado por Linda Fierz-David em: *Der Liebestraum des Poliphilo*.

5. Certas provas de Boehme podem ser encontradas em meu artigo: *Zur Empirie des Individuationsprozesses* [posteriormente, em *Psychologie und Alchemie*].

6. Cf. os alentados estudos de Aniela Jaffé: *Bilder und Symbole aus E.T.A. Hoffmanns Maerchen "Der Goldne Topf"*.

[143]   Quando nos defrontamos com o tema da obra de arte psicológica nunca sentimos a necessidade de inquirir em que consiste e o que significa. Mas no tocante às experiências visionárias, essas questões se impõem por si mesmas. Há uma exigência óbvia de comentários, explicações; sentimo-nos surpreendidos, desconcertados, confusos, desconfiados ou, o que é pior, chegamos a experimentar repugnância[7]. Elas nada evocam do que lembra a vida cotidiana, mas tornam vivos os sonhos, as angústias noturnas, os pressentimentos inquietantes que despertam nos recantos obscuros da alma. O público, em sua grande maioria, recusa-se a tais temas, a não ser que respondam às sensações mais grosseiras; o próprio crítico literário sente-se, às vezes, embaraçado diante desses temas. Dante e Wagner parecem ter facilitado a tarefa dos críticos. No primeiro, a experiência originária revestiu-se de historicidade e, no segundo, de acontecimentos míticos, o que permite, por um mal-entendido, confundi-los com o tema originário. Em ambos, porém, a dinâmica e o sentido profundo não residem nem no material histórico, nem no mítico, e sim nas visões originárias neles expressas. Quanto a Rider Haggard, que é geralmente considerado, de modo compreensível, um escritor de *fiction stories*, seu fio de Ariadne é um mero recurso – que às vezes se emaranha de maneira inquietante – a fim de captar um conteúdo significativo e transcendente.

[144]   É curioso constatar que, inversamente ao que se passa em relação à criação psicológica, uma obscuridade profunda cerca a origem dos temas visionários, obscuridade que muitas vezes nos parece premeditada. Com efeito, somos levados a supor – especialmente hoje, sob a influência da psicologia freudiana – que através dessas obscuridades, ora grotescas, ora repletas de pressentimentos profundos, devem figurar experiências pessoais, a partir das quais seria possível explicar a visão singular do caos do artista e também através das quais se confirmaria a impressão de que o poeta teria tentado dissimular suas vivências pessoais. Desta tendência explicativa à suposição de que poderia tratar-se de uma criação mórbida e neurótica não vai um passo. Isto seria justificável se o tema visioná-

---

7. Pensemos aqui em obras tais como o *Ulisses* de James Joyce, a qual, apesar de sua desintegração niilista e talvez justamente devido a ela, possui uma profundidade significativa [cf. o capítulo VIII deste volume].

rio se ativesse a particularidades observáveis nas fantasias dos doentes mentais. Por outro lado, os materiais fornecidos pelos psicóticos são ricos e de um alcance significativo que apenas poderemos encontrar nas produções dos gênios. Somos naturalmente tentados a considerar esse fenômeno sob o ponto de vista da patologia e a interpretar as imagens singulares da experiência visionária como substitutivos e tentativas de camuflagem. Supõe-se, neste caso, que uma experiência íntima precedeu o que eu chamo de "visão originária", experiência caracterizada por uma "incompatibilidade", isto é, por seu caráter inconciliável com certas categorias morais. Imagina-se, por exemplo, que aquela experiência foi um acontecimento amoroso, cujo caráter moral ou estético era incompatível com a personalidade total do artista, ou pelo menos com a ficção do consciente. Por este motivo, o eu do poeta teria tentado reprimir e tornar invisível (isto é, inconsciente), a referida experiência, ou pelo menos seus aspectos essenciais. Nesse sentido, mobilizaria todo o arsenal de uma fantasia patológica; mas como essa tentativa consiste num processo de substituição sendo, portanto, insatisfatória, deve repetir-se, numa série quase inesgotável de figurações. Desse modo nasceria a riqueza pululante de imagens monstruosas, demoníacas, grotescas e perversas, de um lado, como substitutivo da experiência "não aceita", e de outro, a fim de camuflá-la.

Essa tentativa de uma psicologia do homem criador suscitou uma onda de interesse considerável, e constitui até agora a única tentativa teórica de explicar "cientificamente" a origem dos materiais visionários, assim como a psicologia dessas obras de arte singulares. Dizendo isto, faço abstração de minha própria posição, supondo que ela é menos conhecida e menos compreendida do que a concepção que acabo de esboçar. [145]

Ora, a redução de uma vivência visionária a uma experiência pessoal a transforma em algo de inadequado, um mero "substitutivo". Com isso, o conteúdo visionário perde seu "caráter originário", a visão originária é reduzida a um simples sintoma e o caos degenera a ponto de não ser mais do que uma perturbação psíquica. Tal explicação enquadra-se tranquilamente nos limites do cosmos bem-ordenado, cuja razão prática nunca pretendeu ser algo de perfeito. Suas imperfeições inevitáveis são anomalias e doenças que também fazem parte da natureza humana e [146] esta é uma suposição básica. A visão perturbadora dos abismos existentes além do humano então se revela como pura ilusão e o poeta, um enganador enganado. Sua vivência originária era "humana, demasiado humana", de tal forma que ele nem mesmo pôde enfrentá-la, escondendo-a de si mesmo.

[147] Será bom encarar as consequências inevitáveis dessa *redução à anamnese pessoal*, o que faria perder de vista a meta desta atitude explicativa: ela se desvia da psicologia da obra de arte para concentrar-se na psicologia do poeta. Esta última não pode ser negada. Mas a primeira também tem seu lugar, não podendo ser eliminada por um simples *tour de passepasse*, que consiste em querer fazê-la uma simples expressão de um complexo pessoal. Não nos interessa indagar aqui para que a obra de arte serve ao poeta; se serve de prestidigitação, de camuflagem, ou se representa para ele um sofrimento ou uma ação. Nossa tarefa é explicar psicologicamente a obra de arte. Para isso, é necessário encarar com atenção o seu embasamento, ou seja, a vivência originária, já que a ninguém ocorreria questionar a realidade e seriedade do tema sobre o qual é erigida a obra de caráter psicológico. Sem dúvida, no caso da visão originária, é muito mais difícil fazer a profissão de fé requerida, porquanto nesta última se apresenta algo que não tem correspondência na experiência corrente. Ela remete fatalmente a uma metafísica obscura, a ponto de a razão, ainda que benevolente, não desejar intervir. Conclui-se então que tais coisas não podem ser levadas muito a sério, pois de outro modo o mundo poderia recair na superstição e no obscurantismo. Quem não tiver uma vocação especificamente "ocultista" encarará a vivência originária como uma "imaginação rica", ou como "caprichos e licenças poéticas". Certos poetas reforçam esta atitude, mantendo em relação à sua obra uma distância salutar. Spitteler, por exemplo, sugere que, em lugar de *Primavera olímpica*, poderia muito bem dizer: "o mês de maio chegou". Poetas também são homens, e o que um poeta diz de sua obra frequentemente não é o que de melhor pode ser dito sobre ela. O importante é defender a seriedade da vivência originária, mesmo contra as resistências do poeta.

[148] O *Pastor de Hermas*, a *Divina comédia* e o *Fausto* são entretecidos de ecos e ressonâncias de vivências amorosas da juventude; mas sua consu-

mação e coroamento são-lhes outorgados por uma vivência originária. Não temos qualquer motivo para supor que a vivência normal do primeiro *Fausto* seja negada ou camuflada no segundo. Da mesma forma, não há razão alguma que nos leve a acreditar que ao escrever a primeira parte do *Fausto* ele estivesse num estado normal, e neurótico, ao escrever a segunda. Na grande sequência que vai de Hermas a Goethe, passando por Dante, ao longo de quase 2.000 anos, encontramos sempre a experiência amorosa pessoal, não somente acrescentada, como também subordinada a uma grande experiência visionária. Tais testemunhos são significativos, pois comprovam que, abstração feita da psicologia pessoal do poeta, a visão constitui, no âmago da obra de arte, uma vivência mais profunda do que a paixão humana. No que diz respeito à obra de arte, a qual nunca deve ser confundida com aquilo que o poeta tem de pessoal, é indubitável que a visão é uma vivência originária autêntica, apesar das restrições do racionalismo. Ela não é algo de derivado, nem de secundário, e muito menos um sintoma; é um *símbolo real*, a *expressão de uma essencialidade desconhecida*. Assim como a vivência amorosa representa a experiência de um fato real, o mesmo se dá com a visão. Pouco nos importa se seu conteúdo é de natureza física, anímica ou metafísica. Ela constitui uma realidade psíquica, que tem pelo menos a mesma dignidade que a realidade física. A vivência da paixão humana encontra-se dentro dos limites da consciência, ao passo que o objeto da visão é vivido fora desse quadro. No sentimento, vivenciamos coisas conhecidas; a intuição, no entanto, conduz-nos a áreas desconhecidas e ocultas, a coisas que, por sua natureza, são secretas. Ao se tornarem conscientes, são intencionalmente veladas e dissimuladas; por isso, desde tempos imemoriais, são associadas àquilo que é secreto, inquietante e dúbio. Elas se escondem ao olhar do homem e este delas se esconde por um temor supersticioso, protegendo-se com o escudo da ciência e da razão. O cosmos é sua crença diurna, que deve preservá-lo da angústia noturna do caos – o século das luzes frente à crença na noite! Pois como poderia haver algo de vivo e atuante além do mundo humano diurno? Necessidades e inelutabilidades perigosas? Coisas dotadas de maior intencionalidade do que os eléctrons? Seria mera presunção imaginar que possuímos e dominamos a nossa própria alma se o que a ciência chama de "psique" é apenas um ponto de interrogação fechado na calota craniana? E se for enfim uma porta aberta, pela qual entra o desconhecido, o que atua em segredo, proveniente de um mundo meta-humano, capaz de arrancar o homem de sua humanidade, nas asas da noite, conduzindo-o a uma servidão e destino transpessoais? Às vezes parece que a experiência sentimental tem apenas uma ação desencadeante; em certos casos parece até mesmo que é "arranjada" para um determinado fim, e o aspecto humano e pessoal não passariam de mero prelúdio à "divina comédia", a única essencial.

[149] A obra de arte desta espécie não é a única que provém da esfera noturna; os visionários e profetas dela se aproximam, como diz com muito acerto Santo Agostinho: "E subíamos ainda, cogitando interiormente, conversando e admirando as tuas obras; e entramos em nossas mentes e as transcendemos, atingindo a região da fecundidade que não falha, onde alimentas eternamente Israel com o alimento da verdade e onde a vida é sabedoria [...]"[8] também nesta esfera que incorrem os grandes malfeitores e os grandes destruidores que obscurecem a face de uma época e também os dementes que se aproximam demasiadamente do fogo... "Quem de vós poderia habitar junto a um fogo devorador? Quem de vós, junto ao ardor eterno?"[9] Diz-se com toda a razão: "Deus começa por tornar louco a quem quer perder"[10]. Por mais obscura e inconsciente que seja esta esfera não se pode julgá-la desconhecida, pois sempre se manifestou em todos os tempos e lugares. Para o primitivo, é um elemento natural e constitutivo de seu mundo e da imagem que tem dele. Apenas nós a excluímos por temor à superstição e afastando a metafísica, a fim de construir um mundo de consciência seguro e manejável, dentro do qual reinam as leis da natureza, da mesma forma que as leis humanas reinam num Estado bem-ordenado. Mas o poeta discerne, às vezes, as imagens do mundo noturno, os espíritos, demônios e deuses, os emaranhados

---

8. *Confessiones*, lib. IX, cap. X: "Et adhuc ascendebamus interius cogitando, et loquendo, et mirando opera tua; et venimus in mentes nostras, et transcendimus eas, ut attingeremus regionem ubertatis indeficientis, ubi pascis Israel in aeternum veritatis pabulo, et ubi vita sapientia est..."
9. Is 33,14: "Quis poterit habitare de vobis cum igne devorante? Quis habitabit ex vobis cum ardoribus sempiternis?"
10. "Quem Deus vult perdere prius dementat".

secretos do destino, assim como a intencionalidade supra-humana e as coisas indizíveis que se desenrolam no *pleroma*. Discerne, às vezes, algo do mundo psíquico, que é ao mesmo tempo o terror e a esperança do primitivo. Seria interessante pesquisar se a reserva relativa à superstição que se estabeleceu nos tempos modernos e a explicação materialista do mundo não representam derivados e uma espécie de continuação da magia e do medo primitivos dos espíritos. Em todo caso, a fascinação que a psicologia das profundezas exerce, bem como as violentas resistências que contra ela se levantam, entrariam neste capítulo.

Desde os primórdios da sociedade humana encontramos vestígios dos esforços psíquicos para encontrar formas propiciatórias e exorcismos próprios para invocar ou expulsar realidades obscuramente pressentidas. Já em antiquíssimos desenhos rodesianos da Idade da Pedra distinguimos, ao lado da representação fiel dos animais, um desenho abstrato, uma cruz de oito ramos inscrita num círculo; ela se encontra sob esta forma em todas as culturas, não só, por exemplo, nas igrejas cristãs, como também nos mosteiros tibetanos. Esse desenho, denominado a roda solar, que provém de épocas e civilizações que não conheciam a roda, só em parte parece ter resultado de uma experiência exterior. Ela é principalmente um símbolo, uma experiência interior, e provavelmente foi reproduzida com tanta fidelidade quanto o célebre rinoceronte dos pássaros! Não há cultura primitiva que não tenha possuído um sistema frequentemente bastante desenvolvido de doutrinas iniciáticas secretas; estas, por um lado, referem-se a coisas obscuras que ultrapassam o mundo humano e diurno e suas lembranças e, por outro lado, dizem respeito à sabedoria que deve reger a ação dos homens[11]. As tribos e os clãs totêmicos conservam esse saber, que era veiculado nas iniciações masculinas. Os antigos fizeram o mesmo em seus mistérios e sua rica mitologia é uma relíquia dos primeiros estágios de experiências semelhantes.

[150]

Por este motivo, é perfeitamente válido e legítimo que o poeta se apodere novamente de figuras mitológicas para criar as expressões de sua experiência íntima. Nada seria mais falso do que supor que se recorre,

[151]

---

11. As *Stammeslehren der Dschagga* de Bruno Gutmann correspondem a três volumes, com nada menos de 1.975 páginas.

nesse caso, a um tema tradicional. Ele cria a partir da vivência originária, cuja natureza obscura necessita das figuras mitológicas, e, por isso, o artista busca avidamente as que lhe são afins para exprimir-se através delas. A vivência originária é carente de palavra e imagem, tal como uma visão num "espelho que não reflete". A vivência originária é um pressentimento poderoso que quer expressar-se, um turbilhão que se apodera de tudo o que se lhe oferece, imprimindo-lhe uma forma visível. Mas como a expressão nunca atinge a plenitude da visão, nunca esgotando o que ela tem de inabarcável, o poeta muitas vezes necessita de materiais quase monstruosos, ainda que para reproduzir apenas aproximativamente o que pressentiu. Não pode, pois, prescindir da expressão contraditória e rebelde se quiser revelar o paradoxo inquietante de sua visão. Dante estende sua vivência, fazendo apelo a todas as imagens que vão do inferno, até o purgatório e o céu. Goethe precisa do monte das bruxas e do mundo telúrico da Grécia; Wagner, de toda a mitologia nórdica e da riqueza da lenda do Parsifal; Nietzsche recorre ao estilo sagrado dos ditirambos e dos visionários da Antiguidade; Blake recorre às fantasmagorias da Índia, ao mundo de imagens da Bíblia e do Apocalipse, e Spitteler empresta velhos nomes a novas figuras, que jorram numa multiplicidade quase aterradora da cornucópia de abundância de sua poesia. E nada falta na escala que vai do incompreensível e sublime até o perverso e grotesco.

[152] A psicologia contribui para elucidar a essência dessa manifestação múltipla, principalmente através da terminologia e de materiais comparativos. O que aparece na visão, com efeito, é uma imagem do *inconsciente coletivo*, a saber, da estrutura inata e peculiar dessa psique que constitui a matriz e a condição prévia da consciência. De acordo com a lei filogenética, a estrutura psíquica, da mesma forma que a anatômica, deve conter os degraus percorridos pela linhagem ancestral. No que concerne ao inconsciente, isto de fato se verifica. Durante o eclipse da consciência, nos sonhos ou nas doenças mentais vêm à superfície conteúdos que apresentam todas as características da condição anímica primitiva, não só pela forma como também pelo sentido; assim, muitas vezes somos tentados a supor que tais conteúdos constituem fragmentos de antigas doutrinas esotéricas. São numerosos os motivos mitológicos que emergem, embora dissimulados na linguagem moderna das ima-

gens. Não se trata da águia de Zeus ou do Pássaro Roca, mas de um avião. O combate dos dragões é substituído por uma colisão ferroviária. O herói que mata o dragão é encarnado por um tenor, interpretando figuras heroicas, no Teatro Municipal, a mãe ctônica é figurada por uma gorda vendedora de legumes; Plutão raptando Prosérpina é um motorista perigoso etc. O mais importante, porém, especialmente para a crítica literária, é o fato de as manifestações do inconsciente coletivo possuírem um caráter compensatório em relação à situação consciente; dessa forma uma vida inconsciente unilateral, desadaptada ou até mesmo perigosa, tende a ser resposta e equilíbrio. A mesma função compensatória também aparece na sintomatologia das neuroses e nas ideias delirantes dos doentes mentais; nestas, as manifestações compensatórias são, com frequência, bastante evidentes. Assim, por exemplo, indivíduos que se fecham temerosos a toda influência exterior supõem de repente que todos conhecem e comentam seus segredos mais íntimos. Naturalmente nem todas as compensações têm o caráter tão evidente. As de caráter neurótico são de uma natureza muito mais sutil; as que se manifestam nos sonhos em geral e, em particular, no próprio sonho, de início parecem impenetráveis, não somente aos leigos como também aos especialistas, por mais claras que depois se revelem mediante a compreensão. Mas é bem sabido que as coisas mais simples são, às vezes, as mais difíceis e eu prefiro remeter meus leitores aos trabalhos já publicados.

Se renunciarmos a ver no *Fausto*, por exemplo, apenas a expressão de uma compensação pessoal à situação consciente de Goethe, devemos indagar como se relaciona tal obra com a *consciência da época* e se essa relação também não deve ser encarada como uma compensação. Creio que seria negligenciar o essencial pretender reduzir ao domínio pessoal esse monumento poético que se alicerça na alma da humanidade. Sempre que o inconsciente coletivo se encarna na vivência e se casa com a *consciência da época*, ocorre um ato criador que concerne a toda a época; a obra é, então, no sentido mais profundo, uma mensagem dirigida a todos os contemporâneos. Eis por que o *Fausto* faz vibrar algo na alma de todo alemão (como já observou Jacob Burckhardt)[12], e por que a glória de Dante é imortal. Eis por que, também, o *Pastor de Hermas* é

[153]

---

12. Cartas a Albert Brenner (*Basler Jahrbuch* 1901, p. 91s.).

um livro quase canônico. Todas as épocas têm sua unilateralidade, seus preconceitos e males psíquicos. Cada época pode ser comparada à alma de um indivíduo: apresenta uma situação consciente específica e restrita, necessitando por esse motivo de uma compensação. O inconsciente coletivo pode proporcionar-lhe tal instrumento, mediante o subterfúgio de um poeta ou de um visionário, quando este exprime o inexprimível de uma época, ou quando suscita pela imagem ou pela ação o que a necessidade negligenciada de todos está almejando; isto, tanto para o bem quanto para o mal, para a salvação, ou para destruição dessa época.

[154] É perigoso falar do tempo em que vivemos, pois é enorme a extensão daquilo que hoje está em jogo[13]. Contentemo-nos com algumas alusões. A obra de Francesco Colonna é uma apoteose do amor na forma de um sonho literário; não se trata da história de uma paixão, mas da representação de uma relação com a *anima*, isto é, com a imago negativa do feminino encarnado na figura fictícia de Polia. A relação desenrola-se numa forma arcaica e pagã, o que é digno de nota, pois o autor, segundo pouco que dele sabemos, teria sido um monge. Sua obra põe em confronto com a face cristão-medieval o mundo simultaneamente mais antigo e mais novo que surge do Hades, o Hades que é ao mesmo tempo túmulo e mãe geradora[14]. No plano mais alto, Goethe tece nos dédalos multicores do *Fausto*, com fio vermelho, o motivo de Margarida – Helena – Mater Gloriosa – Eterno Feminino. Nietzsche anuncia a morte de Deus, e em Spitteler o desabrochar e fenecimento dos deuses como que se torna um mito das estações do ano. Esses poetas falam por milhares e dezenas de milhares de seres humanos, proclamando de antemão as metamorfoses da consciência de sua época. Linda Fierz diz que a *Hipnerotomaquia* de Polifilo "é o símbolo do processo evolutivo vivo que, invisível e incompreensível, consumou-se entre os homens de seu tempo, gerando o Renascimento e o início dos tempos modernos"[15]. Já na época de Colonna se preparava, por um lado, o enfraquecimento da Igreja através do cisma e, por outro, a época das grandes viagens e das grandes descobertas científicas. Um mundo terminava e a aurora de um

---

13. Escrevi isto em 1929.
14. Cf. os estudos de Linda Fierz-David, Op. cit., p. 239s.
15. Op. cit., p. 38.

novo éon surgia, antecipado pela figura paradoxal e rica de contrastes de Polia, a alma moderna do monge Francesco. Três séculos depois do cisma religioso e da descoberta científica do mundo, Goethe traça o retrato do homem fáustico, e hipertrofiado a ponto de aproximar-se das proporções divinas e tenta, sentindo a inumanidade de tal figura, uni-lo ao eterno feminino da Sofia maternal. Esta última aparece como uma forma suprema da *anima*, despojada da crueldade pagã da ninfa Polia. Esta tentativa de compensação não teve efeito durável, pois Nietzsche apoderou-se de novo do super-homem, que se precipitou em sua própria perdição. Compare-se o *Prometeu* de Spitteler[16] com o drama contemporâneo que vivemos e compreender-se-á o que pretendo dizer quando falo do significado profético das grandes obras de arte[17].

II. O poeta

O segredo do mistério criador, assim como o do livre-arbítrio, é um problema transcendente e não compete à psicologia respondê-lo. Ela pode apenas descrevê-lo. Do mesmo modo, o homem criador também constitui um enigma, cuja solução pode ser proposta de várias maneiras, mas sempre em vão. Não há dúvida de que a psicologia moderna ocupou-se, às vezes, com o problema do artista. Freud acreditou ter encontrado a chave que lhe permitiria penetrar na obra de arte, a partir da esfera das vivências pessoais do artista[18]. Encontramos aqui certas possibilidades; acaso não seria lícito fazer derivar a obra de arte dos "complexos", como, por exemplo, numa neurose? De fato, a grande descoberta de Freud foi a de que as neuroses possuem uma etiologia anímica bem definida, isto é, derivam de causas emocionais e de vivências da primeira infância, quer sejam estas de natureza fantástica ou real. Alguns de seus discípulos, particularmente Rank e Stekel, trabalharam sobre bases semelhantes, alcançando também resultados semelhantes. Não se pode negar que a psicologia pessoal do poeta eventualmente se encontra nas raízes e mesmo nas ramificações mais tênues de sua obra. Esta concep-

[155]

---

16. Eu me refiro à primeira versão em prosa.
17. Cf. *Psychologische Typen* (Tipos psicológicos), 5. ed., 1950, p. 257s. [Ges. Werke VI].
18. Cf. FREUD. *Der Wahn und die Träume in W. Jensens "Gradiva"* e *Leonardo da Vinci*.

ção, de que o mundo pessoal do poeta influencia sob muitos aspectos a escolha e a forma de sua temática, não tem em si nada de muito original; mas é indubitavelmente um mérito da escola freudiana haver demonstrado a extensão da influência do mundo pessoal do poeta em sua própria obra, e ter revelado os modos singulares e as analogias mediante os quais ela se produz.

[156] A neurose é, para Freud, uma satisfação substitutiva. É também algo de inadequado, um erro, um pretexto, uma espécie de desculpa, um modo de não querer encarar as coisas; em resumo, é alguma coisa de essencialmente negativa, que seria melhor não existir. Mal se pode ousar dizer. Uma palavra a favor da neurose, que parece uma perturbação inoportuna e desprovida de qualquer sentido. A obra de arte, aparentemente passível de ser analisada como uma neurose, e à base dos recalques pessoais do poeta, de fato se insere na vizinhança problemática da neurose; mas nem por isso fica em má companhia, uma vez que Freud coloca a religião, a filosofia etc., na mesma situação. Se nos ativermos apenas a esse modo de considerar a questão, ressaltando explicitamente os condicionamentos pessoais que nunca deixam de comparecer, não haveria qualquer objeção a fazer. Mas se pretendermos, mediante essa análise, esclarecer a essência mesma da obra de arte, então é preciso rejeitar categoricamente tal pretensão. A essência da obra de arte não é constituída pelas particularidades pessoais que pesam sobre ela – quanto mais numerosas forem, menos se tratará de arte; pelo contrário, sua essência consiste em elevar-se muito acima do aspecto pessoal. Provinda do espírito e do coração, fala ao espírito e ao coração da humanidade. Os elementos pessoais constituem uma limitação, e mesmo um vício da arte. Uma "arte" que fosse única ou essencialmente pessoal mereceria ser tratada como uma neurose. Quando a escola freudiana pretende que todo artista possua uma personalidade restrita, infantil e autoerótica, tal julgamento poderá ser válido para o artista enquanto pessoa, mas não para o criador que há nele. Este último não é nem autoerótico, nem heteroerótico e nem mesmo erótico, mas constitui em supremo grau uma realidade impessoal e até mesmo inumana ou sobre-humana, pois enquanto artista ele é sua obra, e não um ser humano.

[157] Todo ser criador é uma dualidade ou uma síntese de qualidades paradoxais. *Por um lado, ele é uma personalidade humana, e por outro,*

um processo criador, impessoal. Enquanto homem, pode ser saudável ou doentio; sua psicologia pessoal pode e deve ser explicada de um modo pessoal. Mas enquanto artista, ele não poderá ser compreendido a não ser a partir de seu ato criador. Assim, por exemplo, seria um equívoco grosseiro tentar explicar mediante uma etiologia pessoal as maneiras de um *gentleman* inglês, as de um oficial prussiano, ou as de um cardeal. O *gentleman*, o oficial e o prelado representam papéis objetivos e impessoais, que implicam uma psicologia objetiva inerente aos mesmos. Ainda que o artista se situe nos antípodas da oficialidade, mesmo assim não deixa de existir uma analogia secreta entre eles na medida em que a psicologia específica do artista constitui um assunto coletivo e não pessoal. Isto, porque a arte, nele, é inata como um instinto que dele se apodera, fazendo-o seu instrumento. Em última instância, o que nele quer não é ele mesmo enquanto homem pessoal, mas a obra de arte. Enquanto pessoa, tem seus humores, caprichos e metas egoístas; mas enquanto artista ele é, no mais alto sentido, "homem", e *homem coletivo*, portador e plasmador da alma inconsciente e ativa da humanidade. É esse o seu ofício, cuja exigência às vezes predomina a ponto de pedir-lhe o sacrifício da felicidade humana e de tudo aquilo que torna valiosa a vida do homem comum. C.G. Carus diz:

> Aquele a quem chamamos de gênio se caracteriza por sua maneira especial de manifestar-se; um tal espírito, superiormente dotado, é marcado pelo fato de que, por plenas que sejam sua liberdade e a clareza de sua vida, é determinado e conduzido em tudo pelo inconsciente, esse deus misterioso que o habita; assim, visões dele brotam, sem que ele saiba de onde vieram; é impelido a agir e a criar, sem saber para que fim; dominado por um impulso que o leva ao devir e ao desenvolvimento, ele mesmo não sabe por quê[19].

Nessas circunstâncias não é de admirar-se que precisamente o artista – tomado em sua totalidade – proporcione um rico material para um tipo de psicologia analítica de caráter crítico. Sua vida é necessariamente cheia de conflitos, uma vez que dois poderes lutam dentro

[158]

---

19. *Psyche*, p. 158.

dele. Por um lado, o homem comum, com suas exigências legítimas de felicidade, satisfação e segurança vital e, por outro, a paixão criadora e intransigente, que acaba pondo por terra todos os desejos pessoais. Por isso, o destino pessoal de tantos artistas é na maior parte das vezes tão insatisfatório e mesmo trágico e isto, não devido a um sombrio desígnio da sorte, mas sim a uma inferioridade ou a uma faculdade deficiente de adaptação de sua personalidade humana. São raros os homens criadores que não pagam caro a centelha divina de sua capacidade genial. É como se cada ser humano nascesse com um capital limitado de energia vital. A dominante do artista, isto é, seu impulso criador, arrebatará a maior parte dessa energia, se verdadeiramente for um artista; e para o restante sobrará muito pouco, o que não permite que outro valor possa desenvolver-se. O lado humano é tantas vezes de tal modo sangrado em benefício do lado criador, que ao primeiro não cabe senão vegetar num nível primitivo e insuficiente. Tal fenômeno se exprime frequentemente como puerilidade e negligência, ou como um egoísmo ingênuo e intransigente (o assim chamado "autoerotismo"), como vaidade e outras fraquezas. Essas inferioridades são significativas, pois devido a elas poderá ser encaminhada para o eu uma quantidade suficiente de energia vital. O eu necessita dessas formas vitais inferiores, porque senão sucumbiria a uma privação total. O autoerotismo pessoal de certos artistas pode ser comparado ao de certos filhos ilegítimos ou negligenciados, que precisaram defender-se precocemente contra o efeito destruidor de um ambiente desprovido de afeição, desenvolvendo em si mesmos traços negativos. Tais crianças, com efeito, tornam-se muitas vezes abusivamente egocêntricas, quer passivamente, permanecendo infantis e frágeis durante toda a vida, quer ativamente, revoltando-se contra a moral vigente e as leis. É evidente que o artista deve ser explicado a partir de sua arte, e não através das insuficiências de sua natureza e de seus conflitos pessoais. Estes não são, muitas vezes, senão as consequências lamentáveis do fato de ser ele um artista, isto é, um homem ao qual coube um fardo mais pesado do que aquele que é levado pelos demais. Quando os dons são maiores exigem um maior dispêndio de energia; por isso, o balanço positivo de um lado é acompanhado pelo balanço negativo do outro.

[159] Quer pense o poeta que sua obra nele se cria, germina e amadurece, quer imagine que deliberadamente dá forma a uma invenção pessoal,

isto em nada altera o fato de que na realidade a obra nasce de seu criador, tal como uma criança, de sua mãe. A psicologia da criação artística é uma psicologia especificamente feminina, pois a obra criadora jorra das profundezas inconscientes, que são justamente o domínio das mães. Se os dons criadores prevalecem, prevalece o inconsciente como força plasmadora de vida e destino, diante da vontade consciente; neste caso, a consciência será muitas vezes arrastada pela força impetuosa da torrente subterrânea, tal como uma testemunha desamparada dos acontecimentos. A obra em crescimento é o destino do poeta e é ela que determina sua psicologia. Não é Goethe quem faz o *Fausto*, mas sim a componente anímica *Fausto* quem faz Goethe[20]. E afinal, o que é *Fausto*? É um *símbolo*, e não apenas uma indicação semiótica ou uma alegoria de algo há muito conhecido, a expressão de um dado antigo, vivo e atuante na alma alemã, que Goethe devia dar à luz. É concebível que um escritor não alemão tivesse podido escrever um *Fausto*, ou um *Assim falava Zaratustra*? Essas duas obras aludem a um mesmo elemento que vibra na alma alemã, a uma "imagem originária", como disse certa vez Jacob Burckhardt, imagem que corresponde à figura de um médico e professor, que é também um feiticeiro sombrio: o arquétipo do sábio que, por um lado, é portador de auxílio e salvação e, por outro, é um mágico, ilusionista, sedutor e também o diabo. Esta imagem está enterrada no inconsciente, desde os tempos primordiais, onde dormita até que a graça ou a desgraça de uma época a desperte, em geral, no momento em que um grave erro desvia o povo do reto caminho. Quando ocorre este descaminho, deve apelar-se a *Führers*, a "Mestres", e mesmo ao médico. O falso caminho de sedução atua como um veneno, que também poderia ser um remédio, e a sombra do salvador é representada como um destruidor diabólico. Esta força dos opostos se expressa ante-

---

20. O sonho de Eckermann, no qual o par Fausto e Mefisto cai sobre a terra como um meteoro duplo, lembra o motivo dos Dióscuros (cf. minhas conferências "Über Wiedergeburt" e o motivo do par de amigos em *Gestaltungen des Unbewussten*) que simboliza uma particularidade essencial da psique goetheana. A observação de Eckermann de que a figura alada e levemente cornuda de Mefisto lembra a de Mercúrio é de uma sutileza particular. Esta observação concorda inteiramente com a natureza alquímica e com a essência da obra-prima de Goethe. (Agradeço essa lembrança em relação aos colóquios de Eckermann a uma observação amigável de meu colega W. Kranefeldt.)

riormente no médico mítico: o médico que cura feridas tem, ele mesmo, uma ferida. Chiron é o exemplo clássico[21]. No domínio cristão, a ferida no flanco de Cristo, o maior dos médicos, é a expressão deste fato. Mas Fausto – e isto é bem característico – não é um homem ferido, nem é afetado pelo problema moral. Pode-se, com o risco de cindir a própria personalidade, manter ao mesmo tempo uma alta altitude moral e ser diabólico; só nesta situação pode alguém sentir-se "a seis mil pés além do bem e do mal". Mefisto foi aparentemente privado da indenização à qual tinha direito; mas eis que ela reaparece cem anos depois sob a forma de uma dívida sangrenta. Mas quem acredita seriamente que o poeta exprime a verdade de todos? E se fosse esse o caso, em que quadro dever-se-ia considerar a obra de arte?

[160]   Um arquétipo em si mesmo não é bom, nem mau. É um *numen* moralmente indiferente. Só através de sua confrontação com o consciente torna-se uma coisa ou outra, ou então uma dualidade de opostos. Esta inflexão para o bem ou para o mal é determinada consciente ou inconscientemente pela atitude humana do sujeito. São numerosas as imagens primordiais desta espécie. Por muito tempo não se manifestam, nem nos sonhos dos indivíduos, nem nas obras de arte, até serem provocadas e ativadas pelos extravios da consciência que se afastou demasiadamente do caminho do meio. Quando a consciência se extravia numa atitude unilateral e, portanto, falsa, esses "instintos" são vivificados e delegam suas imagens aos sonhos dos indivíduos e às visões dos artistas e visionários, restabelecendo assim novamente o equilíbrio anímico.

[161]   Desse modo, as necessidades anímicas de um povo são satisfeitas na obra do poeta e por este motivo ela significa verdadeiramente para seu autor, saiba ele ou não, mais do que seu próprio destino pessoal. Ele é, no sentido mais profundo, um instrumento de sua obra, estando por isso abaixo dela. Não podemos esperar jamais que o poeta seja o intérprete de sua própria obra. Configurá-la foi sua tarefa suprema. A interpretação deve ser deixada aos outros e ao futuro. Uma obra-prima é como um sonho que, apesar de todas as suas evidências, nunca se interpreta a si mesmo e também nunca é unívoco. Nenhum sonho diz:

---

21. Em relação a este motivo, cf. KERÉNYI, *Der göttliche Arzt*, p. 84s.

"Você deve", ou "esta é a verdade"; ele apenas propõe uma imagem, tal como a natureza que faz uma planta crescer. Compete a nós mesmos tirar as conclusões. Quando alguém tem um pesadelo, isto significa que é demasiadamente medroso, ou que não tem medo algum; assim, quando sonhamos com um mestre sábio, isto quer dizer que precisamos de um mestre, ou, inversamente, que nossa atitude é excessivamente escolar. Sutilmente, porém, as duas coisas se ligam, acontecendo o mesmo no tocante à obra de arte; mas só o percebe quem se aproxima da obra de arte, deixando que esta atue sobre ele, tal como ela agiu sobre o poeta. Para compreender seu sentido é preciso permitir que ela nos modele, do mesmo modo que modelou o poeta. Compreenderemos então qual foi a vivência originária deste último. Ele tocou as regiões profundas da alma, salutares e libertadoras, onde o indivíduo não se segregou ainda na solidão da consciência, seguindo um caminho falso e doloroso. Tocou as regiões profundas, onde todos os seres vibram em uníssono e onde, portanto, a sensibilidade e a ação do indivíduo abarcam toda a humanidade.

O segredo da criação artística e de sua atuação consiste nessa possibilidade de reimergir na condição originária da *participation mystique*, pois nesse plano não é o indivíduo, mas o povo que vibra com as vivências; não se trata mais aí das alegrias e dores do indivíduo, mas da vida de toda a humanidade. Por isso, a obra-prima é ao mesmo tempo objetiva e impessoal, tocando nosso ser mais profundo. É por esse motivo também que a personalidade do poeta só pode ser considerada como algo de propício ou desfavorável, mas nunca é essencial relativamente à sua arte. Sua biografia pessoal pode ser a de um filisteu, de um homem bom, de um neurótico, de um louco ou criminoso; interessante ou não, é secundária em relação ao que o poeta representa como ser criador.

[162]

Capítulo 12
Diferença entre o pensamento oriental e o pensamento ocidental[1]

[759]   O Dr. Evans-Wentz confiou-me a tarefa de escrever o comentário sobre um texto que contém uma apresentação muito importante da "psicologia" oriental. O fato de que eu precise usar aspas já está indicando a problematicidade do emprego desse termo. Talvez não seja fora de propósito lembrar que o Oriente não produziu algo de equivalente à nossa psicologia, mas apenas uma metafísica. A filosofia crítica, que é a mãe da psicologia moderna, é estranha tanto ao Oriente quanto à Europa medieval. Por isso, o termo "espírito", no sentido em que é empregado no Oriente, tem uma conotação metafísica. Nosso conceito ocidental de espírito perdeu este sentido depois da Idade Média, e a palavra agora designa uma "função psíquica". Embora não saibamos nem pretendamos saber o que é a "psique" em si, podemos entretanto ocupar-nos com o fenômeno "espírito". Não afirmamos que o espírito seja uma entidade metafísica ou que exista alguma ligação entre o espírito individual e um espírito universal (*Universal Mind*) hipotético. Por isso nossa psicologia é uma ciência dos fenômenos puros, sem implicações metafísicas de qualquer ordem. O desenvolvimento da filosofia ocidental nos dois últimos séculos teve como resultado o isolamento do espírito em sua própria esfera e a ruptura de sua unidade original com o universo. O próprio homem deixou de ser o microcosmos, e sua alma já não é mais a *scintilla* consubstancial ou uma centelha da *anima mundi* [da alma do mundo].

---

1. Escrito em 1939. Apareceu pela primeira vez em inglês, em *The Tibetan Book of the Great Liberation*, organizado por W.Y. Evans-Wentz, 1954. Versão alemã publicada em 1955.

[760] Em razão disto, a psicologia trata todas as pretensões e afirmações metafísicas como fenômenos espirituais, considerando-as como enunciados acerca do espírito e sua estrutura que, em última análise, decorre de certas disposições inconscientes. A psicologia não os considera como possuidores de valor absoluto, nem também lhes reconhece a capacidade de expressar uma verdade metafísica. Não temos meios intelectuais que nos permitam verificar se uma tal colocação é correta ou errônea. O que sabemos unicamente é que não há nem a certeza nem a possibilidade de demonstrar a validade de um postulado metafísico como, por exemplo, o de um espírito universal. Mesmo que a inteligência nos garanta a existência de um espírito universal, temos a convicção de que ela estabelece apenas uma afirmação. Não acreditamos que tal afirmação demonstre a existência de um espírito universal. Não há argumento contra essa consideração, mas não há também certeza em relação à validade de nossa conclusão. Ou dito em outras palavras: é igualmente possível que nosso espírito não seja mais do que a manifestação de um espírito universal; mas também quanto a isto, não temos a possibilidade de saber se, de fato, é assim, ou não. Por isso, a psicologia acha que o espírito não pode constatar nem demonstrar o que ultrapassa esses limites.

[761] Portanto, ao reconhecermos os limites de nosso espírito, estamos mostrando o nosso bom-senso. Admito que constitui um sacrifício despedir-se do mundo maravilhoso no qual vivem e se movimentam seres produzidos pelo nosso espírito. Trata-se do mundo do primitivo, onde até mesmo objetos sem vida são dotados de uma força vital, salvadora e mágica, mediante a qual estes objetos tornam-se parte integrante de nós mesmos. Mais cedo ou mais tarde tivemos de compreender que seu poder, no fundo, era o nosso próprio poder, e que seu significado era uma projeção de nós mesmos. A teoria do conhecimento constitui apenas o último passo dado, ao sairmos da juventude da humanidade, ou seja, daquele mundo em que figuras criadas pelo nosso espírito povoavam um céu e um inferno metafísico.

[762] Apesar da inevitável crítica da teoria do conhecimento, permanecemos presos à concepção de que um órgão de fé capacita o homem a conhecer a Deus. Foi assim que o Ocidente desenvolveu a nova enfermidade de um conflito entre a ciência e a religião. A filosofia crítica da

ciência tornou-se, por assim dizer, metafisicamente negativa – ou, para dizer em outras palavras: materialista – partindo justamente de um julgamento errôneo. Consideramos a matéria como uma realidade tangível e cognoscível. Entretanto, esta matéria é uma noção absolutamente metafísica, hipostasiada por cérebros não críticos. A matéria é uma hipótese. Quando se fala em "matéria" está se criando, no fundo, um símbolo de algo que escapa ao conhecimento, e que tanto pode ser o espírito como qualquer outra coisa; pode ser inclusive o próprio Deus. A crença religiosa, por outro lado, recusa-se a abandonar sua *concepção do mundo*. Contradizendo as palavras de Cristo, os crentes tentam *permanecer* no estado de crianças. Agarram-se ao mundo da infância. Um teólogo famoso confessa, em sua autobiografia, que Jesus era seu bom amigo "desde a infância". Jesus é, precisamente, o exemplo elucidativo de uma pessoa que pregava algo bem diverso da religião de seus pais. Mas não parece que a *imitatio Christi* comporte o sacrifício espiritual e psíquico que Ele próprio teve de oferecer no início de sua carreira e sem o qual jamais ter-se-ia tornado um redentor.

[763] O conflito surgido entre ciência e religião no fundo não passa de um mal-entendido entre as duas. O materialismo científico introduziu apenas uma nova hipótese, e isto constitui um pecado intelectual. Ele deu um nome novo ao princípio supremo da realidade, pensando, com isto, haver criado algo de novo e destruído algo de antigo. Designar o princípio do ser como Deus, matéria, energia, ou o que quer que seja, nada cria de novo. Troca-se apenas de símbolo. O materialista é um metafísico *malgré lui*. O crente, por outro lado, procura manter-se em um estado espiritual primitivo, por motivos meramente sentimentais. Não se mostra disposto a abandonar a relação infantil primitiva relativamente às figuras criadas pelo espírito. Prefere continuar gozando da segurança e confiança que lhe oferece um mundo em que pais poderosos, responsáveis e bondosos exercem a vigilância. A fé implica, potencialmente, um *sacrificium intellectus* (desde que o intelecto exista para ser sacrificado), mas nunca num sacrifício dos sentimentos. Assim os crentes permanecem em estado infantil, em vez de *se tornarem* como crianças, e não encontram a sua vida, porque não a perdem. Acresce ainda que a fé entra em choque com a ciência, recebendo deste modo a sua recompensa, pois se nega a tomar parte na aventura espiritual de nossa época.

[764] Qualquer pensador honesto é obrigado a reconhecer a insegurança de todas as posições metafísicas, em especial a insegurança de qualquer conhecimento de fé. É também obrigado a reconhecer a natureza insustentável de quaisquer afirmações metafísicas e admitir que não existe uma possibilidade de provar que a inteligência humana é capaz de arrancar-se a si mesma do tremedal, puxando-se pelos próprios cabelos. Por isso é muito duvidoso saber se o espírito humano tem condições de provar a existência de algo transcendental.

[765] O materialismo é uma reação metafísica contra a intuição súbita de que o conhecimento é uma faculdade espiritual ou uma projeção, quando seus limites ultrapassam os da esfera humana. Esta reação era "metafísica" na medida em que o homem de formação filosófica mediana não podia encarar a hipóstase que daí resultaria necessariamente. Não percebia que a matéria não passava de outro nome para designar o princípio supremo da existência. Inversamente, a atitude de fé mostra-nos como as pessoas resistem em acolher a crítica filosófica. Mostra-nos também como é grande o temor de terem de abandonar a segurança da infância para se lançarem a um mundo estranho e desconhecido, mundo regido por forças para os quais o homem é indiferente. Fundamentalmente, nada se altera nos dois casos: o homem e o ambiente que o cerca permanecem idênticos. O homem precisa apenas tomar consciência de que está contido na sua própria psique e que nem mesmo em estado de demência poderá ultrapassar estes limites. Também deve reconhecer que a forma de manifestação de seu mundo ou de seus deuses depende, em grande parte, de sua própria constituição espiritual.

[766] Como já frisei anteriormente, a estrutura do espírito é responsável sobretudo por nossas afirmações a respeito de objetos metafísicos. Também ficamos sabendo que o intelecto não é um *ens per se* ou uma faculdade espiritual independente, mas uma função psíquica e, como tal, depende da psique como um todo. Um enunciado filosófico é o produto de uma determinada personalidade que vive em época bem determinada e num determinado lugar. Não é fruto de um processo puramente lógico e impessoal. Sob este aspecto, o enunciado filosófico é antes de tudo subjetivo. Que ele seja válido ou não subjetivamente depende do maior ou menor número de pessoas que pensem do mesmo modo. O isola-

mento do homem no interior de sua própria psique, como resultado da crítica da teoria do conhecimento, conduziu-o logicamente à crítica psicológica. Esta espécie de crítica não goza de muita aceitação entre os filósofos, porque estes consideram o intelecto filosófico como um instrumento da filosofia perfeito e livre de preconceitos. Entretanto, o intelecto é uma função que depende da psique individual e é determinado por condições subjetivas, para não mencionarmos as influências do meio ambiente. Na realidade, já nos habituamos de tal modo com esta concepção que o "espírito" perdeu seu caráter universal. Tornou-se uma grandeza mais ou menos humanizada, sem qualquer vestígio do aspecto cósmico ou metafísico de outrora, quando era considerado como *anima rationalis*. O espírito é considerado, hoje, como algo de subjetivo ou até mesmo arbitrário. Depois que ficou demonstrado que as ideias universais hipostasiadas de outrora eram princípios espirituais, passamos a compreender melhor que toda a nossa experiência da chamada realidade é psíquica: cada pensamento, cada sentimento e cada ato de percepção são formados de imagens psíquicas, e o mundo só existe na medida em que formos capazes de produzir sua imagem. Recebemos de tal modo a impressão profunda de nosso cativeiro e de nosso confinamento em nossa psique, que nos sentimos propensos a admitir na psique a existência de coisas que desconhecemos e a que denominamos "o inconsciente".

[767] A amplitude aparentemente universal e metafísica do espírito foi reduzida assim a um estreito círculo da consciência reflexa individual, a qual se acha profundamente marcada por sua subjetividade quase sem limites e pela tendência infantil e arcaica à projeção e à ilusão desenfreadas. Muitos pensadores científicos sacrificaram, inclusive, suas inclinações religiosas e filosóficas, receosos de cair num subjetivismo incontrolado. Para compensar a perda de um mundo que pulsava com o nosso sangue e respirava com o nosso sopro, alimentamos um entusiasmo pelos *fatos concretos*, por montanhas de fatos que o indivíduo jamais conseguirá abarcar com um só olhar. Afagamos a doce esperança de que este acúmulo aleatório venha um dia a formar um todo pleno de sentido. Mas ninguém tem certeza disto, porque nenhum cérebro humano é capaz de abranger a gigantesca soma final deste saber produzido em massa. Os fatos nos submergem e quem ousa especular deve pagar

por isto com uma consciência má – e não sem razão, pois não tarda a tropeçar nos fatos reais.

Para a psicologia ocidental, o espírito é uma função da psique. É a *mentalidade* de um indivíduo. Na esfera da filosofia ainda é possível encontrar um espírito universal e impessoal que parece representar um resquício da "alma" humana primitiva. Esta maneira de interpretar a concepção ocidental talvez pareça um tanto drástica, mas no meu entender não está muito distante da verdade. Em todo caso, é esta a impressão que temos, quando a comparamos com a *mentalidade oriental*. No Oriente, o espírito é um princípio cósmico, a existência do ser em geral, ao passo que no Ocidente chegamos à conclusão de que o espírito é a condição essencial para o conhecimento e, por isso, também para a existência do mundo enquanto representação e ideia. No Oriente não existe um conflito entre a ciência e a religião, porque a ciência não se baseia na paixão pelos fatos, do mesmo modo que a religião não se baseia apenas na fé. O que existe é um conhecimento religioso e uma religião cognoscitiva[2]. Entre nós, ocidentais, o homem é infinitamente pequeno, enquanto a graça de Deus é tudo. No Oriente, pelo contrário, o homem é deus e se salva por si próprio. Os deuses do budismo tibetano pertencem à esfera do ilusório suceder-se das coisas e às projeções produzidas pelo espírito, mas nem por isso deixam de ter existência; entre nós, porém, uma ilusão continuará sempre uma ilusão e, como tal, não é coisa alguma. É paradoxal, mas ao mesmo tempo verdadeiro, o fato de que, para nós, o pensamento não possui realidade em seu verdadeiro sentido. Nós o tratamos como se fosse nada. Embora o pensamento possa ser correto, só admitimos sua existência devido a determinados fatos expressos por ele. Podemos inventar certos objetos altamente destrutivos como, por exemplo, a bomba atômica, com a ajuda desses fantásticos produtos de um pensamento que não existe na realidade, pois achamos que é totalmente absurdo admitir-se seriamente a realidade do pensamento em si.

[768]

A "realidade psíquica" é um conceito discutível, da mesma forma que a "psique" ou o "espírito". Alguns consideram estes últimos como sendo a consciência de seus conteúdos, ao passo que outros admitem

[769]

---

2. Omito, de propósito, o Oriente modernizado.

a existência de imagens "obscuras" e "inconscientes". Uns incluem os instintos na esfera do psíquico, ao passo que outros os excluem daí. A grande maioria dos autores considera a alma como o resultado de processos bioquímicos ocorridos nas células cerebrais. Para poucos, na psique reside a causa da função das células corticais. Alguns identificam a "vida" com a psique. Mas só uma minoria inexpressiva considera o fenômeno psíquico como uma categoria do ser enquanto tal, tirando daí as consequências lógicas. Na verdade, é uma contradição considerar que a categoria do ser, uma das condições essenciais de todo o existente, ou seja, da psique, seja real apenas pela metade. Na verdade, o ser psíquico é a única categoria do ser da qual temos um conhecimento direto e imediato, pois nenhuma coisa pode ser conhecida sem apresentar-se como imagem psíquica. A existência psíquica é a única que pode ser demonstrada diretamente. Se o mundo não assume a forma de uma imagem psíquica, é praticamente como se não existisse. Este é um fato de que o Ocidente não se deu plenamente conta, com raras exceções como, por exemplo, a filosofia de Schopenhauer. Mas Schopenhauer, como se sabe, foi influenciado pelo budismo e pelos *Upanishads*.

[770]   Até mesmo um conhecimento superficial é suficiente para mostrar que existe uma diferença fundamental entre o Oriente e o Ocidente. O Oriente se baseia na realidade psíquica, isto é, na psique, enquanto condição única e fundamental da existência. A impressão que se tem é a de que este conhecimento é mais uma manifestação psicológica do que o resultado de um pensamento filosófico. Trata-se de um ponto de vista tipicamente introvertido, ao contrário do ponto de vista ocidental que é tipicamente extrovertido[3]. A introversão e a extroversão, como se sabe, são atitudes temperamentais ou mesmo constitucionais, que jamais são intencionalmente assumidas em situações normais. Excepcionalmente, elas podem ser desenvolvidas de modo premeditado, mas somente em condições muito especiais. A introversão é, se assim podemos nos exprimir, o estilo do Oriente, ou seja, uma atitude habitual e coletiva, ao passo que a extroversão é o estilo do Ocidente. Neste a introversão

---

3. Cf. *Psychologische Typen* (*Tipos psicológicos*) as definições de "extroversão" e "introversão" [OC, 6].

é encarada como uma anomalia, um caso patológico ou, de qualquer maneira, inadmissível. Freud identificou-a com uma atitude autoerótica do espírito. Ele sustenta a mesma posição negativa da filosofia nazista da Alemanha moderna[4], filosofia que considera a introversão como um delito grave contra o sentimento comunitário. No Oriente, pelo contrário, a extroversão, que cultivamos com tanto carinho, é considerada como um apetite ilusório e enganador, como existência no Samsâra, como o ser mais íntimo da cadeia dos nidanas que atinge seu ponto culminante na soma dos sofrimentos do mundo[5]. Quem experimentou, na prática, o mútuo rebaixamento dos valores entre introvertidos e extrovertidos dar-se-á bem conta do conflito emocional que existe entre o ponto de vista oriental e o ponto de vista ocidental. A discussão acirrada acerca dos *universalia*, que teve início com Platão, oferece um exemplo instrutivo para quem é versado na história da filosofia na Europa. Não quero examinar aqui todas as ramificações do conflito existente entre introvertidos e extrovertidos. Devo, porém, mencionar os aspectos religiosos do problema. O Ocidente cristão considera o homem inteiramente dependente da graça de Deus ou da Igreja, na sua qualidade de instrumento terreno exclusivo da obra da redenção sancionado por Deus. O Oriente, pelo contrário, sublinha o fato de que o homem é a única causa eficiente de sua própria evolução superior; o Oriente, com efeito, acredita na "autorredenção".

O ponto de vista religioso representa sempre a atitude psicológica e seus preconceitos específicos, mesmo para aquelas pessoas que esqueceram sua religião, ou que dela nunca ouviram falar. Em relação à psicologia, o Ocidente é cristão em todos os sentidos, apesar de tudo. O *anima naturaliter christiana* de Tertuliano vale para todo o Ocidente, não somente no sentido religioso, como ele pensava, mas também no sentido psicológico. A graça provém de uma outra fonte; de qualquer modo, ela vem de fora. Qualquer outra perspectiva é pura heresia. Assim compreende-se perfeitamente que a alma humana tenha complexos de inferioridade. Quem ousa pensar em uma relação entre a alma e a ideia de Deus é logo acusado de psicologismo ou suspeito de misticismo [771]

---

4. Este comentário foi redigido em 1939.
5. *Samyutta-nikâya* 12, *Nidâna-samyutta*.

doentio. O Oriente, pelo contrário, tolera compassivamente estes graus espirituais "inferiores" em que o homem se ocupa com o pecado devido à sua ignorância cega a respeito do *carma*, ou atormenta a sua imaginação com uma crença em deuses absolutos, os quais, se ele olhar um pouco mais profundamente, perceberá que não passam de véus ilusórios tecidos pelo seu próprio espírito. Por isso, a psique é o elemento mais importante, é o sopro que tudo penetra, ou seja, a natureza de Buda; é o espírito de Buda, o uno, o *Dharma-Kâya*. Toda vida jorra da psique e todas as suas diferentes formas de manifestação se reduzem a ela. É a condição psicológica prévia e fundamental que impregna o homem oriental em todas as fases de seu ser, determinando todos os seus pensamentos, ações e sentimentos, seja qual for a crença que professe.

[772] De modo análogo, o homem ocidental é cristão, independentemente da religião à qual pertença. Para ele, a criatura humana é algo de infinitamente pequeno, um quase nada. Acrescenta-se a isso o fato de que, como diz Kierkegaard, "o homem está sempre em falta diante de Deus". O homem procura conciliar os favores da grande potência mediante o temor, a penitência, as promessas, a submissão, a auto-humilhação, as boas obras e os louvores. A grande potência não é o homem, mas um *totaliter aliter*, o totalmente outro, absolutamente perfeito e exterior, a única realidade existente[6]. Se modificarmos um pouco a fórmula e em lugar de Deus colocarmos outra grandeza, como, por exemplo, o mundo, o dinheiro, teremos o quadro completo do homem ocidental zeloso, temente a Deus, piedoso, humilde, empreendedor, cobiçoso, ávido de acumular apaixonada e rapidamente toda espécie de bens deste mundo, tais como riqueza, saúde, conhecimentos, domínio técnico, prosperidade pública, bem-estar, poder político, conquistas etc. Quais são os grandes movimentos propulsores de nossa época? Justamente as tentativas de nos apoderarmos do dinheiro ou dos bens dos outros e de defendermos o que é nosso. A inteligência se ocupa principalmente em inventar "ismos" adequados para ocultar os seus verdadeiros motivos ou para conquistar o maior número possível de presas. Não pretendo descrever o que sucederia a um oriental se se esquecesse do ideal de Buda.

---

6. OTTO, R. *Das Heilige*, 1918, p. 28; cf. tb.: *Das Gefühl des Überweltlichen*, 1932, p. 212s.

Não quero colocar, assim, tão deslealmente, e para nossa vantagem, o preconceito ocidental. Mas não posso deixar de propor a questão de saber se seria possível ou mesmo conveniente para ambos os lados imitar o ponto de vista do outro. A diferença entre ambos é tão grande que não se vê uma possibilidade de imitá-los, e muito menos ainda a oportunidade de o fazer. Não se pode misturar fogo com água. A posição oriental idiotiza o homem ocidental, e vice-versa. Não se pode ser ao mesmo tempo um bom cristão e seu próprio redentor, do mesmo modo como não se pode ser ao mesmo tempo um budista e adorar a Deus. Muito mais lógico é admitir o conflito, pois se existe realmente uma solução, só pode tratar-se de uma solução irracional.

Por inevitável desígnio do destino, o homem ocidental tomou conhecimento da maneira de pensar do oriental. É inútil querer depreciar esta maneira de pensar ou construir pontes falsas ou enganadoras por sobre abismos. Em vez de aprender de cor as técnicas espirituais do Oriente e querer imitá-las, numa atitude forçada, de maneira cristã – *imitatio Christi* –, muito mais importante seria procurar ver se não existe no inconsciente uma tendência introvertida que se assemelhe ao princípio espiritual básico do Oriente. Aí, sim, estaríamos em condições de construir, com esperança, em nosso próprio terreno e com nossos próprios métodos. Se nos apropriarmos diretamente dessas coisas do Oriente, teremos de ceder nossa capacidade ocidental de conquista. E com isso estaríamos confirmando, mais uma vez, que "tudo o que é bom vem de fora", onde devemos buscá-lo e bombeá-lo para nossas almas estéreis[7]. A meu ver, teremos aprendido alguma coisa com o Oriente no dia em que entendermos que nossa alma possui em si riquezas suficientes que nos dispensam de fecundá-la com elementos tomados de fora, e em que nos sentirmos capazes de desenvolver-nos por nossos próprios meios, com ou sem a graça de Deus. Mas não poderemos entregar-nos a esta tarefa ambiciosa sem antes aprender a agir sem arrogância espiritual e sem uma segurança blasfema. A atitude oriental fere os valores especificamente cristãos e não adianta ignorar estas coisas. Se quisermos que

[773]

---

7. "Quem não possui Deus desta maneira, mas tem necessidade de buscá-lo todo fora... não possui Deus de maneira nenhuma, e então é fácil que algo o perturbe". *Meister Eckeharts Schriften und Predigten.* Organizado por H. Büttner, 1909, II, p. 8.

nossa atitude seja honesta, isto é, radicada em nossa própria história, é preciso apropriarmo-nos desta atitude, com plena consciência dos valores cristãos e conscientes do conflito que existe entre estes valores e a atitude introvertida do Oriente. É a partir de dentro que devemos atingir os valores orientais e procurá-los dentro de nós mesmos, e não a partir de fora. Devemos procurá-los em nós próprios, em nosso inconsciente. Aí, então, descobriremos quão grande é o temor que temos do inconsciente e como são violentas as nossas resistências. É justamente por causa destas resistências que pomos em dúvida aquilo que para o Oriente parece tão claro, ou seja, a capacidade de autolibertação própria da mentalidade introvertida.

[774] Este aspecto do espírito é, por assim dizer, desconhecido no Ocidente, embora seja o componente mais importante do inconsciente. Muitas pessoas negam de todo a existência do inconsciente ou afirmam que este é constituído apenas pelos instintos ou por conteúdos recalcados ou esquecidos, que antes formavam parte da consciência. Podemos admitir com toda a tranquilidade que a expressão oriental correspondente ao termo "mind" se aproxima bastante do nosso "inconsciente", ao passo que o termo "espírito" é mais ou menos idêntico à consciência reflexa. Para nós, ocidentais, a consciência reflexa é impensável sem um eu. Ela se equipara à relação dos conteúdos com o eu. Se não existe o eu, estará faltando alguém que possa se tornar consciente de alguma coisa. O eu, portanto, é indispensável para o processo de conscientização. O espírito oriental, pelo contrário, não sente dificuldade em conceber uma consciência sem o eu. Admite que a existência é capaz de estender-se além do estágio do eu. O eu chega mesmo a desaparecer neste estado "superior". Semelhante estado espiritual permaneceria inconsciente para nós, pois simplesmente não haveria uma testemunha que o presenciasse. Não ponho em dúvida a existência de estados espirituais que transcendam a consciência. Mas a consciência reflexa diminui de intensidade à medida em que o referido estado a ultrapassa. Não consigo imaginar um estado espiritual que não se ache relacionado com um sujeito, isto é, com um eu. O seu poder não pode subtrair-se ao eu. O eu, por exemplo, não pode ser privado do seu sentimento corporal. Pelo contrário, enquanto houver capacidade de percepção, deverá haver alguém presente que seja o sujeito da percepção. É só de forma mediana e indireta que tomamos

consciência de que existe um inconsciente. Entre os doentes mentais podemos observar manifestações de fragmentos do inconsciente pessoal que se desligaram da consciência reflexa do paciente. Mas não temos prova alguma de que os conteúdos inconscientes se achem em relação com um centro inconsciente, análogo ao eu. Antes, pelo contrário, existem bons motivos que nos fazem ver que um tal estado nem sequer é provável.

[775] O fato de o Oriente colocar de lado o eu com tanta facilidade parece indicar a existência de um pensamento que não podemos identificar com o nosso "espírito". No Oriente, o eu desempenha certamente um papel menos egocêntrico que entre nós; seus conteúdos parecem estar relacionados com um sujeito apenas frouxamente, e os estados que pressupõem um eu debilitado parecem ser os mais importantes. A impressão que se tem, igualmente, é de que a hatha-ioga serve, antes de tudo, para extinguir o eu pelo domínio de seus impulsos não domesticados. Não há a menor dúvida de que as formas superiores da ioga, ao procurar atingir o samâdhi, têm como finalidade alcançar um estado espiritual em que o eu se ache praticamente dissolvido. A consciência reflexa, no sentido empregado por nós, é considerada como algo inferior, isto é, como um estado de avidyâ (ignorância), ao passo que aquilo a que denominamos de "pano de fundo obscuro da consciência reflexa" é entendido, no Oriente, como consciência reflexa "superior"[8]. O nosso conceito de "inconsciente coletivo" seria, portanto, o equivalente europeu do buddhi, o espírito iluminado.

[776] Destas considerações podemos concluir que a forma oriental da "sublimação" consiste em retirar o centro de gravidade psíquico da consciência do eu, que ocupa uma posição intermédia entre o corpo e os processos ideais da psique. As camadas semifisiológicas inferiores da psique são dominadas pela prática da ascese, isto é, pela "exercitação", e, assim, mantidas sob controle. Não são negadas ou reprimidas diretamente por um esforço supremo da vontade, como acontece comumente no pro-

---

8. A psicologia do Ocidente não classifica os conteúdos desta maneira, isto é, como julgamentos da consciência que distinguem entre a ideia de "superior" e de "inferior". Parece que o Oriente reconhece a existência de condições psíquicas subumanas, uma verdadeira "subconsciência" que compreende os instintos e os psiquismos semifisiológicos, mas é classificada de "consciência superior".

cesso de sublimação ocidental. Pelo contrário, poder-se-ia mesmo dizer que as camadas psíquicas inferiores são ajustadas e configuradas pela prática paciente da hatha-ioga, até chegarem ao ponto de não perturbarem mais o desenvolvimento da consciência "superior". Este processo singular parece ser estimulado pela circunstância de que o eu e seus apetites são represados pelo fato de o Oriente atribuir maior importância ao "fator subjetivo"[9]. A atitude introvertida caracteriza-se, em geral, pelos dados *a priori* da apercepção. Como se sabe, a apercepção é constituída de duas fases: a primeira é a apreensão do objeto, e a segunda a assimilação da apreensão à imagem previamente existente ou ao conceito mediante o qual o objeto é "compreendido". A psique não é uma não entidade, desprovida de qualquer qualidade. A psique constitui um sistema definido, consistente de determinadas condições e que reage de maneira específica. Qualquer representação nova, seja ela uma apreensão ou uma ideia espontânea, desperta associações que derivam do tesouro da memória. Estas se projetam imediatamente na consciência e produzem a imagem complexa de uma impressão, embora este fato já constitua, em si, uma espécie de interpretação. Designa a disposição inconsciente, da qual depende a qualidade da impressão, que designo pelo nome de "fator subjetivo". Este merece o qualificativo de "subjetivo" porque é quase impossível que uma primeira impressão seja objetiva. Em geral é preciso antes um processo cansativo de verificação, análise e comparação, para que se possa moderar e ajustar as reações imediatas do fator subjetivo.

[777] Apesar da propensão da atitude extrovertida a designar o fator subjetivo como "apenas subjetivo", a proeminência atribuída a este fator não indica, necessariamente, um subjetivismo de caráter pessoal. A psique e sua natureza são bastante reais. Como já assinalei, elas convertem até mesmo os objetos materiais em imagens psíquicas. Não captam as ondas sonoras em si, mas o tom: não captam os comprimentos das ondas luminosas, mas as cores. O ser é tal qual o vemos e entendemos. Existe um número infinito de coisas que podem ser vistas, sentidas e entendidas das mais diversas maneiras. Abstração feita dos preconceitos puramente pessoais, a psique assimila fatos exteriores de maneira própria que, em

---

9. *Tipos psicológicos*, 2011 [OC, 6, p. 406s.].

última análise, baseia-se nas leis ou formas fundamentais da apercepção. Estas formas não sofrem alteração, embora recebam designações diferentes em épocas diferentes ou em partes diferentes do mundo. Em nível primitivo, o homem teme os magos e feiticeiros. Modernamente, observamos os micróbios com igual medo. No primeiro caso, todos acreditam em espíritos; no segundo, acredita-se em vitaminas. Antigamente, as pessoas eram possuídas do demônio; hoje elas o são, e não menos, por ideias etc.

O fator subjetivo é constituído, em última análise, pelas formas eternas da atividade psíquica. Por isto, todo aquele que confia no fator subjetivo está se apoiando na realidade dos pressupostos psíquicos. Se agindo assim ele consegue estender a sua consciência para baixo, de sorte a poder tocar as leis fundamentais da vida psíquica, estará em condições de entrar na posse da verdade que promana naturalmente da psique, se esta não for, então, perturbada pelo *mundo exterior* não psíquico. Em qualquer caso, esta verdade compensará a soma dos conhecimentos que podem ser adquiridos através da pesquisa do mundo exterior. Nós, do Ocidente, acreditamos que uma verdade só é convincente quando pode ser constatada através de fatos externos. Acreditamos na observação e na pesquisa o mais exatas possíveis da natureza. Nossa verdade deve concordar com o comportamento do mundo exterior, pois, do contrário, esta verdade será meramente subjetiva. Da mesma forma que o Oriente desvia o olhar da dança da prakrti (*physis*, natureza) e das múltiplas formas aparentes da mâyâ, assim também o Ocidente tem medo do inconsciente e de suas fantasias vãs. O Oriente, no entanto, sabe muito bem haver-se com o mundo, apesar de sua atitude introvertida; o Ocidente também sabe agir com a psique e suas exigências, apesar de sua extroversão. Ele possui uma instituição, a Igreja, que confere expressão à psique humana, mediante seus ritos e dogmas. As ciências naturais e a técnica não são também, de modo algum, invenções puramente ocidentais. Seus equivalentes orientais parecem um pouco fora de moda ou mesmo primitivos, mas o que temos para apresentar no tocante ao conhecimento espiritual e à técnica psicológica deve parecer tão atrasado, comparado à *ioga*, como a astrologia e a medicina orientais, comparadas às ciências do Ocidente. Não quero negar a eficácia da Igreja cristã, mas

[778]

se compararmos os *Exercícios* de Inácio de Loyola com a ioga compreende-se o que quero dizer. Existe uma diferença, e uma diferença muito grande. Passar diretamente deste nível para a ioga oriental é tão inoportuno quanto a súbita transformação dos asiáticos em europeus pela metade. Os benefícios da civilização ocidental parecem-me duvidosos, e semelhante reparo tenho a fazer também quanto à adoção da mentalidade oriental por parte do Ocidente. Mas estes mundos antitéticos se defrontaram um com o outro. O Oriente está em pleno processo de transformação; foi seriamente perturbado, e de modo mais profundo e prenhe de consequências. Até mesmo os métodos mais eficazes da arte bélica europeia foram imitados, com sucesso, pelo Oriente. Quanto a nós, a dificuldade parece mais de ordem psicológica. Nossa fatalidade são as ideologias, que correspondem ao anticristo há tanto tempo esperado. O nacional-socialismo (nazismo) se assemelha tanto a um movimento religioso quanto qualquer outro movimento a partir de 622 d.C. O comunismo tem a pretensão de instaurar o paraíso na terra. Estamos, de fato, mais protegidos contra as más colheitas e epidemias do que contra nossa miserável inferioridade espiritual, que parece oferecer tão pouca resistência às epidemias psíquicas.

[779] O Ocidente é também extrovertido em sua atitude religiosa. Hoje em dia soa como uma ofensa afirmar que o cristianismo possui um caráter hostil ou pelo menos uma atitude de indiferença em relação ao mundo e suas alegrias. Pelo contrário, o bom cristão é um cidadão jovial, um homem de negócios empreendedor, um excelente soldado, o melhor em todas as profissões. Os bens profanos são considerados, muitas vezes, como recompensa especial do comportamento cristão, e o adjetivo ἐπιούσιος, *supersubstantialis*[10] do Pai-nosso, que se referia ao pão, foi abandonado há muito tempo, pois o pão real é, evidentemente, muito mais importante. Nada mais lógico, portanto, que uma extroversão tão ampla não pudesse conceder ao homem uma alma que encerrasse em si algo que não proviesse exteriormente do conhecimento humano ou que não fosse produzido pela graça divina. Sob este ponto de vista, a

---

10. O termo *substantialis* não corresponde ao verdadeiro (correto) sentido de ἐπιούσιος, como mostraram pesquisas posteriores.

afirmação de que o homem traz em si a possibilidade da autorredenção é uma blasfêmia manifesta. Em nossa religião não há nada que apoie a ideia de uma força de autolibertação do espírito. Existe, entretanto, uma forma bastante moderna de psicologia – a psicologia dita analítica ou complexa – segundo a qual há a possibilidade de que, no inconsciente, ocorram determinados processos que compensam, com o seu simbolismo, as deficiências e os desnorteamentos da atitude consciente. Quando as compensações inconscientes se tornam conscientes por meio da técnica analítica, provocam uma mudança tão grande na atitude consciente, que podemos falar de um novo nível de consciência. Mas o método em si não é capaz de produzir o processo propriamente dito da compensação inconsciente. Este depende inteiramente da psique inconsciente ou da "graça divina" – o nome pouco importa. Mas o processo inconsciente em si quase nunca atinge a consciência, sem a ajuda da técnica. Quando é trazido à tona, revela conteúdos que formam um contraste notável com a orientação geral das ideias e dos sentimentos conscientes. Se assim não fosse, tais conteúdos não teriam efeito compensatório. Mas o primeiro resultado, em geral, é um conflito, pois a atitude consciente opõe resistência à penetração de tendências aparentemente incompatíveis e estranhas. É nas esquizofrenias onde se veem os exemplos mais espantosos de semelhantes intrusões de conteúdos totalmente estranhos e inaceitáveis. Nestes casos, trata-se, naturalmente, de deformações e aberrações patológicas, e com o simples conhecimento do material moral é possível constatar a semelhança do esquema que está na base desses fenômenos. Aliás, são nossas próprias imagens que podem ser encontradas na mitologia e em outras formas arcaicas de pensamento.

[780] Em circunstâncias normais, qualquer conflito impele a psique a agir no sentido de chegar a uma solução mais satisfatória. Por via de regra – vale dizer: no Ocidente – o ponto de vista consciente é que decide arbitrariamente contra o inconsciente, porque tudo quanto procede do interior do homem é, por preconceito, considerado como algo de inferior ou não inteiramente correto. Mas nos casos aqui mencionados todos os estudiosos são concordes em admitir que os conteúdos aparentemente incompatíveis e ininteligíveis não devem ser recalcados de novo, e que é preciso também aceitar e suportar o conflito. Em um primeiro momen-

to, parece impossível qualquer solução, e este fato deve ser suportado com paciência. A estase assim verificada "constela" o inconsciente – ou, em outras palavras, o protelamento consciente provoca uma nova reação compensatória no inconsciente. Esta reação, que se manifesta geralmente nos sonhos, é levada, então, ao plano da realização consciente. A consciência se vê, deste modo, confrontada com um novo aspecto da psique, e isto suscita um novo problema, ou modifica inesperadamente os dados do problema já existente. Este modo de proceder dura até o momento em que o conflito original é resolvido de maneira satisfatória. Todo este processo é chamado de "função transcendente"[11]. Trata-se, ao mesmo tempo, de um processo e de um método. A produção de compensações inconscientes é um *processo* espontâneo, ao passo que a realização consciente é um *método*. A função é chamada "transcendente" porque favorece a passagem de uma constituição psíquica para outra, mediante a mútua confrontação dos opostos.

[781] Esta é uma descrição bastante esquemática da função transcendente. Para os detalhes, devo remeter o leitor à bibliografia das notas de rodapé. Mas não pude deixar de chamar a atenção para estas observações e para estes motivos de ordem psicológica, porque eles nos indicam o caminho de acesso àquele espírito com o qual nosso texto se relaciona. Trata-se do espírito gerador de imagens da matriz de todas aquelas formas fundamentais que conferem à apercepção o seu caráter próprio. Estas formas são exclusivas da psique inconsciente. Estas constituem seus elementos estruturais e só elas podem explicar por que é que certos motivos mitológicos surgem com maior ou menor frequência por toda parte, mesmo onde a migração é improvável como via de transmissão. Os sonhos, os fantasmas e as psicoses produzem imagens que se identificam aparentemente, em todos os aspectos, com os motivos mitológicos de que as pessoas implicadas não tinham conhecimento algum, mesmo indiretamente, graças a expressões de uso corrente ou por meio da linguagem simbólica da Bíblia[12]. Não há dúvida de que tanto a psicopatologia da

---

11. Cf. as definições em *Tipos psicológicos* [OC, 6], no verbete "símbolo".

12. Muitas pessoas acham que estas afirmações não merecem crédito; mas, ou não conhecem a psicologia do homem primitivo, ou nada sabem a respeito dos resultados das pesquisas psicológicas. Em minha obra *Symbole der Wandlung* (*Símbolos da transformação*), encontram-se

esquizofrenia quanto a psicologia do inconsciente revelam a presença de material arcaico. Seja qual for a estrutura do inconsciente, uma coisa é inteiramente certa: ele contém um número determinado de motivos ou formas de caráter arcaico que, no fundo, identificam-se com as ideias fundamentais da mitologia e formas análogas de pensamento.

Pelo fato do inconsciente ser a matriz espiritual, ele traz consigo a marca indelével do criador. É o lugar onde se dá o nascimento das formas de pensamento, como o é também o espírito universal, sob o ponto de vista do nosso texto. Como não podemos atribuir uma forma definida ao inconsciente, a afirmação oriental segundo a qual o espírito universal não tem forma, é *arupaloka*, mesmo sendo o lugar de origem de todas as formas, parece justificar-se sob o ponto de vista psicológico. Como as formas do inconsciente não estão ligadas a nenhuma época determinada e, por isso, parecem eternas, causam-nos a impressão singular e única de intemporalidade quando se realizam no plano da consciência. Podemos constatar a mesma coisa na psicologia do primitivo: a palavra australiana *altjira*[13], por exemplo, significa, ao mesmo tempo, "sonho", "país dos espíritos" e "tempo" no qual os seus antepassados vivem e continuarão a viver. É, segundo dizem, o "tempo em que não havia tempo". Isto nos parece uma concretização e projeção manifestas do inconsciente, com todas as suas características – suas manifestações oníricas, suas formas originais de pensamento e sua intemporalidade.

[782]

Por isso é que uma atitude introvertida, na qual a tônica recai no fator subjetivo (o pano de fundo da consciência) e não no mundo exterior (o mundo da consciência), provoca necessariamente as manifestações características do inconsciente, ou seja, as formas arcaicas de pensamento impregnadas de sentimentos "ancestrais" ou "históricos", e também do sentimento de indeterminação, de intemporalidade e de unidade. O sentimento peculiar de *unidade é* uma experiência típica que ocorre em todas as formas de misticismo e é provável que provenha da conta-

[783]

---

observações específicas, como também em *Psychologie und Alchemie* (Psicologia e alquimia), e ainda em NELKEN, J. *Analytische Beobachtungen über Phantasien eines Schizophrenen*, 1912, p. 504s. • SPIELREIN, S. *Über den psychologischen Inhalt eines Falles von Schizophrenie*, 1912, p. 329s. • MEIER, C.A. *Spontanmanifestationen des kollektiven Unbewussten*.
13. LÉVY-BRUHL, L. *La Mythologie primitive*, 1935, p. 23s.

minação geral dos conteúdos que se fortalecem com a debilitação da consciência reflexa (*abaissement du niveau mental*). A mistura quase sem limites das imagens nos sonhos e também nos produtos dos enfermos mentais nos atesta sua origem inconsciente. Ao contrário da distinção e da diferença bem claras das formas no plano da consciência, os conteúdos inconscientes são extremamente indeterminados e é por isso que podem misturar-se com facilidade. Se começássemos a imaginar um estado em que nada fosse claro, certamente perceberíamos o todo como uno. Por isso não é muito improvável que a sensação singular de unidade do conhecimento subliminar do complexo universal derive do inconsciente.

[784]   Graças à função transcendente temos não só acesso ao "espírito uno", como aprendemos igualmente a entender as razões pelas quais o Oriente acredita na possibilidade da autolibertação. Parece-me justo falar-se em "autolibertação" se se consegue modificar o estado psíquico mediante a introspecção e a realização consciente das compensações inconscientes e, assim, chegar à solução dos conflitos dolorosos. Mas, como já indiquei acima, não é tão fácil realizar a ambiciosa pretensão de autolibertação, pois as compensações inconscientes não podem ser provocadas voluntariamente; talvez seja preciso esperar que elas sejam produzidas. Também não se pode mudar o caráter peculiar da compensação: *est aut non est* – ela é ou simplesmente não é. É estranho que a filosofia oriental parece não ter prestado atenção a este fator de suma importância. E é precisamente tal fato que justifica psicologicamente o ponto de vista ocidental. Parece que a psique ocidental tem um conhecimento intuitivo da dependência do homem em relação a um poder obscuro que deve cooperar para que tudo corra bem. Onde e quando o inconsciente não coopera, o homem se vê embaraçado até mesmo em suas atitudes costumeiras. Em tal situação pode tratar-se de uma falha da memória, da ação ou do interesse coordenados, e da concentração; e esta falha pode dar origem a inconvenientes sérios ou eventualmente também a um acidente fatal que pode levar à ruína tanto profissional como moral. Antigamente, em tais casos, os homens diziam que os deuses haviam sido inclementes; hoje falamos de neurose. Sua causa, nós a procuramos na falta de vitaminas, nos distúrbios glandulares ou sexuais, ou no excesso de trabalho. Se cessa de repente a cooperação do incons-

ciente, o que jamais consideramos como inteiramente natural, então se trata de uma situação gravíssima.

[785] Comparativamente a outras raças – como, por exemplo, a chinesa –, parece que o ponto fraco do europeu é o equilíbrio espiritual ou – para dizê-lo grosseiramente – o cérebro. É compreensível que queiramos distanciar-nos o máximo possível de nossas fraquezas, fato este que explica aquela espécie de extroversão com que se procura dominar o meio ambiente. A extroversão caminha paralelamente à desconfiança em relação ao homem interior, quando, de alguma forma, não nos damos conta dela. Além disso, todos nós tendemos a subestimar aquilo que tememos. Nossa convicção absoluta de que "nihil est in intellectu quod non antea fuerit in sensu" – de que no intelecto não se encontra nada que não tenha sido apreendido, primeiramente, pelos sentidos, que constitui a divisa da extroversão ocidental –, deve ter um fundamento semelhante. Mas, como frisamos anteriormente, esta extroversão se justifica psicologicamente pela razão essencial de que a compensação inconsciente escapa ao controle humano. Sei que a ioga se orgulha de poder controlar até mesmo os processos inconscientes, de sorte que nada há na psique que não seja dirigido por uma consciência suprema. Não duvido, absolutamente, de que um tal estado seja mais ou menos possível, mas só com uma condição: de que o indivíduo se identifique com o inconsciente. Esta identidade é o equivalente oriental de nossa idolatria ocidental da objetividade absoluta, da orientação maquinal para um determinado fim, para uma ideia ou objeto, mesmo com o risco de perder todo o vestígio de vida interior. Do ponto de vista oriental esta objetividade é apavorante, é sinônimo da identidade completa com o samsâra; para o Ocidente, pelo contrário, o samâdhi outra coisa não é senão um estado onírico sem importância. No Oriente o homem interior sempre exerceu sobre o homem exterior um poder de tal natureza que o mundo nunca teve oportunidade de separá-lo de suas raízes profundas. No Ocidente, pelo contrário, o homem exterior sempre esteve de tal modo no primeiro plano, que se alienou de sua essência mais íntima. O espírito único, a unidade, a indeterminação e a eternidade se achavam sempre unidas no Deus uno. O homem tornou-se pequeno, um nada, e fundamentalmente sempre num estado de má consciência.

[786]   Creio que através de minha exposição tornou-se claro que estes dois pontos de vista, embora se contradigam mutuamente, têm um fundamento psicológico. Ambos são unilaterais, porque não levam em conta os fatores que não se ajustam à sua atitude típica. O primeiro subestima o mundo da consciência reflexa; o segundo, o mundo do espírito uno. O resultado é que ambos, com sua atitude extrema, perdem metade do universo; sua vida se acha separada da realidade total, tornando-se facilmente artificial e desumana. O Ocidente tem a mania da "objetividade", seja a atitude ascética do cientista ou a atitude do corretor de Bolsa que esbanja a beleza e a universalidade da vida em troca de um objetivo mais ou menos ideal. No Oriente o que se procura é a sabedoria, a paz, o desprendimento e imobilidade de uma psique que foi conduzida de volta às suas origens obscuras, e deixou para trás todas as preocupações e alegrias da vida, tal como ela é e provavelmente será. Não é de admirar que esta unilateralidade, em ambos os lados, assuma formas muito semelhantes às do monaquismo. É ela que garante ao eremita, ao homem santo, ao monge ou ao cientista uma concentração tranquila e sem distúrbios sobre um determinado objetivo. Nada tenho a objetar contra semelhante unilateralidade. É evidente que o homem, o grande experimento da natureza ou seu próprio grande experimento, acha-se autorizado a semelhantes empreendimentos, se for capaz de os suportar. Sem unilateralidade, o espírito humano não poderia desenvolver-se em seu caráter diferenciado. Mas creio que não faz mal tentarmos compreender ambos os lados.

[787]   A tendência extrovertida do Ocidente e a tendência introvertida do Oriente possuem um objetivo comum muito importante: ambos fazem esforços desesperados por vencer aquilo que a vida tem de natural. É a afirmação do espírito sobre a matéria, o *opus contra naturam*, indício da juventude do homem, que se delicia toda a sua vida a usar da mais poderosa das armas jamais inventadas pela natureza: o espírito consciente. O entardecer da humanidade, que se situa ainda num futuro longínquo, pode suscitar um ideal diferente. Com o passar do tempo talvez nem sequer se sonhe mais com conquistas.

PARTE IV

Terapia e cura

Terapia e cura
Introdução

Capítulo 13: "Os objetivos da psicoterapia" (1931)
(De "Problemas gerais da psicoterapia". OC 16/1, § 66-113)

Ao longo de toda a sua carreira Jung afirmava não ser um "junguiano" no sentido de estar confinado estritamente ao seu próprio método ou ponto de vista terapêuticos. Aqui ele diz: "Sinto a necessidade de visualizá-las em conjunto, toda vez que as opiniões sobre um mesmo assunto se diversificam muito" e "nunca consegui deixar de reconhecer [...] a validade das opiniões divergentes" (§ 66). Jung é filosófico a respeito da "pluralidade de opiniões aparentemente contraditórias" (§ 71) e não as considera uma ameaça à coerência no campo da psicoterapia. Ele argumenta que a psique é complexa e multifacetada e "tais opiniões não poderiam ter surgido, nem arrebanhado um séquito de adeptos, se não correspondessem a uma certa [...] realidade psíquica fundamental mais ou menos generalizada" (§ 66). "Se excluíssemos sumariamente qualquer uma dessas opiniões, taxando-a de errônea, [...] a estaríamos encarando com equívoco, o que seria violentar o nosso próprio material de experiência" (§ 66). É estranho, portanto, que a psicologia junguiana tenha sido acusada pelos críticos de ser altamente especializada e esotérica, dada a abertura do próprio Jung a outras opiniões. Andrew Samuels afirmou em diversos lugares, inclusive em *The Plural Psyche* (*A psique plural*), que a terapia junguiana é intrinsecamente diversa e acomodatícia[1].

---

1. SAMUELS, Andrew. *The Plural Psyche.* Londres/Nova York: Routledge, 1989.

Jung afirma que o objetivo de sua terapia difere do objetivo de Freud ou de Adler, visto que eles procuram tornar "normal" o paciente através do tratamento de um princípio de prazer (Freud) ou impulso de poder (Adler) desordenados. Jung está menos interessado em ajustar o paciente à sociedade do que em ajudá-lo a conectar-se com sua vida interior. Os interesses de Jung são introvertidos e, em sua opinião, a neurose surge porque a mente consciente perdeu a relação com o inconsciente. Ele afirma que Freud e Adler são úteis para pacientes jovens, mas menos úteis para "pessoas de mais de quarenta anos". Muitos de seus pacientes são de idade madura e adaptados à sociedade; eles são "muitas vezes altamente capacitados, para os quais a normalização não tem o menor sentido" (§ 84). Seu problema não é como ajustar-se à estrutura social, mas como superar a "falta de sentido e conteúdo de suas vidas" (§ 83). Nestes casos, a terapia deverá "muito mais desenvolver os germes criativos existentes dentro do paciente do que propriamente tratá-lo" (§ 82). O objetivo deste tipo de terapia não é a normalização, mas a individuação.

Nesses casos, o método deve ser receptivo aos aspectos perdidos ou ocultos do paciente e conduzido num espírito de busca. Demasiada técnica pode atrapalhar a terapia, afirma Jung, e o terapeuta precisa adotar uma posição de humildade ou "não saber". O objetivo da terapia é *extrair* o que está dentro do paciente, não impor um novo conjunto de requisitos externos. "Educação" deriva do latim *educere*, que significa "extrair", e o que Jung propõe para a terapia é uma educação do coração e da vida interior. Jung revela-se o antipsiquiatra original, o médico que cura porque não sabe de antemão qual é o problema. O elemento-chave não é o conhecimento do terapeuta ou um sistema profissional de respostas, mas a atitude de humildade perante a vida interior. A terapia ocorre quando o terapeuta fica pasmado, e até perturbado, diante da neurose do paciente. A neurose é o resultado de uma unilateralidade existente no paciente e o objetivo consiste em encontrar as peças faltantes que possam restabelecer a saúde da psique.

O cliente maduro, escreve Jung, precisa descobrir uma perspectiva espiritual, mesmo que anteriormente tenha rejeitado a religião. Por "espiritualidade" Jung entende uma receptividade ao mistério da vida e ao mundo interior. É por uma nova receptividade que se permite às partes perdidas da personalidade voltarem à esfera consciente. "O que viso", declara ele, "é produzir algo de eficaz, é produzir um estado psíquico, em que meu paciente comece a fazer experiências com seu ser, um ser em que nada mais é definitivo nem irremediavelmente petrificado; é produzir um estado de fluidez, de transformação e de vir a ser" (§ 99). "A causa de muitas neuroses está principalmente no fato de as necessidades religiosas da alma não serem mais levadas a sério devido à paixão infantil do entendimento racional" (§ 99). Jung deixa claro aqui e em outros lugares que ele não está defendendo a adesão a uma religião formal, mas ressaltando a necessidade de uma "atitude religiosa", que deve ser distinguida de "dogmas e credos" (§ 99).

Para Jung a tarefa da terapia é uma tarefa de reconstruir a personalidade de acordo com impulsos e sinais que surgem da psique. Os mais importantes entre eles são os sonhos e as fantasias, que para ele são mensagens inteligentes provindas do inconsciente, que orientam a pessoa para uma melhor apreensão da totalidade psíquica. No entanto, estas expressões brotam de uma fonte profunda que é difícil de esquadrinhar. Jung admite que muitas vezes ele não consegue discernir o que um sonho significa e que não tem uma teoria abrangente ou sistemática dos símbolos. Ele diz que o objetivo não é interpretar de maneira restrita ou racional, mas tomar o sonho e refletir sobre ele. "Quase sempre dá bons resultados fazer uma meditação verdadeira e profunda sobre o sonho, isto é, quando o carregamos dentro de nós por muito tempo" (§ 86). Não devemos esperar que o sonho se preste a ser traduzido numa linguagem puramente conceitual; de preferência, precisamos aproximar-nos do sonho como se fôssemos a uma praia estranha, deixando para trás algo que nos é familiar.

Jung estimula seus clientes a pintar seus sonhos e fantasias, mesmo que não sejam dotados de talento artístico. Ele os convida a pintar, desenhar, esculpir e escrever as imagens que surgem do inconsciente; e este capítulo oferece conselhos práticos sobre o uso da obra de arte em contextos terapêuticos. Jung usou amplamente a pintura e a escultura em seu trabalho terapêutico independente e diversas de suas obras admiráveis brilhantemente coloridas podem ser encontradas no *Livro*

Vermelho[2]. No entanto, Jung adverte seus clientes e leitores sobre os perigos do esteticismo – examinando estas obras puramente em termos artísticos e esquecendo sua intenção terapêutica. Ele pensa que não deveríamos prender-nos demais a questões estéticas, técnica, estilos e tendências. Deveríamos permitir ao inconsciente a maior liberdade possível e isto muitas vezes significa que estas obras são primitivas ou infantis. Para ele, a função expressiva da arte é mais importante do que considerações formais.

Para Jung, o objetivo do trabalho com os sonhos consiste em dirigir-se à alma e sentir as exigências não racionais que ela nos impõe, não em alimentar o eu com novas intuições sobre como ele pode continuar seu curso atual. O sonho pode procurar subverter o eu e transcender sua orientação unilateral. Assim o trabalho com os sonhos não deve ser considerado confortante ou consolador, mas deve ser visto como a tentativa da psique de providenciar ao indivíduo uma crítica construtiva. Jung está convencido de que as fontes da patologia estão não tanto no inconsciente, mas no eu e suas rigidezes. A terapia deve ser vista como potencialmente capaz de provocar profundos distúrbios, já que aquilo que a pessoa chegou a considerar como evidente e natural é desconstruído pelo processo terapêutico. O objetivo da terapia é deslindar a postura habitual do eu e abri-lo a uma série de possibilidades e significados. Em particular, Jung se dá ao trabalho de questionar a perspectiva personalística do eu, ou seja, a noção de que a psique no seu entender é uma construção pessoal. A cura envolve muitas vezes a aceitação das forças transpessoais na psique e a adoção de uma atitude humilde para com esta diversidade. Somos curados quando nos vemos sob uma nova luz, não mais confinados ao eu, mas conectados com o ancestral, com o arquetípico e com o outro.

Capítulo 14: "Sincronicidade" (1951)
(De *A dinâmica do inconsciente*. OC 8/3, § 959-987)

Falando da conexão, passamos para o conceito de sincronicidade. Jung cunhou o termo na década de 1950 e com este termo ele entendia

---

2. JUNG. *O Livro Vermelho: Liber novus*. Ed. por Sonu Shamdasani. Petrópolis: Vozes, 2010.

"um princípio de conexões acausais" que ligava a psique ao mundo. O pensamento de Jung estivera se movendo nesta direção por algum tempo, já que ele havia observado o que chamou de "coincidências significativas" entre a psique e o mundo. O biólogo e neovitalista Hans Dreisch já havia postulado a noção de *psicoide*, um ponto teórico onde mente e matéria, ou espírito e natureza, se encontram. Jung havia suspeitado que havia um elo entre o mundo interior e o mundo exterior, mas por décadas lhe faltava o conhecimento científico para ser capaz de explorar esta possibilidade. Foram as conversações de Jung com Albert Einstein que acenderam seu interesse pelo conceito da sincronicidade. Como ele escreveu numa carta a Carl Seelig:

> Foi Einstein que me deu o primeiro impulso para pensar numa possível relatividade do tempo e espaço e de seu condicionamento psicológico. Mais de 30 anos depois desenvolveu-se, a partir desse impulso, minha relação com o físico e professor W. Pauli e minha tese da sincronicidade psíquica[3].

Existiu, na história intelectual recente, a tendência de relegar Jung às artes e humanidades, mas na teoria da sincronicidade ele mostra estar na vanguarda das noções científicas sobre tempo e relatividade. Em seu livro *Synchronicity: Nature and Psyche in an Interconnected Universe* (*Sincronicidade: Natureza e psique num universo interconectado*), o cientista e analista Joseph Cambray tenta devolver Jung à tradição científica no estudo do tempo e do espaço[4]. Se Einstein explorou a relatividade do tempo e espaço físicos e, nesse empreendimento, revolucionou a ciência, Jung explorou a relatividade do tempo e espaço psíquicos e, no entanto, poucos o levaram a sério neste esforço. A teoria da sincronicidade de Jung foi considerada vaga, obscura, mística e, no entanto, comprovadamente a teoria da relatividade de Einstein não é menos "mística". As investigações de Jung sobre a sincronicidade foram muitas vezes descartadas como especulativas e, no entanto, o físico Wolfgang Pauli, ganha-

---

3. Jung, carta a Carl Seelig, 25 de fevereiro de 1953. In: C.G. Jung. *Cartas*. Volume 2 (1946-1955). Petrópolis: Vozes, 2002, p. 280.
4. CAMBRAY, Joseph. *Synchronicity: Nature and Psyche in an Interconnected Universe*. College Station/TX: Texas A&M University Press, 2009.

dor do Prêmio Nobel, as levou suficientemente a sério para empenhar-se junto com Jung num empreendimento conjunto sobre a "interpretação da natureza e da psique"[5].

Foi em seu trabalho com Pauli que Jung publicou seu ensaio abrangente *Sincronicidade: Um princípio de conexões acausais*[6]. É neste ensaio, publicado em 1952, que é exposta a teoria completa, embora o capítulo apresentado nesta antologia seja um ensaio anterior, apresentado na conferência de Eranos em Ascona, na Suíça. Gilles Quispel relata que, após ter proferido sua conferência de Eranos, Jung disse a Quispel que "agora o conceito da projeção deveria ser revisado completamente"[7]. Isso parece totalmente crível, porque até então o elo entre psique e mundo havia sido "minimizado" em termos de "projeções" da psique sobre o mundo, uma opinião que havia sido comum na psicanálise desde os primeiros dias. Freud trabalhou no seio da cosmovisão cartesiana, que presumia que a mente humana era animada por forças psicológicas e o mundo exterior era inanimado. Qualquer experiência de "animação" no mundo era descarada por Freud e seus seguidores como um exemplo de projeções criadas pela mente. Freud havia declarado que a visão primitiva do mundo, na qual se acreditava que deuses e espíritos residiam no universo, "não passava de psicologia projetada no mundo exterior"[8]. Por diversos anos Jung concordou; e sua obra está repleta de comentários que coincidem com a visão de Freud, como: "Mais cedo ou mais tarde tivemos de compreender que seu poder, no fundo, era o nosso próprio poder, e que seu significado era uma projeção de nós mesmos"[9].

Mas, à medida que sua pesquisa se aprofundava, Jung começou a considerar o mundo em termos diferentes. Poderíamos dizer que a pró-

---

5. PAULI, Wolfgang & JUNG, C.G. *The Interpretation of Nature and the Psyche* (1952). Londres: Routledge & Kegan Paul, 1955.
6. O ensaio completo aparece como "Sincronicidade: Um princípio de conexões acausais" (1952) em OC 8/3, § 816-958.
7. Gilles Quispel, citado em: SEGAL, Robert; SINGER, June & STEIN, Murray (eds.). *The Allure of Gnosticism: The Gnostic Experience in Jungian Psychology and Contemporary Culture*. Chicago: Open Court, 1995, p. 19.
8. FREUD. *The Psychopathology of Everyday Life* (1901). *SE* 6, p. 258-259.
9. JUNG. "Comentário psicológico sobre o Livro Tibetano da Grande Libertação" (1939/1954). OC 11/5 § 761.

pria visão "moderna" do mundo é primitiva, ao passo que a cosmovisão animada antiga representa uma compreensão mais sofisticada da realidade. Não que Jung acreditasse literalmente nos antigos deuses e espíritos do mundo natural; ele não acreditava. Mas ele começou a ver que a assim chamada filosofia "primitiva" pode ter captado algo que nós no mundo moderno perdemos. O que precisamos fazer é olhar para além do literalismo do mundo antigo e suas cosmologias e avaliar o fato de que o mundo pode ser constituído de espírito e psique de maneiras que nós não conseguimos conceber, dada nossa orientação científica. As "personificações" de espíritos e deuses podem ser uma forma poética de pensar, mas esse pensamento não está fundamentalmente errado. Ou seja, espírito e animação podem ser inerentes ao mundo e não "projetados" nele pela mente humana. Já que esta realidade espiritual é invisível e oculta, podemos contar com a imaginação mítica para dar forma ao que permanece desconhecido. A realidade pode ser bastante diferente do que nós habitualmente imaginamos; pode ser muito mais misteriosa do que a percepção normal admite.

Jung acreditava que os sincronismos acontecem o tempo todo, mas "bem depressa nos esquecemos deles, passados os primeiros momentos de espanto" (§ 962). Mas, se nós nos deixarmos tocar por eles, eles podem ser transformadores. Ele acreditava que a sincronicidade ocorre muitas vezes durante o tratamento terapêutico, porque a terapia ativa os níveis da mente nos quais os sincronismos acontecem. Por isso a sincronicidade é um instrumento terapêutico importante, e tão importante como os sonhos e fantasias, para mostrar aos pacientes certos aspectos da realidade que eles se recusaram a levar em consideração. Eles podem ser momentos decisivos profundos, se formos receptivos a eles.

Jung conta a história de um caso que foi objeto de muita discussão desde então. Uma jovem paciente, descrita como "inacessível, psicologicamente falando", parecia incapaz de estabelecer um contato significativo com o inconsciente e, por isso, se encontrava numa situação de impasse. Sua neurose não podia ser removida porque sua "excelente formação" se revelava um obstáculo e ela pretendia "saber sempre melhor as coisas do que os outros" (§ 972). Nada diminui mais a possibilidade de transformação do que uma racionalidade contumaz. A paciente teve um sonho impressionante no qual alguém lhe deu um escaravelho de ouro, uma joia preciosa. Enquanto ela contava o sonho, Jung ouviu uma leve batida na janela atrás dele. Ele abriu a janela e voou para dentro da sala um besouro-rosa, "cuja cor verde-dourada torna-o muito semelhante a um escaravelho de ouro" (§ 972). Ele entregou o escaravelho à sua paciente dizendo: "Está aqui o seu escaravelho"; e esta experiência "abriu a brecha desejada no seu racionalismo, e com isto rompeu-se o gelo de sua resistência intelectual". O tratamento, disse Jung, "pôde então ser conduzido com êxito" (§ 972).

Sincronismos como este podem ter um impacto maior do que as palavras ou argumentos do analista. É como se o mundo estivesse falando diretamente com a pessoa e essa experiência pode obter um grande resultado num instante – ou seja, uma vez que somos surpreendidos e dominados por ela e não nos defendemos contra ela. Nesses momentos a psique se torna real e imediata e as resistências intelectuais desmoronam. Além disso, fica claro para o indivíduo que a psique não é uma propriedade pessoal ou uma concepção abstrata, mas algo que tem uma dimensão objetiva. A psique rompe seus limites subjetivos e se torna cosmológica. A psique já não está dentro de nós, mas nós estamos dentro da psique. Quando a psique nos fala através do mundo, há mais probabilidade de sermos convencidos por sua autoridade e força sugestiva. Somos despertados para sua dimensão cósmica mais ampla e chegamos à conclusão: "ou que a psique não pode ser localizada espacialmente, ou que o espaço é psiquicamente relativo" (§ 986). "O mesmo vale para a determinação temporal da psique ou a relatividade do tempo" (§ 986).

Se a cura ocorre quando nos sentimos conectados com forças que estão além de nós mesmos, a sincronicidade é uma fonte maravilhosa, rica e amplamente inexplorada de cura. Jung tem consciência de que a noção de sincronicidade representa um desafio radical à ciência e questiona a base cartesiana do conhecimento. Diz ele: "Não é preciso enfatizar que a constelação deste fato tem consequências de longo alcance" (§ 986).

Capítulo 15: "Tipologia psicológica" (1931)
(De "Tipologia psicológica", em *Tipos psicológicos*. OC 6, § 979-1030)

Depois do amargo rompimento com Freud, Jung incumbiu-se da tarefa de refletir sobre as diferenças estruturais nas personalidades humanas. Será que Jung e Freud brigaram pelo fato de serem "tipos" diferentes? Formular esta pergunta na atmosfera racialmente carregada de seu tempo era controverso, mas o pensamento de Jung estava seguindo a tipologia psicológica e não racial. Jung e Freud estavam diante do mesmo material clínico, mas Jung o interpretava de uma maneira e Freud de outra. Jung acreditava que existia algo estrutural subjacente às suas diferenças. Freud prestava atenção, fora do sujeito humano, às relações familiares, às interações sociais e ao primeiro ambiente da infância. Freud estava sumamente interessado nas "relações com objetos" e Jung acreditava que a orientação dele era "extrovertida". Jung, por outro lado, era "introvertido"; ele se concentrava principalmente nos conteúdos psicológicos do sujeito. "Para Freud, os objetos são de extrema importância e têm a quase exclusividade da força determinante, ao passo que o sujeito se torna surpreendentemente insignificante". Para Freud, "os objetos [...] são proveitosos ou prejudiciais ao desejo de prazer do sujeito"[10].

Os termos introversão e extroversão, usados por Jung, entraram na linguagem coloquial da maioria dos países e são usados sem as pessoas se darem conta de que suas origens estão na psicologia de Jung. Jung escreve:

> Introversão e extroversão como tipos de atitudes significam um preconceito que condiciona todo o processo psíquico, porque estabelecem o modo habitual de reação e, portanto, determinam não apenas o modo de agir, mas também o modo de ser da experiência subjetiva e o modo de ser da compensação pelo inconsciente".
>
> (§ 1008)

---

10. JUNG. "Psicologia do inconsciente". OC 7/1, § 58, 59.

De acordo com a teoria de Jung, só a atitude *consciente* do indivíduo é extrovertida ou introvertida. No inconsciente desenvolve-se uma "compensação", porque a psique luta por totalidade e isso pode ocorrer às custas da atitude consciente. Por isso um introvertido será compensado por uma tendência extrovertida no inconsciente, mas esta extroversão não é igual à extroversão de um extrovertido natural. Diz-se que ela é inferior", ou seja, "menos desenvolvida e [...] mais primitiva" (§ 1022). Quando se expressa, ela pode aparecer numa forma dúbia ou mal-adaptada, como vemos muitas vezes quando introvertidos procuram ser extrovertidos em festas ou ocasiões sociais. De maneira semelhante, o extrovertido será compensado com uma introversão não vivida, que busca expressão em certos momentos da vida, especialmente na meia-idade, quando a atitude habitual já não é suficiente. Esta introversão inferior pode levar o extrovertido a tornar-se vítima de vários tipos de filosofias fundamentalistas.

Até recentemente uma atitude introvertida era definida como antissocial e considerada até mesmo uma forma de patologia. Certa vez ouvi alguém observar que "não existem introvertidos, mas apenas extrovertidos feridos". Este preconceito tem uma longa história e muitos continuam pensando desta maneira. De certa forma nossa cultura está tão determinada a tornar todos extrovertidos, ou seja, focados em coisas e pessoas exteriores, que a introversão é considerada algum tipo de doença. Mas Jung descobriu que uma grande porcentagem da população de qualquer país é naturalmente orientada para um ponto de vista introvertido. Não é como se essas pessoas fossem uma desvantagem para a sociedade ou estejam obcecadas consigo mesmas, mas elas tipicamente se retraem diante do objeto à primeira abordagem e refletem e avaliam cuidadosamente quando confrontadas com uma situação externa.

> Existe toda uma classe de pessoas que, no momento de reagir a uma situação dada, primeiro se retrai, dizendo "não" em voz baixa, e só depois chega a reagir; e outra classe que reage imediatamente diante da mesma situação, aparentando plena confiança de que seu procedi-

> mento está correto. A primeira classe seria caracterizada por uma certa relação negativa com o objeto e a segunda por uma relação positiva.
>
> (§ 1004)

Na análise terapêutica, os pacientes são estimulados a desenvolver sua atitude "inferior", mas não de maneira abertamente confiante, de modo que as leve a uma situação difícil ou embaraçosa. De acordo com Jung, é preciso proceder com cautela à medida que se explora a atitude subdesenvolvida, porque esta, como tudo o que é inconsciente, requer deliberação e uma abordagem crítica. No entanto, ele pensava que a inferioridade não podia ser superada, e de fato não deveria ser superada, porque ela atua como um portal necessário para o inconsciente. Não podemos tornar-nos plenamente conscientes de todas as nossas faculdades e aptidões, porque permanecemos seres parciais que precisam aprender a viver com certa falta de desenvolvimento em alguns aspectos de nossa personalidade.

Além dos tipos de atitude, Jung designou quatro funções da consciência: pensamento, sentimento, intuição e sensação. A sensação nos diz que uma coisa existe, o pensamento nos diz o que ela é, o sentimento nos diz seu valor e a intuição nos diz suas possibilidades no tempo. Jung insiste que estas designações não são arbitrárias, mas estão baseadas em décadas de experiência clínica e experimentação empírica (§ 1028). Não obstante, seus críticos argumentam que elas continuam sendo especulativas e hipotéticas. Eles parecem fazer uma correlação em certos aspectos com a classificação antiga da personalidade de acordo com os quatro elementos (ar, água, terra e fogo). Este sistema foi adaptado pela astrologia e "no que se refere à tipologia astrológica, para espanto da mentalidade esclarecida, ela permanece intacta e recebe, inclusive, novo florescimento" (§ 999). Um tipo diferente de tipologia "quádrupla" durou pelo menos dezessete séculos, conhecida como os temperamentos galênicos ou quatro humores: fleumático, sanguíneo, colérico e melancólico. Jung salienta que as quatro funções não devem ser confundidas com a inteligência como tal, já que "a inteligência não é função, mas modalidade" (§ 1018). Em particular, o pensamento não deve ser confundido com a inteligência, como muitas vezes acontece. Jung diz que deve estar claro para a maioria das pessoas o que significa "pensamento" e, numa alfinetada nos estudiosos pedantes, diz que "só um filósofo não sabe o que isto significa, mas nenhum leigo há de considerar isto incompreensível" (§ 1018).

Jung se refere ao pensamento e ao sentimento como funções racionais e à sensação e à intuição como funções não racionais. De maneira significativa, ele define a intuição como "percepção através do inconsciente" (§ 1020). É uma maneira singular de ver que "detecta" as profundezas e que às vezes recebe o nome de *clairvoyance*. Enquanto intuitivo, Jung gastou bastante tempo refletindo sobre a natureza e o objetivo da intuição, que os racionalistas difamam como "misticismo", mas que Jung procurou normalizar como uma capacidade humana inata. A intuição não olha simplesmente para um objeto (sensação) ou reconhece seu significado (pensamento) ou estabelece seu valor (sentimento), mas "aponta as possibilidades do 'de onde' e do 'para onde' que estão contidas neste presente" (§ 1029).

Na maioria dos indivíduos existe uma função "superior", através da qual a personalidade se expressa e mostra suas forças, e uma função "inferior", que está oculta ou só emerge em vários momentos quando as defesas normais são afrouxadas. De acordo com este modelo, um tipo pensamento tem tipicamente um sentimento inferior, embora o pensamento seja muitas vezes complementado por uma das funções "auxiliares", a sensação ou a intuição. Padrões semelhantes ocorrem em todos os quatro tipos: uma função superior, ajudada por uma função auxiliar e compensada no inconsciente por uma função inferior. Um tipo intuitivo tenderá a ter uma sensação inferior e o sentimento ou o pensamento como uma função auxiliar. Tornou-se quase um clichê no mundo junguiano referir-se à "função inferior da sensação" de um indivíduo, já que os que são atraídos para a psicologia junguiana são muitas vezes intuitivos por natureza e têm uma relação problemática com a realidade. No entanto, este tipo de formulação não deve ser usado como uma desculpa por não conseguir ajustar-se à realidade.

Esta tipologia se tornou popular e uma versão modificada dela é denominada Myers-Briggs Type Indicator ou MBTI. Sob a forma de testes e programas de MBTI, foi muito usada no setor público, especialmente nas culturas dos ambientes de trabalho e nos departamentos de pessoal. Muitas vezes as pessoas esquecem que Jung foi o criador do modelo e da teoria que estão por trás disso. O sucesso destes programas foi prodigioso, mas teve seu custo. No âmbito mais amplo, as pessoas tendem a focar a função superior e a função auxiliar, do ponto de vista daquilo que elas podem fazer por nós no sentido de facilitar a adaptação social, as oportunidades de emprego e a promoção na carreira. Na pesquisa de Jung, porém, foi dada muita ênfase à assim chamada função inferior, porque esta era considerada uma porta de entrada no inconsciente e um fardo necessário que a pessoa em processo de individuação precisava enfrentar se quisesse tornar-se integrada.

A pesquisa de Jung se interessava pelo encontro com a função inferior como o *locus* de nosso engajamento com os deuses ou arquétipos de nossa natureza mais profunda. É pelo caminho da função inferior que o numinoso se revela – precisamente porque esta é nossa área menos adaptada, onde o eu não domina. Em certo sentido, sua teoria dos tipos foi um prelúdio da sua teoria dos arquétipos, mas estas áreas de seu pensamento se tornaram hoje áreas separadas. A tipologia de Jung foi apropriada por um mundo moderno preocupado com resultados, produtividade e crescimento e perdeu a ênfase espiritual na humildade e na nossa necessidade de viver na presença de nossos aspectos não desenvolvidos. A utilização popular do modelo de Jung entendeu que tudo na psique é visto como uma oportunidade de crescimento. Sua psicologia do sagrado não sintoniza com a ênfase comercial no desenvolvimento do eu.

Capítulo 16: "A função transcendente" (1916/1957)
(De *A natureza da psique*. OC 8/2, § 131-193)

Jung começa este ensaio afirmando que "por 'função transcendente' não se deve entender algo de misterioso e por assim dizer suprassensível ou metafísico" (§ 131). Ele estava sempre procurando reivindicar um *status* científico para suas ideias, embora estas ideias ultrapassem as fronteiras científicas e se tornem abertamente filosóficas. Percebe-se que, se Jung escrevesse hoje, ele não precisaria argumentar. Hoje os psicoterapeutas se permitem ser especulativos e "misteriosos" em suas pesquisas e isso já não é considerado desastroso para sua reputação, como Jung sentia que era para a sua.

Em "A função transcendente" Jung está em território hegeliano, embora nunca mencione Hegel. Mas a noção de apresentar a atitude consciente como uma tese, compensada e/ou contradita pelo inconsciente como uma antítese, e resolvê-las na expectativa de encontrar uma *síntese* é semelhante à dialética hegeliana[11]. Jung não gostava de Hegel, embora seja difícil determinar seus motivos. Jung pode tê-lo considerado um perigoso crítico de Kant, seu filósofo favorito. Jung se referiu a Hegel dizendo que ele "era um psicólogo camuflado e projetava as grandes verdades da esfera do sujeito sobre um cosmo por ele próprio criado"[12]. Mas poder-se-ia dizer igualmente que Jung era um filósofo camuflado, que desenvolvia "grandes verdades" na esfera do pensamento puro e procurava aplicá-las em seus clientes.

"A confrontação entre as posições contrárias gera uma tensão carregada de energia que produz algo de vivo, um terceiro elemento" (§ 189), afirma Jung. Este terceiro elemento, ou *tertium* como ele o chama, é a função transcendente, que "resulta da união dos conteúdos conscientes e inconscientes" (§ 131). Esta é uma maneira abstrata de falar sobre a tendência da psique a criar totalidade, unidade e homeostase entre suas partes antagônicas. A função dificilmente pode ser distinguida da experiência prática da individuação. Como tal, a função transcendente parece ser um braço operacional do arquétipo do si-mesmo, cuja tarefa consiste em assegurar a estabilidade e ocasionar uma reconciliação entre consciente e inconsciente. A função transcendente parece nunca se concretizar sem o suporte da imaginação, do símbolo e da imagem, já que só estes são suficientemente amplos para acomodar os conteúdos do consciente e do inconsciente. Os conceitos cognitivos do pensamento puro não podem ativar a função transcendente, porque favorecem o ponto de vista consciente e não estão abertos a conteúdos ou diretrizes não racionais.

---

11. Cf. WEISS, Frederick G (ed.). *Hegel: The Essential Writings*. Nova York: Harper & Row, 1974.

12. JUNG. "A natureza da psique" (1947/1954). OC 8/2, § 358.

Pressupõe-se que a neurose ocorre porque existe um conteúdo altamente carregado do inconsciente que não está conectado com a mente consciente. Ele produz efeitos perturbadores porque não tem para onde ir, a não ser criar devastação na vida de uma pessoa. O que é necessário para produzir a função transcendente é acessar o material inconsciente. Os sonhos e as fantasias são os dados primários que nos dizem o que o inconsciente está fazendo e o que ele quer. No entanto, Jung salienta que muitas vezes os sonhos são difíceis de ser trabalhados e falam uma linguagem tão estranha que os clientes são incapazes de entendê-los. Mesmo um terapeuta altamente qualificado é muitas vezes incapaz de determinar o que os sonhos individuais significam (§ 141). A interpretação dos sonhos continua a ocupar um lugar central, mas Jung sugere que o trabalho com os sonhos pode ser completado por diversos outros métodos e técnicas. A transferência do paciente para o terapeuta é considerada um indicador-chave do processo inconsciente.

Uma maneira de produzir a cura é através de um método que se chama "imaginação ativa". Nesta atividade, os materiais inconscientes se encontram num estado de receptividade terapêutica. O paciente "torna-se consciente do estado de ânimo em que se encontra, nele mergulhando sem reservas e registrando por escrito todas as fantasias e demais associações que lhe ocorrem" (§ 167). Deve-se permitir que a fantasia tenha livre-curso, mas não, como adverte Jung, a tal ponto que desencadeie um processo de "livre-associação" que a afaste do objeto ou estado de ânimo "original". Neste ensaio Jung está preocupado com pacientes que sofrem depressão, e é notavelmente um dos seus poucos ensaios sobre esta condição que se tornou uma epidemia em nosso tempo. Jung desconfia da livre-associação, porque ela convida a mente a dissociar-se da fonte da depressão e substituí-la por todo tipo de interesses que fornecem diversão ou recreação. "É desta preocupação com o objeto que provém uma expressão mais ou menos completa do estado de ânimo que reproduz, de maneira um tanto quanto concreta e simbólica, o conteúdo da depressão" (§ 167). O objetivo deste procedimento é enriquecer e ilustrar o afeto e "é por isso que o afeto se aproxima, com seus conteúdos, da consciência, tornando-se, ao mesmo tempo, mais perceptível e, consequentemente, também mais inteligível" (§ 167). O ato de levar o inconsciente a sério, argumenta Jung, parece garantir sua cooperação: isso faz parte do otimismo de Jung enquanto psicoterapeuta.

Jung analisa outras maneiras de se poder despertar o inconsciente. Algumas podem trabalhar com materiais plásticos para criar modelos ou esculturas, outras podem expressar-se em movimentos corporais, dança ou escrita automática. "Tipos visuais" podem preferir pintar um quadro, ou "tipos audioverbais" podem ouvir palavras ou vozes interiores. Obviamente o doente mental vê imagens e ouve vozes regularmente, mas Jung está convidando as pessoas normais a explorar essas expressões por razões terapêuticas. É escusado dizer que existem perigos inerentes no despertar do inconsciente, especialmente se ele assume o controle e não pode ser refreado.

Jung adverte que "um inconsciente novamente descoberto age perigosamente sobre o eu" (§ 183). Muitos de nós provavelmente supervalorizamos os conteúdos do inconsciente "justamente pelo fato de terem sido subvalorizadas desmedidamente" (§ 176). Se isso acontece, o eu pode tornar-se incapaz de uma reação moral. Se o eu for aterrorizado pelo inconsciente e incapaz de responder, a função transcendente não pode operar. Jung descreve uma dialética psicológica na qual ora o inconsciente ora o eu precisa assumir o comando e produzir um processo de reconciliação. Isto indica um delicado ato de equilíbrio: o eu precisa ouvir o inconsciente, mas não pode ser anulado ou tornado inativo. Jung considera duas formas de passividade que, em sua opinião, devem ser evitadas: o esteticismo, no qual as imagens arquetípicas são desfrutadas por razões artísticas, mas não compreendidas, e o intelectualismo, no qual a mente racional busca reduzir os produtos do inconsciente a um sistema intelectual. No mundo junguiano de hoje, o esteticismo e o intelectualismo são muito comuns, sugerindo que muitas pessoas não entenderam o pensamento de Jung. Jung procura a transformação da personalidade e desconfia dos que estão buscando experiências mentalmente excitantes ou fascínio artístico.

Jung ressalta o papel da transferência no processo de cura. "Por meio dela [a transferência] o paciente se agarra à pessoa que parece lhe prometer uma renovação da atitude" (§ 146). "Na prática é o médico adequadamente treinado que faz de função transcendente para o paciente, isto é, ajuda o paciente a unir a consciência e o inconsciente e, assim, chegar a uma nova atitude" (§ 146). Este ensaio de Jung, junto com seu ensaio "A psicologia da transferência"[13], deixa claro que ele tinha pela transferência um apreço maior do que muitas vezes se pensa. Quando a psicologia junguiana desenvolveu sua identidade, independentemente da prática freudiana, ela tendeu a ressaltar que estava empenhada no estudo da imaginação arquetípica e sua amplificação. Afirmava que o foco da terapia se concentrava na vida interior do paciente, não no papel do analista, e que a "transferência" era um foco clínico das tradições não junguianas. Tinha-se a impressão de que os junguianos, especialmente os formados em Zurique, poderiam arranjar-se sem ela[14].

No entanto, este ensaio e outros deixam claro que este pressuposto é falso e que os profissionais junguianos estão mais próximos de seus primos freudianos do que uns e outros talvez gostariam de imaginar. As semelhanças foram camufladas no início para exagerar as diferenças, mas hoje está claro que os profissionais junguianos e freudianos fazem parte da única tradição ampla da psicanálise. Como reconhecimento deste fato, os profissionais que até agora se identificavam como "analistas junguianos" adotaram a convenção de identificar-se como "psicanalistas"[15].

Capítulo 17: "A cura da divisão" (1961)
(De "Símbolos e interpretação dos sonhos", em *A vida simbólica*.
OC 18/1, § 578-607)

Passamos das "divisões" nos pacientes para as divisões na psique coletiva. Para Jung a prevalência das neuroses nos indivíduos está relacionada diretamente com a condição dissociada da consciência moderna. A mente moderna foi separada de suas raízes psicológicas e históricas e, no entanto, nós esperamos que ela continue crescendo e sirva ao nosso desejo de progresso contínuo. O passado foi esquecido ou reprimido à

---

13. JUNG. "A psicologia da transferência" (1946). OC 16/2.
14. Para a melhor visão de conjunto sobre o papel da transferência na tradição junguiana cf.: WIENER, Jan. The Therapeutic Relationship: Transference and the Making of Meaning. College Station/TX: Texas A&M University Press, 2009.
15. Cf. STEIN, Murray. *Jungian Psychoanalysis*. Chicago: Open Court, 2010.

medida que caminhamos apressadamente em direção a um futuro incerto. O pano de fundo sombrio da consciência – suas origens nas fontes não racionais do instinto e do espírito, sua poderosa herança simbólica nas religiões, mitos e cosmologias – foi abandonado em favor do desejo de ser moderno e atual. Jung suspeita que o que chamamos de "moderno" é um sinônimo de enfermidade ou doença: é uma epidemia de superficialidade, negação e carência de fundamentos. "Este ponto de vista moderno é sem dúvida unilateral e injusto. Não corresponde à verdade dos fatos" (§ 607). O moderno é aquilo que o eu descontrolado fez do nosso mundo e, se não pararmos este movimento, perderemos toda substância e sentido.

"A cura da divisão" é a última seção da obra final de Jung "Símbolos e interpretação dos sonhos" e foi completada poucos dias antes de sua morte. Foi sua tentativa, após uma vida de investigação clínica e engajamento profissional, de conectar-se com um público popular mais vasto, para além de suas áreas especializadas. Jung tem uma série de "mensagens" a confiar à humanidade em geral, e estas são confiadas com seriedade. Sua mensagem principal é que as coisas não são o que parecem. Existe na realidade mais do que aquilo que se apresenta aos olhos e nós faríamos bem em concentrar-nos neste "mais" e reconciliar-nos com ele. Deixamos muita coisa fora da nossa imagem do mundo e o eu que busca descrever a realidade para nós é defeituoso e irresponsável. Seguir as diretrizes do eu, com suas promessas de liberdade e independência, é terminar num paraíso de loucos. Apesar dessas promessas, a tendência do eu de buscar a exclusão de todo o resto leva a isolar-se dos outros, a desconectar-se do passado e à irrealidade. Estamos aprendendo o que Oriente sempre ensinou: que seguir as aparências superficiais é sucumbir à *maya* ou ilusão e atrair sobre si o fardo do sofrimento.

Como cultivar novamente nossa consciência no solo escuro do instinto e do espírito? Em primeiro lugar, precisamos aprender a ser autocríticos, a desconfiar das atitudes habituais, a romper com as convenções. Precisamos arriscar-nos a forjar uma relação com a antiquíssima sabedoria da psique, ouvir uma fonte antiga dentro de nós que vê a realidade através de olhos diferentes. Precisamos aprender a linguagem desta fonte diferente, que fala por meio de arquétipos, mitos e símbolos. Esta é a "linguagem da natureza que nos parece estranha e incompreensível" (§ 586), mas precisamos dar-nos ao trabalho de familiarizar-nos com ela. Para o eu os mitos são mentiras e distorção, mas é o eu que é a distorção real. Jung nos pede para inverter a realidade e olhar as coisas a partir de dentro. Se pudermos encontrar a humildade e a autocrítica para levar em consideração o não eu, poderemos começar a viver com autenticidade. Poderemos começar a curar a divisão.

Jung insiste que não podemos esperar que a sociedade recupere a vida simbólica para nós. Ele confia pouco nas instituições oficiais da época moderna: "As pessoas de hoje estão pesarosamente cientes de que nem as grandes religiões, nem suas inúmeras filosofias parecem fornecer-lhes aquelas ideias poderosas que lhes dariam a base confiável e segura de que necessitam diante da situação atual do mundo" (§ 599). Precisamos trabalhar num nível pessoal para uma recuperação da vida simbólica. "Como é necessário que toda transformação tenha início num determinado tempo e lugar, será o indivíduo singular que a fará e a levará a término. A transformação começa num indivíduo que, talvez, possa ser eu mesmo" (§ 599). É refletindo sobre nossos sonhos que podemos estabelecer contato com os símbolos arquetípicos que brotam das profundezas. Estes símbolos são "tentativas naturais de lançar uma ponte sobre o abismo muitas vezes profundo entre os opostos" (§ 595).

Para Jung, os sonhos são um guia verdadeiro e confiável num tempo de decadência cultural e desorientação: "A função geradora de símbolos de nossos sonhos é uma tentativa de trazer nossa mente original de volta à consciência" (§ 591). É um artigo de fé que a "mente original" é uma realidade e pode ser acessada para nosso proveito, mesmo agora. Diz Jung: "Nós *fomos* esta mente, mas nunca a *conhecemos* Nós nos livramos dela, antes mesmo de a compreendermos" (§ 591). Jung termina com um apelo apaixonado no sentido de trazer de volta a mente original que pode restaurar a sanidade mental, a proporção e o equilíbrio de nossa vida. Ele tinha certeza de que não podemos restabelecer a ordem no mundo com nossos estratagemas racionais. Concluirei com uma das historietas favoritas de Jung, sobre o motivo por que a pessoa moderna perdeu o contato com esta fonte maior:

> Os cristãos se perguntam por que Deus não fala com eles, como parece ter feito outrora. Quando ouço esse tipo de pergunta, penso sempre naquele rabi que, quando perguntado por que Deus se mostrava nos tempos antigos e agora ninguém mais o via, respondeu: "Hoje em dia já não existe ninguém que pudesse inclinar-se tão profundamente diante dele".
>
> (§ 600)

Capítulo 13
Os objetivos da psicoterapia[1]

Hoje em dia, ninguém mais contesta que as neuroses sejam distúrbios das funções psíquicas e, por isso, devam ser curadas, de preferência, por um tratamento psíquico. Mas quando se discute o problema da estrutura das neuroses e dos princípios da terapia, já não há mais a mesma unanimidade e se conclui que atualmente ainda não existe uma ideia totalmente satisfatória quanto à natureza das neuroses ou aos princípios do tratamento. Neste sentido, duas correntes ou escolas tiveram uma aceitação especial entre nós, mas mesmo assim a lista das opiniões divergentes está longe de ser encerrada. Muitos não tomam partido e, dentro do antagonismo geral das opiniões, têm suas ideias próprias. Se quiséssemos criar um quadro com essa miscelânea, teríamos que reunir na nossa paleta o arco-íris inteiro e todos os seus matizes. Se estivesse ao meu alcance, bem que gostaria de fazê-lo, pois sinto necessidade de visualizá-las em conjunto, toda vez que as opiniões sobre um mesmo assunto se diversificam muito. Nunca consegui deixar de reconhecer por muito tempo a validade das opiniões divergentes. Tais opiniões não poderiam ter surgido, nem arrebanhado um séquito de adeptos, se não correspondessem a uma certa psicologia, a um temperamento específico, a uma realidade psíquica fundamental mais ou menos generalizada. Se excluíssemos sumariamente qualquer uma dessas opiniões, taxando-a de errônea e condenável, estaríamos simplesmente negando a existência do temperamento específico ou da realidade que lhe deram

[66]

---

1. Conferência publicada no relatório do Congresso da Sociedade Alemã de Psicoterapia, 1929, e em *Seelenprobleme der Gegenwart*. 5. ed., 1950, p. 76s.

origem, e a estaríamos encarando com equívoco, o que seria violentar o nosso próprio material de experiência. A receptividade que teve a teoria da sexualidade de Freud como etiologia das neuroses, bem como sua ideia de que o fenômeno psíquico gira essencialmente em torno do prazer infantil e da satisfação desse prazer, deveria ensinar ao psicólogo que essa maneira de pensar e sentir corresponde a uma disposição encontrada com relativa frequência, isto é, a uma corrente espiritual que também se manifesta simultaneamente em outros lugares, em outras circunstâncias, em outras cabeças e de outras formas, como um fenômeno psíquico coletivo – independentemente da teoria de Freud. Lembro, por um lado, os trabalhos de Havelock Ellis e August Forel e os colecionadores da *Anthropophyteia*[2] e, por outro, os experimentos sexuais da época pós-vitoriana nos países anglo-saxões, além da ampla discussão em torno do tema sexual na literatura, porventura já iniciada com os realistas franceses. Freud é um dos expoentes de uma realidade psíquica contemporânea, que, por sua vez, tem uma história própria, sobre a qual, por motivos óbvios, não podemos nos estender aqui.

[67] Os aplausos recebidos por Adler e por Freud, tanto deste como do outro lado do oceano, são prova inegável de que a necessidade de autoafirmação, baseada na inferioridade, é para um grande número de pessoas uma explicação convincente da causa essencial das neuroses. Não se pode contestar que este ponto de vista abranja realidades psíquicas que não são levadas na devida conta pela concepção de Freud. Não será preciso mencionar mais em detalhe as condições sociais e psíquicas coletivas que correspondem à concepção de Adler, e o constituem seu porta-voz teórico. Parece que não existem dúvidas a esse respeito.

[68] Seria um erro imperdoável menosprezar a verdade contida nas concepções tanto de Freud como de Adler, mas seria igualmente imperdoável escolher uma delas como a única verdadeira. Ambas essas verdades correspondem a realidades psíquicas. Existem, efetivamente, casos que são mais bem descritos e se explicam melhor por uma, e outros, pela outra dessas teorias.

---

2. Leipzig, 1904-1913. Os editores.

Não posso acusar nenhum desses autores de cometer um erro fundamental; muito pelo contrário, o que procuro é aplicar ambas as hipóteses, na medida do possível, sem perder de vista sua perfeita relatividade. Aliás, nunca me teria ocorrido separar-me de Freud se não houvesse deparado com fatos reais que me obrigaram a modificar os meus pontos de vista. O mesmo vale em relação a Adler e sua interpretação. [69]

Depois do que acabo de dizer, espero que não seja necessário salientar que percebo o mesmo relativismo em relação à verdade contida nas minhas concepções divergentes. Sinto-me apenas como representante de uma outra disposição, a ponto de quase poder confessar com Coleridge: "Creio em uma só igreja, na única que santifica e cujo único membro, por enquanto, sou eu"[3]. [70]

Se hoje existe um campo, em que é indispensável ser humilde e aceitar uma pluralidade de opiniões aparentemente contraditórias, esse campo é o da psicologia aplicada. Isto porque ainda estamos longe de conhecer a fundo o objeto mais nobre da ciência – a própria alma humana. Por ora dispomos apenas de opiniões mais ou menos plausíveis, ainda inconciliáveis. [71]

Logo, se venho a público para dizer algo a respeito das minhas ideias, peço, por favor, que isso não seja interpretado como propaganda de uma nova verdade, ou como anúncio de um evangelho definitivo. Na realidade, posso falar apenas das tentativas que fiz no sentido de esclarecer obscuros fatos psíquicos ou de superar dificuldades terapêuticas. [72]

Gostaria de deter-me precisamente neste último ponto, pois é aí que urge introduzir modificações. Como se sabe, uma teoria incompleta pode ser suportada por muito tempo. O mesmo não se dá com um método terapêutico incompleto. Na minha prática psicoterapêutica de quase trinta anos acumulei uma série considerável de fracassos, que me influenciaram mais do que os meus sucessos. Qualquer pessoa pode ter êxito na psicoterapia, a começar pelo xamã primitivo e o benzedor. O psicoterapeuta pouco ou nada aprende com os sucessos, principalmente porque o fortalecem nos seus enganos. Os fracassos, ao invés, são expe- [73]

---

3. [A atribuição a Coleridge é incorreta, de acordo com estudiosos coleridgianos que foram consultados. – EDITORES.]

riências preciosíssimas, não só porque através deles se faz a abertura para uma verdade maior, mas também porque nos obrigam a repensar nossas concepções e métodos.

[74] Ao mesmo tempo que reconheço que, também na prática, os meus progressos são devidos, em primeiro lugar, a Freud e, a seguir, também a Adler, posto que aplico as possibilidades oferecidas pelos seus pontos de vista na terapia dos pacientes, também tenho que mencionar que sofri muitos reveses; reveses esses que me davam a sensação de que os poderia ter evitado se os fatos precisos, que mais tarde me obrigaram a introduzir modificações, tivessem sido levados em consideração.

[75] É praticamente impossível descrever aqui todas as dificuldades com que esbarrei. Tenho que me limitar a destacar apenas alguns dos casos típicos. As maiores dificuldades, tive-as com pacientes de mais idade, isto é, de mais de quarenta anos. Com pessoas mais jovens, bastam-me, em geral, os pontos de vista já conhecidos, pois a tendência, tanto de Freud como de Adler, é ajustar os pacientes e normalizá-los. Ambos esses pontos de vista podem ser aplicados perfeitamente em pessoas jovens, aparentemente sem deixar vestígios de perturbações. A minha experiência mostrou que, com pessoas de mais idade, isso muitas vezes não ocorre. Aliás, a mim me parece que as realidades psíquicas fundamentais se alteram enormemente no decorrer da vida. Tanto é, que quase podemos falar de uma psicologia do amanhecer e outra, do entardecer da vida. Normalmente a vida do jovem está sob o signo de uma expansão geral, em vista de uma meta precisa a ser atingida. Parece que a sua neurose provém, sobretudo, da hesitação ou do recuo diante do rumo a seguir. Em contrapartida, a vida da pessoa que envelhece está sob o signo da contração das forças, da confirmação do que já foi alcançado e da diminuição da expansão. Sua neurose consiste essencialmente em querer persistir inadequadamente numa atitude juvenil. Assim como o jovem neurótico teme a vida, o velho recua diante da morte. A meta que outrora era normal para o jovem, torna-se um obstáculo neurótico para o velho, exatamente com a hesitação do jovem neurótico, que converte a sua dependência dos pais – originariamente normal – numa relação incestuosa, contrária à vida. É natural que a neurose, a resistência, o re-

calque, a transferência, as ficções etc., tenham no jovem um significado inverso do que têm no velho, apesar da aparente semelhança. Consequentemente, os objetivos da terapia também devem ser modificados. Por isso, a idade do paciente me parece um indicador ("indicium") extremamente importante.

Mas na fase juvenil também existem vários indicadores (*indicia*). A meu ver, é grande a imprudência de tratar um paciente com as características psicológicas de Adler, ou seja, um fracassado com necessidades infantis de afirmação, pelo sistema de Freud, por exemplo. E, inversamente, também seria um equívoco de gravíssimas consequências impor os pontos de vista de Adler a uma pessoa bem-sucedida na vida, com características psicológicas declaradamente libidinosas. Em caso de dúvida, podemos guiar-nos pelas resistências do paciente. Minha tendência é levar a sério as resistências mais profundas – pelo menos inicialmente – por mais paradoxal que isso possa parecer. É que tenho a convicção de que o médico não conhece necessariamente melhor do que o paciente a própria condição psíquica, pois a sua constituição também lhe pode ser totalmente inconsciente. Esta humildade do médico é perfeitamente adequada, visto que, por um lado, a psicologia universalmente válida ainda não existe, e que, por outro, os temperamentos não são todos conhecidos. Muitos psiquismos são mais ou menos individuais, e não se enquadram em nenhum dos esquemas existentes. [76]

Sabe-se que reconheço duas atitudes diferentes como fundamentais em matéria de temperamento, e que, para tanto, me baseio nas diferenças típicas já apontadas por muitos conhecedores do ser humano, ou seja, a *extroversão* e a *introversão*. Esses dois tipos de comportamento também são por mim considerados indicadores (*indicia*) essenciais, tanto quanto o fato de uma determinada função predominar com frequência sobre as demais[4]. [77]

A incrível variedade das vidas individuais realmente exige constantes modificações no tratamento, muitas vezes introduzidas pelo próprio médico de maneira totalmente inconsciente, sem que, em princípio, tenham algo a ver com a teoria que defende. [78]

---

4. Cf. *Psychologische Typen* (*Tipos psicológicos*), sob o item: Punção.

[79]   Na questão do temperamento, não posso deixar de mencionar que existem pessoas de postura essencialmente *espiritual*, e outras cuja atitude é essencialmente *materialista*. Tais atitudes não podem ser tidas como meros comportamentos adquiridos por acaso ou por equívoco. Não raro, correspondem a paixões inatas, que nenhuma crítica ou poder de persuasão é capaz de extirpar. Até existem casos em que um materialismo manifesto é assim, apenas aparentemente, pois, no fundo, não é senão a negação de um temperamento religioso. Hoje em dia se acredita mais facilmente, ao que parece, no caso inverso, muito embora não ocorra com mais frequência do que o primeiro. No meu entender, também convém levar em conta este indicador.

[80]   Quando usamos a expressão indicadora (*indicium*) até pode parecer que estamos querendo indicar esta ou aquela terapia, como é costume na medicina. Talvez até fosse certo proceder assim. Acontece, porém, que a psicoterapia contemporânea ainda não chegou a esse ponto, razão por que o termo "indicador" infelizmente não significa muito mais do que um alerta para o perigo da unilateralidade.

[81]   A psique humana é extremamente ambígua. Diante de cada caso particular, é preciso indagar se este comportamento ou aquele traço de caráter é verdadeiro, ou simplesmente uma compensação do seu contrário. Devo confessar que tantas vezes me enganei nesse aspecto, que no caso concreto me abstenho de usar, na medida do possível, o que a teoria preconceitua a respeito da estrutura da neurose e do que o paciente pode e deve fazer, e deixo a pura experiência decidir quanto aos objetivos terapêuticos. Isto talvez possa parecer estranho, pois normalmente se supõe que o terapeuta tenha um objetivo. Em psicoterapia, considero até aconselhável que o médico não tenha objetivos demasiado precisos, pois dificilmente ele vai saber mais do que a própria natureza ou a vontade de viver do paciente. As grandes decisões da vida humana estão, em regra, muito mais sujeitas aos instintos e a outros misteriosos fatores inconscientes do que à vontade consciente, ao bom-senso, por mais bem-intencionados que sejam. O sapato que serve num pé, aperta no outro, e não existe uma receita de vida válida para todo mundo. Cada qual tem sua forma de vida dentro de si, sua forma irracional, que não pode ser suplantada por outra qualquer.

Nada disso impede, naturalmente, que se prossiga com a normalização e a racionalização até onde for possível. Com um resultado terapêutico satisfatório, provavelmente pode dar-se o caso por encerrado. Se assim não for, a terapia não terá outro recurso a não ser orientar-se pelos dados irracionais do doente. Neste caso, a natureza nos servirá de guia, e a função do médico será muito mais desenvolver os germes criativos existentes dentro do paciente do que propriamente tratá-lo. [82]

O que tenho a dizer começa no ponto em que o tratamento termina, e onde começa a evolução. Como se vê, minha contribuição à questão da terapia limita-se, portanto, aos casos em que os resultados obtidos com o tratamento racional não são satisfatórios. O material casuístico que tenho à minha disposição compõe-se de maneira singular: Há uma decidida minoria de casos novos. A maioria deles já se submeteu anteriormente a alguma forma de tratamento psicoterapêutico, com resultados parciais ou negativos. Aproximadamente um terço dos meus clientes nem chega a sofrer de neuroses clinicamente definidas. Estão doentes devido à falta de sentido e conteúdo de suas vidas. Não me oponho a que se chame essa doença de neurose contemporânea generalizada. No mínimo, dois terços dos meus pacientes estão na segunda metade da vida. [83]

Essa clientela singular demonstra uma resistência especial aos métodos racionais de tratamento. De certo porque, em geral, se trata de indivíduos socialmente bem-ajustados, muitas vezes altamente capacitados, para os quais a normalização não tem o menor sentido. No que diz respeito às pessoas que chamamos de normais, tenho menos condições ainda de oferecer-lhes uma filosofia de vida pronta. Na maioria dos meus clientes, os recursos do consciente estão esgotados – a expressão inglesa usual: "I am stuck" = "Estou encalhado" – define bem o seu estado. É este fato, sobretudo, que me obriga a sair em busca de alternativas desconhecidas. A perguntas como: "Qual é seu conselho? Que devo fazer?" não sei responder, pois nem eu mesmo sei. Só sei de uma coisa: é que, quando o meu consciente encalha por não encontrar saídas viáveis, minha alma inconsciente vai reagir a essa estagnação insuportável. [84]

Esse ficar estagnado é um processo psíquico. No decurso da evolução da humanidade esse fato repetiu-se incontáveis vezes, e até se tornou [85] tema de inúmeros contos e mitos, como os que falam da chave mágica para abrir um portão trancado, ou então de um animal prestativo que vem ajudar alguém a encontrar o caminho oculto. Em outras palavras: ficar estagnado é um episódio típico que também deve ter dado origem a reações e compensações típicas no decorrer dos tempos. Por isso, é provável que algo de semelhante ocorra nas reações do inconsciente, como nos sonhos, por exemplo.

[86]   Nestes casos, o que viso, em primeiro lugar, são os sonhos. Não o faço por teimosia, por querer resolver as coisas por meio dos sonhos custe o que custar, ou por ter uma teoria misteriosa a respeito do sonho, que predetermina o que deve acontecer, mas simplesmente porque não tenho outra saída. Não sei a que mais recorrer. Por isso é que tento encontrar uma pista nos sonhos. Estes dão ensejo à imaginação, que tem que ser indício de alguma coisa. Isso já é mais do que nada. Não possuo uma teoria do sonho. Nem sei como se formam os sonhos. Nem tenho certeza se meu modo de lidar com os sonhos realmente merece o nome de *método*. Faço meus todos os preconceitos contra a interpretação dos sonhos como sendo a quinta-essência de toda incerteza e arbitrariedade. Mas, por outro lado, sei que quase sempre dá bons resultados fazer uma meditação verdadeira e profunda sobre o sonho, isto é, quando o carregamos dentro de nós por muito tempo. Evidentemente, esses resultados não são científicos. Não se prestam ao exibicionismo, nem permitem que sejam racionalizados. Mas na prática é um aviso importante, que indica ao paciente em que direção aponta o inconsciente. Não posso deter-me na questão de saber se os resultados da meditação sobre o sonho são seguros ou cientificamente comprováveis. Se isso me preocupasse, estaria perseguindo um objetivo secundário, autoerótico. Devo contentar-me simplesmente com o fato de que ele significa algo para o paciente e faz fluir a sua vida. O único critério que posso admitir, portanto, é que o meu esforço seja *eficaz*. Meu *hobby* científico, ou seja, a vontade de entender sempre por que ele é eficaz, tem que ser relegado às minhas horas de lazer.

[87]   Os conteúdos dos sonhos iniciais, isto é, dos sonhos que se têm, no início deste tipo de empreendimento, são infinitamente diversificados. No princípio, os sonhos voltam-se frequentemente para o passado, e

lembram coisas esquecidas e perdidas. Muitas vezes, essas estagnações, acompanhadas de desorientação, ocorrem quando a vida se tornou unilateral. Nesses pacientes pode ocorrer subitamente uma perda de libido. Toda atividade exercida até então perde o interesse e se torna sem sentido. De repente, suas metas perdem todos os atrativos. O que em algumas pessoas pode ser um estado apenas passageiro, pode tornar-se crônico em outras. Em muitos desses casos, sucede que as oportunidades de um desenvolvimento da personalidade, diverso do que se deu na realidade, ficaram soterradas num ponto qualquer do passado e ninguém sabe disso, nem o próprio paciente. O sonho, porém, pode levantar pistas.

Em outros casos, o sonho pode referir-se a realidades do presente, que o consciente nunca admitiu como sendo problemáticas ou conflitantes, como, por exemplo, o casamento, a posição social etc. [88]

Essas pistas oferecidas pelos sonhos iniciais, a que aludimos há pouco, ainda estão dentro do âmbito do racional. Provavelmente não me seria difícil torná-los inteligíveis. A dificuldade real começa somente quando os sonhos não indicam coisas palpáveis, e isso acontece com frequência, principalmente quando tentam antecipar coisas futuras. Não seriam necessariamente sonhos proféticos, mas apenas sonhos de pressentimento ou "recognitivos". Sonhos desse tipo contêm intuições de coisas possíveis. Por isso nunca são inteligíveis para quem não está em jogo. Muitas vezes, nem eu consigo ver plausibilidade neles; por isso costumo dizer ao paciente nesses casos: "Não acredito. Mas vá em frente; siga os rastros". Como já ficou dito, o único critério é o efeito estimulante eficaz, mas isso não quer dizer que tenhamos que entender por que tal estímulo ocorre. [89]

Isso vale principalmente para os sonhos de conteúdo "metafísico inconsciente", isto é, que contenham analogias mitológicas. Nestes casos, pode-se sonhar com formas bizarras inacreditáveis, desconcertantes até, a princípio. [90]

Há de se objetar, certamente, como é que sei que os sonhos têm algo a ver com uma "metafísica inconsciente". Devo confessar que não sei se os sonhos têm realmente esse conteúdo. O que sei a respeito dos sonhos é muito pouco. Vejo apenas a sua eficácia sobre o paciente. Quanto a isso, gostaria de dar um pequeno exemplo. [91]

[92]   Num longo sonho de um cliente meu, considerado "normal", em início de terapia, o fato principal era que a sobrinha, filha de uma irmã, estava doente. Era uma menina de dois anos.

[93]   Na realidade, pouco tempo antes, sua irmã havia perdido um menino por doença, mas nenhum dos seus outros filhos estava doente. À primeira vista, não havia explicação para o fato de sonhar com a criança doente. E isso, porque não devia estar coincidindo com a realidade. As relações entre o sonhador e sua irmã eram distantes; não havia muita intimidade entre eles. Por esse motivo, meu cliente sentia-se pessoalmente pouco envolvido. Mas, subitamente, lembrou-se de que dois anos antes tinha começado a estudar ocultismo, tendo descoberto a psicologia na mesma ocasião. Logo, a criança devia ser o seu interesse pelas coisas psíquicas – um pensamento que a mim nunca me poderia ter ocorrido. Sob o aspecto puramente teórico, essa imagem do sonho pode significar tudo ou nada. Pode acontecer que uma coisa ou um fato tenha um significado em si? A única coisa certa é que quem interpreta, ou quem dá o significado, é sempre o homem. Por ora, isso é essencial para a psicologia. Para o sonhador, a ideia de que o estudo do ocultismo pudesse ser patológico era nova e interessante. De certa forma, causou-lhe um impacto. E é isso que é decisivo: funciona, independentemente do que pensemos ou deixemos de pensar a respeito. Esse pensamento foi recebido como uma crítica, e como tal propiciou certa mudança de atitude. Essas ligeiras mudanças, que nem poderiam ser imaginadas racionalmente, é que põem as coisas em andamento, e, pelo menos em princípio, a estagnação já está superada.

[94]   Usando este exemplo num sentido figurado, eu poderia dizer que o sonho achou que os estudos acerca do ocultismo eram patológicos. É neste sentido que posso falar de uma "*metafísica inconsciente*": quando, através do seu sonho, o sonhador é levado a ter ideias desse tipo.

[95]   Mas não paro aqui. Vou mais longe, pois não dou a oportunidade de ter inspirações a respeito dos seus sonhos apenas ao paciente; dou-a a mim também. Minhas ideias e opiniões também lhe são propostas. Se surtirem efeito pela simples sugestão, tanto melhor, pois, como se sabe, só nos deixamos sugestionar por aquilo que, de alguma forma, já estamos preparados a receber. Nesse jogo de adivinhação, às vezes nos

enganamos; mas não tem importância. Na primeira oportunidade, o engano será rejeitado, como um corpo estranho. Não é preciso provar que a minha maneira de interpretar o sonho está correta. Não teria sentido. Mas o que é preciso fazer é procurar, junto com o paciente, o fator *eficaz* – quase ia dizendo, a coisa *verdadeira*.

Por isso, é de extrema importância para mim ter a maior quantidade de informações possível a respeito da psicologia primitiva, da mitologia, arqueologia e história das religiões comparadas, pois essas áreas me fornecem preciosíssimas analogias, que servem para enriquecer as inspirações dos meus pacientes. Juntos poderemos fazer com que as coisas, aparentemente sem sentido, se acerquem da zona rica em significado, favorecendo consideravelmente as ocasiões de se produzir a coisa eficaz. Aliás, para o leigo – que já fez o que estava ao seu alcance no nível pessoal e racional, e, mesmo assim, não conseguiu descobrir qualquer sentido ou satisfação – a oportunidade de poder penetrar na esfera irracional da vida e da experiência, vai ter uma importância incalculável. Com isso, também mudará o seu dia a dia normal, que até pode adquirir um novo interesse. Afinal, a maioria das coisas depende muito mais da maneira como as encaramos, e não de como são em si. Vale muito mais a pena viver as pequeninas coisas com sentido, do que as maiores, sem sentido algum. [96]

Creio não subestimar o risco deste empreendimento. É como se estivéssemos começando a construir uma ponte em direção ao céu. Poder-se-ia até objetar ironicamente – isso, aliás, já foi feito muitas vezes – que ao procederem assim, médico e paciente, no fundo, só estão fantasiando juntos. [97]

Essa objeção nem é um contra-argumento, pois acerta o alvo em cheio. O meu esforço consiste justamente em fantasiar junto com o paciente. Pois não é pouca a importância que dou à fantasia. Em última análise, a fantasia é para mim o poder criativo materno do espírito masculino. No fundo, no fundo, nunca superamos a fantasia. Existem fantasias sem valor, deficientes, doentias, insatisfatórias, não resta a menor dúvida. Em pouco tempo, qualquer pessoa de mente sadia percebe a esterilidade de tais fantasias. No entanto, como é sabido, o erro não invalida a regra. Toda obra humana é fruto da fantasia criativa. Se assim [98] é, como fazer pouco caso do poder da imaginação? Além disso, normalmente, a fantasia não erra, porque a sua ligação com a base instintual humana e animal é por demais profunda e íntima. É surpreendente como ela sempre chega a propósito. O poder da imaginação, com sua atividade criativa, liberta o homem da prisão da sua pequenez, do ser "só isso"[5], e o eleva ao estado lúdico. O homem, como diz Schiller, "só é totalmente homem quando brinca"[6].

[99] O que viso é produzir algo de eficaz, é produzir um estado psíquico, em que meu paciente comece a fazer experiências com seu ser, um ser em que nada mais é definitivo nem irremediavelmente petrificado; é produzir um estado de fluidez, de transformação e de vir a ser. Minha técnica só pode ser apresentada em seus princípios, evidentemente. Os leitores que, por acaso, estão familiarizados com a minha obra, podem extrair os paralelos necessários. Gostaria apenas de destacar aqui que a minha maneira de proceder não pode ser interpretada como não tendo metas nem limites. De fato, a regra que sempre sigo é nunca ir além do significado contido no fator eficaz; em cada caso, esforço-me apenas para que o paciente tome, o quanto possível, consciência desse significado, a fim de que ele perceba que o mesmo também tem uma dimensão que ultrapassa o nível pessoal. Explico-me: quando algo sucede a alguém e essa pessoa acredita que só a ela isso pode acontecer – e na realidade o mesmo acontece a muita gente – ela está tendo, evidentemente, uma atitude incorreta, demasiadamente pessoal. Por isso é excluída da comunidade humana. Da mesma forma, é preciso não só ter uma consciência pessoal do momento presente, mas também uma consciência que transcenda o pessoal, cuja alma perceba a continuidade histórica. Por mais abstrato que possa parecer, é uma realidade encontrada na prática que a causa de inúmeras neuroses está principalmente no fato de as necessidades religiosas da alma não serem mais levadas a sério devido à paixão

---

5. [A expressão "só isso" (*nichts als*) denota o hábito comum de explicar algo desconhecido reduzindo-o a algo aparentemente conhecido e assim desvirtuando-o. Por exemplo: quando dizemos que uma doença é "só psíquica", ela é explicada como imaginária e assim é desvalorizada. A expressão é tomada de JAMES. *The Varieties of Religious Experience*, p. 12. – EDITORES.]

6. SCHILLER. *Über die ästhetische Erziehung des Menschen.* 15ª carta.

infantil do entendimento racional. Afinal, o psicólogo dos nossos dias deveria saber que o que importa já não são dogmas e credos, mas sim toda uma atitude religiosa, que tem uma função psíquica de incalculável alcance. A continuidade histórica é imprescindível justamente para essa função religiosa.

Voltando ao problema da minha técnica, pergunto-me até que ponto posso considerar que Freud contribuiu para sua elaboração. Em todo caso, aprendi esta técnica a partir do método da livre-associação de Freud e a considero um aperfeiçoamento diretamente decorrente dela. [100]

Enquanto o paciente necessitar a minha ajuda para descobrir os momentos eficazes dos seus sonhos, e eu tiver que esforçar-me por mostrar-lhe o sentido geral de seus símbolos, ele ainda não saiu do estado psíquico infantil. Por um lado, ele depende dos seus sonhos e se pergunta, ansioso, se o sonho seguinte vai iluminar um novo trecho de sua vida. Por outro, depende das minhas ideias a respeito – se eu as tiver – para que os meus conhecimentos lhe proporcionem outros *insights*. Logo, seu estado ainda é passivo e pouco propício; tudo ainda é um tanto inseguro e duvidoso. Porque nem ele nem eu sabemos para onde nos conduz a viagem. Muitas vezes não passa de um tatear nas trevas, nas trevas bíblicas do Egito. Nesse estado, nem se espera uma eficácia maior, pois a incerteza é grande demais. Além disso, corremos frequentemente o perigo de que o tecido que tecemos durante o dia se desmanche durante a noite. O perigo a que me refiro é que nada se construa – no sentido concreto da palavra – isto é, que nada permaneça de pé. Nessas situações, não raro, sobrevém um sonho particularmente colorido ou com estranhas figuras. O paciente, então, me diz: "Sabe?, se eu fosse pintor, pintaria um quadro desse sonho". Ou então, os sonhos falam de fotografias, de desenhos ou pinturas, de iluminuras ou cinema. [101]

Tenho tirado proveito desses avisos. Por isso estimulo meus pacientes, nessas horas, a pintar de verdade o que viram no sonho ou na fantasia. Em geral objetam que não são pintores: costumo responder que os pintores, hoje em dia, também não o são, que atualmente a arte é totalmente livre, e que o que importa não é a perfeição do quadro, mas unicamente o esforço que se faz para pintá-lo. Recentemente, pude observar o quanto era verdadeira essa afirmação numa cliente minha, [102] retratista profissional de grande talento. Suas tentativas iniciais foram desajeitadas como as de uma criança, até conseguir pintar do modo que eu lhe sugeria. Era literalmente como se jamais tivesse segurado um pincel na mão. É que a arte de pintar exterior é bem diferente do que pintar de dentro para fora.

[103] Assim sendo, muitos dos meus pacientes mais adiantados começam a pintar. Compreendo que as pessoas fiquem profundamente intrigadas com esse diletantismo totalmente inútil. Mas não podemos esquecer que não se trata de pessoas que ainda não tiveram oportunidade de provar sua utilidade social, e sim de pessoas que já não conseguem encontrar sua razão de ser na utilidade social, e que se defrontam com a questão mais profunda e mais perigosa do sentido da sua vida individual. Ser uma partícula dentro da massa só tem atrativo e sentido para quem nunca chegou a sê-lo; não para quem já o viveu até o fastio total. O sentido da vida individual e sua importância podem ser negados por aquele que está abaixo do nível normal de ajustamento dentro da sociedade, e será negada sempre por aquele cuja ambição é ser criador de rebanhos. Quem não pertence nem a uma, nem à outra dessas categorias, confrontar-se-á, mais cedo ou mais tarde, com esse penoso problema.

[104] Ainda que ocasionalmente os meus pacientes produzam obras de grande beleza, boas para serem expostas em mostras de "arte" moderna, eu as considero totalmente desprovidas de valor artístico, quando medidas pelos padrões da arte verdadeira. É essencial até que não tenham valor, pois, do contrário, meus pacientes poderiam considerar-se artistas, e isso seria fugir totalmente à finalidade do exercício. Não é arte, e aliás nem deve sê-lo. É bem mais que isso; é algo bem diverso do que simplesmente arte; trata-se da eficácia da vida sobre o próprio paciente. Aquilo que do ponto de vista social não é valorizado, passa a ocupar aqui o primeiro plano, isto é, o sentido da vida individual, que faz com que o paciente se esforce por traduzir o indizível em formas visíveis. Desajeitadamente. Como uma criança.

[105] Mas, afinal, por que razão levo os pacientes a se exprimirem por meio de um pincel, de um lápis, de uma pena, quando atingem um certo estágio em sua evolução?

Antes de mais nada, o que interessa é que se produza um efeito. [106] No estágio psicológico infantil acima descrito, o paciente permanece passivo. Nesta fase, passa a ser ativo. Passa a representar coisas que antes só via passivamente e dessa maneira elas se transformam em um ato seu. Não se limita a falar do assunto. Também o executa. Psicologicamente isso faz uma diferença incalculável: uma conversa interessante com o terapeuta, algumas vezes por semana, mas com resultados que – de alguma forma – ficam no ar, é totalmente diferente do que ficar horas a fio, às voltas com obstinados pincéis e tintas, para produzir algo, que à primeira vista parece não ter o menor sentido. Se para o paciente esse pintar realmente não tivesse sentido, o esforço exigido lhe repugnaria tanto, que dificilmente o convenceríamos a pegar no pincel uma segunda vez. Mas é porque a sua fantasia não lhe parece totalmente desprovida de sentido que, ao ativá-la, o efeito se acentua. Além disso, a execução material do quadro obriga-o a contemplar cuidadosa e constantemente todos os seus detalhes. Isso faz com que o efeito seja plenamente desenvolvido. Desse modo, introduz-se na fantasia um momento de realidade, o que lhe confere um peso maior e, consequentemente, lhe aumenta o efeito. A pintura de quadros pelo próprio paciente produz efeitos incontestáveis, embora esses efeitos sejam difíceis de descrever. Basta, por exemplo, que um paciente perceba que, por diversas vezes, o fato de pintar um quadro o liberta de um estado psíquico deplorável, para que ele lance mão desse recurso cada vez que seu estado piora. O valor dessa descoberta é inestimável, pois é o primeiro passo para a independência, a passagem para o estado psicológico adulto. Usando esse método – se me for permitido usar este termo – o paciente pode tornar-se independente em sua criatividade. Já não depende dos sonhos, nem dos conhecimentos do médico, pois, ao pintar-se a si mesmo – digamos assim – ele está se plasmando. O que pinta são fantasias ativas – aquilo que está mobilizado dentro de si. E o que está mobilizado é ele mesmo, mas já não mais no sentido equivocado anterior, quando considerava que o seu "eu" pessoal e o seu "*self*" eram uma e a mesma coisa. Agora há um sentido novo, que antes lhe era desconhecido: seu eu aparece como objeto daquilo que está atuando dentro dele. Numa série interminável de quadros, o paciente esforça-se por representar, exaustivamente, o que sente mobilizado dentro de si, para descobrir, finalmente, que é o eterno desconhecido, o eternamente outro, o fundo mais fundo da nossa alma.

[107] Não me é possível dizer quais os pontos de vista e os valores que são assim modificados, nem como o centro de gravitação da personalidade é deslocado. É como se a terra tivesse descoberto que o sol é o centro das trajetórias dos planetas e do seu próprio percurso.

[108] Mas então já não sabíamos essas coisas há muito tempo? Acredito que sim. Mas quando sei alguma coisa, o outro dentro de mim está longe de sabê-lo, pois, na realidade, vivo como se não o soubesse. A maioria dos meus pacientes sabia-o, mas não o vivia. E por que não o vivia? Certamente pelo mesmo motivo que faz com que todos nós vivamos a partir do eu. É esta a razão por que *superestimamos o consciente*.

[109] Para o jovem que ainda não se ajustou e nem obteve sucesso na vida, é extremamente importante formar o seu eu consciente da maneira mais eficaz possível, isto é, educar a sua vontade. A não ser que seja um gênio, ele nem deve acreditar que algo esteja atuando dentro dele que não se identifique com a sua vontade. Ele tem que se sentir um ser volitivo. Convém até que desvalorize as outras coisas dentro de si, ou que as considere dependentes de sua vontade, pois sem essa ilusão provavelmente não conseguiria ajustar-se socialmente.

[110] Mas as coisas mudam quando o homem entra na segunda metade da vida. Aí ele já não tem necessidade de educar sua vontade consciente, mas precisa da experiência do seu próprio ser, para entender o sentido da sua vida individual. Para ele, a utilidade social já deixou de ser um fim, embora não lhe negue o valor. Sente sua atividade criadora – cuja inutilidade social lhe parece evidente – como um trabalho que lhe é benéfico. Sua atividade também vai libertá-lo progressivamente da dependência doentia; com isso, vai adquirindo firmeza interior e renovando sua autoconfiança. Estas últimas conquistas, por sua vez, vão reverter em novos benefícios para a vida social do paciente. Pois uma pessoa interiormente segura e autoconfiante está mais bem preparada para suas funções sociais do que alguém que não está bem com o seu inconsciente.

[111] Evitei ao máximo a teoria propositadamente, para que a minha conferência não se tornasse pesada; por isso, deixei diversos pontos obscuros, sem explicação. No entanto, para que os quadros produzidos pelos

meus pacientes se tornem inteligíveis, sou obrigado a me deter em certos conceitos teóricos. Todos esses quadros têm um caráter marcadamente simbólico e primitivo, o que se manifesta tanto através do desenho quanto da cor. Em geral, as cores são de uma intensidade selvagem, e frequentemente se nota um inconfundível arcaísmo. Estas características indicam a natureza das forças criativas subjacentes. Trata-se de tendências irracionais, simbológicas, de caráter histórico ou arcaico tão definido, que não é difícil traçar o seu paralelo com formações semelhantes na arqueologia e na história das religiões comparadas. Assim sendo, é lícito supor que os nossos trabalhos pictóricos provenham principalmente das regiões da psique, que designei como *inconsciente coletivo*. Entendo por esta expressão um funcionamento psíquico inconsciente, genérico, humano, que está na origem não só das nossas representações simbológicas modernas, mas também de todos os produtos análogos do passado da humanidade. Tais imagens brotam de uma necessidade natural, e esta, por sua vez, é por elas satisfeita. É como se a psique, ao remontar ao estado primitivo, se exprimisse nessas imagens, e assim obtivesse uma possibilidade de funcionar em conjunto com o nosso consciente, que é de natureza diferente, e isso eliminasse – ou melhor, satisfizesse – as exigências da psique que perturbam o consciente. Devo acrescentar, contudo, que a atividade meramente pictórica, em si, não basta. Além dessas representações, é necessário compreender intelectual e emocionalmente as imagens, a fim de integrá-las ao consciente, não só racional, mas também moralmente. Elas também têm que ser submetidas a um trabalho de interpretação sintética. Apesar de ter percorrido esse caminho com muitos pacientes, individualmente, até agora ainda não consegui esclarecer e publicar o processo em todas as suas particularidades[7]. Por enquanto, isso só foi feito parcialmente. O terreno que pisamos é totalmente inexplorado, e o que importa, em primeiro lugar, é adquirir suficiente experiência. Por motivos extremamente sérios, quero evitar – por se tratar deste campo precisamente – toda conclusão precipitada. Está em jogo um processo vital, extraconsciente da alma, que aqui temos a oportunidade de observar indiretamente. Ainda não sabemos até que desco-

---

7. Desde então esta falha foi superada. Cf. *Zur Empirie des Individuationsprozesses*.

nhecidas profundezas o nosso olhar pode penetrar nesse processo. Como dei a entender há pouco, parece que se trata de uma espécie de procura do centro. Muitas imagens decisivas – percebidas como tais principalmente pelo próprio paciente – apontam nessa direção. Nesse processo da procura do centro, parece que o que chamamos de eu ocupa uma posição periférica. Ao que parece, essa mudança é provocada pelo afloramento da parte histórica da alma. Por ora, a finalidade desse fenômeno permanece obscura. A única coisa que podemos constatar é seu notável efeito sobre a personalidade consciente. O fato de essa mudança intensificar a sensação de vida e manter a sua fluidez deve levar-nos a concluir que uma função toda especial lhe é inerente. Poderíamos falar de uma nova ilusão. Mas o que é ilusão? De que pontos de vista nos permitem definir algo como ilusório? Será que existe algo dentro da alma que possa ser chamado de "ilusão"? Quem sabe se essa ilusão é para a alma a forma mais importante e indispensável de vida, como o oxigênio para o organismo? Aquilo que chamamos de "ilusão" é, talvez, uma realidade psíquica de suprema importância. A alma, provavelmente, não se importa com as nossas categorias de realidade. Parece que para ela é *real* tudo o que antes de mais nada é *eficaz*. Quem quiser sondar a alma, não pode confundi-la com o seu consciente, senão acabará ocultando o objeto da pesquisa a seus próprios olhos. Muito pelo contrário, ainda temos que descobrir o quanto a alma difere do consciente para sermos capazes de reconhecê-la. Logo, a coisa mais provável é que é para ela realidade o que nós chamamos de ilusão, e, portanto, nada seria mais incomensurável do que medir a realidade anímica pelos nossos padrões conscientes. Para o psicólogo, nada há de mais estúpido do que o ponto de vista do missionário que declara ilusórios os deuses dos pobres pagãos. No entanto, infelizmente, hoje ainda se costuma dogmatizar, como se aquilo que chamamos de realidade também não fosse ilusório. No domínio psíquico, como na experiência em geral, realidade são os fatores eficazes. Não importa quais os nomes que o homem lhes dê. O importante é entender essas realidades como tais, dentro da medida do possível. Não se trata de substituir um nome por outro. Assim sendo, o espírito não deixa de ser espírito para a alma, ainda que o chamemos de sexualidade.

Repito: esses nomes e mudanças de nomes nada têm a ver com a essência do processo descrito. Como todo o estar aí (*Seiende*), ele não se esgota nos conceitos racionais do consciente. Por conseguinte, os meus pacientes têm razão quando preferem as imagens e as interpretações simbólicas, como o que há de mais adequado e eficaz. [112]

É isso, mais ou menos, o que tinha a apresentar, numa exposição como esta, sobre as linhas gerais dos conceitos e intenções da minha terapia. Dou-me por satisfeito, se pôde servir de estímulo. Apenas de estímulo. [113]

Capítulo 14
Sincronicidade[1]

[959]   Talvez fosse indicado começar minha exposição, definindo o conceito do qual ela trata. Mas eu gostaria mais de seguir o caminho inverso e vos dar primeiramente uma breve descrição dos fatos que devem ser entendidos sob a noção de sincronicidade. Como nos mostra sua etimologia, esse termo tem alguma coisa a ver com o tempo ou, para sermos mais exatos, com uma espécie de *simultaneidade*. Em vez de simultaneidade, poderíamos usar também o conceito de *coincidência significativa* de dois ou mais acontecimentos, em que se trata de algo mais do que uma probabilidade de acasos. Casual é a ocorrência estatística – isto é, provável – de acontecimentos como a "duplicação de casos", por exemplo, conhecida nos hospitais. Grupos desta espécie podem ser constituídos de qualquer número de membros sem sair do âmbito da probabilidade e do racionalmente possível. Assim, pode ocorrer que alguém casualmente tenha a sua atenção despertada pelo número do bilhete do metrô ou do trem. Chegando a casa, ele recebe um telefonema e a pessoa do outro lado da linha diz um número igual ao do bilhete. À noite ele compra um bilhete de entrada para o teatro, contendo esse mesmo número. Os três acontecimentos formam um grupo casual que, embora não seja frequente, não excede os limites da probabilidade. Eu gostaria de vos falar do seguinte grupo casual, tomado de minha experiência pessoal e constituído de não menos de seis termos:

---

1. (Publicado pela primeira vez no *Eranos-Jahrbuch* XX (1951). Tratava-se originariamente de uma conferência que o autor pronunciou perante o Círculo Eranos de 1951, em Ascona na Suíça).

Na manhã do dia 1º de abril de 1949 eu transcrevera uma inscrição [960] referente a uma figura que era metade homem, metade peixe. No almoço houve peixe. Alguém nos lembrou o costume do "Peixe de Abril" (1º de abril). De tarde, uma antiga paciente minha, que eu já não via por vários meses, mostrou-me algumas figuras impressionantes de peixe. À noite, alguém me mostrou uma peça de bordado, representando um monstro marinho. Na manhã seguinte, bem cedo, eu vi outra antiga paciente, que veio me visitar pela primeira vez depois de dez anos. Na noite anterior ela sonhara com um grande peixe. Alguns meses depois, ao empregar esta série em um trabalho maior, e tendo encerrado justamente a sua redação, eu me dirigi a um local à beira do lago, em frente à minha casa, onde já estivera diversas vezes, naquela mesma manhã. Desta vez encontrei um peixe morto, mais ou menos de um pé de comprimento (cerca de 30cm), sobre a amurada do lago. Como ninguém pôde estar lá, não tenho ideia de como o peixe foi parar ali.

Quando as coincidências se acumulam desta forma, é impossível [961] que não fiquemos impressionados com isto, pois, quanto maior é o número dos termos de uma série desta espécie, e quanto mais extraordinário é o seu caráter, tanto menos provável ela se torna. Por certas razões que mencionei em outra parte e que não quero discutir aqui, admito que se trate de um grupo casual. Mas também devo reconhecer que é mais improvável do que, por exemplo, uma mera duplicação.

No caso do bilhete do metrô, acima mencionado, eu disse que o [962] observador percebeu "casualmente" o número e o gravou na memória, o que, ordinariamente, ele jamais fazia. Isto nos forneceu os elementos para concluir que se trata de uma série de acasos, mas ignoro o que o levou a fixar a sua atenção nos números. Parece-me que um fator de incerteza entra no julgamento de uma série desta natureza e reclama certa atenção. Observei coisa semelhante em outros casos, sem, contudo, ser capaz de tirar as conclusões que mereçam fé. Entretanto, às vezes é difícil evitar a impressão de que há uma espécie de precognição de acontecimentos futuros. Este sentimento se torna irresistível nos casos em que, como acontece mais ou menos frequentemente, temos a impressão de nos encontrar com um velho conhecido, mas para nosso desapontamento logo verificamos que se trata de um estranho. Então vamos até a esquina próxima e topamos com o próprio em pessoa. Casos desta natureza acontecem de todas as formas possíveis e com bastante frequência, mas geralmente bem depressa nos esquecemos deles, passados os primeiros momentos de espanto.

[963] Ora, quanto mais se acumulam os detalhes previstos de um acontecimento, tanto mais clara é a impressão de que há uma precognição e por isto tanto mais improvável se torna o acaso. Lembro-me da história de um amigo estudante ao qual o pai prometera uma viagem à Espanha, se passasse satisfatoriamente nos exames finais. Este meu amigo sonhou então que estava andando em uma cidade espanhola. A rua conduzia a uma praça onde havia uma catedral gótica. Assim que chegou lá, dobrou a esquina, à direita, entrando noutra rua. Aí ele encontrou uma carruagem elegante, puxada por dois cavalos baios. Nesse momento ele despertou. Contou-nos ele o sonho enquanto estávamos sentados em torno de uma mesa de bar. Pouco depois, tendo sido bem-sucedido nos exames, viajou à Espanha e aí, em uma das ruas, reconheceu a cidade de seu sonho. Encontrou a praça e viu a igreja, que correspondia exatamente à imagem que vira no sonho. Primeiramente, ele queria ir diretamente à igreja, mas se lembrou de que, no sonho, ele dobrava a esquina, à direita, entrando noutra rua. Estava curioso por verificar se seu sonho seria confirmado outra vez. Mal tinha dobrado a esquina, quando viu, na realidade, a carruagem com os dois cavalos baios.

[964] O sentimento do *déjà-vu* (sensação do já visto) baseia-se, como tive oportunidade de verificar em numerosos casos, em uma precognição do sonho, mas vimos que esta precognição ocorre também no estado de vigília. Nestes casos, o puro acaso se torna extremamente improvável, porque a coincidência é conhecida de antemão. Deste modo, ela perde seu caráter casual não só psicológica e subjetivamente, mas também objetivamente, porque a acumulação dos detalhes coincidentes aumenta desmedidamente a improbabilidade (Dariex e Flammarion calcularam as probabilidades de 1:4 milhões a 1:800 milhões para mortes corretamente previstas). Por isto, em tais casos seria inadequado falar de "acasos". Do contrário, trata-se de coincidências significativas. Comumente os casos deste gênero são explicados pela precognição, isto é, pelo conhecimento prévio. Também se fala de clarividência, de telepatia etc., sem,

contudo, saber-se explicar em que consistem estas faculdades ou que meio de transmissão elas empregam para tornar acontecimentos distantes no espaço e no tempo acessíveis à nossa percepção. Todas estas ideias são meros *nomina* (nomes); não são conceitos científicos que possam ser considerados como afirmações de princípio. Até hoje ninguém conseguiu construir uma ponte causal entre os elementos constitutivos de uma coincidência significativa.

Coube a J.B. Rhine o grande mérito de haver estabelecido bases confiáveis para o trabalho no vasto campo destes fenômenos, com seus experimentos sobre a ESP (*extrasensory perception*). Ele usou um baralho de vinte e cinco cartas, divididas em cinco grupos de cinco, cada um dos quais com um desenho próprio (estrela, retângulo, círculo, cruz, duas linhas onduladas). A experiência era efetuada da seguinte maneira: em cada série de experimentos retiravam-se aleatoriamente as cartas do baralho, 800 vezes seguidas, mas de modo que o sujeito (ou pessoa testada) não pudesse ver as cartas que iam sendo retiradas. Sua tarefa era adivinhar o desenho de cada uma das cartas retiradas. A probabilidade de acerto é de 1:5. O resultado médio obtido com um número muito grande de cartas foi de 6,5 acertos. A probabilidade de um desvio casual de 1,5 é só de 1:250.000. Alguns indivíduos alcançaram o dobro ou mais de acertos. Uma vez, todas as 25 cartas foram adivinhadas corretamente em nova série, o que dá uma probabilidade de 1:289.023.223.876.953.125. A distância espacial entre o experimentador e a pessoa testada foi aumentada de uns poucos metros até 4.000 léguas, sem afetar o resultado.

[965]

Uma segunda forma de experimentação consistia no seguinte: mandava-se o sujeito adivinhar previamente a carta que iria ser retirada no futuro próximo ou distante. A distância no tempo foi aumentada de alguns minutos até duas semanas. O resultado desta experiência apresentou uma probabilidade de 1:400.000.

[966]

Numa terceira forma de experimentação o sujeito deveria procurar influenciar a movimentação de dados lançados por um mecanismo, escolhendo um determinado número. Os resultados deste experimento, dito *psicocinético* (PK, de *psycho-kinesis*), foram tanto mais positivos quanto maior era o número de dados que se usavam de cada vez.

[967]

[968]	O experimento espacial mostra com bastante certeza que a psique pode eliminar o fator espaço até certo ponto. A experimentação com o tempo nos mostra que o fator tempo (pelo menos na dimensão do futuro) pode ser relativizado psiquicamente. A experimentação com os dados nos indica que os corpos em movimento podem ser influenciados também psiquicamente, como se pode prever a partir da relatividade psíquica do espaço e do tempo.

[969]	O postulado da energia é inaplicável no experimento de Rhine. Isto exclui a ideia de transmissão de força. Também não se aplica a lei da causalidade, circunstância esta que eu indicara há trinta anos. Com efeito, é impossível imaginar como um acontecimento futuro seja capaz de influir num outro acontecimento já no presente. Como atualmente é impossível qualquer explicação causal, forçoso é admitir, a título provisório, que houve acasos improváveis ou *coi*ncidências significativas de natureza acausal.

[970]	Uma das condições deste resultado notável que é preciso levar em conta é o fato descoberto por Rhine: as primeiras séries de experiência apresentam sempre resultados melhores do que as posteriores. A diminuição dos números de acerto está ligada às disposições do sujeito da experimentação. As disposições iniciais de um sujeito crente e otimista ocasionam bons resultados. O ceticismo e a resistência produzem o contrário, isto é, criam disposições desfavoráveis no sujeito. Como o ponto de vista energético é praticamente inaplicável nestes experimentos, a única importância do fator *afetivo* reside no fato de ele ser uma das *condições* com base nas quais o fenômeno *pode*, mas não *deve* acontecer. Contudo, de acordo com os resultados obtidos por Rhine, podemos esperar 6,5 acertos em vez de apenas 5. Todavia, é impossível prever quando haverá acerto. Se isto fosse possível, estaríamos diante de uma lei, o que contraria totalmente a natureza do fenômeno, que tem as características de um acaso improvável cuja frequência é mais ou menos provável e geralmente depende de algum estado afetivo.

[971]	Esta observação, que foi sempre confirmada, mostra-nos que o fator psíquico que modifica ou elimina os princípios da explicação física do mundo está ligado à afetividade do sujeito da experimentação. Embora a fenomenologia do experimento da ESP e da PK possa enriquecer-se

notavelmente com outras experiências do tipo apresentado esquematicamente acima, uma pesquisa mais profunda das bases teria necessariamente de se ocupar com a natureza da afetividade. Por isto, eu concentrei minha atenção sobre certas observações e experiências que, posso muito bem dizê-lo, impuseram-se com frequência no decurso de minha já longa atividade de médico. Elas se referem a coincidências significativas espontâneas de alto grau de improbabilidade e que consequentemente parecem inacreditáveis. Por isto, eu gostaria de vos descrever um caso desta natureza, para dar um exemplo que é característico de toda uma categoria de fenômenos. Pouco importa se vos recusais a acreditar em um único caso ou se tendes uma explicação qualquer para ele. Eu poderia também vos apresentar uma série de histórias como esta que, em princípio, não são mais estranhas ou menos dignas de crédito do que os resultados irrefutáveis de Rhine, e não demoraríeis a ver que cada caso exige uma explicação própria. Mas a explicação causal, cientificamente possível, fracassa por causa da relativização psíquica do espaço e do tempo, que são duas condições absolutamente indispensáveis para que haja conexão entre a causa e o efeito.

O exemplo que vos proponho é o de uma jovem paciente que se mostrava inacessível, psicologicamente falando, apesar das tentativas de parte a parte neste sentido. A dificuldade residia no fato de ela pretender saber sempre melhor as coisas do que os outros. Sua excelente formação lhe fornecia uma arma adequada para isto, a saber, um racionalismo cartesiano aguçadíssimo, acompanhado de uma concepção geometricamente impecável da realidade[2]. Após algumas tentativas de atenuar o seu racionalismo com um pensamento mais humano, tive de me limitar à esperança de que algo inesperado e irracional acontecesse, algo que fosse capaz de despedaçar a retorta intelectual em que ela se encerrara. Assim, certo dia eu estava sentado diante dela, de costas para a janela, a fim de escutar a sua torrente de eloquência. Na noite anterior ela havia tido um sonho impressionante no qual alguém lhe dava um escaravelho de ouro (uma joia preciosa) de presente. Enquanto ela me contava o sonho, eu ouvi que alguma coisa batia de leve na janela, por trás de mim. Vol-

[972]

---

2. [Descartes demonstrou suas proposições pelo "Método geométrico". – EDITORES.]

tei-me e vi que se tratava de um inseto alado de certo tamanho, que se chocou com a vidraça, pelo lado de fora, evidentemente com a intenção de entrar no aposento escuro. Isto me pareceu estranho. Abri imediatamente a janela e apanhei o animalzinho em pleno voo, no ar. Era um *escarabeídeo*, da espécie da *Cetonia aurata*, o besouro-rosa comum, cuja cor verde-dourada torna-o muito semelhante a um escaravelho de ouro. Estendi-lhe o besouro, dizendo-lhe: "Está aqui o seu escaravelho". Este acontecimento abriu a brecha desejada no seu racionalismo, e com isto rompeu-se o gelo de sua resistência intelectual. O tratamento pôde então ser conduzido com êxito.

[973] Esta história destina-se apenas a servir de paradigma para os casos inumeráveis de coincidência significativa observados não somente por mim, mas por muitos outros e registrados parcialmente em grandes coleções. Elas incluem tudo o que figura sob os nomes de clarividência, telepatia etc., desde a visão, significativamente atestada, do grande incêndio de Estocolmo, tida por Swedenborg, até os relatos mais recentes do marechal do ar Sir Victor Goddard a respeito do sonho de um oficial desconhecido, que previra o desastre subsequente do avião de Goddard[3].

[974] Todos os fenômenos a que me referi podem ser agrupados em três categorias:

1. Coincidência de um estado psíquico do observador com um acontecimento objetivo externo e simultâneo, que corresponde ao estado ou conteúdo psíquico (por exemplo, o escaravelho), onde não há nenhuma evidência de uma conexão causal entre o estado psíquico e o acontecimento externo e onde, considerando-se a relativização psíquica do espaço e do tempo, acima constatada, tal conexão é simplesmente inconcebível.

2. Coincidência de um estado psíquico com um acontecimento exterior correspondente (mais ou menos simultâneo), que tem lugar fora do campo de percepção do observador, ou seja, especialmente distante, e só se pode verificar posteriormente (como, por exemplo, o incêndio de Estocolmo).

---

3. [Este caso foi tema de um filme inglês, *The Night My Number Came Up*. – EDITORES.]

3. Coincidência de um estado psíquico com um acontecimento futuro, portanto, distante no tempo e ainda não presente, e que só pode ser verificado também posteriormente.

[975] Nos casos dois e três, os acontecimentos coincidentes ainda não estão presentes no campo de percepção do observador, mas foram antecipados no tempo, na medida em que só podem ser verificados posteriormente. Por este motivo, digo que semelhantes acontecimentos são *sincronísticos*, o que não deve ser confundido com "*sincrônicos*".

[976] Esta visão de conjunto deste vasto campo de observação seria incompleta se não considerássemos aqui também os chamados *métodos mânticos*. O manticismo tem a pretensão, senão de produzir realmente acontecimentos sincronísticos, pelo menos de fazê-los servir a seus objetivos. Um exemplo bem-ilustrativo neste sentido é o método oracular do *I Ging* que o Dr. Helmut Wilhelm descreveu detalhadamente neste encontro[4]. O *I Ging* pressupõe que há uma correspondência sincronística entre o estado psíquico do interrogador e o hexagrama que responde. O hexagrama é formado, seja pela divisão puramente aleatória de 49 varinhas de milefólio, seja pelo lançamento igualmente aleatório de três moedas. O resultado deste método é incontestavelmente muito interessante, mas, até onde posso ver, não proporciona um instrumento adequado para uma determinação objetiva dos fatos, isto é, para avaliação estatística, porque o estado psíquico em questão é demasiadamente indeterminado e indefinível. O mesmo se pode dizer do *experimento geomântico*, que se baseia sobre princípios similares.

[977] Estamos numa situação um pouco mais favorável quando nos voltamos para o método *astrológico*, que pressupõe uma "coincidência significativa" de aspectos e posições planetárias com o caráter e o estado psíquico ocasional do interrogador. À luz das pesquisas astrofísicas recentes, a correspondência astrológica provavelmente não é um caso de sincronicidade, mas, em sua maior parte, uma relação causal. Como o professor Knoll[5] demonstrou neste encontro, a irradiação dos prótons solares é de

---

4. ["The Concept of Time in the Book of Changes", originalmente uma preleção na conferência de Eranos de 1951. – EDITORES.]

5. ["Transformations of Science in Our Age", ibid.]

tal modo influenciada pelas conjunções, oposições e aspectos quartis dos aspectos que se pode prever o aparecimento de tempestades magnéticas com grande margem de probabilidade. Podem-se estabelecer relações entre a curva das perturbações magnéticas da terra e a taxa de mortalidade – relações que fortalecem a influência desfavorável de ♂, ☍ e □ (aspectos quartis) e as influências favoráveis de dois aspectos trígonos e sextis. Assim é provável que se trate aqui de uma relação causal, isto é, de uma lei natural que exclua ou limite a sincronicidade. Ao mesmo tempo, porém, a qualificação zodiacal das casas, que desempenha um papel no horóscopo, cria uma complicação, dado que o Zodíaco astrológico coincide com o do calendário, mas não com as constelações do Zodíaco real ou astronômico. Estas constelações deslocaram-se consideravelmente de sua posição inicial em cerca de um mês platônico quase completo, em consequência da precessão dos equinócios desde a época do $0°$ ♈ (ponto zero de Áries) (em começos de nossa era). Por isto, quem nascer hoje, em Áries, de acordo com o calendário astronômico, na realidade nasceu em Pisces. Seu nascimento teve lugar simplesmente em uma época que hoje (há cerca de 2.000 anos) chama-se "Áries". A astrologia pressupõe que este tempo possui uma qualidade determinante. É possível que esta qualidade esteja ligada, como as perturbações magnéticas da Terra, às grandes flutuações sazonais às quais se acham sujeitas as irradiações dos prótons solares. Isto não exclui a possibilidade de as posições zodiacais representarem um fator causal.

[978]   Embora a interpretação psicológica dos horóscopos seja uma matéria ainda muito incerta, contudo, atualmente há a perspectiva de uma possível explicação causal, em conformidade, portanto, com a lei natural. Por conseguinte, não há mais justificativa para descrever a astrologia como um método mântico. Ela está em vias de se tornar uma ciência. Como, porém, ainda existem grandes áreas de incerteza, de há muito resolvi realizar um teste, para ver de que modo uma tradição astrológica se comportaria diante de uma investigação estatística. Para isto, foi preciso escolher um fato bem definido e indiscutível. Minha escolha recaiu no *casamento*. Desde a Antiguidade a crença tradicional a respeito do casamento é que este é favorecido por uma conjunção entre o Sol e a Lua no horóscopo dos casais, isto é, ☉ com uma órbita de 8° em um

dos parceiros, e em ☌ com ☾ no outro parceiro. Uma segunda tradição, igualmente antiga, considera ☾ ☌ ☾ também como uma característica do casamento. De importância são as conjunções dos ascendentes com os grandes luminares.

Juntamente com minha colaboradora, a Dra. L. Frey-Rohn, primeiramente procedi à coleta de 180 casamentos, ou 360 horóscopos individuais[6] e comparamos os 50 aspectos astrológicos mais importantes neles contidos e que poderiam caracterizar um casamento, isto é, as ☌ (conjunções) e ☍ (oposições) entre ☉ (Sol), ☾ (Lua), ♂ (Marte), ♀ (Vênus), asc. e desc. O resultado obtido foi um máximo de 10% em ☉ ☌ ☾. Como me informou o professor Markus Fierz, que gentilmente se deu ao trabalho de calcular a probabilidade de meu resultado, meu número tem a probabilidade de cerca de 1:10.000. A opinião de vários físicos matemáticos consultados a respeito do significado deste número é dividida: alguns acham-na considerável, outros acham-na questionável. Nosso número parece duvidoso na medida em que a quantidade de 360 horóscopos é realmente muito pequena, do ponto de vista da estatística. [979]

Enquanto analisávamos estatisticamente os aspectos dos 180 casamentos, esta nossa coleção se ampliava com novos horóscopos, e quando havíamos reunido mais 220 casamentos, esse novo "pacote" foi submetido a uma investigação em separado. Como da primeira vez, agora também o material era avaliado justamente da maneira como chegava. Não era selecionado segundo um determinado ponto de vista, e foi colhido nas mais diversas fontes. A avaliação do segundo "pacote" produziu um máximo de 10,9% para ☾ ☌ ☾. A probabilidade deste número é também aproximadamente de 1:10.000. [980]

Por fim, foram acrescentados mais 83 casamentos, a seguir estudados também separadamente. O resultado foi de um máximo de 9,6% para ☾ ☌ ascendente. A probabilidade deste número é aproximadamente de 1:3.000. [981]

---

6. O material aqui recolhido provém de diversas fontes. Trata-se de horóscopos de pessoas casadas. Não se fez nenhuma seleção. Utilizamos indiscriminadamente todos os horóscopos de que pudemos lançar mão.

[982]   Um fato que logo nos chama atenção é que as conjunções são todas *conjunções lunares*, o que está de acordo com as expectativas astrológicas. Mas estranho é que aquilo que logo se destaca aqui são as três posições fundamentais do horóscopo, a saber: ☉, ☾ e o ascendente. A probabilidade de uma coincidência de ☉ ☌ ☾ com ☾ ☌ ☾ é de 1:100 milhões. A coincidência das três conjunções lunares com ☉, ☾ e asc. tem uma probabilidade de $1:3 \times 10^{11}$; em outros termos: a improbabilidade de um mero acaso para esta coincidência é tão grande, que nos vemos forçados a considerar a existência de um fator responsável por ela. Como os três "pacotes" eram muito pequenos, as probabilidades respectivas de 1:10.000 e 1:3.000 dificilmente terão alguma importância teórica. Sua coincidência, porém, é tão improvável, que se torna impossível não admitir a presença de uma necessidade que produziu este resultado.

[983]   Não se pode responsabilizar a possibilidade de uma conexão cientificamente válida entre os dados astrológicos e a irradiação dos prótons por este fato, pois as probabilidades individuais de 1:10.000 e 1:3.000 são demasiado grandes, para que se possa considerar nosso resultado, com certo grau de certeza, como meramente casual. Além disso, os máximos tendem a se nivelar, quando aumenta o número de casamentos com a adição de novos pacotes. Seria preciso centenas de milhares de horóscopos de casamentos para se determinar uma possível regularidade estatística de acontecimentos tais como as conjunções do Sol, da Lua e dos ascendentes, e, mesmo neste caso, o resultado seria ainda questionável. Entretanto, o fato de que aconteça algo de tão improvável quanto a coincidência das três conjunções clássicas só pode ser explicado ou como o resultado de uma fraude, intencional ou não, ou mais precisamente como uma coincidência significativa, isto é, como sincronicidade.

[984]   Embora mais acima eu tenha sido levado a fazer reparos quanto ao caráter mântico da astrologia, agora sou obrigado a reconhecer que ela tem este caráter, tendo em vista os resultados a que chegou meu experimento astrológico. O arranjo aleatório dos horóscopos matrimoniais colocados seguidamente uns sobre os outros na ordem que nos chegavam das diversas fontes, bem como a maneira igualmente aleatória com que foram divididos em três pacotes desiguais, correspondia às expectativas otimistas do pesquisador e produziram um quadro geral melhor do que

se poderia desejar, do ponto de vista da hipótese astrológica. O êxito do experimento está inteiramente de acordo com os resultados da ESP de Rhine, que foram favoravelmente influenciados pelas expectativas, pela esperança e pela fé. Mas não havia uma expectativa definida com referência a qualquer resultado. A escolha de nossos 50 aspectos já é uma prova disto. Depois do resultado do primeiro pacote havia certa esperança de que a ☉ ☌ ☽ se confirmasse. Mas esta expectativa frustrou-se. Na segunda vez, formamos um pacote maior com os horóscopos acrescentados antes, a fim de aumentar a certeza. Mas o resultado foi a ☽ ☌ ☽. Com o terceiro pacote havia apenas leve esperança de que a ☽ ☌ ☽ se confirmasse, o que também, mais uma vez, não ocorreu.

O que aconteceu aqui foi reconhecidamente uma curiosidade, aparentemente uma coincidência significativa singular. Se alguém se impressionasse com esta coincidência, poderíamos chamá-lo de pequeno milagre. Hoje, porém, temos de considerar a noção de milagre sob uma ótica diferente daquela a que estávamos habituados. Com efeito, os experimentos de Rhine nos mostraram, nesse meio-tempo, que o espaço e o tempo, e consequentemente também a causalidade, são fatores que se podem eliminar e, portanto, os fenômenos acausais ou os chamados milagres, parecem possíveis. Todos os fenômenos naturais desta espécie são combinações singulares extremamente curiosas de acasos, unidas entre si pelo sentido comum de suas partes e resultando em um todo inconfundível. Embora as coincidências significativas sejam infinitamente diversificadas quanto à sua fenomenologia, contudo, como fenômenos acausais, elas constituem um elemento que faz parte da imagem científica do mundo. A causalidade é a maneira pela qual concebemos a ligação entre dois acontecimentos sucessivos. A sincronicidade designa o paralelismo de espaço e de significado dos acontecimentos psíquicos e psicofísicos, que nosso conhecimento científico até hoje não foi capaz de reduzir a um princípio comum. O termo em si nada explica; expressa apenas a presença de coincidências significativas, que, em si, são acontecimentos casuais, mas tão improváveis, que temos de admitir que se baseiam em algum princípio ou em alguma propriedade do objeto empírico. Em princípio, é impossível descobrir uma conexão causal recíproca entre os acontecimentos paralelos, e é justamente isto que lhes confere

[985]

o seu caráter casual. A única ligação reconhecível e demonstrável entre eles é o *significado comum* (ou uma equivalência). A antiga teoria da correspondência se baseava na experiência de tais conexões – teoria esta que atingiu o seu ponto culminante e também o seu fim temporário na ideia da harmonia preestabelecida de Leibniz, e foi a seguir substituída pela doutrina da causalidade. A sincronicidade é uma diferenciação moderna dos conceitos obsoletos de correspondência, simpatia e harmonia. Ela se baseia, não em pressupostos filosóficos, mas na experiência concreta e na experimentação.

[986] Os fenômenos sincronísticos são a prova da presença simultânea de equivalências significativas em processos heterogêneos sem ligação causal; em outros termos, eles provam que um conteúdo percebido pelo observador pode ser representado, ao mesmo tempo, por um acontecimento exterior, *sem nenhuma conexão* causal. Daí se conclui: ou que a psique não pode ser localizada espacialmente, ou que o espaço é psiquicamente relativo. O mesmo vale para a determinação temporal da psique ou a relatividade do tempo. Não é preciso enfatizar que a constelação deste fato tem consequências de longo alcance.

[987] Infelizmente, no curto espaço de uma conferência não me é possível tratar do vasto problema da sincronicidade, senão de maneira um tanto corrida. Para aqueles dentre vós que desejam se informar mais detalhadamente sobre esta questão, comunico-vos que, muito em breve, aparecerá uma obra minha mais extensa, sob o título de *Sincronicidade como princípio de conexões acausais*. Será publicada juntamente com a obra do professor W. Pauli, num volume denominado *Naturerklärung und Psyche*.

Capítulo 15
Tipologia psicológica[1]

Caráter é a forma individual estável da pessoa. A forma é de natureza corporal e também psíquica, por isso a caracterologia em geral é uma doutrina das características tanto físicas quanto psíquicas. A enigmática unidade da natureza viva traz consigo que a característica corporal não é simplesmente corporal e a característica psíquica não é simplesmente psíquica, pois a continuidade da natureza não conhece aquelas incompatibilidades e distinções que a razão humana precisa colocar a fim de poder entender. A separação entre corpo e alma é uma operação artificial, uma discriminação que se baseia menos na natureza das coisas do que na peculiaridade da razão que conhece. A intercomunicação das características corporais e psíquicas é tão íntima que podemos tirar conclusões não só a partir da constituição do corpo sobre a constituição da psique, mas também da particularidade psíquica sobre as correspondentes formas corporais dos fenômenos. É verdade que o último processo é bem mais difícil, não porque o corpo é menos influenciado pela psique do que a psique pelo corpo, mas porque, partindo da psique, temos que concluir do desconhecido para o conhecido, enquanto que no caso inverso temos a vantagem de começar pelo conhecido, ou seja, pelo corpo visível. Apesar de toda a psicologia que acreditamos hoje possuir, a alma continua sendo bem mais obscura do que a superfície visível do corpo. A psique continua sendo um terreno estranho, pouco explorado, do qual temos notícias apenas por vias indiretas, fornecidas pelas funções

[979]

---

1. Conferência pronunciada no Encontro de médicos de doentes mentais, Zurique, 1928. Cf. *Seelenprobleme der Gegenwart*, Zurique, 1931, p. 101s.

da consciência que, por sua vez, estão expostas a possibilidades de erro quase infindas.

[980] O caminho mais seguro parece, portanto, e com razão, ser o que vai de fora para dentro, do conhecido para o desconhecido, do corpo para a alma. Foi por isso que todas as tentativas de caracterologia começaram de fora: a astrologia nos tempos antigos começava no espaço cósmico para chegar às linhas do destino que, segundo Seni de Wallenstein, estão dentro da própria pessoa. O mesmo acontece com a quiromancia, a frenologia de Gall, a fisiognomia de Lavater e, modernamente, com a grafologia, a tipologia fisiológica de Kretschmer e a técnica de Rorschach. Como se vê, não faltam caminhos que vão de fora para dentro, do corporal para o psíquico.

[981] Esta direção de fora para dentro tem que ser trilhada pela pesquisa até que se possam estabelecer, com relativa segurança, certos fatos elementares da psique. Uma vez estabelecidos, o caminho pode ser invertido. Podemos, então, formular a pergunta: Quais são as expressões corporais de um fato psíquico determinado? Infelizmente ainda não progredimos o suficiente para formular esta pergunta, pois seu requisito básico, a constatação satisfatória do fato psíquico, está longe de ser atingido. Apenas começamos a ensaiar a composição de um inventário psíquico, e isto com maior ou menor êxito.

[982] A simples constatação que certas pessoas se manifestam dessa ou daquela forma não significa nada, se não nos levar a inferir uma correlação psíquica. Só estaremos satisfeitos quando soubermos o tipo de psique que corresponde a determinada constituição corporal. O corpo nada significa sem a psique, da mesma forma que a psique nada significa sem o corpo. Se nos dispusermos a inferir um correlato psíquico a partir de uma característica física, estaremos concluindo, como já ficou dito, do conhecido para o desconhecido.

[983] Infelizmente devo frisar bem esta parte porque a psicologia é, por assim dizer, a mais nova de todas as ciências e está, portanto, sujeita a muitos preconceitos. O fato de só ter sido descoberta há pouco mostra que levamos muito tempo para separar o psíquico do sujeito de tal forma que pudéssemos transformá-lo em material de conhecimento objetivo. A psicologia como ciência natural é realmente a mais nova aquisição;

até há pouco era um produto tão fantástico e arbitrário quanto a ciência natural da Idade Média. Acreditava-se que psicologia podia ser feita por decreto. E este preconceito ainda nos acompanha a olhos vistos. O psíquico é para nós o mais imediato e, por isso, aparentemente, o mais conhecido. Além de sumamente conhecido, ele nos enfada, nos aborrece com a banalidade de sua incessante vulgaridade quotidiana; sofremos, inclusive, com isso e fazemos todo o possível para não termos que pensar nisso. Sendo a psique o próprio imediatismo, e sendo nós mesmos a própria psique, somos quase forçados a aceitar que a conhecemos perfeita, duradoura e inquestionavelmente. É por isso que todos têm não só opinião sobre psicologia, mas também a convicção de que conhecem o assunto melhor do que ninguém. Os psiquiatras, por terem que lidar com o proverbial conhecimento dos parentes e guardiães de seus pacientes, foram talvez os primeiros, como grupo profissional, a se defrontarem com o cego preconceito das massas, de que, em matéria de psicologia, cada qual sabe mais de si do que os outros. Isto não impede que o psiquiatra seja aquele que sabe mais e, inclusive, a ponto de confessar: "Nesta cidade só há duas pessoas normais. A outra é o professor X".

Na psicologia de hoje somos forçados a admitir que o psíquico, na qualidade de mais imediato, é o mais desconhecido, ainda que pareça o mais plenamente conhecido, e que qualquer um outro provavelmente nos conhece melhor do que nós a nós próprios. Sem dúvida, isto seria um princípio heurístico muito útil por onde começar. Mas precisamente por ser a psique tão imediata é que a psicologia foi descoberta tão tarde. E, por estarmos ainda nos inícios de uma ciência, é que nos faltam conceitos e definições para apreender os fatos. Faltam conceitos e definições, mas não faltam fatos. Pelo contrário, somos cercados, quase encobertos pelos fatos, em flagrante contraste com a situação das outras ciências onde devemos, por assim dizer, procurá-los e cujo grupamento natural, como no caso dos elementos químicos e das famílias de plantas, nos dá um conceito só compreensível *a posteriori*. Bem diferente é a situação com a psique: aqui uma atitude com visão empírica nos mergulha apenas na torrente sem fim de nosso acontecer psíquico subjetivo e, quando surge dessa engrenagem qualquer conceito generalizador, trata-se, na maioria das vezes, de mero sintoma. E, por sermos nós também

[984]

psique, é quase inevitável que, ao darmos livre-curso ao processo psíquico, sejamos nele confundidos e fiquemos privados de nossa capacidade de reconhecer distinções e fazer comparações.

[985] Esta é uma das dificuldades. A outra é o fato de que, na medida em que nos afastamos dos fenômenos espaciais e nos aproximamos da não espacialidade da psique, perdemos também a possibilidade de uma mensuração exata. Até mesmo a constatação dos fatos se torna difícil. Se desejo, por exemplo, frisar a irrealidade de alguma coisa, digo que apenas a pensei. "Não teria tido esta ideia se não [...] e, aliás, não costumo pensar essas coisas". Observações desse tipo são muito comuns e indicam quão nebulosos são os fatos psíquicos ou, ainda, quão vagos parecem subjetivamente, quando, na realidade, são tão objetivos e determinados como outro conhecimento qualquer. Realmente pensei isto e aquilo, não importando as condições e cláusulas desse processo. Muitas pessoas têm que ir formalmente ao encontro dessa concessão, por assim dizer evidente, e, às vezes, com o maior esforço moral.

[986] Se concluirmos sobre a situação psíquica a partir do conhecido dos fenômenos externos, então encontraremos essas dificuldades.

[987] Meu campo de trabalho específico não é o estudo clínico de características externas, mas a pesquisa e classificação dos dados psíquicos possíveis de estabelecer por conclusões. Desse trabalho resulta, em primeiro lugar, uma fenomenologia psíquica que permite uma correspondente teoria estrutural e, pelo emprego empírico da teoria estrutural, chega-se finalmente a uma tipologia psicológica.

[988] A fenomenologia clínica é sintomatologia. O passo da sintomatologia para a fenomenologia psíquica é comparável à evolução da pura patologia sintomática para o conhecimento da patologia celular e metabólica, pois a fenomenologia psíquica nos permite a observação dos processos psíquicos subjacentes e que são a base dos sintomas manifestos. Como se sabe, este progresso foi conseguido pelo uso de métodos analíticos. Hoje em dia temos real conhecimento daqueles processos psíquicos que produzem sintomas psicógenos e, dessa forma, está lançada a base de uma fenomenologia psíquica, pois a teoria dos complexos nada mais é do que isto. O que quer que ocorra nos recessos obscuros da psique – e existem várias opiniões acerca disto – uma coisa é certa:

são, antes de tudo, conteúdos carregados de afeto, os assim chamados *complexos* que gozam de certa autonomia. Já rejeitamos várias vezes a expressão "complexo autônomo", mas, parece-me, sem razão, porque os conteúdos ativos do inconsciente mostram na realidade um comportamento que eu não saberia qualificar de outra forma que não pela palavra "autônomo". Este termo significa a capacidade dos complexos de resistir às intenções da consciência, de ir e vir a seu bel-prazer. De acordo com tudo que conhecemos deles, os complexos são grandezas psíquicas que escaparam do controle da consciência. Separados dela, levam uma existência à parte na esfera obscura da psique de onde podem, a qualquer hora, impedir ou favorecer atividades conscientes.

[989] Aprofundamento ulterior da teoria dos complexos leva logicamente ao problema do *surgimento dos complexos*. Também sobre isso existem diversas teorias. Independentemente dessas, mostra a experiência que os complexos sempre contêm algo como um conflito ou, no mínimo, dão origem a ele ou dele provêm. Como quer que seja, as características do conflito, do choque, da consternação, do escrúpulo e da incompatibilidade são próprias dos complexos. São os assim chamados "fantasmas" (*wunde Punkte*), em francês *bêtes noires,* em inglês *skeletons in the cupboard,* dos quais não gostamos de nos lembrar e, muito menos, que os outros deles nos lembrem, mas que se apresentam à nossa lembrança sem pedir licença e da forma mais indesejável possível. Sempre trazem consigo recordações, desejos, temores, deveres, necessidades ou introspecções com os quais não sabemos bem o que fazer, e que, portanto, imiscuem-se em nossa vida consciente sempre de maneira perturbadora e perniciosa.

[990] Sem dúvida os complexos são uma espécie de inferioridade no sentido mais amplo; mas quero sublinhar de saída que um complexo ou ter um complexo não significa logo uma inferioridade. Quer dizer apenas que existe algo discordante, não assimilado e conflitivo, um obstáculo talvez, mas também um incentivo para maiores esforços e, com isso, talvez nova possibilidade de sucesso. Neste sentido, os complexos são precisamente focos ou entroncamentos da vida psíquica que não gostaríamos de dispensar, que não *deveriam* faltar, caso contrário a atividade psíquica entraria em estado de paralisação fatal. Eles mostram ao indiví-

duo os problemas não resolvidos, o lugar onde sofrem, ao menos provisoriamente, uma derrota, onde existe algo que ele não pode esquecer ou superar, enfim o *ponto fraco,* no mais amplo sentido da palavra.

[991] Este caráter do complexo traz muita luz para seu aparecimento. Surge obviamente do choque entre uma necessidade de adaptação e a constituição especial e inadequada do indivíduo para suprir esta necessidade. Visto assim, o complexo é um sintoma valioso para diagnosticar uma disposição individual.

[992] A experiência nos mostra que há uma variedade infinda de complexos, mas uma cuidadosa comparação leva a concluir que há relativamente poucas formas, básicas e típicas, todas elas fundamentando-se nas primeiras vivências da infância. Isto tem que ser assim, pois a disposição individual já se manifesta na infância, uma vez que é inata e não adquirida no decurso da vida. O complexo parental nada mais é, portanto, do que o primeiro choque entre a realidade e a constituição inadequada do indivíduo neste aspecto. A primeira forma de complexo tinha que ser, portanto, um complexo parental, pois os pais são a primeira realidade com a qual a criança pode entrar em conflito.

[993] A existência de um complexo parental nos diz o mesmo que nada sobre a constituição adequada do indivíduo. A experiência prática logo nos mostra que o essencial não está no fato da existência de um complexo parental, mas no modo especial como o complexo atua no indivíduo. E aqui se verificam as mais diferentes variações que podemos atribuir, apenas em grau ínfimo, à constituição especial da influência dos pais porque, frequentes vezes, mais crianças são expostas concomitantemente à mesma influência e, apesar disso, reagem da maneira mais diversa que se possa imaginar.

[994] Voltei minha atenção exatamente para essas diferenças achando que por meio delas conseguiria discernir as peculiaridades das disposições individuais. Por que, numa família neurótica, uma criança reage com histeria, outra com neurose compulsiva, uma terceira com psicose e uma quarta talvez com nada disso? Esse problema da "escolha da neurose", com o qual também Freud se defrontou, tira do complexo parental como tal o significado etiológico, pois a questão deriva mais para o indivíduo que reage e para sua disposição específica.

Ainda que as tentativas de Freud para solucionar este problema me deixem insatisfeito, eu mesmo não estou em condições de responder à questão. Julgo ser prematura a mera formulação do problema da escolha da neurose. Antes de abordarmos este problema sumamente difícil, precisamos saber muito mais sobre *como o* indivíduo reage. A questão é esta: Como reagimos a um obstáculo? Exemplo: chegamos à beira de um riacho sobre o qual não há ponte, mas que é largo demais para ser transposto com um simples passo. Temos que dar um salto. Para isso, temos à nossa disposição um sistema funcional bem complicado, isto é, o sistema psicomotor, uma função já pronta, bastando ser ativada. Mas, antes que isto ocorra, verifica-se algo puramente psíquico: a *decisão* sobre o que deve ser feito. E aqui têm lugar os acontecimentos individuais decisivos, mas que, raras vezes ou nunca, são reconhecidos pelo sujeito como característicos, pois, em geral, não se vê a si mesmo ou, apenas, em último caso. Assim como para saltar é colocado habitualmente à disposição o aparelho psicomotor, também para a decisão sobre o que deve ser feito existe habitualmente (e, por isso, inconscientemente) à disposição um aparelho exclusivamente psíquico.

[995]

As opiniões divergem muito sobre a composição desse aparelho; certo é apenas que todo indivíduo tem seu modo costumeiro de tomar decisões e superar dificuldades. Se perguntarmos a um deles, dirá que saltou sobre o rio porque gosta de saltar; um outro dirá que saltou porque não havia outra possibilidade; e um terceiro dirá que todo obstáculo é um estímulo para superá-lo. Um quarto não saltou porque detesta esforços inúteis; e um quinto também não porque não havia maior necessidade de passar para o outro lado.

[996]

Escolhi de propósito este exemplo banal para mostrar como parecem irrelevantes tais motivações e, até mesmo, fúteis, a ponto de estarmos propensos a relegá-las em seu todo e substituí-las por nossa própria explicação. Mas são precisamente estas variações que possibilitam a valiosa introspecção no sistema individual de adaptação psíquica. Tomemos o primeiro caso, em que o indivíduo salta sobre o riacho por diversão. Em outras situações da vida, provavelmente notaremos que seu fazer e deixar de fazer se pautam, em grande parte, por este aspecto. O segundo, que saltou porque não havia outra possibilidade, podemos vê-lo passar pela

[997]

491

vida cautelosa e apreensivamente, sempre se orientando pela *faute-de-mieux* (falta de coisa melhor) etc. Em todos esses casos estão à disposição sistemas psíquicos especiais aos quais são confiadas as decisões. É fácil supor que essas atitudes são legião. Sua multiplicidade individual é tão inesgotável como as variedades de cristais, mas que fazem parte, sem dúvida, desse ou daquele sistema.

[998] Assim como os cristais apresentam leis fundamentais relativamente simples, também as atitudes mostram certas peculiaridades básicas que as remetem a grupos bem determinados.

[999] As tentativas do espírito humano de construir tipos e, assim, colocar ordem no caos dos indivíduos são antiquíssimas. A tentativa mais antiga neste sentido foi feita pela astrologia do Antigo Oriente nos assim chamados trígonos dos quatro elementos: ar, água, terra e fogo. O trígono do ar consiste, no horóscopo, dos três zodíacos do ar: aquário, gêmeos e libra; o do fogo, dos três zodíacos do fogo: áries, leão e sagitário etc. Segundo esta antiquíssima concepção, quem nascesse nesse trígono teria parte nessa natureza aérea ou fogosa e apresentaria um temperamento e destino correspondentes. Por isso a tipologia *fisiológica* da Antiguidade, ou seja, a divisão em quatro temperamentos humorais, está em íntima conexão com as concepções cosmológicas ainda mais antigas. O que antigamente era representado pelos signos do zodíaco foi, depois, expresso na linguagem fisiológica dos antigos médicos, isto é, pelas palavras *fleumático, sanguíneo, colérico* e *melancólico,* que apenas designam as secreções corporais. Como sabemos, essa tipificação durou, no mínimo, mil e oitocentos anos. No que se refere à tipologia astrológica, para espanto da mentalidade esclarecida, ela permanece intacta e recebe, inclusive, novo florescimento.

[1.000] Este retrospecto histórico nos tranquiliza quanto ao fato de que nossas tentativas modernas de tipologia não são novas e nem originais, ainda que nossa consciência científica nos permita retomar esses caminhos antigos e intuitivos. Temos que achar nossa própria resposta para o problema, e uma resposta que satisfaça os anseios da ciência.

[1.001] E aqui se apresenta a dificuldade principal do problema tipológico, isto é, a questão de padrões ou critérios. O critério astrológico era simples: consistia na constelação imperante na hora do nascimento. A questão de saber como o zodíaco e os planetas podiam conter qualidades temperamentais penetra no obscuro nevoeiro da pré-história e fica sem resposta. O critério dos quatro temperamentos psicológicos da Antiguidade era a aparência e o comportamento do indivíduo, exatamente como na tipificação psicológica atual. Mas qual deve ser o critério de uma tipologia psicológica?

[1.002] Lembremos o exemplo dos indivíduos que deviam passar por sobre um riacho. Como e segundo que pontos de vista devemos classificar suas motivações habituais? Um deles o faz por diversão, outro porque se não o fizesse seria pior, um terceiro não o faz porque tem outra opinião etc. A série de possibilidades parece infinda e sem maiores perspectivas para o problema.

[1.003] Não sei como os outros procedem em relação a esta tarefa. Só posso dizer como eu tratei o assunto e, quando me objetam que meu modo de resolver o problema é apenas o meu preconceito pessoal, devo concordar. E esta objeção é tão válida que eu não saberia defender-me contra ela. Só me ocorre trazer o exemplo de Colombo que, baseado em suposições subjetivas, em falsa hipótese, e seguindo caminho abandonado pelos navegadores da época, descobriu a América. Aquilo que contemplamos e o modo como o contemplamos sempre o fazemos com nossos próprios olhos. Por isso a ciência não é feita por um só, mas sempre exige o concurso de muitos. O indivíduo pode dar sua contribuição e, neste sentido, ouso falar do *meu* modo de ver as coisas.

[1.004] Minha profissão obrigou-me desde sempre a levar em consideração a peculiaridade dos indivíduos e a especial circunstância de que ao longo dos anos – não sei quantos – ter que tratar de inúmeros casais ligados pelo matrimônio e ter que torná-los plausíveis um ao outro, homem e mulher, enfatizou mais ainda a obrigação e necessidade de estabelecer certas verdades médias. Quantas vezes, por exemplo, tive de dizer: "Sua mulher é de constituição tão ativa que não se pode esperar que sua vida toda se resuma a cuidar do lar". Isto já é uma tipificação, uma espécie de verdade estatística. Existem naturezas *ativas* e *passivas*. Mas esta verdade rudimentar não me satisfazia. Minha próxima tentativa foi dizer que havia algo como naturezas *reflexivas* e *irrefletidas,* pois percebera que muitas naturezas aparentemente passivas não eram, na verdade, tão passivas, mas sim *premeditativas*. Essas examinam, primeiro, a situação e só depois agem; e por assim procederem habitualmente, desperdiçam oportunidades onde é preciso agir imediatamente, sem premeditação, dando a impressão de serem passivas. Os irrefletidos sempre me pareciam pessoas que saltavam para dentro de uma situação com os dois pés, para só então pensarem que talvez tivessem entrado num brejo. Podíamos, portanto, designá-los irrefletidos, o que parecia mais adequado do que ativos, pois a premeditação do outro é, às vezes, uma atividade muito importante e um agir muito responsável em vista do fogo de palha impensado de uma simples ocupação. Mas de pronto descobri que a lentidão de um nem sempre era premeditação e o agir rápido de outro também não era irreflexão. A hesitação do primeiro repousa muitas vezes numa timidez habitual ou, ao menos, num retroceder instintivo diante de tarefa grande demais; a atividade imediata do outro se torna possível devido a uma autoconfiança quase desmedida em relação ao objeto. Esta observação fez com que eu formulasse a tipificação da seguinte maneira: existe toda uma classe de pessoas que, no momento de reagir a uma situação dada, primeiro se retrai, dizendo "não" em voz baixa, e só depois chega a reagir; e outra classe que reage imediatamente diante da mesma situação, aparentando plena confiança de que seu procedimento está correto. A primeira classe seria caracterizada por uma certa relação negativa com o objeto, e a segunda, por uma relação positiva.

[1.005] Como se pode ver, a primeira classe corresponde à atitude *introvertida* e a segunda à atitude *extrovertida*.

[1.006] Mas esses dois termos significam tão pouco quanto a descoberta de que o "Bourgeois Gentilhomme" de Molière usava um linguajar comum. Só adquirem sentido e valor quando conhecemos todas as demais características que acompanham o tipo.

[1.007] Ninguém pode ser introvertido sem que o seja em todos os sentidos. O conceito *introvertido* soa assim: todo o psíquico acontece assim como deve acontecer regularmente no introvertido. Se assim não fosse, a constatação que um certo indivíduo é extrovertido seria tão irrelevante quanto afirmar que sua altura é 1,75m, que tem cabelos castanhos ou que é braquicéfalo. Obviamente estas constatações não contêm muito mais do que a realidade que exprimem. Mas a expressão *extrovertido* é incomparavelmente mais exigente. Quer dizer que a consciência e o inconsciente do extrovertido têm que ter determinadas qualidades de forma que seu comportamento geral, seu relacionamento com os outros e, mesmo, o curso de sua vida apresentem certas características típicas.

Introversão e extroversão como tipos de atitudes significam um preconceito que condiciona todo o processo psíquico, porque estabelecem o modo habitual de reação e, portanto, determinam não apenas o modo de agir, mas também o modo de ser da experiência subjetiva e o modo de ser da compensação pelo inconsciente. [1.008]

A determinação do hábito de reagir tem que acertar no alvo, pois o hábito é de certa forma uma central de comutação a partir da qual é regulado, por um lado, o agir externo, e, por outro, é configurada a experiência específica. Certo modo de agir traz resultados correspondentes e a compreensão subjetiva dos resultados faz surgir experiências que, por sua vez, voltam a influenciar o agir e, dessa forma, traçam o destino individual, segundo o ditado: "Cada qual é o autor de seu destino". [1.009]

Ainda que não haja dúvida de que o hábito de reação nos leva ao ponto central, permanece a delicada questão se a caracterização do hábito de reação foi acertada ou não. Pode-se ter opinião diferente neste assunto, mesmo que se tenha conhecimento profundo desse campo específico. O que pude encontrar em favor de minha concepção eu o reuni em meu livro sobre os tipos, afirmando categoricamente que não pretendia fosse minha tipificação a única verdadeira ou a única possível. [1.010]

O confronto entre introversão e extroversão é simples, mas infelizmente formulações simples merecem quase sempre desconfiança. Com demasiada facilidade acobertam as verdadeiras complicações. Falo de experiência própria, pois tendo publicado, há quase vinte anos, a primeira formulação de meus critérios, percebi, para meu desgosto, que caíra na esparrela. Algo não estava certo. Havia tentado explicar demais, com meios muito simples, o que acontece à maioria no primeiro prazer da descoberta. [1.011]

O que me chamou a atenção agora foi o inegável fato de haver enormes diferenças nos introvertidos entre si e nos extrovertidos entre si. Eram tão grandes essas diferenças que cheguei a duvidar se tinha enxergado bem ou não. A solução dessa dúvida exigiu um trabalho de observação e comparação que durou quase dez anos. [1.012]

495

[1.013]	O problema de saber donde provinham as enormes diferenças entre os indivíduos do mesmo tipo enredou-me em dificuldades imprevisíveis que ficaram por muito tempo sem solução. Essas dificuldades não estavam tanto na observação e percepção das diferenças; a raiz era, como antigamente, o problema dos critérios, isto é, a designação adequada das diferenças características. Aqui experimentei com meridiana clareza quão nova é a psicologia. Difere bem pouco de um caos de opiniões teóricas arbitrárias que nasceram, em grande parte, em salas de aula ou em consultórios, por *generatio aequivoca* (por geração espontânea) de um cérebro erudito, isolado e, por isso, semelhante ao de Zeus. Não quero ser irreverente, mas não posso deixar de comparar o professor de Psicologia com a psicologia da mulher, dos chineses ou dos aborígines australianos. Nossa psicologia tem que envolver-se na vida, caso contrário ficaremos presos à Idade Média.

[1.014]	Percebi que do caos da psicologia contemporânea não era possível extrair critérios seguros; era preciso criá-los, não a partir da estratosfera, mas com base nos inestimáveis trabalhos já existentes de muitos, cujos nomes a história da psicologia não poderá ignorar.

[1.015]	No âmbito de uma conferência é impossível mencionar todas as observações separadas que me levaram a selecionar *certas funções psíquicas* como *critérios* das diferenças em discussão. Apenas é preciso constatar em geral que as diferenças, na medida em que pude percebê-las até agora, consistem essencialmente em que um introvertido, por exemplo, não apenas se retrai e hesita diante do objeto, mas isto é um modo bem definido de proceder. Também não age como todos os introvertidos, mas sempre de um modo todo próprio seu. Assim como o leão abate seu inimigo ou sua presa com a pata dianteira (e não com a cauda, como o faz o crocodilo), também nosso hábito de reação se caracteriza normalmente por nossa força, isto é, pelo emprego de nossa função mais confiável e mais eficiente, o que não impede que, às vezes, também possamos reagir utilizando nossa fraqueza específica. Tentaremos criar e procurar situações condizentes e evitar outras para, assim, fazermos experiências especificamente nossas e diferentes das dos outros. Uma pessoa inteligente há de adaptar-se ao mundo com sua inteligência e não como um boxeador de sexta categoria, ainda que possa, num acesso de fúria, usar os punhos. Na luta pela existência e pela adaptação, cada qual emprega instintivamente sua *função mais desenvolvida,* que se torna, assim, o critério de seu hábito de reação.

A questão é esta: Como reunir todas essas funções em conceitos gerais de modo que possam distinguir-se dos simples acontecimentos individuais? [1.016]

Uma tipificação bruta dessa espécie já foi criada de há muito pela vida social nas figuras do camponês, do operário, do artista, do erudito, do lutador etc., ou no elenco de todas as profissões. Mas esta tipificação nada tem a ver com a psicologia, pois, como se expressou certa vez um notável sábio, existem também entre os intelectuais aqueles que são meros "estivadores intelectuais". [1.017]

O que aqui se pretende é de ordem mais sutil. Não basta, por exemplo, falar de inteligência, pois é um conceito por demais vago e genérico. Pode-se chamar de inteligente praticamente tudo que funciona de modo fluente, rápido, eficiente e finalista; à semelhança da burrice, a inteligência não é função, mas modalidade; nunca diz o quê, mas sempre o como. O mesmo vale dos critérios morais e estéticos. Temos que saber dizer o que funciona primordialmente na reação habitual. E, neste caso, somos forçados a retornar a algo que, à primeira vista, parece a velha psicologia de faculdades do século XVIII; na verdade, porém, só voltamos aos conceitos já inseridos na linguagem quotidiana, acessíveis e compreensíveis a qualquer um. Quando, por exemplo, falo de "pensar", só um filósofo não sabe o que isto significa, mas nenhum leigo há de considerar isto incompreensível. Quase diariamente empregamos esta palavra e sempre significa praticamente a mesma coisa. Mas um leigo entraria em sérios apuros se pedíssemos que nos desse de pronto uma definição inequívoca de pensar. O mesmo vale de "memória" e "sentimento". Esses conceitos psicológicos puros são muito difíceis de definir cientificamente, mas são facílimos de entender na linguagem usual. A linguagem é uma reunião de evidências por excelência; por isso, conceitos muito nebulosos e abstratos não conseguem lançar raízes nela ou facilmente morrem porque têm pouco contato com a realidade. Mas o pensamento ou o sentimento são realidades tão evidentes que qualquer linguagem não muito primitiva tem expressões absolutamente inequívocas para eles. Podemos ter [1.018] certeza, então, que estas expressões coincidem com situações psíquicas bem determinadas, não importa como sejam cientificamente definidas essas situações complexas. Todos sabem, por exemplo, o que é consciência, mas a ciência ainda o desconhece; ninguém duvida que o conceito *consciência* coincida com uma determinada situação psíquica, mas a ciência não o sabe definir.

[1.019] Foi por isso que tomei os conceitos leigos contidos na linguagem usual como critérios para as diferenças verificadas num tipo de atitude e com eles designei as funções psíquicas correspondentes. Tomei, por exemplo, o pensamento, como é entendido usualmente, porque me chamou a atenção que muitas pessoas pensam bem mais do que outras e dão a seu pensamento valor bem maior em suas decisões importantes. Também usam seu pensamento para entenderem o mundo e a ele se adaptarem; e tudo que lhes acontece é submetido a uma consideração ou reflexão, ou, no mínimo, a um princípio previamente estabelecido. Outras pessoas relegam o pensamento em favor de fatores emocionais, isto é, do sentimento. Fazem continuamente uma "política do sentimento" e é preciso uma situação extraordinária para levá-las a refletir. Estes se encontram em oposição evidente àqueles, e a diferença é ainda mais gritante quando se trata de sócios ou de marido e mulher. No dar preferência ao pensamento, pode-se perceber se alguém é introvertido ou extrovertido. Mas só o empregará no modo que corresponda a seu tipo.

[1.020] A predominância de uma ou outra função não explica todas as diferenças que ocorrem. O que denomino tipos pensamento ou sentimento são pessoas que têm novamente algo em comum e que eu não saberia designar de outra forma do que pela palavra *racionalidade*. Ninguém negará que o pensamento é essencialmente racional, mas, quando chegamos ao sentimento, levantam-se graves objeções que não gostaria de rejeitar sem mais. Posso garantir que o problema do sentimento me trouxe não pouca dor de cabeça. Não quero, porém, sobrecarregar minha conferência com as opiniões teóricas sobre este conceito, mas trazer apenas rapidamente minha concepção. A dificuldade principal é que a palavra "sentimento" ou "sentir" é suscetível dos mais diferentes usos, especialmente na língua alemã, embora menos na língua inglesa e francesa. Temos que distinguir de antemão esta palavra do conceito de sensação, que é a função dos sentidos. Também é preciso compreender que o sentimento de compaixão, por exemplo, é conceitualmente bem diferente do sentimento de que o tempo vai mudar ou de que as ações do alumínio vão subir. Minha proposta era que se chamasse de sentimento propriamente dito o primeiro sentimento e, quanto aos outros, fosse abolida a palavra "sentir" – ao menos com relação a seu uso psicológico – e substituída pelo conceito de "sensação", enquanto se tratasse de experiência sensorial; ou pelo conceito de "intuição", enquanto se tratasse de uma espécie de percepção que não pode ser atribuída diretamente à experiência dos sentidos. Por isso, defini *sensação* como percepção através da função consciente dos sentidos e *intuição* como percepção através do inconsciente.

[1.021] Evidentemente é possível discutir sobre a validade dessas definições até o fim do mundo, mas a discussão prende-se, em última análise, apenas à questão se devemos chamar um certo animal de rinoceronte ou de "com chifre no focinho", pois o que interessa é saber como designar o quê. A psicologia é terra virgem onde a linguagem ainda precisa ser fixada. Podemos medir a temperatura de acordo com Réaumur, Celsius ou Fahrenheit, apenas é preciso explicar que graduação estamos utilizando.

[1.022] Como se vê, considero o sentimento uma função da índole e dele distingo a sensação e o pressentimento ou intuição. Quem misturar essas funções com o sentimento, em sentido mais estrito, não conseguirá entender a racionalidade do sentimento. Mas, quem as separa, não pode deixar de reconhecer que os valores e julgamentos do sentimento, ou seja, os sentimentos em geral, não apenas são racionais, mas podem ser também lógicos, consequentes e criteriosos como o pensamento. Este fato parece estranho ao tipo pensamento, mas isto se explica facilmente pela circunstância típica de que, na função diferenciada do pensamento, a função sentimento é sempre menos desenvolvida e, por isso, mais primitiva e contaminada com outras funções, principalmente com as irracionais, não lógicas e não judicativas, respectivamente não avaliadoras, isto é, com a sensação e a intuição. Estas duas últimas funções são opostas às funções racionais, e isto devido à sua natureza mais profunda. Quando *pensamos*, a gente o faz com a intenção de chegar a um julgamento ou a uma conclusão: e, quando sentimos, é para chegar a uma avaliação correta. Mas a sensação e a intuição, como funções perceptivas, visam à percepção do que *está acontecendo*, mas não o interpretam e nem o avaliam. Não devem, portanto, proceder seletivamente segundo princípios, mas têm que estar simplesmente abertas ao que acontece. O puro acontecer é, no entanto, essencialmente irracional, pois não há método conclusivo capaz de demonstrar que deve existir tal número de planetas ou tais e tantas espécies de animais de sangue quente. A irracionalidade é um defeito que apelaria para o pensamento e o sentimento; a racionalidade é um defeito onde a sensação e a intuição deveriam ser chamadas.

[1.023] Há muitas pessoas que baseiam seu hábito principal de reação na irracionalidade e, precisamente, na sensação ou na intuição, nunca nas duas ao mesmo tempo, pois a sensação é tão antagônica à intuição quanto o pensamento ao sentimento. Se eu quiser constatar com meus olhos e ouvidos o que realmente acontece, posso fazer tudo menos perambular com sonhos e fantasias por todos os cantos – o que exatamente o intuitivo tem que fazer para garantir o necessário espaço a seu inconsciente ou ao objeto. Compreende-se, pois, que o tipo sensação seja o antípoda do intuitivo. Infelizmente o tempo não me permite abordar as interessantes variações provocadas pela atitude extrovertida e introvertida nos tipos irracionais.

[1.024] Em vez disso, gostaríamos de acrescentar uma palavra ainda sobre as consequências regularmente produzidas quando se dá preferência a uma das funções. É sabido que a pessoa não pode ser tudo ao mesmo tempo nem ser perfeita. Algumas qualidades ela as desenvolve, outras deixa atrofiadas. Nunca alcança a perfeição. O que pode acontecer com aquelas funções que ela não utiliza diariamente de modo consciente e, portanto, não desenvolve pelo exercício? Permanecem em situação mais ou menos primitivo-infantil, apenas meio-conscientes ou totalmente inconscientes. E constituem, assim, para cada tipo, uma inferioridade característica que é parte integrante de seu caráter geral. Ênfase unilateral do pensamento vem sempre acompanhada de inferioridade do sentimento; sensação diferenciada perturba a faculdade intuitiva e vice-versa.

[1.025] Se uma função é diferenciada ou não, é fácil de perceber por sua força, estabilidade, consistência, confiabilidade e ajustamento. Mas sua inferioridade nem sempre é tão fácil de reconhecer e descrever. Um critério bastante seguro é sua falta de autonomia e, portanto, sua dependência das pessoas e das circunstâncias, sua caprichosa suscetibilidade, sua falta de confiabilidade no uso, sua sugestionabilidade e seu caráter nebuloso. Na função inferior, estamos sempre por baixo; não podemos comandá-la, mas somos inclusive suas vítimas.

A intenção dessa conferência é dar um apanhado das ideias básicas de uma tipologia psicológica, por isso não devo entrar em descrição detalhada dos tipos psicológicos. [1.026]

O resultado de meu trabalho até agora é a constatação de dois tipos gerais de atitude: a extroversão e a introversão, e de quatro tipos funcionais: os tipos pensamento, sentimento, sensação e intuição. Esses tipos variam segundo a atitude geral e, assim, produzem oito variantes. [1.027]

Já fui questionado, em tom de censura, pelo fato de admitir quatro funções; não poderiam ser mais ou menos? Cheguei ao número quatro de modo puramente empírico. A explicação a seguir mostra que com quatro se chega a uma certa totalidade. [1.028]

A sensação constata o que realmente está presente. O pensamento nos permite conhecer o que significa este presente; o sentimento, qual o seu valor; a intuição, finalmente, aponta as possibilidades do "de onde" e do "para onde" que estão contidas neste presente. E, assim, a orientação com referência ao presente é tão completa quanto a localização geográfica pela latitude e longitude. As quatro funções são algo como os quatro pontos cardeais, tão arbitrárias e tão indispensáveis quanto estes. Não importa que os pontos cardeais sejam deslocados alguns graus para a esquerda ou para a direita, ou que recebam outros nomes. É apenas questão de convenção e compreensão. [1.029]

Mas uma coisa devo confessar: não gostaria de perder nunca mais esta bússola em minhas viagens de descobertas. Não só devido ao fato muito natural e humano de que cada qual ama suas ideias, mas devido ao fato objetivo de que, com isso, temos um sistema de medida e orientação que torna possível o que nos faltou por muito tempo: uma *psicologia crítica.* [1.030]

Capítulo 16
A função transcendente[1]

Nota introdutória

Este ensaio foi escrito em 1916. Recentemente foi descoberto por estudantes do Instituto C.G. Jung de Zurique e impresso, como edição privada, em sua versão original provisória, porém traduzida para o inglês. A fim de preparar o manuscrito para a impressão definitiva, retoquei-o estilisticamente, respeitando-lhe, porém, a ordem principal das ideias e a inevitável limitação de seu horizonte. Depois de 22 anos, o problema nada perdeu de sua atualidade, embora sua apresentação precise de ser complementada ainda em muitos pontos, como bem o pode ver qualquer um que conheça a matéria. Infortunadamente, minha idade avançada não me permite assumir esta considerável tarefa. Portanto, o ensaio poderá ficar, com todas as suas imperfeições, como um documento histórico. Pode dar ao leitor alguma ideia dos esforços de compreensão exigidos pelas primeiras tentativas de se chegar a uma visão sintética do processo psíquico no tratamento analítico. Como suas considerações básicas ainda são válidas, pelo menos no momento presente, ele poderá estimular o leitor a uma compreensão mais ampla e mais aprofundada do problema. E este problema se identifica com a questão universal: *De que maneira podemos confrontar-nos com o inconsciente?*

---

1. [Escrito em 1916 com o título "Die transzendente Funktion", o ms. permaneceu no arquivo do professor Jung até 1953. Publicado pela primeira vez em 1957 pela Associação de Estudantes do Instituto C.G. Jung, em Zurique. O original alemão, consideravelmente revisto pelo autor, foi publicado em *Geist und Werk*, estudo comemorativo do 75º aniversário de Daniel Brody (Rhein-Verlag, Zurique, 1958), com uma nota introdutória de importância mais geral, escrita especialmente para esse volume. O autor reescreveu pacientemente a nota para a publicação aqui. – EDITORES.]

Esta é a questão colocada pela filosofia da Índia, e de modo particular pelo budismo e pela filosofia do zen. Indiretamente, porém, é a questão fundamental, na prática, de todas as religiões e de todas as filosofias.

O inconsciente, com efeito, não é isto ou aquilo, mas o desconhecimento do que nos afeta imediatamente.

O método da "imaginação ativa", descrito daqui em diante, é o auxiliar mais importante para a produção daqueles conteúdos do inconsciente que, por assim dizer, jazem imediatamente abaixo do limiar da consciência e, quando intensificados, têm muita probabilidade de irromper espontaneamente na mente consciente. O método, portanto, não deixa de ter seus perigos e, se possível, não deveria ser empregado a não ser sob a supervisão de especialistas. Um dos perigos menores é que o procedimento pode não levar a nenhum resultado positivo, já que facilmente passa para a assim chamada "livre-associação" de Freud, na qual o paciente fica preso no círculo estéril de seus próprios complexos, do qual ele, seja como for, não é capaz de fugir. Outro perigo, em si inofensivo, é que, embora possam ser produzidos conteúdos autênticos, o paciente manifesta um interesse exclusivamente estético por eles, de modo que mais uma vez nada se ganha. O sentido e o valor destas fantasias só são revelados através de sua integração na personalidade como um todo – ou seja, no momento em que a pessoa se confronta não só com o que eles significam, mas também com suas exigências morais.

Finalmente, um terceiro perigo – e este pode ser em certas circunstâncias um problema bem sério – é que os conteúdos subliminares já possuem uma carga de energia tão alta que, quando a imaginação ativa lhes fornece um escoadouro, podem subjugar a mente consciente e tomar posse da personalidade. Isto suscita uma condição que – temporariamente, pelo menos – não pode ser facilmente distinguida da esquizofrenia e pode até levar a um genuíno "lapso psicótico". O método da imaginação ativa, portanto, não é um brinquedo para crianças. A subvalorização predominante do inconsciente aumenta consideravelmente os perigos deste método. Por outro lado, não pode haver dúvida de que é um auxiliar inestimável para o psicoterapeuta.

C.G. Jung
Küsnacht, julho de 1958 / setembro de 1959

[131] Por "função transcendente" não se deve entender algo de misterioso e por assim dizer suprassensível ou metafísico, mas uma função que, por sua natureza, pode-se comparar com uma função matemática de igual denominação, e é uma função de números reais e imaginários. A função psicológica e "transcendente" resulta da união dos conteúdos *conscientes* e *inconscientes*.

[132] A experiência no campo da psicologia analítica nos tem mostrado abundantemente que o consciente e o inconsciente raramente estão de acordo no que se refere a seus conteúdos e tendências. Esta falta de paralelismo, como nos ensina a experiência, não é meramente acidental ou sem propósito, mas se deve ao fato de que o inconsciente se comporta de maneira compensatória ou complementar em relação à consciência. Podemos inverter a formulação e dizer que a consciência se comporta de maneira compensatória com relação ao inconsciente. A razão desta relação é que: 1) os conteúdos do inconsciente possuem um valor liminar, de sorte que todos os elementos por demais débeis permanecem no inconsciente: 2) a consciência, devido a suas funções dirigidas, exerce uma *inibição* (que Freud chama de censura) sobre todo o material incompatível, em consequência do que este material incompatível mergulha no inconsciente; 3) a consciência é um *processo momentâneo de adaptação*, ao passo que o inconsciente contém não só todo o material esquecido do passado individual, mas todos os traços funcionais herdados que constituem a estrutura do espírito humano e 4) o inconsciente contém todas as combinações da fantasia que ainda não ultrapassaram a intensidade liminar e, com o correr do tempo e em circunstâncias favoráveis, entrarão no campo luminoso da consciência.

[133] A reunião destes fatos facilmente explica a atitude complementar do inconsciente com relação à consciência.

[134] A natureza determinada e dirigida dos conteúdos da consciência é uma qualidade que só foi adquirida relativamente tarde na história da humanidade e falta, amplamente, entre os primitivos de nossos dias. Também esta qualidade é frequentemente prejudicada nos pacientes neuróticos que se distinguem dos indivíduos normais pelo fato de que o limiar da consciência é mais facilmente deslocável, ou, em outros termos: a parede divisória situada entre a consciência e o inconsciente é

muito mais permeável. O psicótico, por outro lado, acha-se inteiramente sob o influxo direto do inconsciente.

A natureza determinada e dirigida da consciência é uma aquisição extremamente importante que custou à humanidade os mais pesados sacrifícios, mas que, por seu lado, prestou o mais alto serviço à humanidade. Sem ela a ciência, a técnica e a civilização seriam simplesmente impossíveis, porque todas elas pressupõem persistência, regularidade e intencionalidade fidedignas do processo psíquico. Estas qualidades são absolutamente necessárias para todas as competências, desde o funcionário mais altamente colocado até o médico, o engenheiro e mesmo o simples "boia-fria". A ausência de valor social cresce, em geral, à medida que estas qualidades são anuladas pelo inconsciente, mas há também exceções, como, por exemplo, as pessoas dotadas de qualidades criativas. A vantagem de que tais pessoas gozam consiste precisamente na permeabilidade do muro divisório entre a consciência e o inconsciente. Mas para aquelas organizações sociais que exigem justamente regularidade e fidedignidade, estas pessoas excepcionais quase sempre pouco valor representam. [135]

Por isso não é apenas compreensível, mas até mesmo necessário que, em cada indivíduo, este processo seja tão estável e definido quanto possível, pois as exigências da vida o exigem. Mas estas qualidades trazem consigo também uma grande desvantagem: O fato de serem dirigidas para um fim encerra a inibição e/ou o bloqueio de todos os elementos psíquicos que parecem ser, ou realmente são incompatíveis com ele, ou são capazes de mudar a direção preestabelecida e, assim, conduzir o processo a um fim não desejado. Mas como se conhece que o material psíquico paralelo é "incompatível"? Podemos conhecê-lo por um ato de julgamento que determina a direção do caminho escolhido e desejado. Este julgamento é parcial e preconcebido, porque escolhe uma possibilidade particular, à custa de todas as outras. O julgamento se baseia, por sua vez, na experiência, isto é, naquilo que já é conhecido. Via de regra, ele nunca se baseia no que é novo, no que é ainda desconhecido e no que, sob certas circunstâncias, poderia enriquecer consideravelmente o processo dirigido. É evidente que não [136] pode se basear, pela simples razão de que os conteúdos inconscientes estão *a priori* excluídos da consciência.

[137] Por causa de tais atos de julgamento o processo dirigido se torna necessariamente unilateral, mesmo que o julgamento racional pareça plurilateral e despreconcebido. Por fim, até a própria racionalidade do julgamento é um preconceito da pior espécie porque chamamos de racional aquilo que nos parece racional. Aquilo, portanto, que nos parece irracional está de antemão fadado à exclusão, justamente por causa de seu caráter irracional, que pode ser realmente irracional, mas pode igualmente apenas parecer irracional, sem o ser em sentido mais alto.

[138] A unilateralidade é uma característica inevitável, porque necessária, do processo dirigido, pois direção implica unilateralidade. A unilateralidade é, ao mesmo tempo, uma vantagem e um inconveniente, mesmo quando parece não haver um inconveniente exteriormente reconhecível, existe, contudo, sempre uma contraposição igualmente pronunciada no inconsciente, a não ser que se trate absolutamente de um caso ideal em que todas as componentes psíquicas tendem, sem exceção, para uma só e mesma direção. É um caso cuja possibilidade não pode ser negada em teoria, mas na prática raramente acontecerá. A contraposição é inócua, enquanto não contiver um valor energético maior. Mas se a tensão dos opostos aumenta, em consequência de uma unilateralidade demasiado grande, a tendência oposta irrompe na consciência, e isto quase sempre precisamente no momento em que é mais importante manter a direção consciente. Assim um orador comete um deslize de linguagem precisamente quando maior é seu empenho em não dizer alguma estupidez. Este momento é crítico porque apresenta o mais alto grau de tensão energética que pode facilmente explodir, quando o inconsciente já está carregado, e liberar o conteúdo inconsciente.

[139] Nossa vida civilizada exige uma atividade concentrada e dirigida da consciência, acarretando, deste modo, o risco de um considerável distanciamento do inconsciente. Quanto mais capazes formos de nos afastar do inconsciente por um funcionamento dirigido, tanto maior é a possibilidade de surgir uma forte contraposição, a qual, quando irrompe, pode ter consequências desagradáveis.

A terapia analítica nos proporcionou uma profunda percepção da importância das influências inconscientes, e com isto aprendemos tanto para a nossa vida prática, que julgamos insensato esperar a eliminação ou a parada do inconsciente depois do chamado término do tratamento. Muitos dos pacientes, reconhecendo obscuramente este estado de coisas, não se decidem a renunciar à análise, ou só se decidem com grande dificuldade, embora tanto o paciente quanto o médico achem importuno e incoerente o sentimento de dependência. Muitos têm inclusive receio de o tentar e de se pôr sobre seus próprios pés, porque sabem, por experiência, que o inconsciente pode intervir, de maneira cada vez mais perturbadora e aparentemente imprevisível, em suas vidas. [140]

Antigamente se admitia que os pacientes estariam preparados para enfrentar a vida normal, quando tivessem adquirido suficiente autoconhecimento prático, para poderem entender, por exemplo, seus próprios sonhos. Mas a experiência nos tem mostrado que mesmo os analistas profissionais, dos quais se espera que dominem a arte de interpretar os sonhos, muitas vezes capitulam diante de seus próprios sonhos e têm de apelar para a ajuda de algum colega. Se até mesmo aquele que pretende ser perito no método se mostra incapaz de interpretar satisfatoriamente seus próprios sonhos, tanto menos se pode esperar isto da parte do paciente. A esperança de Freud no sentido de que se poderia esgotar o inconsciente, não se realizou. A vida onírica e as instruções do inconsciente continuam – *mutatis mutandis* – desimpedidas. [141]

Há um preconceito generalizado segundo o qual a análise é uma espécie de "cura" a que alguém se submete por um determinado tempo, e em seguida é mandado embora curado da doença. Isto é um erro de leigos na matéria, que nos vem dos primeiros tempos da psicanálise. O tratamento analítico poderia ser considerado um reajustamento da atitude psicológica, realizado com a ajuda do médico. Naturalmente, esta atitude recém-adquirida, que corresponde melhor às condições internas e externas, pode perdurar por um considerável espaço de tempo, mas são bem poucos os casos em que uma "cura" realizada só uma vez possa ter resultados duradouros como estes. É verdade que o otimismo, que [142] nunca dispensou publicidade, tem sido sempre capaz de relatar curas definitivas. Mas não devemos nos deixar enganar pelo comportamento humano, subumano, do médico; convém termos sempre presente que a vida do inconsciente prossegue o seu caminho e produz continuamente situações problemáticas. Não precisamos ser pessimistas; temos visto tantos e excelentes resultados conseguidos na base da sorte e através de trabalho conscencioso. Mas isto não deve nos impedir de reconhecer que a análise não é uma "cura" que se pratica de uma vez para sempre, mas, antes do mais e tão somente, um reajustamento mais ou menos completo. Mas não há mudança que seja incondicional por um longo período de tempo. A vida tem de ser conquistada sempre e de novo. Existem, é verdade, atitudes coletivas extremamente duradouras, que possibilitam a solução de conflitos típicos. A atitude coletiva capacita o indivíduo a se ajustar, sem atritos, à sociedade, desde que ela age sobre ele, como qualquer outra condição da vida. Mas a dificuldade do paciente consiste precisamente no fato de que um problema pessoal não pode se enquadrar em uma norma coletiva, requerendo uma solução individual do conflito, caso a totalidade da personalidade deva conservar-se viável. Nenhuma solução racional pode fazer justiça a esta tarefa, e não existe absolutamente nenhuma norma coletiva que possa substituir uma solução individual, sem perdas.

[143]   A nova atitude adquirida no decurso da análise mais cedo ou mais tarde tende a se tornar inadequada, sob qualquer aspecto, e isto necessariamente por causa do contínuo fluxo da vida, que requer sempre e cada vez mais nova adaptação, pois nenhuma adaptação é definitiva. Por certo, pode-se exigir que o processo de tratamento seja conduzido de tal maneira que deixe margem a novas orientações, também em época posterior da vida, sem dificuldades de monta. A experiência nos ensina que isto é verdade, até certo ponto. Frequentemente vemos que os pacientes que passaram por uma análise exaustiva têm consideravelmente menos dificuldade com novos reajustamentos, em época posterior. Mesmo assim, entretanto, tais dificuldades são bastante frequentes e por vezes assaz penosas. Esta é a razão pela qual mesmo os pacientes que passaram por um tratamento rigoroso muitas vezes voltam a seu antigo

médico, pedindo-lhe ajuda, em época posterior. Comparativamente à prática médica em geral, este fato não é assim tão incomum, todavia contradiz tanto um certo entusiasmo desproposital da parte dos terapeutas quanto a opinião segundo a qual a análise constitui uma "cura" única. Em conclusão, é sumamente improvável que haja uma terapia que elimine todas as dificuldades. O homem precisa de dificuldades; elas são necessárias à sua saúde. E somente a sua excessiva quantidade nos parece desnecessária.

A questão fundamental para o terapeuta é não somente como eliminar a dificuldade momentânea, mas como enfrentar com sucesso as dificuldades futuras. A questão é esta: Que espécie de atitude espiritual e moral é necessário adotar frente às influências perturbadoras, e como se pode comunicá-la ao paciente? [144]

A resposta, evidentemente, consiste em suprimir a separação vigente entre a consciência e o inconsciente. Não se pode fazer isto, condenando unilateralmente os conteúdos do inconsciente, mas, pelo contrário, reconhecendo a sua importância para a compensação da unilateralidade da consciência e levando em conta esta importância. A tendência do inconsciente e a da consciência são os dois fatores que formam a função transcendente. *É chamada transcendente porque torna possível organicamente a passagem de uma atitude para outra*, sem perda do inconsciente. O método construtivo de tratamento pressupõe percepções que estão presentes, pelo menos potencialmente, no paciente, e por isso é possível torná-las conscientes. Se o médico nada sabe dessas potencialidades, ele não pode ajudar o paciente a desenvolvê-las, a não ser que o médico e o paciente dediquem conjuntamente um verdadeiro estudo a este problema, o que, em geral, está fora de questão. [145]

Por isto, na prática é o médico adequadamente treinado que faz de função transcendente para o paciente, isto é, ajuda o paciente a unir a consciência e o inconsciente e, assim, chegar a uma nova atitude. Nesta função do médico está uma das muitas significações importantes da *transferência*: por meio dela o paciente se agarra à pessoa que parece lhe prometer uma renovação da atitude; com a transferência, ele procura esta mudança que lhe é vital, embora não tome consciência disto. Para [146] o paciente, o médico tem o caráter de figura indispensável e absolutamente necessária para a vida. Por mais infantil que esta dependência possa parecer, ela exprime uma exigência de suma importância, cujo malogro acarretará um ódio amargo contra a pessoa do analista. Por isso o importante é saber o que é que esta exigência escondida na transferência tem em vista: a tendência é considerá-la, em sentido redutivo, como uma fantasia infantil de natureza erótica. Isto seria tomar esta fantasia, que em geral se refere aos pais, em sentido literal, como se o paciente, ou seu inconsciente, tivesse ainda ou voltasse a ter aquelas expectativas que a criança outrora tinha em relação a seus pais. Exteriormente, ainda é aquela mesma esperança que a criança tem de ser ajudada e protegida pelos pais; mas, no entanto, a criança se tornou um adulto, e o que era normal na criança é impróprio para o adulto. Tornou-se expressão metafórica da necessidade de ajuda não percebida conscientemente em situação crítica. Historicamente é correto explicar o caráter erótico da transferência, situando sua origem no *eros* infantil, mas, procedendo desta maneira, não entenderemos o significado e o objetivo da transferência, e interpretá-la como fantasia sexual infantil nos desvia do verdadeiro problema. A compreensão da transferência não deve ser procurada nos seus antecedentes históricos, mas no seu objetivo. A explicação unilateral e redutiva torna-se absurda, em especial quando dela não resulta absolutamente nada de novo, exceto as redobradas resistências do paciente. O tédio que surge, então, no decorrer do tratamento nada mais é do que a expressão da monotonia e da pobreza de ideias – não do inconsciente, como às vezes se supõe, mas do analista, que não entende que estas fantasias não devem ser tomadas meramente em sentido concretista e redutivo, e sim em sentido construtivo. Quando se toma consciência disto, a situação de estagnação se modifica, muitas vezes, de um só golpe.

[147] O tratamento construtivo do inconsciente, isto é, a questão do seu significado e de sua finalidade, fornece-nos a base para a compreensão do processo que se chama função transcendente.

[148] Não me parece supérfluo tecer aqui algumas considerações acerca da objeção, frequentemente ouvida, de que o método construtivo é mera

sugestão. O método, com efeito, baseia-se em apreciar o símbolo, isto é, a imagem onírica ou a fantasia, não mais *semioticamente*, como sinal, por assim dizer, de processos instintivos elementares, mas *simbolicamente*, no verdadeiro sentido, entendendo-se "símbolo" como o termo que melhor traduz um fato complexo e ainda não claramente apreendido pela consciência. A análise redutora desta expressão nos oferece unicamente uma visão mais clara daqueles elementos que a compunham originalmente. Com isto não queremos negar que um conhecimento mais aprofundado destes elementos tenha suas vantagens até certo ponto, mas ele foge da questão da finalidade. Por isso a dissolução do símbolo neste estágio da análise é condenável. Entretanto, já de início, o método utilizado para extrair o sentido sugerido pelo símbolo é o mesmo que se emprega na análise redutiva: recolhem-se as associações do paciente que, de modo geral, são suficientes para uma aplicação pelo método sintético. Aqui, mais uma vez, esta aplicação não é feita em sentido semiótico, mas simbólico. A pergunta que aqui se põe é esta: Qual o sentido indicado pelas associações A, B, C, quando vistas em conexão com o conteúdo manifesto dos sonhos?

Uma cliente solteira sonhou que alguém lhe entregava uma antiquíssima espada maravilhosa, ricamente ornamentada, desenterrada de um túmulo. [149]

Associações da paciente

A adaga de seu *pai*, que ele certo dia fez brilhar ao sol, diante dela, causou-lhe profunda impressão. Seu pai era, sob qualquer aspecto, um homem enérgico, de vontade forte, com um temperamento impetuoso, e dado a aventuras amorosas. Uma espada *céltica* de bronze. Minha paciente se gloria de sua origem céltica. Os celtas são temperamentais, impetuosos, apaixonados. Os ornamentos têm um aspecto misterioso, *antiga tradição*, runas, sinais de antiga sabedoria, civilização antiquíssima, herança da humanidade, trazidos do túmulo para a luz do dia.

Interpretação analítica	*Interpretação construtiva*
A paciente tem um pronunciado complexo paterno e um rico tecido de fantasias eróticas em torno da figura do pai, que ela perdeu ainda cedo. Ela se coloca sempre no lugar da mãe, embora com forte resistência contra o pai. Nunca foi capaz de aceitar um homem semelhante ao pai, e por isto escolheu sempre homens fracos e neuróticos, mesmo contra a própria vontade. Na análise verificam-se também violentas resistências contra o médico-pai. O sonho desenterrou seu desejo de ter a "arma" do pai. Uma antecipação teórica apontaria aqui imediatamente para uma fantasia fálica.	É como se a paciente tivesse necessidade de tal arma. Seu pai tinha a arma. Era enérgico e vivia de conformidade com isto, e assumia também todas as dificuldades inerentes a seu temperamento; por isso, embora vivesse uma vida apaixonada e excitante, não era neurótico. Esta arma é uma herança do gênero humano, que jaz sepultada na paciente e veio à luz do dia através de um trabalho de escavação (a análise). A arma se relaciona com o discernimento, a sabedoria. É um meio de ataque e de defesa. A arma do pai era uma vontade apaixonada e inquebrantável, com a qual ele abriu seu próprio caminho através da vida. Até o momento, a paciente tem sido o contrário do pai. Ela está a ponto de perceber que a pessoa pode também querer alguma coisa e não precisa de ser impulsionada pelos outros, como sempre acreditou. O querer, que se fundamenta na sabedoria da vida e no discernimento das coisas, é uma herança da humanidade, que está presente também na paciente, embora até o momento tenha ficado enterrada, pois, sob este aspecto, a paciente é também filha de seu pai, mas não levou devidamente em conta este fato por causa de seu pendor de criança lamurienta e amimada. Era extremamente passiva e dada a fantasias sexuais.

[150]   Neste caso, já não há necessidade de analogias complementares por parte do analista. As associações da paciente fornecem todo o material requerido. Pode-se objetar dizendo que o tratamento do sonho é feito na base da sugestão. Mas quanto a isto, esquece-se inteiramente que

uma sugestão jamais poderá ser aceita sem uma disponibilidade correspondente, ou, se for aceita depois de alguma insistência, não demorará a se dissipar. Uma sugestão aceita por longo tempo pressupõe sempre uma forte disponibilidade psicológica suscitada pela própria sugestão. Esta objeção é, portanto, infundada e atribui à sugestão uma força mágica que ela absolutamente não possui, pois, a ser assim, a terapia da sugestão teria um efeito imenso, e tornaria completamente inúteis os procedimentos analíticos. Mas isto está longe de acontecer. Além disso, a objeção de que se trata de sugestão não leva na devida conta o fato de que as próprias associações da paciente nos revelam o significado cultural da espada.

[151] Depois desta digressão, voltemos à questão da função transcendente. Temos observado que, durante o tratamento, a função transcendente se parece, por assim dizer, com um produto artificial, por ser sustentada substancialmente pelo analista. Mas se o paciente tem de se sustentar sobre seus próprios pés, ele não pode depender permanentemente de ajuda externa. A interpretação dos sonhos seria ideal, um método ideal de sintetizar os materiais conscientes e inconscientes, mas na prática a dificuldade de analisar os próprios sonhos é demasiado grande.

[152] Para produzir a função precisamos do material do inconsciente. Aqui, a expressão mais facilmente acessível do processo inconsciente que deparamos em primeiro lugar são os sonhos. O sonho é, por assim dizer, um produto puro do inconsciente. As alterações que o sonho experimenta no processo de tomada de consciência, embora sejam inegáveis, podem ser consideradas de menos importância, porque provêm também do inconsciente e não são deformações intencionais. As possíveis modificações da imagem original do sonho derivam de uma visão mais superficial do inconsciente e por isso são constituídas de material inconsciente também utilizável. São *criações posteriores da fantasia*, na linha do próprio sonho. Isto se aplica também às representações subsequentes, que ocorrem no estado de semissonolência ou surgem "espontaneamente", assim que a pessoa desperta. Como o sonho se origina no sono, ele contém todas as características do *abaissement du niveau mental* (Janet), ou seja, da baixa tensão energética: descontinuidade lógica, caráter fragmentário, formações de analogias, associações superficiais de natureza

verbal, sonora ou visual, contaminações, irracionalidade de expressão, confusão etc. Com o aumento da tensão energética, os sonhos adquirem um caráter mais ordenado, tornam-se dramaticamente compostos, revelam uma conexão clara de sentido e cresce o valor de suas associações.

[153]　Como a tensão energética durante o sono é geralmente muito baixa, os sonhos, comparados com os conteúdos conscientes, são também expressões inferiores de conteúdos inconscientes, muito difíceis de entender sob o ponto de vista construtivo, mas, frequentemente, mais fáceis de compreender sob o ponto de vista redutivo. Por isso, de modo geral, os sonhos são inadequados ou dificilmente utilizáveis quando se trata da função transcendental, porque impõem exigências muitas vezes demasiado grandes ao sujeito.

[154]　Por isso, devemos agora voltar nossas vistas para outras fontes: há, por exemplo, as interferências no estado de vigília, as chamadas "associações livres", as ideias "sem nexo", as falhas de memória, os esquecimentos, os atos sintomáticos. Este material geralmente é mais valioso para o processo construtivo do que para o redutivo. É excessivamente fragmentário e lhe falta uma conexão mais ampla, indispensável para a compreensão de seu sentido.

[155]　Diverso é o que se passa com as *fantasias espontâneas*. Geralmente elas assumem uma forma mais ou menos composta e coerente, e frequentemente contêm elementos claramente significativos. Alguns pacientes são capazes de produzir fantasias em qualquer tempo, deixando que elas "surjam" livremente, eliminando a atenção crítica. Estas fantasias podem ser utilizadas, e, embora esta seja uma capacidade especial, é possível desenvolver esta capacidade de produzir fantasias, mediante exercícios especiais, de sorte que o número de pessoas que a possui tem aumentado de maneira considerável. Esse treinamento consiste primeiramente nos exercícios sistemáticos de eliminação da atenção crítica, criando, assim, um vazio na consciência, que favorece o surgimento de fantasias que estavam latentes. Uma das condições preliminares, todavia, é que as fantasias realmente dotadas de libido estejam de fato latentes. Isto, evidente, nem sempre acontece. E neste caso requerem-se medidas especiais.

Antes de entrar na discussão destes métodos, devo ceder a um sentimento pessoal que me diz estar o leitor a interrogar-nos, aqui, com suas dúvidas: Que se pretende, propriamente, com tudo isto? Será absolutamente necessário trazer à tona conteúdos inconscientes? Não basta que eles próprios se manifestem por si mesmos, de maneira geralmente desagradável? Para que forçar o inconsciente a vir à tona? Uma das finalidades da análise não é, pelo contrário, esvaziar o inconsciente de suas fantasias e, deste modo, torná-lo ineficaz? [156]

Não me parece descabido considerar estas dúvidas um pouco mais detalhadamente, pois os métodos utilizados para trazer os conteúdos inconscientes à luz da consciência podem parecer novos, insólitos e talvez mesmo estranhos. Por isso, precisamos primeiramente discutir estas objeções naturais, a fim de que elas não nos venham perturbar, quando começarmos a demonstrar os métodos em questão. [157]

Como dissemos anteriormente, precisamos dos conteúdos inconscientes para complementar os da consciência. Se a atitude consciente fosse "dirigida" um mínimo que fosse, o inconsciente poderia fluir de maneira completamente espontânea. É isto o que acontece, de fato, com todas aquelas pessoas que parecem ter um nível pouco elevado de tensão da consciência, como, por exemplo, os primitivos. Entre os primitivos não são necessárias medidas especiais para se alcançar o inconsciente. Em parte alguma são necessárias medidas especiais para isto, pois as pessoas que menos conhecem o seu lado inconsciente são as que mais influência recebem dele, sem tomarem consciência disto. A participação secreta do inconsciente no processo da vida está presente sempre e em toda parte, sem que seja preciso procurá-la. O que se procura aqui é a maneira de tornar conscientes os conteúdos do inconsciente que estão sempre prestes a interferir em nossas ações, e, com isto, evitar justamente a intromissão secreta do inconsciente, com suas consequências desagradáveis. [158]

Neste ponto, o leitor certamente perguntará: Por que não se pode deixar o inconsciente agir como bem entender? Aqueles que ainda não tiveram algumas experiências desagradáveis neste sentido, naturalmente não encontrarão motivos para controlar o inconsciente. Mas aqueles que as tiveram em quantidade suficiente, acolherão com alegria a mera possibilidade de o fazer. É absolutamente necessário para o processo [159] consciente que a atitude seja dirigida, mas isto, como vimos, acarreta inevitavelmente uma certa unilateralidade. Visto que a psique é um sistema autorregulador, como o corpo vivo, é no inconsciente que se desenvolve a contrarreação reguladora. Se a função consciente não fosse dirigida, as influências opostas do inconsciente poderiam manifestar-se desimpedidamente. Mas é precisamente o fato de ser dirigida que as elimina. Isto, naturalmente, não inibe a contrarreação que se verifica, apesar de tudo. Mas sua influência reguladora é eliminada pela atenção crítica e pela vontade orientada para um determinado fim, porque a contrarreação como tal parece incompatível com a direção da atitude. Por isso, a psique do homem civilizado não é mais um sistema autorregulador, mas pode ser comparado a um aparelho cujo processo de regulagem automático da própria velocidade é tão imperceptível que pode desenvolver sua atividade a ponto de danificar-se a si mesma, enquanto, por outro lado, está sujeita às interferências arbitrárias de uma vontade orientada unilateralmente.

[160] Quando a reação é reprimida, ela perde sua influência reguladora. Começa, então, a ter efeito acelerador e intensificador no sentido do processo consciente. É como se a reação consciente perdesse sua influência reguladora e, como consequência, toda a sua energia, pois se cria uma situação na qual não somente não há uma reação inibidora, mas sua energia parece acrescentar-se à energia da direção consciente. Inicialmente, isto ajuda a levar a efeito as intenções conscientes, mas, como estas não são controladas, podem impor-se demasiadamente, à custa do todo. Se uma pessoa, por exemplo, faz uma afirmação um tanto ousada e reprime a reação, isto é, uma dúvida oportuna, ela insistirá tanto mais sobre sua própria afirmação, em detrimento de si próprio.

[161] A facilidade com que se reprime a reação é proporcional à grande dissociabilidade da psique e conduz à perda dos instintos que caracteriza o homem civilizado, e lhe é também necessária, pois, com sua força original, os instintos dificultam consideravelmente a adaptação social. Seja como for, não se trata de uma verdadeira atrofia dos instintos, mas, na maioria dos casos, apenas de um produto mais ou menos duradouro que jamais poderia radicar-se tão profundamente, se não servisse aos interesses vitais do indivíduo.

Excluindo os casos ordinários da vida que a prática nos oferece, [162] menciono o exemplo de Nietzsche, tal qual se apresenta na sua obra *Also sprach Zarathustra* (*Assim falava Zaratustra*). A descoberta do homem "superior" e do homem "mais hediondo" reflete o processo regulador do inconsciente, pois os homens "superiores" querem obrigar Zaratustra a descer para a esfera coletiva da humanidade média, tal como ela sempre tem sido, enquanto o "mais hediondo" é a própria personificação da reação. Mas o "leão da moral" de Zaratustra, com seus "rugidos", obriga todas estas influências, e sobretudo o sentimento de compaixão, a retornar à caverna do inconsciente. Deste modo se reprime a influência reguladora, não, porém, a reação secreta do inconsciente, que desde então se faz sentir claramente nos escritos do filósofo. Primeiramente ele procura seu adversário em Wagner, ao qual ele não pode perdoar por ter produzido o "Parsifal". Em breve, porém, sua ira se concentra sobre o cristianismo e de modo particular sobre Paulo que, sob certos aspectos, passou por semelhante experiência. Como se sabe, sua psicose o fez identificar-se primeiramente com "Cristo Crucificado" e depois com o Zagreu esquartejado. Com esta catástrofe a reação chega até à superfície.

Um outro exemplo é o caso clássico de megalomania que o capítulo quarto do Livro de Daniel nos conservou. No auge de seu poder, Nabucodonosor teve um sonho que lhe prognosticava desgraça se não se humilhasse. Daniel interpreta o sonho com consumada perícia, mas o monarca não lhe dá ouvidos. Os acontecimentos subsequentes confirmaram sua interpretação, pois Nabucodonosor, depois de reprimir a influência reguladora do inconsciente, foi vítima de uma psicose que continha precisamente a reação que ele queria evitar: ele, o senhor do mundo, foi rebaixado à condição de animal. [163]

Um conhecido meu contou-me, certa vez, um sonho que tivera e no qual ele se despenhava do alto de uma montanha no espaço vazio. Eu lhe dei algumas explicações sobre a influência do inconsciente e adverti-o de que evitasse qualquer subida perigosa a montanhas. Ele riu-se de minha observação, e o resultado foi, meses mais tarde, que ele despencou no vazio, sofrendo queda mortal. [164]

As pessoas que presenciam estes fatos acontecerem repetidamente sob todas as formas e gradações possíveis são obrigadas a refletir. Perce- [165]

bem claramente como é fácil ignorar as influências reguladoras e, por isso, deveriam preocupar-se em não perder de vista a regulação inconsciente, tão necessária à nossa saúde mental e física. Devem, portanto, procurar ajudar-se a si próprias, mediante a auto-observação e autocrítica; mas a simples auto-observação e a autoanálise intelectual são meios inteiramente inadequados para estabelecer o contato com o inconsciente. Embora nenhum ser humano possa poupar-se às experiências más, todos nós temos medo de nos arriscar nelas, especialmente quando acreditamos vislumbrar uma possibilidade de evitá-las. A tendência a evitar prontamente tudo o que nos é desagradável é de todo legítima. O conhecimento das influências reguladoras pode nos ajudar a evitar as experiências dolorosas que não são necessárias. Não há necessidade de praticar muitos desvios, que se distinguem, não por uma atração especial, mas por conflitos extenuantes. Cometer erros e desvios em terreno desconhecido e inexplorado ainda se admite, mas extraviar-se em região habitada e em plena via é simplesmente irritante. Alguém pode poupar-se a isto, desde que conheça os fatores reguladores. A pergunta que se faz aqui é então: Quais os caminhos e as possibilidades de que dispomos para identificar o inconsciente?

[166]   Quando não há produção de fantasias, precisamos apelar para a ajuda artificial. A razão para este procedimento é, em geral, um estado de ânimo deprimido ou perturbado para o qual não encontramos explicação satisfatória. O mau tempo já é suficiente como causa provocadora da situação. Mas nenhuma destas razões apresentadas satisfazem como explicação, pois a explicação causal destes estados na maioria dos casos só é satisfatória para quem está de fora, e mesmo assim só até certo ponto. Quem está de fora, contenta-se quando sua necessidade interior de explicação causal é satisfeita. Basta-lhe saber de onde provém a coisa em questão, pois esta pessoa não sente o desafio que, para o paciente, é a sua depressão. O paciente gostaria muito mais de que lhe respondessem a questão de como obter a ajuda do que a questão da origem ou da finalidade de seu mal. É na intensidade do distúrbio emocional que consiste o valor, isto é, a energia que o paciente deveria ter a seu dispor, para sanar o seu estado de adaptação reduzida. Nada conseguimos, reprimindo este estado de depressão ou depreciando-o racionalmente.

Deve-se tomar, portanto, o estado afetivo inicial como ponto de partida do procedimento, a fim de que se possa fazer uso da energia que se acha no lugar errado. O indivíduo torna-se consciente do estado de ânimo em que se encontra, nele mergulhando sem reservas e registrando por escrito todas as fantasias e demais associações que lhe ocorrem. Deve permitir que a fantasia se expanda o mais livremente possível, mas não a tal ponto que fuja da órbita de seu objeto, isto é, do afeto, realizando, por assim dizer, uma interminável cadeia de associações cada vez mais ampla. Esta assim chamada "associação livre" desvia o indivíduo de seu objeto, conduzindo-o a todos os tipos de complexos a respeito dos quais nunca se tem certeza se estão relacionados com o afeto e/ou são deslocamentos que surgiram em lugar dele. É desta preocupação com o objeto que provém uma expressão mais ou menos completa do estado de ânimo que reproduz, de maneira um tanto quanto concreta e simbólica, o conteúdo da depressão. Como esta não é produzida pela consciência, mas constitui uma intromissão indesejada do inconsciente, a expressão assim elaborada do estado de ânimo é como uma imagem dos conteúdos e das tendências do inconsciente que se congregaram na depressão. O procedimento em questão é uma forma de enriquecimento e ilustração do afeto, e é por isso que o afeto se aproxima, com seus conteúdos, da consciência, tornando-se, ao mesmo tempo, mais perceptível e, consequentemente, também mais inteligível. Basta esta atividade para exercer uma influência benéfica e vitalizadora. De qualquer modo, ela ocasiona uma situação, porque o afeto, anteriormente não relacionado, converte-se em uma ideia mais ou menos clara e articulada, graças precisamente ao apoio e à cooperação da consciência. Isto representa um começo da função transcendente, vale dizer da colaboração de fatores inconscientes e conscientes.

[167]

Pode-se expressar o distúrbio emocional, não intelectualmente, mas conferindo-lhe uma forma visível. Os pacientes que tenham talento para a pintura ou o desenho podem expressar seus afetos por meio de *imagens*. Importa menos uma descrição técnica ou esteticamente satisfatória do que deixar campo livre à fantasia, e que tudo se faça *do melhor modo possível*. Em princípio, este procedimento concorda com o descrito anteriormente. Aqui também se tem um produto que foi in-

[168]

fluenciado tanto pela consciência como pelo inconsciente, produto que corporifica o anseio de luz, por parte do inconsciente, e de substância, por parte da consciência.

[169] Entretanto, deparamo-nos frequentemente com casos em que não há depressão afetiva palpável, mas apenas um mal-estar genérico surdo, incompreensível, uma sensação de resistência contra tudo e contra todos, uma espécie de tédio ou de vaga repugnância, ou um vazio indefinível, mas pertinaz. Nestes casos não se tem um ponto de partida definido; este precisaria primeiramente ser criado. Aqui se torna necessária uma introversão da libido, alimentada talvez inclusive por condições externas favoráveis como, por exemplo, uma calma absoluta, especialmente se a libido manifesta, em qualquer dos casos, uma tendência à introversão: "É noite – e agora todas as fontes borbulhantes falam mais alto. E a minha alma é também uma fonte borbulhante" – segundo a palavra de Nietzsche[2].

[170] A atenção crítica deve ser reprimida. Os tipos visualmente dotados devem concentrar-se na expectativa de que se produza uma imagem interior. De modo geral, aparece uma imagem da fantasia – talvez de natureza hipnagógica – que deve ser cuidadosamente observada e fixada por escrito. Os tipos audioverbais em geral ouvem palavras interiores. De início, talvez sejam apenas fragmentos de sentenças, aparentemente sem sentido, mas que devem ser também fixados de qualquer modo. Outros, porém, nestes momentos escutam sua "outra" voz. De fato, não poucas pessoas têm uma espécie de crítico ou de juiz dentro de si, que julgam de imediato suas palavras e ações. Os doentes mentais ouvem esta voz como alucinações acústicas. Mas as pessoas normais, que têm uma vida interior mais ou menos desenvolvida, podem reproduzir estas vozes inaudíveis, sem dificuldades. Como, porém, esta voz é notoriamente incômoda e refratária, ela é reprimida quase todas as vezes. Essas pessoas, naturalmente, têm muita dificuldade em estabelecer uma ligação como o material inconsciente, e deste modo criam as condições necessárias para a função transcendente.

[171] Há pessoas, porém, que nada veem ou escutam dentro de si, mas suas *mãos* são capazes de dar expressão concreta aos conteúdos do in-

---

2. [NIETZSCHE. *Assim falava Zaratustra*, XXXI. – EDITORES.]

consciente. Esses pacientes podem utilizar-se vantajosamente de materiais plásticos. Aqueles, porém, que são capazes de expressar seu inconsciente através de movimentos do corpo, como a dança, são bastante raros. Deve-se paliar o inconveniente de não se poder fixar mentalmente os movimentos, desenhando-os cuidadosamente, em seguida, para que não se apaguem da memória. Um pouco menos frequente, mas não menos valiosa, é a *escritura automática*, feita diretamente em prancheta. Este procedimento nos proporciona igualmente resultados muito úteis.

Chegamos agora à questão seguinte: Que se obtem com o material conseguido pela maneira acima descrita? Não existe resposta apriorística para esta questão, porque somente quando a consciência é confrontada com os produtos do inconsciente é que se produz uma reação provisória, a qual, entretanto, determina todo o processo subsequente. Só a experiência prática é capaz de dizer alguma coisa sobre o que aconteceu. Até onde alcança minha experiência, parece-me que são duas as principais tendências neste campo. Uma delas vai na direção da *formulação criativa* e a outra na direção da *compreensão*. [172]

Onde predomina o *princípio da formulação criativa*, os materiais obtidos aumentam e variam, resultando numa espécie de *condensação dos motivos* em símbolos estereotipados, onde predominam os motivos estéticos. Esta tendência leva ao problema estético da *formulação artística*. [173]

Onde, ao invés, predomina o *princípio da compreensão*, o aspecto estético interessa muito pouco e ocasionalmente pode ser sentido como um obstáculo. Em vez disto, há uma intensa luta para compreender o *sentido* do produto inconsciente. [174]

Enquanto a formulação estética do material tende mais a concentrar-se no aspecto do motivo, uma compreensão intuitiva procura captar o sentido partindo de fracas e meras indicações contidas no material em questão, sem levar em conta os elementos que vêm à tona em formulações mais cuidadosas. [175]

Nenhuma dessas duas tendências resulta de um ato arbitrário da vontade; são fruto da índole pessoal do indivíduo. Ambas contêm os seus perigos típicos e podem levar a sérios desvios. O perigo da tendência estética consiste na supervalorização do formal ou do valor "artístico" [176] dos produtos da fantasia que afastam a libido do objeto fundamental da função transcendente, desviando-a para os problemas puramente estéticos da formulação artística. O perigo do desejo de entender o sentido material tratado está em supervalorizar o aspecto do conteúdo que está submetido a uma análise e a uma interpretação intelectual, o que faz com que se perca o caráter essencialmente simbólico do objeto. Mas estes desvios devem ser palmilhados para que se possam atender as exigências estéticas ou intelectuais que predominam em todos os casos individuais. Convém, entretanto, ressaltar o perigo contido nesses desvios, pois, a partir de certo estágio da evolução psíquica, a tendência é supervalorizar ao extremo as fantasias produzidas pelo inconsciente, justamente pelo fato de terem sido *subvalorizadas desmedidamente*. Esta subvalorização é um dos maiores obstáculos para a formulação do material inconsciente. É nestas ocasiões que aparecem os padrões coletivos à luz dos quais são julgados os produtos individuais: nada do que não se enquadra no esquema coletivo é considerado bom ou belo. É verdade que a arte contemporânea começa a fazer tentativas compensadoras neste sentido. O que falta, porém, não é o reconhecimento do produto individual, mas sua apreciação subjetiva, a compreensão do seu significado e do seu valor *para o sujeito*. O sentimento de inferioridade com relação ao próprio produto não é regra geral. Não poucas vezes se dá até o contrário, isto é, uma supervalorização ingênua e desprovida de sentido crítico, e sempre associada a uma pretensão de reconhecimento coletivo. Quando superado, tal sentimento de inferioridade, inicialmente embaraçante, pode converter-se facilmente no oposto, isto é, em uma supervalorização igualmente grande. Inversamente, a supervalorização inicial converte-se, muitas vezes, em ceticismo depreciador. O erro destes julgamentos decorre da falta de autonomia e da inconsciência do indivíduo, o qual ou só é capaz de avaliar com base em valores coletivos ou perde de todo a capacidade de julgar por causa da inflação do ego.

[177] *Um dos caminhos em questão parece ser o princípio regulador do outro*; ambos estão ligados entre si por uma relação compensadora. A experiência confirma esta afirmação. Até onde é possível, no momento, tirar conclusões de caráter mais genérico, a formulação estética precisa da compreensão do significado do material, e a compreensão, por sua vez,

precisa da formulação estética. As duas se completam, formando a função transcendente.

Os primeiros passos ao longo destes dois caminhos obedecem ao mesmo princípio: a consciência põe seus meios de expressão ao dispor do conteúdo inconsciente, e, mais do que isto, ela não pode fazer, para não desviar o conteúdo no rumo da consciência. Em se tratando de forma e conteúdo, a condução do processo deve ser deixada, tanto quanto possível, às ideias e associações casuais que ficam ao sabor do inconsciente. Esta situação representa uma espécie de retrocesso do ponto de vista consciente, e é sentida como algo de penoso. Não é difícil compreendê-la se nos recordarmos da maneira como os conteúdos do inconsciente se manifestam, isto é, como coisas que, ou são fracas por natureza para conseguir cruzar o limiar da consciência, ou são excluídas, por uma variada gama de motivos, como elementos incompatíveis. Na maioria dos casos, trata-se de conteúdos irracionais, indesejáveis ou inesperados, cuja desconsideração ou repressão é muito fácil de entender. Só uma parte diminuta dos conteúdos é de valor extraordinário, seja do ponto de vista coletivo, seja do ponto de vista subjetivo. Conteúdos destituídos de valor coletivo podem ter um valor imenso, quando considerados sob o ponto de vista individual. Este fato é expresso na acentuação afetiva que se lhe dá, pouco importando que o sujeito a sinta como positiva ou negativa. A própria sociedade se acha dividida quando se trata de admitir ideias novas e desconhecidas que mexem em sua sensibilidade. O intuito deste procedimento é descobrir *os conteúdos de tonalidade afetiva*, pois trata-se sempre daquelas situações em que a unilateralidade da consciência encontra a resistência da esfera dos instintos.

[178]

Em princípio, os dois caminhos só se bifurcam quando o aspecto estético se torna determinante para um deles, e o aspecto intelectual e moral para o outro. O caso ideal seria aquele em que os dois aspectos pudessem conviver normalmente lado a lado ou se sucedessem ritmicamente um ao outro. Parece-nos quase difícil que um exista sem o outro, embora isto aconteça na prática: o desejo de criar alguma coisa apossa-se de seu objeto, à custa de seu significado, ou o desejo de entender se antecipa à necessidade de formular adequadamente o material produzido. Os conteúdos inconscientes querem, antes de tudo, aparecer claramen-

[179]

te, o que só é possível quando lhes é dada uma formulação adequada, e só podemos julgá-los quando todas as coisas que eles nos dizem são claramente perceptíveis. É por isto que já o próprio Freud fazia com que os conteúdos dos sonhos expressassem o que tinham a dizer, por assim dizer, sob a forma de "associações livres", antes de os interpretar.

[180]   Não é suficiente explicar, em todos os casos, apenas o contexto conceitual do conteúdo de um sonho. Muitas vezes impõe-se a necessidade de esclarecer conteúdos obscuros, imprimindo-lhes uma forma visível. Pode-se fazer isto desenhando-os, pintando-os ou modelando-os. Muitas vezes as mãos sabem resolver enigmas que o intelecto em vão lutou por compreender. Modelando um sonho podemos continuar a sonhá-lo com mais detalhes, em estado de vigília, e um acontecimento isolado, inicialmente ininteligível, pode ser integrado na esfera da personalidade total, embora inicialmente o sujeito não tenha consciência disto. A formulação estética deixa-o tal como é, e renuncia à ideia de descobrir-lhe um significado. Isto faz com que certos pacientes se imaginem artistas – naturalmente artistas malcompreendidos. O desejo de compreender o sentido do material produzido que renuncia à ideia de cuidadosa formulação para ele tem início com uma associação casual tosca, e por isso carece de base satisfatória. Só se tem alguma esperança de êxito quando se começa com um produto já formulado. Quanto menor a quantidade de material inicial formulado, tanto maior o perigo de que a compreensão seja determinada, não pelos fatos empíricos, mas pelos preconceitos teóricos e morais. A compreensão a que aludimos neste estágio consiste em reconstituir o sentido que, hipoteticamente, parece inerente à ideia "casual" primitiva.

[181]   É evidente que um tal modo de proceder só é legítimo quando há razão suficiente para tal. Só se pode deixar a condução do processo ao inconsciente quando houver nele uma vontade de dirigir. Isto só acontece quando a consciência está de certo modo em uma situação crítica. Quando se consegue formular o conteúdo inconsciente e entender o sentido da formulação surge a questão de saber como o ego se comporta diante desta situação. Tem, assim, início a *confrontação entre o ego e o inconsciente*. Esta é a segunda e a mais importante etapa do procedimento, isto é, a aproximação dos opostos da qual resulta o aparecimento de um

terceiro elemento que é a função transcendente. Neste estágio, a condução do processo já não está mais com o inconsciente, mas com o ego.

Não definiremos o ego aqui, mas o deixamos em sua realidade, como o centro de continuidade da consciência cuja presença se faz sentir desde os primeiros tempos da infância. O ego se acha confrontado com um fato psíquico, um produto cuja existência se deve principalmente a um evento inconsciente, e por isto se encontra, de algum modo, em oposição ao ego e as suas tendências. [182]

Este ponto de vista é essencial em cada processo de confrontação com o inconsciente. O ego deve receber o mesmo valor, no processo, que o inconsciente, e vice-versa. Isto constitui uma advertência por demais necessária, pois justamente do mesmo modo como a consciência do homem civilizado exerce uma influência limitadora sobre o inconsciente, assim também um inconsciente novamente descoberto age perigosamente sobre o eu. Assim como o eu reprimira o inconsciente, assim também um inconsciente libertado pode pôr de lado o eu e dominá-lo. O perigo está em "perder a serenidade", isto é, em não poder mais defender sua existência contra a pressão dos fatores afetivos – situação esta que encontramos frequentemente no início da esquizofrenia. Não haveria este perigo – ou não existiria de maneira tão aguda – se a confrontação com o inconsciente pudesse desfazer-se da dinâmica dos afetos. E de fato isto acontece, em geral, quando se estetiza ou se intelectualiza a posição contrária. Ora, a confrontação com o inconsciente deve ser multilateral, pois a função transcendente não é um processo parcial que poderia desenvolver-se de maneira condicional, mas um acontecimento integral em que se acham incluídos ou – melhor – em que deveriam ser incluídos todos os aspectos em questão. O afeto, portanto, deve desdobrar todos os seus valores. A estetização e a intelectualização do par de opostos são armas excelentes contra afetos perigosos, mas só devem ser empregadas quando nos achamos diante de uma ameaça vital, e não para nos furtarmos a uma obrigação necessária. [183]

Graças às descobertas fundamentais de Freud, sabemos que o tratamento da neurose deve considerar o fator emocional em toda a sua extensão, deve levar a sério a personalidade como um todo; e isto vale também para as duas partes interessadas: tanto para o paciente como [184] para o médico analista. Até que ponto este último pode se defender por trás do escudo da teoria é uma questão delicada que fica a seu critério. Em qualquer dos casos, o tratamento da neurose não é uma "cura de águas", mas uma renovação da personalidade e, por isto mesmo, é geral e repercute em todos os domínios da vida. A confrontação com o oposto é um fato muito sério do qual depende, às vezes, tanta coisa. Um dos requisitos essenciais do processo de confrontação é que se leve a sério o lado oposto. Somente deste modo é que os fatores reguladores poderão ter alguma influência em nossas ações. Tomá-lo a sério não significa *tomá-lo ao pé da letra*, mas conceder um crédito de confiança ao inconsciente, proporcionando-lhe, assim, a possibilidade de cooperar com a consciência em vez de perturbá-la automaticamente.

[185]   A confrontação, portanto, não justifica apenas o ponto de vista do eu, mas confere igual autoridade ao inconsciente. A confrontação é conduzida a partir do eu, embora deixando que o inconsciente também fale – *audiatur et altera pars* (ouça-se também a outra parte).

[186]   Nos casos em que se ouve mais ou menos claramente a "outra voz", percebe-se mais facilmente a forma pela qual é conduzido o processo de confrontação. Para essas pessoas é tecnicamente muito fácil fixar por escrito a "outra voz" e responder ao que ela diz, partindo do ponto de vista do eu. É exatamente como se se travasse um diálogo entre duas pessoas com direitos iguais, no qual cada um dos interlocutores considerasse o outro capaz de lhe apresentar um argumento válido e, por consequência, achasse que valeria a pena aproximar os pontos de vista contrastantes, mediante uma comparação e discussão minuciosa e exaustiva, ou distingui-los claramente um do outro. Como o caminho para esta adequação só raras vezes está aberto de imediato, na maioria dos casos tem-se de suportar um longo conflito que exige sacrifícios de ambas as partes. Aproximação semelhante poderá ocorrer também entre o analista e o paciente, cabendo ao primeiro o papel de *advocatus diaboli* (advogado do diabo).

[187]   É espantoso constatar o quão diminuta é a capacidade das pessoas em admitir a validade do argumento dos outros, embora esta capacidade seja uma das premissas fundamentais e indispensáveis de qualquer comunidade humana. Todos os que têm em vista uma confrontação

consigo próprios devem contar sempre com esta dificuldade geral. Na medida em que o indivíduo não reconhece o valor do outro, nega o direito de existir também ao "outro" que está em si, e vice-versa. A capacidade de diálogo interior é um dos critérios básicos da objetividade.

Embora o processo de confrontação possa parecer simples no caso do diálogo interior, é sem dúvida bem mais complicado nos casos em que só há produtos visuais que falam uma linguagem bastante eloquente para os que a entendem, mas falam uma linguagem de surdo-mudo para quem não a entende. O eu deve tomar a iniciativa, diante de tais manifestações, e perguntar: "Que influência o sinal exerce sobre mim?"[3] A pergunta faustiana pode suscitar uma resposta iluminadora. Quanto mais direta, tanto mais preciosa será, porque o seu caráter imediato e sua naturalidade garantem reação mais ou menos total. Em tais casos não é absolutamente necessário que o próprio processo de confrontação se torne consciente em todos os seus detalhes. Muitas vezes, uma reação total não tem, ao dispor aqueles pressupostos, pontos de vista e conceitos teóricos que nos possibilitem uma apreensão clara de seu sentido. Neste caso, devemos nos contentar com o sentimento tácito mais rico de sugestões, que surge em lugar deles e que é mais do que uma conversa brilhante.

[188]

O alternar-se de argumentos e de afetos forma a função transcendente dos opostos. A confrontação entre as posições contrárias gera uma tensão carregada de energia que produz algo de vivo, um terceiro elemento que não é um aborto lógico, consoante o princípio: *tertium non datur* (não há um terceiro integrante), mas um deslocamento a partir da suspensão entre os apostos e que leva a um novo nível de ser, a uma nova situação. A função transcendente aparece como uma das propriedades características dos opostos aproximados. Enquanto estes são mantidos afastados um do outro – evidentemente para se evitar conflitos – eles não funcionam e continuam inertes.

[189]

Qualquer que seja o aspecto que os opostos possam assumir nos casos individuais, fundamentalmente trata-se sempre de uma consciência desgarrada e mergulhada obstinadamente na unilateralidade e confrontada com a visão de uma totalidade e uma liberdade instintivas. Dan-

[190]

---

3. [Cf. *Fausto*, Parte I. – EDITORES.]

527

do-nos a imagem do antropoide e do homem arcaico, de um lado com o seu mundo instintivo, pretensamente sem freios, e, do outro, com seu mundo de ideias espirituais, muitas vezes incompreendido, que emerge da escuridão do inconsciente, compensando e corrigindo nossa unilateralidade e nos mostrando de que modo e em que ponto nos desviamos do plano fundamental e nos atrofiamos psiquicamente.

[191] Devo contentar-me aqui em descrever as formas externas e as possibilidades da função transcendente. Uma outra tarefa da maior importância seria a descrição dos *conteúdos* da função transcendente. Já existe uma grande quantidade de material a este respeito, mas ainda não foram superadas todas as dificuldades que esta descrição nos oferece. Precisamos ainda de uma série de estudos preparatórios até que se criem as bases conceituais que nos permitam uma descrição clara e compreensível destes conteúdos. Infelizmente, até o presente, minha experiência me diz que o público científico em geral não está ainda capacitado para acompanhar semelhantes reflexões e argumentos psicológicos, porque nisto entrariam atitudes demasiadamente pessoais e preconceitos filosóficos e intelectuais. Quando os indivíduos se deixam mover pelos seus afetos pessoais, seus julgamentos são sempre subjetivos, porque consideram impossível tudo o que não parece valer para o seu caso, ou que preferem ignorar. São incapazes de entender que aquilo que se aplica a eles pode não valer para outras pessoas com uma psicologia diferente. Em qualquer dos casos, estamos ainda infinitamente longe de um esquema de explicação que valha para todos.

[192] Um dos grandes obstáculos para a compreensão psicológica é a indiscreta curiosidade de saber se o quadro psicológico apresentado é "verdadeiro" ou "correto". Se a exposição não é deturpada ou falsa, o fato em si é verdadeiro e comprova sua validade mediante sua existência. O ornitorrinco é, porventura, uma invenção "verdadeira" ou correta da vontade do Criador? Igualmente infantil é o preconceito contra o papel que os pressupostos mitológicos desempenham na vida da psique humana. Como não são "verdadeiros" – argumenta-se –, estes pressupostos não podem ter um lugar numa explicação científica. Mas os mitologemas *existem*, mesmo que suas expressões não coincidam com nosso conceito incomensurável de "verdade".

Como o processo de confrontação com o elemento contrário tem caráter de totalidade, nada fica excluído dele. Tudo se acha envolvido na discussão, embora se tenha consciência de alguns fragmentos. A consciência é ampliada continuamente ou – para sermos mais exatos – poderia ser ampliada pela confrontação dos conteúdos até então inconscientes se se desse ao cuidado de integrá-los. Mas isto evidentemente nem sempre acontece. E mesmo quando se tem suficiente inteligência para compreender o problema, falta coragem e autoconfiança, ou a pessoa é espiritual e moralmente demasiado preguiçosa ou covarde para fazer qualquer esforço. Mas quando há os pressupostos necessários, a função transcendente constitui não apenas um complemento valioso do tratamento psicoterapêutico, como oferece também ao paciente a inestimável vantagem de poder contribuir, por seus próprios meios, com o analista, no processo de cura e, deste modo, não ficar sempre dependendo do analista e de seu saber, de maneira muitas vezes humilhante. Trata-se de uma maneira de se libertar pelo próprio esforço e encontrar a coragem de ser ele próprio.

[193]

Capítulo 17
A cura da divisão[1]

[578] É sobretudo a psicologia clínica que se ocupa com o estudo dos símbolos; por isso seu material consiste dos chamados símbolos naturais, em oposição aos *símbolos culturais*. Aqueles são derivados diretamente dos conteúdos inconscientes e apresentam, por isso, grande número de variantes de motivos individuais, chamadas imagens arquetípicas. Devem seu nome ao fato de poderem ser seguidas muitas vezes até suas raízes arcaicas, isto é, até documentos da mais antiga pré-história ou até às "représentations collectives" das sociedades primitivas. A respeito disso gostaria de remeter o leitor a livros como o trabalho de Eliade sobre o xamanismo[2], onde encontramos grande quantidade de exemplos esclarecedores.

[579] Os símbolos culturais, ao contrário, são os que expressam "verdades eternas" e ainda estão em uso em todas as religiões existentes. Esses símbo-

---

1. [Este texto representa a parte sétima e final de um longo ensaio intitulado pelos editores "Symbols and the Interpretation of Dreams". Este ensaio foi redigido em inglês e terminado pouco antes da morte de Jung em 1961. Não tinha título especial, mas era a introdução à obra coletiva *Man and His Symbols* (Aldus Books, Londres, 1964) que continha colaborações de quatro autores, figurando Jung como editor. A seu pedido, Marie-Louise von Franz assumiu, após a morte dele, a tarefa, com a colaboração de John Freeman. O simpósio foi concebido como uma apresentação popular das ideias de Jung e, consequentemente, seus conteúdos foram, com o consentimento do autor, amplamente retrabalhados e divididos em capítulos, sob a supervisão de John Freeman e Marie-Louise von Franz. Recebeu o título "Approaching the Unconscious"; esta versão é basicamente a mesma que foi traduzida para o alemão e publicada por Walter Verlag, Olten, em 1968, sob o título *Der Mensch und seine Symbole*. A parte de Jung traz aqui o título "Zugang zum Unbewussten". – EDITOR.]

2. ELIADE, M. *Shamanism*: Archaic Techiniques of Ecstasy. Londres: Routledge and Kegan Paul.

los passaram por muitas transformações e por alguns processos maiores ou menores de aprimoramento, tornando-se assim as "représentations collectives" das sociedades civilizadas. Conservaram em grande parte sua numinosidade original e funcionam como "preconceitos" no sentido positivo e negativo, com os quais o psicólogo deve contar seriamente.

[580] Ninguém pode rejeitar essas coisas numinosas por motivos puramente racionais. São partes importantes de nossa estrutura mental e não podem ser erradicadas sem uma grande perda, pois participam como fatores vitais na construção da sociedade humana, e isto desde tempos imemoriais. Quando são reprimidas ou desprezadas, sua energia específica desaparece no inconsciente, com consequências imprevisíveis. A energia aparentemente perdida revive e intensifica o que sempre está por cima no inconsciente, isto é, tendências que até então não tiveram oportunidade de manifestar-se ou não puderam ter uma existência desinibida na consciência, constituindo assim uma sombra sempre destrutiva. Mesmo as tendências que poderiam exercer uma influência altamente benéfica transformam-se em verdadeiros demônios quando são reprimidas. Por isso muitas pessoas bem-intencionadas têm razão em temer o inconsciente e também a psicologia.

[581] Nossa época demonstrou o que significa quando as portas do submundo psíquico são abertas. Aconteceram coisas cuja monstruosidade não poderia ser imaginada pela inocência idílica da primeira década do nosso século. O mundo foi revirado por elas e encontra-se, desde então, num estado de esquizofrenia. Não só a grande e civilizada Alemanha cuspiu seu primitivismo assustador, mas também a Rússia foi por ele comandada, e a África está em chamas. Não admira que o mundo ocidental se sinta constrangido, pois não sabe o quanto está implicado no submundo revolucionário e o que perdeu com a destruição do numinoso. Perdeu seus valores espirituais normais em proporções desconhecidas e muito perigosas. Sua tradição moral e espiritual foi ao diabo e deixou atrás de si uma desorientação e dissociação universais.

[582] Poderíamos ter aprendido há muito tempo do exemplo das sociedades primitivas o que significa a perda do numinoso: elas perdem sua razão de ser, o sentido de sua vida, sua organização social e, então, se dissolvem e decaem. Encontramo-nos agora na mesma situação. Perdemos

algo que nunca chegamos a entender direito. Não podemos eximir nossos "dirigentes espirituais" da acusação de que estavam mais interessados em proteger sua organização do que em entender o mistério que o ser humano apresentava em seus símbolos. A fé não exclui a razão na qual reside a maior força do ser humano. Nossa fé teme a ciência e também a psicologia, e desvia o olhar da realidade fundamental do numinoso que sempre guia o destino dos homens.

[583] As massas e seus líderes não reconhecem que há uma diferença essencial se tratamos o princípio universal de forma masculina e pai, ou de forma feminina e mãe (pai = espírito, mãe = matéria). É de somenos importância porque sabemos tão pouco de um quanto de outro. Desde os inícios da mente humana, ambos eram símbolos numinosos e sua importância estava em sua numinosidade e não em seu sexo ou em outros atributos casuais. Tiramos de todas as coisas seu mistério e sua numinosidade e nada mais é sagrado. Mas como a energia nunca desaparece, também a energia emocional que se manifesta nos fenômenos numinosos não deixa de existir quando ela desaparece do mundo da consciência. Como já afirmei, ela reaparece em manifestações inconscientes, em fatos simbólicos que compensam certos distúrbios da psique consciente. Nossa psique está profundamente conturbada pela perda dos valores morais e espirituais. Sofre de desorientação, confusão e medo, porque perdeu suas "idées forces" dominantes e que até agora mantiveram em ordem nossa vida. Nossa consciência já não é capaz de integrar o afluxo natural dos epifenômenos instintivos que sustentam nossa atividade psíquica consciente. Isto já não é possível como antigamente, porque a própria consciência se privou dos órgãos pelos quais poderiam ser integradas as contribuições auxiliares dos instintos e do inconsciente. Esses órgãos eram os símbolos numinosos, considerados sagrados pelo consenso comum, isto é, pela fé.

[584] Um conceito como "matéria física", despido de sua conotação numinosa de "Grande Mãe", já não expressa o forte sentido emocional da "Mãe Terra". É um simples termo intelectual, seco qual pó e totalmente inumano. Da mesma forma, o espírito identificado com o intelecto cessa de ser o Pai de tudo e degenera para a compreensão limitada das pessoas. E a poderosa quantidade de energia emocional, expressa na imagem de "nosso Pai", desaparece nas areias de um deserto intelectual.

Por causa da mentalidade científica, nosso mundo se desumanizou. O homem está isolado no cosmos. Já não está envolvido na natureza e perdeu sua participação emocional nos acontecimentos naturais que até então tinham um sentido simbólico para ele. O trovão já não é a voz de Deus nem o raio seu projétil vingador. Nenhum rio contém qualquer espírito, nenhuma árvore significa uma vida humana, nenhuma cobra incorpora a sabedoria e nenhuma montanha é ainda habitada por um grande demônio. Também as coisas já não falam conosco, nem nós com elas, como as pedras, fontes, plantas e animais. Já não temos uma alma da selva que nos identifica com algum animal selvagem. Nossa comunicação direta com a natureza desapareceu no inconsciente, junto com a fantástica energia emocional a ela ligada. [585]

Esta perda enorme é compensada pelos símbolos de nossos sonhos. Eles trazem novamente à tona nossa natureza primitiva com seus instintos e modos próprios de pensar. Infelizmente, poderíamos dizer, expressam seus conteúdos na linguagem da natureza que nos parece estranha e incompreensível. Isto nos coloca a tarefa incomum de traduzir seu vocabulário para os conceitos e categorias racionais e compreensíveis de nossa linguagem atual que conseguiu libertar-se de sua escória primitiva, isto é, de sua participação mística com as coisas. Falar de espíritos e de outras figuras numinosas já não significa invocá-los. Já não acreditamos em fórmulas mágicas. Já não restaram muitos tabus e restrições semelhantes. Nosso mundo parece ter sido desinfetado de todos esses numes "supersticiosos" como "bruxas, feiticeiros e duendes", para não falar de lobisomens, vampiros, almas da floresta e de todas as outras entidades estranhas e bizarras que povoam as matas virgens. [586]

Ao menos a superfície de nosso mundo parece estar purificada de toda superstição e componentes irracionais. Outra questão é se o mundo realmente humano – e não nossa ficção desejosa dele – também está livre de todo primitivismo. O número 13 não é ainda para muitas pessoas um tabu? Não existem ainda muitos indivíduos tomados por estranhos preconceitos, projeções e ilusões infantis? Um quadro realista revela muitos traços e restos primitivos que ainda desempenham um papel como se nada tivesse acontecido nos últimos quinhentos anos. O homem de hoje é realmente uma mistura curiosa de características que [587] pertencem aos longos milênios de seu desenvolvimento mental. Este é o ser humano com cujos símbolos temos que lidar e, quando nos confrontamos com ele, temos que examinar cuidadosamente seus produtos mentais. Pontos de vista céticos e convicções científicas existem lado a lado com preconceitos ultrapassados, modos de pensar e sentir superados, interpretações erradas mas teimosas e ignorância cega.

[588] Assim são as pessoas que produzem os símbolos que examinamos em seus sonhos. Para explicar os símbolos e seu significado é necessário descobrir se as representações a eles ligadas são as mesmas de sempre, ou se foram escolhidas pelo sonho, para seu objetivo determinado, a partir de um estoque geral de conhecimentos conscientes. Quando, por exemplo, estudamos um sonho onde aparece o número 13, surge a pergunta: Será que o sonhador acredita habitualmente na natureza desfavorável desse número, ou o sonho só alude a pessoas que ainda se entregam a tais superstições? A resposta a esta pergunta é de grande importância para a interpretação. No primeiro caso, temos que contar com o fato de que o indivíduo ainda acredita no azar do número 13, sentindo-se portanto desconfortável num quarto número 13 ou à mesa com 13 pessoas. No segundo caso, o número 13 nada mais significa do que uma observação crítica ou desprezível. No primeiro caso, trata-se de uma representação ainda numinosa; no segundo, está desprovido de sua emotividade original e assumiu o caráter inofensivo de um mensageiro indiferente.

[589] Pretendi demonstrar com isso como se apresentam os arquétipos na experiência prática. No primeiro caso, aparecem em sua forma original, isto é, *são imagens e ao mesmo tempo emoções*. Só podemos falar de um arquétipo quando estão presentes esses dois aspectos ao mesmo tempo. Estando presente apenas uma imagem, ela é tão somente uma imagem de palavra, como um corpúsculo sem carga elétrica. Ela é, por assim dizer, inerte, mera palavra e nada mais. Mas se a imagem estiver carregada de numinosidade, isto é, de energia psíquica, então ela é dinâmica e produzirá consequências. Por isso é grande erro em todos os casos práticos tratar um arquétipo como simples nome, palavra ou conceito. E muito mais do que isso: é um pedaço de vida, enquanto é uma imagem que está ligada a um indivíduo vivo por meio da ponte do sentimento. É um erro bastante difundido considerar os arquétipos como conceitos

ou palavras e não ver que o arquétipo é ambas as coisas: uma imagem e uma emoção. A palavra sozinha é mera abstração, uma moeda circulante no comércio intelectual. Mas o arquétipo é algo vivo, por assim dizer. Ele não é cambiável ilimitadamente, mas pertence sempre à economia psíquica do indivíduo vivo do qual não pode ser separado e usado arbitrariamente para outros fins. Não pode ser explicado de qualquer forma, apenas da forma indicada pelo respectivo indivíduo. O símbolo da cruz, por exemplo, só pode ser interpretado, no caso de um bom cristão, de maneira cristã, a não ser que o sonho traga razões bem fortes em contrário; mas ainda assim é bom não perder de vista o sentido cristão. Quando se tira das imagens arquetípicas sua carga emocional específica, a vida foge delas e elas se tornam meras palavras. E então é possível vinculá-las a outras representações mitológicas e, ao final, ainda mostrar que tudo significa tudo. Todos os cadáveres deste mundo são quimicamente iguais, mas as pessoas vivas não o são.

[590] O simples uso de palavras é fértil quando não se sabe para que servem. Isto vale principalmente para a psicologia, onde se fala de arquétipos como *anima* e *animus*, o velho sábio, a grande mãe etc. Pode-se conhecer todos os santos, sábios, profetas e outros homens de Deus e todas as grandes mães do mundo, mas se permanecerem simples imagens, cuja numinosidade nunca experimentamos, é como falar em sonho, pois não se sabe o que se está falando. As palavras que empregamos são vazias e inúteis. Elas só despertam para um sentido e para a vida quando tentamos experimentar sua numinosidade, isto é, sua relação com o indivíduo vivo. Só então começamos a perceber que os nomes significam muito pouco, mas a maneira como estão relacionados a alguém, isto é de importância decisiva.

[591] A função geradora de símbolos de nossos sonhos é uma tentativa de trazer nossa mente original de volta à consciência, onde ela nunca esteve antes e nunca se submeteu a uma autorreflexão crítica. Nós fomos esta mente, mas nunca a *conhecemos*. Nós nos livramos dela, antes mesmo de a compreendermos. Ela brotou de seu berço e raspou suas características primitivas como se fossem cascas incômodas e inúteis. Parece até que o inconsciente representou o depósito desses restos. Os sonhos e seus símbolos referem-se constantemente a eles como se pretendessem

trazer de volta todas as coisas velhas e primitivas das quais a mente se livrou durante o curso de sua evolução: ilusões, fantasias infantis, formas arcaicas de pensar e instintos primitivos. Este é na verdade o caso, e ele explica a resistência, até mesmo o horror e medo de que alguém é tomado quando se aproxima dos conteúdos inconscientes. Aqui a gente se choca menos com a primitividade do que com a emotividade dos conteúdos. Este é realmente o fator perturbador: esses conteúdos não são apenas neutros ou indiferentes, mas são carregados de tal emoção que são mais do que simplesmente incômodos. Produzem até mesmo pânico e, quanto mais reprimidos forem, mais perpassam toda a personalidade na forma de uma neurose.

[592]   E sua carga emocional que lhes dá uma importância decisiva. É como uma pessoa que, tendo passado uma fase de sua vida em estado inconsciente, de repente reconhece que existe uma lacuna em sua memória que se estende por um período onde aconteceram coisas importantes das quais não consegue lembrar-se. Admitindo que a psique é um assunto exclusivamente pessoal (e esta é a suposição usual), tentará reconduzir para a memória as recordações infantis aparentemente perdidas. Mas as lacunas de memória em sua infância são meros sintomas de uma perda bem maior, isto é, a perda da psique primitiva – a psique que teve funções vivas antes que fosse pensada pela consciência. Assim como na evolução do corpo embrionário se repete sua pré-história, também a mente humana percorre uma série de degraus pré-históricos em seu processo de maturação.

[593]   Os sonhos parecem considerar sua tarefa principal trazer de volta uma espécie de recordação do mundo infantil e do mundo pré-histórico até ao nível mais baixo dos instintos bem primitivos, como se esta recordação fosse um tesouro valioso. Estas recordações podem de fato ter um notável efeito curador em certos casos, como Freud o notara há muito tempo. Esta observação confirma o ponto de vista de que uma lacuna infantil na memória (uma dita amnésia) representa de fato uma perda e que a recuperação da memória significa um certo aumento de vitalidade e bem-estar. Uma vez que medimos a vida psíquica da criança pela escassez e simplicidade de seus conteúdos da consciência, desconsideramos as grandes complicações da mente infantil que provêm de sua iden-

tidade original com a psique pré-histórica. Esta "mente original" está tão presente e atuante na criança quanto os graus de evolução no corpo embrionário. Se o leitor se lembrar do que eu disse sobre os sonhos da criança acima referida, terá uma boa ideia do que pretendo dizer.

[594] Na amnésia infantil encontramos uma mistura estranha de fragmentos mitológicos que muitas vezes aparecem também em psicoses posteriores. Estas imagens são numinosas em alto grau e, portanto, de grande importância. Quando essas recordações aparecem novamente na idade adulta, podem causar as mais fortes emoções ou trazer curas admiráveis ou uma conversão religiosa. Muitas vezes trazem de volta um pedaço da vida que faltou por muito tempo e que dá plenitude à vida humana.

[595] Trazer à tona lembranças infantis e modos arquetípicos da função psíquica produz um alargamento do horizonte da consciência, supondo-se que a pessoa consiga assimilar e integrar os conteúdos perdidos e reencontrados. Não sendo eles neutros, sua assimilação vai provocar uma modificação em nossa personalidade, assim como eles mesmos vão sofrer certas alterações necessárias. Nesta fase do processo de individuação, a interpretação dos símbolos tem um papel prático muito grande, pois os símbolos são tentativas naturais de lançar uma ponte sobre o abismo muitas vezes profundo entre os opostos, e de equilibrar as diferenças que se manifestam na natureza contraditória de muitos símbolos. Seria um erro particularmente funesto nesse trabalho de assimilação se o intérprete considerasse apenas as recordações conscientes como "verdadeiras" e "reais" e relegasse os conteúdos arquetípicos como simples representações da fantasia. Apesar de seu caráter fantasioso, eles representam forças emocionais ou numinosidades. Se tentarmos colocá-los de lado, haveremos de reprimi-los e reconstituir o estado neurótico anterior. O numinoso confere aos conteúdos um caráter autônomo. Isto é um fato psicológico que não se pode negar. Se, apesar de tudo, for negado, seriam anulados os conteúdos reconquistados e toda tentativa de síntese seria em vão. Como isso parece uma saída cômoda, é muitas vezes escolhida.

[596] Não se nega apenas a existência dos arquétipos, mas inclusive as pessoas que admitem sua existência os tratam normalmente como se fossem imagens e esquecem completamente que eles são entidades vivas

que perfazem uma grande parte da psique humana. Assim que o intérprete se livra de forma ilegítima do numinoso, começa o processo de uma infindável *substituição*, isto é, passa-se sem empecilho de arquétipo para arquétipo, tudo significando tudo, e o processo todo foi levado ao absurdo. É verdade que as formas dos arquétipos são intercambiáveis em proporção considerável, mas a numinosidade deles é e permanece um fato. Ela possui o *valor* de um acontecimento arquetípico. O intérprete deve ter presente esse valor emocional e levá-lo em conta durante todo o processo intelectual de interpretação. O risco de perdê-lo é grande porque a oposição entre pensar e sentir é tão considerável que o pensar facilmente destrói valores do sentir, e vice-versa. A psicologia é a única ciência que leva em consideração o fator de valor, isto é, o sentir, pois é o elo entre os acontecimentos psíquicos, por um lado, e o sentido e a vida, por outro lado.

[597] Nosso intelecto criou um novo mundo que domina a natureza e a povoa com máquinas monstruosas que se tornaram tão úteis e imprescindíveis que não vemos possibilidade de nos livrarmos delas ou de escaparmos de nossa subserviência odiosa a elas. O homem nada mais pode do que levar adiante a exploração de seu espírito científico e inventivo, e admirar-se de suas brilhantes realizações, mesmo que aos poucos tenha de reconhecer que seu gênio apresenta uma tendência terrível de inventar coisas cada vez mais perigosas porque são meios sempre mais eficazes para o suicídio coletivo. Considerando a avalanche da população mundial em rápido crescimento, procuram-se meios e saídas para deter a torrente. Mas a natureza poderia antecipar-se a todas as nossas tentativas, voltando contra o homem seu próprio espírito criativo, cuja inspiração ele deve seguir, pelo acionamento da bomba H ou de outra invenção igualmente catastrófica que poria um fim à superpopulação. Apesar de nosso domínio orgulhoso da natureza, ainda somos vítimas dela tanto quanto sempre o fomos, e não aprendemos a controlar nossa própria natureza que, devagar mas inevitavelmente, contribui para a catástrofe.

[598] Não há mais deuses que pudéssemos invocar em auxílio. As grandes religiões sofrem no mundo todo de crescente anemia porque os numes prestativos fugiram das matas, rios, montanhas e animais, e os homens-deuses sumiram no submundo, isto é, no inconsciente. E supomos que

lá eles levem uma existência ignominiosa entre os restos de nosso passado, enquanto nós continuamos dominados pela grande *Déesse Raison* que é nossa ilusão dominadora. Com sua ajuda fazemos coisas louváveis: por exemplo, livramos da malária o mundo, difundimos em toda parte a higiene, com o resultado de que povos subdesenvolvidos aumentem em tal proporção que surgem problemas de alimentação. "Nós vencemos a natureza" é apenas um *slogan*. A chamada "vitória sobre a natureza" nos subjuga com o fato muito natural da superpopulação e faz com que nossas dificuldades se tornem mais ou menos insuperáveis devido à nossa incapacidade de chegar aos acordos políticos necessários. Faz parte da natureza humana brigar, lutar e tentar uma superioridade sobre os outros. Até que ponto, portanto, "vencemos a natureza"?

[599] Como é necessário que toda transformação tenha início num determinado tempo e lugar, será o indivíduo singular que a fará e a levará a término. A transformação começa num indivíduo que, talvez, possa ser eu mesmo. Ninguém pode dar-se o luxo de esperar que outro faça aquilo que ele só faria de mau grado. Uma vez que ninguém sabe do que é capaz, deveria ter a coragem de perguntar a si mesmo se por acaso o seu inconsciente não pode colaborar com algo de útil quando não há à disposição nenhuma resposta consciente que satisfaça. As pessoas de hoje estão pesarosamente cientes de que nem as grandes religiões, nem suas inúmeras filosofias parecem fornecer-lhes aquelas ideias poderosas que lhes dariam a base confiável e segura de que necessitam diante da situação atual do mundo.

[600] Sei que os budistas diriam, e realmente o dizem: se as pessoas seguissem pelo menos o "nobre caminho óctuplo" do Dharma (doutrina, lei) e tivessem uma visão verdadeira do si-mesmo; ou os cristãos: se as pessoas tivessem ao menos a verdadeira fé no Senhor; ou os racionalistas: se as pessoas fossem ao menos inteligentes e razoáveis – então seria possível superar e resolver todos os problemas. A dificuldade está em que não podem superar nem resolver esses problemas, nem são capazes de ser razoáveis. Os cristãos se perguntam por que Deus não fala com eles, como parece ter feito outrora. Quando ouço esse tipo de pergunta, penso sempre naquele rabi que, quando perguntado por que Deus se mostrava nos tempos antigos e agora ninguém mais o via, respondeu:

"Hoje em dia já não existe ninguém que pudesse inclinar-se tão profundamente diante dele".

[601] Esta resposta acerta em cheio a questão. Estamos tão enrolados e sufocados em nossa consciência subjetiva que esquecemos o fato antiquíssimo de que Deus fala sobretudo através de sonhos e visões. O budista rejeita o mundo das fantasias inconscientes como ilusões sem valor; o cristão coloca sua Igreja e sua Bíblia entre ele e seu inconsciente; e o intelectual racional não sabe ainda que sua consciência não é sua psique total; e isto, apesar de o inconsciente ter sido por mais de setenta anos ao menos um conceito científico, indispensável para todo pesquisador sério de psicologia.

[602] Já não podemos ter a pretensão de julgar, à semelhança de Deus, sobre o valor e desvalor dos fenômenos naturais. Não podemos basear nossa botânica numa classificação de plantas úteis e inúteis, nem nossa zoologia numa classificação de animais inofensivos e perigosos. Mas pressupomos ainda tacitamente que a consciência tem sentido e o inconsciente não o tem; é como se estivéssemos tentando saber se os fenômenos naturais têm sentido. Os micróbios têm sentido ou não? Tais avaliações mostram simplesmente o estado lamentável de nossa mente que esconde sua ignorância e incompetência sob o manto da megalomania. É certo que os micróbios são muito pequenos e, em grande parte, desprezíveis e detestáveis, mas seria tolice não saber nada sobre eles.

[603] Qualquer que seja a constituição do inconsciente, é um fenômeno natural que gera símbolos, e estes mostram ter sentido. Assim como não se pode esperar de alguém que nunca olhou através de um microscópio que seja uma autoridade no campo da microbiologia, também não podemos considerar como juiz competente no assunto aquele que nunca fez um estudo sério dos símbolos naturais. Mas a subestima geral da psique humana é tão grande que nem as grandes religiões, nem as filosofias e nem o racionalismo científico lhe dão qualquer atenção. Ainda que a Igreja Católica admita a ocorrência de sonhos enviados por Deus (*somnia a Deo missa*), a maioria de seus pensadores não faz nenhuma tentativa de entendê-los. Duvido que haja algum tratado protestante sobre temas dogmáticos que "descesse tanto" a ponto de considerar que a *vox Dei* pudesse ser ouvida nos sonhos. Se alguém acredita de fato em

Deus, qual a autoridade que tem para dizer que Deus é incapaz de falar por meio de sonhos? Onde estão aqueles que realmente se dão ao trabalho de interrogar os seus sonhos, ou de experimentar uma série de fatos fundamentais sobre os sonhos e seus símbolos?

Passei mais de meio século pesquisando os símbolos naturais e cheguei à conclusão de que os sonhos e seus símbolos não são nenhum absurdo estúpido. Ao contrário, eles fornecem informações muito interessantes; basta esforçar-nos para entender os símbolos. É verdade que os resultados pouco têm a ver com compra e venda, ou seja, com os nossos interesses terrenos. Mas o sentido de nossa vida não se esgota em nossas atividades comerciais, nem os anseios da alma humana são saciados pela conta bancária, mesmo que nunca tenhamos ouvido falar de outra coisa. [604]

Numa época em que toda a energia disponível é empregada na pesquisa da natureza, pouca atenção se dá ao essencial do ser humano, isto é, à sua psique, ainda que haja muitas pesquisas sobre suas funções conscientes. Mas sua parte realmente desconhecida, que produz os símbolos, continua sendo terra desconhecida. E mesmo assim ela nos envia toda noite seus sinais. A decifração dessas mensagens parece ser um trabalho odioso, e poucas pessoas do mundo civilizado dela se ocupam. Pouco tempo é dedicado ao principal instrumento da pessoa humana, isto é, sua psique, quando não é desprezada e considerada suspeita. "É apenas psicológico" significa: não é nada. [605]

Não sei exatamente donde provém esse preconceito monstruoso. Estamos tão ocupados com a questão o que pensamos que esquecemos completamente de refletir sobre o que a psique inconsciente pensa dentro e a respeito de nós. Freud fez uma séria tentativa de mostrar por que o inconsciente não merece um melhor julgamento, e sua teoria aumentou e fortificou sem querer o desprezo já existente pela psique. Se, até então, ela foi apenas desconsiderada e negligenciada, tornou-se agora um buraco de lixo moral do qual se tem um medo indizível. [606]

Este ponto de vista moderno é sem dúvida unilateral e injusto. Não corresponde à verdade dos fatos. Nosso real conhecimento do inconsciente mostra que ele é um fenômeno natural e que, tanto quanto a própria natureza, é no mínimo *neutro*. Ele abrange todos os aspectos da natureza humana: luz e escuridão, beleza e feiura, bem e mal, o pro- [607]

fundo e o insensato. O estudo do simbolismo individual bem como do coletivo é uma tarefa enorme que ainda não foi realizada, mas que finalmente foi iniciada. Os resultados obtidos até agora são animadores e parecem conter uma resposta às muitas perguntas da humanidade atual.

Índice

As referências de páginas em negrito indicam ensaios de Jung reproduzidos da sua *Obra Completa*

abandono da criança 286-288

abdicação 166

Abraham, Karl 17, 21

Acts of God 257

adaptação 63, 98, 110, 130, 168, 176, 256; função de adaptação da consciência 103s; afetos e adaptação mínima 239; do artista 406; da Igreja 373, 377; e complexos 490; consciência como processo momentâneo de 504; constante necessidade de 508; distúrbios na 119, 256; MBTI e adaptação social 444s; através da função mais desenvolvida 497; projeção, e distúrbios na 119; sistemas psíquicos da 491; através do pensamento 497; através da ioga 421; nos jovens 456, 468

Adler, Alfred 22, 107, 154s, 434, 456s; teoria adleriana da transferência 179

Adler, Gerhard 26

afetos *cf.* emoções

Afrodite 252

Agostinho de Hipona 398

Alcoólicos Anônimos 10

Alemanha 531; psique alemã 57s, 105-107; psicologia alemã e desenvolvimento da psicanálise 97; nazismo/nacional-socialismo 24-27, 58, 471, 424; tendências paganizantes da 373

alienação: do si-mesmo 186; em relação ao mundo 309

alma *cf.* psique/alma

alquimia 220, 289s

alucinações 520

amnésia: infantil 536

amor 246

androginia (*cf. tb.* hermafroditismo) 293, 375

anima (*cf. tb.* sizígia) 201, 216-219, 241-254, 260, 263, 376s; autonomia da 251, 260; integração da 216, 251; e integração da sombra 255; e projeção 217s, 240, 243s, 249s, 253s, 296

anima mundi/alma do mundo *319s,* 410

animação 108, 438

animosidade 246s, 376

animus (*cf. tb.* sizígia) 216-219, 241-254, 260, 263, 296, 376; autonomia do 251, 260; integração do 216, 251; e integração da sombra 255; e poder 245; e projeção 217s, 245, 247, 249s, 253s, 296

Anquetil du Perron, Abraham 335

antisssemitismo 22-27

Antroposofia 109, 305, 332, 336

apego 66s

apercepção 422

Apolo 57

Aristóteles 227

arquétipos: *anima cf. anima*; *animus cf. animus*; conteúdos arquetípicos 274s, 317s, 537; autonomia dos 251s, 263; como imagens e emoções 534s; arquétipo da criança 222-225, 269-300; críticas da teoria de Jung 205-214; "tradução" cultural/espiritual dos 12; e sonhos 537; pensamento oriental sobre forças cósmicas/arquétipos 307; e autonomia/liberdade humana 309; como percepções do instinto de si mesmo 206; inteligência das forças arquetípicas 306s; e relações íntimas 217s; como estado pretérito 278-281; como forças psíquicas vivas 275, 306, 329; *quatérnio de matrimônios* 253; moralmente indiferentes 408; arquétipo materno 227; do conúbio entre mãe e filho 243; e mito 11s, 223, 271-274; como imagens primordiais *cf.* imagens primordiais; vistos como órgãos psíquicos 140, 279; reativados 153; recuperar o contato consciente com as forças arquetípicas 12; e religião 11s; nos rituais e mitos dos povos autóctones 223, 271-273; redução "científica" do 223; si-mesmo *cf.* si-mesmo; sombra *cf.* sombra; no espectro da psique 206; espírito como força arquetípica 17 *cf. tb.* espírito; sizígia 216-219, 241-254, 263, 265s, 375; teoria dos 205-214, 227-232; como fatores transpessoais 11-13; incognoscibilidade dos 207, 224, 382; velho sábio 253, 407 arte: como terapia coletiva 317; e os perigos do esteticismo 436s; função expressiva da 436; literária *cf.* poesia; "símbolo" da 111; visionária 315-318

artista: criatividade *cf.* criatividade; interpretação freudiana do 313s; exaltação humanista do 314; *participation mystique* do 409; personalidade/psicologia do 313, 389, 403-409; visão artística 196

árvore do conhecimento 126, 171n

astrologia 175, 332, 334, 336, 341, 443, 479-483, 486, 492

Atanásio 363

atenção 112

Átis 351

atitude moral 94

Atman 220, 290, 305

autolibertação/redenção 321, 417, 421, 428

autorrealização *cf.* individuação

Ayik 280

ba 201

Bachofen, Johann 386

Baldur 285

Barlach, Ernst, *Der tote Tag* 393

Barthes, Roland 314

Bascom, William 209s

Bastian, Adolf 231, 270

bataks 199

Baubo 243

bem e mal 93, 155n, 164s

Benoit, Pierre 390, 393

Besant, Annie 336

besouro-rosa 578

Bíblia 310, 367, 385, 426, 540

Binet, Alfred 97

Bion, Wilfred Ruprecht 32

bissexualidade 292-296, 375

Blake, William 316, 393

Blavatsky, Helena 305, 336

bolchevismo 337, 357

bruxaria 104, 182, 354

bruxas/feiticeiros 119s, 192, 200, 354, 423

Buda 72, 343, 351; espírito de Buda 418

budismo 109, 416, 503, 539; deuses do budismo tibetano 415

Burckhardt, Jacob 401

Buss, David 212s

Cambray, Joseph 36, 214, 437

caracterologia 485; teoria dos tipos de Jung 441-445, 485-501

Carroll, John 31

Carus, C.G. 270, 386, 405

Cassiano 295, 361

cérebro 69, 102s, 352, 429

ceticismo 282, 326, 330, 345, 477, 522, 534

Chiron 408

Christian Science 109

Cibele 351

ciência: chinesa 341; conflito com a religião como um mal-entendido 412; e a destruição da cosmovisão medieval 330s; e o descarte da religião 11s, 14; Jung e o surgimento da ciência holística 34-38; investigações de Jung em e para além da ciência 13-15; filosofia da 35; psicologia como a mais nova das ciências 486; redução "científica" do arquétipo e do mito 233; e o inconsciente 306

cientismo/materialismo científico (*cf. tb.* materialismo) 14, 35, 52, 75, 412

cinema 344

civilização, análise psicossocial da 54s; 109-122; civilização hindu 86

clairvoyance/clarividência 444, 474s, 478

Clemente de Alexandria 254, 295

Colonna, Francesco, *Hypnerotomachia* 393, 402

compensação 54, 72, 108, 112s, 116, 143, 156, 190-193, 195, 197, 244, 252, 281, 291, 317, 367, 401s, 425, 428, 441s, 444, 446; coletiva 193-195

complexos 488-490; e adaptação 490; como forças/potências autônomas 355, 357, 489; e sonhos 369; estágio do complexo do eu da consciência 126s; complexo paterno 16, 65, 144s, 149, 174; complexo de Édipo 19s; complexo parental 199s, 490 *cf. tb.* complexo paterno; "complexo" da espiritualidade 16

compreensão, e a função transcendente 520, 522

comunismo 424

Conan Doyle, Sir Arthur 390

conflito moral 155, 288, 388

Confúcio 351

conhecimento: compartimentalização acadêmica do 37; base cartesiana do 440; e consciência 125s; modelo dualista do 39; e fé 333, 441s; conhecimento fragmentário e ecologia 38s; e semelhança a Deus 155s; do bem e do mal 155; superior/divino 85s; inflação através do 158 *cf. tb.* inflação; e estudos interdisciplinares 38; e imagens psíquicas 90, 353, 414, 416; e o sujeito da cognição 290; técnico 328; árvore do 126, 171n; o inconsciente como fonte do 86, 88; sistemas ocidentais e orientais de 34s

coniunctio oppositorum 263; e hermafroditismo 292-296

conluio secreto entre mãe e filho 242

consciência: inconsciente ativado pela unilateralidade da atitude consciente 107s, 118 *cf. tb.* compensação; função de adaptação da 113 *cf. tb.* adaptação; estados alterados da 32, 308; psicologia analítica e mudança na 425; tornar-se consciente da sombra 239; chegada dos conteúdos inconsciente à 178; construção de pontes entre o inconsciente e o consciente 41, 111s, 448, 509-524; cristã 268, 378; coletiva 159s; e função compensadora do inconsciente *cf.* compensação; estágio dualista da 127s; e pensamento oriental 420s; efeitos do inconsciente sobre a 64-73, 142-186; o eu como centro do campo da 214, 233, 235, 237 *cf. tb.* eu; estágio do complexo do eu da 126s; medo de tornar-se consciente 351, 355; e cura da divisão da psique coletiva 449-452, 530-542; e instinto 59-61, 123s; estágio infantil da 127; como conquista prometeica do homem 60, 124, 281; e transição/crise da meia-idade 62-64, 131s, 135s; consciência ocidental moderna e problema espiritual 303-306, 323-345; como processo momentâneo de adaptação 504 *cf. tb.* adaptação; moral 151s; e natureza 62; origens da 125s; do presente 324; e problemas 124, 127-131; e psique 80, 96 *cf. tb.* psique/alma; e a Reforma 75; recuperar o contato consciente com as forças arquetípicas 12; desarraigada 276; sede da 85; si-mesmo como centro do campo do inconsciente e 63, 214, 235, 237 *cf. tb.* si-mesmo; e percepções sensoriais 79; e etapas da vida humana 59-64, 123-141; e função transcende *cf.* função transcendente; vida inconsciente como fonte da consciência do eu 84, 88; ampliação/alargamento da 35, 60, 72, 124, 191, 198, 529; sem um eu 420; etapa da juventude 127-132; consciência moral 151s

contos de fadas 119, 271, 273s

controle moral: resistência ao 216, 239

conúbio entre mãe e filho 243

corpo: atitudes e saúde do 40s; e a terra 106; paradigma da máquina 40; e psique 78s, 80-82, 85-87, 485s; separado da mente 39s, 485

Corpus Hermeticum 227

credo/profissão religiosa 349-351

criança: arquétipo da *cf.* arquétipos; abandono da criança

286-288; criança como começo e fim 296-298; criança-deus/divina 276, 284-286; criança-herói 284-286, 289, 299; função da 281s; caráter futuro da 282s; hermafroditismo da 292-296; e individuação 278, 283, 299; invencibilidade da 289-292; como estado pretérito 278-281; fenomenologia da 296-298; psicologia da 278-286; como "menor do que pequeno" e "maior do que grande" 276, 285, 290; unidade e pluralidade do motivo da 284

criatividade: e inconsciente coletivo 317; intuições criadoras 188; personalidade criadora 313s, 389, 403-409; processo criador 198, 317; e fantasias 103; literária *cf.* literatura, e psicologia; modo psicológico da 315s, 391s, 394; e reducionismo 313; e a sombra 58; função transcendente e formulações criativas 521, 525, 527; e o inconsciente 58, 102s, 111s, 198; modo "visionário" da 315-308, 392-403

cristianismo (*cf. tb.* religião): na África 339; e animais 115s; origem asiática do 341; e equilíbrio entre os opostos 56; e a Bíblia *cf.* Bíblia; Igreja católica *cf.* Igreja católica; Cristo *cf. Jesus* Cristo; consciência cristã 268, 379; símbolos cristãos 114-116; Igreja como mediadora entre influências sobrenaturais e o homem 361; *corpus mysticum* 284; credo/profissão religiosa 349-351; descristianização e importação de deuses estrangeiros 109; sizígia divina de Cristo e a Igreja 253; sonho de uma mulher cristã 114-116; fé 105, 539; e queda do homem 60s, 124; e a Revolução Francesa 108s; e a psique alemã 57s, 105-107; interpretação metafórica dos mistérios da Igreja por Jung 310; e literalismo 309, 311, 380-385; moralismo do 19; atitude de Nietzsche para com o 517; protestante 350, 366s, 373; sacramentos da 349; e o silêncio de Deus 452, 539; espiritualização e sublimação como princípios do 373; e a guerra 114-116, 326; e mundanismo 378, 424; e o médico ferido 408

criptomnésia 152

Cristóvão, São 276

culpa 216, 242

cultura: símbolos culturais 530; "tradução" cultural dos arquétipos 12; e diferença entre pensamento oriental e pensamento ocidental 318-321, 410-430; judaica 12, 106s; psicologia de Jung como terapia da 13, 54; o problema psíquico do homem moderno ocidental 303-306, 323-344;

religiosa *cf.* religião; cultura ocidental como "paciente" de Jung 53

cura (*cf. tb.* medicina): através da imaginação ativa 447, 503; objetivos e tarefas da psicoterapia 433-436, 453-471; e a dialética entre o eu e o inconsciente 448; e sonhos 66s, 435s, 460-470; e fantasias 435s; forças do inconsciente 112; e memórias 536; si-mesmo como lugar de 221; e solidariedade com o mundo 163; e espiritualidade 434s; da divisão na psique coletiva 449-452, 530-542; e sincronicidade 436-440, 472-484; terapia e função inferior do paciente 443s; e função transcendente 445-449, 503-529; e transferência 65s, 144-146, 449, 509s *cf. tb.* transferência; e o transpessoal 436

Dacqué, Edgar 77

dadaísmo 120

daimons/demônios 67, 107, 150, 259, 349, 354, 395

Daniel 517

Dante Alighieri 393s, 400; *Divina Comédia* 316, 396

Daudet, Léon, *L'Hérédo* 188

deflação 69s

Deméter 243

demônios 12, 120, 356, 361, 363, 398, 531, 533; medo do 113; de doenças 104

depressão 69, 447; maníaca 69; e meia-idade 132

desconhecido, o 163, 207, 233s, 275, 286, 485s; revelado através dos sonhos 360, 369

deslize de linguagem 506

Deus: *Acts of God* 257; e matéria todo-poderosa 78; como luz arquetípica (*archetypon phôs*) 227; fé na bondade de Deus 114; morte de 222; precisa da humanidade 215; imagens de Deus 30, 67, 146-153, 152s, 254, 264, 384; o Deus Interior 220; imagem de Deus moldada pelo inconsciente 66s, 146-153; conhecido através da fé 411; proximidade do divino 220s; e a psique 417s; como quintessência da realidade 88; renascimento de 222; enunciados religiosos sobre 381; silêncio de 452, 539; fala através de sonhos 540s; como espírito 150; e a teologia da encarnação 215; como o totalmente outro 418; vontade de 257s

deusa-mãe 227

deuses: da antiga Grécia 57; imagem arcaicas de Deus 67, 146-153; como forças arquetípicas 12; bissexuais

292s; criança-deus/divina 276s, 284-286; e credos 351; descristianização e importação de deuses estrangeiros 109; personificação de 439; como produtores de mudanças psicológicas 354; e experiência psíquica 92; romanos 109; do budismo tibetano 415; união com 67

Deussen, Paul 341

diabo 57

Dioniso (*cf. tb*. Wotan/Zagreu) 57, 373s, 517

discipulado 185s

dissociação 12, 55s, 280, 284, 299, 447, 449

distúrbios psicogênicos 98

divisão/cisão (*cf. tb.* dissociação; projeção) 40, 105s, 161, 282, 293; divisão/distinção entre corpo e mente/alma 40, 485; cura da divisão 449-452, 530-542; separação entre complexos autônomos 355, 357, 489 *cf. tb*. complexos

doença (*cf. tb.* saúde/doença mental): e medicina 93; como resposta à falta de uma vida simbólica/espiritual 64, 94s

dogma 350

dor 80

Doyle, Sir Arthur Conan 390

dragões 184, 243, 275, 278, 285, 401

Drake, Carlos 211

Dreisch, Hans 437

dualismo 61s; modelo dualista de conhecimento 39; estágio dualista da consciência 127, 129; ecopsicologia como saída do 39

Dundes, Alan 210

Eckermann, Johann Peter 407n

Eckhart, Mestre 32, 277

ecologia da alma 38-42

ecopsicologia 39

egoísmo 42, 129, 131, 137, 186s, 221, 358, 406

Eigen, Michael, *The Psychoanalytic Mystic* 32

Einstein, Albert 38, 437

Elgonyi 191

Eliade, Mircea 530

Ellis, Havelock 337, 454

emoções: valor afetivo 259-261; afetos e ajustamento mínimo 239; arquétipos como imagens e emoções ao mesmo tempo 534; lidando com distúrbio emocional 518; emocionalidade dos conteúdos do inconsciente 536; falta de controle do homem sobre 84, 239; e a sombra 238-241 empirismo 228s, 346s; realidade empírica da alma 51, 75s, 78, 81s, 86

enantiodromia 331

encarnação, teologia da 215

energia: psíquica 18, 67s, 100s, 108, 126, 176, 181, 333, 406, 446, 503; e imaginação ativa 503; caindo no inconsciente 176; riqueza de possibilidades da psique coletiva 175; e Deus 89; alta tensão energética 506; libido *cf.* libido; baixa tensão energética 513s; na transferência 147s; irrupção das forças coletivas 357

enteléquia 283

era/idade gótica 52, 75, 79

Eros 100, 218, 241s, 245-247, 252, 259

Escola Superior Técnica de Zurique 37

escuridão 286, 288, 291, 334-335

espírito: da época 76, 78s, 317, 344; de Buda 418; universal/uno 318, 411, 415, 427, 429s; *antimimon pneuma* 268; como força arquetípica 16s; autônomo 81; como parte de um *continuum* 320; capacidade de autolibertação da mentalidade introvertida 321, 420; e a diferença entre pensamento oriental e pensamento ocidental 318-321, 410-430; espírito oriental e inconsciente ocidental 320 *cf. tb.* pensamento oriental; espírito/mentalidade oriental 425, 430; iluminado 421; e responsabilidade do médico 40; e terra 39, 61; Deus como 150 *cf. tb.* Deus; Grande Espírito 134; e cura da divisão da psique coletiva 449-452, 530-542; Espírito Santo 304; espíritos individuais 17, 78, 92, 104, 120, 199, 349, 439 *cf. tb. daimons*/demônios; deuses; influência sobre o homem primitivo 104; Jesus como símbolo universal do 310; como masculino 61; e matéria 34, 76, 79, 92; e natureza 62, 89, 90s; personificação dos 439; platônico 229; pneumafobia e medo do espírito 27-31, 308; pós-cristão 268; psicologia baseada no postulado de espírito autônomo 81-89 *cf. tb.* Jung, Carl Gustav: psicologia/psicoterapia; renascimento do 229; e religião 17; religião baseada na inabitação do 304; e as ciências 36; busca do 11; e sexualidade 30, 68; e verdade espiritual 310; psique *cf.* psique/alma; pensamento *cf.* pensamento; inconsciente *cf.* inconsciente; inconsciente coletivo *cf.* inconsciente coletivo

espiritismo 108, 199, 332, 336

espiritualidade: "complexo" de 16; e Freud 16; e cura/terapia 434s; doença como resposta à falta de vida simbólica/espiritual 64, 94; e maturidade 64; mística *cf.* misticismo; neuroses e perturbação dos processos psíquicos na 95; e pneumafobia 27-31, 318; si-mesmo como lugar de 221; problema psíquico do homem moderno 303-306, 323-345; "tradução" cultural/espiritual dos arquétipos 12; e o mundo espiritual 78, 82, 91, 199; e integração ocidental do Oriente metafórico 221; e o mundano 378

espiritualização 373

Espírito Santo (*cf. tb. e*spírito) 304

espíritos/espectros 325, 354, 360, 423, 533; medo dos 91, 399

espontaneidade 59, 146, 231, 244, 263, 272, 277, 287s, 348, 354, 368, 383, 426, 477, 503, 513s

esquizofrenia 161, 178, 265, 284, 425, 427, 525

estados alterados de consciência 32; através da presença do numinoso 308

estética (*cf. tb.* literatura, e psicologia): problema estético da formulação artística 521-523; arte *cf.* arte; criatividade *cf.* criatividade; perigos do esteticismo 436, 503

estímulos/sensações endossomáticos 234

estudos feministas 35

estudos interdisciplinares 38

etapas da vida 59-64, 123-141; etapa adulta 133-137; infância 126-128, 132-134, 140; e o eu 62s; vida após a morte 138s, 199; crise/transição da meia-idade 62-64, 131-133, 135s; puberdade 127; e o si-mesmo 62s; juventude 127, 131-133

eternidade (*cf. tb. intemporalidade*) 215

eu/ego (*cf. tb.* individualidade; persona; personalidade) 214s, 233-238; e a assimilação do inconsciente 68-70, 151s, 153-170, 254-263; como centro do campo da consciência 214, 233, 235, 237; apego ao poder 64; complexo do 126; deflação 60s; predomínio na primeira metade da vida 62s; e pensamento oriental 421; efeito da *anima* e do *animus* sobre 247; busca exclusiva do 450; hibrístico/*hybris* 69, 221, 358; inflação *cf.* inflação; visão personalista do 436; e personalidade 236s; relações com o inconsciente 19, 64-73, 142-201, 238, 448, 524s, 526; como sede da identidade no pensamento de Freud 307; como sede da inconsciência 307; "segundo eu" *cf.* si-mesmo; e o si-mesmo 214, 233, 236, 254-256; base somática do 234s; e terapia 436

Eustáquio, Irmão (Eustachius Kugler) 277

Evans-Wentz, W.Y. 410

experiências visionárias 68, 86, 150, 159-161, 191, 277, 280; visão artística 196

extroversão: e a teoria dos tipos 441s, 457, 494s; do Ocidente 220, 320s, 416s, 422-424, 429s

fanatismo 64, 132

fantasias: e imaginação ativa 447; e criatividade 103; fantasias de sonho *cf.* sonhos/sonhar; espontâneas 175; falta de controle do homem sobre 84; mitológicas 102, 273s; pintando o que se vê nas 465-471; como coisas reais 291; liberação das fantasias pessoais reprimidas 174s; e repressão 142; e terapia 435s, 463s; e a função transcendente 514, 519; e o inconsciente 447

fazer a mesa girar 108

fé 312, 411-413, 476, 483, 532; cristã 114s, 539; e conhecimento 333, 342; mistérios da 363; e superstição 112, 208, 228, 294

feiticeiro/curandeiro 165, 360

feminilidade 135, 216-219; lado feminino do homem *cf. anima*; arquétipo materno 227; mãe terra e o feminino 61s

Ferenczi, Sándor 22

fetichismo 109

Fierz-David, Linda 402

Fierz, Markus 481

filosofia: chinesa 34, 56s, 86, 195, 197; hindu 86; uso de métodos filosóficos por Jung 53; moral *cf.* filosofia moral; nazista 417, 424; "primitiva" 439 *cf. tb.* mentalidade/psicologia "primitiva"; psicologia conectada com 80s, 386; da ciência 35; taoísta 34s, 56, 195; e sentido último 36

filosofia moral 56; conflitos de deveres e problemas morais 257; e afrouxamento moral 257s; sociedade e o aumento da imoralidade e da estupidez 168s

Forel, August 454

Fox, Robin 213

França: psicólogos franceses: 97; psicopatologia francesa 109; Revolução Francesa 109, 334; escola francesa de hipnotistas 109

Freud, Sigmund 15, 17-23, 27-29, 54, 88, 99-101, 142, 144s, 307, 312s, 324, 337, 339, 372, 403s, 417, 438, 441, 524, 541; objetivos da terapia 434; *O mal-estar na civilização*, 54; "História do movimento psicanalítico" 23; *Interpretação dos sonhos* 337; e Jung 15, 17-23, 27-31, 441; *Moisés e o monoteísmo* 54; e pacientes mais velhos 434,

456; "Psicanálise e telepatia" 28; reducionismo 19s, 30, 100s, 107, 313s; teoria sexual da neurose 19s, 179, 453s; *Totem e tabu* 28s; "O inquietante" 28; visão do inconsciente 148

Frey-Rohm, Liliane 481

Frye, Northrop 212

função transcendente (*cf. tb.* individuação) 423, 428, 445-449, 502-520

futurismo 120

Gallant, Christine 29, 33

Gardner, Russell 212

Gilbert, Paul 212

Gilgamesh 358

gnosticismo 295, 331s

Goddard, Sir Victor 478

Goethe, Johann Wolfgang von 109, 129, 388; *Fausto* 181s, 277, 296s, 316, 388, 391s, 396s, 401s, 407

Goetz, Bruno 277, 393

Göring, Matthias Heinrich 24s

Grande Mãe 151

Grof, Stanislov 32

Grotstein, James S. 32

guerra/conflito 54s, 93, 303, 329; e as nações cristãs 114-116, 326

habitus 258

Haggard, Rider 390, 393

Harms, Ernest 26

Haule, John 210s

Hécate 252

Hegel, Georg Wilhelm 446

Helena (Selene) 252

Héracles 285

Heráclito 331

hermafroditismo: da criança 292-296; do criador 375

Hermes 252, 297, 351

hermetismo 220, 294s

herói: criança-herói 284-286, 289, 299

hierógamos/hieros gamos 243, 295s

Hillman, James 11, 39, 205

hipnotismo 109

histórias de fantasmas 277

Hobson, R. F. 209

Hoffman, E. T. A., *The Golden Bowl* 393

Hölderlin, J. C. Friedrich 109, 261, 345

homem primitivo 92, 95, 104, 197s, 281, 288, 291, 298, 359; desenvolvimento da pessoa 164, 166; e sonhos 85s; e perda do numinoso 531; filosofia do 439; e projeções do inconsciente coletivo

118-120; psique do 105s, 279, 536; concepções da alma 82, 84s

homunculi 277

hostilidade 31

Hubert, Henri 231

humanismo 314

humildade 156, 222

humor 84

Hurwitz, Sigmund 26

hybris 69, 156, 221s

I Ging 479

ideias: coletivas 261s; possibilidades inatas de 103; platônicas 206, 208, 227s

identidade de gênero (*cf. tb. anima*; *animus*) 219

identificação: com negócios ou títulos 158; com a psique coletiva 70s, 166s, 183-186

Igreja católica 349, 367, 373, 377, 540; considera Jung um falso profeta 221; atitude para com os sonhos 540; dogma 350; no sonho de uma paciente 370-374, 377; sacramentos 349

imagens: arquetípicas 207, 408; arquétipos como emoções e 534; e a visão artística 196; coletivas 175; medo de fantasmas e imagem psíquica 91; de Deus moldada pelo inconsciente 66s,

146-153; *imago* 200, 243 *cf. tb.* arquétipos; conhecimento e imagens psíquicas 90, 353, 414, 416; numinosas 535, 537; "imagens primordiais"/primitivas 120, 140, 153, 186, 189, 208, 211, 230s, 271, 295, 407 *cf. tb.* arquétipos; sagradas 309; simbólicas 66 *cf. tb.* símbolos/simbolismo; transformação de objetos materiais em imagens psíquicas 422

imaginação ativa 447, 503

Império romano 341

Inácio de Loyola, *Exercícios* 424

incesto 19

inconsciente, o: ativado pela unilateralidade da atitude consciente 108, 118 *cf. tb.* compensação; e técnica analítica que provoca novos níveis de consciência 425; assimilação do 68-70, 151s, 254-256; e atenção 112; autonomia do inconsciente 306-309, 346-379; inícios da fala sobre o 108; chegada do inconsciente à consciência 178; construir uma ponte entre consciente e 41, 112s, 448s, 509-529; coletivo *cf.* inconsciente coletivo; teoria/função da compensação 54, 72, 108, 112s, 116, 143, 156, 190-193, 195, 197, 244, 252, 281, 291, 317, 367, 401s, 425, 428, 441s, 444, 446; complexos *cf.* complexos; conteúdos do inconsciente pessoal 101, 142s; e criatividade 59, 102s, 112, 198; e sonhos *cf.* sonhos/sonhar; espírito oriental no inconsciente ocidental 320 *cf. tb.* pensamento oriental; efeitos sobre a consciência 64-68, 142-186; o eu como sede da inconsciência 307; emocionalidade dos conteúdos do 536; fantasias como dados primários do 425, 447; medo do 265, 420, 531, 536; como um campo de experiência 198; e o esquecimento 101s; visão de Freud 147; forças curativas do 112; imagem de Deus moldada pelo 67, 146-153; individuação e a função do 186-201; inconsciência da infância/ inocência 60s, 124; instinto *cf.* instinto; inteligência do 306; intuição oriunda do *cf.* intuição; Jung sobre o inconsciente pessoal e coletivo 96-106, 142-153, 170s, 238; "O eu e o inconsciente" de Jung 64-73, 142-201; linguagem do 110; como consciência múltipla 307; neutralidade do 541; falta de controle sobre o psíquico 84; personalidade e a dinâmica do 54s; fenômenos resultantes da assimilação do 68-70, 153-170, 254-256; imagens primordiais do *cf.* imagens primordiais; projeção *cf.* projeção; e análise psicossocial da civilização 54s; relações entre o eu e 19, 64-73, 84, 89, 142-201, 238, 338, 524-526; tendências religiosas do 307s; e repressão *cf.* repressão; participação secreta do 515, 517; si-mesmo centro da totalidade da consciência e do 62, 212, 235 *cf. tb.* si-mesmo; sombra *cf.* sombra; como fonte do conhecimento 86, 88; e espontaneidade *cf.* espontaneidade/espontâneo; como ponto de partida da psicologia de Jung 54; e percepções subliminares 102; função geradora de símbolos 111-116; assumir a responsabilidade pela escuridão no 56, 165s; arrancar o inconsciente do seio materno 324; e a função transcendente *cf.* função transcendente; vida inconsciente como fonte da consciência do eu 84, 88; metafísica inconsciente 461s; predisposição inconsciente 152, 230; "pensamento inconsciente" 231; como mundo do passado 118

inconsciente coletivo 57s, 64, 87, 103, 105s, 119; arquétipos *cf.* arquétipos; imagens primordiais; e o aumento da imoralidade e da estupidez 168; autonomia expressa nas figuras da *anima* e do *animus* 251 *cf. tb. anima*; *animus*; e *buddhi* 421; e sonhos 87, 192, 194s; imagens *cf.* imagens arquetípicas; Jung sobre pessoal e 96-115, 142-153, 171,

328; e teoria da arte de Jung 317; e fantasias mitológicas 102, 273; e mitologia 119, 243; e o inconsciente pessoal 64; projeção do 119; e inflação psíquica 69s, 157s, 160s, 171, 254s; como suprapessoal 103; e criações visionárias 400-403

individuação 71s, 170; como objetivo da terapia 434; e o motivo da criança 278, 283, 299; e a função do inconsciente 186-201; neurose e caminho da realização do si mesmo 151; e a função transcendente *cf.* função transcendente; instinto/impulso de realização do si mesmo 198, 289

individualismo (*cf. tb.* egoísmo) 72, 187

individualidade (*cf. tb.* eu; persona; personalidade) 72, 167s, 170; análise do inconsciente pessoal e a emergência da 172-174; e identificação com a psique coletiva 70s, 183-186; tentativas de libertar a individualidade da psique coletiva 177-186; e restabelecimento regressivo da persona 177-183

infância 127s, 140

inferioridade, sentimento de 128, 151, 156, 164, 239, 248, 300, 352, 454, 522; inferioridade moral, sentimento de 151, 164

inflação (*cf. tb.* megalomania): com anexação do inconsciente coletivo 68-70, 157, 160s, 171, 254s; identificação com a psique coletiva 70s, 183-186; com a proximidade do divino 221

instinto 79s, 100, 118; abandono do 60s, 124; animal 86, 115; arquétipos *cf.* arquétipos; instintos coletivos 169 *cf. tb.* inconsciente coletivo; e a consciência 60s, 123s; e cura da divisão da psique coletiva 449-452, 530-542; poder do 79s, 115; sexualidade como instinto fundamental 99s *cf. tb.* sexualidade; no espectro da psique 206; e o inconsciente 58, 112

intemporalidade (*cf. tb.* eternidade) 82, 427

internacionalismo 344

intolerância 64, 132

introversão 419, 422, 427s; do pensamento oriental 290, 320s, 416, 420, 430; da libido 52; capacidade de autolibertação da mentalidade introvertida 321, 420; e tipologia psicológica 441-445, 485, 494

intuição/pressentimento 13, 35, 53, 58, 87, 188, 297, 375, 397, 400; e teoria dos tipos 443s, 499, 501

ioga 95, 341, 349, 421, 423s, 4289 hatha 421s; kundalini 333

Jacobi, Jolande 26

Jacobs, Gregg 213

Jaffé, Aniela 26

James, William 188, 349

Janet, Pierre 97s

Jaques, Elliott 62

Jesus Cristo 72, 220, 267, 325, 350, 412; androginia de Cristo 293; Menino Jesus 276, 287; sizígia divina de Cristo e a Igreja 253; identificação com o "Cristo Crucificado" 517; imitação de Cristo/*imitatio Christi* 304, 412, 419; literalismo, mitos e 310, 380; como símbolo universal do espírito 311; como o médico ferido 408

Joaquim de Fiore 304

João da Cruz, São 32

Jones, Ernest 20, 23

jovem/juventude 127-132

Joyce, James, *Ulysses* 316

judeus: alegações antissemitas contra Jung 21-27; e a terra 106; cultura judaica 12, 106s; médicos judeus 24; psicologia judaica 26; e misticismo 17

Jung, Carl Gustav: **o homem**: avaliado pelas religiões ocidentais 211; cronologia da vida e obra 43-48; choque com as autoridades 15-17; e o surgimento da ciência holística 24-38; investigações em e para além da ciência e da religião 13-15 *cf. tb.* religião; e seu pai 16; complexo paterno 16; e Freud 15-23, 26-30; e a Sociedade Médica Alemã de Psicoterapia 24-27; como hermeneuta 53; e sua mãe 16; e o misticismo 17, 32; tipologia nacional 26; e o nazismo 24-27 *cf. tb.* nazismo/nacional-socialismo; oposição pneumafóbica a 27-31; alegações racistas contra 21-27; reputação em seu contexto histórico 9-31; resiliência 52; e transferências românticas 65; nadando contra a corrente 52; obras de *cf.* Jung, Carl Gustav: obras

Jung, Carl Gustav: **psicologia/psicoterapia**: objetivos da psicoterapia 435-438, 453-471; teoria dos arquétipos *cf.* arquétipos; baseada no postulado de espírito autônomo 81-89; teoria da compensação *cf.* compensação; consciência *cf.* consciência; lidando com os problemas religiosos do paciente 117s; sonhos *cf.* sonhos/sonhar; e a ecologia da alma 38-42; eu *cf.* eu; e a emergência da individualidade 172-174; e o futuro 31-42; cura *cf.* cura; como prática clínica holística 39-42, 93; teoria do incesto 19; individuação *cf.* individuação; libido *cf.* libido; e literatura *cf.* literatura, e psicologia; filosofia moral no cerne da 56; e mito *cf.* mitologia; nomes para 10s; visão geral e problema fundamental

9-42, 51-53, 73-95; projeção *cf.* projeção; psique coletiva *cf.* psique coletiva; psique individual *cf.* psique/alma; como psicologia do *homo religiousus* 307; e religião *cf.* religião; repressão *cf.* repressão; si-mesmo *cf.* si-mesmo; sexismo na 219; e sexualidade 18-20, 99s *cf. tb.* sexualidade; sombra *cf.* sombra; alma *cf.* psique/alma; espírito *cf.* espírito; e as etapas da vida *cf.* etapas da vida; sincronicidade *cf.* sincronicidade; sizígia 216-219, 241-254, 263, 265s *cf. tb. anima*; *animus*; e teoria da arte 317s *cf. tb.* literatura, e psicologia; tipologia psicológica 441-445, 485-501; como uma terapia da cultura 13, 54; função transcendente *cf.* função transcendente; transferência *cf.* transferência; o inconsciente *cf.* [o] inconsciente; inconsciente coletivo *cf.* inconsciente coletivo

Jung, Carl Gustav: **obras**: "Os objetivos da psicoterapia" (1931) 433-436, **453-471**; "O problema fundamental da psicologia contemporânea" (1931) 51-54, **75-95**; cronologia 45-48; "Diferença entre o pensamento oriental e o pensamento ocidental" (1939/1954) 318-321, **410-430**; "A cura da divisão" (1961) 449-452, **530-542**; "O conceito de arquétipo" (1938/1954) 205-214, **227-232**; "Sincronicidade" (1951) 436-440, **472-484**; "Estudo sobre o simbolismo do si-mesmo: O eu; A sombra; Sizígias: *anima* e *animus*; O si-mesmo" (1951) 214-222, **233-252**; Prefácio à *Resposta a Jó:* Lectori benevolo (1952) 309-312, **380-385**; "Tipologia psicológica" (1931) 441-445, **485-501**; "Psicologia e poesia" (1930/1950) 37, 312-318, **386-409**; "Psicologia e religião: A autonomia do inconsciente" (1938/1940) 306-309, **346-379**; "A psicologia do arquétipo da criança" (1940) 222-225, **269-300**; *O Livro Vermelho* 15, 435s; "O eu e o inconsciente" (1918) 64-73, **142-201**; "Sobre o inconsciente" (1918) 54-59, **96-122**; dimensão social 53; "O problema psíquico do homem moderno" (1928/1931) 303-306, **323-345**; "As etapas da vida humana" (1930/1931) 59-64, **123-141**; "A situação atual da psicoterapia" (1934) 23; *Símbolos da transformação* 19, 208; *Sincronicidade: Um princípio de conexões acausais* (com Pauli) 438; "A função transcendente" (1916/1957) 445-449, **502-529**; *Transformações e símbolos da libido* 208

Jung, Emilie Preiswerk (mãe de Carl) 16

Jung, Paul (pai de Carl) 16

ka 201

Kant, Immanuel 184n, 207, 229, 270, 446; categorias 206, 229

Keats, John 224

Kerényi, Karl 38, 269, 292

Keyserling, Hermann 344

Kierkegaard, Soren 418

Kirsch, Hilda 26

Kirsch, James 26

Kluger, Rivkah 26

Knoll, Max 479s

Knox, Jean 214

Kretschmer, Ernst 24

Krishnamurti, Jiddu 336

Kubin, Alfred, *Die andere Seite* 393

Kugler, Eustáquio, Irmão 277

kundalini-yoga 333

La Barre, Weston 209

Lamarckismo 210

Leibniz, Gottfried 270

Lévi-Strauss, Claude 210

Lévy-Bruhl, Lucien 261

liberdade 308s; capacidade de autolibertação da mente introvertida 321, 420; autolibertação 321, 420, 428; arrancar do seio materno 324

libido 18, 34, 66, 101, 520; perda súbita da 461

Liga das Nações 344

livre-associação 447, 503, 524

Logos 218, 245, 252

luz 227s, 286, 288, 290

mãe: arquétipo *cf.* arquétipo materno; mãe ctônica 168; imagem da mãe 241-243

magia/mágico 84, 92, 105, 199, 348s, 360, 411; temor de influências mágicas 272; prestígio mágico 165; mágicas *représentations collectives* 160; bruxa/bruxaria 104, 354

"magnetismo animal" 108

magos 354

Maia 92, 241

Maitland, Edward 375

mal 55-57, 59, 121, 331s, 334; Jung considerado um malfeitor pela Igreja católica 221; e compensações coletivas 193, 195s; bem e 93, 155n, 164s; pactos com 195; guerra *cf.* guerra

mandalas 263s, 305

Manes 351

manticismo 479

Maomé 72, 220, 351

Martin, Stephen 23

Marx, Karl 309, 312

máscaras (*cf. tb.* persona) 165

masculinidade 135, 217-219; lado masculino das mulheres *cf. animus*

matéria 38, 52, 76, 78-80, 412, 532; metafísica da 52, 76; e espírito 34, 76, 79, 92; observação da 36

materialismo (*cf. tb.* cientismo/materialismo científico) 35, 51s, 75-80, 352, 399, 412s, 458

maturidade (*cf. tb.* etapas da vida) 64

Maui 285

Mauss, Marcel 231

Mayer, Robert 108

MBTI (Myers-Briggs Type Indicator) 444s

Mectilde de Magdeburgo 149, 295

medicina 40, 93, 352; tratamentos complementares 41

médico ferido 408

medo: de tornar-se consciente 351, 355; de ficar só 157; da escuridão 288; da morte 133; dos demônios 13; dos fantasmas/espíritos 91, 399; "irracional" 288; de influências mágicas 272; pneumafobia 27-31, 308; do inconsciente 265, 420, 531, 536

megalomania/mania de grandeza (*cf. tb.* inflação) 158, 164, 183, 300, 338, 517, 540

Meissner, William, *Psychoanalysis and Religious Experience* (*Psicanálise e experiência religiosa*) 32

Melville, Herman, *Moby Dick* 390

memória: artificial 87; ilhas de m. da criança 126; e esquecimento 101s; lacunas na 536; e cura 536; recordação de memórias infantis 537; saltos da 84

mentalidade/psicologia primitiva 105, 223, 271s, 275, 288, 291, 360, 427, 515; sincronicidade e filosofia "primitiva" 439

mente: divisão/separação entre mente e corpo 39, 485

Menino Jesus *cf.* Jesus Cristo

Mercúrio 276

Merton, Thomas 32

Mesmer, Franz 108

metafísica: chinesa *cf.* metafísica/filosofia chinesa; da matéria 52, 76; do espírito 52, 76; inconsciente 461s

metafísica/filosofia chinesa 34s, 56s, 195, 197; e ciência chinesa 341; e culturas 86

Meyrink, Gustav, *Das grüne Gesicht* 393

midrash 12

milagres 312, 381, 483

mistério *cf.* segredo/mistério

misticismo 17, 32; e identificação com a psique coletiva 183-186; *participation mystique* 160, 324, 409

mito do Éden/Paraíso 60s, 124, 126

mitologia (*cf. tb.* contos de fadas): e arquétipos 11-13, 270s; mitos autóctones 162, 271-273; motivo/arquétipo da criança na 222-224, 269, 276-378, 289; da morte e renascimento 103; e sonhos 267, 270, 401; mito de Éden/paraíso 66s, 124, 126; vivência dos mitos 272; e mentalidade primitiva 223, 271s, 274; literalismo, mitos e religião 309-312, 380-385; e literatura 401-403; mito vivo e vivido 299; mundo mítico 272; fantasias mitológicas 102s; projeção mitológica 287; e a noite 288; e projeções do inconsciente coletivo 119-121, 243; recapitulação do 61; redução "científica" do 233; e a sizígia 242s

mitos autóctones 271, 273

Mitra 114, 351

mitraísmo 114

Moisés 72, 220

morte: e vida após a morte 138, 140, 159; do pai 132; medo da 133; como meta/transição 139; preparação para 136; e renascimento 103

mundanismo/bens profanos 378, 424

mundo dos espíritos 199

Müller, Max 341

Myers-Briggs Type Indicator (MBTI) 444s

mysterium iniquitatis 294

Nabucodonosor 517

natureza 61s, 538s; e a criança 287; perda de comunicação com 533; neurose e separação da 41s; e espírito 61s, 89, 91

nazismo/nacional-socialismo 24-27, 58, 471, 424

Neumann, Erich 26

neurose: e problemas arquetípicos 12s; e atitude para com a vida 93s; causas da 118, 434, 447; "escolha da neurose" 490; e o inconsciente coletivo 64-67, 142-153; e desmoralização 351s; perturbação dos processos espirituais na psique 95; teoria sexual de Freud 18s, 179, 454-456; cura da *cf.* cura; e falta de consciência dos problemas 129; e megalomania *cf.* megalomania; e transição/crise da meia-idade 131s, 135s; e sentimento moral de inferioridade 151, 164; e a natureza da psique 352-356; psiconeurose 40; psicologia neurótica de poder

154s; e unilateralidade 434, 506; de uma paciente com câncer imaginário 354s, 367-379; interpretação religiosa da 65, 358-379; e o caminho da realização do si-mesmo 151; e separação da natureza 41; solidariedade com o mundo e cura da 163; como sofrimento da alma que não descobriu seu sentido 40; numa mulher com complexo paterno 65, 143-152, 174

Nietzsche, Friedrich 31, 80, 107, 222, 235, 373s, 386, 400, 403; *Assim falava Zaratustra* 316, 517

numinosidade/numinoso (*cf. tb. e*spírito) 29, 308; 348-350; e sonhos 537s; medo da 308; perda da 531-534, 537; caráter numinoso da criança 286 *cf. tb.* arquétipo da criança; imagens numinosas 535, 537; símbolos numinosos 532, 537

objetividade 35, 198s, 429s; das *représentations collectives* 260s

ocultismo 16, 27s, 96

Oldenberg, Hermann 341

O'Murchu, Diarmuid 34s

Opicinus de Canistris 295

opostos: cristianismo e o equilíbrio dos 57; *coniunctio oppositorum* 263, 293-296; dissolução da personalidade no par de 164; *hieros gamos* 243, 295s; libertação intelectual dos 90; e a função transcendente 527 *cf. tb.* função transcendente

Oseias 294s, 360

Otto, Rudolph 348

Paglia, Camille 308

paraíso 60s, 124, 126

paranoia 178, 265

parapsicologia (*cf. tb. clairvoyance*/ clarividência; telepatia) 28, 332s

participation mystique 160, 324, 409

Pastor de Hermas 393, 396s, 401s

Paulo, apóstolo 130, 171n, 517

Pauli, Wolfgang 38, 437s

pensamento (*cf. tb.* espírito) 140; adaptação através do 498; coletivo 166; e criptomnésia 152; oriental *cf.* pensamento oriental; ideias *cf.* ideias; mentalidade/ psicologia primitiva 105, 223, 271s, 275, 288, 291, 360, 427; função do Logos 218, 245; falta de controle do homem sobre os pensamentos obsessivos 84; e teoria dos tipos 445, 498s; como projeção sensorial projetada 105; "pensamento inconsciente" 231; guinada ocidental para o Oriente 222, 305s, 333s, 335s, 340-344; ocidental *vs.* oriental 34s, 318-321, 410-430 pensamento oriental (*cf. tb.* budismo): chinês *cf.* metafísica/filosofia chinesa; sobre forças cósmicas/arquétipos 307; e desvalorização do mundo 337s; introversão do 290, 320s, 416s, 420, 430; taoísta 34s, 57, 195; compreensão do espírito 415, 421; *vs.* pensamento ocidental 34s, 318-321, 410-430; guinada ocidental para o Oriente 222, 305s, 333s, 335s, 340-344

percepções subliminares 102

Pererius, Benedictus, S.J. 361, 364

Perséfone 243, 252

persona 70, 165; desintegração da 176; restabelecimento regressivo da 177-183; como segmento da psique coletiva 170-177

personalidade 62-64, 170; desenvolvimento da 165-169; dissolução da 164; e a dinâmica do inconsciente 54, 100-109; eu *cf.* eu; individualidade *cf.* individualidade; integração da 68; persona *cf.* persona; e psicologia do criador/poeta 313s, 389, 403-409; e restabelecimento regressivo da 177-183; amadurecimento tardio 198; terapia da transformação/reconstrução da 435, 448; como um fenômeno total *cf.* si-mesmo; transformações da 161

Peucer, Kaspar 364

Platão 231, 417; Diotima 259; Ideias 206, 208, 227-229; espírito platônico 229

pneumafobia 27-31, 308

poder: e o *animus* 245; quebrando o princípio do poder 121; da criança-herói 289; de uma imagem coletiva 161; um complexo como um poder autônomo 355, 357, 489; de convicção 177s; do *daimon* 259; demoníaco 355, 362; desejos/impulsos de 107, 180, 289s; apego do eu ao 64; dos instintos 79, 115; mágico 411, 513 *cf. tb.* magia/mágico; psicologia neurótica do 154s; do *numinosum* 307s; das imagens primordiais 187; energia psíquica *cf.* energia psíquica; abdicação do 166; capacidade de autolibertação da mentalidade introvertida 321, 420; do espírito da época 79; da espiritualidade 321; sugestivo 187, 440; transferência como meta infantil do 179; potências inconscientes 252; do totalmente outro 418; vontade de 70, 154, 163, 165; mulheres e 245

poesia, e psicologia 312-318, 286-409; artista/criador/poeta 314, 389, 403-409; e mito 399-403; e criação "psicológica" 315, 391s; romance "psicológico" 304, 390; a perspectiva psicológica da obra de arte

390-403; criação "visionária" 315-321, 392, 394-403

pós-estruturalismo 314

pós-modernismo 35, 314

prática holística 39, 41s, 93

predisposição 152

prestígio 166

problemas: que surgem com a consciência 127-131; gerais 191; conflitos de deveres e problemas morais 257; problema psíquico do homem moderno 303-306, 323-345

profetas/profecia 70s, 185s; Jung considerado falso profeta pela Igreja católica 221; profetas hebreus 295, 360; manticismo 479

progresso 144, 167, 281s, 293s, 330, 449s

projeção 18, 29, 31, 55, 118s; e a *anima* 217, 240, 243-245, 248-250, 254, 296; e o *animus* 217, 245-247, 249s, 254, 296; desfazer as 249s; e inflação 254s; mitológicas 287; como obstáculo à integração da sombra 216, 240s; imagens projetadas 200; e sincronicidade 438; pensamentos como projeções sensuais projetadas 105; sobre o sexo oposto 217s

protestantismo 350, 366s, 373

psicanálise: e práticas orientais 341; psicologia alemã e o desenvolvimento da 97; junguiana *cf.* Jung, Carl Gustav: psicologia/psicoterapia; pós-freudiana 32s; teoria da 200

psicocinese 475

psicologia: analítica *cf.* Jung, Carl Gustav: psicologia/psicoterapia; baseada no postulado de espírito autônomo 81-89 *cf. tb.* Jung, Carl Gustav: psicologia/psicoterapia; do arquétipo da criança 222-225, 269-300; social/coletiva 170 *cf. tb.* psique coletiva; e diferença entre pensamento oriental e pensamento ocidental 318-321, 410-430; do sonho 270; ecopsicologia 39; francesa 97; freudiana 337, 339, 394 *cf. tb.* Freud, Sigmund; psicologia e o desenvolvimento da psicanálise 97; primitiva *cf.* mentalidade/psicologia primitiva; judaica 26; Jung sobre a meta e o alcance da 37; médica/clínica 270, 291, 530 *cf. tb.* Jung, Carl Gustav: psicologia/psicoterapia; multiplicidade das psicologias modernas 80, 386s; e mito 299 *cf. tb.* mitologia; personalidade/psicologia do artista/criador 313s, 389, 403-409; filosofia ligada à 80s, 386; primitiva 105, 427, 463 *cf. tb.* homem primitivo; e religião 306-309, 346-379; e espírito 37; "sem alma" 51, 75, 81; como a mais nova da ciências 486s

psiconeurose *cf.* neurose

psicose 177s, 188s, 265, 275, 286, 505, 517; produtos artísticos psicóticos 395; "lapso psicótico 503

psicotécnica 386

psicoterapia junguiana *cf.* Jung, Carl Gustav: psicologia/ psicoterapia

psique/alma: fenômenos/ processos psíquicos anormais 97 *cf. tb. clairvoyance*/clarividência; parapsicologia; telepatia; depois da morte 138, 140, 199; e apercepção 422; almas primitivas 201; arquétipos *cf.* arquétipos; despertando a vida simbólica da 10; e o corpo 77-79, 81-83, 85, 88, 485s; e o cérebro 352; civilizações em que a psique está no exterior 327; coletiva *cf.* psique coletiva; inconsciente coletivo *cf.* inconsciente coletivo; complexidade/ambiguidade da psique 438, 458; e consciência 80, 96 *cf. tb.* consciência; e o divino 85; sonhos como produtos da 146 *cf. tb.* sonhos/sonhar; ecologia da alma 38-42; o eu e psique/alma *cf.* eu; realidade empírica da alma 51, 75s, 78, 81-89; etimologias de palavras para "alma" 82s; existência de almas individuais autônomas 81; fusão da psique pessoal e coletiva 166s; psique alemã 57, 106s; e Deus 417s; imortalidade da alma 85; individuação *cf.* individuação;

psique pré-consciente infantil 229s; instinto no espectro da 206 *cf. tb.* instinto; falta de controle do homem sobre o psíquico 84; concepções materialistas da 75-80; 352; espírito *cf.* espírito; e problema psíquico do homem ocidental moderno 303-306, 313-345; natureza da 352-357; neuroses e perturbação dos processos psíquicos na 95; neurose e a natureza da psique 352-358; "perils of the soul" 275, 355s, 359; personalidade *cf.* personalidade; fenomenologia da 448 *cf. tb.* si-mesmo: fenomenologia do; psique primitiva 105, 279, 536 *cf. tb.* homem primitivo; velhas concepções da alma 82; psique como fenômeno religioso 307; nascimento psíquico 127; desiquilíbrio/distúrbio/transtorno psíquico 71, 95, 98, 109, 128, 133, 169, 176, 185, 352s, 404, 453, 518-520, 532, 537; energia psíquica *cf.* energia psíquica; equilíbrio psíquico 54, 79, 128, 151, 176, 299, 317, 401, 429; experiências/vivências psíquicas 92, 286, 288, 297, 381; imagens psíquicas *cf.* imagens; objetividade psíquica 198s; realidade psíquica 91s, 223, 306, 320, 397, 415s, 470; distúrbios psicogênicos 98; psiconeurose como sofrimento da alma 40; religiões como alienadas/ estranhas à alma 303s;

busca da alma 11; si-mesmo *cf.* si-mesmo; alma como sopro de vida 82; força psíquica 108; e as etapas da vida 59-64, 123-141; função transcendente e tendência à totalidade *cf.* função transcendente; o inconsciente *cf.* inconsciente; inconsciente coletivo *cf.* inconsciente coletivo

psique coletiva (*cf. tb.* inconsciente coletivo) 162, 164, 166s, 170; fusão do pessoal e 166; cura da divisão 449-452, 530-542; identificação com 70s, 167, 183-186; e fantasias espontâneas 175; tentativas negativas de libertar a individualidade da 177-183; persona e afastamento do indivíduo da 165; persona como segmento da 170-177; dissolução regressiva na 165

puberdade 127

Pueblos, índios 85, 338

quatérnio de matrimônios 253

queda do homem 60s, 124

Quispel, Gilles 438

racionalidade 32, 498, 306; e a teoria dos tipos 498s

racionalismo 18, 86, 120, 181, 257, 292, 377, 389, 440, 477s, 539

racismo 21-27

raiva 31

Rank, Otto 22, 403

reducionismo: de Adler 107; acusações contra Jung 14; freudiano 18-21, 30, 100, 107, 313s; materialista *cf.* materialismo; redução "científica" do arquétipo e do mito 233

Reforma 75

regressão 165; restabelecimento regressivo da persona 177-183

Reich, Wilhelm 22

religião: e vida depois da morte 138, 199; como alienada da alma 303s; e os arquétipos 11-13; avaliação de Jung pelas religiões ocidentais 221; budismo *cf.* budismo; como chamado à transformação pessoal 331; cristã *cf.* cristianismo; conflito com a ciência como mal-entendido 412; credos 350s; lidar com os problemas religiosos dos pacientes 117s; dogma 350; fé *cf.* fé; antiga função de escolas para os mais velhos 136; cura e atitude religiosa 435; intolerância e fanatismo na 132; investigações de Jung em e para além da 13-15; religação da *religio* 279, 307; literalismo nas religiões ocidentais 309-312, 380-385; mitraísmo 114; religiões mistéricas 109; mística *cf.* misticismo; "nova era" 221; novas expressões religiosas 303-306; o numinoso como interesse pela "religião" 308, 348-350 *cf. tb.* numinosidade/numinoso; e a psicologia 306-309, 346-379; acusações reducionistas contra Jung 14; educação religiosa 129; interpretação religiosa da neurose 65, 358-379; sentimentalismo religioso 378; tendências religiosas do inconsciente 307; e a função reveladora dos sonhos 367-379; ciência e o descarte da 11s, 14; xamanística 109; e o espírito 16; e o problema psíquico do homem moderno 303-306, 323-345; espiritualidade *cf.* espiritualidade; taoísmo *cf.* filosofia taoísta; guinada ocidental para o Oriente 222, 305s, 333s, 335s, 340-344

renascimento 20, 103, 107s, 276; de Deus 222; rituais 129; do espírito 229

représentations collectives 160, 260s, 530

repressão/recalque 55, 98s, 107, 115, 117, 121 142s, 152, 167, 282, 355, 536; e o cinema 344

resistência 129, 197, 318, 359, 419, 456, 459, 476, 510, 523, 536; intelectual 440, 478; ao controle moral 216, 239; e projeção 239s; e a sombra 215s, 238s

responsabilidade 40, 56, 135, 154, 185, 216, 354

ressentimento 31

Rhine, J.B. 475-477, 483

Roazen, Paul 35

roda solar 399

Rumi 32

sacramentos 349

Samuels, Andrew 26, 33, 433

Satanás 57

saúde/doença mental (*cf. tb.* cura): doença como resposta à falta de vida simbólica/espiritual 64, 94; e medicação 41; indústria da saúde mental 41; neurose *cf.* neurose; paranoia 178, 265; desequilíbrio/distúrbio/transtorno/perturbação psíquica 71, 95, 98s, 109, 128, 133, 169, 176, 185, 352s, 404, 453, 519, 532; equilíbrio psíquico 54, 79, 128, 151, 176, 299, 317, 401, 429; psicose *cf.* psicose; esquizofrenia 161, 178, 265, 284, 425, 427, 525

Schelling, Friedrich 270

Schiller, Friedrich 111, 294, 464

Schmitz, Oscar 341

Schopenhauer, Arthur 109, 147, 158s, 335, 386, 416; protótipos de 206

Seelig, Carl 437

segredo/mistério 99, 166, 206; intuições de coisas secretas 397; doutrinas iniciáticas secretas

399; segredos rituais 165; conluio secreto entre mãe e filho 242; desejo/temor secreto 157, 355s; participação secreta do inconsciente 515, 517

semelhança a Deus 154s, 167

Semon, Richard 152

sensação, teoria dos tipos 443, 499-501

sentimento: afeto *cf.* emoções; e a teoria dos tipos 445, 498

serpentes/cobras 278, 285

sexismo 218s

sexualidade (*cf. tb.* libido) 18, 99s; bissexualidade/hermafroditismo/androginia 292-296, 375; teoria sexual da neurose de Freud 19, 179; *hieros gamos* 243, 295s; e nascimento psíquico 127; e espírito 30, 68

Shamdasani, Sonu 14

Sheldrake, Rupert 213s

si-mesmo 62s, 186, 190, 220-222, 254-268; como centro da totalidade da consciência e do inconsciente 62, 212, 235; e o eu 214, 233, 235, 254-256; como imagem divina 254; e pessoas históricas/messiânicas 73, 220; e individuação 71-73, 186-201, 283 *cf. tb.* individuação; fenomenologia do 214-222, 233-268; "alteridade" psíquica 290; como lugar de espiritualidade e cura 221; como "segundo eu/ego" 63, 127, 129; como "menor do que pequeno" e "maior do que grande" 290; símbolos do 291, 395 *cf. tb.* mandalas; função transcendente como braço operacional do *cf.* função transcendente

Siegfried 285

símbolos/simbolismo: e arquétipos 530; despertar a vida simbólica da alma 10; portadores de 288; cristãos 114s; culturais 530; dissolução do símbolo 511; dos sonhos 537; doença como resposta à falta de vida simbólica/espiritual 64; morte dos símbolos 113; mandalas 263s, 305; sentido dos 540; naturais 530; numinosos 532, 537; quaternidade 263; *représentations collectives* 160, 260s, 530; do si-mesmo 292, 305 *cf. tb.* mandalas; "símbolo" da arte 111; função geradora de símbolos dos sonhos 451, 534s; imagens simbólicas 66 *cf. tb.* imagens; vida simbólica e a cura da divisão 451; e o inconsciente 111-115; e a união da verdade racional com a irracional 111; da unidade e da totalidade 263; como a voz do mundo 292

sincronicidade 13, 38, 436-440, 472-484; e filosofia "primitiva" 439; e projeção 438

sizígia (*cf. tb. anima; animus*) 241-254, 263, 265s, 374s

Smith, Noel 210

sociedade: e imoralidade/estupidez 168; e novas ideias e sensibilidade 523; catástrofe social 55, 93, 115 *cf. tb.* guerra; o inconsciente e uma análise psicossocial da civilização 54s

Sociedade Médica Alemã de Psicoterapia 24-27

Sócrates 325

sombra 56, 156, 215s, 238-240, 260; tornar-se consciente da 239; integração da 216, 253; projeção como obstáculo de integração da 216, 240s

sonhos/sonhar 66s, 361-366, 371s, 378s; objetivo do trabalho com 436, 459-471; nas culturas antigas 86; conteúdos arquetípicos 537s; imagens arquetípicas/primordiais nos 408s; e a Igreja católica 540s; motivo/arquétipo da criança nos 222s, 271, 277s; da primeira infância 274, 283; sonhos coletivos 192; e o inconsciente coletivo 87, 193-195; e os complexos 368s; e a criptomnésia 152; dificuldades de trabalhar com os sonhos 447, 460-463, 511-513; imagem de Deus dos sonhos 147-153; Deus falando através dos 540; e cura/terapia 67s, 435s, 459-470; motivo do incesto 19; falta de controle do homem sobre 84; e mitologia 267, 271, 400s; e o numinoso 537s; pintura do que é visto nos sonhos 465-470, 524; de uma paciente com câncer imaginário 354s, 367-379; psicologia dos 270; religião e a função reveladora dos 367-379; e repressão 143; e a revelação do desconhecido 360, 369; sonhos com serpentes 285; função geradora de símbolos 451, 533-535; e a função transcendental 513s, 523; e o inconsciente 114-116, 146-153, 435, 447, 460-467, 517s; como voz do desconhecido 360, 369; como advertências 517

Spielrein, Sabina 23

Spitteler, Carl 243, 393, 396, 400

Steiner, Rudolf 305, 333

Stekel, Wilhelm 483

Stevens, Anthony 208, 211s

subjetividade 126, 422s

sublimação 101, 295, 373, 421s

Super-homem 222

superstição 28, 92, 104, 112, 228, 294, 533

Swedenborg, Emanuel 335, 478

Symington, Neville, *Emotion and Spirit* 32

tabu 15, 26, 29, 99, 125, 249, 359, 533; infrações do 166, 171n

Talmud 372

Tao 35, 220, 305

tédio 510

Teilhard de Chardin, Pierre 32, 34

telepatia 28, 474s, 478

tempo 215, 427; psíquico 437 *cf. tb.* sincronicidade

teoria: do trauma 200; dos paradigmas 35; dos tipos 441-445, 485-501

teosofia 109, 305, 332, 337, 341

terapia, junguiana *cf.* Jung, Carl Gustav: psicologia/psicoterapia

Teresa de Ávila 32

terra 116s; mãe terra e o feminino 61; e espírito 39, 61

Tertuliano 382s, 417

tipologia nacional 25s

transcendente, o 19, 253, 290

transferência 65, 144-148, 174, 448; da energia 148; como meta infantil de poder 179; e restabelecimento regressivo da persona 177-183; e a função transcendente 510

transição/crise da meia-idade 62-64, 131s, 135s

transpessoal/suprapessoal, o 66-68, 149, 159s; arquétipos como fatores transpessoais 11-13 *cf. tb.* arquétipos; e cura 436; o numinoso *cf.* numinosidade/numinoso; espírito *cf.* espírito

transtorno bipolar 69

Tribos negras 85

tribos primitivas (*cf. tb.* mentalidade/psicologia primitiva) 157, 273

Underhill, Evelyn 32

unus mundus 37

Upanixades/*Upanishads* 335, 416

Usener, Hermann 231

velhice 136s, 140

velho sábio 253, 407

vida após a morte 138, 140, 199

von Hartmann, Eduard 96, 270, 386

vontade: 257-259; de poder 70, 154, 163, 165; progresso conquistado pela 282

Wagner, Richard 393s, 400, 517; *O anel dos Nibelungos* 316, 388, 393

Watson, Grant 14

Wells, H. G., *Christina Alberta's Father* 188, 194

Wenegrat, Brant 212

White, Victor 38

Wilhelm, Hellmut 479

Wilhelm, Richard 38, 341
Wotan 67, 150, 373

xamanismo 109

Zaratustra 351
Zen 503
Zentralblatt für Psychotherapie 24s
Zimmer, Heinrich 38

yoga 95, 341, 349, 421, 423s., 429; hatha 421s.; kundalini 333
youth 127-132

Zaratustra 351
Zen 503
Zentralblatt für Psychotherapie 24s
Zimmer, Heinrich 38

LEIA TAMBÉM:

Psicanálise junguiana

Trabalhando no espírito de C.G. Jung

Editado por Murray Stein

Jung se distinguiu de Freud e Adler, os outros dois pioneiros da psicanálise, e fundou um ramo distinto da psicologia profunda (ou psicologia médica, como era chamada nos seus primeiros tempos), chamado de psicologia analítica. O lar físico e espiritual dessa escola era Zurique, Suíça. Os pontos teóricos e clínicos de diferença entre os três fundadores, especialmente as diferenças entre Jung e Freud, foram amplamente discutidos em muitas publicações e biografias. O autor lembra que, na primeira e na segunda gerações, os junguianos carregaram nas tintas usadas para demarcar as linhas de separação entre eles e os outros, sendo enfatizadas as diferenças nas perspectivas e práticas fundamentais, para que o campo fosse diferenciado do meio circundante. Mais recentemente, a ênfase entre autores junguianos contemporâneos se deslocou para perspectivas de convergência e diálogo. Isso pode ser considerado um sinal de maturidade no campo. Há menos ansiedade acerca da identidade.

Os capítulos do presente volume refletem as mudanças que ocorreram na última década e meia e após a passagem da segunda geração, que em grande parte tinha conhecido e trabalhado com Jung pessoalmente durante os anos de 1930 e 1940. Como uma afirmação do campo, esse livro é muito representativo quanto às várias correntes de pensamento e à rica diversidade de abordagens e de pensamentos que constituem hoje a complexa tapeçaria da escrita e do pensamento analíticos junguianos.

O leitor encontrará um entrelaçamento que talvez hoje chegue ao ponto de uma perfeita integração, dos bem-conhecidos ramos clássico, desenvolvimentista e arquetípico da psicologia analítica, bem como uma gama impressionante de empréstimos de pensadores psicanalíticos modernos, para além das fronteiras da psicologia analítica, e cujas ideias e *insights* não são de modo algum inspiradas por fontes junguianas, mas cujas visões são crescentemente vistas como convergentes e compatíveis.

Os praticantes clínicos na escola que se formou em torno de Jung variadamente se autodesignaram como psicólogos analíticos, analistas junguianos e psicoterapeutas junguianos. Em anos mais recentes, eles cada vez mais reconheceram o parentesco histórico, se não inabalável, com a família maior da psicanálise, e passaram a se denominar psicanalistas junguianos. Daí o título desse livro. Psicanálise junguiana é o nome contemporâneo da aplicação clínica da psicologia analítica.

Murray Stein é analista na International School for Analytical Psychology, em Zurique, na Suíça. Palestrante em diversos países sobre psicologia analítica e suas aplicações no mundo moderno.

CULTURAL
Administração
Antropologia
Biografias
Comunicação
Dinâmicas e Jogos
Ecologia e Meio Ambiente
Educação e Pedagogia
Filosofia
História
Letras e Literatura
Obras de referência
Política
Psicologia
Saúde e Nutrição
Serviço Social e Trabalho
Sociologia

CATEQUÉTICO PASTORAL
Catequese
Geral
Crisma
Primeira Eucaristia

Pastoral
Geral
Sacramental
Familiar
Social
Ensino Religioso Escolar

TEOLÓGICO ESPIRITUAL
Biografias
Devocionários
Espiritualidade e Mística
Espiritualidade Mariana
Franciscanismo
Autoconhecimento
Liturgia
Obras de referência
Sagrada Escritura e Livros Apócrifos

Teologia
Bíblica
Histórica
Prática
Sistemática

REVISTAS
Concilium
Estudos Bíblicos
Grande Sinal
REB (Revista Eclesiástica Brasileira)

VOZES NOBILIS
Uma linha editorial especial, com importantes autores, alto valor agregado e qualidade superior.

VOZES DE BOLSO
Obras clássicas de Ciências Humanas em formato de bolso.

PRODUTOS SAZONAIS
Folhinha do Sagrado Coração de Jesus
Calendário de mesa do Sagrado Coração de Jesus
Almanaque Santo Antônio
Agendinha
Diário Vozes
Meditações para o dia a dia
Encontro diário com Deus
Guia Litúrgico

CADASTRE-SE
www.vozes.com.br

EDITORA VOZES LTDA.
Rua Frei Luís, 100 – Centro – Cep 25689-900 – Petrópolis, RJ
Tel.: (24) 2233-9000 – Fax: (24) 2231-4676 – E-mail: vendas@vozes.com.br

UNIDADES NO BRASIL: Belo Horizonte, MG – Brasília, DF – Campinas, SP – Cuiabá, MT
Curitiba, PR – Fortaleza, CE – Juiz de Fora, MG – Petrópolis, RJ – Recife, PE – São Paulo, SP